D1671659

# PHILIPPIKA
## Marburger altertumskundliche Abhandlungen 30

Herausgegeben von
Joachim Hengstl, Torsten Mattern,
Robert Rollinger, Kai Ruffing
und Orell Witthuhn

2009
Harrassowitz Verlag · Wiesbaden

Jennifer Morscheiser-Niebergall

# Die Anfänge Triers
im Kontext augusteischer
Urbanisierungspolitik nördlich der Alpen

2009

Harrassowitz Verlag · Wiesbaden

Gedruckt mit Mitteln des Deutschen Archäologischen Instituts im Rahmen des Reisestipendiums 2009/2010.

Bibliografische Information der Deutschen Nationalbibliothek
Die Deutsche Nationalbibliothek verzeichnet diese Publikation in der Deutschen Nationalbibliografie; detaillierte bibliografische Daten sind im Internet über http://dnb.d-nb.de abrufbar.

Bibliographic information published by the Deutsche Nationalbibliothek
The Deutsche Nationalbibliothek lists this publication in the Deutsche Nationalbibliografie; detailed bibliographic data are available in the internet at http://dnb.d-nb.de.

Informationen zum Verlagsprogramm finden Sie unter
http://www.harrassowitz-verlag.de

© Otto Harrassowitz GmbH & Co. KG, Wiesbaden 2009
Das Werk einschließlich aller seiner Teile ist urheberrechtlich geschützt.
Jede Verwertung außerhalb der engen Grenzen des Urheberrechtsgesetzes ist ohne Zustimmung des Verlages unzulässig und strafbar. Das gilt insbesondere für Vervielfältigungen jeder Art, Übersetzungen, Mikroverfilmungen und für die Einspeicherung in elektronische Systeme.
Gedruckt auf alterungsbeständigem Papier.
Druck und Verarbeitung: Hubert & Co., Göttingen
Printed in Germany
ISSN 1613-5628
ISBN 978-3-447-06086-8

# Inhalt

# Abbildungsverzeichnis

Alle Zeichnungen und Photos auf den Tafeln wurden von der Verfasserin erstellt.

# Vorwort

*Ist Trier die älteste Stadt Deutschlands?*

Diese Frage, die mir während der Bearbeitung des im Folgenden behandelten Materials immer wieder von verschiedenen Seiten gestellt wurde, kann und soll nicht im Vorwort beantwortet werden, ist im Grunde nicht einmal Gegenstand dieser Arbeit. Sie zeigt aber, dass an der Zeit der Gründung von *Augusta Treverorum* ein allgemeines, über die Fachwelt hinausreichendes Interesse besteht und die Antwort, je nach Ergebnis, sogar Einfluss auf die touristische Vermarktung hätte. Das schmälert jedoch nicht die wissenschaftliche Notwendigkeit einer fundierten Materialaufnahme, -vorlage und -auswertung, da diese trotz einer über 150-jährigen Forschungsgeschichte bislang fehlt und nur in Teilaspekten Fragen der Gründungszeit behandelt worden sind.

Im Rahmen meiner Dissertation an der Universität Trier im Fachbereich III war es mir möglich, die relevanten Funde aus den Beständen des Rheinischen Landesmuseums Trier aufzunehmen und die dazu gehörende Dokumentation zu sichten. Die Arbeit wurde von Prof. Dr. M. Trunk betreut, dem ich besonders für seine stete Diskussionsbereitschaft und vielfältigen Hilfestellungen herzlich danken möchte. Im Weiteren gilt mein Dank Prof. Dr. Th. Fischer an der Universität zu Köln, der das Zweitgutachten verfasste. Die mündliche Prüfung legte ich am 13. August 2008 ab.

Finanziell wurde meine Arbeit zunächst durch ein Stipendium der Nikolaus Koch Stiftung in Trier unterstützt und wesentlich erleichtert, dann durch ein Wiedereinstiegsstipendium für Frauen in die Forschung des Landes Rheinland-Pfalz, wofür ich beiden Institutionen meinen Dank aussprechen möchte. Die Drucklegung förderte das Deutsche Archäologische Institut im Rahmen des mir verliehenen Reisestipendiums.

Ohne die Bereitstellung des Fundmaterials und der archäologischen Dokumentation durch das Rheinische Landesmuseum Trier sowie umfangreiche Hilfe organisatorischer Art wäre das Projekt ebenfalls nicht zu bewerkstelligen gewesen. Hier gilt namentlich mein Dank zunächst Frau Dr. K. Goethert, auf deren Anregung hin sich das Thema entwickelte, und besonders Frau Dr. S. Faust, die auch in viel beschäftigten Zeiten ein offenes Ohr und Geduld hatte, Funde zu suchen und immer mit Rat und Tat zur Seite stand. Im Weiteren sind dankend zu erwähnen: Herr Dr. H. Löhr, der viele gute Ideen zu weiteren Fundstellen und Trier allgemein beitrug, die Grabungstechniker B. Kremer und M. Thiel, die mit mir häufig nach Plänen und weiteren Grabungen suchten, die Restauratoren N. Kasparek und L. Eiden, die die Aufarbeitung meine Metallfunde zur Not auch kurzfristig einschoben, sowie Dr. M. Neyses-Eiden, Dr. L. Schwinden, Dr. J. Hupe, Th. Zühmer und F. Dewald.

Folgende Personen gewährten mir Einblicke in z. T. unpubliziertes Material, denen ich dafür ebenfalls danken möchte: Dr. J. Metzler, Dr. B. Tremmel und Dr. A. Heising.

Ferner gilt mein Dank St. Reuter, Dr. P. Henrich, Dr. R. Cordi, Dr. W. R. Teegen, K. Brodauf, D. Hübner, Dr. F. Schimmer, S. Patzke, N. Reifarth, A. Schenk, Dr. C. Kurz und besonders W. Knickrehm für viele weiterführende Diskussionen, Hinweise und konstruktive Kritik.

Für die schnelle Aufnahme in die Reihe Philippika danke ich Prof. Dr. T. Mattern, da eine Drucklegung in Trier erst wesentlich später erfolgt wäre.

Ein ganz besonderer Dank gilt meiner Familie. Zunächst meinen Eltern, die mich durch das Studium begleiteten, meinen Großeltern, die die Anfangszeit der Promotion nicht nur ideell sondern auch finanziell förderten und vor allem aber meinem Mann Axel, der mir wissenschaftlich half und wie meine Tochter Alanna viel freie Zeit für meine Arbeit opferte, mich in jeder Situation unterstützte und mir den Rücken frei hielt.

Köln, im August 2009.                                    Jennifer Morscheiser-Niebergall

# 1 Einleitung

Trier/*Augusta Treverorum* ist eine der ältesten Städte Deutschlands. Die erste Moselbrücke wird dendrochronologisch bereits in die Jahre 18/17 v. Chr. datiert, und die zugleich angenommene Anlage eines rechtwinkligen Insulasystems galt bislang als Beleg dafür, dass Trier sogar *die* älteste Stadt[1] Deutschlands sei. Mehr als zwanzig Jahre nach der 2000-Jahr-feier und dem damit neu erwachten Interesse an ihren Wurzeln, liegt aber gerade diese Gründungszeit in vielen Bereichen immer noch im Dunkeln. Vieles des oftmals Geschriebenen basiert auf Vorberichten und Hypothesen.

Ziel der vorliegenden Arbeit ist es deshalb, den Prozess der Entstehung einer römischen Stadt in einer keltischen, agrarisch geprägten Kulturlandschaft anhand von archäologischen Quellen zu dokumentieren. Dazu ist zunächst eine Befund- und Fundmaterialvorlage der ersten nachweisbaren römischen Besiedlung in dem eigentlichen Stadtareal erfolgt, da es sich dabei immer noch um ein Desiderat handelt. Darauf gründend wird ein Bild der frühen Siedlungsentwicklung entworfen.

Da die Entwicklung von *Augusta Treverorum* nicht losgelöst vom gesamten Stammes-territorium der Treverer, aber auch der Provinz *Gallia Belgica* sowie dem Rheingebiet, zu betrachten ist, wird im Anschluss an die auf Trier bezogene Auswertung die Rolle der Stadt im großräumigen Gefüge der spätaugusteischen Zeit untersucht.

Durch die Aufarbeitung der Gründungsphase Triers wird eine zeitliche und räumliche Lücke im Kulturraum zwischen Titelberg und den Rheinlagern geschlossen und gleichzeitig die Möglichkeit eröffnet, die Wurzeln der späteren Kaiserstadt besser zu verstehen.

## 1.1 Fund- und Befundauswahl

Zur Aufarbeitung der Entstehung Triers war es notwendig, die Funde und Unterlagen der Grabungen im Bereich des von K.-P. Goethert postulierten Gründungsschemas durchzusehen, das Material der untersten Schichten zu dokumentieren und in einem Katalog zu erfassen. Auch über dieses Gebiet hinaus wurden einzelne Komplexe untersucht, wie z. B. ein etwas nördlich davon liegendes Töpfereigelände in der heutigen Frauenstraße.

---

1 Die Verwendung des Begriffs „Stadt" erfolgt in der vorliegenden Arbeit nach den von F. Kolb (Kolb 1984, 15) zusammengestellten Kriterien der topographischen und administrativen Geschlossenheit der Siedlung, einer Bevölkerungszahl von mehreren tausend Einwohnern (wobei die Einwohnerzahl für Trier in der Gründungszeit nicht bekannt ist), einer ausgeprägten Arbeitsteilung und sozialen Differenzierung, der Mannigfaltigkeit der Bausubstanz, einem urbanen Lebensstil und der Funktion der Siedlung als Zentralort für ein Umland. Diese Punkte sind – mit Ausnahme der Einwohnerzahl – in den archäologischen Funden und Befunden für Trier zu belegen. Darüber hinaus schreibt Kolb, dass durch das ziehen eines rechtwinkligen Straßennetzes die römische Absicht zur Schaffung eines urbanen Mittelpunkts für die *civitas* der Treverer erkennbar sei (ebd., 229). Diesem schließe ich mich im Folgenden an und verwende den Begriff „Stadt" für die Siedlung in der Trierer Talweite ab dem Ausbau des ersten Straßensystems.

Eine Durchsicht des Fundmaterials aller Grabungen von 1850 bis 2008 war allerdings nicht in einem angemessenen Zeitrahmen zu bewältigen, da es sich dabei um mehrere tausend Fundkisten handelt. Schon publizierte oder in den Grabungsunterlagen erfasste Terra Sigillatastempel und Münzen sowie Fachwerkbebauungen, die zu großen Teilen in die erste Hälfte des ersten Jahrhunderts datiert werden, gaben jedoch ausschlaggebende Hinweise, um Komplexe der Gründungszeit gezielt heraussuchen zu können. Zudem wurden aus den Jahresberichten und Publikationen weitere Grabungen, die die ersten Kulturschichten erreichten, herausgesucht und das Fundmaterial gesichtet, ebenso wie zahlreichen Hinweisen von Mitarbeitern des Landesmuseums nachgegangen wurde. Vollständigkeit und die Sicherheit, alle Komplexe der ersten römischen Besiedlung aufgenommen zu haben, konnte daher nicht erreicht werden. Es ergibt sich ein ausschnitthaftes Bild, das besonders in den zentralen Bereichen aufgrund seiner Dichte und Stratigraphie dennoch zuverlässige Aussagen zur Gründungszeit ermöglicht.

Dazu bilden mehrere seit 1984 gegrabene und damit gut dokumentierte, großflächige Untersuchungen mit ihren umfangreichen Materialmengen eine gute Grundlage. Besonderes Augenmerk liegt auf dem späteren Forumsbereich, dem Viehmarkt und vor allem auf der Untersuchung des ersten Straßenrasters. Da sich unter diesem als geschlossener Komplex vor Anlage des ersten befestigten Straßennetzes an verschiedenen Stellen ein Horizont mit chronologisch einheitlichem Material befindet, ist dessen Untersuchung die Ausgangsbasis der Überlegungen zur Stadtwerdung.

Zur oberen Eingrenzung der Fundmengen sowie des Untersuchungszeitraums wurden keine Komplexe mit Südgallischer Terra Sigillata aufgenommen, da deren Belieferungsbeginn in Trier Ende des zweiten oder sogar im dritten Jahrzehnt n. Chr. liegt.

## 1.2 Forschungsgeschichte

Die ersten, im heutigen Sinn wissenschaftlichen Untersuchungen der Gründungszeit von *Augusta Treverorum* fanden im letzten Viertel des 19. Jahrhunderts unter der Leitung des ersten Direktors des Provinzialmuseums in Trier, F. Hettner, statt[2]. Schon 1880 schrieb er einen Aufsatz zum römischen Trier, in dem er auch auf die Gründung einging[3]. Ausführlich beschäftigte er sich mit dessen Anfängen nach der Auffindung der ersten Inschriftenblöcke eines Ehrenmonuments, das er dem Augustusenkel Lucius Caesar zuwies[4]. Ein weiteres großes Verdienst Hettners war sein Einsatz für baubegleitende archäologische Untersuchungen bei der Anlage des Kanalnetzes von 1899 bis 1909, die er in den ersten Jahren selbst leitete[5]. Diese Dokumentation liefert bis heute – immer wieder durch weitere Profile und Schnitte ergänzt – die Grundlage für alle weiteren Untersuchungen zum Gründungsstraßenraster[6].

---

2   Eine Zusammenfassung der frühesten Trierer Forschungen mit weiterer Literatur gibt Binsfeld in: Binsfeld 2000, 25–30.
3   Hettner 1880, zur Gründungszeit bes. 344–346, mit früherer Literatur.
4   Hettner 1888; Hettner 1893, 1; CIL XIII, 2 3671.
5   Graeven 1904; ausführlich publiziert erst 1979: Schindler 1979, 121–209 mit umfassender Forschungsgeschichte zum römischen Straßennetz.
6   Zur Definition des Begriffs „Gründungsstraßenraster" siehe Kapitel 4.5 Straßennetz.

Die Bedeutung der naturräumlichen Gegebenheiten für die Anlage des ersten Straßennetzes wurde schon früh erkannt und bildete einen weiteren Untersuchungsschwerpunkt. So legten F. Kutzbach[7] und P. Steiner[8] nicht nur archäologische, sondern auch erste geomorphologische Überlegungen zu Lage und Situation Triers vor[9].

Unter den Kontroversen zur Gründungszeit ist mit Blick auf die in dieser Arbeit behandelten Fragestellungen die zwischen H. Koethe und E. Krüger hervorzuheben. Koethe schrieb 1936, dass die Gründung der durch das Straßennetz charakterisierten Stadt in die Zeit des Claudius falle[10]. Ihr seien eine militärische und wahrscheinlich auch eine zivile Siedlung des ersten oder zweiten Jahrzehnts n. Chr. vorangegangen. Er führte dann vereinzelte seines Erachtens spätlatènezeitliche Artefakte auf und wies auf das vermeintliche Fehlen von Stücken der spätaugusteischen Zeit und Ähnlichkeiten der Münzreihe Triers mit der des claudischen Kastells Hofheim hin. Daran anschließend erwähnte er eine Reihe Funde unter den ersten Straßen und in den ersten Siedlungsschichten, die zum Teil erst in spättiberische und claudische Zeit gehörten[11]. Er entkräftete die Datierung der Inschrift für Lucius Caesar mit dem Hinweis, dass sie auch zu einer Siedlung vor dem rechtwinkligen Straßenraster gehört haben könne[12] und versuchte, die Größe des Gründungsrasters anhand der Verteilung von frühen Funden zu ermitteln[13].

Krüger schrieb 1938 eine Gegendarstellung zu diesen Thesen. Er argumentierte, eine Stelle bei Pomponius Mela[14], in der Trier als *urbs opulentissima* bezeichnet wird, deute darauf hin, dass Trier bereits in claudischer Zeit eine herausragende Position eingenommen und deshalb schon geraume Zeit vor diesem Kaiser bestanden haben müsse[15]. Im Weiteren bemerkte er zu der Inschrift für Lucius Caesar, dass diese nicht in einem Vicus, sondern nur in einer Stadt größeren Ausmaßes gestanden haben könne[16]. Er wies darauf hin, dass Koethe Schlüsse *ex silentio* zöge, diese jederzeit widerlegt werden könnten und zeigte seines Erachtens generelle Unzulänglichkeiten der Kanalgrabungen auf[17].

Eine Erwiderung zu diesen Kritikpunkten Krügers folgte bereits im gleichen Band der Trierer Zeitschrift durch Koethe selbst. Er eröffnete seinen Artikel mit dem Hinweis, dass er sich weder zu den Ausführungen Krügers noch zu seinen eigenen aus dem Jahr 1936 bekennen könne[18]. Zunächst ging er dann auf den Stadttitel *Augusta* ein und legte verschiedene Beispiele vor, wie unterschiedlich dieser Name vergeben wurde. Er wies darauf hin,

---

7  Kutzbach 1925. Im 19. Jh. setzte sich bereits der Geologe J. Steininger mit den historisch-naturräumlichen Gegebenheiten Triers und des Trierer Landes auseinander (Steininger 1845).
8  Steiner 1926, vgl. hierzu auch Kapitel 1.3 Naturraum.
9  Auf deren Grundlage und unter Berücksichtigung der Kanalgrabungen arbeiteten in den 30er Jahren des 20. Jhs. verschiedene Wissenschaftler. Unter anderem beschäftigten sich J. B. Keune und G. Kentenich mit der Ausdehnung und Anlage des Gründungsrasters (Keune 1931, 50–54; Kentenich 1933, 140–146 mit Zusammenfassung der Literatur bis 1933).
10  Koethe 1936, 28; eine Zusammenfassung veröffentlichte er 1937: Koethe 1937, 150.
11  Ebd., 29–30.
12  Ebd., 31, bes. Anm. 21.
13  Ebd., 32–35.
14  Pomponius Mela III 2,20.
15  Krüger 1938, 185; vgl. zu diesem Aspekt auch: Kapitel 4.2 Historische Quellen.
16  Ebd., 186.
17  Ebd., 187.
18  Koethe 1938a, 190; ähnlich in: Koethe 1938b, 757.

dass die Treverer noch mindestens bis 21 n. Chr. eine *civitas libera* blieben und damit eine Koloniegründung auf ihrem Stammesgebiet kaum denkbar sei[19].

Koethe relativierte seine Zweifel an der Datierung der Inschrift für Lucius Caesar[20] und wies auf die große Anzahl gut dokumentierter Gräber augusteischer Zeitstellung hin[21]. Vor allem merkte er an, dass ein Unterschied zwischen der ersten Besiedlung des Geländes und dem Ausbau und der Entwicklung der eigentlichen Stadt liege. Er führte dazu eine Reihe von Fachwerkbauten auf[22] und zeigte, dass die Stadt erst unter Claudius Straßen mit Kiesschotterung bekommen habe, jedoch schon augusteisches Fundmaterial vorläge[23].

Nach dem Zweiten Weltkrieg traten Einzelstudien zu Teilaspekten der Gründungszeit in den Vordergrund[24]. Besonders hervorzuheben sind hierbei die Untersuchungen der ersten Moselbrücke von H. Cüppers[25] und deren jahrgenaue Datierung durch E. Hollstein[26]. Ebenso sind die Forschungen Schindlers zum römischen Straßennetz bis heute bedeutend[27], auf denen alle Überlegungen zur Größe der ersten Stadtanlage basieren[28]. Aus althistorischer Perspektive beschäftigten E. M. Wightman sich 1970[29] und H. Heinen 1985[30] mit den Anfängen Triers und werteten die literarischen Quellen umfassend aus.

Einzelne Arbeiten zu verschiedenen Fundmaterialgattungen behandelten Stücke aus der Gründungszeit wie Lampen[31], Glas[32], Steindenkmäler[33], jüngst Bronzegefäße[34] und besonders auch Terra Sigillata – Stempel aus Trier[35]. K. Goethert-Polaschek legte einen Komplex spätaugusteisch-tiberischer Belgischer Ware aus den Schichten unter den Kaiserthermen vor[36]. Die Terra Sigillata dieser Grabung wurde von M. Lutz bearbeitet[37].

---

19  Koethe 1938a, 191 mit weiterer Literatur.
20  Ebd., 192.
21  Ebd., 194.
22  Ebd., 199.
23  Ebd., 200. In diesem Zusammenhang fasste er alle wissenschaftlich relevanten Grabungsschnitte und Profile zusammen; nach dem Zweiten Weltkrieg wurde diese Auseinandersetzung durch U. Kahrstedt weitergeführt: Kahrstedt 1951, 68–76; Zusammenfassung der Diskussion einer claudischen oder augusteischen Gründung in Anm. 1, mit weiterer Literatur; Zusammenfassung früherer Literatur auch in: Kempf 1953, 5–11.
24  Eine knappe Zusammenfassung gibt Cüppers: Cüppers 1984a; die für diese Arbeit relevanten Grabungen werden im Folgenden mit der jeweiligen Literatur in dem Kapitel 2 Befunde behandelt.
25  Cüppers 1969, 42–51; 145–146.
26  Hollstein 1980, 133–138.
27  Schindler 1979, 121–209.
28  So z. B.: Goethert 2003b, 239–257.
29  Wightman 1970, 35–43.
30  Heinen 1985, 13–53. Siehe zu den historischen Quellen auch: Kapitel 4.2 Historische Quellen.
31  Goethert-Polaschek 1985, 9–32.
32  Dies. 1977, bes. 267–270.
33  Dies. 2002, 9–19. Zu der Inschrift für Gaius und Lucius Cäsar zuletzt: Schwinden 2004, 29–40, mit weiterer Literatur.
34  Bienert 2007.
35  Frey 1993.
36  Goethert-Polaschek 1984a, 119–152.
37  Manuskript Lutz, RLM Trier.

Ausführlich mit den keltischen Münzen beschäftigte sich K.-J. Gilles, der auch verschiedene spätlatènezeitliche Funde vorlegte und die Forschungsgeschichte zusammenfasste[38].

Der Ausstellungskatalog „Trier – Augustusstadt der Treverer" anlässlich der 2000-Jahrfeier 1984 gab erstmals einen Gesamtüberblick über die archäologischen Erkenntnisse zur Gründungszeit Triers und des Umlands, und bildete insbesondere durch den ausführlichen Katalog bis heute die umfangreichste Materialvorlage[39].

Neue Ergebnisse zum ersten Straßenraster brachten die geologisch-archäologischen Untersuchungen von H. Löhr. Er entwarf ein Siedlungsbild der Gründungsphase anhand der geologischen Gegebenheiten und brachte diese mit dem archäologischen Befund in Verbindung[40].

Erst 2003 setzte sich K.-P. Goethert erneut mit dem Gründungsschema Triers auseinander. Er vermutete ein vermessungstechnisches System hinter der ersten Stadtanlage und schloss daran Spekulationen zum *dies natalis* der Stadt an. In einem Exkurs zeigte er überzeugend, dass die Gräben in der Südstadt, die bis dahin einem möglichen Reiterlager zugewiesen wurden, zu neuzeitlichen Schanzanlagen gehörten[41].

Bislang fehlen umfangreiche Untersuchungen zu den Tempelbezirken[42] und Gräbern, in denen auch immer wieder in Latènetradition stehendes und frühkaiserzeitliches Fundmaterial geborgen wurde. Zu den Tempelbezirken im Altbachtal[43] und am Irminenwingert[44] sind zwar monographische Abhandlungen erschienen, in denen allerdings kaum Fundmaterial vorgelegt wurde. Die Gräberfelder des ersten und zweiten Jahrhunderts werden derzeit von M. Kaiser bearbeitet und ausgewertet[45].

## 1.3 Naturraum

Die große Bedeutung der geographischen und geologischen Voraussetzungen für die Wahl des Platzes und die Stadtgründung Triers in der Trierer Talweite wurde schon früh erkannt. Bereits 1925 veröffentlichte F. Kutzbach Überlegungen zur Oberflächengestaltung[46], die P. Steiner 1926 ergänzte[47]. In den letzten Jahren untersuchte H. Löhr anhand von Baugrundbohrungen, Aufschlüssen und älteren Grabungsdokumentationen die geomorphologische

---

38  Gilles 1992, mit ausführlicher Forschungsliteratur; ders. 1989, 7–18; Rheinisches Landesmuseum Trier 1984, 20–26.
39  Rheinisches Landesmuseum Trier 1984.
40  Löhr 1998, 16–28. Einen weiteren Überblick über die Forschungen zur Gründung Triers ohne wesentliche neue Aspekte gab H. P. Kuhnen: Kuhnen 2001, 143–156.
41  Goethert 2003b, 239–258.
42  Allgemein zusammengefasst zu den Trierer Tempelbezirken mit weiterer Literatur: Archäologische Trier-Kommission 2005, 114–121; Trunk 1991, 219–230 und vgl. auch Kapitel 4.9 Tempelbezirke.
43  Gose 1972.
44  Ders. 1955.
45  Erste Gräber und weitere Literatur wurden bereits vorgelegt in: Rheinisches Landesmuseum Trier 1984, 182–200; Kaiser 2000, 305–317.
46  Kutzbach 1925.
47  Steiner 1926.

Entwicklung unter besonderer Berücksichtigung archäologischer Fragestellungen. Diese Untersuchungen bilden die Grundlage der folgenden Ausführungen[48].

Für die Anlage einer Stadt sind gute naturräumliche Bedingungen eine wichtige Voraussetzung[49]. Hierzu zählen in unterschiedlicher Gewichtung klimatische, geologische, verkehrsgeographische, agrarökonomische und strategische Standortfaktoren sowie die Versorgungsmöglichkeiten mit Roh- und Baustoffen, z. B. Wasser, Holz und Steinen.

Hinsichtlich des Klimas spielen bei der Wahl des Platzes sicherlich eher lokalklimatische Faktoren als größere Klimaschwankungen eine Rolle[50]. Zwar fiel die römische Erschließung weiter nördlich gelegener Gebiete in eine klimatisch begünstigte Zeit[51], sie war jedoch meines Erachtens nicht der Auslöser für die Expansion in Richtung Rhein[52]. Für die Anlage der Stadt im Tal sprechen aus dieser Perspektive die Vorteile gegenüber den benachbarten Höhen der Eifel und des Hunsrücks mit ihren kürzeren Wachstumsperioden und höheren Niederschlagsmengen[53].

Geomorphologisch betrachtet liegt die Stadt in der Trierer Talweite, die sich zwischen den Einmündungen von Sauer und Saar bis zur Verengung des Moseltals unterhalb von Schweich erstreckt[54]. Die Talränder werden von Rotliegenden, Buntsandstein und Devonschiefer gebildet[55], die als Baumaterial in römischer Zeit Verwendung fanden. Das Gründungsraster[56] lag auf der Niederterrasse 2 (Abb. 1, NT 2), der so genannten Viehmarktfläche, etwa 133 m ü. NN. Den Untergrund bilden hier Schieferkiese und Moselsande sowie von den Nebenflüssen geschüttete Schotterkörper[57]. In Richtung Petrisberg schließt an die Viehmarkt- die Basilikafläche (Niederterrasse 1) an, deren Oberfläche fünf Meter höher bei 138 m ü. NN liegt (Abb. 1, NT 1). In Richtung Mosel begrenzt die Feldstraßenfläche (Niederterrasse 3) das Gebiet, deren Deckschicht aus Moselsanden keine oder nur geringe Schieferkiesanteile aufweist (Abb. 1, NT 3). Zwischen den Flächen NT 2 und NT 3 liegt

---

48  Löhr 1993; ders. 1997; ders. 1998; Dörfler/Evans u. a. 1998; Löhr/Clemens 2001.
49  Allgemein zur Anlage einer römischen Stadt: Kolb 1984; Lorenz 1987; besonders zur literarischen Überlieferung: ebd., 13–32; zu Vitruv und der Ausrichtung einer Stadt: ebd., 41–43; zu Bedingungen in den Nord-West-Provinzen: ebd., 130–131; zu allgemeinen Vorraussetzungen: ebd., 145–146.
50  Zur historischen Überlieferung des Klimas im 1. Jh. n. Chr.: Heide 100–137.
51  Th. Fischer in: Schmidt/Gruhle 2005, 310; Schmidt/Gruhle 2003b, 292–294; dies. 2003a; Löhr 2000, 189–191; allgemein zur Klimaentwicklung in römischer Zeit vgl. auch: Maise 1998.
52  Schmidt und Gruhle vermuteten allerdings, dass die Ausdehnung des römischen Imperiums durch die klimatischen Gegebenheiten begünstigt worden ist: Schmidt/Gruhle 2003a, 424; dagegen allerdings Löhr 2000, 191 mit weiterer Literatur.
53  Schiel 1964, 32–33. Mit Daten zur großklimatischen Situation bezogen auf Trier und das Umland: Werle 1978, 44–50. Bestes Beispiel für die subjektiv empfundene klimatische Begünstigung der Mosel gegenüber dem Hunsrück bietet schon Ausonius (*Mosella* 1–34), der den Hunsrück sehr rau, die Mosel dagegen als lieblich beschreibt.
54  Zur Bedeutung von Geofaktoren im archäologischen Zusammenhang vgl. auch: Faustmann 2007, 54–70 mit weiterer Literatur.
55  Zu der Definition der Talweite und den anstehenden Gesteinen siehe: Löhr 2000, 175 mit weiterer Literatur.
56  Zu dessen Ausdehnung und Datierung vgl. Kapitel 4.5 Straßennetz.
57  Löhr 1998, 22.

ein etwa 600 m langer und 100 m breiter, abgeschnürter Altarm[58]. Das Gründungsraster scheint diese offene Wasserfläche und ihre Randbereiche zu meiden[59].

Der wichtigste verkehrsgeographische Faktor ist die Mosel. Die Befunde im Bereich der Brücke deuten auf eine latènezeitliche Furt hin[60]. Bislang konnten im Stadtgebiet nur an wenigen Stellen Profile mit Befunden der Zeit vor dem Gründungsraster dokumentiert werden, die aber die Existenz einer Straße vermuten lassen[61]. Für die spätere Stadtentwicklung ist die Lage Triers an einem Kreuzungspunkt der aus Gallien kommenden Straßen aus Metz und Reims, die an den Rhein nach Köln, Koblenz und Mainz weiterführten, entscheidend und von hoher wirtschaftlicher und strategischer Bedeutung. Aus dem archäologischen Befund heraus ist jedoch bislang nicht zu beurteilen, ob dieser Kreuzungspunkt schon vor der Stadtgründung bestanden hat oder erst die Folge davon ist[62].

Der Untergrund des ersten Gründungsrasters ist technisch leicht zu bearbeiten und wenig staunass[63]. Damit bot er gute Voraussetzungen für eine intensive agrarische Nutzung, die sicherlich in gewissem Umfang auch in der Nähe des Stadtgebiets betrieben wurde[64]. Hinweise auf Zusammenhänge zwischen landwirtschaftlichem Anbau und Entwicklung der römischen Besiedlung gibt ein archäobotanisch untersuchtes Pollenprofil aus der Walramsneustraße. Im ersten Jahrhundert n. Chr. ist besonders der Rückgang der Baumpollenwerte von einem bereits sehr niedrigen Ausgangsniveau auffällig (Linde, Erle und Hasel), während Gräser zunehmen, was für eine starke Entwaldung im Umfeld der Probenstelle spricht. Bis zum Ende des Profils in der Mitte des zweiten Jahrhunderts n. Chr. zeigt es eine für intensiv genutzte Landschaft mit Grünland-, Ackerbau- und Ruderalstandorten typische Zusammensetzung[65].

Die strategische Position einer Gründung in der Trierer Talweite ist dagegen schwierig zu beurteilen. Trotz der großräumig angelegten Studie von D. Krausse ist immer noch vergleichsweise wenig über die strukturelle Gliederung des Treverergebietes bekannt[66]. Der angenommene Hauptort auf dem Titelberg[67] lag weit von Trier entfernt, dieses dagegen mitten im Stammesgebiet und an einer Stelle, die schon um 30 v. Chr. als strategisch günstig erachtet wurde, da sonst das Lager auf dem Petrisberg nicht gebaut worden wäre[68]. Ob diese Standortwahl mit der Furt zusammenhing oder durch die autochthone Bevölkerung bedingt war, lässt sich nicht klären. Da Trier aber unbefestigt war[69] und bislang militärische Präsenz nicht sicher nachzuweisen ist[70], scheinen die wirtschaftlichen Vorzüge – wie die

---

58  Zolitschka/Löhr 1999, 403–405; zum Altarm: ebd., 412–413; Dörfler/Evans u. a. 1998, 121.
59  Dörfler/Evans u. a. 1998, 124; Löhr 1998, 22.
60  Vgl. hierzu Kapitel 4.4 Brücke.
61  Vgl. hierzu Kapitel 4.5 Straßennetz.
62  Zur Entwicklung des Straßennetzes siehe auch Kapitel 4.3 Fernstraßen.
63  Löhr 1998, 22.
64  Zur landwirtschaftlichen Entwicklung in römischer Zeit im Treverergebiet allgemein: Heinen 1976, 84–98.
65  Dörfler/Evans u. a. 1998, 139–140; Löhr 1998, 17–19.
66  Krausse 2006, 253–267.
67  Zur Einbindung des Titelbergs in das überregionale Verkehrsnetz siehe: Metzler 1995a, 603–624.
68  Vgl. hierzu Kapitel 4.14 Militär.
69  Vgl. hierzu Kapitel 4.5 Straßennetz.
70  Vgl. hierzu Kapitel 4.14 Militär.

gute Anbindung an den Rhein bzw. nach Zentralfrankreich – eher im Vordergrund gestanden zu haben.

Der letzte hier zu behandelnde Standortfaktor ist die Versorgung mit Rohstoffen. Zentral ist dabei sicherlich die Nutzung von Wasser, die in Trier vergleichsweise unproblematisch, aber noch wenig erforscht ist[71]. Es wurde immer wieder vermutet, dass die Stadt bei ihrer Gründung eine zentrale Wasserleitung erhalten haben muss, die bislang allerdings nicht nachgewiesen werden konnte[72]. Ein Brunnen ist bereits für das zweiten Jahrzehnt n. Chr. belegt[73]. Holz als weiterer Rohstoff war dagegen wohl schon zu Beginn schwieriger zu beschaffen, da das unmittelbare Umfeld der Stadt nicht bewaldet war[74]. Allerdings ist in der Antike der Transport von Tannenhölzern aus dem Gebiet der Vogesen belegt[75]. Steinbrüche an den Hängen entlang der Trierer Talweite wurden spätestens seit der Anlage des ersten befestigten Straßenrasters genutzt[76]. Ein Beispiel dafür ist der Sandsteinbruch bei Biewer, der gleich zwei Funktionen auf einmal erfüllte: Zum einen konnte durch den Abbau des Felsens Raum für eine linksseitige Moselstraße geschaffen werden, zum anderen wurde damit das Baumaterial für die Anlage der Rotsandsteinpacklage der ersten ausgebauten Straßen geliefert[77]. Durch die gute Verkehrsanbindung war der An- und Abtransport von großen Warenmengen von der Gründung an unproblematisch, wie die große Zahl von Importgütern bereits in den ersten Siedlungsschichten der spätaugusteischen Zeit belegt[78].

Dieser Überblick zeigt, dass die Standortfaktoren für die Anlage der Stadt vergleichsweise günstig waren. Da jedoch die keltische Erschließung der Trierer Talweite bislang nicht umfassend geklärt ist, bleiben verschiedene Unbekannte bestehen. Angesichts einer pollenanalytisch in der Eifel nachgewiesenen, hinter der römischen kaum zurückbleibenden Landnutzung[79], ist jedenfalls auch für die Trierer Talweite davon auszugehen, dass die Stadtgründung in einer Kulturlandschaft stattfand. Sicherlich war die allgemeine politische Situation mindestens ebenso ausschlaggebend wie jeder einzelne der ausgewählten naturräumlichen Aspekte, so dass eine voneinander losgelöste Betrachtung schwierig ist.

---

71  Zusammenfassend mit weiterer Literatur: Archäologische Trier-Kommission 2005, 38–40; zur späteren Ruwerwasserleitung: ebd., 88–89.

72  Löhr 1998, 26.

73  Das älteste dendrochronologisch ermittelte Datum aus dem Stadtgebiet stammt von einem Brunnenkasten aus der Grabung Feldstraße/Klinikum Mutterhaus der Borromäerinnen RLM Trier, EV 1992,13, mit einem noch gesicherten Endjahr von 15 n. Chr. und einer Verarbeitung um 18 n. Chr. (Freundliche Mitteilung M. Neyses-Eiden), erwähnt in: Löhr 1998, 26.

74  Dörfler/Evans u. a. 1998, 145; Löhr 1998, 17–18; Siehe dazu auch: Hollstein 1980, der an dendrochronologisch datierten Bauhölzern die Verwendung von „guten" Starkhölzern (Eiche) im 1. und 2. Jh. nachweisen konnte, während beim Bau der Basilika im 4. Jh. überwiegend Schwachholz eingesetzt wurde.

75  Neyses 1998, 151–154.

76  Im Überblick zu den Steinbrüchen: Heinen 1976, 104–105. Der Buntsandstein wurde zu einer flächendeckenden Stickung bei dem Straßenausbau verwendet (siehe hierzu mit weiterer Literatur Kapitel 4.5 Straßennetz).

77  Löhr 1998, 21.

78  Vgl. im einzelnen Kapitel 3 Fundanalyse; im Überblick hierzu auch Heinen 1976, 78–80.

79  Dörfler/Evans u. a. 2000, 139.

# 2 Befunde

## 2.1 Forumserweiterung

Drei Grabungen liegen im Bereich der Erweiterung des Forums. Aus den beiden eigentlichen Forumsinsulae sind der Verfasserin keine Komplexe zu der hier behandelten Fragestellung bekannt. Das liegt zum einen an fehlenden Grabungen, die die untersten Fundschichten erreicht haben, zum anderen daran, dass die bislang bekannte Anlage in die flavische Zeit datiert wird und ältere Reste zerstörte. Der Gesamtkomplex wird derzeit von Dr. G. Breitner bearbeitet.

### 2.1.1 Baubegleitende Ausgrabungen auf dem Gelände der Firma Heil (RLM Trier, EV 1965,49; RLM Trier, EV 1965,12)

Die Dokumentation zu dieser Grabung ist derzeit verschollen, so dass der Verfasserin keine Zeichnungen, sondern nur die Angaben auf den Fundzetteln vorliegen[80]. Der für die Gründungszeit wichtige Schnitt wurde aber auch von Schindler aufgenommen und beschrieben. Er lag unter und zwischen den Mauern des Apsidenraums östlich der späteren Forumsbasilika und schnitt die durch das Forum hindurch laufende Westost-Straße 9 (vgl. Abb. 2). Auf dem anstehenden Boden lag eine Schicht aus in der Dokumentation so genannten „Rollwacken", darauf eine Kiesschotterung[81]. Dieses ist auffällig, da – wie im Folgenden noch zu zeigen ist – eigentlich eine Rotsandsteinpacklage als unterste Straßenstickung zu erwarten gewesen wäre[82].

Aus der ersten Straße wurden verschiedene Fragmente Belgischer Ware geborgen, die chronologisch nicht genauer einzuordnen sind (RLM Trier, EV 1965,12 Kat. – Nr. 9–11), sowie ein As der Lyoner Altarserie 1 (RLM Trier, EV 1965,12 Kat. – Nr. 8). Schindler beschrieb, dass die Funde zwischen der Kiesschotterung und dem Nutzungshorizont lagen, den er als „verschlammte Schicht" bezeichnete[83].

Auf der ersten Straße und in dem Graben, der in den anstehenden Sandboden eingetieft war, lag weiteres, besser zeitlich einzuordnendes Material (RLM Trier, EV 1965,49 Kat. – Nr. 1–7), darunter ein gestempeltes Bodenfragment einer Terra Sigillataschale ATEI XANTHI (OCK type 316.8[84]) und ein weiterer unleserlicher Stempel.

---

80 Kurz zusammengefasst in: Cüppers 1984a, 51.
81 Schindler 1979, 187.
82 Vgl. zu dieser Problematik: Kapitel 4.5 Straßennetz.
83 Schindler 1979, 187.
84 Die Bestimmung und Bezeichnung der Stempeltypen erfolgt nach: Oxé/Comfort u. a. 2000.

## 2.1.2 Wohnbebauung mit Gruben (RLM Trier, EV 1963,37)

An der Nordostecke des Forums wurde in den Jahren 1963 bis 1965 eine Straßenkreuzung mit einem Teil der angrenzenden Fachwerkbebauung freigelegt (vgl. Abb. 3)[85]. Die 11,50 m breite Straße wurde von einer Portikus begleitet, von der sich Pfeilerstellungen erhalten haben. An ihr lagen zwei Räume und ein Gang, der in den Garten- und Hofbereich führte (Abb. 4).

Die für die Gründungszeit aussagekräftigen Befunde sind die Straßenschnitte sowie zwei Gruben, die noch durch die Wandgräben der späteren Fachwerkkonstruktion der tiberisch-claudischen Zeit überbaut wurden[86].

### 2.1.2.1 Straße

Bei der Untersuchung der Straßenkreuzung wurde die Westost-Straße in gesamter Breite, die Nordsüd-Straße nur in Teilen aufgedeckt (Abb. 4).

Der Aufbau beider Straßen war sehr ähnlich: Auf dem fund- und befundfreien Boden lag eine dicke Packlage aus Rotsandstein, die von der eigentlichen Straßendecke aus gepresstem Kies überdeckt wurde. In die Westost-Straße waren in unregelmäßigen Abständen Pfähle eingeschlagen, die keiner zusammenhängenden Struktur zugewiesen werden können (vgl. Abb. 4–6).

Chronologisch bedeutend für die Anlage der Straße ist das Fragment eines roten Belgische Ware Tellers Deru A 5 (FN. 29, EV 1963,37 Kat. – Nr. 6) in Schnitt 4 aus einem Pfostenloch in der ersten Straße. Die Form wurde von Deru frühestens in seine Zeitstufe III (5–1 v. Chr. bis 15–20 n. Chr.) eingeordnet. Die beiden spitz zugehauenen Pfähle durchstießen die unterste, bis zu 0,15 m dicke Packlage der Straße aus Rotsandstein oder wurden mit diesem Gestein umbaut, gleichzeitig allerdings von der ebenso bis zu 0,15 m dicken, gekiesten Straßendecke überdeckt. Der Kies war gepresst, wurde an der Seite des Straßengrabens dünner und lief in ihn aus. Das Niveau des Fahrbahnhorizonts der ersten Straße lag bei 136,30 m u. NN.

Vor Errichtung der ersten Straße stand auch in Schnitt 17 ein Pfahl, der noch 0,72 m unter den Straßenkörper eingetieft war (vgl. Abb. 4 und 6). Er wurde spätestens vor der Aufbringung der Kiesdecke gezogen oder von dieser überdeckt. Das Fundmaterial aus dem Pfostenloch selbst ist leider verschollen. Funde stammen aus dem verschwemmten Lehm unter der ersten Straßenstickung (EV 1963,37 Kat. – Nr. 1–5) – darunter eine Schale des Typs Consp. 14.1 der mittel- bis spätaugusteischen Zeit – und der ersten Straßendecke (EV 1963,37 Kat. – Nr. 12–13).

Der Straßengraben ist nach der Anlage der ersten Straße verfüllt und von einer weiteren Kiespackung überlagert worden (Abb. 5). Aus dem Graben selbst kommen leider nur fünf nicht näher einzuordnende Wandscherben. Er ist jedoch mindestens einmal erneuert worden und schneidet dabei einen bis zu 0,10 m dicken, festen, sandigen Laufhorizont mit Holzkohleeinschlüssen und hier nicht weiter berücksichtigtem Material um die Mitte des ersten Jahrhunderts n. Chr. Aus dem früheren ersten Laufhorizont sind an dieser Stelle keine Funde erhalten.

---

85 Eine kurze Zusammenfassung wurde von Cüppers vorgelegt: Cüppers 1984a, 50–51.

86 Cüppers datierte die Fachwerkbebauung ebenfalls augusteisch, was sich anhand des Fundmaterials aber nicht belegen lässt (ebd., 50–51).

Aus dem Straßengraben in Schnitt 7 (Abb. 4) kommen wenige, nicht feiner chronologisch einzuordnende Funde. Südlich der Straße wurde zu einem nicht näher zu bestimmenden Zeitpunkt nach 10–14 n. Chr. ein mindestens 57 Pfähle umfassender Pfahlrost eingeschlagen. Der *terminus post quem* ergibt sich, da die Pfähle zwei Auffüllschichten durchstoßen. Auf der unteren Schicht lag eine Münze des Typs Augustus Pater Patriae mit einer Prägespanne von 10–14 n. Chr. Das Fundmaterial aus den beiden Schichten sowie aus einer Störung wird tiberisch und später datiert und deshalb nicht weiter berücksichtigt.

Aus den frühesten Schichten der Sondagen 5, 6, 8 und 21 der Straßendecke, im Straßenrandbereich und dem Fachwerkhaus kamen einzelne, nicht sicher chronologisch einzuordnende Fragmente Belgischer Ware und handaufgebauter Grobkeramik zum Vorschein (EV 1963,37 Kat. – Nr. 7–10; 22; 60–62), die vermutlich zu den Siedlungsresten der ersten Phase gehören.

### 2.1.2.2 Gruben

Zu der frühesten Siedlungsphase gehört auch eine in den Schnitten 14 und 15 liegende, 5,50 × 4 m breite und 0,80 m tiefe Grube mit reichhaltigem Fundmaterial (Abb. 7). Im westlichen Teil wurde das Fundmaterial nach Einfüllschichten getrennt geborgen (EV 1963,37 Kat. – Nr. 67–81; 132–178), im östlichen unter einer Fundnummer zusammengefasst (EV 1963,37 Kat. – Nr. 82–131). Aus der Dokumentation geht nicht eindeutig hervor, ob in diesem Teil der Grube eine spätere Störung des Befunds vorliegt, da in den sonst ehemals holzverschalten Boden eine Kuhle eingetieft ist, die östliche Grubenbegrenzung nicht gerade, sondern leicht abgeschrägt verläuft und im Verfüllungsmaterial im Gegensatz zum westlichen Teil größere Steinbrocken lagen. Allerdings könnte es sich bei der Vertiefung auch um einen Einbau zur Vorratslagerung handeln. Das Fundmaterial aus dem östlichen Teil scheint tendenziell etwas später als das aus dem westlichen. Das deutet ebenfalls auf eine Störung des Befunds hin. Sie könnte mit dem Bau eines Fachwerkhauses zusammenhängen, da eine Wand die Grube an dieser Stelle überbaut. Damit gibt die Grubenverfüllung einen *terminus post quem* für deren Errichtung. Wand und Grubenfüllung sind gleichmäßig eingesunken, so dass eine Bebauung kurz nach der Verfüllung der Grube anzunehmen ist. Das Fundmaterial kann allgemein in die spätaugusteische und frühtiberische Zeit datiert werden[87].

Am östlichen Rand des Schnittes wurde eine etwa zeitgleiche, weitere Grube mit ebenso viel Fundmaterial (Abb. 7, Schnitt 15 FN. 121, EV 1963,37 Kat. – Nr. 191–244) angeschnitten und in Schnitt 22 auf 4 m Länge freigelegt (Abb. 8, Schnitt 22). Die genaue Ausdehnung ist unklar, weil eine große Abgrabung im Norden den Befund stört und auch die Breite nicht bekannt ist, da Plana fehlen. Die bis zu 1,20 m tiefe, muldenförmige Grube wies keine Holzverschalung auf und war bis zu 0,50 m dick mit grünlicher Asche verfüllt. Das Fundmaterial aus der Grube wurde vermutlich unter FN. 121 gesammelt, da in Schnitt 22 keine weitere Fundnummer verzeichnet ist.

### 2.1.2.3 Sonstiges

In weiteren Sondagen wurden nicht näher zu interpretierende Fundschichten mit augusteischem Fundmaterial freigelegt. So war in Schnitt 3 der ungestörte verschwemmte Lehm an

---

87 EV 1963,37 Kat. – Nr. 67–131. Zur chronologischen Einordnung vgl. Kapitel 3 Fundanalyse.

seinem oberen Abschluss 0,02–0,10 m hoch verschlammt und enthielt verschiedene Einschlüsse. Wahrscheinlich handelte es sich dabei um die alte Humusschicht. In dieser lagen vier, von dem Grabungstechniker so bezeichnete „Wackensteine" in zwei 1,54 m von einander entfernten Gruppen. Die Steine hatten 0,30 bzw. 0,40 m Abstand, schlossen mit der Oberkante des Laufhorizontes gerade ab und könnten damit als Trittsteine gedient haben. Aus einer kleinen muldenförmigen Vertiefung stammen Fragmente eines Gefäßes in Latènetradition aus Muschelgemagerter Ware und ein rauwandiger Halterner Kochtopf (FN. 18, EV 1963,37 Kat. – Nr. 23–24). Im Weiteren wurde auf diesem Laufhorizont das Fragment eines Sigillatatellers der Form Consp. 12.4 (EV 1963,37 Kat. – Nr. 53) und ein Randstück eines handaufgebauten Topfes der Form Haltern 57/Höpken R18 (EV 1963,37 Kat. – Nr. 54) gefunden. In den höheren Planierungsschichten befand sich bereits südgallische Terra Sigillata in großer Zahl.

Im südlichen Teil des Schnitts 4 wurde auf einer Länge von 5,20 m ein Estrichboden zu der Fachwerkbebauung freigelegt. Er war auf dem anstehenden Schwemmlehm verlegt. Mit einer Kieselpacklage hatte er eine Dicke von 0,08 m. Die Oberfläche war meist fein geglättet. Er enthielt viel Kalk, aber kein Ziegelklein. Unter dem Estrich befand sich ein etwa 0,15 m breites Gräbchen, das in Westost Richtung verlief und vor diesem angelegt worden war. Leider ergab der Befund kein Fundmaterial. Eine Datierung des Estrichs und der damit verbundenen Fachwerkbebauung ist dadurch nicht möglich. Die Verfüllungsschicht auf dem Estrich wies ausschließlich spättiberische und claudische Funde auf. Die an den Fachwerkwänden geborgene Wandmalerei erlaubt nur eine Einordnung in die erste Hälfte des ersten Jahrhunderts n. Chr. Aus umgelagertem Schwemmlehm nördlich des Estrichs außerhalb der Fachwerkbebauung stammt etwas Fundmaterial (FN. 30 EV 1963,37 Kat. – Nr. 25–26), das allerdings aufgrund fehlender Feinchronologie nicht zur Datierung herangezogen werden kann. Ebenso auch FN. 27 EV 1963,37 Kat. – Nr. 31–33, wobei die chronologische Relevanz dieser Funde unklar ist, da sie aus dem Randbereich einer Störung kommen. Allerdings wurde bereits in Schnitt 15 gezeigt, dass die Fachwerkbebauung durch die Überlagerung der holzverschalten Grube frühestens tiberisch sein konnte.

Auch in Schnitt 18 stammt aus der untersten, brandhaltigen und nicht näher einzuordnenden Kulturschicht etwas Fundmaterial (FN. 116, EV 1963,37 Kat. – Nr. 55–59) der mittel- bis spätaugusteischen Zeit.

### 2.1.3 Neustraße/Kaiserstraße (RLM Trier, EV 1995,30)

In der Forumserweiterung fand 1995 eine weitere Grabung statt[88] (Abb. 3). Hier konnten sowohl die das Forum durchlaufende Westost-Straße 9 als auch zwei vermutlich zu Fachwerkbebauung gehörende Gruben dokumentiert werden (Abb. 9).

#### 2.1.3.1 Straße

Die Straße wurde nicht in ihrer gesamten Breite untersucht (Abb. 10). Eine aus bleichem, weißgelblichen Grobsand bestehende Schicht (Schicht 3XXX) mit einzelnen Holzkohlefragmenten und Scherben (FN. 69, EV 1995,30 Kat. – Nr. 2–5) lag auf dem ungestörten Boden. Darüber befand sich eine bis zu 0,20 m dicke Packlage aus Rotsandstein, die wie-

---

88  Ein Vorbericht wurde bereits publiziert: Clemens/Löhr 1997, 374–376. Die Beschreibungen stützen sich auf die Grabungsdokumentation des Grabungstechnikers B. Kremer.

derum mit einer ca. 0,10 m dicken Kiesschicht bedeckt war. Die Oberkante der Straßendecke lag auf 137,16 m u. NN. Der Straßengraben wurde mehrfach ausgehoben und gereinigt (Grabenverfüllung EV 1995,30 Kat. – Nr. 10–16).

### 2.1.3.2 Gruben

Die beiden Gruben lagen an der Oberkante nur 0,35 m von einander entfernt und wiesen eine sehr einheitliche Verfüllung auf (Abb. 11).

Die östliche, 1,40 m × 1,16 m große und 1,14 m tief erhaltene Grube war in der Aufsicht rechteckig und hatte ebenfalls einen rechteckigen Querschnitt. Sie war mit Brettern verschalt (Abb. 12). Unter der Bretterverschalung befand sich eine grünlichgelbe bis schwarze Sinterkruste. Die erste Verfüllung der Grube bestand aus leicht lehmigem, aschehaltigem Sand, der viel Holzkohle, Scherben, Knochen und auch bearbeitete Jurakalkabschläge enthielt. Zu den Grubenrändern war sie deutlich gelbgrünlich verfärbt. Die abgesackte Verfüllung wurde in einem weiteren Schritt mit grobem Sand, der mit Schutt durchsetzt war, aufgehöht.

Die westliche Grube dagegen war oval, im Profil muldenförmig und ebenfalls ca. 1,40 m × 1 m breit, dagegen nur 0,80 m tief (Abb. 11). Am Boden der Grube sowie in einem schmaleren Streifen an den Rändern hatte sich eine bis zu 0,20 m dicke Schicht aus gelbgrünlich verfärbtem Schieferkies in lehmiger Matrix erhalten (Abb. 13). Die eigentliche Verfüllung entsprach in ihrer Zusammensetzung der anderen Grube. Es sind im Fundmaterial anpassende Scherben gefunden worden (EV 1995,30 Kat. – Nr. 30; 130). Auch hier war die erste Verfüllung stark eingesunken und mit einer schutthaltigen Schicht erhöht. In beiden Gruben lag reichhaltiges Fundmaterial (Grube 1: EV 1995,30 Kat. – Nr. 19–125; Grube 2 EV 1995,30 Kat. – Nr. 126–199)[89].

Zu den Gruben ist keine Bebauung freigelegt worden. Ihre zügige Verfüllung erfolgte bei Anlage einer ebenen Fläche für das spätere Forum. In der Schicht oberhalb der Gruben wurden größere Reste von Baumaterial gefunden, u. a. Abschläge von Steinarchitektur aus Jurakalkstein.


## 2.2 Viehmarkt (RLM Trier, EV 1987,105)

In den Jahren von 1987–1994 wurde bei der Anlage einer Tiefgarage auf dem Gelände des Viehmarkts eine Straßenkreuzung mit anschließender Wohnbebauung freigelegt[90]. Die Dokumentation der Grabung ist bislang nicht aufgearbeitet, so dass die Erschließung sehr schwierig ist[91]. Durch den hohen Zeitdruck und die unterschiedlichen Dokumentationsmethoden während der Freilegung konnten nur direkt entlang der Straßen und in

---

89  Die Auswertung des Fundmaterials erfolgt in Kapitel 3 Fundanalyse.

90  Vorberichte und kurze Zusammenfassungen sind erschienen in: Cüppers/Gilles u. a. 1987–1988, 342–343; Hoffmann 1998, 54–55; Unruh 2001, 224–226; Goethert 2003a, 107–123, bes. 108–109; ders. 2005, 86–87. Zur Grabung und den damit verbundenen Problemen: Hoffmann 1998, 53–54.

91  Zum Beispiel existieren keine Schnittpläne für die über 800 Blattnummern, die bei drei Grabungstechnikern verteilt gelagert werden. An dieser Stelle möchte ich mich noch einmal besonders bei B. Kremer und M. Thiel bedanken, ohne deren Hilfe die Erschließung und Aufarbeitung der Dokumentation nicht möglich gewesen wäre.

einer kleinen Sondage in der Südwest-Ecke Befunde der Gründungszeit dokumentiert werden. Unter der Nordost-Insula des Thermenbaus wurden damals keine, für die hier behandelte Fragestellung wichtige Zusammenhänge aufgenommen.

### 2.2.1 Straßen

In der untersuchten Fläche lag die Straßenkreuzung der Nordsüd-Straße E mit der Ostwest-Straße 7[92]. Beide konnten mehrfach geschnitten und zum Teil auch über größere Strecken freigelegt werden (Abb. 14).

#### 2.2.1.1 Nordsüd-Straße E

Die Nordsüd-Straße E (Abb. 15) wurde auf einer Gesamtlänge von ca. 129 m beobachtet. Ihre Breite variierte zwischen 10 und 11 m. Der Aufbau entspricht den schon vorgestellten Profilen am Forum: Auf dem nur durch vereinzelte vorgeschichtliche Funde gestörten Boden befand sich eine wenige Zentimeter starke Schicht mit sehr reichhaltigem Fundmaterial. Auf dieser wiederum lag eine dicke Bettung aus Rotsandsteinen. Die Fahrbahndecke bestand aus einem Kiespaket, dessen Oberfläche stark versintert war. Im Folgenden wird der Aufbau der Straße nicht im Einzelnen aufgeführt, sondern nur auf Abweichungen oder Ergänzungen aufmerksam gemacht. Die Beschreibung erfolgt in Straßenabschnitten von Norden nach Süden, wobei nur zum Teil Plana und Schnitte vorliegen.

##### 2.2.1.1.1 Nördliche Grabungsgrenze (D-G/12–13)[93]:

An der nördlichen Baugrubenkante wurde im Profil Blatt 422 (Abb. 15, Ausschnitt des Profils) die Wohnbebauung, der Laubengang (EV 1987,105 Kat. – Nr. 535–551) und die gesamte Straßenbreite (unter der Straße: EV 1987,105 Kat. – Nr. 307–311; mit den Gräben (Ost: EV 1987,105 Kat. – Nr. 312–313)) dokumentiert. Die Oberkante der Straße lag auf 133,55 m u. NN. Im Westen wurde im Graben noch ein Holzkasten nachgewiesen. Der östliche war stark verflacht, hatte vermutlich aber auch einen Kasten. In diesen und unter der Straße war je ein 0,08 m tiefer, spitz zulaufender Pfosten eingetieft. Beide Standspuren waren noch ca. 0,20 m tief erhalten. Zwei weitere Pfosten wurden in der Fläche geschnitten. In dem etwas südlicher liegenden Profil 414 wurde zu der unter der Rotsandsteinstraße liegenden Schicht ebenfalls ein Straßengraben dokumentiert.

##### 2.2.1.1.2 Nördlich der Kreuzung (F-H/6–11)[94]

Der Aufbau der Straße entspricht dem weiter nördlich gelegenen, wobei in Profil 436 die untersten, für diese Arbeit relevanten Schichten nicht aufgenommen wurden. Sie waren jedoch sicher vorhanden. In den Profilen 413 und 725 wurde jeweils die Straße ohne Gräben und angrenzende Bebauung dokumentiert. Nur wenige Wandscherben Belgischer und Rauwandiger Ware konnten unter der Rotsandsteinstraße geborgen werden, obwohl die frühere Nutzungsphase auch hier im Befund sicher aufgrund des typischen Schichtaufbaus nachgewiesen ist.

---

92  Einige der Straßenprofile wurden bereits in der unpublizierten Prüfungsarbeit des Grabungstechnikers B. Kremer beschrieben, die er mir dankenswerterweise zur Verfügung stellte.
93  Plana: Blatt 807, 423; Profile: Blatt 422, 414, 761–764, 758.
94  Plana: Blatt 416, 432, 437, 438, 446, 726; Profile: Blatt 413, 424, 436, 441, 725, 543, 545.

### 2.2.1.1.3 Südlich der Kreuzung (H-K/1–4)[95]

Der Straßenbefund entspricht dem nördlich der Kreuzung. Auch hier konnte wieder die unterste Kulturschicht mit dem dazu gehörenden Graben dokumentiert werden (Blatt 493). Die Straßenoberkante lag bei 133,30 m ü. NN und hatte damit ein Gefälle von 0,25 m ab der nördlichen Grabungsgrenze. Die Breite der Straße betrug in Schnitt 101 nur noch 10 m. Es konnte kein chronologisch empfindliches Material aus den Befunden geborgen werden.

### 2.2.1.2 Westost-Straße 7

Die Westost-Straße 7 wurde auf einer Länge von 79 m untersucht. Die Breite der Rotsandsteinstickung betrug etwa 10 m. Der Aufbau entsprach dem der Nordsüd-Straße. Im Westen lag die Oberkante bei 133,37 m ü. NN, im Osten bei 133,28 m u. NN.

### 2.2.1.2.1 Westlich der Kreuzung (E-H/3–5)[96]

Der Straßenabschnitt der Westost-Straße 7 westlich der Kreuzung wurde exemplarisch für die anderen Gebiete sehr genau untersucht. Dadurch stammt von dort auch die größte Menge des Fundmaterials (EV 1987,105 Kat. – Nr. 1–296; 314–327; 527–534).

Der Aufbau der Rotsandsteinstraße entsprach in Stickung und Kiesschicht dem der Nordsüd-Straße. Unter ihr konnten durch die genauere Aufnahme bis zu vier Schichten dokumentiert werden, in die zum Teil an der Oberkante abgelaufene Trittsteine eingelassen waren[97]. Die Dicke des Schichtpakets variierte von 0,10 m bis sogar 0,35 m. Immer wieder konnten vermutlich belaufene, nicht flächig nachzuweisende Kiesbänder festgestellt werden[98]. In der zweiten Schicht unter der Straße lag sehr viel Holzkohle- und einige Schlackereste (EV 1987,105 Kat. – Nr. 143–162). Unter der Straße befand sich eine kleine Grube mit einer Tiefe von 0,15 m, die bei Anlage der zweiten Schicht unter der Straße verfüllt wurde[99]. In den Laubengängen wurden kleine Rammpfosten aufgenommen, ähnlich denen an der nördlichen Grabungsgrenze[100].

### 2.2.1.2.2 Kreuzung (H-J/4–5) und östlich davon (K-M/4–6)[101]

Der Kreuzungsbereich war durch ein Kalksteingussfundament, das frühestens im 3. Jahrhundert angelegt wurde, und einen Kanal stark gestört, ebenso die dokumentierten Straßenprofile. Östlich setzte sich der Straßenverlauf fort, wobei durch die ungenaue Aufnahme hier keine weiteren Schichten unter der Rotsandsteinstraße dokumentiert sind, aber sicher vorhanden waren. Insgesamt wurde in diesem Abschnitt kein ausreichend datierbares Fundmaterial geborgen.

---

95   Profile: Blatt 101, 165, 166, 298e, 493, 506, 507, 802.
96   Plana: Blatt 742, 520, 705, 808, 809; Straßenlängsschnitte: Blatt 791, 728, 804; Straßenquerschnitte: Blatt 552, 562, 565, 552, 805, 790, 703, 701, 525, 704, 746, 718, 724, 803, 298a[1]; Straßengräben: Blatt 787, 768, 574, 575, 576, 577, 578.
97   Blatt 728, 805, 718. Vgl. hierzu auch den ähnlichen Befund am Forum.
98   Besonders gut wurden diese in Blatt 730 dokumentiert.
99   Blatt 791.
100  Blatt 791, 804, 703 und 525.
101  Kreuzung: Plana: Blatt 806, 492, 668, 797, 798; Schnitte: Blatt 799, 268a, 268b, 491, 800. Östlich der Kreuzung: Planum: Blatt 670; Profile: Blatt 494, 504, 519.

## 2.2.2 Wohnbebauung

Die Wohnbebauung der vier an die Straße angrenzenden Insulae konnte nur in kleinen Ausschnitten genauer untersucht und dokumentiert werden. Besonders bedauerlich ist, dass die zu den Funden unter der Rotsandsteinstraße gehörenden Befunde, obwohl sicherlich auch in einer größeren Fläche vorhanden, nur selten aufgenommen wurden. Die Steingrundrisse sind nicht mit denen der Fachwerkhäuser identisch, aber ihre Ausrichtung ist gleich. Da diese nur in kleinen Ausschnitten untersucht werden konnten, lassen sich keine Grundrisse rekonstruieren, sondern immer nur einzelne Wände feststellen.

### 2.2.2.1 Südwestliche Insula

In der südwestlichen Insula untersuchte der Techniker B. Kremer im Rahmen seiner Prüfungsgrabung besonders Raum 3 mit zehn Plana (Blatt 617–626) und sechs Profilen (Blatt 531, 546, 557, 566, 567, 632)[102].

Auffällig ist, dass auf dieser gut dokumentierten, vergleichsweise kleinen Fläche Fundmaterial vom Neolithikum bis zur Eisenzeit befand, das sonst an weniger gut untersuchten Stellen im Stadtgebiet vollständig fehlt. Die vorgeschichtlichen Funde lagen in einer nicht weiter differenzierbaren Schicht über dem anstehenden Sand. In diese Schicht waren verschiedene Gruben und ein spitz zulaufender Graben eingetieft, in deren Verfüllungen nur vorgeschichtliches Keramikmaterial geborgen werden konnte. Zu der frühesten römischen Besiedlungsphase gehörten drei Fachwerkwände, die in der folgenden Zeit mindestens dreimal erneuert und bemalt worden sind. Aus der ersten Phase hat sich jedoch keine Bemalung erhalten. Die Wand war in eine Schicht eingetieft, aus der nur nicht näher einzuordnendes Fundmaterial erhalten ist (FN. 543). Auf der Originalzeichnung ist allerdings zu FN. 543 noch vermerkt: „Keltische Keramik[103], römisch um 0? TS Haltern 2/8a? Belgische Ware". Diese Funde sind verschollen, würden aber bedeuten, dass aus der Schicht, in die die Wand eingetieft war, Scherben des Service II kommen und dies gegen eine allzu frühe Einordnung der Wand spräche. Die Wände waren 0,20 m breit. Die Laufhöhe der Räume lag bei 132,95 m u. NN. und damit fast 0,40 m tiefer als die Oberkante der Rotsandsteinstraße in diesem Bereich. Erst die zweite Fachwerkperiode war im Niveau der Straßendecke angeglichen. Verschiedenes Fundmaterial konnte allerdings nicht genauer zeitlich eingeordnet werden (EV 1987,105 Kat. – Nr. 401; 406–411). Im Weiteren befand sich dort eine vergleichsweise frühe Grube ohne stratigraphischen Bezug mit Fundmaterial der tiberischen Zeit, deren Funktion nicht zu klären ist (EV 1987,105 Kat. – Nr. 297–306). Zu dem Nutzungshorizont der Fachwerkbebauungen gehörte ein nicht näher untersuchter oder zu datierender Ofen. In dem Laubengang sowie in der Insulabebauung konnten verschiedene römische Pfostenstellungen beobachtet werden, die denen in den Straßenkörpern sehr ähnlich sind, jedoch auch hier nicht bestimmten Strukturen zugewiesen werden können (Blatt 525, 566, 623).

An der Seite der Nordsüd-Straße konnte in dem Planquadrat H3 eine Fläche im Planum untersucht werden, in der zwölf, ca. 0,20 m tiefe Rammpfosten lagen, die zu dem ersten

---

102   Der Befund wurde von Kremer vorberichtlich in seiner unveröffentlichten Prüfungsarbeit zusammengefasst, die bei der Grabungsdokumentation im RLM Trier einzusehen ist.

103   Der Begriff „Keltische Keramik" wird allgemein in der Grabungsdokumentation synonym zu „Keramik in Latènetradition" verwendet.

römischen Nutzungshorizont gehören, jedoch ebenfalls keiner bestimmten erkennbaren Struktur zugehören.

### 2.2.2.2 Nordwestliche Insula

In der nordwestlichen Insula lag der Fokus der Untersuchungen besonders auf den Bereichen im Anschluss an die Westost-Straße und der nördlichen Grabungsgrenze. Allerdings standen nur wenige Befunde mit der ersten Besiedlung in Verbindung, da meist auf Grund von Zeitmangel nicht bis auf den fundfreien Boden untersucht wurde.

In Raum 1 in Planquadrat F-G/5–6 lagen im nördlichen Teil in den Schwemmsand eingetieft 44 kleine Pfosten mit einem Durchmesser zwischen 0,04 und 0,10 m und einer Tiefe von 0,11–0,18 m[104]. Die Pfosten lassen sich nicht zu regelmäßigen Strukturen zusammenfügen und gehörten wohl wie die in anderen Bereichen freigelegten Pfosten zur kaiserzeitlichen Besiedlung vor Anlage der Rotsandsteinstraße. An dieser Stelle konnte jedoch kein datierendes Fundmaterial geborgen werden. Der anstehende Sandboden, in dem weitere Strukturen zu erwarten gewesen wären, wurde nicht untersucht. Zu der späteren Fachwerkbebauung gehörte auf einer Länge von 6,20 m eine Wand mit bemaltem Kalkputz.

An der nördlichen Grabungsgrenze wurde vor allem in Planquadrat E12 der spätere Laubengang systematisch untersucht[105] und mehrere römische Kulturschichten vor Anlage der Steinbauphase dokumentiert: Auf dem anstehenden Sand lag in der ältesten Schicht ein ungefähr 0,74 m breiter „Kiesweg", der vermutlich zu der ersten römischen Phase gehörte, da aus der gleichen Schicht die sehr klein zerscherbten Reste eines Tellers Consp. 12.4 kommen (EV 1987,105 Kat. – Nr. 551). Es ist möglich, dass die Schicht von dem ersten Straßengraben der Rotsandsteinstraße geschnitten wurde. Die Dokumentation ist diesbezüglich nicht eindeutig, da die Fundamentgrube der Rotsandsteinlaubenmauer den Befund stört (Blatt 422). Damit hätte der so genannte Weg ungefähr gleichzeitig mit der Schicht unter der Rotsandsteinstraße bestanden. Es ist meines Erachtens jedoch nicht gesichert, ob es sich bei dem als Weg angesprochen Band wirklich um einen solchen handelt. Dagegen spricht aus meiner Sicht zum einen, dass die Kiesel weit streuen und sich das Band an der Nordseite bis auf 0,50 m verjüngt, zwischendurch als maximale Breite aber auch 0,90 m erreicht (Blatt 757e). Zum anderen sind auch an anderen Stellen der Grabung (z. B. im Quadranten G4, H5 unter der Rotsandsteinstraße auf einer größeren Länge (Blatt 298a[1] und 803) oder Quadrant E-H/3–5 auf Blatt 730) solche Kiesbänder dokumentiert worden, ohne dass sie als Wege anzusprechen sind.

Auch Schicht 4 mit de meisten Fundmaterial, die über dem Kiesband lag (EV 1987,105 Kat. – Nr. 536–550), gehörte in diese Zeitstufe. Beide Fundschichten wurden durch zwei Gräben geschnitten, die von der Grabungstechnik als wannenartige Einläufe in den Graben der Nordsüd-Straße bezeichnet werden. In den anstehenden Sand sind verschiedene kleine Gruben eingetieft, die wohl zur ersten römischen Besiedlung gehörten, allerdings kein Fundmaterial erbrachten.

Im Weiteren wurden auch in dem Planquadrat E/12 zwei frühe Pfostenstellungen dokumentiert. Ein weiterer frühkaiserzeitlicher Befund lag im Laubengang des Planquadrats

---

104    Planum Blatt 812.
105    Plana Blatt 767, 765, 757a-f; Profile 758–764, 422.

F/8. Dort konnte eine 1,39 × 1,40 m und noch 0,60 m tief erhaltene, rechteckige Grube freigelegt werden. Eine etwa 0,02 m dicke, humose Schicht am Grubengrund deutet darauf hin, dass der Boden zumindest mit Brettern ausgelegt war. Dazugehörende Baustrukturen, die die Funktion klären könnten, sind nicht dokumentiert.

### 2.2.2.3 Nordöstliche Insula

Obwohl die nordöstliche Insula die größte ergrabene Fläche einnahm, erbrachte sie nur wenige Funde der Gründungszeit. Zum einen zerstörte die spätere Thermenanlage große Teile, zum anderen konnte nicht genügend Zeit und Sorgfalt bei der Freilegung und Dokumentation auf die Schichten der Gründungszeit verwendet werden.

In dem Thermensaal A in Planquadrat K-L/10 wurde ein Keller freigelegt[106]. Er hatte eine Grundfläche von 2,00 × 2,20 m und war mit Holz verschalt. Der jeweils mit Holzbohlen ausgelegte Keller weist zwei Bauphasen auf. Insgesamt blieb der Befund mit einer Tiefe von 1,60 m erhalten. Auf der Sohle der frühesten Phase befand sich eine Münze der Lyoner Altarserie II (EV 1987,105 Kat. – Nr. 438). Die übrigen Funde dieser Schicht wurden unter der FN. 816 (EV 1987,105 Kat. – Nr. 429–437) zusammengefasst. Der Boden der zweiten Phase ist bei einer Höhe von 0,90 m eingezogen. Die Seitenbretter waren ineinander verzahnt und die Ecken mit 0,22 m starken Rundhölzern verstärkt. Auch aus dieser Nutzungszeit konnte reichhaltiges Fundmaterial geborgen werden (FN. 815), das jedoch später datiert und hier nicht weiter berücksichtigt ist.

In dem Planquadrat H-J/7 wurden auf einer Länge von 3,20 m vier frühe Siedlungsschichten beobachtet, in denen etwas Fundmaterial lag (EV 1987,105 Kat. – Nr. 613–614). Auch an dieser Stelle befand sich ein Pfosten mit einer Dicke von 0,06 m und einer Tiefe von 0,28 m.

In einer Nachuntersuchung legten Löhr, Kremer und Thiel in Planquadrat G/13–14 eine größere Fläche frei, in der unregelmäßig mindestens 114 Rammpfosten im Durchmesser zwischen 0,07 und 0,14 m auftraten. Alle untersuchten Pfosten hatten eine Tiefe von ungefähr 0,20 m und lassen sich nicht zu einer Baustruktur ergänzen. In dem Gelände waren im Weiteren verschiedene Gruben eingetieft, von denen einige schon südgallische Sigillata enthielten. Die meisten gehören jedoch zum Halternhorizont (EV 1987,105 Kat. – Nr. 439–449). Auch die Gruben, die eventuell zu Materialentnahme dienten, sind unregelmäßig angelegt worden. Fachwerkstrukturen wurden nicht festgestellt, allein zwei dunkel verfärbte, ca. 0,14 m breite Befunde könnten die Reste einer Fachwerkwand sein. Da der Befund nicht geschnitten wurde, ist das jedoch nicht mehr sicher zu klären.

Auch in der Insula sind einzelne Pfostenstellungen, wie z. B. in Planquadrat L/3, dokumentiert worden (Blatt 483). Allerdings ließ sich auch hier kein baulicher Zusammenhang erkennen.

### 2.2.2.4 Südöstliche Insula

In der südöstlichen Insula wurden wiederum in Ausschnitten Befunde der ersten Nutzung und Wohnbebauung freigelegt. Auf einen ersten Laufhorizont (132,96 m ü. NN) folgte eine zweite, durch eine dünne Kiesschicht befestigte Phase (132,98 m ü. NN) mit verschiedenen eingetieften Befunden. Dazu gehört eine Grube im Planquadrat J-K/3, in der in rote und

---

106   Blatt 772–776, 466.

graue Belgische Ware (EV 1987,105 Kat. – Nr. 607–609) lagen. Neben dieser befand sich ein 0,14 m breiter Graben mit zwei größeren Pfostenlöchern, die vermutlich zu einer Schwellbalkenfachwerkkonstruktion gehörten. Etwas weiter nördlich wurde ein in westöstliche Richtung laufender, oben 0,70–0,80 m und an der Sohle 0,20 m breiter Sohlgraben untersucht. Charakteristisches Fundmaterial fehlt und die Nutzung ist unklar. Auch in diesem Abschnitt wurden wieder verschiedene Pfosten, die keiner Struktur zuzuordnen sind, dokumentiert.

## 2.3 Wohnbebauung und Straße Südallee 33–34 (RLM Trier, EV 1984,59)

Beim Bau einer Wohnanlage mit Tiefgarage in der Südallee 33-34 während der Jahre 1985 und 1986 konnten baubegleitend eine Straßenkreuzung sowie Teile von drei anschließenden römischen Insulae untersucht werden.

Die Nordsüd-Straße D wurde auf einer Länge von 55 m beobachtet. Ihre erste Phase bestand aus einer ca. 12 m breiten Rotsandsteinstickung, die in diesem Bereich keine Kiesauflage wie auf dem Forum und dem Viehmarkt hatte. Die Oberkante lag auf 133,00 m u. NN. Auf der Westseite konnte nur noch ein 0,60 m breiter Straßengraben dokumentiert werden. Im Graben der Ostseite saß ein 0,40 m breiter Holzkasten, ähnlich dem am Viehmarkt.

In der Westost-Straße 11, die auf einer Länge von 21 m freilag, fehlte die Packlage der Rotsandsteinstraße. Auf den anstehenden Schwemmsand wurde eine Schiefersteinstickung mit Kiesauflage gesetzt, die im Aufbau der zweiten Periode der Nordsüdstraße ähnelt.

Die Oberkante der zweiten Nordsüd-Straße lag auf 133,30 m ü. NN, die Oberkante der ersten Nutzungsphase der Westost-Straße im Vergleich dazu auf 133,20 m u. NN. Das könnte darauf hindeuten, dass die beiden zusammen gehört haben. In der Höhe von 133,00 m ü. NN, wo sich eigentlich die Rotsandsteinstraße befinden sollte, ist hier noch der anstehende Schwemmsand dokumentiert.

In den anschließenden Insulae wurden verschiedene Gruben aufgedeckt, die zu den ersten Fachwerkphasen gehörten, jedoch nicht alle der ersten Gründungsphase zuzurechnen sind. Es ist schwierig, diese Gruben zeitlich einzuordnen, da sie neben spätaugusteischem Material auch Südgallische Terra Sigillata enthielten. Zum Teil enthielten sie ausschließlich spätere Funde. Vermutlich wurden sie zum Teil zwar in dem in dieser Arbeit untersuchten Zeithorizont angelegt, jedoch erst später verfüllt. Deshalb finden sie hier keine Berücksichtigung.

## 2.4 Fachwerkbebauung und Gräben, Klinikum Mutterhaus
##    der Borromäerinnen Strahlenzentrum (RLM Trier, EV 1992,13)

Bei den baubegleitenden Untersuchungen während der Errichtung eines Strahlenzentrums am Klinikum Mutterhaus der Borromäerinnen konnten 1992 verschiedene Befunde mit augusteisch-tiberischer Zeitstellung untersucht werden, zu denen eine Lehmziegelwand mit

Verputz gehörte[107.] An diese schloss eine Brandschicht an, die von zwei größeren Gräben durchstoßen wurde. Am nördlichen Grabungsrand lag eine rechteckige, holzverschalte Grube, die vermutlich zeitgleich mit der Lehmziegelwand bestand, da sie auch mit Brandschutt verfüllt war. Außerdem wurden noch ein durch eine Baugrundbohrung lokalisierter Brunnen, der ein dendrochronolologisch ermitteltes Errichtungsdatum von 18 n. Chr. erbrachte, und verschiedene Gruben und Pfostenbefunde, die im Einzelnen nicht näher zu charakterisieren sind, freigelegt. Wie fast alle anderen Untersuchungen stand auch diese unter hohem Zeitdruck und konnte darüber hinaus bislang nicht aufgearbeitet werden.

Einige Profile liegen nur in nicht maßstabsgetreuen Skizzen vor. Darüber hinaus sind mindestens ein zentrales Profil sowie alle Plana beziehungsweise ein Gesamtplan mit den Schnitteintragungen verschollen, so dass besonders bei den letzten aufgenommenen Profilen ihre genaue Lage unklar ist[108]. Zudem wurde auch durch die fehlende Zeit der Aushub jeweils nur grob durchsucht und oft kein feiner als „erste Hälfte erstes Jahrhundert" zu datierendes Fundmaterial geborgen. Dennoch lassen die Befunde einige Aussagen zur ersten Besiedlungsphase in diesem gerade außerhalb des angenommenen Gründungsrasters gelegenen Bereich zu. Es sind mit hoher Wahrscheinlichkeit in die ersten zwei Jahrzehnte n. Chr. einzuordnende Standspuren einer Wand aus ungebrannten Lehmziegeln erhalten. Dieses Profil ist in den Grabungsunterlagen derzeit nicht auffindbar, so dass die einzigen Dokumentationen das bereits in der Zeitschrift „Archäologie in Deutschland" veröffentlichte Grabungsphoto[109] sowie ein kurzer, unveröffentlichter Bericht Löhrs sind, dem das Folgenden zugrunde liegt: Er schrieb, dass ungebrannte Lehmziegel ohne Fundamentierung auf Sand gesetzt waren. Diese gehörten vermutlich zu einer Holzständerkonstruktion, zu der auch einige der untersuchten Pfostenstandspuren gehört haben könnten. Die Wand war an Innen- und Außenseite verputzt und in abgesetzten Feldern mit Sprenkelmuster bemalt. Der Wandputz sackte aufgrund von Durchfeuchtung ab und wurde an der Außenseite durch Anschüttung einer Sandschicht, an der Innenseite durch Einziehen eines Lehmestrichs zu festigen versucht. Das Laufniveau in dem Haus lag damit vermutlich unter demjenigen außerhalb. Das Gebäude ist abgebrannt. An verschiedenen Stellen der Fläche konnte eine dicke Brandschicht festgestellt werden. Diese wurde nach Löhr vermutlich einplaniert und hat längere Zeit offen gelegen. Auch an der südlichen Grabungsgrenze ließ sich eine vergleichbare Schicht nachweisen.

Vermutlich gleichzeitig bestand eine rechteckige, 2,05 m breite Grube[110], deren Wände ursprünglich wohl verschalt waren. Löhr beschrieb die darauf hindeutende Schicht als rötlichbraunen, schwach lehmigen Kies mit Buntsandsteinbrocken. An den Randbereichen der Grube war der Boden überwiegend verbrannt und darin gelbliche Bänder eingeschlossen. Ihre Sohle lag auf 128,14 m ü. NN, auf der sich eine etwa 0,05 bis 0,10 m dicke, graugrüne Schlammschicht befand, die nach Löhr ohne Zweifel wasserbeeinflusst war. In dieser lagen „großstückige Scherben"[111], die allerdings nicht mehr eindeutig identifiziert werden kön-

---

107  Löhr 1993; ders. 2005.
108  Dank gebührt an dieser Stelle Dr. H. Löhr, der die Schnitte noch verorten konnte, so dass sie zwar nicht eingemessen, ihre Positionen jedoch geklärt sind.
109  Löhr 1993, 53.
110  Von dieser liegt nur eine grobe Feldskizze vor.
111  Unveröffentlichter Grabungsbericht Löhr.

nen. Vermutlich gehörte zu ihnen das Randfragment eines Tongrundigen Kruges mit stark unterschnittenem Rand, da dieses Fragment keine Brandspuren aufweist. Auf dieser Schicht lagen etwa 0,90 m hell-rötlich bis gelber, lehmiger Feinsand. Die Wandbegrenzung war bis zu einer Höhe von 129,30 m an der Innen-, und 129,44 m ü. NN an der Außenseite erhalten und nach innen abgebrochen. Die Versandung und der Wandabbruch erfolgten vor der Auffüllung der nächsten drei stark brandschutthaltigen Schichten. Auf der sandigen Grubenverfüllung lag zunächst eine etwa 0,40 bis 0,60 m mächtige Lage mit viel grobem Putz, die dunkelgrau bis braun war und viel feine Holzkohle aufwies. Darauf befand sich eine etwa 0,70 m dicke, orange, feinsandig pulverige Schicht, mit weniger Putz als in der unteren. Im oberen Bereich war sie dagegen grau bis aschig. In ihr wurde ein Denar des Mark Anton geborgen. Die oberste der drei Brandverfüllungen war sehr orange und braunschwarz gefleckt, mit viel grober Holzkohle, Nägeln und wenig Putz. Diese Schicht entsprach nach Auskunft Löhrs der Brandschicht an der Lehmziegelwand. Das Fundmaterial wurde nicht nach Schichten getrennt, zudem ist es chronologisch wenig aussagekräftig, da es sich überwiegend um Tongrundige und Belgische Ware handelt. Nur das stark verbrannte Wandfragment einer größeren Terra Sigillataschale deutet eher in ein südgallisches Produktionsspektrum, wobei das aufgrund des starken Verbrennungsgrads optisch nicht sicher zu bestimmen ist. Im Bruch konnten jedoch größere helle Einschlüsse beobachtet werden. Aufgrund der grünlichen Schicht auf der Grubensohle schlug Löhr eine Interpretation als Latrine vor. Diese scheint allerdings schon vor der Brandzerstörung aufgegeben worden zu sein, da sie bereits versandet und ihr Verbau vermutlich eingestürzt war. Sowohl die Lehmziegelwand als auch die Grube waren bereits auf die späteren Baufluchten und damit auf das Straßenraster ausgerichtet.

Vollkommen anders waren dagegen mehrere große, einander überlappende Gräben orientiert. Sie durchstießen, wie in drei Profilen dokumentiert wurde[112], die Brandschicht und waren damit jünger (Abb. 16). In den zentralen Profilen (von Nord nach Süd Profil 6, 5, 7 und 10) wurde diese Schicht jedoch nicht dokumentiert. Es lassen sich mindestens drei unterschiedliche Phasen erkennen: Der älteste Graben war in allen Profilen geschnitten. Seine Sohle lag im Norden bei 130,10 m im Süden bei 130,25 m ü. NN (Abb. 16, mittlerer Graben). Dort hat sich eine in den Profilen grau eingezeichnete, wenige Zentimeter dicke Schicht abgesetzt. Im nördlichen Teil war die Grabenfüllung aus feinem hellbraunen Sand mit graubraunen humosen Bodenlinsen, einzelnen Holzkohlen und Brandlehmbrocken erhalten. Vermutlich stammte aus dieser Füllung FN. 39 (EV 1992,13 Kat. – Nr. 20–21)[113]. Der zweite Graben (Abb. 16, östlicher Graben) überlagerte im Süden vollständig die erste Phase und tiefte diesen auf eine Höhe von 129,86 m ü. NN, d. h. etwa 0,05 m mehr, ein. Der jüngere und tiefere zweite Graben verlief etwas östlich und endete etwa in der Mitte

---

112 Profil 15 an der nördlichen Grabungsgrenze in der Nähe der verschalten Grube. Profil 13 dagegen lag an der südlichen Grabungsgrenze. Dort konnte ein großer Graben festgestellt werden, der in Westost-Richtung verlief. Profil 4 lag an der südlichen Grabungsgrenze. Dort wurde die Schicht allerdings vollkommen anders als „Braungelber, leicht humoser Sand; stärker mit Holzkohle durchzogen, einzelne Kalkmörtelbröckchen, Brandlehmbröckchen, kleine Rotsandsteinbröckchen, Ziegelbruchstücke. Römische Schicht" beschrieben. Ob es sich dabei wirklich um die nördlich und weiter östlich als deutliche Schicht dokumentierte Lage handelte, kann an dieser Stelle nicht mehr geklärt werden.

113 Im Plan ist FN. 39 mit FN. 49 falsch verzeichnet, da FN. 49 in der Fundliste für Profil 6, FN. 39 aber für Blatt 5 angegeben ist, die als Eintrag in der Dokumentation ganz fehlt.

der Grabungsfläche in zwei Stufen auf einer Höhe von 130,06 m ü. NN mit einem Graben-
kopf. An der östlichen Wand dieser Phase haben sich deutliche Abdrücke der Hacken-
schläge bei der Errichtung des Grabens erhalten. Die Breite der Hacke betrug etwa 0,12 m
und die Hackrichtung war von Nord nach Süd mit einem leichten Bogenschlag. Die Verfüllung dieser Phase erfolgte mit dem Grabenaushub sehr schnell nach der Errichtung, da
sonst die Errichtungsspuren nicht so deutlich erhalten wären. Aus der Verfüllung stammen
die Fundnummern 37 und 38 (EV 1992,13 Kat. – Nr. 10–19). Ein dritter Graben (Abb. 16,
westlicher Graben) durchlief die Fläche wieder auf ganzer Länge. Dieser war mit einer
Breite von 0,45–0,50 m wesentlich schmaler als die beiden älteren Gräben. Er war im Norden genau in den ältesten Graben eingetieft und weist auch die gleiche Sohlentiefe auf, so
dass davon ausgegangen werden kann, dass bei der Errichtung noch der alte Grabenverlauf
erkennbar war oder zumindest dessen Sohlentiefe erkannt werden konnte. Im südlichen Teil
trennen sich zwischen Profil 10 (Abb. 17) und 4 (Abb. 18) Phase 1 und 3, und der jüngere
Graben verlief etwa 0,30 m weiter westlich. Die Füllung des jüngsten Grabens unterscheidet sich deutlich von den beiden älteren Phasen. An der Sohle lag grauschwarzer, toniger,
humoser Schlamm mit Holzkohleeinschlüssen. Im Profil 6 (Abb. 19) war ein schmales
Band aus zerfallenem, kalkarmem Mörtel eingeschlossen. An dieser Ablagerung zeigt sich,
dass der Graben über einen längeren Zeitraum offen gestanden haben muss. Die eigentliche
Grabenverfüllung bestand aus eingeschwemmten braunen und gelblichen Sandschichten
mit einigen Holzkohle- und Mörtelbrocken, Brandlehm und Kieseln.

In Profil 13 konnte ein weiteres Mal ein Graben angeschnitten werden, wobei weder die
Sohle erreicht noch die Grabenbreite erfasst wurde. Damit ist nicht sicher zu entscheiden,
ob er zu der ersten oder der zweiten Phase gehörte. Da die Verfüllung jedoch in mehreren
Schichten erfolgt ist und verunreinigter scheint als die vergleichsweise homogene Verfüllung des zweiten Grabens, gehörte er vermutlich zu der ersten Phase. Nicht zu beurteilen ist
ein weiteres Grabenende vor der nördlichen Grabungsgrenze, das aus dem gemeinsamen
Verlauf von Phase 1 und 3 herauskommt. Da in diesem Bereich kein Profilschnitt angelegt
wurde, kann nicht entschieden werden, ob es sich dabei gegebenenfalls noch um eine vierte
Phase handelte oder das Grabenende zu der dritten Phase gehörte.

Problematisch ist die Interpretation des Befundes: Da es sich um Sohlgräben handelte
und alle Strukturen in einem leichten Bogen angelegt waren, erscheint eine Interpretation
als militärische Anlage unwahrscheinlich. Durch die Ablagerungen, gefolgt von dicken
Sandschichten in Phase 1 und 3, ist die bereits von Löhr vorgeschlagene Interpretation als
Abwasser- oder Drainagegraben wahrscheinlicher, wobei unklar ist, was entwässert werden
sollte[114].

Da aus diesen Gräben über umgelagerte urnenfelderzeitliche Keramik hinaus nur wenig
römisches Fundmaterial geborgen wurde und die Phasen sehr dicht aufeinander folgen, ist
keine feinchronologische Unterscheidung des Fundmaterials aus der Wohnbebauung, den
diese schneidenden Gräben und den verschiedenen Grabenphasen möglich. Allgemein ist
zwar eine Einordnung in das erste Viertel des ersten Jahrhunderts n. Chr. möglich, aber
keine feinere zeitliche Differenzierung.

Im südöstlichen Bereich des Grabungsareals wurde bei baustatischen Untersuchungen
eine sich auf der Fläche unregelmäßig rundlich abzeichnende Verfärbung durch eine Boh-

---

114   Vorbericht in den Grabungsunterlagen.

rung untersucht. Da es sich dabei um einen nicht tragfähigen Bereich handelte, wurde er ausgebaggert und der Aushub untersucht. In dem Bodeneingriff zeichnete sich die kreisrunde, kiesgefüllte Baugrube eines Brunnens deutlich von dem umgebenden Sandboden ab. Dieser war vermutlich absichtlich mit lehmigem Sand und wenig Kulturschutt verfüllt worden. Darunter lag eine grau gebleichte und stellenweise schon mit schwarzbraunem, humosem Mulm durchsetzte Sandschicht, die nach Löhr vermutlich einen Grundwasserschwankungsbereich anzeigt. Darunter wurden einige Proben schwarzbraunen, humosen, schwach sandigen Tons mit Bruchhölzern gewonnen. Diese weisen darauf hin, dass der Brunnen bei der Verfüllung in den unteren Bereichen bereits verschlammte. Die Hölzer wurden dendrochronologisch mit einem gesicherten Endjahr von 15 n. Chr. und einer Verarbeitung um 18 n. Chr. datiert[115]. Löhr wies darauf hin, dass die Füllung des Brunnens keinen Brandschutt enthielt, im Gegensatz zu den weiteren untersuchten Flächen. Da aber kein direkter Bezug zwischen dem Brunnen und der Bebauung hergestellt werden kann, sind auch keine näheren Datierungen möglich.

## 2.5 Saarstraße 28 (RLM Trier, EV 2000,165)

Bei Grabungen in der Saarstraße 28 konnte in den Jahren 2000/2001 eine größere, zusammenhängende Fläche untersucht werden[116]. Darin wurde neben Profilen der Nordsüd-Straße E und der Westost-Straße 13 auch eine fest belaufene Schicht dokumentiert, die im Niveau unter der Stickung der ersten Rotsandsteinstraße auf einer Höhe von 134,00–134,20 m ü. NN lag. Aus ihr konnte wenig, klein fragmentiertes Fundmaterial aufgenommen werden. Dazu gehören ein Bodenfragment einer Terra Sigillata Schale mit einem Stempel des L. TITIVS THYRSVS[117] sowie eine beinerne Haarnadel[118]. Zu dieser Schicht, die nicht in der gesamten Grabung verfolgt werden konnte, waren jedoch keine Baubefunde zu erkennen.

Neue Erkenntnisse zu Ausdehnung und Entwicklung der ersten befestigten Straßen in Trier brachten drei in diesem Bereich liegenden Schnitte: Das erste Profil der Nordsüd-Straße E lag 28 m südlich der Westost-Straße 12, das zweite an der gleichen Straße etwa 30 m südlicher. In dem ersten, nördlichen Profil lag auf der mindestens zweiphasigen Sandstraße eine Rotsandsteinpacklage mit einer Kiesdecke. Die Oberkante der ersten Straße lag hier bei 134,42 m ü. NN, welches der Oberkante der Sandstraße im zweiten Profil entspricht. Hier scheint sich im Straßenverlauf in der ersten steinernen Ausbauphase ein Wechsel abzuzeichnen und die Straße nur zur Hälfte in Rotsandstein ausgebaut worden zu sein. An beiden Stellen folgte in der nächsten Phase eine etwa gleichdicke Packlage, im Norden aus Kalk-, im Süden aus stark vergangenem Rotsandstein.

In einem weiteren Schnitt dieser Grabung wurde die Westost-Straße 13 untersucht. Die früheste Phase bildete auch hier eine Sandstraße, deren Oberkante etwa 0,30 m tiefer lag als

---

115   Freundliche Mitteilung Frau Dr. M. Neyses-Eiden.

116   Für die Informationen und Bereitstellung des Fundmaterials danke ich sehr herzlich Frau Dr. S. Faust, die mir ihr unpubliziertes Manuskript zur Verfügung stellte.

117   OCK type 2246.31; EV 2000,165 Kat. – Nr. 7, Tafel 52.

118   EV 2000,165 Kat. – Nr. 8.

die der Nordsüdprofile. Die erste Straßenbefestigung erfolgte mit Flussgeröllen und einer Kiesdecke. Sie lag etwa 0,20 m unter der zweiten Straßenphase in Nordsüdrichtung, jedoch ebenso viel über dem Niveau der ersten Straße[119].

## 2.6 Töpfereibezirk Frauenstraße/Landewyck-Gelände (RLM Trier, EV 1998,11)

Im Rahmen von Notbergungsmaßnahmen wurde von März bis August 1998 in der Frauenstraße 7–9 auf dem Gelände der ehemaligen Fabrik Landewyck ein Areal untersucht, in dem in den untersten Schichten die Reste von vier, eventuell sogar fünf Töpferöfen freigelegt werden konnten (Abb. 20)[120]. Die Öfen lagen unter der mittelkaiserzeitlichen und spätantiken Wohnbebauung und waren durch diese stark gestört worden. Es handelte sich um runde bis ovale Öfen des von Höpken in Köln festgestellten Typs A3, bzw. in einem Fall um eine Variation des Typs mit zwei Mittelstegen[121]. Im vorderen Teil befanden sich Bedienungsräume, von denen Feuerungskanäle in die eigentlichen Brennkammern führten.

### 2.6.1 Ofen 1 (Abb. 21a)

Die Ofenanlage 1 ist die am besten dokumentierte. Sie hat mit dem Bedienungsraum eine Länge von 2,80 m. Die Brennkammer hatte einen ungefähren Durchmesser von 1,00 m. Der Mittelsteg und die Lochtenne waren teilweise erhalten und wurden beprobt (FN. 178). Auf der Lochtenne und den teilweise herab gebrochenen Fragmenten hat sich eine Reihe Fundmaterial aus dem Brennraum erhalten (EV 1998,11 Kat. – Nr. 55–183), ebenso wenige Fragmente unter der Lochtenne (EV 1998,11 Kat. – Nr. 50–54). Zahlreiche Fehlbrände stammen auch aus der Planierungsschicht oberhalb der Brennkammer (EV 1998,11 Kat. – Nr. 185–217).

Weiteres Fundmaterial lag auf dem Boden der Bedienungsgrube (EV 1998,11 Kat. – Nr. 41–49) unter einem dicken Aschepaket mit viel Holzkohle und weiteren Scherben (EV 1998,11 Kat. – Nr. 27–40). Auch aus der Planierschicht oberhalb des Bedienungsraums stammen viele Fehlbrände (EV 1998,11 Kat. – Nr. 1–26).

Das Fundspektrum besteht aus Belgischer Ware. Darunter sind fast ausschließlich Becher der Form Deru P1–9 sowie zwei Teller und ein Gurtbecher. Es sind sowohl Verzierungen mit V-förmigem Rollrädchendekor als auch kleinrechteckigem Rollrädchendekor sowie Schrägstrichrollrädchendekor vertreten. Im Weiteren wurde auch TongrundigGlattwandige Ware produziert, vor allem Krüge der Form Höpken T33 und Töpfe ähnlich den Formen Haltern 57 und 62. Drei Fragmente Muschelgemagerter Ware wurden geborgen, gehörten jedoch sicherlich nicht zum Produktionsspektrum.

---

119    Vgl. hierzu mit Interpretation auch: Kapitel 4.5 Straßennetz.
120    Ein Vorbericht ist erschienen in: Clemens/Löhr 2000, 424–428. Weitere Verweise auf die Befunde in: Kaiser 2000, 312, bes. Anm. 28; Löhr 1998, 26; Luik 2001, 253; ders. 2002, 140.
121    Höpken 2005, 31.

## 2.6.2 Ofen 2 (Abb.21b)

Von dem zweiten Ofen wurde nur der Brennraum in etwa einem Viertel angeschnitten, in dem neben Fragmenten der Lochtenne Keramik, aber auch Schlackereste gefunden wurden (EV 1998,11 Kat. – Nr. 218–234).

Das Fundspektrum besteht aus Belgischer Ware, vor allem Bechern der Form Deru P 1–9, die mit V-förmigem Rollrädchendekor oder Schrägstrichrollrädchendekor verziert waren. Ein singuläres Fragment roter Belgischer Ware gehörte sicherlich nicht zum Produktionsspektrum. Es wurden ein Tongrundiger Krug sowie ein nicht näher zu klassifizierendes Keramikfragment geborgen, das eventuell Inventar der Töpferei gewesen sein könnte.

## 2.6.3 Ofen 3 (Abb.21c)

Von dem dritten Ofen haben sich bis zu einer Höhe von 0,80 m die Brennkammer und Teile des Schürkanals erhalten. Der Durchmesser des Ofens betrug ebenfalls etwa 0,80 m. An den Ofenrändern waren noch Teile der 0,06–0,08 m dicken Lochtenne zu sehen. In dem Brennraum befanden sich neben Keramik eine unverbrannte Dachziegelplatte, ungebrannte Tonbrocken und ein Muschelkalkblock (EV 1998,11 Kat. – Nr. 235–248). Ein Mittelsteg konnte nicht nachgewiesen werden. Der Schürkanal war halbkreisförmig 0,40 m breit und 0,25 m hoch. In ihm befand sich Material aus der Brennkammer.

Das Fundspektrum besteht auch hier aus Belgischer Ware: Es wurden ebenfalls Becher der Formen Deru P 1–9 sowie zwei Teller gefunden, die mit V-förmigem, kleinrechteckigem und Schrägstrichrollrädchendekor verziert waren. Darüber hinaus befanden sich wenige Fragmente von Bechern in Glatt- und Rauwandiger Ware ähnlich der Form Haltern 57 im Fundmaterial.

## 2.6.4 Ofen 4? (Abb.21d)

Die vierte Anlage unterscheidet sich deutlich von den anderen Öfen. Sie konnte nur noch geschnitten und nicht im Planum aufgenommen werden. Der Befund war fast 0,40 m hoch erhalten. Zwei Stege lagen in der 1,80 m breiten Kammer, die sich dann noch um mindestens 0,80 m erweiterte. Ungewöhnlich ist neben der Form auch, dass der Boden nicht angeglüht war, so dass es sich entweder nicht um eine Ofenanlage handelte, oder sie nie in Betrieb genommen worden ist.

Die einheitliche Verfüllung enthielt jedoch zahlreiche Fehlbrände (EV 1998,11 Kat. – Nr. 250–277). Darunter befand sich wie an den anderen Fundstellen auch Belgische Ware, vor allem der Form Deru P 1–9 sowie drei Teller. Die Verzierungen sind hier ebenfalls V-förmiges, kleinrechteckiges und Schrägstrichrollrädchendekor. In Tongrundig Glattwandiger Ware liegt ein Topf ähnlich der sonst in Belgischer Ware produzierten Form Deru P 1–9 vor.

## 2.6.5 Ofen 5 (Abb.21e)

Der fünfte Ofen konnte nicht im Planum aufgenommen, sondern nur geschnitten werden. Die Brennkammer hatte einen Durchmesser von 2,10 m. Die Gesamtlänge mit Betriebsgrube betrug 4,20 m. Der Befund war noch 0,80 m hoch erhalten. In dem muldenförmigen Brennraum konnten keine Keramikreste, dafür aber in der mehrphasig verfüllten Betriebsgrube Funde aus einem Benutzungshorizont geborgen werden (EV 1998,11 Kat. – Nr. 281–288), ebenso in einer darüber liegenden Ascheschicht (EV 1998,11 Kat. – Nr. 289–319).

Das Fundspektrum besteht hier aus Belgischer Ware, vorwiegend Becher der Form Deru P 1–9, die mit Einglättdekor, V-förmigem, kleinrechteckigem und Schrägstrichroll-rädchendekor verziert sind. Es wurde auch Tongrundig Glattwandige Ware produziert, sowohl Krüge Höpken T33 als auch Deckel Höpken T25 und 26. Je eine Wandscherbe Goldglimmerware und Muschelgemagerte Ware liegen vor, gehörten jedoch auch hier nicht zum Produktionsspektrum.

## 2.7 Töpfereibezirk Feldstraße, Klinikum Mutterhaus der Borromäerinnen 2. Bauabschnitt (RLM Trier, EV 2003,23)

Bei der Grabung Feldstraße, Klinikum Mutterhaus der Borromäerinnen 2. Bauabschnitt, wurden ein Töpferofen sowie eine Grube mit Siedlungsmaterial freigelegt[122]. Der etwa 2,80 m lange Ofen wies einen birnenförmigen Grundriss mit Mittelsteg auf und war noch bis zu einer Höhe von 0,60 m erhalten. Auf diesen Mittelsteg wurden etwa handgroße Jura-kalksteine gelegt, die als Unterlage für Imbrexziegel dienten. Darüber lag eine 0,06–0,08 m dicke Lochtenne aus festem, intensiv orangerotem sandigen Lehm. Die Verfüllung der Brennkammer bestand aus Bruchstücken von Ziegel, Jurakalksteinen, Brandlehm, Stücken der Lochtenne und zahlreicher Keramik[123]. Auf der Sohle lagen noch Asche- und Holzkohlereste. Durch den Feuerungskanal verlief eine Störung.

Das Produktionsspektrum umfasste wohl vorwiegend Belgische Ware mit den Töpfen Deru P 1–9 sowie Tongrundig Glattwandige Krüge der Form Höpken T 30. Auffällig sind mindestens 21 Exemplare einer Tellerform, die sehr grob gearbeitet und nicht geglättet sind, zu denen keine Parallelen vorliegen.

Im Weiteren wurde eine nicht näher anzusprechende, muldenförmige Grube mit etwas spätaugusteisch-tiberischem Fundmaterial freigelegt[124]. Sie hatte eine Breite von etwa 1,30 m und eine erhaltene Tiefe von 0,54 m. Baubefunde sind dazu leider nicht bekannt.

---

122  Es wurde noch ein weiterer Ofen mit umfangreichem Fundmaterial freigelegt. An dieser Stelle wer-den jedoch nur die Funde eines Ofens sowie der Grube berücksichtigt, da der Verfasserin die Funde des zweiten Ofens zur Zeit der Materialaufnahme nicht zur Verfügung standen. Nach einer ersten Durchsicht entsprachen sie den hier vorgestellten Funden.

123  EV 2003,23 Kat. – Nr. 18–92.

124  EV 2003,23 Kat. – Nr. 1–17.

# 3 Fundanalyse

## 3.1 Münzen

Die Erschließung des Trierer Münzmaterials ist trotz der umfangreichen Fundvorlage durch die fünf bislang erschienen FMRD-Bände[125] für die Gründungszeit sehr schwierig, insbesondere, da diese bis auf wenige Ausnahmen nur Altbestände bis 1970 enthalten. Im Weiteren liegt das vor allem daran, dass bei den Grabungen erst zu einem sehr späten Zeitpunkt Metallsuchgeräte systematisch eingesetzt wurden und damit nur sehr wenige Münzen im Befundzusammenhang geborgen werden konnten. Eine Auswertung der Funde aus unklaren Zusammenhängen, wie Lesefunde und den sehr umfangreichen Privatsammlungen, ist nur von statistischer Relevanz und kann zur Beurteilung des eigentlichen Münzumlaufs wenig beitragen, da die einzelnen Stücke zum Teil sehr lange verbreitet waren[126].

### 3.1.1 Keltische Münzen

Auf der Grundlage des latènezeitlichen Fundmaterials postulierte Gilles 1992 eine keltische Vorgängersiedlung im Gebiet der späteren römischen Stadt *Augusta Treverorum*. Damit griff er eine schon lange kontrovers diskutierte Frage auf[127] und brachte mit der Vorlage weiterer Funde, vor allem Münzen, neue Argumente ein. Diese sind meines Erachtens jedoch kritisch zu hinterfragen, da der größte Teil der Münzen nicht aus Grabungszusammenhängen, sondern von Sammlern aus dem Aushub des Stadtgebiets kommt.

So führte Gilles 141 bestimmbare keltische Münzen aus Trier auf[128]. Von diesen bleiben nach Abzug der Funde mit nur „Trier" als Herkunftsangabe und solchen aus weiter entfernten Stadtteilen 124 Stücke. Diese setzen sich wie folgt zusammen: Neun stammen aus neueren Grabungen, zwölf aus Altgrabungen und 103 Stücke wurden von Sammlern mit Herkunftsangaben geborgen. Diese Aufstellung zeigt, wie schwer die Auswertung fällt, da der größte Teil der Münzen aus der Stadt ohne archäologisch verwertbaren Befundzusammenhang ist. Ein großer Teil – 30 Münzen – wurde im Umfeld der Moselbrücke gefunden, weitere 46 am Viehmarkt, wobei wiederum nur sieben aus Grabungszusammenhängen stammen.

Zunächst zu den Münzen aus Befundzusammenhang: Die beiden Stücke der Grabung St. Gervasius stammen aus Grube 2[129] und waren dort mit römischem Fundmaterial

---

125  Alföldi 1970; Noeske 2004; Alföldi/Wigg-Wolf 2006; Alföldi 2007a; dies. 2007b.
126  van Heesch 1999; Wigg 1999, 108–117; Kemmers 2006, 24–32.
127  Forschungsdiskussion zusammengefasst in: Gilles 1992, 193–196; seitdem sind keine neuen Argumente eingebracht worden; jüngere Zusammenfassung in: Leifeld 2007, 385–386.
128  Gilles 1992; in den letzten Jahren sind weitere Münzen hinzugekommen, Gilles schätzte die Zahl – an dieser Stelle sei ihm für die freundliche Mitteilung gedankt – auf ca. 40, die von Sammlern gefunden wurden.
129  Ebd., 220, Nr. 8 und 22.

vergesellschaftet[130]. Bei ihnen handelt es sich um je ein Exemplar des Typs Scheers[131] 30a und Scheers 162 I oder II, die beide zum Münzumlauf nach dem Gallischen Krieg gehören[132], aber auch noch vereinzelt in kaiserzeitlichen Komplexen auftreten[133].

Von sieben Münzen mit Fundortangabe „Viehmarkt" sind zwei keinen Befunden zuzuordnen[134]. Drei gehören zu hier nicht weiter bearbeiteten Fundkomplexen der nachaugusteischen Zeit[135]. Von den beiden verbliebenen Münzen stammt eine aus dem Randbereich einer Grube mit nicht näher zu charakterisierendem, jedoch sicher römischen Fundmaterial[136], so dass allerdings nicht sicher ist, ob sie ggf. aus dem Schwemmmaterial stammt. Es handelt sich bei dieser um eine Münze des Typs Scheers 216, welche zu den spätesten keltischen Prägungen und zum Umlauf der augusteischen Zeit gehört[137]. Der Prägebeginn liegt zwischen 15 und 8 v. Chr.[138]. Die andere Münze Scheers 146 lag in der Schicht unter der Rotsandsteinstraße[139]. Auch dieser Münztyp wurde schon weitgehend unter römischer Verwaltung geprägt und gehört noch zum augusteischen Umlauf[140]. Die Prägezeit liegt zwischen 60 und 20 v. Chr.[141].

Durch die hier vorgestellten Einzelfunde zeigt sich, dass eine sehr hohe Zahl an keltischen Münzen noch im römischen Umlauf zu finden ist, ungeachtet wie sicher oder unsicher die Fundortbezeichnung Trier bei den weiter zu besprechenden Stücken ist. Diese Feststellung wird durch das häufige Vorkommen keltischer Prägungen in frühkaiserzeitlichen Militärlagern untermauert[142].

Betrachtet man nun auch die Funde von Sammlern mit der Ortsangabe Trier (Abb. 22)[143], fällt auf, dass fast die Hälfte der Münzen Typen sind, die regelhaft noch zum kaiserzeitlichen Umlauf gehört haben können[144]. Ein weiteres Drittel sind während oder nach dem gallischen Krieg gefertigt und auch noch in geringer Zahl in augusteischer Zeit umgelaufen[145], wie besonders die beiden Münzen aus dem Fundkontext am Viehmarkt zeigen[146].

---

130  EV 1963,37 191–246.
131  Die keltischen Münztypen sind, soweit nicht anders angegeben, zitiert nach Scheers 1977.
132  Zur genaueren Datierung: Loscheider 1998, 173–183; Leidig 1998, 211–218; Wigg 1999; Loscheider 2005; Nick 2006, 235, bes. Anm. 865.
133  Wigg 2003, 228–231.
134  Gilles 1992, 222–223, Nr. 32, 121; bei den beiden anderen Funden handelt es sich um einen Lesefund und zu dem anderen ist der Plan derzeit im RLM Trier nicht auffindbar.
135  Ebd., 223, Nr. 82, 188, 119.
136  Ebd., 222, Nr. 58.
137  Wigg 1996, 415–424.
138  Nick 2006, 235, Anm. 869.
139  Gilles 1992, 223, Nr. 101; zusammen mit Kat. – Nr. 1987, 105 163–258.
140  Nick 2006, 233, bes. Anm. 856.
141  Haselgrove 1999, 149.
142  Hanel 1995, 17–18 (mit älterer Literatur); Wigg 1996, 415–424; Ilisch 1999, 284.
143  Zu dieser statistischen Auswertung wurden von den 124 Münzen mit Fundortangabe die Funde von der Römerbrücke, dem Petrisberg, dem Lenus Mars-Tempel sowie die Funde aus dem Altbachtal abgezogen, da insbesondere die Funde von der Brücke das Bild verfälscht hätten. Dort ist eine keltische Furt belegt. 86 Münzen verblieben dann zur weiteren Auswertung, s. u.
144  Die zeitliche Einordnung der keltischen ist wesentlich schwieriger als die der römischen Typen. Zu den spätesten Prägungen gehören jedoch dLT 9441, Scheers 146, 147, 216 und 217, die zusammen 42 von 86 Münzen aus dem Stadtgebiet Triers ausmachen.
145  Zu diesen 27 Münzen zähle ich die Typen Scheers 30, 162, 190, 199, 200, und den neuen Typ vom

In den Zeithorizont um 30 v. Chr. ordnete Gilles fünf Münzen und einen gegossenen Messingschrötling[147] mit der Ortszuweisung „Viehmarkt"[148], die von zwei Sammlern in der Baugrube, nur wenige Meter voneinander entfernt[149] und im abtransportierten Aushub, gefunden worden sein sollen[150]. Auf der Vorderseite ist ein barhäuptiger Kopf nach links mit einem sternförmigen Auge zu sehen. Auf der Rückseite ist ein nach links stehendes Tier mit einer langen Schnauze abgebildet, das Gilles als Eber, Elefant oder Nashorn interpretierte. Er setzte die Münze stilistisch zwischen die Typen Scheers 162 und Scheers 216. Ihr Durchmesser entspricht mit 17–19 mm etwa den beiden Typen, ist jedoch deutlich schwerer. Es handelt sich um Messinglegierungen, die in Ketten gegossen wurden und aus unterschiedlichen Gussformen stammen[151]. Gilles nahm an, dass dieser Münztyp in Trier geprägt wurde, da er keine Parallelen im Münzmaterial des Titelbergs und des Martbergs kannte. Er vermutete einen kurzen Prägezeitraum, dessen Ende er mit dem Aufstand der Treverer, der durch Nonius Gallus niedergeschlagen wurde, 30/29 v. Chr. verbinden wollte[152].

Als weiteren Hinweis auf eine keltische Münzprägung in Trier sah er eine von einem Sammler in der Metzelstraße geborgene Münze an[153], deren Typ ebenfalls bislang nur in Trier und in diesem einen Stück belegt ist. Es gehört zur Gruppe der ARDA-Prägungen. Zeitlich ordnete Gilles sie gleichzeitig oder etwas früher als den Viehmarkttyp ein[154].

Die Zusammenstellung der publizierten keltischen Münzen zeigt, dass der größte Teil zum römischen Umlauf gehört und nur in sehr wenigen Fällen Stücke Befunden zugewiesen werden können. Besonders kritisch sollte auch die von Gilles postulierte Münzstätte am Viehmarkt hinterfragt werden. Meines Erachtens sind diese Münzen aus unklaren Zusammenhängen kein Ausreichender Hinweis auf eine Münzprägung, da typische Beifunde wie Tüpfelplatten oder Gussreste fehlen und die Stücke zudem noch aus unterschiedlichen Formen stammen. Eine Gesamtbewertung erscheint mir jedoch nur im Zusammenhang mit den weiteren keltischen Funden sinnvoll und erfolgt im Kapitel 4.1 Vorkaiserzeitliche Besiedlung.

## 3.1.2 Römische Münzen

In den hier vorgelegten Grabungskomplexen wurden mit 14 Exemplaren nur sehr wenige Münzen geborgen[155]. Dadurch ergibt sich für einzelne Befunde eine unterstützende Datierung, die jedoch in keinem Fall das aus der Keramik gewonnene Bild verändert.

---

Viehmarkt, wobei die chronologischen Feinheiten für die hier betrachtete Fragestellung nicht relevant sind. Vgl. zu letzterem auch Haselgrove 2006, 101–105.

146  Siehe oben Anm. 136 und Anm. 139.
147  Dieser könnte jedoch auch als ungeprägte Münze umgelaufen sein und ist damit kein zweifelsfreier Beleg für eine Münzprägung (Gilles 1992, 198).
148  Gilles 1992, 220, Nr. 24–28.
149  Ders. 1989, 7.
150  EV 91,61 und 91,73.
151  Gilles 1992,197; ders. 1989, 7–8.
152  Ebd., 8; ders. 1992, 197–198.
153  Ebd., 220, Nr. 6.
154  Ebd., 197–198.
155  Münzl. – Nr. 28; 50; 143–147; 222; 274; 291; 335–337; 369.

Bei den Prägungen handelt es sich durchweg um die Lyoner Altarserien oder zeitgleiche Stücke[156]. Nur eine Nemaususprägung kommt aus einer Planierschicht am Viehmarkt[157]. Für eine aussagekräftige statistische Auswertung ist dieses Münzmaterial zu gering.

Erst durch die Berücksichtigung aller im FMRD publizierten Münzen kann eine tendenzielle Aussage getroffen werden. Bedingt durch den Publikationsstand wird aber überproportional, da die Münzen dort vollständig vorgelegt sind, das Verhältnis im Tempelbezirk des Altbachtals widergespiegelt (vgl. Abb. 23)[158]: Betrachtet man nun losgelöst von der Problematik des Publikationsstands die vorgelegten Münzen aus Trier handelt es sich um 18 republikanische Münzen (davon neun Denare), von denen sieben halbiert sind und eine geviertelt ist[159]. 22 Münzen gehören zu den verschiedenen Serien der Prägungen aus Nemausus, darunter fünf halbierte und eine geviertelte[160]. 188 Münzen der ersten Lyoner Altarserie, mit sechs halben und einer geviertelten Münze wurden bestimmt[161]. Dagegen können nur 66 Stücke der zweiten Serie zugerechnet werden, von denen sieben halbiert sind und eine geviertelt ist[162]. 51 Münzen sind nur allgemein den Lyoner Altarserien zugewiesen, davon fünf halbiert und eine geviertelt. Im Weiteren kommen noch 54 Münzen verschiedener Typen aus den Münzstätten in Rom vor, darunter auch zwei halbierte und eine geviertelte[163]. Sechs Münzen – davon eine halbierte – konnten nur allgemein Augustus zugewiesen werden.

Es ist auffällig, dass mit 22 Stücken die Nemaususprägungen in sehr geringer Zahl auftreten, d. h. nur sechs Prozent des bekannten Gesamtbestandes der augusteischen Zeit in Trier ausmachen. Dieser Münztyp ist der Häufigste im Oberadenhorizont[164]. Die größte Menge des frühkaiserzeitlichen Münzumlaufs machen die Prägungen der Lyoner Altarserie aus, wobei hier die erste Serie bei den bestimmbaren Münzen dreimal häufiger ist als die zweite[165]. Wenn man das Verhältnis der Nemaususprägungen, der Lyoner Altarserie und der Prägungen aus Rom dem Münzspektrum von Haltern gegenüberstellt, fällt auf, dass die Anteile vergleichbar hoch sind[166] (vgl. Abb. 24): Nemausus: Trier sechs Prozent, Haltern sieben; Lyon I: Trier 72 Prozent, Haltern 79; Rom: Trier 19 Prozent, Haltern 13. Dabei ist natürlich zu berücksichtigen, dass die Überlieferungsbedingungen in Trier schlechter sind, wesentlich weniger Münzen vorliegen und durch die nachaugusteische Besiedlung das Münzbild zudem stark verändert worden ist[167].

---

156   Zusammenfassend zur Datierung der Lyoner Altarserie: Ilisch 1999, 282–283 (mit weiterer Literatur).
157   Münzl. – Nr. 28.
158   220 der 256 Münzen stammen aus dem Tempelbezirk im Altbachtal.
159   Zu Halbierungen allgemein und deren spätere Datierung: Chantraine 1968, 17–21; Chantraine 1982, 25–33; Wigg 1999, 115–116; Loscheider 2000, 181–184.
160   Zur Datierung und dem Umlauf der Nemaususprägungen vgl.: Berger 1996, 41–44; Wolters 2000a, 91–93 mit weiterer Literatur.
161   Berger 1996, 34–38; Wolters 2000a, 93–94.
162   Wolters 2000a, 96–97.
163   Berger 1996, 39; Wolters 2000a, 95–96.
164   Ilisch 1992, 175; ders. 1999, 279–280; Berger 1999, 274.
165   Ähnliche Anteile finden sich auch in Nijmegen und Moers-Asberg (Wolters 2000a, 97, mit weiterer Literatur in Anm. 89).
166   Die Zahlen für Haltern sind von Ilisch 1999, 279, Anm. 3 übernommen.
167   Vielleicht ist der etwas höhere Anteil an stadtrömischen Prägungen mit der längeren Besiedlung in Trier zu erklären, da diese Münzen trotz ihrer frühen Prägedaten nur langsam und vergleichsweise

Um weitere, zumindest tendenzielle Aussagen treffen zu können, wurden auch die durch ehrenamtliche Mitarbeiter mit Metallsuchgerät geborgenen Funde mit einbezogen[168]. Eine numerische Auswertung konnte leider nicht erfolgen, da die Sammlungen z. T. nicht mehr vollständig oder durch Zukäufe verfälscht waren. In Gesprächen bestätigte sich jedoch das Bild, dass sehr wenige Nemaususprägungen gefunden wurden. Keiner besaß mehr als 10 Stücke, dagegen aber alle sehr viele Münzen der Lyoner Altarserien, wobei hier die Zahlen nicht mehr zu ermitteln waren. Da alle befragten Sammler aber mehrere tausend Münzen der römischen Kaiserzeit gefunden haben, erscheinen diese Zahlen, und besonders die geringe Menge an leicht zu erkennenden Nemaususprägungen als weiterer Hinweis darauf zulässig, dass der Münzumlauf im Stadtgebiet wie der des Tempelbezirks im Altbachtal auch erst in spätaugusteischer Zeit begann.

## 3.2 Metall

### 3.2.1 Latènezeitliche Fibeln[169]

Zu den wenigen publizierten latènezeitlichen Funden aus dem Stadtgebiet gehören elf Fibeln, die Gilles bereits 1992 vorlegte[170]. Die Aussagefähigkeit dieser Fibeln ist allerdings in den meisten Fällen gering, da sie nicht aus dem archäologischen Kontext, sondern von ehrenamtlichen Mitarbeitern des Rheinischen Landesmuseums im Abraum auf den Deponien gefunden wurden, und so eine Fundstellenzuweisung nur bedingt möglich ist[171]. Drei Stücke sind Altfunde ohne nähere Befundumstände[172]. Die einzige aus modernen Grabungszusammenhängen stammende Fibel kommt vom Viehmarkt[173], aus einer dunkl gefärbten Schicht, die leider nicht näher dokumentiert wurde. Aufgrund der absoluten Höhe und einer dicken, darunter liegenden Schicht, ist aber zu vermuten, dass es sich um eine römische Auffüllung handelt[174].

Nach den von Gilles vorgeschlagenen Datierungsansätzen lassen sich sieben Fibeln den Zeitstufen Latène A-C und jeweils zwei D1 und D2 zuweisen. Vier kommen aus der direkten Umgebung der Römerbrücke und vom Moselufer, zwei aus dem Areal des Altbachtals,

---

|       | spät in den Norden kamen (Wolters 2000a, 95–96). |
|-------|-------|
| 168   | Besonders danke ich an dieser Stelle W. Knickrehm (Trier), der mir bereitwillig seine Sammlung zeigte und den Kontakt zu weiteren Sammlern vermittelte. |
| 169   | Im Folgenden werden ausschließlich die Bronzefunde besprochen, da Eisen aus den bearbeiteten Grabungen bislang nicht restauriert wurde und nur in einem sehr schlechten Erhaltungszustand vorliegt. Folgende Bronzeobjekte wurden im Katalog erfasst und gezeichnet, jedoch nicht besprochen, da sie zu klein fragmentiert und damit unbestimmbar sind: EV 1963,37 Kat. – Nr. 7, 193; EV 1987,105 Kat. – Nr. 71 (gerolltes Bleiblech), 551, 575. |
| 170   | Gilles 1992, 217–218 mit Abb. 7 und 8; vier von diesen (Nr. 2–4, 7) hatte bereits Haffner 1984 vorgelegt (Rheinisches Landesmuseum Trier 1984, Nr. 36, 163–164). Die Stücke 36d-f nahm Gilles nicht mit auf, da sie auch in römischen Horizonten noch zahlreich vertreten sind (Gilles 1992, 195, Anm. 22). |
| 171   | Ebd., 217–218, Nr. 1–6; 9. |
| 172   | Ebd., 217–218, Nr. 7, 8, 11. |
| 173   | EV 87,105 FN. 508, Blatt 556 ohne Beschriftung. |
| 174   | Aufgrund des unzureichenden Bearbeitungsstandes der Grabungsdokumentation des Viehmarkts war hier keine abschließende Klärung möglich. |

drei aus dem südlich des Forums, eine vom Viehmarkt und eine aus der Maarstraße nördlich des römischen Stadtgebiets. Damit zeichnet sich bislang, vorbehaltlich der kleinen Zahl
und der unsicheren Fundortbestimmungen, eine Konzentration im Süden der Stadt ab. Die
Diskussion des Aussagewertes der Stücke erfolgt zusammen mit den latènezeitlichen Münzen in der Auswertung[175].

### 3.2.2 Römische Fibeln

Die Trennung von „keltischen" und „römischen" Fibeln ist – wie sich an den unterschiedlich von Haffner und Gilles gewerteten Drahtfibeln des so genannten Mittellatèneschemas
zeigt[176] – nicht immer möglich oder sinnvoll. Die Abgrenzung zu den spätesten
aufgenommenen Typen ist ebenso schwierig[177]. Im Folgenden werden ausschließlich
Fibeln berücksichtigt, die aus augusteischen Kontexten stammen[178]. Dabei wurde nicht der
gesamte Fibelbestand berücksichtigt, sondern nur die aus den hier aufgenommenen Grabungen, sowie die bereits aus den Gräbern publizierten. Die Fibeln des Rheinischen Landesmuseums werden derzeit von C. Kurz aufgearbeitet.

### 3.2.2.1 Aucissafibeln[179]

Aus den in dieser Arbeit aufgenommenen Grabungszusammenhängen stammen vier zum
Teil stark fragmentierte Fibeln des Typs Aucissa[180]. Dabei handelt es sich um Scharnierhül-
senfibeln mit halbkreisförmig gebogenem Bügel, die direkt über der Hülse eine Kopfplatte[181] und kugelförmige Fußknöpfe aufweisen. Der Nadelhalter ist dreieckig und nicht
durchbrochen[182]. Das älteste bislang bekannte Stück stammt aus Besançon und wurde in
die Zeit zwischen 40–30 v. Chr. datiert[183]. Die Hauptverbreitung ist allerdings in der
Spanne von der augusteischen bis in die claudische Zeit[184]. Die Fibelform ist nicht, wie
lange vermutet wurde, nur auf das Militär beschränkt, sondern kommt auch zahlreich in
zivilem Kontext vor, wie z. B. ein Exemplar aus einem Kindergrab im Gräberfeld von
*Belginum* zeigt[185]. Sie wurden dort auch in vier Frauen- und einem Männergrab sowie einer
Jugendlichen- und einer Kinderbestattung gefunden[186].

---

175    Siehe auch: Kapitel 4.1 Vorrömische Besiedlung.
176    Siehe Anm. 170.
177    Es wurden zum Beispiel nicht alle Distelfibeln berücksichtigt, da sie eine sehr lange Laufzeit haben
       und besonders in den Gräbern einzelne Exemplare aus sicher späteren Kontexten stammen.
178    Nicht näher wird auf das Fibelfragment EV 2003,23 Kat. – Nr. 1 eingegangen, da sich nur mit der
       Nadel und dem Ansatz der Spirale der Typ nicht näher bestimmen lässt. Vermutlich gehört sie aber
       zur Riha-Gruppe 2.
179    Typ Riha 5.2 mit Varianten; zu sonstigen Typbezeichnungen vgl. auch Leifeld 2007, 202–205.
180    EV 1987,105 Kat. – Nr. 166; EV 1963,37 Kat. – Nr. 191; 192.
181    Auf dieser kann die namengebende Herstellermarke AVCISSA stehen, was bei den Trierer Stücken
       allerdings nicht der Fall war.
182    Zur ausführlichen Formbeschreibung und den Untervarianten: Riha 1979, 114–121, Typ 5.2; dies.
       1994, 101–106; Mit neuerer Literatur: Leifeld 2007, 201–205, Typ ScH–2.
183    Guilhot/Goy 1992, 138, Nr. 85.
184    Leifeld 2007, 202 mit weiteren Vergleichsfunden aus der Umgebung Triers und Literatur.
185    Zur Bestimmung des Leichenbrands: Geldmacher 2004, Grab 1290, Liste 1, laufende Nummer 913.
       Zum gesamten Grabinventar: Cordie-Hackenberg/Haffner 1991, 5, Taf. 344.
186    Geldmacher 2004, 74.

Die Trierer Stücke stammen vom Viehmarkt und aus der Forumserweiterung. Das Exemplar vom Viehmarkt wurde unter der Rotsandsteinstraße geborgen und kommt damit aus einem geschlossenen Komplex. Die beiden anderen Stücke lagen in Grube 2 der Grabung auf dem Gelände der Firma Heil in der Forumserweiterung RLM Trier, EV 1963,37, die in die spätaugusteisch-tiberische Zeit datiert wird, so dass bei diesen Exemplaren eine frühe Zeitstellung angenommen werden kann.

### 3.2.2.2 Hülsenspiralfibeln

Neben der Aucissa- kommen aus der Nutzungsschicht unter der Rotsandsteinstraße am Viehmarkt zwei Hülsenspiralfibeln des Typs Langton-Down (Riha 4.4)[187].

Die Fibeln weisen einen flachen, längsgerillten, bandförmigen Bügel auf, der leicht abgerundet auf der tonnenförmigen Spiralhülse aufsitzt[188]. Der Nadelhalter ist bei dem besser erhaltenen Stück durchbrochen, bei dem zweiten ist dies aufgrund des fragmentarischen Zustands nur zu erwarten. Diese weit verbreitete Fibelform hat ihren Verbreitungsschwerpunkt in augusteisch-tiberischer Zeit, wobei unklar ist, wie lange sie noch in Gebrauch blieb[189]. Sowohl Frauen- als auch Männergräber mit diesem Typ sind bekannt[190]. Ein Exemplar liegt aus dem Gräberfeld bei St. Matthias vor[191].

Zwei weitere Hülsenspiralfibeln wohl der Form mit Gratbügel (Riha 4.2) stammen aus einem Grab bei St. Matthias[192]. Diese Stücke sind nach Riha kennzeichnend für die tiberisch-claudische Zeit[193]. Leifeld geht aufgrund von Leichenbrandanalysen davon aus, dass die Fibel wohl überwiegend zur weiblichen Tracht gehörte[194].

### 3.2.2.3 Einfache Gallische Fibel

Die vierte Fibel, die unter der Rotsandsteinstraße am Viehmarkt[195] lag, gehört zu dem Typ mit glattem, ungeteiltem Bügel von dachförmigem/rhombischem Querschnitt, der so genannten Einfachen Gallischen Fibel (Riha 2.2.5/Leifeld SpS 7.3)[196]. Der Nadelhalter ist bei dem Stück nicht durchbrochen. Zwei Exemplare aus Augst werden in claudisch-neronische Zeit, bzw. die zweite Hälfte des ersten Jahrhunderts[197] datiert. Die Hauptverbreitungszeit der Form lag dagegen in augusteisch bis claudischer Zeit. Eine Geschlechtszuweisung ist nicht möglich[198]. Riha führte für die Variante 2.2.5 unter anderem Beispiele aus Dahlheim und vom Titelberg an[199].

---

187 EV 1987,105 Kat. – Nr. 164; 165.
188 Damit entsprechen beide Fibeln den Untertypen Riha 4.4.1 und Leifeld SpH 2.2b.
189 Zusammenfassung der Forschungsdiskussion: Leifeld 2007, 168–173.
190 Weitere Vergleiche aus der Region: Ebd., 170.
191 Rheinisches Landesmuseum Trier 1984, 224.
192 Ebd., 193–194.
193 Riha 1979, 94; weitere Parallelen und erweiterte Datierungshinweise: Leifeld 2007, 161–163.
194 Ebd., 163.
195 EV 1987,105 Kat. – Nr. 163.
196 Zum Typ, dessen Datierung und forschungsgeschichtlichen Einordnung: Leifeld 2007, 142–150; ein weiteres Stück aus Trier kommt aus dem Gräberfeld St. Matthias, Grab 163 (978) RLM Trier, Inv. 11,1183d (Rheinisches Landesmuseum Trier 1984, 223, Nr. 76).
197 Riha 1979, 65.
198 Leifeld 2007, 150.
199 Riha 1979, 67.

### 3.2.2.4 Eingliedrige Spiralfibeln vom so genannten „Mittellatèneschema"

Drei Fibeln dieses Typs ohne genaue Fundortangaben stammen aus Trier[200]. Die Form trat schon gegen 100 bis 80 v. Chr. auf und lief noch weit in die erste Hälfte des ersten Jahrhunderts n. Chr. Da die Trierer Stücke nicht in datierenden Kontexten geborgen wurden, wird an dieser Stelle nicht weiter auf den Typ eingegangen[201].

### 3.2.2.5 Kragenfibeln

Besonders aus dem Gräberfeld um St. Matthias kamen verschiedene Kragenfibeln[202] der Typen mit Maskenzier[203], mit schildförmigem[204], mit breitem flügelartigem und mit schmalem Bügel[205] zum Vorschein. Die Datierung der Kragenfibeln allgemein ist umstritten und variiert zwischen einem Ansatz in caesarischer Zeit[206] und dem Auftreten von Kragenfibeln mit schildförmigem, flügelartigem Bügel im letzten vorchristlichen Jahrzehnt[207]. Eine solche Fibel kam auch jüngst aus einer vermutlich umgelagerten Schicht in der Friedrich-Wilhelm-Straße 29–31 (RLM Trier, EV 2007,93)[208].

Die hier vorgestellten Fibeln entsprechen dem für spätaugusteische Zusammenhänge zu erwartenden Spektrum. Aufgrund der kleinen Zahl erscheint jedoch eine statistische Auswertung nach Häufigkeit oder Verbreitung nicht aussagekräftig.

### 3.2.3 Sonstiges

### 3.2.3.1 Durchbrochener Beschlag[209]

Auf dem ungestörten Schwemmsand am Viehmarkt wurde ein gut erhaltenes Bronzeobjekt gefunden, zu dem zahlreiche Parallelen bekannt sind, jedoch die Funktion bislang unklar ist. Das Stück reiht sich in die – wie schon Fünfschilling schrieb – auffallend gleichartig gestalteten Vergleichsbeispiele gut ein[210]. Es handelt es sich um eine leicht gebogene und durchbrochene Bronzeplatte mit eingezogenen Längsseiten und zwei angefügten Nietlöchern, die mit den Enden der Längsseite stilisierten Entenköpfen ähnlich sehen. Die Stege der Durchbruchsarbeiten sind trapezförmig. Die Mitte zeigt ebenfalls das charakteristische Andreaskreuzmotiv, mit je einem Loch an den Enden der Kreuzbalken. Das Rechteck in dem Kreuzungspunkt ist durch Stege und einen Wulst profiliert[211]. Bei einem Exemplar aus Augst wurde ein dünnes Bronzeblech aufgenietet, das zu einem Tellerrand gehört haben könnte. Bei einem anderen fanden sich organische Reste. Die Augster Stücke werden

---

200    Rheinisches Landesmuseum Trier 1984, 163, 36d-f.
201    Zum Typ, der Datierung und Forschungsgeschichte: Leifeld 2007, 49–52.
202    Fundbeschreibung und Fundorte: Rheinisches Landesmuseum Trier 1984, Nr. 57m, 72, 73, 74.
203    Besonders zu diesem Typ: Böhme-Schönberger 1994, 118–120.
204    Leifeld 2007, 116–130.
205    Ebd., 130–139.
206    Böhme-Schönberger 1994, 118.
207    Leifeld 2007, 129. In diesem Zusammenhang datieren jedoch auch die Beifunde, da besonders auch Fibeln längere Zeit in Benutzung gewesen sein können. Vergleiche hierzu Kapitel 4.13 Gräberfelder.
208    FN. 335, Befund 204, Fläche 2, Profil 12, beim Abbau des Profils. Freundliche Mitteilung Dr. J. Hupe.
209    EV 1987,105 Kat. – Nr. 571.
210    Umfassend mit vielen Parallelen: Fünfschilling 1992.
211    Ebd., 265.

überwiegend in die spättiberisch-claudische Zeit datiert. Die Verwendung ist bislang noch weitgehend ungeklärt. Eventuell könnte es sich um Siebgriffe gehandelt haben[212].

### 3.2.3.2 Glieder einer Bronzekette

Unter der Rotsandsteinstraße am Viehmarkt lagen zwei Glieder einer Bronzekette[213]. Sie bestehen aus doppelt gelegten, ineinander verschränkten Drahtringen, die jeweils von einer breiteren Öse achtförmig eingeschnürt werden. Der Verwendungszweck einer solchen Kette ist vielfältig und nicht genauer zu bestimmen.

### 3.2.3.3 D-förmiger Bronzehenkel

Eventuell zu einem nicht näher zu bestimmenden Bronzegefäß oder Gerät gehört ein D-förmiger Henkel[214]. Parallelen zeigen, dass die beiden offenen Enden in einer Tülle endeten, die mit einem Gefäß – z. B. einer Kasserolle, Schale oder Griffschale – verbunden waren[215].

## 3.3 Glas und Bein

### 3.3.1 Glas

Die Feststellung K. Goetherts aus dem Jahr 1984, dass datierbare Trierer Glasgefäße erst aus tiberischer Zeit bekannt sind, ist auch nach Abschluss dieser Materialaufnahme weiter gültig[216]. Es konnte ausschließlich das kleine Fragment eines nicht näher zu bestimmenden, dunkelblau durchscheinenden Glases, das zu einem Ring oder Henkel gehörte, in Grube 2 der Grabung auf dem Gelände der Firma P. Heil EV 1963,37 aufgenommen werden[217]. Bei der Grabung auf dem Viehmarkt wurden verschiedene Millefiori-Glasfragmente gefunden[218], die jedoch der Bearbeiterin nicht vorlagen, da sie derzeit als verschollen gelten.

### 3.3.2 Bein

Auch Beinfunde liegen nur in sehr geringer Zahl vor. Jeweils unter der Rotsandsteinstraße am Viehmarkt und in der Saarstraße sowie aus einer Planierung kam je ein Objekt zum Vorschein. Dabei handelt es sich am Viehmarkt um einen Löffel[219] und einen Spielstein[220], in der Saarstraße wurde eine Haarnadel[221] gefunden.

---

212 Ebd., 266–270.
213 EV 1987,105 Kat. – Nr. 143.
214 EV 1987,105 Kat. – Nr. 330.
215 Gose 1972, Abb. 286, 9; Bienert 2007, 156, Nr. 295
216 Rheinisches Landesmuseum Trier 1984, 224.
217 EV 1963,37 Kat. – Nr. 194.
218 Freundliche Mitteilung H. Löhr.
219 EV 1987,105 Kat. – Nr. 331.
220 EV 1987,105 Kat. – Nr. 288.
221 EV 2000,165 Kat. – Nr. 8.

Beinlöffel kommen schon in augusteischer Zeit in geringer Zahl vor und nehmen ab etwa claudischer Zeit in ihrer Zahl zu. Da der Löffeltyp mit runder Laffe chronologisch sehr unempfindlich ist, lässt sich zur Datierung keine weitere Aussage treffen[222].

## 3.4 Gemme und Kameo

Bei der Grabung am Viehmarkt wurde aus einer in den Straßengraben laufenden Schwemm- und Nutzungsschicht am Rand der Rotsandsteinstraße eine Glasgemme gefunden[223]. Sie gehört in die Nutzungsphase der Straße[224].

Es handelt sich dabei um ein 2,1 × 1,5 cm großes Stück aus opakem Glas[225]. Zwischen zwei grünen Feldern ist ein blauer Streifen eingelassen, der von weißen schmalen Bändern gerahmt wird. Dargestellt ist eine Frau, nach links blickend mit Keule über der rechten Schulter und Löwenfell, dessen Tatzen und Schwanz vor und hinter ihr weit zu Boden hängen. Der Kopf des Fells liegt auf ihrem Rücken. Sie trägt die Haare zu einem Knoten zusammengefasst und neigt den Blick leicht zu Boden. Der Oberkörper ist zurückgebeugt. Sie steht in Schrittstellung auf dem rechten Fuß und hat das linke Bein leicht angewinkelt. Unter ihr ist die Standfläche durch eine Linie angedeutet.

Das Motiv der Omphale mit Fell und Keule gehört zu den häufiger dargestellten Szenen auf Gemmen. Vergleiche finden sich in den Sammlungen z. B. in Xanten[226], Kassel[227] und München[228], jeweils mit sehr guten Parallelen zu dem Trierer Stück[229].

Auch das Material der dreifarbigen Glaspasten ist häufig und mit unterschiedlichen Motiven für die augusteische Zeit belegt, kürzlich auch durch ein Stück aus Waldgirmes mit der Darstellung von Niobe[230].

Im Weiteren konnte bei der Grabung in der Neustraße/Kaiserstraße ein 1,7 cm hoher und 1,5 cm breiter Kameo geborgen werden[231]. Er lag zusammen mit dem gestempelten Bodenfragment einer Terra-Sigillataschale im Holzkasten des Grabens der ersten Straße[232]. Es ist ein Medusenkopf mit geöffneten Augen nach links blickend dargestellt. Das eingerissene Gesicht erscheint heute weiß, das Haar grün.

Vermutlich handelt es sich um Glaspasten, da beide Oberflächen kleine, wie Luftblasen wirkende Strukturen aufweisen, die aber gegebenenfalls auch durch die Lagerung im Boden

222   Deschler-Erb 1998, 134; Riha 1982, 12–13.
223   EV 87,105, FN. 957, Blatt 802. Erstmals vorgelegt von: Krug 1995, 50, Nr. 7 mit Farbabbildung Taf. 40a, 42,7.
224   Siehe hierzu: Kapitel 2.2 Viehmarkt und 4.5 Straßennetz.
225   Zum Material der Glaspasten: Dembski 2005, 30–32.
226   Platz-Horster 1994, 299; Platz-Horster 1987, 127.
227   Zazoff 1970, 312, 313.
228   Brandt/Schmidt 1972, 3117–3121, 3521 mit weiterer Literatur besonders unter 3117. Sehr enge, aber nicht identische Parallele gleicher Färbung, jedoch stammt dieses Stück aus dem Kunsthandel.
229   Weitere Parallelen und Literatur siehe auch: Krug 1995, 50, Nr. 7.
230   Zick 2007, 82; 1,2 cm große, grün-weiß-blau-weiß-grüne Gemme mit der Darstellung von Niobe, die eines ihrer Kinder im Arm hält.
231   EV 1995,30, 17.
232   Stempel CRISPINVS (1) OCK type 702.3; EV 1995,30, Kat. – Nr. 16.

entstanden sein können. Auf die grüne Grundfläche der Haare wurde eine dünne weiße Paste für das Gesicht aufgebracht und bearbeitet.

Die überaus dünne, reliefverzierte Oberfläche liegt auf einer im Profil kaum sichtbaren Schicht, die im Erscheinungsbild korrodiertem Eisen ähnelt, in ihrer Funktion vermutlich jedoch die Verbindung zur nächsten Lage bildet. Es könnte sich auch um ein organisches Bindemittel wie Harz oder Pech handeln. Unter dieser liegt wiederum eine ca. 1,2 mm dicke, weißgrünliche Schicht, die in zwanzigfacher Vergrößerung sandigporös mit einer leicht plattigen Struktur erscheint. Die unterste Lage, nur stellenweise erhalten, ist wieder sehr dünn und dunkelbraun, ähnlich der unter dem Relief, und diente auch hier vermutlich zur Befestigung in einem Objekt. Dabei könnte es sich aufgrund der Größe um einen Ring oder Vergleichbares gehandelt haben, wobei keine Reste der Fassung erhalten sind.

## 3.5 Keramik

### 3.5.1 Terra Sigillata

Die Erforschung der Terra Sigillata, und mit ihr der Italischen, begann schon Ende des 19. und zu Beginn des 20. Jahrhunderts mit den Arbeiten von H. Dragendorff[233] und S. Loeschke[234]. Teile der aus Trier stammenden Italischen Sigillata wurden bereits in Vorberichten[235] und von M. Frey[236] vorgelegt, sowie von P. M. Kenrick im OCK erfasst[237]. Eine zusammenfassende Auswertung fehlt aber bislang.

Bei der Materialaufnahme war die Terra Sigillata ein Hauptkriterium der Zuordnung von Befunden in die Gründungszeit. Ausschließlich aufgenommen wurden Komplexe mit Italischer Sigillata[238], solche mit Südgallischer wurden nicht berücksichtigt, da der Belieferungsbeginn erst im zweiten Jahrzehnt n. Chr. Und damit außerhalb des hier gewählten Bearbeitungszeitraums liegt[239]. Allerdings ist die Zuweisung von Sigillata zu den jeweiligen Produktionsorten anhand makroskopischer Kriterien nicht immer eindeutig[240]. Sicher ausgeschlossen wurde das im Überzug kirschrote Fabrikat[241] mit feinen weißen Einschlüssen aus Südgallien.

---

233 Dragendorff 1895.
234 Loeschke 1909. Die Forschungsgeschichte wurde inzwischen vielfach dargelegt (So unter anderen bei: Pucci 1985, 368–380; von Schnurbein 1982, 24–26; Ettlinger/Hedinger u. a. 2002, 3–25 (nach Produktionsorten geordnet mit umfangreicher weiterer Literatur); Rudnick 1995, 3–6; Schimmer 2005,13–19; Roth-Rubi/Rudnick u. a. 2006, 2–3 (Bemerkungen zum OCK); zur Applikenverzierten Sigillata: Schindler-Kaudelka/Fastner u. a. 2001, 15–19), so dass an dieser Stelle auf eine erneute Zusammenfassung bewusst verzichtet wurde, ebenso wie auf eine Darstellung der Problematik der so genannten Service I und II (zuletzt mit weiterer Literatur: Schimmer 2005, 18–19).
235 Goethert-Polaschek 1984b, 200–204; Koethe 1938a, 204–206.
236 Frey 1993.
237 OCK mit CD Findspot Trier.
238 Zum Terminus „Italische Terra Sigillata" vgl. Wels in: Ettlinger/Hedinger u. a. 2002, 1–2; zusammenfassend Schimmer 2005, 12–13.
239 Vgl. zur Auswahl der bearbeiteten Komplexe auch: Kapitel 1 Einleitung.
240 Sehr ausführlich zur makroskopischen Unterscheidung mit weiterer Literatur: Düerkop 2003, 659–664.
241 Munsell 10R 4/8.

Es konnten mit 20facher Vergrößerung im Bruch folgende vier Gruppen unterschieden werden: Zum einen die größte Gruppe ohne erkennbare Einschlüsse (99 Fragmente), kleine weiße bzw. gelbe Einschlüsse (23 Fragmente), kleine schwarze Einschlüsse (19 Fragmente) und eine kleine Gruppe mit Quarzsandeinschlüssen (9 Fragmente). Die größte Gruppe ohne erkennbare Einschlüsse ist sehr inhomogen in Engobe und Oberflächenerhaltung. Dagegen weist die Gruppe mit den hellen Einschlüssen durchweg eine dicke, gut erhaltene, die mit den schwarzen Einschlüssen eine dünnere, häufiger abgeriebene Engobe auf. Eventuell könnten die Stücke mit den helleren Einschlüssen einer südgallischen Produktion zugewiesen werden. Das kann allerdings ohne chemische Analysen nicht sicher ermittelt werden. Es war leider auch nicht möglich, Tonanalysen an dem Material durchzuführen, die eine Produktionsortszuweisung brächten. Deshalb wurden nur bei stempelgleichen Stücken die Angaben aus dem OCK[242] mit den entsprechenden Datierungen übernommen.

### 3.5.1.1 Platten und Teller[243]

Von insgesamt 55 Fragmenten verschiedener Teller und Platten konnten 29 bestimmten Formen zugewiesen werden. Mit 26 Stücken bildet die Tellerform Consp. 12 den Hauptteil des Bestandes, darüber hinaus sind noch fünf Teller der Form Consp. 18 und drei Consp. 21 vertreten.

### 3.5.1.1.1 Consp. 12

Die Teller und Platten Consp. 12 mit einem im Querschnitt dreieckigen Rand, der nicht oder kaum unterschnitten ist, wurden im gesamten römischen Imperium verhandelt[244]. Nur drei Stücke gehören zu Formen des Service Ib (Consp. 12.1 und Consp. 12.2). Die 18 weiteren Teller verteilen sich auf die Formen des Service Ic mit Schwerpunkten auf den Untertypen 12.4 (11 Stück) und 12.5 (7 Stück)[245]. Der Randdurchmesser variiert zwischen 14 und 27 cm.

Die Feindatierung der Form ist nicht so eindeutig, wie es lange Zeit den Anschein hatte: Noch im Conspectus schrieb Roth-Rubi, dass durch das unterschiedliche Auftreten in Haltern und Dangstetten die Form 12.1.1 eine frühe Variante, 12.4 dagegen eine des Halternhorizonts ist. Allgemein datierte sie diese Form in mittel- bis spätaugusteische Zeit[246]. Sie kommt allerdings auch in tiberischen Fundplätzen in geringer Stückzahl immer noch vor[247]. Ausschlaggebend für diese Einordnung war das Verhältnis zwischen Consp. 12 und Consp. 18, welches in Dangstetten ganz eindeutig von Consp. 12 dominiert wird, in Haltern aber „nur noch" in einem Verhältnis von 3:2 auftritt[248]. Die Form wurde wohl bis ungefähr Ende der Regierungszeit des Augustus produziert, da sich in frühtiberischen Fundkomplexen

---

242  Oxé/Comfort u. a. 2000; OCK wird weiterhin als Sigel verwendet.
243  Als Platte werden Formen mit einem Randdurchmesser über 22 cm angesprochen.
244  Ettlinger/Hedinger u. a. 2002, 72.
245  Fünf weitere gestempelte Teller wurden im OCK erfasst (Vessel No. 11621, 11625, 11628, 11629, 11678).
246  Ettlinger/Hedinger u. a. 2002, 72.
247  Düerkop führte z. B. Friedberg, Tenedo, Velsen 1, Auerberg, Vindonissa, Königsfelden und Augsburg auf (Düerkop 2003, 665).
248  Ettlinger/Hedinger u. a. 2002, 72.

wenn überhaupt nur die „späteren" Formen 12.3–12.5 finden[249]. Allerdings machte Roth-Rubi darauf aufmerksam, dass an den Listen des OCK zu zeigen ist, dass identische Stempel auf Formvarianten Consp. 12.2–12.5 vorliegen, was auf eine Gleichzeitigkeit hindeuten würde[250]. Tendenziell scheint die Einordnung in spätere und frühere Formen jedoch noch zu gelten.

Im Trierer Fundmaterial überwiegen ganz deutlich die wohl späteren Formen der Teller und Platten Consp. 12.4 und 12.5, welche charakteristisch für den Halternhorizont sind.

### 3.5.1.1.2 Consp. 18

Ungewöhnlich erscheint im ersten Moment das mit fünf Stücken relativ geringe Vorkommen von Tellern der Form Consp. 18, welche sich durch einen vertikalen, außen gekehlten und innen zweistufigen Steilrand sowie einen flachen Boden auszeichnet. Es spiegelt sich darin allerdings die beschränkte Auswahl der Fundkomplexe wider, da z. B. schon 15 gestempelte Stücke aus Trier im OCK aufgenommen wurden[251]. Diese stammen allerdings fast ausschließlich aus dem Gräberfeld St. Matthias. Im Weiteren muss die insgesamt sehr kleine Anzahl beachtet werden. Alle bekannten Stücke gehören zu der am weitesten verbreiteten Standardform 18.2. Die frühere Form Consp. 18.1 tritt in geringer Zahl schon in Dangstetten[252] und Oberaden auf, 18.2 ist dann in Haltern und auch noch in tiberischen Fundkomplexen vertreten[253]. Die längere Produktions- und Umlaufzeit, über den hier behandelten Untersuchungszeitraum der spätaugusteischen Zeit hinaus, gibt ein Erklärungsmodell dafür, dass in den bearbeiteten Komplexen weniger Stücke auftreten als im Gräberfeld.

### 3.5.1.1.3 Consp. 21

Drei Fragmente gehören vermutlich zur Form Consp. 21, welche die späteste hier vorgestellte Tellerform darstellt. Sie beginnt zur Zeit des Halternhorizonts und läuft sicher bis in die Mitte des ersten Jahrhunderts, parallel zu der Form Consp. 20. Chronologische Feingliederungen scheinen dabei jedoch nicht möglich zu sein[254]. Auffällig ist, dass ein Fragment (EV 1987,105 Kat. – Nr. 325) unter der Rotsandsteinstraße geborgen werden konnte.

---

249 Schimmer 2005, 22, mit weiteren Belegen.
250 Roth-Rubi/Schneider 2006, 28.
251 Zu den gestempelten Stücken und deren Aussagekraft für die hier behandelten Fragestellungen s. u. Unterkapitel Stempel (OCK Vesssl No.: 11624, 11626, 11630–11633, 11658, 11670–11671, 11674, 11680–11681, 11685–11686, 12688). Die Formzuweisungen sind nicht im Einzelnen zu überprüfen gewesen, da es sich zum größten Teil um Funde des Gräberfelds handelt, die der Verfasserin nicht zugänglich waren. Siehe dazu auch Kapitel 4.13 Gräberfelder.
252 Roth-Rubi führt nur drei Stücke auf (Roth-Rubi/Schneider 2006, 33).
253 Kenrick in: Ettlinger/Hedinger u. a. 2002, 82; die Form wird auch in südgallischen Manufakturen weiter bis in spättiberische Zeit produziert und vertrieben (Düerkop 2003, 665, mit Anm. 50).
254 Vgl. hierzu: Schindler-Kaudelka/Fastner u. a. 2001, 127–128; 130; Kenrick in: Ettlinger/Hedinger u. a. 2002, 88.

### 3.5.1.2 Schalen

Von insgesamt 88 Fragmenten verschiedener Schalen konnten 35 bestimmten Typen zugewiesen werden. Sie verteilen sich auf die folgenden Formen: 12 Schalen Consp. 14, 18 des Typs Consp. 22, zwei Consp. 30/38 und je eine Consp. 31 und Consp. 33.

### 3.5.1.2.1 Consp. 14

Zwölf Gefäße gehören zu den glockenförmigen Schalen mit anliegender Lippe Consp. 14[255]. Im Dangstetten-Oberaden-Horizont stellt sie die am häufigsten vertretene Schalenform dar. Sie wird im Verlauf des ersten Jahrzehnts n. Chr. von der Form Consp. 22 abgelöst[256]. Die Form 14.1 wird tendenziell etwas früher als 14.2 datiert, die in Dangstetten nicht auftritt[257]. Weitere feinchronologische Unterteilungen scheinen jedoch nicht sinnvoll[258]. In dem hier aufgenommenen Material lassen sich fünf Stücke der Form Consp. 14.1, sieben Stücke der Form Consp. 14.2 zuweisen. Es treten auch Mischformen auf[259].

### 3.5.1.2.2 Consp. 22

Die konische Schale mit gekehltem und meist fein profiliertem Steilrand Consp. 22 ist mit 15 bestimmbaren Stücken im Fundmaterial die häufigste Schalenform[260]. Sie stellt das Pendant zur Tellerform Consp. 18 dar[261]. Eine feinere zeitliche Untergliederung der verschiedenen Formen ist bislang nicht möglich[262]. Allgemein hat diese zu Service II gehörende Schalenform ihren Verbreitungshöhepunkt im Halternhorizont. Einzelne Exemplare kommen jedoch schon in Dangstetten vor. Sie wurde sicherlich bis in tiberische Zeit produziert[263].

### 3.5.1.2.3 Consp. 30/38

Zwei nicht aneinander anpassende Fragmente eines Ringhenkels und einer Wandscherbe mit Ringhenkelansatz wurden unter der Rotsandsteinstraße am Viehmarkt geborgen[264]. Es ist unklar, ob sie zu einem oder zwei Gefäßindividuen gehören, ebenso die Formzuweisung zu Consp. 30 oder Consp. 38.

---

255  EV 1963,37 Kat. – Nr. 1; 55; 83; EV 1987,105 Kat. – Nr. 3–4; 99; 176; 259; 626; 628–629; EV 1995,30 Kat. – Nr. 24; drei weitere sind im OCK aufgeführt, wobei es sich bei dem einen Stück um die auch von mir aufgenommene EV 1965,49 Kat. – Nr. 2 (OCK Vessel No. 12 683) handelt, die Frey als Haltern 7a bestimmte (Frey 1993, 17, Nr. 31,2). M.E. ist diese sichere Zuweisung keinesfalls anhand der Standringform möglich, so dass ich das Stück an dieser Stelle nicht weiter berücksichtige.
256  Roth-Rubi in: Ettlinger/Hedinger u. a. 2002, 76.
257  Roth-Rubi/Schneider 2006, 29.
258  Ebd., 30 mit weiterer Literatur.
259  Ettlinger/Hedinger u. a. 2002, 76.
260  EV 1963,37 Kat. – Nr. 84–87; 197; EV 1987,105 Kat. – Nr. 126; 177; 312; 464–465; 527; 554; 601; EV 1995,30 Kat. – Nr. 126–127; bei drei Stücken sind die Randprofile nicht erhalten, fünf weitere Fragmente sind im OCK aufgeführt. OCK vessel no. 11 622–11 623, 11 636–11 638.
261  Düerkop 2003, 666.
262  Zuletzt bei Schimmer 2005, 28, mit weiterer Literatur in Anm. 182.
263  Kenrick in Ettlinger/Hedinger u. a. 2002, 90; Düerkop 2003, 666.
264  EV 1987,105 Kat. – Nr. 86–87.

### 3.5.1.2.4 Consp. 31

Ein Fragment einer Schale Consp. 31 mit eingeschnürter Wand wurde auf dem Viehmarkt geborgen[265]. Diese Form wird spätaugusteisch und frühtiberisch datiert[266], und tritt schon in Haltern auf[267]. Sie ist die Vorläuferform der südgallischen Drag. 27. A. Düerkop zeigte, dass sie in rein tiberischen Fundkomplexen deutlich häufiger ist als in spätaugusteischen Zusammenhängen[268].

### 3.5.1.2.5 Consp. 33

Vom Viehmarkt liegt das Fragment einer halbkugeligen Schale mit Wandrippe (Consp. 33) vor[269]. Es weist das charakteristische Ratterdekor auf der Außenseite auf. Die Schale begann etwa zeitgleich mit der Produktion der Form Consp. 31 in spätaugusteischer Zeit[270]. So ist sie in Haltern bereits vertreten, jedoch an früheren Plätzen nicht belegt[271]. Die Form ist noch im gesamten ersten und beginnenden zweiten Jahrhundert n. Chr. in Gebrauch[272].

### 3.5.1.2.6 Consp. 54

Ein Fragment eines Deckels mit Rundstablippe Consp. 54.2.1 wurde unter der Rotsandsteinstraße auf dem Viehmarkt gefunden. Die Form ist chronologisch nicht näher einzuordnen und kommt generell sehr selten vor[273].

### 3.5.1.3 Reliefgefäße

Elf Gefäße im Fundmaterial weisen Relief- bzw. Applikendekor auf. Acht Gefäße zeigen Reste von Reliefdekor. Davon konnte ein Fragment aufgrund der schlechten Erhaltung nicht näher bestimmt werden. Vermutlich trug es ein florales Ornament[274]. Eine direkte Parallele liegt zu der EV 1987,105 Kat. – Nr. 175 mit 8 Fragmenten vor. Dabei handelt es sich um die gleiche Dekoration wie bei dem Kelch HA Nr. 25[275], wobei das Trierer Fragment sehr klein und abgerieben ist. Der Dekor wurde von Rudnick dem Cn. Ateius in Arezzo zugewiesen. Er erwog eine Datierung kurz vor Christi Geburt[276]. Die peltaförmige Verzierung der EV 1963,37 Kat. – Nr. 35 ähnelt stark einer Punze des Gefäßes HA 10[277]. Auf dem Trierer Gefäßfragment sind zwei peltaförmige Verzierungen direkt aneinander anschließend zu erkennen. Auf der Pelta sitzt eine Palmette auf, welche der Punze Dragendorff-Watzinger 47, Abb. 6,19 entspricht[278]. Ein weiteres Fragment ist ähnlich der Punzen-

---

265  EV 1963,37 Kat. – Nr. 133; drei weitere Stücke sind im OCK bekannt (OCK vessel no. 11 641–11 643).
266  Zabehlicky-Scheffenegger in: Ettlinger/Hedinger u. a. 2002, 106.
267  von Schnurbein 1982, 60–61.
268  Düerkop 2003, 667.
269  EV 1987,105 Kat. – Nr. 463.
270  Zabehlicky-Scheffenegger in: Ettlinger/Hedinger u. a. 2002, 110.
271  von Schnurbein 1982, 62.
272  Zabehlicky-Scheffenegger in: Ettlinger/Hedinger u. a. 2002, 110.
273  Ebd., 144.
274  EV 1987,105 Kat. – Nr. 260.
275  Rudnick 1995, 171, Taf. 15, Punze 179.
276  Ebd., 87–88.
277  Ebd., Taf. 10, 167 (mit weiterer Literatur zu peltaförmigen Punzen).
278  Dragendorff/Watzinger 1948, 47, Abb. 6,2 und 19.

Nr. 80, einem schräg gerippten Kolben sowie einem floralen Rankenmotiv und einem spitz zulaufenden Blatt mit deutlich ausgearbeiteter Mittelrippe und Fiederung verziert[279].

Für ein weiteres floral ornamentiertes Stück findet sich eine ähnliche Punze bei Dragendorff-Watzinger[280]. Dabei handelt es sich um eine einzelne Blüte aus einer Blütengirlande, zwischen die zungenförmige Blattmotive eingesetzt sind[281]. Bislang unbestimmt bleibt ein in der Scherbenfarbe dunkelrotes Fragment mit einem V-förmig angeordneten Perlstab, in dem ein Blattmotiv und eine knospenförmige Verzierung zu erkennen sind[282]. Ein zu EV 1987,105 Kat. – Nr. 337 vergleichbarer Perlstab ist bei Oxé abgebildet[283].

Problematisch ist die Einordnung des Stückes EV 1987,105 Kat. – Nr. 273, da keine direkten Parallelen gefunden wurden und es aus der geschlossenen Fundschicht unter der Rotsandsteinstraße am Viehmarkt kommt. Das Fabrikat weist meines Erachtens die typischen Merkmale der Italischen Sigillata auf, der Dekor entspricht dagegen eher südgallischen Schemata, wobei auch hier keine direkten Parallelen gefunden werden konnten: Erhalten sind zwei horizontale Dekorfelder, die durch einen Mittelsteg getrennt sind. In dem unteren Feld ist eine wellenförmige Efeuranke zu sehen, deren Blätter schlecht ausgeformt sind. Auch in dem oberen Dekorfeld ist ein florales Ornament abgebildet.

Zwei Gefäße sind mit Appliken- und zugleich wie üblich mit Ratterdekor verziert[284]. Alle tragen Spiralauflagen, die den Formen S1 und S3 nach Schindler-Kaudelka zugeordnet werden können[285]. Diese Applikenform ist die älteste, die auf italischer Sigillata angebracht wurde[286]. Insgesamt wird applikenverzierte Sigillata ab der spätaugusteischen Zeit hergestellt[287].

### 3.5.1.4 Stempel

Bei der Auswertung der Sigillatastempel aus Trier ist der geringe Zuwachs an neuen Stempeln gegenüber den bereits veröffentlichten auffällig und muss näher betrachtet und erklärt werden: Nur zehn sind zu den 78 schon im OCK veröffentlichten Stempeln hinzugekommen. Außerdem stammen bis auf einen alle der bekannten Stempel aus Zusammenhängen, die in dieser Arbeit nicht berücksichtigt werden konnten und sich wie folgt zusammensetzen: 28 aus dem südlichen und drei aus dem nördlichen Gräberfeld lagen der Verfasserin nicht vor[288]; zehn Stücke sind ohne nähere Fundortangaben aufgenommen und neun weitere heute verschollen. Zwanzig gehören zu Altfunden aus dem Stadtgebiet vor 1945, deren Schichtzuweisungen – wenn überhaupt vorhanden – nicht mehr nachzuvollziehen sind. Die verbliebenen sieben Stempel der 78 vorgelegten stammen aus Komplexen mit jüngerem Fundmaterial.

---

279  Rudnick 1995, Taf. 46,80; EV 1963,37 Kat. – Nr. 68.
280  Dragendorff/Watzinger 1948, Taf. 29, 403; Taf. 34, 549.
281  EV 1995,30 Kat. – Nr. 27.
282  EV 1963,37 Kat. – Nr. 134. Die Verfasserin ist sich nicht sicher, ob es sich bei dem Fragment ggf. um eine südgallische Produktion handelt.
283  Oxé 1933, Taf. 39, 140a.
284  EV 1987,105 Kat. – Nr. 297; 620.
285  Schindler-Kaudelka/Fastner u. a. 2001, 96.
286  Ebd., 77.
287  Ebd., 151, mit weiterer Literatur.
288  Siehe auch: Kapitel 4.13 Gräberfelder.

Die überwiegende Zahl besteht aus einzeiligen Rechteckstempeln, die zentral im Gefäß gestempelt waren. Es gibt bislang keinen Beleg für die um 10/15 v. Chr. endende Radial-stempelung, ebenso ist auch die ab 15–20 n. Chr. auftretende Form der *planta pedis*-Stem-pel nicht im aufgenommenen Material belegt[289].

Zu den schon aus Trier bekannten Töpfern[290] kommen Crispinus[291], Hertorius[292] und Murrius[293] hinzu. Die am häufigsten vertretenen Töpfer sind Ateius[294] (18) sowie die aus seinem Umfeld als Arbeiter oder später auch als Freigelassene in den Produktionen in Arezzo, Pisa, Lyon und La Graufesenque arbeitenden Cn. Ateius (8), Cn. Ateius Euhodus (1), Crestus (2), Mahes (3), Cn. Ateius Xanthus (4) und Xanthus (16) mit seinem Partner Zolius (3)[295]. Die größte Zahl der Gefäße stammt mit 38 aus Pisa, 18 können Lyon und nur fünf Arezzo zugewiesen werden. Diese Zuweisungen erfolgten allerdings nur aufgrund der Stempelform und nicht durch chemische Analysen.


Zusammenfassend verteilt sich die zu bestimmenden Terra Sigillataformen aus dem Be-reich der Forumserweiterung sich wie folgt: Es sind vier Teller der Form Consp. 12 und einer der Form Consp. 21, vier Schalen Consp. 14 und sieben Consp. 22 sowie eine Consp. 31. Sie belegen trotz des Fehlens der sonst charakteristischen Form Consp. 18 einen zeitli-chen Ansatz für die Gruben und Siedlungsschichten in spätaugusteischer Zeit mit Tendenz zum frühtiberischen, da insbesondere die Formen 21 und 31 aus der ersten Grube der Gra-bung St. Gervasius (RLM Trier, EV 1963,37) auffällig spät sind.

Wichtig für die Beurteilung der Besiedlungsgeschichte der Stadt Trier sind die Funde unter den Rotsandsteinstraßen, insbesondere am Viehmarkt, da es sich bei ihnen um Funde aus geschlossenen Komplexen handelt. Es können insgesamt 21 Stücke der Form nach bestimmt werden, deren Verteilung auffällig ist: Es dominieren Teller, die in den Formen Consp. 12 mit elf Stücken und einem Exemplar Consp. 21 vorliegen, wobei ausschließlich die späteren Ausprägungen Consp. 12.3–12.5 belegt sind. Fünf Schalen Consp. 14 und zwei

---

289    Mit weiterer Literatur: Schimmer 2005, 34, bes. Anm. 263.

290    Vgl. dazu den Anhang Stempelliste. Auf eine Abhandlung der einzelnen Töpfer wird bewusst verzichtet, da aus dem Trierer Material nichts zu der aktuell laufenden Diskussion um die Zuweisung zu Produktionsorten oder Werkstätten beigetragen werden kann.

291    RLM Trier, EV 1995,30 Kat. – Nr. 16; zu Crispinus vgl. mit weiterer Literatur: Schimmer 2005, 37 mit Anm. 282–288.

292    RLM Trier, EV 1987,105 Kat. – Nr. 296.

293    Dieses Stück ist vermutlich in die Verfüllung eines Kellers umgelagert, da es mit deutlich späterer Belgischer Ware vergesellschaftet ist. Stempel: MVRRIVS OCK type 1202.23, Stempel schlecht er-halten, Schräghaste mittleres R kaum zu erkennen. Viehmarkt RLM Trier, EV 1987, 105, FN. 815, Blatt 775.

294    D. Vissel teilte mir freundlicherweise mit, dass der am Viehmarkt gefundene Stempel ATEIVS 270.84 8 (RLM Trier, EV 1987,105 Kat. – Nr. 389) viermal vom Kops Plateau (unpubliziert) und dreimal aus der Innenstadt von Nijmegen belegt ist. Aufgrund von Bruch, Überzug und Beschaffen-heit sowie dem Stempelschnitt wies er die Stücke der Spätproduktion aus Lyon zu, die er auf etwa 5–20 n. Chr. in der Benutzung datierte. Das Stück stammte aus einem kurzzeitig genutzten Laufhorizont am Viehmarkt und war mit einer keltischen Münze (RLM Trier, EV 1987,105 Kat. – Nr. 388 dlT 2227) und weiterer Keramik (RLM Trier, EV 1987,105 Kat. – Nr. 390–400) vergesellschaftet.

295    Zu Cn. Ateius mit weiterer Literatur: Schimmer 2005, 36 mit Anm. 267–281; Düerkop 2002, 795; Ettlinger/Hedinger u. a. 2002, 7–8; Kendrick 1997.

Consp. 22 sowie je eine der Formen Consp. 30/38 und 54 liegen ebenfalls vor. Die Tellerform Consp. 18 ist auch hier nicht vertreten.

Aus den Schichten unter der Rotsandsteinstraße stammen drei Stempel:

Unter ihnen ist Hertorius, dessen Produktionszeit von Kenrick mit 30 v. Chr. – 10
n. Chr. angab. Der frühe Produktionsbeginn wird von ihm auf ein fragmentiertes Stück aus
Lyon zurückgeführt, dessen Zuweisung jedoch nach seinen Angaben nicht ganz gesichert
ist. Die weiteren, aus datierten Befundzusammenhängen stammenden Stücke kommen aus
späteren Komplexen in Lyon und Haltern[296], deren Beginn erst nach 10 n. Chr. liegt. Stem-
pelidentische Stücke liegen aus Köln und Genf vor[297].

Ein weiterer Stempel kann der Werkstatt des Cn. Ateius zugewiesen werden, wobei das
Stempelformular dem angegeben Typ OCK 278.48 nur sehr ähnlich und nicht damit identisch ist. Generell lag die Produktionszeit zwischen 15 v. Chr. und 50 n. Chr.[298]. Der dritte
Stempel stammt aus der Werkstatt des L. (TITIVS) THYRSUS (OCK type 2249.12) der in
dem Zeitraum von 10 v. Chr. – 10 n. Chr. in Lyon produzierte[299].

Drei Stücke reliefverzierter Sigillata lagen ebenfalls unter der ersten Straße. Dazu gehören acht Fragmente mit Herzblatt und Rankendekor der Punze Rudnick 1995, 179, HA
25[300] sowie zwei floral ornamentierte Stücke. Auf die Schwierigkeiten der Interpretation
des Stückes RLM Trier EV 1987,105 Kat. – Nr. 273 wurde in diesem Zusammenhang bereits hingewiesen.

Insgesamt bleibt zu berücksichtigen, dass die überaus geringe Anzahl von 70 Stücken,
die zugewiesen werden konnten, keine Basis für eine belastbare statistische Auswertung
bilden, oder eine feinere Datierung erlauben.

Zur Unterscheidung des Beginns von mittel- und spätaugusteisch/tiberischen Plätzen
zeigte Düerkop, dass der prozentuale Anteil der Schale Consp. 14 entscheidend sei, da
diese Form spätestens in tiberischer Zeit wegfalle. An Plätzen mit mittelaugusteischem
Beginn – sie nannte Haltern und Augsburg-Oberhausen – hat die Form Prozentanteile zwischen 12 und 22 %[301]. Im Trierer Fundmaterial beträgt ihr Anteil 16 %, ist damit also vergleichbar hoch. Auffällig ist, wie oben schon ausgeführt, der mit 7 % am Gesamtbestand
vergleichsweise geringe Anteil der Form Consp. 18. Haltern zeigt dagegen einen Anteil von
17,4 % (vgl. Abb. 25).

Das aufgenommene Material zeigt, dass der Sigillatabestand keine Anhaltspunkte für
eine Datierung in die Zeit des Oberadenhorizonts bietet. Alle Formen gehören in den Halternhorizont. Auch die Stempel weisen auf eine Datierung kurz vor oder nach der Zeitenwende hin.

### 3.5.2 Belgische Ware

Die umfangreichste Warengattung der Frühzeit in Trier ist die Belgische Ware[302]. Sie
macht etwa ein Drittel der in dieser Arbeit aufgenommenen Funde aus. Die Formen sowie

---

296   OCK CD „Dating evidence for potter No. 932".
297   OCK CD „Entries for Potter No. 932 stamp type 16".
298   OCK CD „Potter 278".
299   OCK CD „Potter 2249".
300   RLM Trier, EV 1987,105 Kat. – Nr. 175.
301   Düerkop 2003, 673.
302   Zur Definition und Problematik des Begriffes sowie der Forschungsgeschichte der Warenart bis

die Herstellungstechnik entwickelte sich aus keltischer Tradition in Gallien mit Rückgriffen auf Vorbilder der Campanischen Ware und der Terra Sigillata[303].

Die erste Veröffentlichung zu Funden Belgischer Ware aus Trier legte 1938 Koethe vor[304]. Darin publizierte er 93 Töpferstempel von Gefäßen vorwiegend aus dem südlichen Gräberfeld, ergänzt durch Einzelfunde aus dem Stadtgebiet. Goethert-Polaschek veröffentlichte 1984 einen Komplex Belgischer Ware der augusteischen und tiberischen Zeit aus der Wohnbebauung unter dem Westteil der Kaiserthermen[305] sowie einzelne Gefäße aus den Gräberfeldern in dem Katalog „Trier – Augustusstadt der Treverer"[306].

Der größte Anteil gehört zu der Gruppe der grauen Belgischen Ware. Dabei reicht die Variationsbreite von dunkel- bis hellgrau. Es kommen nur wenige schwarze sowie rote Stücke vor[307]. Die Oberflächen weisen keinen Überzug auf, sondern wurden poliert[308]. Um die graue oder schwarze Farbe zu erreichen, wurden die Gefäße reduzierend gebrannt, was voraussetzte, dass die Öfen luftdicht abgeschlossen waren[309]. Im Umfeld der Töpfereien sind zahlreiche fehlfarbene Stücke in gelblichen und Ockertönen gefunden worden, ebenso Gefäße mit Schmauchspuren. In den bekannten Trierer Öfen wurde aufgrund des Fundmaterials vermutlich ausschließlich graue Ware gefertigt.

### 3.5.2.1 Graue Belgische Ware

### 3.5.2.1.1 Teller

Insgesamt wurden 46 Teller aufgenommen[310], wobei nur die bestimmbaren Randfragmente berücksichtigt sind.

Mit 23 Exemplaren ist der Teller Deru A1[311] mit gestreckter Wand (Haltern 73)[312] in verschiedenen Unterformen am häufigsten vertreten[313]. Der Durchmesser beträgt zwischen 22 und 31 cm. Die Verbreitungszeit liegt in den Horizonten II-V nach Deru[314].

---

1996: Deru 1996, 15–19.

303 Zur Entstehung der Warenart sowie den Vorbildern: Deru 1996, 201–208.

304 Koethe 1938c.

305 Goethert-Polaschek 1984a.

306 Goethert-Polaschek in: Rheinisches Landesmuseum Trier 1984, 204–206 mit Typentafel 210–214. Das von ihr publizierte Formenspektrum geht nicht über das aus den aufgenommenen Grabungen hinaus, so dass auf eine erneute Vorlage verzichtet wurde.

307 Zur allgemeinen Verteilung von grauer Belgischer Ware zu roter Belgischer Ware auf einzelne Formen bezogen: Deru 1996, 178–179.

308 Höpken 2005, 87.

309 Ebd., 87; allgemein zur Herstellungstechnik sowie Tongruppen: Deru 1996, 19–27.

310 Zu Funktion und Gebrauch der Teller: ebd., 209–211.

311 Es werden die Formtypen nach ebd.,30–149 zitiert. Er gab Konkordanzlisten zu den weiteren Standardwerken an, so dass im Folgenden auf eine Doppelnennung der Typen verzichtet wird (ebd., 150–152).

312 Formbezeichnung nach: Höpken 2005, 88.

313 RLM Trier, EV 1963,37 Kat. – Nr. 13; EV 1965,49 Kat. – Nr. 3; 8; EV 1987,105 Kat. – Nr. 88; 103; 118; 194–196; 276; 298; 450; 612; EV 1995,30 Kat. – Nr. 140–142; 343–349.

314 Deru wies den von ihm zur chronologischen Einordnung definierten Horizonten folgende absolutchronologischen Zeiträume zu: Horizont II: 25–20 bis 5–1 v. Chr.; Horizont III: 5–1 v. Chr. bis 15–20 n. Chr.; Horizont IV: 15–20 bis 40–45 n. Chr.; Horizont V: 40–45 bis 65–70 n. Chr.; Horizont VI: 65–70 bis 85–90 n. Chr.; Horizont VII/VIII: 85–90 bis ca. 150 n. Chr. (Deru 1996, 198); zu

Vier Teller gehören zur Gruppe Deru A 5 bis A 13, mit profilierter Wandung und Hängelippe. Sie verteilen sich mit zwei Exemplaren auf die Formen A 5, mit einem auf A 7 und einem A 10[315]. Die Teller A 5 und A 7 ordnete Deru in die Horizonte III-VI[316]. Der Teller A 10 begann erst in Horizont V in claudischer Zeit[317].

Drei Teller (zwei der Form Deru A 32 und einer A 34[318]) gehören zur Gruppe der Teller mit dreieckigem, unterschnittenem Rand Deru A 27-A 35. Sie wurden von ihm in seine Horizonte II-VI bzw. II-V zugeordnet[319]. Für die Form des Tellers Deru A 36 mit geradem Rand, das in einem Exemplar vorliegt, schlug Deru keine Datierung vor[320], und eines der Form A 37 der Zeithorizonte III-IV[321].

Zahlreicher liegen mit elf Exemplaren die Teller mit gewölbter Wand der Gruppe Deru A 41-A 47 vor. Sechs davon gehören zu der Form Deru A 41 (Horizont III-VI entspricht augusteisch bis flavisch)[322], wobei aufgrund der Erhaltung bei einigen auch eine Zuweisung zur Form A 43 nicht auszuschließen ist, die jedoch deutlich später in den Horizont V, d. h. in claudische Zeit, datiert wird[323]. Je ein Exemplar der Teller mit steileren Rändern (Deru A 46 oder 47)[324] wurden gefunden, die in die Horizonte II-IV datiert werden[325]. Für zwei Teller ähnlich der Form Deru A 51 mit weit ausschwingender Lippe sowie ein Teller mit horizontalem Rand Deru A 56[326] schlug Deru keinen Datierungsansatz vor. Je ein Fragment der Form A 51 kommt aus einer der Siedlungsgruben in der Forumserweiterung und unter der Rotsandsteinstraße am Viehmarkt. Der Teller mit horizontalem Rand gehört zu den Töpfereiabfällen in der Frauenstraße.

### 3.5.2.1.2 Schüsseln und Schalen

Es sind Reste von acht Schüsseln aufgenommen worden. Sie verteilen sich auf die Formen Deru B 21–27, 34, 47 und KL 24[327]. Die Produktion der Schüsseln Deru B 21–27 begann vereinzelt in tiberischer[328] und kam überwiegend in claudisch–neronischer Zeit vor. In Köln ist eine Produktion für die zweite Jahrhunderthälfte belegt[329]. Auch die Form B 34 hat

---

einer ausführlichen Erläuterung der Vergleichsplätze und Horizonte sowie der Problematik einer absoluten Chronologie siehe: Deru 1996, 159–174.

315    A 5: RLM Trier, EV 1963,37 Kat. – Nr. 21; EV 1987,105 Kat. – Nr. 341; A 7: EV 1963,37 Kat. – Nr. 244; A 10: EV 1987,105 Kat. – Nr. 393.

316    Deru 1996, 33–35; zur allgemeinen Entwicklung der Tellerformen: ebd., 175–176.

317    Ebd., 37.

318    A 32: RLM Trier, EV 1963,37 Kat. – Nr. 7; 206; A 34: EV 1963,37 Kat. – Nr. 104.

319    Deru 1996, 47.

320    Ebd., 49; RLM Trier, EV 1963,37 Kat. – Nr. 66.

321    RLM Trier, EV 1963,37 Kat. – Nr. 207.

322    RLM Trier, EV 1963,37 Kat. – Nr. 63; EV 1987,105 Kat. – Nr. 73; 343; 425; 504–505.

323    Deru 1996, 51; Höpken 2005, 89.

324    A 46: RLM Trier, EV 1987,105 Kat. – Nr. 342; A 47: EV 1987,105 Kat. – Nr. 506.

325    Deru 1996, 53.

326    A 51: RLM Trier, EV 1995,30 Kat. – Nr. 143; EV 1987,105 Kat. – Nr. 9; A 56: EV 1998,11 Kat. – Nr. 55.

327    B 21–27: RLM Trier, EV 1987,105 Kat. – Nr. 277; 345; 470; B 34: EV 1987,105 Kat. – Nr. 299; B 47: EV 1987,105 Kat. – Nr. 344; KL 24: EV 1987,105 Kat. – Nr. 424; EV 1998,11 Kat. – Nr. 252–252.

328    Deru 1996, 75.

329    Höpken 2005.

ihren Verbreitungshöhepunkt in dieser Zeit[330]. Die Schüssel Deru B 47 wird dagegen schon in den Halternhorizont datiert[331]. Die große Schüssel Deru KL 24 mit nach innen gebogenem Rand kommt in Horizont II vor, den Deru mit dem Oberadenhorizont gleichsetzte[332].

Auch die Zahl der Schalen ist mit drei Stücken gering[333]. Dazu gehört ein Exemplar Deru C3[334] mit ausladender, leicht unterschnittener Hängelippe, das in die Horizonte II und III datiert wird[335]. Die Schale Deru C 8[336], die in Terra Sigillata der Form Consp. 17 entspricht, wird etwas später in spätaugusteisch-tiberische Zeit datiert[337]. Um die Jahrhundertmitte wird dagegen erst die Schale Deru C 15[338] eingeordnet[339].

### 3.5.2.1.3 Becher

Die mit Abstand zahlenmäßig größte Gruppe bilden mit 168 Exemplaren die Becher[340]. Ihre Durchmesser liegen zwischen 7,6 und 22 cm, die meisten allerdings zwischen 11 und 15 cm. Alleine 135 Exemplare liegen von den Formen Deru P 1–9[341], zum Teil in Unterformen, bestimmbar vor[342]. Diese Gruppe umfasst hohe, mehr oder weniger bauchige Becher, die durch einen schräg nach außen gestellten Rand charakterisiert sind. Die meisten Ränder sind nicht genauer zu bestimmen, da neben dem Schrägrand zu wenig der Becherwandung erhalten ist. Zieht man noch die Wandscherben hinzu, scheinen wie an anderen Plätzen auch die Formen P 1 und P 6 den größten Anteil zu bilden[343]. Alle Exemplare weisen im Bauchbereich Verzierungen auf, jedoch sind sie nicht immer bis zu dem Dekorfeld erhalten geblieben. Es sind sehr unterschiedliche Verzierungen belegt: Einglättdekor, Schachbrett-, V-förmige und kleinrechteckige Rollrädchendekore, Kammstrich und einfache Zierrillen. Diese Becherformen bildeten auch einen großen Teil des Produktionsvolumens der Töpferöfen in der Frauenstraße.

Im Weiteren liegen zwei Gurtbecher der Form Deru P 29 sowie ein Becher Deru P 32 und einer Deru P 33[344] im Fundmaterial vor. Sie werden ab augusteischer Zeit produziert[345]. Dreizehn Becher gehören in die Gruppe mit abgesetzter Schulter, kurzem

---

330 Deru 1996, 79.
331 Ebd., 85.
332 Ebd., 97; zur allgemeinen Entwicklung der Schüsseln und Schalen: ebd., 176–177.
333 Zu Funktion und Gebrauch der Schalen vgl.: ebd., 211.
334 EV 1987,105 Kat. – Nr. 104.
335 Deru 1996, 61.
336 EV 1987,105 Kat. – Nr. 568.
337 Deru 1996, 63.
338 EV 2003,23 Kat. – Nr. 2; das Stück stammt aus einer Siedlungsgrube im Bereich des Töpfereibezirks am Klinikum Mutterhaus der Borromäerinnen, in der bis auf dieses Fragment ausschließlich augusteisch-tiberisches Fundmaterial gefunden wurde.
339 Deru 1996, 65.
340 Zu Funktion und Gebrauch: ebd., 212–213.
341 Zur Entwicklung der Schrägrandbecher: ebd., 203–206.
342 Es wird an dieser Stelle aus Gründen der Übersichtlichkeit darauf verzichtet, die einzelnen Katalognummern aufzuführen; die Formen sind von allen Fundplätzen in großer Zahl belegt.
343 Zur Funktion dieser Becher: ebd., 212–213.
344 P 29: RLM Trier, EV 1998,11 Kat. – Nr. 64; EV 1963,37 Kat. – Nr. 213; P 32: EV 2003,23 Kat. – Nr. 26; P 33: EV 1963,37 Kat. – Nr. 181.
345 Deru 1996, 115–117.

Hals und verdickter Lippe[346]. Auch sie begannen in Horizont II nach Deru und liefen bis in flavische Zeit[347].

### 3.5.2.2 Rote Belgische Ware

#### 3.5.2.2.1 Formen

Das Formenspektrum der Roten Belgischen Ware unterscheidet sich deutlich von dem der Grauen Ware, insbesondere in den Quantitäten der einzelnen Formen. Hier überwiegen Teller über Schalen und Becher. Nur drei Schrägrandbecher sind im Fundspektrum vertreten, die vermutlich zu Gurtbechern gehörten.

Die Teller gehören zu den Formen Deru A 5 und A 7, je ein Exemplar der Formen A 1, A 12 und A 17[348] ist belegt. Die Form A 12 wurde erst in claudischer Zeit produziert, sonst können alle Stücke schon zum augusteischen Horizont gehören.

Unter den zehn Schalen Deru C 3, C 7, C 8 und KL 17[349] dominiert die Schale C 8 mit sechs Exemplaren. Es ist die korrespondierende Form zu der Schale Consp. 17[350]. Auch die Schalen sind alle schon in der augusteischen Zeit belegt.

Die Becher gehören mit zwei Exemplaren zu den kleinen Trinkbechern B 47.1, die in den Halternhorizont datiert werden. Fünf Stücke weisen auch den in grauer Belgischer Ware typischen Schrägrand auf. Zwei von diesen gehören jedoch zu Gurtbechern Deru P 29[351]. Zu dem Fragment EV 1963,37 Kat. – Nr. 138 fehlen direkte Parallelen, es könnte zu einem Gefäß ähnlich der Form Deru P 39 gehört haben.

#### 3.5.2.2.2 Stempel

Nur auf sechs Gefäßen Belgischer Ware in dem in dieser Arbeit untersuchten Fundmaterial wurden Reste von Stempeln gefunden[352]. Die geringe Anzahl liegt sicherlich an der starken Fragmentierung der Gefäße, wie der Vergleich zu den schon von Koethe[353] und Goethert[354]

---

346   RLM Trier, EV 1998,11 Kat. – Nr. 4; 65; 185–187; EV 1995,30 Kat. – Nr. 7; 68–71; EV 1987,105 Kat. – Nr. 508–521.

347   Deru 1996, 117–121; zur allgemeinen chronologischen Entwicklung der Becherformen: Deru 1996, 177.

348   A 5: RLM Trier, EV 1963,37 Kat. – Nr. 6; 135; 201–202; EV 1987,105 Kat. – Nr. 467; 503; A 7: EV 1963,37 Kat. – Nr. 70; 88; EV 1987,105 Kat. – Nr. 117; 146–147; 187–191; 465; 483; 614; A 1: EV 1987,105 Kat. – Nr. 62; A 12: EV 1987,105 Kat. – Nr. 402; A 17: EV 1963,37 Kat. – Nr. 38.

349   C 3: RLM Trier, EV 1963,37 Kat. – Nr. 56; EV 1987,105 Kat. – Nr. 469; C 7: EV 1987,105 Kat. – Nr. 607; C 8: EV 1987,105 Kat. – Nr. 318; 339; 608; 621; EV 1995,30 Kat. – Nr. 30, 130; KL 17: EV 1987,105 Kat. – Nr. 133.

350   Deru 1996, 63.

351   Weitere Gurtbecher aus dem Gräberfeld St. Matthias wurden bereits vorgelegt: Grab 3, RLM Trier, Inv. 33,935d Goethert-Polaschek 1977, 267; Goethert-Polaschek 1985, 281; Grab 8 (821) RLM Trier, Inv. 11,785c Goethert-Polaschek 1985, 283.

352   RLM Trier, EV 1963,37 Kat. – Nr. 69; 141; EV 1987,105 Kat. – Nr. 318; 556; EV 1995,30 Kat. – Nr.31–32.

353   Von den 93 insgesamt vorgestellten Stempeltypen ordnete er folgende 28 in die spätaugusteisch-tiberische Zeit: 2, 7, 9–10, 14–16, 20, 22–23, 27, 34, 39, 43, 45–46, 49, 51, 61, 64, 67, 71, 75, 82–84, 89 (Koethe 1938c).

354   Rheinisches Landesmuseum Trier 1984, 217.

veröffentlichten zeigt. Deren Stücke stammen vorwiegend aus dem südlichen Gräberfeld und sind deshalb meist vollständig erhalten[355].

Im Gegensatz zur Italischen Terra Sigillata sind die Stempel der Belgischen Ware bislang nicht zusammenfassend aufgearbeitet worden, so dass eine Bestimmung sehr erschwert wird. Deru bot in seinem zentralen Werk zur Belgischen Ware nur eine Zusammenfassung und verwies darauf, dass eine Arbeit zu den Töpfersignaturen in Vorbereitung sei[356]. Einen kurzen Überblick mit 166 Stempeln gab er dann 2004[357].

Von einem Stempel hat sich nur der rechteckige Stempelansatz erhalten[358]. Zu drei Stempeln sind mir bislang keine Parallelen bekannt. Dabei handelt es sich um die gut zu lesenden SENISER[359], VIIAI[360] und LVIII[361]. Ein weiterer Stempel gehört vermutlich zu dem Töpfer DE der auch als EICI gelesen wird. Allerdings ist das Stück nicht stempelidentisch, da hinter dem E noch für einen Buchstaben Platz im Stempelformular wäre. Dieser ist unter anderem auch aus dem südlichen Gräberfeld belegt[362]. Auch bei dem zweiten bestimmbaren Stempel handelt es sich um eine unsichere Lesung der Buchstaben ISSI_ die eventuell zu einem Stempel des SMERTISSIO gehören könnte, der aus Reims belegt ist[363].

### 3.5.2.2.3 Graffiti

Drei Gefäße tragen Reste von Graffiti, wobei diese nur sehr fragmentarisch erhalten und größtenteils unleserlich sind. Auf dem größten Fragment ist nur eine Zickzacklinie zu erkennen[364], auf den beiden verbleibenden ist ein N oder IV[365] und der Ansatz eines Buchstabens, eventuell ein S[366], zu erkennen.

Zusammenfassend hat sich bei der Auswertung der Belgischen Ware aus Trier gezeigt, dass ein breites, und für zivile Siedlungsplätze der spätaugusteisch-tiberischen Zeit durchaus übliches Fundspektrum vertreten ist. Die Funde entsprechen dem typischen Repertoire der von Deru zusammengestellten Horizonte II und III[367], mit einer Tendenz zu Horizont III, da z. B. die für diese Region sonst sehr typischen Grätenbecher in den Siedlungskomplexen fast vollständig fehlen. Die dominierende Form sind die Schrägrandbecher Deru P 1–9, die den größten Teil des Fundmaterials ausmachen. Auch die bereits von Goethert-Polaschek vorgestellten Befunde unter den Kaiserthermen passen in dieses Zeitfenster[368].

---

355   Da die Gräberfelder derzeit von Frau M. Kaiser bearbeitet werden, sind sie für mich leider nicht zugänglich gewesen. Siehe dazu auch: Kapitel 4.13 Gräberfelder.
356   Einzelne Stempel – z. T. besonders häufige, z. T. aus Produktionsorten – führte er jedoch schon über das ganze Werk verteilt auf (Deru 1996, 155).
357   Zu diesem Zeitpunkt umfasste sein Corpus jedoch schon 4200 Stempel (Deru 2004).
358   RLM Trier, EV 1987,105 Kat. – Nr. 318.
359   RLM Trier, EV 1987,105 Kat. – Nr. 556.
360   RLM Trier, EV 1995,30 Kat. – Nr. 31.
361   RLM Trier, EV 1963,37 Kat. – Nr. 141.
362   Rheinisches Landesmuseum Trier 1984, 189, 217.
363   Deru 1996, 156.
364   RLM Trier, EV 2003,23 Kat. – Nr. 3.
365   RLM Trier, EV 1987,105 Kat. – Nr. 318.
366   RLM Trier, EV 1987,105 Kat. – Nr. 540.
367   Deru 1996, 166–168.
368   Goethert-Polaschek 1984a, 119–131.

Vereinzelt werden Stücke sogar noch später zeitlich angesetzt, wobei das auch auf Unschärfen in der allgemeinen Feinchronologie der Belgischen Ware zurückgeführt werden könnte.

Auch in den Töpferöfen bilden die Becher Deru P 1–9 den größten Anteil der Belgischen Ware. Weitere Formen, wie Teller oder Gurtbecher, sind vermutlich nicht in ihnen produziert worden, da zu wenige Funde der einzelnen Typen vorliegen und es sich somit entweder um Sonderformen oder Siedlungsabfall handelt, der bei Verfüllung des Ofens mit hineingelangt sein kann. Von den Bechern liegen aus allen Öfen Fehlbrände, das heißt verformte, gerissene oder fehlfarbene Stücke, vor[369]. Alle Produkte sind graue Belgische Ware. Die wenigen Stücke Roter Belgischer Ware sind vermutlich sekundär verlagert.

Die Farbe der Brüche variiert zwischen Ocker- und Grautönen, letztere bilden die Mehrzahl der Stücke. Es wurden sehr unterschiedliche Verzierungstechniken angewendet: Neben wenigen Gefäßen mit rautenförmigem Einglättdekor kommen vorwiegend schachbrettartig angeordnete Schrägstrichrollrädchendekore, V-förmige Rädchen mit Riefelverzierung und Kleinrechteckige Rollrädchen vor, die in unterschiedlicher Zahl übereinander liegen können. Auf zwei Gefäßen sind auch einfache Zickzacklinien belegt.

Die Datierung der Öfen ist aufgrund der langen Laufzeiten der besonders häufigen Becher Deru P 1–9 und P 35–40 nicht näher als Horizont II bis IV einzugrenzen, so dass nicht nur ein Beginn in spätaugusteischer, sondern auch in tiberischer Zeit denkbar wäre.

### 3.5.3 Glattwandige Ware

Zwei größere Gruppen Glattwandiger Waren sind in den in dieser Arbeit aufgenommenen Komplexen vertreten: Zum einen ist es eine in Latènetradition stehende Warenart, die sich durch eine dunkelgrau bis schwarz glänzende, meist polierte Oberfläche auszeichnet. Im Bruch ist sie oft dunkelbraun und grob gemagert, und erscheint unter zwanzigfacher Vergrößerung porös bis plattig. Sie wird im Folgenden als Ware in Latènetradition bezeichnet[370].

Die zweite Gruppe ist wesentlich inhomogener in Farbe und Struktur. Sie geht außen in der Farbe von weiß über ocker und grau bis schwarz. Der Ton wurde allerdings in den meisten Fällen feiner geschlämmt und die Oberfläche grober geglättet. Viele Stücke sind deutlich härter gebrannt als die der ersten Gruppe.

Die Übergänge sind jedoch zwischen beiden fließend und nicht immer sicher zu erkennen, da die Formen auch zum Teil warenübergreifend verwendet wurden. Ein besonders gutes Beispiel sind dafür die Töpfe der Formen Haltern 57 und 58, die sowohl in beiden Glattwandigen als auch in Rauwandiger Ware hergestellt worden sind.

Die Benennung der Formen erfolgt in Anlehnung an die Typologien von Haltern, Neuss und Köln. Chronologische Vergleiche sind allerdings nur bedingt zulässig, da davon ausgegangen werden kann, dass es sich bei diesen Warenarten um regionale Produkte handelte,

---

369   Ein besonders gutes Beispiel für die „falsche" Farbe ist der Topf RLM Trier, EV 1998,11 Kat. – Nr. 59, dessen Farbspektrum von Ocker bis Grau variiert. Er verdeutlicht, dass es sich bei den ockerfarbenen Töpfen um graue Belgische Ware handelt. Dass das gleiche Formenspektrum auch mit sehr unterschiedlichen Oberflächen hergestellt werden konnte, zeigen die Funde aus einem Töpferofen in Waldgirmes Wigg/Walter 1997, 288, Abb. 5; S. Biegert und G. Rasbach sprachen diese Keramik als wahrscheinlich lokale Gruppe Belgischer Ware an (Biegert/Rasbach 2005, 27).

370   Cordie-Hackenberg/Wigg 1998.

die keine großräumigen Vertriebsstrukturen und damit auch wenige Abhängigkeiten von-einander aufwiesen.

Da die in dieser Arbeit vorgestellten Komplexe jedoch alle anhand der Terra Sigillata und der Belgischen Ware sowie dem Befundzusammenhang in die spätaugusteisch-frühti-berische Zeit einzuordnen sind, wird davon ausgegangen, dass die weitere Keramik eben-falls diesem Horizont zuzuordnen ist, auch wenn Einzeldatierungen nicht weiter zu belegen sind. Hinzu kommt als besondere Schwierigkeit bei der Ware in Latènetradition, dass eine umfangreiche Aufarbeitung des Übergangshorizonts zwischen der latènezeitlichen und der römischen Keramik fehlt. Es ist sehr schwer zu beurteilen, ob es sich bei Funden um Altstücke oder regulären Hausrat handelte. Dieses Desiderat ist in diesem Rahmen nicht zu beheben, da bei der Durchsicht des Fundmaterials der für diese Arbeit in Frage kommenden Befunde auch in Komplexen des fortgeschrittenen ersten Jahrhunderts eine große Zahl dieser Warenart zuzuordnende Stücke aufgefallen ist und nur eine gemeinsame Aufarbei-tung sinnvoll erscheint.

### 3.5.3.1 Teller, Schalen und Schüsseln

Nur fünf Teller konnten in Glattwandiger Ware dokumentiert werden, wobei zwei in Latè-netradition hergestellt worden sind[371]. Sie weisen alle eine schräge, glatte Wand auf und entsprechen den Formen Haltern 75/Höpken T1. Sie lagen am Viehmarkt unter der Rot-sandsteinstraße und am Forum RLM Trier, EV 1963,37 in Grube 2. Damit gehören sie zum Fundmaterial der spätaugusteisch-tiberischen Zeit, was sich mit der Datierung in Köln deckt[372].

Unter der Rotsandsteinstraße lagen ebenfalls sieben dünnwandige, halbkugelige Schalen ähnlich der Form Haltern 40B/Höpken T4, die allgemein in augusteische Zeit datiert wer-den[373].

Es wurden neun Schüsseln mit nach innen verdicktem Rand gefunden (ähnlich Deru B38/Höpken T9), die bis auf zwei Stücke alle in Ware in Latènetradition vorliegen. Deru datierte den vergleichbaren Typ in Belgischer Ware in Horizont V-VII, d. h. in claudische bis flavische Zeit[374]. Die Tongrundig-Glattwandigen Stücke aus Köln wurden allerdings schon zu Beginn des ersten Jahrhunderts n. Chr. hergestellt[375].

### 3.5.3.2 Töpfe

Insgesamt 42 Töpfe mit nach außen gebogenem Rand, der entsprechend der Form Haltern 57/Höpken T20 in eine runde Lippe ausläuft, liegen in Glattwandiger Ware vor[376]. Diese Zahl ist im Vergleich zur rauwandigen Ware (Höpken R18)[377] mit nur 15 Stücken, die sonst die typische Herstellungsart dieser Töpfe ist, erstaunlich hoch. Dieser Unterschied zu anderen Plätzen ist allerdings mit der Produktion dieses Typs in Ofen 1 des Töpfereibezirks

---

371  Ein Teller ist auf der Innenseite mit Einglättdekor verziert (EV 1963,37 Kat. – Nr. 76).
372  Höpken 2005, 97.
373  Ebd., 98.
374  Deru 1996, 49.
375  Höpken 2005, 99.
376  Zur Verwendung dieser Form und deren Bevorzugung gegenüber dem Typ Haltern 58: Rudnick 2001, 73.
377  Höpken 2005, 102.

in der Frauenstraße zu erklären, aus dem allein 26 Exemplare stammen[378]. Einzelne Exemplare sind auch der Ware in Latènetradition zuzurechnen. Die Form ist chronologisch unempfindlich und kann nur allgemein in das erste Jahrhundert n. Chr. eingeordnet werden[379].

Von Töpfen mit nach innen gebogenem Rand, vergleichbar der Form Haltern 58, liegen 14 Exemplare vor[380]. Sie kommen sowohl in Ware in Latènetradition als auch Glattwandiger und Rauwandiger Ware vor. Die Form wird allgemein an den Anfang des ersten Jahrhunderts n. Chr. datiert[381] und ist zahlreich in Haltern belegt[382].

Aus Ofen 1 des Töpfereibezirks in der Frauenstraße kommen 22 Fragmente von zweihenkligen Vorratstöpfen, den so genannten Honigtöpfen der Form Haltern 62/Höpken T21[383]. Dabei handelte es sich um eine sehr langlebige Form, die von augusteischer Zeit an bis in das vierte Jahrhundert n. Chr. produziert wurde[384]. Aus Siedlungskontexten ist sie bei den aufgenommenen Komplexen nicht belegt. Weitere Topftypen sind nur jeweils in wenigen Exemplaren gefunden worden[385].

### 3.5.3.3 Deckel

Insgesamt 20 Deckel konnten im Material in Glattwandiger Ware aufgenommen werden. Es kommen dabei etwa gleich häufig Deckel, die in eine runde Lippe auslaufen (vergleichbar Höpken T25), und mit aufgestellter Lippe (vergleichbar Höpken T26) vor. Höpken stellte bei den Untersuchungen in Köln fest, dass diese Deckel vermutlich nicht mit den zugehörigen Gefäßen zusammen produziert wurden, sondern erst bei Verkauf oder Nutzung wahrscheinlich auch über Warenarten hinweg kombiniert wurden[386]. Auch Rudnick kam bei den Deckeln zu den Formen Haltern 56/57/58 zu dem Schluss, dass eine typologische Differenzierung der Deckel an bestimmte Gefäßformen nicht möglich ist[387].

### 3.5.3.4 Krüge

Die mit großem Abstand und 48 Exemplaren häufigste belegte Form ist der Einhenkelkrug mit unterschnittenem Rand (Höpken T33, Haltern 47). Die Stücke kommen vorwiegend aus dem Töpfereibezirk in der Frauenstraße, einzelne aber auch aus den anderen bearbeiteten Komplexen.

Der Randdurchmesser liegt im Fundmaterial zwischen 3,9 und 11,9 cm, wobei sich zwei Gruppen deutlich in dem Töpfereimaterial voneinander trennen lassen: Die kleineren Krüge variieren zwischen 3,9 und 5,3 cm, die größeren zwischen 6,5 und 7,5 cm. Nur drei

378  RLM Trier, EV 1998,11 Kat. – Nr. 35–37; 43; 98–119.
379  Zur Einordnung des Typs mit weiterer Literatur: Höpken 2005, 102.
380  RLM Trier, EV 1992,13 Kat. – Nr. 23; RLM Trier, EV 1963,37, Kat. – Nr. 32, 43, 44, 222, 223; RLM Trier, EV 1987,105, Kat. – Nr. 54, 158, 226, 262, 569; RLM Trier, EV 1995,30, Kat. – Nr. 93, 104, 170.
381  Höpken 2005, 102.
382  Rudnick 2001, 73–74 mit weiteren Vergleichsfunden.
383  RLM Trier, EV 1998,11 Kat. – Nr. 11–14, 44, 45, 120–133, 209, 210.
384  Höpken 2005, 103.
385  Höpken B 20 Variante; Neuss VI, Taf. 24,4; Neuss VI, Taf. 27,18; Titelberg A.9.4; Titelberg A.9.7 mit innerem Wulstrand; Deru P 1–9.
386  Höpken 2005, 105.
387  Rudnick 2001, 77 mit weiterer Literatur zu Deckeln in Anm. 305.

Krüge weisen einen größeren Durchmesser auf. Damit liegen die Durchschnittsgrößen deutlich unter denen aus Köln, wo die häufigste Herstellungsgröße 9 cm ist[388].

Die Krugform ist weit verbreitet und schon ab dem Oberadenhorizont bis in flavische Zeit gut belegt[389].

Die insgesamt zweithäufigste Form ist die des Einhenkelkrugs mit gerilltem Kragenrand (Haltern 45, Höpken T30), die in 14 Exemplaren vorliegt. Vier davon stammen aus Ofen 1 des Töpfereibezirks am Klinikum Mutterhaus der Borromäerinnen und weitere acht aus dem Fundmaterial unter der Rotsandsteinstraße am Viehmarkt. Diese Form war typisch für die augusteische und frühtiberische Zeit[390].

Zehn birnenförmige Einhenkelkrüge der Form Höpken T32 sind insgesamt belegt. Die Form kam in augusteischer Zeit auf und ist bis in den frühen Horizont von Hofheim belegt[391]. Je zwei Stücke kommen aus einem Ofen am Klinikum Mutterhaus der Borromäerinnen und der Schicht unter der Rotsandsteinstraße am Viehmarkt.

Das Formenspektrum der Glattwandigen Ware fügt sich in das bereits aus der Auswertung der Terra Sigillata und der Belgischen Ware bekannte Bild ein. Die Funde können durchweg spätaugusteisch bis frühtiberisch datiert werden. Da die einzelnen Formen jedoch zum Teil deutlich längere Laufzeiten haben, kann diese Warenart nicht zur feinchronologischen Untergliederung der Befunde beitragen.

### 3.5.4 Rauwandige Ware

Die unter Rauwandiger Ware zusammengefasste Keramik ist ebenso wie die der Glattwandigen sowohl in Farbe als auch Struktur und Wanddicke sehr unterschiedlich. Das Farbspektrum variiert sowohl im Bruch als auch auf der Oberfläche von ocker über grau und braun bis schwarz. Auch in dieser Keramikgruppe befindet sich eine größere Anzahl Gefäße, die in direkter Tradition der Latènezeitlichen Keramik steht. Die Formenvarianz ist jedoch deutlich geringer gegenüber den bislang vorgestellten Warenarten. Es dominieren hier deutlich Töpfe über wenige Teller, Schüsseln und Krüge.

#### 3.5.4.1 Teller und Schüsseln

Alle Teller weisen eine gestreckte oder leicht gerundete Wandung auf und sind vergleichbar mit den Typen Höpken R1 und Titelberg A.8.1. Die Form Höpken R1[392] ist sehr langlebig und kommt in Köln vom Beginn des ersten bis ins vierte Jahrhundert vor[393]. Beide Tellertypen sind in der Schicht unter der Rotsandsteinstraße gefunden worden, wobei dort der Typ Titelberg A.8.1 überwiegt. Der Typ Titelberg A.8.1 ist in der Warenart ausschließlich in Latènetradition hergestellt und hat dort gute Parallelen.

Zwei Stücke, die durch ihre Größe und Form eher als Schüsseln angesprochen werden müssen, gehören zum bearbeiteten Fundmaterial. Dabei handelt es sich um das Randfrag-

---

388 Höpken 2005, 107.
389 Zur Datierung, Vergleichen und Formentwicklung: Ebd., 107.
390 Ebd., 106, mit weiterer Literatur.
391 Ebd., 107.
392 RLM Trier, EV 1987,105 Kat. – Nr. 285; 550; EV 1992,13 Kat. – Nr. 9; EV 1995,30 Kat. – Nr. 186.
393 Höpken 2005, 116.

ment einer Schüssel mit schräg ansteigendem Rand, ähnlich der Form Titelberg A.8.3, die zum Fundmaterial unter der Rotsandsteinstraße gehört[394].

Zu der zweiten Schüssel ist mir keine Parallele bekannt. Die Randgestaltung entspricht ungefähr dem Typ Titelberg A.9.11, jedoch wurde ein breiter Bandhenkel quer an die Wandung angesetzt. Das Stück stammt aus Ofen 1 des Töpfereibezirks in der Frauenstraße, in dem sonst vorwiegend Tongrundig Glattwandige Ware hergestellt wurde[395].

Aus dem Töpfereibezirk am Klinikum Mutterhaus der Borromäerinnen kommt eine weitere Tellerform, deren Funktion als Essgeschirr meines Erachtens jedoch nicht gesichert ist[396]. Dabei handelt es sich um Gefäße mit einem Durchmesser zwischen 14 und 20 cm, die von der Tonstruktur, Farbe und Brenntechnik her der Glattwandigen Ware entsprechen. Allerdings ist die Oberfläche kaum geglättet und weist sehr starke Drehrillen auf. Die Wand ist auf die Bodenplatte aufgesetzt und nicht verstrichen, so dass die meisten Stücke an dieser Stelle gebrochen sind. Die Böden sind sehr schlecht abgedreht, so dass sie hier unter der Rauwandigen Ware geführt werden. Sie sind steilwandig und haben eine gerundete, gerade Lippe. Da sie sich in der Qualität sehr von den anderen Geschirrarten unterscheiden und keine Stücke aus Siedlungskontexten stammen, erscheint eine Nutzung im Töpfereizusammenhang möglich.

### 3.5.4.2 Töpfe

Töpfe dominieren in ihrer Zahl deutlich gegenüber anderen Gefäßtypen. Dabei ist auffällig, dass der größte Teil Entsprechungen in Glattwandiger Ware findet. Fünfzehn Töpfe mit nach außen gebogenem Rand, der in eine runde Lippe ausläuft – entsprechend der Form Haltern 57/Höpken R18 –, wurden über das Stadtgebiet verteilt gefunden. Zum Teil lagen sie auch unter der Rotsandsteinstraße am Viehmarkt. Generell ist die Form, wie auch in der Glattwandigen Ware, chronologisch unempfindlich, und kam von augusteischer Zeit bis ins zweite Jahrhundert n. Chr. vor[397].

Darüber hinaus sind auch dreizehn Töpfe mit nach innen gebogenem Rand, vergleichbar der Form Haltern 58, gefunden worden. Wie die Stücke in Glattwandiger Ware werden sie in die augusteische Zeit datiert[398]. Auch diese Form ist sechs Mal unter der Rotsandsteinstraße am Viehmarkt belegt[399].

Fünf Töpfe gehören zu dem Typ Titelberg 9.6. Sie sind in der Wandung sehr rund. Die Lippe ist gerundet und aufrecht. In Form und Ausführung stehen diese Gefäße in direkter Latènetradition und sind zeitlich sehr schwer einzuordnen. Drei von ihnen stammen aus der Schicht unter der Rotsandsteinstraße am Viehmarkt[400]. Weitere Formen kommen nur in einzelnen Stücken vor[401].

---

394   RLM Trier, EV 1987,105 Kat. – Nr. 29.
395   RLM Trier, EV 1998,11 Kat. – Nr. 181.
396   RLM Trier, EV 2003,23 Kat. – Nr. 48–65; 89–91.
397   Höpken 2005, 124 mit weiterer Literatur.
398   Höpken 2005, 102.
399   RLM Trier, EV 1987,105 Kat. – Nr. 31–33; 232–233; 324.
400   RLM Trier, EV 1987,105 Kat. – Nr. 36; 95; 231.
401   Neuss VI, Taf. 20,10 (RLM Trier, EV 1992,13 Kat. – Nr. 14); Neuss VI, Taf. 27,2 (RLM Trier, EV 1987,105 Kat. – Nr. 34); Neuss VI, Taf.1,10 (RLM Trier, EV 1995,30 Kat. – Nr. 189); Titelberg A.9.12 (RLM Trier, EV 1987,105 Kat. – Nr. 35).

### 3.5.4.3 Deckel

Zwei Deckel der Form Höpken R38 wurden in rauwandiger Ware geborgen und gehören funktional vermutlich zu den Töpfen. Chronologisch sind sie nicht näher einzuordnen[402].

### 3.5.4.4 Flasche und Krüge

Die Fragmente einer Flasche und von zwei Krügen konnten in dieser Warenart aufgenommen werden. Die Flasche steht in Latènetradition der Form Titelberg 3.2. Die beiden Krughenkel stammen aus dem Töpfereibezirk in der Feldstraße und sind vermutlich Fehlbrände, da sie in ihrer Form, jedoch nicht in Farbe und Oberfläche, den Henkeln der Glattwandigen Krüge sehr ähnlich sind.

Auch die Rauwandige Ware aus Trier entspricht den in augusteisch-tiberischen Zusammenhängen zu erwartenden Formen, lässt aber keine feiner chronologischen Aussagen zu, da sie nicht genauer als ihre Begleitfunde zu datieren ist.

## 3.5.5 Muschelgemagerte Ware

Eine weitere, häufig im Fundmaterial auftretende Warenart ist die so genannte Muschelgemagerte Ware. Sie trägt ihren Namen von kleinen Muschelfragmenten im Ton[403], die aus fossilen Muschelbänken moselaufwärts zwischen Metz und Nancy stammen und durch die die Keramik brüchiger wird. Dadurch konnte sie weniger hart gebrannt werden. Diese Warenart entspricht der auch an Rhein[404] und Lippe belegten korkwandigen Ware, wie sie z. B. im Fundmaterial von Haltern regelmäßig auftritt[405]. Durch die Bodenlagerung wurden dort die kalkhaltigen Bestandteile zersetzt und der poröse Eindruck der „Korkwand" entsteht[406]. Die Ware wurde im Treverergebiet produziert[407]. Metzler nahm eine Herstellung in der Nähe des Titelbergs an, da dort auch die Kalksteinschichten mit Schillkomponenten anstehen[408]. Generell ist bei den Stücken ein Transport aus dem moselaufwärts gelegenen Gebiet zu erwarten[409]. In Trier und der direkten Umgebung fehlen bislang Nachweise für eine Produktion. Die kleinen Fragmente aus beiden Töpfereibezirken gehören dort vermutlich zu Siedlungsabfällen, da sonst eine größere Zahl oder Fehlbrände vorliegen müssten.

Das Formenspektrum ist sehr klein. Es kommen fast ausschließlich Töpfe und wenige Deckel[410] vor. Bei einem Stück ist unklar, ob es sich um einen Deckel oder eine Schüssel handelt[411]. Der Deckeltypus entspricht der einfachen Form Titelberg E.1.10 des konischen

---

402 Höpken 2005, 134.
403 Allgemein wird zwischen Muschelgemagerter Ware des 1. Jhs. und der des 3. und 4. Jhs. unterschieden, wobei in diesem Zusammenhang die späte aufgrund der ausgewählten Komplexe unberücksichtigt bleibt. Zur Warenart zusammenfassend siehe auch: Henrich 2006, 94–96; Metzler 1995a, 370.
404 Z. B. in Nijmegen: Bogaers/Haalebos 1980, 71–72.
405 Bei der Durchsicht von Funden aus Haltern konnte die Verfasserin im Bruch noch Stücke der Muschelmagerung erkennen.
406 Polfer 1996, 375.
407 Zur Verbreitung in der *Civitas Treverorum*: ebd., 378.
408 Metzler 1995a, 370.
409 Freundliche Mitteilung H. Löhr.
410 Kat. – Nr. RLM Trier, EV 1963,37 Kat. – Nr. 79; EV 1987,105 Kat. – Nr. 38; EV 1998,11 Kat. – Nr.248.
411 RLM Trier, EV 1963,37 Kat. – Nr. 80.

Deckels mit Griffscheibe. Eine Schüssel des Typs Titelberg E.8.1 liegt in einem kleinen Fragment unter der Rotsandsteinstraße am Viehmarkt vor[412]. Weitere vier Exemplare dieses Typs kommen aus der Siedlungsschicht unter den Kaiserthermen[413].

Die meisten Töpfe gehören zu den so genannten Halterner Kochtöpfen mit nach innen gebogenem Rand der Form Haltern 91A/Titelberg E.1.8–1.9. Von ihr sind 17 Exemplare belegt. Sie gehören in die augusteische Zeit, können aber noch etwas länger umgelaufen sein[414]. Drei weitere Stücke liegen auch aus der Grabung unter den Kaiserthermen vor[415].

Acht Töpfe weisen einen nach außen gebogenen Rand auf und entsprechen damit den Typen Titelberg E.1.1 und E.1.2, der Form nach aber auch Haltern 57. Die größeren Exemplare haben einen Durchmesser von 20 bzw. 24 cm, die kleineren zwischen 12 und 16 cm. Auch dieser Typus ist in den Funden der Grabung unter den Kaiserthermen mit zehn Stücken vertreten[416] und liegt aus einem spättiberisch-frühclaudischen Grab aus der Paulinstraße vor[417].

### 3.5.6 Glasierte Ware

Aus der Schicht unter der Rotsandsteinstraße kommen zwei kleine Fragmente früher grünglasierter Ware[418]. Dabei handelt es sich um ein nicht näher zu klassifizierendes, sehr kleines Bruchstück, das mit einem Perlstabdekor verziert ist[419].

Das zweite Stück gehört zu einem kalottenförmigen, sehr dünnwandigen Becher[420]. Die Glasur ist grün, stellenweise bräunlich und auf der Außenseite partiell abgeplatzt. Auf der Wandscherbe ist eine Nuppe als Dekorelement erhalten. Ähnliche Stücke liegen aus Saint-Romain-en-Gal vor, wo sie auch produziert wurden[421].

Grünglasierte Ware ist sowohl im ganzen ersten vorchristlichen als auch nachchristlichen Jahrhundert produziert worden, wobei der Schwerpunkt sicherlich in der ersten Hälfte des ersten Jahrhunderts n. Chr. liegt[422]. Sie tritt immer wieder vereinzelt in zivilen und militärischen Kontexten nördlich der Alpen auf[423]. Bei den Trierer Stücken könnte es sich – allerdings ohne Analysen nicht gesichert – um Produkte aus mittelgallischen Werkstätten handeln[424]. Diese sind in Scherben und Glasurfarben sehr vielfältig[425], so dass eine sichere optische Zuweisung nicht möglich ist.

---

412  RLM Trier, EV 1987,105 Kat. – Nr. 235.
413  Goethert-Polaschek 1984a, 140, Abb. 9 mit weiteren Parallelen.
414  Polfer 1996, 376.
415  Goethert-Polaschek 1984a, 140–141.
416  Ebd., 142.
417  Ebd., 142 (RLM Trier, Inv. 14,143 Nr. 7).
418  Zu Warenart und Herstellung sowie deren Forschungsgeschichte siehe ausführlich: Hochuli-Gysel 1977, 13–20; aktualisiert und zusammengefasst, insbesondere auch mit Berücksichtigung glatter Ware und den gallischen Fabrikaten, in: dies. 1997, 63–69.
419  RLM Trier, EV 1987,105 Kat. – Nr. 275.
420  RLM Trier, EV 1987,105 Kat. – Nr. 186.
421  Desbat 1995, Fig. 5, 33–40.
422  Hochuli-Gysel 1997, 64.
423  Dies. 1977, 105.
424  Zusammenfassend zu den französischen Produktionsstätten: Desbat 1995, 39–41 mit weiterer Literatur.
425  A. Hochuli-Gysel stellte in ihrem Überblick zu den Funden aus Vitudurum bereits fünf verschiedene

### 3.5.7 Lampen

In dem Fundmaterial befand sich auch eine kleine Anzahl an Lampenfragmenten, von denen sich zehn Stücke genauer einordnen lassen.

Die meisten bestimmbaren Fragmente gehören zum Typus der Vogelkopflampen (Goethert V, Haltern 34, Leibundgut I)[426]. Sieben Stücke[427] sind sehr klein zerscherbt und lagen alle am Viehmarkt unter der Rotsandsteinstraße. Der Typ ist durch einen fast runden Körper, der in eine breite, gestreckte Schnauze mit geradem Abschluss übergeht, charakterisiert. Auf dem Schnauzenhals sind zwei voneinander abgewandte, stilisierte Vogelköpfe abgebildet, die für den Typ namengebend waren. Alle in dieser Arbeit aufgenommenen Fragmente weisen im Übergang zwischen Schulter und Spiegel einen Zahnkranz auf. Weitere vier Exemplare waren Goethert-Polaschek aus den Gräberfeldern bekannt. Diese kommen allerdings aus zeitlich uneinheitlichen Grabkomplexen[428]. Allgemein wird diese Form in die augusteische Zeit datiert und endet in tiberischer[429].

Die weiteren Bildlampenfragmente gehören zu Typen mit Volutenschnauzen. Sie können allerdings nicht weiter eingegrenzt werden, da sie sehr klein zerscherbt sind[430].

### 3.5.8 Amphoren

Amphoren sind im in dieser Arbeit untersuchten Fundmaterial durch lediglich 38 Gefäßfragmente vertreten. Die Stücke waren alle sehr klein fragmentiert und nur zum Teil bestimmbar. Die Zuweisung beschränkt sich auf eine Formanalyse, da zu wenig Vergleichsmaterial vorlag, um Tongruppen zu erkennen oder Stücke in solche einzureihen.

Drei gehören zur Form Dressel 2–4[431], die S. Martin-Kilcher der Gruppe 2, den „klassischen" Weinamphoren, zuordnete[432]. In der zweiten Hälfte des ersten Jahrhunderts v. Chr. trat diese Form auf und war bis ins späte zweite und dritte Jahrhundert verbreitet, ihr Hauptverbreitungszeit lag allerdings im ersten und frühen zweiten Jahrhundert[433].

Bei zwei Stücken ist der charakteristische zweistabige Henkel erhalten. Bei dem anderen erfolgte eine Zuweisung nur anhand des Randes und ist damit nicht gesichert. Alle drei Stücke dieser Form stammen vom Viehmarkt, wobei zwei in den Schichten unter der Rotsandsteinstraße lagen.

Drei weitere Stücke lassen sich südspanischen Olivenölamphoren der Form Dressel 20 zuweisen[434]. Die Profile entsprechen den Profilgruppen A und B nach Martin-Kilcher[435],

---

Fabrikate heraus: Hochuli-Gysel 1977, 66–67.
426  Bei einem Fragment (RLM Trier, EV 1987,105 Kat. – Nr. 102) ist unklar, ob es sich um die Schnauze einer Lampe Dressel 3 oder einer Vogelkopflampe handelt, da die Formansprache anhand eines sehr kleinen geraden Schnauzenabschlusses nicht sicher zu treffen ist.
427  RLM Trier, EV 1987,105 Kat. – Nr. 7; 101–102; 184; 261; 274; 289.
428  Goethert-Polaschek 1985, 13–15.
429  Leibundgut 1977, 15.
430  RLM Trier, EV 1987,105 Kat. – Nr. 64; 429; 602.
431  RLM Trier, EV 1987,105 Kat. – Nr. 43; 241; 595.
432  Martin-Kilcher 1987–1994, 337–346.
433  Ebd., 337.
434  Ebd., 49–69.
435  Ebd., 54.

den frühesten in Augst. Insgesamt ist die Form sehr langlebig. Die Trierer Stücke stammen vom Viehmarkt und dem Forum, wobei eines unter der Rotsandsteinstraße lag.

Sechs Fragmente können der Form Dressel 7–11 zugewiesen werden. Bei diesen Spanischen Saucenamphoren handelt es sich um eine typische Form der ersten Hälfte des ersten Jahrhunderts n. Chr. Fünf der bestimmbaren Stücke lagen unter der Rotsandsteinstraße am Viehmarkt[436].

Das aufgenommene, von der Verfasserin bestimmbare Amphorenspektrum ist sehr klein, so dass ein statistischer Vergleich mit anderen Fundplätzen auf dieser Materialbasis nicht zielführend ist[437]. Die vertretenen Formen passen jedoch alle gut in das zu erwartende Fundspektrum.

### 3.5.9 Dolien

Aus den Grabungen sind als weitere Schwerkeramikgattung neben den Amphoren auch einige Fragmente von Dolien bekannt. Dabei handelt es sich um sehr große Gefäße mit einem Randdurchmesser von über 30 cm. Die Oberflächenfarbe liegt zwischen weiß und ocker, im Bruch sind die meisten Stücke grau und sehr grob mit großen weißen, plattigen Partikeln gemagert. Die Ränder sind in allen Fällen schwarz gepicht. Die Formen entsprechen den Typen Titelberg C.1.1 und C.1.2, die Metzler für die Latènezeit, bzw. F.1 für den ersten römischen Horizont herausgearbeitet hat[438].

Auf dem Titelberg kommen Dolien gesichert bereits zahlreich in spätkeltischen Fundkomplexen vor[439]. Die Form und Herstellungsart scheint allerdings sehr langlebig, da sich die Stücke optisch nicht von den Trierer Funden unterscheiden[440]. Die frühesten Stücke dieser Form sind schon im ausgehenden zweiten und im ersten Jahrhundert v. Chr. aufgekommen[441]. Eine typologische Entwicklung ist jedoch auch in römischer Zeit kaum fassbar. Metzler stellte tendenziell fest, dass die frühkaiserzeitlichen Stücke meist etwas größer sind[442].

Er führte Produktionsstätten in Thuisy und Sept-Saulx in der Champagne an, ging aber aufgrund der schwierigen Transportbedingungen auch von einer Produktion in der näheren Umgebung des Titelbergs aus[443]. In Köln ist eine ähnliche Form (Höpken S 8) noch im ersten und frühen zweiten Jahrhundert n. Chr. produziert worden[444]. Für Mainz belegte A. Heising eine Produktion seines Typs 112 in Zeitstufe 1, die der Zeit 30/20 v. Chr. bis um die Zeitenwende entspricht[445]. Ganz ähnliche Gefäße werden jedoch auch noch bis ins dritte Jahrhundert in Soller produziert[446].

---

436   RLM Trier, EV 1987,105 44, 160, 242, 266, 286.
437   Allgemein zu der Aussagekraft und den Fundumständen von Amphoren in Siedlungskontexten: Martin-Kilcher 2003, 237–241.
438   Vgl. Typentafeln Metzler 1995a, Abb. 201, C.1.1–2; Abb. 207, F.1.1.
439   Ebd., 398.
440   An dieser Stelle möchte ich mich besonders bei Dr. J. Metzler und Dr. C. Gaeng bedanken, die mir die Möglichkeit gaben, die Funde vom Titelberg einzusehen.
441   Metzler 1995a, 399.
442   Metzler 1995a, 447.
443   Ebd., 399.
444   Höpken 2005, 144.
445   Heising 2007, 31, mit weiteren Belegen für das Mittelrheingebiet und die Wetterau.
446   Haupt 1984, 454–455.

## 3.5.10 Reibschalen

Zu dem typischen Formenschatz der augusteisch-tiberischen Zeit gehören Reibschalen, die auch in Trier in mehreren Stücken belegt sind. Die Stücke entsprechen bis auf ein Exemplar der kalottenförmigen Reibschüssel mit Vertikalrand der Form Haltern 59. Das eine abweichende Gefäß gehört zur Form Haltern 60. Fünf von zehn Gefäßen, deren Rand erhalten ist, kommen aus der Schicht unter der Rotsandsteinstraße.

Die Formen sind beide schon aus der Grabung unter den Kaiserthermen belegt. Goethert nahm drei Stücke des Typus Haltern 59 und eines Haltern 60 auf[447]. Weitere zwei Exemplare der Form Haltern 59 stammen vom Petrisberg und wurden schon 1939 von Loeschke vorgelegt, wobei er darauf hinwies, dass bei diesen Stücken der Rand weiter unterschnitten und der obere Randteil schärfer abgesetzt ist[448].

---

447 Goethert-Polaschek 1984a, 144–145.
448 Loeschcke 1939, Form 13, 101; 105.

# 4 Auswertung

## 4.1 Vorkaiserzeitliche Besiedlung

Im Folgenden soll nicht erörtert werden, ob eine vorkaiserzeitliche Besiedlung im Allgemeinen in der Trierer Talweite nachzuweisen ist, sondern in wie weit spätlatènezeitliches Fundmaterial Rückschlüsse auf Größe, Bedeutung und Funktion der angenommenen Siedlungsstellen im späteren Stadtgebiet zulässt. Es ist unzweifelhaft, dass auf einer so großen, gut landwirtschaftlich nutzbaren Fläche der kaiserzeitlichen eine vorgeschichtliche Besiedlung voraus gegangen sein muss. Es soll jedoch überprüft werden, in wie weit bei dem derzeitigen Kenntnisstand die zuletzt von D. Krausse formulierte These, „dass die Trierer Talweite seit der Mitte des ersten Jahrhunderts v. Chr. eine ökonomische und politische Zentralregion war", zutrifft[449].

Die erste „nüchterne Sichtung und Bestandsaufnahme des vorrömischen Fundstoffes"[450] erfolgte 1973 durch Schindler, der die bis dahin bekannten latènezeitlichen Funde kritisch hinterfragte. Er kam zu dem Fazit, dass von einem treverischen Stammeszentrum vor der Regierungszeit des Augustus an diesem Ort nicht die Rede sein könne[451].

Haffner stellte in „Trier – Augustusstadt der Treverer" ebenfalls die Funde und Befunde der vorkaiserzeitlichen Besiedlung zusammen. Dabei kam auch er zu dem Ergebnis, das zwar spätkeltische Siedlungen im Gebiet der antiken Stadt bestanden hätten, doch weiterhin nichts für ein Stammeszentrum der Treverer spräche[452].

Heinen kam 1985 bei Betrachtung der spätlatènezeitlichen und frühkaiserzeitlichen Befunde im größeren historischen Kontext zu dem Schluss, dass es ungewiss bliebe, „ob sich das römische Trier aus einer vorausgehenden, vielleicht sehr bescheidenen keltischen Siedlung entwickelte und ob es die Tradition eines andernorts gelegenen treverischen Stammesmittelpunktes (Titelberg?) fortsetzte"[453].

Eine neue Diskussionsgrundlage brachte erst Gilles im Jahr 1992: Er untersuchte neben den in seiner Arbeit im Zentrum stehenden Fundmünzen auch das weitere latènezeitliche Fundmaterial[454]. Er kritisierte dabei die Betrachtungs- und Interpretationsweise Schindlers, der älteres Fundmaterial in römischen Kontexten nicht als Beleg für eine latènezeitliche Siedlung gelten ließ. Gilles hielt dem entgegen, dass durch die kontinuierliche, 2000 Jahre dauernde Bebauung und besonders die großflächigen Baumaßnahmen des ersten Jahrhunderts n. Chr. keltische Münzen oder Glasarmringfragmente noch in Fundschichten des späten ersten Jahrhunderts auftreten. Er warf Schindler absichtliche Schlüsse „*ex silentio*" vor[455]. Jedoch sind Schindlers Abwägungen durchaus zulässig, da es sich z. B. gerade bei

---

449    Krausse 2006, 331.
450    Schindler 1971, 71.
451    Ebd., 82; ähnlich auch in: ders. 1973.
452    Haffner 1984b, 19.
453    Heinen 1985, 43.
454    Gilles 1992.
455    Ebd., 194.

den von Gilles aufgegriffenen Münzen aus der Grabung in den Kaiserthermen mit je einem Exemplar um die Typen Scheers 30a und Scheers 146 handelt[456], die durchaus noch regulär in augusteisch bis spätaugusteischer Zeit umgelaufen sind[457]. Gleiches gilt für die Keramik und Fibeln[458].

Bei den Untersuchungen der Münzen aus Grabungskontexten konnte im Rahmen dieser Untersuchung herausgearbeitet werden, dass in Trier, wie an anderen Plätzen auch, eine vergleichsweise hohe Anzahl an keltischen Münzen aus dem römischen Umlauf stammt und nicht auf Verlagerung zurück zu führen ist[459]. Ebenso zeigte sich, dass handaufgebaute oder nur übergedrehte Ware spätlatènezeitlichen Charakters noch in größeren Mengen im kaiserzeitlichen Fundgut vorkommt, und es sich auch hierbei nicht um verlagerte Siedlungsreste, sondern um noch in Gebrauch befindliche Formen handelt[460]. Diese an den z. T. gut untersuchten Flächen wie am Viehmarkt, in der Forumserweiterung oder am Klinikum Mutterhaus der Borromäerinnen gewonnenen Ergebnisse erfordern es meines Erachtens, die von Gilles allein an der Quantität festgemachten Schlüsse auf eine nicht unbedeutende Siedlung, vielleicht ein untergeordnetes Stammeszentrum, zu hinterfragen, die ohne Berücksichtung der Befundzusammenhänge gewonnen wurden[461].

Die von Gilles vorgestellte Materialmenge überzeugt durch ihre Anzahl im ersten Moment zweifellos, insbesondere im Vergleich zu den damalig bekannten Funden von Martberg und Titelberg. Wenn man jedoch die Münzen von der Römerbrücke und der vom römischen Stadtzentrum weiter entfernten Fundorte, wie dem Petrisberg, Euren oder Biewer abzieht, die nicht im Zusammenhang mit einer direkten Vorgängersiedlung stehen können, bleibt eine wesentlich kleinere Zahl zurück. Von dieser Zahl muss zudem noch die Summe des regulär römischen Umlaufs der keltischen Münzen abgerechnet werden[462]. Dabei darf, so verdienstvoll die „ehrenamtliche Mitarbeit" der Metallsucher in und um Trier auch ist, meines Erachtens nicht außer Acht gelassen werden, dass zur archäologischen Fundauswertung bei allen weiteren Münzen der exakte Fundort und Kontext fehlt: Keine einzige Münze oder Fibel stammt aus latènezeitlichen Befundzusammenhängen im Stadtgebiet!

Sowohl bei den Untersuchungen am Viehmarkt als auch am Klinikum Mutterhaus der Borromäerinnen und etlichen weiteren Grabungen im Stadtgebiet konnten zwar urnenfelderzeitliche Funde, aber keine der Latènezeit geborgen werden[463]. Insbesondere am Viehmarkt – den Gilles als Siedlungskern bezeichnete – wurde eine für ein in der Innenstadt gelegenes Areal große Fläche bis auf den anstehenden Boden untersucht, in der sich aber keine Gruben oder tiefer gehende Baubefunde abzeichneten. Diese wären jedoch auch nach einer Planierung des vorrömischen Laufhorizonts bei der Errichtung des Straßennetzes oder

---

456 Münzliste Keltische Münzen Nr. 12 und 13.
457 Kapitel 3.1.1 Keltische Münzen mit weiterer Literatur zu den Typen.
458 Zur Ware in Latènetradition und einzelnen handaufgebauten übergedrehten Stücken: Kapitel 3.5.3 Glattwandige Ware und 3.5.4 Rauwandige Ware; zu den latènezeitlichen Fibeln und deren Kontexten: Kapitel 3.2.1 Latènezeitliche Fibeln jeweils mit weiterer Literatur.
459 Siehe hierzu mit weiterer Literatur: 3.1 Münzen.
460 Cordie-Hackenberg/Wigg 1998.
461 Gilles 1992, 216. Kritisch hierzu auch schon: Metzler 1995a, 570 und jüngst: Leifeld 2007, 385.
462 Siehe hierzu mit genauen Fund- und Zahlangaben Kapitel 3.1 Münzen.
463 Zum Beispiel am Viehmark RLM Trier, EV 1987,105 FN. 570; 590; 614; 750; 965. Clemens/Löhr 2001, 107 Abb. 5.

der Wohnbebauung zu erwarten gewesen, wenn es sich wie von Gilles vermutet um einen zentralen Punkt in der keltischen Ansiedlung gehandelt hätte. Es wäre auch in der Planierung eine größere Menge Keramik anzunehmen. Die von Gilles für den Viehmarkt als keltisch angeführte Keramik, die durchaus noch zum kaiserzeitlichen Spektrum gehört, kommt jedoch ausschließlich aus den späteren, sicher römischen Befunden des fortgeschrittenen ersten und frühen zweiten Jahrhunderts.

Als zentrales Argument für einen Ort mit überregionaler Bedeutung führte Gilles die Funde an, die er als Indizien für eine Münzprägung am Viehmarkt sah. Dabei handelt es sich um fünf Münzen und einen gegossenen Messingschrötling[464]. Es ist allerdings fraglich, ob sie als Beleg für eine Prägung in Trier um die Zeit von 30 v. Chr. ausreichen, und wenn ja, welche Konsequenz das für die Rekonstruktion einer keltischen Besiedlung am Viehmarkt hat. Voranzustellen ist auch hier, dass es sich erneut um Sammlerfunde handelt, zu denen kein Fundkontext bekannt ist. Es ist daher unklar, ob sie noch mit anderen Münzen vergesellschaftet waren. Es besteht die Möglichkeit, dass es sich etwa um den Inhalt einer Börse handelt, dessen Verlustumstände nicht mehr zu klären sind. Diese Spekulation soll verdeutlichen, dass fünf Münzen eines sehr schlecht erhaltenen Typs, die aus unterschiedlichen Formen stammen, aus verschiedensten Gründen in den Trierer Boden gelangt sein können, und nicht durch ihr singuläres Auftreten eine Prägung am Viehmarkt wahrscheinlich machen. Weitere Hinweise auf eine Münzprägung wie Tüpfelplatten oder Gußreste fehlen. Lässt man diese Bedenken außer Acht und nimmt trotz der fehlenden Siedlungsfunde und Befunde eine Münzprägung am Viehmarkt an, so hat dies dennoch nicht ein größeres oder bedeutenderes Zentrum der Treverer zur Konsequenz, da die keltische Münzherstellung dezentral organisiert war und sogar in Einzelgehöften Münzen hergestellt wurden[465].

Es lässt sich an dieser Stelle festhalten, dass auch nach dem beachtlichen Ansteigen der Fundzahlen keltischer Münzen und Fibeln aus Trier bislang keine direkten Hinweise für ein Zentrum der Treverer gegeben sind und sich damit die von Krausse formulierte, aber nicht belegte These einer ökonomisch und politischen Zentralregion nicht zu halten ist[466].

## 4.2 Historische Quellen

Alle historischen Quellen, die mit der Gründung Triers in Verbindung gebracht werden können, wurden bereits von H. Heinen umfassend vorgestellt und hinreichend interpretiert[467]. Da aber keine Trier als Stadt oder Hauptort vor den vierziger Jahren des ersten Jahrhunderts n. Chr.[468] direkt nennt, müssen an dieser Stelle auch die wenigen Erwähnungen der Treverer mit herangezogen werden[469].

---

464   Dieser könnte jedoch auch als ungeprägte Münze umgelaufen sein und ist damit kein zweifelsfreier Beleg für eine Münzprägung (Gilles 1992, 198). Siehe hierzu auch: Kapitel 3.1.1 Keltische Münzen.
465   Loscheider 1998, 176–177.
466   Krausse 2006, 331.
467   Heinen 1985, 13–53; kürzer zusammengefasst mit älterer Literatur: Haffner 1984a.
468   Siehe dazu die Überlieferung des Pomponius Mela unten.
469   Binsfeld stellte diese bereits 1970 zusammen: Binsfeld 1970, 36–37. Es wird darauf verzichtet, erneut die Quellen des gallischen Krieges zu zitieren. Diese sind mehrfach zusammengefasst worden und

Die Schilderung eines Aufstandes der Treverer und dessen Niederschlagung durch Nonius Gallus im Jahr 29 v. Chr. bei Cassius Dio[470] verknüpfte W. Binsfeld 1984[471] mit der Einrichtung eines Militärlagers auf dem Trierer Petrisberg. Von dort liegen Hölzer vor, die dendrochronologisch auf die Jahre 30/29 v. Chr. datiert werden können und somit einen Zusammenhang zu der erwähnten Erhebung nahe legen[472]. Die räumliche Nähe zum späteren Hauptort ist auffällig. Allerdings ist bislang unklar, welche Faktoren in beiden Fällen für die Wahl des Platzes ausschlaggebend waren und ob diese zusammenhängen[473].

Weitere für Trier wichtige literarische Quellen stammen erst aus dem ersten Jahrhundert n. Chr., so die ausführlich bei Heinen besprochene Quelle zur Erhebung des Iulius Florus im Jahr 21 n. Chr.[474]. Tacitus beschrieb Aufstände bei den Galliern, im Fall der Treverer unter Leitung des Iulius Florus. Über Florus wird berichtet, dass er versucht habe, eine bei den Treverern ausgehobene und nach römischem Reglement ausgebildete Reitertruppe dazu zu verleiten, römische Kaufleute zu erschlagen und sich zu erheben. Einige Reiter ließen sich wohl abwerben, die meisten blieben allerdings Rom gegenüber treu. Die Masse der Verschuldeten und Klienten folgte dem Aufruf, zog in die Ardennen und wurde dort von zwei Legionen abgedrängt[475]. Florus floh und beging Selbstmord[476]. Für Trier arbeitete Heinen einen wichtigen Schluss aus dieser Quelle heraus: Er bemerkte, dass in ihr nur von römischen Kaufleuten, nicht jedoch von einer militärischen Einheit bei den Treverern die Rede war, und somit die für Trier vermuteten Reiter wahrscheinlich nicht mehr dort stationiert waren[477]. Insgesamt scheint Trier als Hauptort der Treverer in diesem Aufstand keinerlei Bedeutung zuzufallen, da es nicht erwähnt wird[478].

Ebenfalls immer wieder als indirekter Hinweis auf die frühe Gründung Triers herangeführte Quelle ist Pomponius Mela *De chronographia* III 20. Für die vierziger Jahre des ersten Jahrhunderts n. Chr. beschreibt er „...*urbesque opulentissimae in Treveris Augusta...*". Zur Einordnung dieser Passage zeigte Heinen überzeugend, dass die Charakterisierung verallgemeinernd ist und nicht überinterpretiert werden sollte, da Mela streng nach einem Dreierschema vorgeht, indem er immer dem für ihn wichtigsten Stamm den Hauptort zuordnet. Für die Treverer ist das *Augusta*[479]. Auf dieser Grundlage sind Rückschlüsse auf das Aussehen Triers in augusteischer Zeit nicht zulässig.

haben keine Bezüge zu Fragestellungen dieser Arbeit. Siehe dazu Heinen 1985, 13–29; zuletzt mit umfangreicher Literatur Loscheider 1998, 119–126.

470 Cass. Dio LI 20.5.

471 Binsfeld 1984, 175.

472 Vgl. hierzu: Kapitel 4.14 Militär mit weiterer Literatur; zur allgemeinen historischen Einordnung siehe auch: Heinen 1985, 37–40; 44.

473 Zu den Standortfaktoren der Stadt: Kapitel 1.3 Naturraum.

474 Heinen 1985, 56–59.

475 In diesem Zusammenhang wird von dem Treverer Iulius Indus berichtet, einem Gegner des Florus, der dessen Anhänger zersprengte.

476 Tac. ann. III 40–42; Paraphrasiert nach: Heinen 1985, 57.

477 Heinen 1985, 58; ausführlicher zu dieser Einheit siehe auch: Kapitel 4.14 Militär.

478 Zur Verwendung von *Treveri* bei Tacitus für den Vorort *Augusta Treverorum*: Wolff 1977, 220–235 (bes. 233–234 zu dem Aufstand des Florus); dagegen mit weiterer Literatur: Heinen 1985, 64.

479 Ebd., 52–53.

## 4.3 Fernstraßen

Eine weitere historische Quelle, Strabon (IV 6, 11), scheint im ersten Moment ohne Bezug zu Trier und ist doch von Bedeutung. Er überlieferte, dass von Lyon ausgehend Agrippa vier Straßen nach Aquitanien, an den Rhein, die Kanalküste und das Mittelmeer baute. Zudem erwähnte er eine Nebenstrecke in das Gebiet der Helvetier, die am Genfer See vorbeiführte. Es ist umstritten, ob der Ausbau während der Statthalterschaft des Agrippa in Gallien 39–38 v. Chr., oder erst während seines zweiten Aufenthaltes 20–18 v. Chr. und den jeweils darauf folgenden Jahren geschah[480]. Heinen schrieb bereits 1985, dass diese chronologische Frage nicht leicht zu beantworten sei, da uns weitere Anhaltspunkte – bis heute – fehlen[481].

Grundlegend für die allgemeine Diskussion war E. Ritterling, der sich 1906 in seinem Aufsatz zur Geschichte des römischen Heeres in Gallien für ein Straßenbauprojekt während des zweiten Aufenthalts aussprach[482].

Wightman vermutete 1977, dass aufgrund von schnellen Truppenbewegungen in den Jahren um 39 v. Chr. ein zusammenhängendes Straßennetz für die römischen wie auch die gallischen Bedürfnisse existiert haben müsse. Dass in dessen Zentrum Lyon lag, nimmt sie als Hinweis dafür, dass die Bautätigkeit schon während des ersten Aufenthalts Agrippas begonnen, aber die Fertigstellung nicht durch ihn überwacht werden konnte. Sie betonte, dass Strabon keine Angaben zur Datierung gebe[483].

Ähnlich argumentierte J. F. Drinkwater 1983. Er ging zwar davon aus, dass auch in vorrömischer Zeit in Gallien schon Fernverbindungsstraßen angelegt und Wasserwege genutzt wurden; der systematische Ausbau sei seines Erachtens jedoch erst – in Bezug auf die Strabonstelle – unter Agrippa erfolgt. Er wies zudem darauf hin, dass die Beschreibung der vier Verkehrsachsen auch literarisch zu verstehen sei, da die Straßen in den Süden und in das Gebiet der Helvetier sicher schon vor Agrippa bestanden hätten. Er sah den Schwerpunkt des Ausbaus im Norden und Nordwesten sowie zeitlich zwischen 39 und 16 v. Chr., wobei er davon ausging, dass das Anlegen eines Katasters in Zusammenhang mit dem römischen Zensus 27 v. Chr. ohne Straßennetz nur schwer vorstellbar sei, und es in dieser Zeit auch besser zu den militärischen Aktivitäten passe, für die es ursprünglich geplant war[484].

Auch Metzler sah es als wahrscheinlicher an, dass der Straßenausbau während der ersten Statthalterschaft Agrippas begonnen worden sei[485]. Er führte 1995 an, dass die Argumente für einen Ausbau der Straßen 19–17 v. Chr. sich hauptsächlich an militärstrategischen Gesichtspunkten der geplanten Eroberung Germaniens orientieren, zu dem Zeitpunkt dann aber das Straßennetz im Hinterland noch nicht ausgebaut gewesen sei[486]. In diesem Zusammenhang sah er auch die Rebellionen der Jahre 30–28 v. Chr.: Diese betrafen jene

---

480   Zu den einzelnen Forschungszweigen s. u.
481   Heinen 1985, 35; ders. 1984, 36–37; ders. 1976, 79.
482   Grundlegend für die Diskussionen bis heute, obwohl in vielen Teilen widerlegt: Ritterling 1906, 163–175; mit kritischen Anmerkungen zu Einzelaspekten unter anderen Chevallier 1972, 183–185; Reddé 1987, 367–368; ders. 1991, 41–42; Metzler 1995a, 604–606; Rathmann 2004, 3–4.
483   Wightman 1977, 107.
484   Drinkwater 1983, 124–126.
485   Metzler 1995a, 603–605 zusammenfassend zu den Straßen.
486   Ebd., 603–604.

Regionen, in denen die Straßen ausgebaut wurden und die damit „die römische Dominanz zu spüren bekamen"[487]. Ein archäologischer Nachweis sei, wenn auch – wie er selbst schrieb – aufgrund der schwachen Materialbasis keine gesicherte Schlussfolgerung, dass in den an den angenommenen Straßen des Agrippa liegenden Höhensiedlungen ein römischer Fundhorizont belegt ist, der wesentlich früher als die Funde der römischen Neugründungen in der Belgica datiert wird[488]. Die Veränderungen in der Zusammensetzung des Fundmaterials der von ihm aufgeführten Plätze im heutigen Frankreich deuteten seines Erachtens auf eine verstärkte Einflussnahme Roms auf die *Gallia Belgica* und engere Verbindungen mit dem Süden hin, die im Zusammenhang mit Fremden (Militär?) stünden. Auf dieser Grundlage ging Metzler davon aus, dass der Ausbau der großen römischen Fernstraßen, wenn nicht schon vor Agrippa, so zumindest aber während seiner ersten Statthalterschaft und den beiden folgenden Jahrzehnten erfolgt sei[489].

Die hier vorgestellten Argumentationen für eine Einordnung der Anlage des innergallischen Straßennetzes während und kurz nach der Statthalterschaft des Agrippa in Gallien von 39–38 v. Chr. erscheinen mir unter besonderer Berücksichtigung der von Metzler angeführten archäologischen Hinweise aus den Oppida entlang der Trassen für den innergallischen Bereich überzeugend. Wenn aber unter allen Vorbehalten und Unsicherheiten, die aufgrund mangelnder historischer und archäologischer Aussagemöglichkeiten bestehen, das Straßennetz des Agrippa so früh datiert wird, kann der Bau der Moselbrücke in Trier 17 v. Chr.[490] nicht – wie bisher vielfach angenommen[491] – mit diesem in Verbindung stehen.

An dieser Stelle ist zu fragen, ob Trier überhaupt an dem Straßennetz des Agrippa lag und wohin es von dort aus führte. Wenn ja, bleibt weiterhin offen, ob Hinweise auf eine frühe Datierung zu finden sind oder was für eine eventuelle Spätdatierung des Straßenabschnitts aus archäologischer Sicht spreche. Strabon schrieb ausschließlich, dass eine Straße an den Rhein führte, ohne Angabe von Stämmen oder Gebirgen, wie er es bei den anderen Richtungen machte (Strabon IV 6,11). Dies eröffnet nicht nur die Möglichkeit der Strecke von Lyon die Saône entlang über das Plateau von Langres an die Mosel und dieser folgend bis Trier und von dort über die Eifel nach Köln, wie Heinen annahm[492]. Es wäre ebenso denkbar, dass er eine Route an einen weiter südlich gelegenen Punkt des Rheins zum Beispiel in Richtung Mainz oder Straßburg führte[493], da insbesondere die Bedeutung der Region Köln in der frühen Kaiserzeit bislang sehr unklar ist[494].

Die zweite Frage ist ebenso wenig eindeutig zu beantworten: Im keramischen Material aus dem Stadtgebiet sind bislang keine Funde belegt, die auf einen so frühen Ausbau hindeuten. Allerdings ist der Nachweis einer kleinen Ansiedlung oder nur einer Straße in einem Gelände, das später so stark überbaut wurde, nur sehr schwer möglich. Besser belegt ist das Münzspektrum – insbesondere der keltischen – aus dem Bereich der späteren Mo-

---

487  Ebd., 607–608.
488  Ebd., 620. Einschränkungen formulierte er für Reims.
489  Ebd., 620–622.
490  Vgl. hierzu mit weiterer Literatur: Kapitel 4.4 Brücke.
491  So zuletzt leichtgläubig Morscheiser-Niebergall 2007, 250.
492  Heinen 1985, 35.
493  Allein von Trier aus führten in der späteren Zeit drei Fernverkehrsstraßen an den Rhein. Zu weiteren Überlegungen vgl. auch: Frézouls 1988, 280–284.
494  Eck 2004, 46–55.

selbrücke. Diese legen eine Nutzung der vor der Brücke bestehenden Furt in der gesamten zweiten Hälfte des ersten Jahrhunderts v. Chr. nahe und widersprechen damit einem Straßenbau während der ersten Statthalterschaft Agrippas nicht[495]. Es ist meines Erachtens dadurch aber nicht zwangsläufig der Bau einer Straße schon ab 40 v. Chr. zu belegen, da die gefundene Gesamtmenge für eine solche Argumentation zu gering ist. Für eine gute verkehrstechnische Anbindung in der Zeit um 30 v. Chr. spricht auch das Lager auf dem Petrisberg. Die Standortfaktoren des Militärplatzes sollen an dieser Stelle aber nicht ausführlich diskutiert werden[496]. Ein zentrales Argument für diesen Platz war vermutlich der Flussübergang: Er diente sowohl zum Transport von Personen und Waren als auch zur Überwachung der Furt.

Als Drittes bleibt an dieser Stelle noch zu fragen, ob es Argumente für einen Ausbau während des zweiten Aufenthaltes Agrippas in Gallien gibt. Das erste und mit Sicherheit zentrale Argument Trier betreffend ist die Anlage der Brücke im Jahr 17 v. Chr.[497]. Da ein von Agrippa begonnenes Straßenbauprogramm sicherlich einen längeren Zeitraum in Anspruch genommen hat, könnte sie durchaus damit in Verbindung gebracht werden. Das Kleinfundmaterial aus dem Stadtgebiet bietet jedoch keine weiteren Aussagemöglichkeiten, da keine Keramik vorliegt. Unter den Münzen ist zwar ein Anstieg der Gesamtzahl festzustellen, dieser ist allerdings nicht derart signifikant, dass sich daraus ein überregionales Programm ableiten ließe. Allein durch den Bau der Brücke ist schon mit einem erhöhten Verkehrsaufkommen zu rechnen, und eine stärkere Nutzung erhöht wiederum die Wahrscheinlichkeit von Münzverlusten.

In diesem Zusammenhang ist ein Blick auf weitere Fundplätze an dem vermuteten Straßennetz hilfreich[498]: So hielt J. Krier aufgrund des Fundmaterials für möglich, dass Dahlheim als Etappenort mit der Straße um 18/17 v. Chr. errichtet worden sei[499]. Für Mainz wurde 2005 zum ersten Mal ein dendrochronologischer Befund vorgestellt, der vermutlich im Zusammenhang mit einer Straße steht und in den Winter 17/16 v. Chr. datiert wird[500]. Für das Straßenstück zwischen Trier und Mainz gibt es einen Straßenbefund aus dem Gräberfeld von *Belginum*. Dort scheint erst in der ersten Hälfte des ersten Jahrhunderts der Ausbau der schon in vorgeschichtlicher Zeit bestehenden Straße erfolgt zu sein. Eventuell stand das 1998 und 2000 untersuchte kleine Feldlager in Zusammenhang mit einer Vexillation zum Straßenbau[501]. Ebenso scheinen die Straßen nördlich von Reims in Richtung Arras und Tongeren erst im zweiten Jahrzehnt v. Chr. ausgebaut worden zu sein[502].

---

495   Vgl. hierzu: Gilles 1992, und zur Datierung der einzelnen Typen: Kapitel 3.1.1 Keltische Münzen; von den 30 von Gilles publizierten Münzen gehören 15 zum Umlauf der mittel- bis spätaugusteischen Zeit.

496   Siehe hierzu: Kapitel 4.14 Militär.

497   Vgl. hierzu: Kapitel 4.4 Brücke.

498   Ähnlich schon Heinen 1985, 55.

499   Krier 1980, 190; ders. 1984, 83.

500   Zitiert nach: Heising 2007, 230 mit Anm. 865.

501   Oldenstein 2000, 32; Haupt 2000, 203–218. Die Datierung des Lagers ist aufgrund des nur spärlich vorhandenen Fundmaterials sehr schwierig, da die gefundene Belgische Ware und ein Krugrand sowie handaufgebaute Scherben z. T. aus den Grabenverfüllungen stammen und nicht genauer zeitlich einzuordnen sind. Haupt ging davon aus, dass das Fundmaterial gut mit dem vom Petrisberg in Trier zu vergleichen ist. Einschränkend dazu ist anzumerken, dass auch in späteren Komplexen der augusteischen Zeit stark unterschnittene Krugränder und Schrägrandbecher zum Standard gehörten, dafür

Abschließend lässt sich auch bei der Betrachtung dieser weiter nördlich gelegenen Plätze nicht zu einem konkreten Ergebnis kommen. Es scheint allerdings so, dass deren Gründungen tendenziell später anzusetzen sind als die von Metzler zusammengestellten Orte. Es wäre meines Erachtens also durchaus möglich, ein mehrphasiges Straßenbauprogramm anzunehmen: den ersten Abschnitt nach dem Gallischen Krieg zur Sicherung der eroberten Gebiete und dann ein weiterer Ausbau zur Vorbereitung größerer militärischer Operationen und zur Erschließung der Gebiete bis zum Rhein im zweiten Jahrzehnt v. Chr.

Wenn das Gesamtnetz im nördlichen Gallien früh datiert wird, bleibt anzumerken, dass bislang nicht geklärt ist, zu welchen Lagern oder Städten am Rhein eine Straße geführt hätte, da solche für diese Zeit noch nicht belegt sind. Eine ungesicherte Straße wäre allerdings kaum anzunehmen. Die Situation im zweiten Jahrzehnt v. Chr. verändert sich dagegen deutlich, zum Beispiel mit den Legionslagern in Mainz und Neuss[503], so dass die Straße stärker frequentiert wurde.

## 4.4 Brücke

Wie schon Cüppers in seiner grundlegenden Untersuchung zu den römischen Brücken Triers zeigte[504], hatte ein Moselübergang, der bereits vor der römischen Erschließung genutzt wurde, erheblichen Einfluss auf Gründung und Lage Triers in der Talweite. Er argumentierte anhand von Flussprofilen, dass die späteren Brückenbauten im Gebiet einer älteren Furt gelegen haben[505]. Bei den baubegleitenden Untersuchungen, die die Grundlage seiner Ausführungen bildeten, wurde viel gut erhaltenes Holz geborgen, das in einer Zusammenarbeit mit E. Hollstein nicht nur ein Datierungsgerüst für die Bauabfolgen an den Trierer Brücken ermöglichte, sondern auch mit zur Grundlage der Westdeutschen Eichenchronologie wurde[506]. Unter den geborgenen Pfählen fällt einer auf, der an der linken vorderen Ecke des Pfahlrostpfeilers 7[507] verbaut und im Gegensatz zu den späteren trapezförmig und nicht vierkantig gebeilt war. Hollstein gab für ihn eine Fällungszeit um oder nach 122 v. Chr. an und vermutete, dass es sich um eine vorrömische Baumaßnahme gehandelt haben könnte[508]. Weitere Pfähle mit einer Fällungszeit vor der Zeitenwende rechnete er zur Errichtung einer Pfahlrostbrücke im Jahr 71 n. Chr., da bei allen Hölzern eine unbekannte Anzahl von Jahresringen verloren gegangen ist und die angegebene Jahreszahlen jeweils

---

aber die für den frühaugusteischen Horizont typischen Formen vollständig fehlten. Einen weiteren Datierungshinweis bietet ein in der Nähe des Lagers gefundenes Schleuderblei, da diese nur noch zu Beginn des 1. Jhs. vom römischen Militär verwendet worden sind (Cordie/König u. a. 2007, 189).

502 Vanderhoeven 1996, 226–228 mit weiterer Literatur.
503 Ettlinger 1983, 100; Heising 2007, 230–232.
504 Zu den wenigen, ausführlich vorgelegten Baubefunden Triers gehören die römischen Brücken (Cüppers 1969, 9). Diese Monographie ist für die weiteren Ausführungen in diesem Kapitel grundlegend.
505 Ebd., 6–7.
506 Zur Entstehung der Zusammenarbeit zwischen Hollstein und Cüppers sowie der Bedeutung der Funde für die dendrochronologische Forschung s. Hollstein 1980, 134.
507 Die Benennung der Pfeiler folgt Cüppers 1969, Taf. 1 von West nach Ost in arabischen Zahlen.
508 Hollstein 1980, 135.

nur einen *terminus post quem* liefern[509]. Neben dem Flussquerschnitt und dem einzelnen Pfahl sprechen auch die aus der Mosel geborgenen Kleinfunde für eine Nutzung dieser Stelle als Furt: Gilles führte für die Moselbrücke bereits 1992 mindestens 29 keltische Münzen sowie latènezeitliches Fundmaterial an[510].

Der erste vermutete Brückenbau geht auf sieben Pfähle der Jahre 18/17 v. Chr. zurück. Sie stehen in den Pfahlrosten 2, 3, 4 und 6 der auf das Jahr 71 n. Chr. datierten Brücke[511]. Bei fünf Hölzern hat sich die Waldkante erhalten und sie wiesen bei der Bergung keine Trockenrisse auf, so dass daraus geschlossen werden kann, dass sie frisch geschlagen verbaut wurden. Dies spricht wiederum für die Errichtung einer Brücke im Jahr 17 v. Chr., die 71 n. Chr. ersetzt wurde[512]. Die Pfähle könnten zu einer Pfahljochbrücke gehört haben, wie Caesar sie für den Bau einer Rheinbrücke während des Gallischen Kriegs beschreibt[513].

In der Trierer Forschung werden der Brückenbau sowie Ausrichtung und Datierung des Straßenrasters immer wieder direkt aufeinander bezogen[514]. Diese Verknüpfung ist meines Erachtens nicht zulässig, da zwar eine Bezugnahme der Straßen auf die Brücke sicherlich gegeben, ein Beleg für einen direkten zeitlichen Zusammenhang aber bislang nicht erbracht ist. Fundmaterial aus dem Stadtgebiet für das zweite und frühe erste Jahrzehnt v. Chr. fehlt bislang[515]. Dagegen ist unter den ersten befestigten Straßen ein breites, gut datiertes Spektrum an Funden aus dem Halternhorizont belegt[516]. Unter der Annahme, dass nicht jahrelang unbefestigte Straßen genutzt wurden, muss der Brückenbau deutlich vor der Anlage des Gründungsrasters erfolgt sein[517]. Die Ausrichtung des Rasters an der Brücke scheint ebenfalls nicht gegeben, da der Straßenverlauf abknickt, um in das Insulanetz einzubiegen. Zeitlich könnte der Brückenbau jedoch mit dem Ausbau der Fernverbindung nach Mainz, gegebenenfalls im Rahmen eines Straßenbauprogramms während und kurz nach dem zweiten Aufenthalt Agrippas 20–18 v. Chr. in Gallien und unter dessen Befehl, erfolgt sein[518].

## 4.5 Straßennetz

Die Grundlage aller Überlegungen zum Straßennetz bilden bis heute die Untersuchungen, die den Bau des städtischen Kanalsystems zu Beginn des 20. Jahrhunderts begleiteten, aber erst durch R. Schindler 1979 ausführlich vorgelegt wurden[519].

---

509   Hollstein 1980, 138–141.
510   Gilles 1992, 200. Zur Zusammensetzung und Interpretation vgl. 3.1 Münzen; die Zahl ist inzwischen vermutlich noch gestiegen. Die Moselfunde lassen sich aufgrund der fehlenden Patina gut erkennen.
511   Hollstein 1980, 135.
512   Rheinisches Landesmuseum Trier 1984, 180–181.
513   So zuletzt in: Neyses-Eiden 2005, 14–15.
514   Zuletzt: Neyses-Eiden 2005, 15; Goethert 2003b, 245, 248–250.
515   Vgl. hierzu Kapitel 3 Fundanalyse.
516   Vgl. hierzu die Kapitel 3 Fundanalyse und 4.5 Straßennetz.
517   Goethert rekonstruierte als rituelles Gründungsdatum den 23. September 17 v. Chr. (Goethert 2003b, 250). Ausführlicher hierzu s. u.
518   Vgl. hierzu ausführlich mit weiterer Argumentation das Kapitel 4.3 Fernstraßen.
519   Schindler 1979.

Erste Teilergebnisse dieser Grabungen veröffentlichte H. Graeven schon 1904, als er erstmals einen römischen Stadtplan mit systematisch untersuchten Straßenverläufen entwarf. Dabei stellte er fest, dass nicht das gesamte Straßennetz sofort bei der Gründung ausgeführt worden sein kann[520]. In den folgenden Jahren wurden unter anderem von Kutzbach[521], Steiner[522] und Koethe[523] verschiedene Ansätze zur Eingrenzung des ersten Besiedlungsgebietes verfolgt[524].

Durch eine Beobachtung des Grabungstechnikers M. Thiel angeregt, rückte das erste befestigte Straßennetz in den letzten Jahren wieder in den Blickpunkt der Trierer Forschung: Er kartierte anhand der Veröffentlichung Schindlers Straßenprofile mit Rotsandstein oder Schiefer bzw. Diabas als unterster Packlage[525] und stellte dabei fest, dass innerhalb eines Kernbereichs ausschließlich Rotsandstein, außerhalb davon Schiefer und Diabas verwendet wurde. Diese Idee griff H. Löhr auf und brachte sie mit der geomorphologischen Struktur der Trierer Talweite zusammen. Dabei zeigte er, dass die Rotsandsteinstraßen auf der ersten hochwasserfreien Schwemmterrasse angelegt worden sind, die auch die Ausrichtung des Rasters bestimmte und das Gründungsraster kleiner war, als das von Schindler vorgeschlagene[526]. Goethert legte diese seinen Überlegungen zum Gründungsraster zugrunde, in denen er sich ausführlich mit dem vermessungstechnischen System, den unterschiedlichen Insulaegrößen und deren Symmetrien auseinandersetzte[527]. Problematisch erscheinen mir jedoch seine Überlegungen zum angenommenen Gründungstag, da die Ausgangsdaten zur Ermittlung des exakten Gromastandortes, dem Aufgangszeitpunkt der Sonne sowie dem Schattenwurf eines Pfahls zusammengenommen mit „Kaisers Geburtstag" am 23.09.17 v. Chr. als Beweisführung weniger wissenschaftlich fundiert als konstruiert wirken[528].

Für die folgenden Ausführungen sind die von Schindler vorgelegten sowie in den letzten Jahren hinzugekommenen Straßenprofile neu kartiert und ausgewertet worden. Dazu konnten ausschließlich Schnitte aufgenommen werden, in denen der gewachsene Boden dokumentiert ist[529].

Bislang sind Straßenverläufe vor der Anlage des Gründungsrasters unklar. Schon Cüppers ging davon aus, dass an der Stelle der späteren Moselbrücke eine keltische Furt lag, an

---

520  Graeven 1904, 128. Er begründete dies mit Gräbern innerhalb der späteren Stadtmauer und argumentierte schlüssig, dass in römischer Zeit nur *extra muros* bestattet worden ist.

521  Kutzbach 1925, 56.

522  Steiner 1926.

523  Koethe 1936, 32–35.

524  Zusammenfassung der Forschungsgeschichte zur möglichen Stadtausdehnung vgl. Gose 1969, 65–66.

525  Löhr 1993, 53; Gilles 1992, 214, Anm. 59.

526  Löhr 1993, 53; Löhr 1998, 22–23. Die früheren Überlegungen zu der hochwasserfreien Lage basierten auf dem modernen Oberflächenrelief. Sie lassen deshalb keine Rückschlüsse auf die römische Zeit zu.

527  Goethert 2003b.

528  Kritisch zu Goethert auch: Strobel 2006a, 104, bes. Anm. 119. Allerdings überzeugen Strobels Spekulationen, dass die Gründung Triers mit dem Census im Jahr 13 v. Chr. in Zusammenhang stehe, aufgrund fehlender Belege auch nicht (Strobel 2006a, 105). Vergleichbare Überlegungen liegen z. B. auch zu Lyon vor. Zuletzt mit kritischen Anmerkungen und weiterführender Diskussion: Matijević 2008, 153–156.

529  Die Karte wurde gewählt, da in ihr die größte Zahl an Schnitten schon eingetragen war. Es ist der Verfasserin bewusst, dass die Höhenlinien nicht mit den römischen übereinstimmen und in dem idealisierten Straßenraster verschiedene Abweichungen zu einzelnen Befunden vorliegen.

die eine Straße angeschlossen haben muss[530]. Im archäologischen Befund zeigten sich jedoch nur an zwei Stellen Spuren, die mit solchen Wegen in Verbindung gebracht werden
können (vgl. Abb. 27): Zum einen erwähnte Schindler einen außerhalb des späteren Rasters
liegenden möglichen Straßenschnitt in der Fleischstraße 75–78[531], zum anderen wurden bei
der Grabung auf dem Viehmarkt belaufene Kiesbänder aufgedeckt, die nicht auf das Gründungsraster zu beziehen sind[532].

In dem Schnitt in der Fleischstraße – im Winkel zwischen Nordsüd-Straße F[533] und
Westost-Straße 3 – beobachtete E. Koch auf dem anstehenden Boden eine einschichtige
„Römerstraße", die von einer späteren Kalksteinmauer überbaut wurde[534]. Aufgrund
fehlenden Fundmaterials kann dieser Schnitt absolutchronologisch nicht beurteilt werden.
Schindler vermutete, dass es sich eventuell um eine direkte Verbindung zwischen der Römerbrücke und der Stelle der späteren Porta Nigra handele[535]. Die schräge Ausrichtung des
Stadttors auf das Straßenraster im zweiten Jahrhundert n. Chr. wurde zunächst von Graeven
und Gose mit der Orientierung an einer alten, schon vor dem Gründungsraster existierenden
Fernverbindungsstraße erklärt[536]. Falls diese Straße existiert hat – sie ist bislang archäologisch wenn überhaupt nur in diesem Schnitt belegt – wäre sie entlang der Schwemmterrassenkante verlaufen, auf der dann das erste Straßenraster angelegt worden ist.

Die von den Ausgräbern als Kieswege bezeichneten Bänder auf dem Viehmarkt wech-
seln in ihrer Breite und Struktur, sie können nicht sicher als Wegeführung angesprochen
werden. Zudem sind sie nicht zu datieren, da das notwendige Fundmaterial fehlt[537].

Für die erste Ausführung des rechtwinkligen Straßenrasters wurden an beiden Seiten der
Straßen Gräben ausgehoben und der Aushub dazwischen aufgebracht. Für diese Phase
führte Löhr den Begriff der „Sandstraßen" ein[538]. Besonders gut konnten sie am Viehmarkt
untersucht werden, wo sich zum Teil bis zu drei dünne Schichten unter der ersten Stickung
abzeichneten[539]. Zumindest auf einer Seite war außerdem schon von Beginn an ein hölzer-
ner Kasten in den Straßengraben eingebaut. In diesen Lagen wurde sehr viel Fundmaterial
geborgen, das jedoch keine feinere Untergliederung der drei Schichten zulässt. Es ist chronologisch sehr homogen in spätaugusteische Zeit einzuordnen und vermutlich in einem
vergleichsweise kurzen Zeitraum dorthin gelangt[540]. Genauere Aussagen zur Dauer dieser
Nutzungsphase sind allerdings nicht möglich. Die Dreiphasigkeit im Grabungsbefund lässt
meines Erachtens keine Aussagen darüber zu, wie lange diese Straßen benutzt wurden, da

---

530   Cüppers 1969, 163–165, mit älterer Literatur Anm. 177.
531   Schindler 1979, 147.
532   Grabungsdokumentation, Blatt 730.
533   Die Benennung der Straßen erfolgt nach Schindler 1979.
534   RLM Trier, Skb. 57, 7 und 10; Schindler 1979, 147.
535   Schindler 1979, 147; ähnlich: Goethert 2003b, 248.
536   Graeven 1904, 125–128; Gose 1969, 57.
537   Zu weiteren Befundangaben vgl. Kapitel 2.2 Viehmarkt und in der Grabungsdokumentation z. B.
       Blatt 730.
538   Löhr 1998, 22.
539   In früheren Untersuchungen wurden zumeist die unter der ersten befestigten Straße liegenden Schich-
       ten nicht oder nur unzureichend dokumentiert. Vermutlich kommt alles unter der Rotsandsteinstraße,
       welche die erste fest angelegte Straße bildet, aus diesen so genannten Sandstraßen einer ersten Peri-
       ode.
540   Zur genauen Beschreibung vgl. Kapitel 3 Fundanalyse.

sie zum Beispiel durch einen zeitlich gestaffelten Aushub der Gräben, unterschiedliche Aufträge oder bei Anlage der späteren Ausbauphase entstanden sein können. Gegen eine längere Benutzung spricht, dass es sich insgesamt um eine wenige Zentimeter dicke Lage handelte, die bei schlechter Witterung und regelmäßiger Nutzung sicherlich durch das Einsinken der Fahrzeuge dicker geworden wäre oder an ihrer Unterkante Reste von Fahrspuren zeigen würde. Außerdem konnte sie trotz genauer Untersuchung nicht mehr an allen Stellen unter der späteren Stickung gefunden werden.

Bei den Grabungen ist kein direkter Anschluss an Wohnbebauung dokumentiert worden. Da die Funde aus der Straße Siedlungsabfälle sind, ist aber zu vermuten, dass sie nicht über weite Strecken antransportiert wurden, sondern aus nahe gelegener Wohnbebauung stammen. Auch in der Grabung Saarstraße 28, EV 2000,165 wurden die „Sandstraßen" als deutliche Schicht unter den ersten Packlagen gefunden, leider ohne datierendes Fundmaterial[541]. Bei älteren Grabungen an anderen Stellen ist davon auszugehen, dass diese Phase ebenfalls vorhanden war, jedoch nicht als solche interpretiert wurde[542].

Es ist meines Erachtens nicht sicher, dass diese vor allem durch ihre Gräben ausgewiesenen Trassen als eigentliche Straßenphase zur dauerhaften Benutzung gedacht waren. Da eine Befestigung fehlt, könnte es sich um die Anlage des Gründungsrasters gehandelt haben, das ausgemessen und durch Aushub der Gräben markiert worden ist. Der Ausbau dürfte schnell begonnen haben, und die Sandstraßen wurden vermutlich bis zur Fertigstellung genutzt. Für diesen Vorschlag spricht, dass der holzverschalte Straßengraben am Viehmarkt auch in der folgenden Phase weiter genutzt wurde[543]. Eine längerfristige Befahrung erscheint mir aufgrund der ungenügenden Befestigung aber eher unwahrscheinlich. Das zahlreiche Fundmaterial besonders am Viehmarkt und in der Forumserweiterung[544] liefert einen *terminus post quem* der spätaugusteischen Zeit für die Anlage der darauf folgenden Rotsandsteinstraßen.

Die erste Befestigung des Straßennetzes erfolgte in einer dicken Packlage aus Rotsandstein mit einer Kiesauflage. Die Dicke der Stickung betrug im Schnitt 0,30–0,35 m, die der Deckschicht 0,20–0,25 m. Dieser Ausbau erfolgte in einem Bauabschnitt ungefähr gleichzeitig, da das Fundmaterial an allen untersuchten Stellen unter dieser Straßenlage zeitlich sehr homogen ist. Bei einer Kartierung der Schnitte, die Rotsandstein in der untersten Packlage aufweisen (Abb. 28)[545], zeigte sich ihre Ausdehnung in den Nordsüd-Straßen B bis H und den Westost-Straßen 6 bis 12. Ob allerdings die Nordsüd-Straße H noch zum Rotsandsteinnetz gehört hat, ist meines Erachtens nicht gesichert, obwohl an drei Stellen Rotsandstein mit in der untersten Lage gefunden wurde:

---

541  Freundliche Mitteilung Frau Dr. S. Faust.

542  So könnte z. B. der „unreine Lehm", der in Profil Schindler 96 zuunterst dokumentiert wurde, die Sandstraße sein. Ebenso in Profil Schindler 57: „Unreine Erde, bewegter Boden (?)".

543  Grabungsdokumentation Blatt 552.

544  Vgl. Kapitel 2 Befunde

545  In der Karte sind neben den Rotsandsteinprofilen auch die eingetragen, in denen Sandstein als unterste Packlage angegeben war. Vermutlich handelt es sich dabei in allen Fällen auch um Rotsandstein, da in den modern untersuchten Aufschlüssen nur dieser vorkommt (freundliche Mitteilung Dr. H. Löhr).

In dem nördlichsten Schnitt Schindler 142 a (Abb. 28: Dreieck) lag Material des zweiten Jahrhunderts neben Italischer Sigillata[546] in der Deckschicht. In einem weiteren Schnitt an der gleichen Stelle und über eine größere Strecke in Schindler 142 b konte keine Rotsandsteinstraße dokumentiert werden[547]. Es scheint damit wahrscheinlich, dass es sich um eine Reparaturmaßnahme oder eine spätere Ausbauphase handelte.

In dem zweiten Schnitt Schindler 165 (Abb. 28: Quadrat) war die Rotsandsteinschicht auf Sand gebettet, der wiederum auf Schiefer lag. Aus der Packlage stammt an dieser Stelle eine Aucissafibel, die Koethe in tiberische Zeit datierte[548]. Diese Angabe ist meines Erachtens aber nicht zu übernehmen, da dieser Fibeltyp nicht so genau zeitlich zu unterscheiden ist. Riha setzt ihn vorwiegend ins erste Jahrhundert mit den frühesten Funden in augusteischen Schichten. Die Form ist auch noch in der zweiten Jahrhunderthälfte, wenn auch etwas weniger zahlreich, vertreten[549].

In dem südlichsten Schnitt Schindler 97 (Abb. 28: Quadrat) bestand die unterste Packlage aus Sandsteinen und Schiefer. Das fällt aus dem normalen Aufbau deutlich heraus und ist demnach nicht sicher der Rotsandsteinphase zuzurechnen[550].

Im Weiteren ist in den Profilen Schindler 74, 161 und 161a Schiefer auf dem anstehenden Boden dokumentiert, wodurch diese Abschnitte dann zu der nächsten Phase gehören würden[551].

Goethert rechnete diese Straße hypothetisch, aus Gründen der Insulamaße und der Symmetrie, zu dem Gründungsschema[552]. Anhand der regelhaften Anlage des Rasters erscheint diese Überlegung durchaus überzeugend. Von den insgesamt sieben dokumentierten Schnitten gehört aber nur Schnitt 165 zu dem sonst üblichen Ausbau der Rotsandsteinphase. Alles in allem erscheint es mir daher unwahrscheinlich, dass ihr der Straßenzug H zuzurechnen ist. Da die Profile mit Schiefer überwiegen, gehört der vollständige Ausbau vermutlich in die erste Erweiterung, die Schieferphase. Wann dieser Ausbau erfolgte, ist jedoch unklar. Die Kleinfunde unter der Palästra der Kaiserthermen ermöglichen keinen direkten Rückschluss auf die Entstehung der Straße, da sie chronologisch nicht ausreichend eng einzugrenzen sind und nicht in direktem Befundzusammenhang stehen[553].

Die Ausdehnung im Norden ist dagegen gesichert: In den Nordsüd-Straßen zwischen den Westost-Straßen 5 und 6 konnten an sechs Stellen Profile mit Rotsandstein aufgenommen werden, in der Westost-Straße 5 aber nur fünf Schieferprofile[554].

---

546  Es ist nicht sicher zu bestimmen, ob der Stempel zu OCK type 17 oder 1626 gehört. Oxé/Comfort u. a. 2000, CD Vessel No. 11666; Frey 1993, 9, Nr. 1.

547  Schindler 1979, 182.

548  Ebd., 195; Koethe 1936, 30; Krüger 1930, 154.

549  Riha 1994, 101.

550  Schindler 1979, 168.

551  Goethert gab für die Schnitte 74 und 161a Diabas als Schotterung an (Goethert 2003b, 242 mit Anm. 26), es ist aber laut Schindler wie in Schnitt 161 Schiefer (Schindler 1979, 162, 193).

552  Goethert 2003b, 242.

553  Vgl. hierzu auch: Goethert 2003b, 243–244; Goethert-Polaschek 1984a.

554  Goethert rechnete diese Straße aufgrund einer mündlichen Mitteilung Löhrs doch zu den Rotsandsteinstraßen (Goethert 2003b, 244). Da Goethert keine Grabung angab, bei der ein Rotsandsteinbefund in der Straße 5 freigelegt wurde, muss aufgrund der hohen Anzahl an Schieferprofilen hier davon ausgegangen werden, dass diese Straße erst in der zweiten Phase ausgebaut wurde.

Im Süden ist das Ende wiederum schwieriger zu fassen: In der Westost-Straße 12 lag das Profil Schindler 96, in dessen unterster künstlicher Befestigung Sandstein auf „unreinen Lehm" gebettet war[555]. In der Nordsüd-Straße F zwischen den Westost-Straßen 12 und 13 lag das Profil Schindler 173, das jedoch nicht den regulären Aufbau zeigte. Auf dem anstehenden Boden lagen große Sandsteinbrocken, die direkt von einer Zwischenlage plattigem Schiefer bedeckt wurden. Die übliche Deckschicht Kies fehlte hier[556]. Zwei weitere Profile in den Querstraßen 12 und 13 wiesen keine Rotsandsteine, sondern „Wacken" auf (Schindler 94), und in dem anderen Fall noch Schiefer und Rotsandstein hinzukamen (Schindler 87).

Sehr gute Straßenbefunde lieferte die Grabung Saarstraße 28, EV 2000,165[557]. In zwei Schnitten wurde die Nordsüd-Straße E dokumentiert. Das erste Profil lag 28 m südlich der Westost-Straße 12, das andere etwa 30 m südlicher, 23 m nördlich der Kreuzung mit der Westost-Straße 13. Der Aufbau der beiden Profile unterscheidet sich grundlegend: In dem nördlichen Profil wurde auf der mindestens zweiphasig dokumentierten Sandstraße eine Rotsandsteinpacklage aufgebracht, die eine Kiesdecke trägt. Die Oberkante der ersten Straße lag 134,42 m u. NN. In dem zweiten Profil lag auf dieser Höhe genau die Oberkante der Sandstraße. An beiden Stellen folgte in der nächsten Phase eine etwa gleich dicke Packlage im Norden aus Kalk-, im Süden aus Rotsandstein, wobei die Rotsandsteinlage stark verwittert war und in ihrer Struktur nicht mit der früheren Rotsandsteinpackung zu vergleichen ist.

In einem weiteren Schnitt dieser Grabung wurde die Westost-Straße 13 untersucht. Die unterste Phase bildete auch hier eine Sandstraße. Ihre Oberkante lag etwa 0,30 m tiefer als die der Sandstraßen in den Nordsüdprofilen. Dieses könnte mit einem Straßengefälle zur Mosel hin in Verbindung gebracht werden. Die erste Straßenbefestigung erfolgte mit Flussgeröllen, die wiederum von einer Kiesdecke bedeckt waren. Die Decke dieser Straße lag etwa 0,20 m unter der zweiten Straße in Nordsüdrichtung, jedoch ebenso viel über dem Niveau der ersten Straße. Da diese Verschiebung auch in der ersten Phase schon festzustellen ist, scheint es so, als wäre die Westost-Straße 13 erst in der zweiten Ausbauphase befestigt angelegt worden, die Stichstraße jedoch bis etwa zur Hälfte schon in der ersten Phase.

Es scheint mir deshalb möglich, dass die Rotsandsteinstraßen mit Abschluss der Insulae zwischen der 12. und der 13. Westost-Straße geendet haben und die 13. Straße nicht mit ausgebaut worden ist. Goethert ging davon aus, dass die Westost-Straße 13 noch zu der ersten Planung gehörte. Neben der Symmetrie argumentierte er hier mit dem Profil Schindler 96, das jedoch an der Kreuzung der Straßen 12 und F liegt, und in der untersten

---

555 Unter dem Vorbehalt, dass diese Sandsteinpacklage nicht auf gewachsenem Boden auflag, wurde sie an dieser Stelle mit kartiert. Goethert zog dieses im Kreuzungsbereich der Straße 12 liegende Profil zu der Vermutung heran, dass die ausschließlich Diabas aufweisende Straße 13 auch zu der ersten Ausbauphase gehörte (Goethert 2003b, 242).

556 Zwischen den Straßen 13 und 14 liegt das Profil Schindler 105. In ihm sind zuunterst Rotsandstein und Schiefer verbaut worden, ähnlich wie in dem oben aufgeführten Profil Schindler 97. In einem weiteren Profil an der gleichen Stelle, mehr aus der Mitte des Straßenkörpers, lag auf dem anstehenden zunächst schwarzer, schlammiger Boden und dann Moselkies mit Rotsandsteinen.

557 Für die folgenden Ausführungen zu der Grabung in der Saarstraße danke ich sehr herzlich Frau Dr. S. Faust, die mir ihr unpubliziertes Manuskript zur Verfügung stellte.

Packlage in Rotsandstein ausgeführt ist[558]. Wenn dieses Profil zur Argumentation herangezogen wird, kann damit lediglich ausgesagt werden, dass die Stichstraße zu der Westost-Straße 13 noch in Rotsandstein angelegt worden ist. Die Diabasschotterungen in Straße 13 sprechen für die zweite Ausbauphase. Goethert führte jedoch das Profil Schindler 65 an, in dem in der untersten Lage von Graeven eine Diabaspacklage in der Westost-Straße 7 dokumentiert wurde, und argumentierte damit, dass auch in dem zentralen Bereich Diabas in der ersten Phase vorkommen kann. Da dieses Profil jedoch singulär ist[559] und wahrscheinlich auch bei den nördlichen und östlichen Rasterbegrenzungsstraßen nur die Stichstraßen in Rotsandstein ausgeführt worden sind, rechne ich die Straße 13 zwar mit zur ersten Planung, aber nicht zur ersten Ausbauphase in Rotsandstein.

Der Aufbau ist in den bekannten Teilen des Gründungsrasters so einheitlich, dass von einer einzigen Maßnahme ausgegangen werden kann. Auffällig sind dabei nur wenige Schnitte, auf die im Folgenden eingegangen werden soll (Abb. 29):

– In der Sondage Schindler 139 in der Nordsüd-Straße E lagen auf dem anstehenden Boden in der Packlage nicht nur Sand-, sondern auch Kalksteine[560]. In unmittelbarer Nähe befand sich jedoch das Profil Schindler 53 mit einer regulären Rotsandsteinpackung, die für den gleichen Abschnitt der Nordsüd-Straße E zwischen der 6. und der 7. Straße auch noch am Viehmarkt belegt ist.

– Die unterste Packlage in dem Schnitt Schindler 140 in der Westost-Straße 6 bestand aus Schiefer[561]. In direkter Nähe dazu lag das Profil Schindler 57 mit einer Rotsandsteinpacklage. Es könnte sich daher um eine lokale Ausbesserung gehandelt haben.

– Bei der sehr genauen Aufnahme und ausführlichen Beschreibung des Profils Schindler 65 durch Graeven ist in der untersten Packlage in der Westost-Straße 7 Diabas mit drei aufliegenden Kiesschichten unter einer Rotsandsteinpacklage dokumentiert und vorgelegt worden[562]. Die absolute Höhe der Diabasstraße und deren Kiesdecke auf 133,45 m ü. NN stimmt mit der Decke der Rotsandsteinstraße am Viehmarkt in der Nachbarinsula bei 133,37 m überein. Da auch die Bauausführung sehr ähnlich ist, kann meines Erachtens hier von einer gemeinsamen Phase gesprochen werden.

– In der Westost-Straße 8 wurde in dem Profil Schindler 150 auf dem anstehenden Boden eine Packlage aus „Rollwacken" aufgenommen[563].

– In dem Kreuzungsbereich der Westost-Straße 8 und der Nordsüd-Straße G konnte bei der Grabung EV 1963,37 in der Forumserweiterung Rotsandstein in der untersten Schicht dokumentiert werden[564]. Im direkten Anschluss an die Kreuzung lag in dem Schnitt Schindler 70 Schiefer[565]. Entweder hat es sich hierbei um eine Reparatur gehandelt oder der Ausbau der Stichstraße zur Straße H wurde erst in der zweiten Phase ausgeführt.

---

558   Goethert 2003b, 242, mit Anm. 24.
559   Siehe zu diesem Profil auch Kapitel 2 Befunde.
560   Schindler 1979, 181–182; Kilian/Gose u. a. 1956/58, 441.
561   Schindler 1979, 182; Kilian/Gose u. a. 1956/58, 418.
562   Schindler 1979, 160; Graeven 1904, 125–126.
563   Schindler 1979, 184; Kilian/Gose u. a. 1956/58, 429.
564   Vgl. hierzu Kapitel 2.1 Forum.
565   Schindler 1979, 161.

– In der die Forumserweiterung durchschneidenden Straße, dicht östlich der Apsis der Forumsbasilika, wurde ein Profil angelegt, in dem als unterste Schicht „Rollwacken" dokumentiert wurden[566]. Aufgrund des Fundmaterials, das in und unter der Straße gefunden wurde, kann diese gleichzeitig mit der Rotsandsteinausbauphase datiert werden[567]. Auffällig ist, dass mit dem Schnitt 150 die einzigen beiden direkt das Forum tangierenden Schnitte nicht in dem sonst üblichen Rotsandstein ausgeführt wurden.

– In der Westost-Straße 11 wurde in den anstehenden Schwemmsand eine Schieferstickung mit Kiesauflage gesetzt, die im Aufbau der zweiten Periode der Nordsüd-Straße D in dem Kreuzungsbereich ähnlich war. In der Höhe von 133,00 m ü. NN, auf der sich in der Straße D die Rotsandsteinstraße befand, ist hier noch der anstehende Schwemmsand dokumentiert[568].

– In der Nordsüd-Straße B zwischen den Westost-Straßen 10 und 11 lag das Profil Schindler 71, in dem „Moselrollwacken" und stellenweise Kalkbruchstein auf dem anstehenden Boden als unterste Packlage dokumentiert wurden[569].

– Auch in der Westost-Straße 12 in Schnitt Schindler 87 wurden als unterste Lage Kalksteine und „Wacken", d. h. Diabas aufgenommen.

Die vorgestellten Funde vermitteln zusammenfassend folgendes Bild: Die erste nachweisbare Straße könnte von der Brücke oder Furt kommend entlang der Schwemmterrassenkante in Richtung der späteren Porta Nigra geführt haben, wobei diese Straße neben der Brücke und den Grabungen unter dem Stadttor nur in einer Sondage belegt ist.

Zu einem nicht genau zu bestimmenden Zeitpunkt, vermutlich in spätaugusteischer Zeit, wurde ein Straßenraster aus den so genannten Sandstraßen angelegt, das vermutlich die Nordsüd-Straßen B–H und die Ostwest-Straßen 5–13 umfasste. Zur Ausrichtung des Rasters an der östlichen Niederterrassengrenze und der damit verbundenen Schrägstellung zur Brücke äußerte sich bereits Löhr. Er schlug als Grund dafür, dass die Achsen des Straßenrasters weder senkrecht auf die Mosel noch auf die Verlängerung der Brückenachse ausgerichtet waren, vor, dass so ein für die Entwässerung günstigeres Gefälleverhältnis erzielt wurde[570]. Auffallend ist jedoch, dass die nordwestlichen Insulae damit auf der nächsten Niederterrasse im Bereich des Altarms lagen, die von Löhr als „Feldstraßenfläche" bezeichnet wurde.

Die Struktur des Gründungsrasters wurde von Goethert untersucht. Er stellte fest, dass das Straßenraster aus annähernd quadratischen und langrechteckigen Insulae bestand. Die langrechteckigen ordneten sich in einem Achsenkreuz über das Forum an. Über dieses acht Insulae in Nordsüd- und sechs Insulae in Ostwestrichtung hinausgehende Raster veränderten sich die Insulagrößen deutlich. Insbesondere im Süden wurden die Flächen unregelmäßiger und versprangen zu den anderen Straßenverläufen[571]. Der archäologische Nachweis eines das Stadtgebiet begrenzenden Grabens fehlt auch weiterhin[572].

566  Schindler 1979, 187, Nr. 153; RLM Trier, EV 1965, 46–49.
567  Vgl. hierzu Kapitel 2.1 Forum.
568  Vgl. hierzu Kapitel 2.3 Wohnbebauung und Straße Südallee 33–34.
569  Schindler 1979, 161.
570  Löhr 1998, 22; Dörfler/Evans u. a. 1998, 121, 124.
571  Goethert 2003b, 240–245.
572  Überlegungen zu einem solchen Graben siehe: Löhr 2005, 48; Goethert 2003b, 248; Cüppers 1977, 224 mit älterer Literatur Anm. 4.

Im archäologischen Befund ist es noch schwieriger, Goetherts idealisiertes Schema mit den Ergebnissen der Grabungen in Einklang zu bringen[573]. Der nicht wesentlich nach der Anlage der Sandstraßen in der spätaugusteisch-frühtiberischen Zeit erfolgende Ausbau ist durch eine Rotsandsteinpacklage charakterisiert, von der nur an wenigen Stellen Abweichungen belegt sind. Allerdings wurde nicht das gesamte Sandstraßennetz ausgebaut. Da es in der Ausbauphase in Rotsandstein in den Randbereichen deutliche Abweichungen von dem Gründungsraster gibt, bleibt zu prüfen, ob es in der ersten Anlage der Sandstraßen in diesem Umfang überhaupt ausgeführt worden ist. Dafür spricht der Befund einer Sandstraße in der Querstraße 13 bei der Grabung in der Saarstraße, in dem keine Rotsandsteinpacklage dokumentiert werden konnte[574]. Es finden sich bislang jedoch keinerlei Hinweise darauf, dass dieses Schema schon zu der Zeit des Oberadenhorizonts ausgebaut worden ist[575]. Das Fundmaterial lässt ausschließlich eine Datierung in den Halternhorizont zu[576]. Wahrscheinlich endete in den Stichstraßen zu den Umfassungsstraßen 5, H und 13 das Rotsandsteinnetz. In der darauf folgenden Phase wurden im Norden und Westen Straßen mit Schiefer und Diabas in der untersten Packlage angelegt und die Rotsandsteinstraßen damit überdeckt (Abb. 29).

## 4.6 Forum

Cüppers schrieb 1979 in der Festschrift „100 Jahre Rheinisches Landesmuseum Trier": „Für die Stadtsiedlung Trier, die von Beginn an von wichtigen, überregional bedeutsamen Straßen durchquert wurde, war die Einrichtung oder Ausweisung eines Forums schon bei der Festlegung des Straßennetzes gegeben, zumal der Siedlung die Funktion eines Oberzentrums für ein weites Umland zugewiesen ward, wie die Entwicklung und der Ausbau der Stadt deutlich zu illustrieren vermögen"[577].

Diese Feststellung ist meines Erachtens auch heute noch durchaus überzeugend, doch bleiben durch das Fehlen archäologischer Befunde für die Gründungszeit große Unsicherheiten. Cüppers erwähnte in seinen Ausführungen keine Befunde, die vor der flavischen Forumsbebauung datiert werden, und wies zudem darauf hin, dass bei den Grabungen „keine bedeutenderen und großflächigeren Vorgängerbauten entdeckt werden konnten"[578]. Er nannte ausschließlich Befunde westlich des Forums in der Forumserweiterererung[579]. Soweit die Pläne und das Fundmaterial aus dem Bereich des Forums zugänglich waren, konnten keine Schichten bzw. Funde aus der Gründungszeit aufgenommen werden[580].

---

573   Anders: Goethert 2003b, 248.
574   Vgl.: Kapitel 2.5 Saarstraße.
575   Anders: Goethert 2003b, 248, 250, jedoch ohne Angabe von Funden.
576   Vgl. hierzu Kapitel 4.5 Straßennetz. Da für die Berechnung eines *dies natalis* der Stadt Trier, wie Goethert sie durchführte, befundorientierte Anhaltspunkte fehlen, wird im Folgenden nicht weiter auf diesen Ansatz eingegangen (Goethert 2003b, 249–250).
577   Cüppers 1979, 211.
578   Ebd., 249.
579   Ebd., 249, Anm. 28.
580   Allerdings beschränkte sich dieses fast ausschließlich auf die schon vorgelegten Pläne und die Inventarbücher im Landesmuseum, da der Komplex derzeit von Dr. G. Breitner bearbeitet wird.

Der Bau des Forums, dessen Maße und die damit verbundenen Unregelmäßigkeiten im Gründungsraster, wurden ausführlich von Goethert vorgestellt. Er wies darauf hin, dass es keinen Beleg für die das Forum durchkreuzenden Straßen im archäologischen Befund gibt, wie sie zum Teil in früheren Plänen eingezeichnet waren[581]. Auffällig sind jedoch zwei Straßenbefunde, die direkt an das Forum angrenzen: Die einzigen beiden direkt das Forum tangierenden Schnitte sind nicht in dem sonst üblichen Rotsandstein ausgeführt. Dabei handelt es sich in der Westost-Straße 8 um das Profil Schindler 150, in dem auf dem anstehenden Boden eine Packlage aus „Rollwacken" lag[582] sowie das Profil Schindler 187 in der die Forumserweiterung durchschneidenden Straße (dicht östlich der Apsis der Forumsbasilika), in dem als unterste Schicht ebenfalls „Rollwacken" dokumentiert wurden[583]. Aufgrund des Fundmaterials, das in und unter der Straße gefunden wurde, kann sie gleichzeitig mit der Rotsandsteinausbauphase datiert werden[584]. Diese beiden Schnitte sind die einzigen, die direkt am Forum liegen, so dass ihre Interpretation erschwert ist. Es zeichnet sich allerdings ab, dass die das Forum umschließenden Straßen einer anderen Konzeption angehören, jedoch gleichzeitig – soweit sich das anhand des archäologischen Fundmaterials sagen lässt – mit dem Rotsandsteinnetz angelegt, aber anders ausgeführt wurden. In der Verlängerung der Ost-Weststraße 8 wurde auf der Höhe der späteren Forumserweiterung an zwei Stellen wieder Rotsandstein dokumentiert[585].

Bei den Grabungen in der Forumserweiterung wurden an zwei Stellen sehr ähnliche Befunde der augusteisch-tiberischen Zeit dokumentiert. Sowohl 1963 als auch 1995 wurden je zwei Gruben aufgedeckt, die direkt nebeneinander lagen. Dabei handelte es sich in beiden Fällen um eine rechteckige mit Holzverschalung und eine ovale muldenförmige, die mit zahlreichem Fundmaterial verfüllt waren[586]. Bei den Gruben von 1995 konnte gezeigt werden, dass sie gleichzeitig verfüllt wurden, da in beiden Fragmente desselben Gefäßes lagen. Die Funktion ist allerdings unklar. Es könnte sich meines Erachtens sowohl um Keller als auch um Latrinengruben handeln[587]. Über den spätaugusteischen Befunden lag in der Grabung 1963 eine tiberisch-claudische Fachwerkbebauung, welche die eine Grube überbaute, so dass sie zu diesem Zeitpunkt schon aufgegeben gewesen sein musste. Ob es sich bei den Befunden um private Gebäude handelte, ist aus dem Befund nicht sicher zu klären, aber wahrscheinlich, da es sich bei dem Material in den Gruben um Siedlungsabfälle handelt. Über den Befunden der Grabung von 1995 lag eine mächtige Planierung mit Fragmenten von Jurakalkabschlägen, die mit dem Steinausbau des Forums in Verbindung gebracht werden können.

---

581 Goethert 2003b, 244–248.
582 Schindler 1979, 184; Kilian/Gose u. a. 1956/58, 429.
583 Schindler 1979, 187, Nr. 153; RLM Trier, EV 1965,46–49.
584 Vgl. hierzu Kapitel 2.1 Forum.
585 Vgl. Kapitel 2.1 Forum.
586 RLM Trier, EV 1995,30 Kat. – Nr. 19–199.
587 Vgl. Kapitel 2.1 Forum.

## 4.7 Ehreninschrift für Gaius und Lucius Caesar

Das bislang früheste epigraphische Zeugnis Triers ist eine Inschrift für Gaius und Lucius Caesar, von der drei Inschriftenblöcke bekannt sind. Die ersten zwei, mit einer Gesamtlänge von 1,77 m, wurden bereits 1888 am „Gartenhause im Bischöflichen Garten" an der Liebfrauenstraße geborgen[588]. Sie waren als Gewändesteine einer Kellertür verbaut. Schon Hettner wies sie einem Monument für Lucius Caesar zu und schlug Ergänzungen mit *pro salute* oder *in memoriam* vor[589]. Der dritte Block[590] wurde an der Ostallee 65/Nähe Gartenfeld gefunden[591] und 1959 von Nesselhauf und Lieb demselben Denkmal zugeordnet[592]. Es handelt sich um eine Monumentalinschrift mit einer Buchstabenhöhe von 21,5 cm. Binsfeld ergänzte sie 1984 auf 6,75 m Länge (Abb. 30)[593]:

> *[Memoriae C(ai) Caesaris Aug(usti) f(ili) pontificis] co(n)s(ulis) im[p(eratoris) / principis iuventutis]*
>
> *[Memoriae] L(uci) Caesaris Au[g(usti) f(ili) auguris co(n)s(ulis) design(ati)] / principis [iuventutis]*[594]

Die Trierer Inschrift lässt sich in eine ganze Reihe überlieferter Ehrenmonumente für die beiden verstorbenen Prinzen einordnen, die im Folgenden für den Bereich nördlich der Alpen vorgestellt werden.

Im Allgemeinen geht die Totenverehrung von Gaius und Lucius deutlich über das bis dahin Dagewesene hinaus. P. Zanker beschrieb sie sogar als einer Heroenverehrung ähnlich[595]. Das ist sicherlich nicht zuletzt auf den hohen Stellenwert zurückzuführen, den Augustus den beiden Prinzen schon zu Lebzeiten beimaß. Ihre frühe Adoption und geschickte Präsentation als seine designierten Nachfolger trugen zur allgemeinen Beliebtheit bei[596], die sich dann wiederum in den nach ihrem Tod gesetzten Monumenten widerspiegelte.

Das früheste posthume, sicher datierte und viel zitierte Beispiel zu ihrem Andenken sind zwei Marmortafeln aus Pisa, die ausführlich Ehrenbeschlüsse für die beiden Prinzen beschreiben[597]. Für Lucius war bereits 2 n. Chr. ein monumentaler Altar errichtet worden. In

---

588   RLM Trier, Inv. 19906.
589   CIL XIII,2 3671; Hettner 1888, 166–173; Hettner 1893, 1.
590   RLM Trier, EV 1938,114, RLM Trier, Inv. 1938, 3326.
591   Rheinisches Landesmuseum Trier 1939, 240. Binsfeld gab als Fundort die „Ostallee gegenüber dem Landesmuseum (…) in einer spätantiken Pfeilerreihe, zusammen mit nach Aussehen und Maßen zugehörigen, aber inschriftlosen Quader" an (Rheinisches Landesmuseum Trier 1984, 231).
592   Nesselhauf/Lieb 1959, 123.
593   Binsfeld in: Rheinisches Landesmuseum Trier 1984, 231–232.
594   Lesung zitiert nach Schwinden 2004, 29. Sie unterscheidet sich von der Lesung Binsfelds in der Anordnung der Inschriften. Binsfeld stellte die des zuerst verstorbenen Lucius (Rheinisches Landesmuseum Trier 1984, 231–232), Schwinden in Anlehnung an das Monument in Reims die des Gaius voran.
595   Zanker 1987, 223.
596   Beispiele für Ehrungen der beiden Prinzen sowie deren Rolle als Nachfolger siehe: Bringmann 2007, 230–234; Southern 2001, 173–180; Kienast 1982, 109–111; 113–115.
597   Ausführlich zu den Inschriften mit Umschrift und Kommentar: Marotta D´Agata 1980.

dem zweiten Dekret wurde am 2. April 4 n. Chr. neben Trauerzeremonien die Errichtung eines Bogens mit Reiterstatuen der Prinzen beschlossen[598].

Es ist eine größere Anzahl der Trierer vergleichbarer Inschriften in den Provinzen nachgewiesen, so auch zwei in Gallien, in Reims und Sens. In Reims wurden acht Blöcke mit den Resten einer Inschrift in der spätantiken Stadtmauer verbaut[599]. Anhand der Inschrift und der erhaltenen Blöcke kann bislang keine Rekonstruktion des Monuments erfolgen, an dem die Ehrungen angebracht wurden. Vorgeschlagen wurden von A. Vassileiou sowohl Altar als auch Tempel[600]. Es sind drei unterschiedliche Zeilenhöhen erhalten. Die erste und die letzte der vier Zeilen sind durch ihre Größe hervorgehoben. Die Ergänzung liest sich wie folgt:

*Dis Manibvs Sac[rvm]*

*[C Caesaris Avgvsti filii divi] nepotis pontificis consuli[s im]peratoris*

*[L Caesaris Augusti filii divi nepo]tis principis ivventvtis cos design avgvris*

*civitas [Re]morvm*[601]

Eine weitere Inschrift stammt aus Sens. Von dem Monument wurden mehrere Blöcke in den Jahren 1825 und 1893 im Flussbett des großen Arms der Yonne gefunden[602]. Die Inschrift ist die bislang am vollständigsten erhaltene und wird wie folgt gelesen:

*C(aio) Caesari, Augusti f(ilio)*

*[d]ivi nepoti, pontifici,*

*co(n)s(uli), imp(eratori), principi*

*iuventutis;*

*[civ]itas Senonum*[603]

Aufgrund des Formulars wird sie nach dem Tod des Gaius und vor dem des Augustus datiert, da *Augustus* statt *divus Augustus* verwendet wurde[604]. Auffallend ist aber, dass bislang keine archäologischen Funde der vorclaudischen Zeit aus Sens vorliegen[605]. Debatty ergänzte die gut erhaltenen Blöcke zu einer Statuenbasis, z. B. für eine Reiterstatue[606]. Diese könnte, da die Blöcke im Fluss gefunden worden sind, an einem Übergang gestanden ha-

---

598 Marotta D´Agata 1980, 22, Zeile 36/37: *(...) duae eq[uest]res inauratae Cai et Luci Caesarum statuae (...)*; Kleiner 1985.

599 Aufgrund der Platzkontinuität zwischen dem keltischen Oppidum und der römischen Stadt, die in der zweiten Hälfte der Regierungszeit des Augustus ausgebaut worden ist (zusammenfassend: Amiens-Métropole 2004, 48), unterscheidet sich die Ausgangssituation hier deutlich von den anderen Orten mit Monumenten für Gaius und Lucius Caesar (Neiss 1982, 3–8; Vassileiou 1982, 119–130).

600 Vassileiou 1982, 128–129.

601 Ergänzung und Lesung nach: Neiss 1982, 7.

602 Debatty 2004, 39.

603 Lesung nach: Ebd., 43.

604 Ebd., 45.

605 Ebd., 52, Anm. 74.

606 Ebd., 49.

ben, wobei auch eine sekundäre Verbauung in einer Vorgängerbrücke nicht ausgeschlossen werden kann[607].

Bei der Aufstellung dieser Inschriften dürfte es sich aber nicht nur um ein gallisches, sondern ein reichsweites Phänomen gehandelt zu haben. Weitere Beispiele sind in Raetien die beiden benachbarten Civitates von Kempten[608] und Chur[609], in denen auch Inschriftenfragmente für die beiden *principes* gefunden wurden. Weber schrieb zu der Kemptener Inschrift, dass sie scheinbar der über das archäologische Fundmaterial erschlossenen Anfangsdatierung der Siedlung im zweiten Jahrzehnt n. Chr. widerspräche. Er schlug für Kempten vor, dass ein mit der Inschrift versehenes Denkmal einen Versammlungsplatz markierte, an dem umliegende Stämme ihre Gefolgschaft und Loyalität gegenüber dem römischen Herrscherhaus kundtun konnten[610]. Auch in Chur fehlen eindeutige Siedlungsspuren der spätaugusteischen Zeit[611]. Hochuli-Gysel verwies darauf, dass Römer durchaus an „einsamen Orten", Schlachtfeldern und Flussufern Denkmäler und Altäre errichteten, ohne auf konkretere Beispiele hinzuweisen[612]. Weitere Inschriften dieses Typs sind in St. Maurice[613] und Martigny[614] gefunden worden, wobei Martigny eine claudische Gründung ist. Augusteische Reste liegen nur aus dem Bereich westlich des Amphitheaters vor und werden mit der schon bei Caesar überlieferten Ansiedlung in Verbindung gebracht[615].

Allgemein sind Ehrungen für die beiden Prinzen sehr weit verbreitet. Allerdings ist nicht immer sicher zu entscheiden, ob sie vor oder nach ihrem Tod aufgestellt wurden[616]. Beispiele für posthume Ehrungen sind in Rom am Mausoleum des Augustus[617], in Nîmes an der Maison Carreé[618] und am Sterbeort des Gaius in Limyra zu finden[619]. Augustus persönlich legte Wert darauf, dass der Name *Basilica Gaii et Lucii* für die Basilika Iulia erhalten blieb[620]. Eine Portikus vor der Basilika Aemilia wurde erst 12 n. Chr. zu Ehren der beiden Prinzen in Rom eingeweiht[621] und in der Basilika Aemilia wurde sogar noch 27/28 n. Chr. eine Statuengruppe von Tiberius mit Lucius und wahrscheinlich auch Gaius errichtet[622]. Ihre Namen wurden in das Salierlied aufgenommen[623]. In der Münzprägung konnte

---

607    Ebd., 41.
608    Kempten: Weber 2000, 23–24; K. Dietz in: Czysz/Dietz u. a. 1995, 60–61.
609    Chur: AE 1966, 270 = Walser 1980, 144–145; E. Ruoff in: Hochuli-Gysel/Siegfried-Weiss u. a. 1991, 219–220; Konrad 1989a, 593.
610    Weber 2000, 23.
611    Hochuli-Gysel/Siegfried-Weiss u. a. 1991, 463.
612    Ebd., 463.
613    AE 1946, 254 = Walser 1980, 88–89; Walser 1994, 88–90.
614    CIL XII 141.
615    Musée cantonal d´archéologie Sion 1998, 166.
616    Ausführlich zu den verschiedenen Ehrungstypen: Heinemann 2007.
617    von Hesberg/Panciera 1994, 98–108; Heinemann 2007, 55–59.
618    Grundlegend zur Maison Carrée: Amy/Gros 1979; zur Inschrift Ebd., 177–195; zum Rankenfries: Schörner 1997, 149–156.
619    Ganzert 1984.
620    Kienast 1982, 114; Heinemann 2007, 63–66.
621    Wolters 2002, 314; Heinemann 2007, 66–71.
622    Ebd., 73; weitere, näher datierte Ehrungen sind in Paros zwischen 4 und 7 n. Chr., in Praeneste zwischen 4 und 14 n. Chr., am Largo Argentina 5/6 n. Chr. und in Ticinium 7/8 n Chr. erfolgt (Boschung 2002, 156).
623    Kienast 1982, 114, mit weiterer Literatur.

meines Erachtens R. Wolters überzeugend zeigen, dass posthum noch Münzen mit den Prinzenbildnissen geprägt wurden[624].

Diese bei weitem nicht vollständige Aufzählung zeigt, dass sehr vielfältige Ausdrucksformen der Ehrung nach dem Tod der beiden Prinzen möglich waren. Die weite Verbreitung und die große Gesamtzahl verdeutlicht nachdrücklich den Stellenwert, den die beiden in der öffentlichen Wahrnehmung hatten. Da diese Zeugnisse immer gleichzeitig die Wertschätzung für Augustus zum Ausdruck bringen, spiegelt die großflächige Verbreitung auch in den nördlichen Provinzen einen hohen Grad der Romanisierung – ebenfalls bei den Treverern – wider.

Durch das große Formenspektrum der möglichen Ehrungen für die beiden Enkel des Augustus ist die Interpretation der Trierer Inschrift erschwert. Vollkommen unklar ist, zu welcher Art Monument sie gehört haben kann. Mit ihrer Länge von über 6 m handelte es sich um ein größeres Denkmal. Vorstellbar wäre z. B. die Basis einer Reiterstatue[625], ein Bogenmonument[626] oder ein Tempel[627], wobei sich aus dem Fund heraus keine Anhaltspunkte für oder gegen die verschiedenen Formen ergeben. H. v. Hesberg ging davon aus, dass sie am ehesten vom Architrav oder der Attika eines monumentalen Bauwerks, wie z. B. eines Ehrenbogens, stammen könnte[628].

Ähnlich wie Binsfeld[629] und Heinen[630] zeigte Schwinden in Anlehnung an die bekannten Augustusenkelinschriften aus Reims[631] und Sens[632], die jeweils von den *civitates* geweiht wurden, dass eine solche Stiftung durch die *civitas Treverorum* wahrscheinlich ist[633].

Problematisch ist jedoch, dass, wie in Sens, Martigny, Chur und Kempten, in Trier die Inschrift eines der frühesten zu belegenden archäologischen Zeugnisse sein dürfte. Allerdings sind an allen Orten Hinweise auf den konkreten Aufstellungszeitpunkt und die Fundkontexte durch sekundäre Verbauungen nicht zu ermitteln. Festzuhalten ist aber durch die Lesung als *memoria*-Inschrift, aufgrund der Verwendung des Genitivs, dass diese Blöcke nach vier n. Chr. datieren[634]. Das Sterbedatum von Gaius Caesar gibt den *terminus post quem* für die Errichtung dieser und vergleichbarer Inschriften aus dem Reichsgebiet[635].

---

624 Er argumentierte mit einer Serie von Denaren für Gaius und Lucius, die mit X gekennzeichnet ist und sich auf die Einrichtung von zehn Wahlzenturien zur Vorwahl von Konsuln und Prätoren bezieht, die im Jahr 5 n. Chr. zu Ehren der beiden eingerichtet und nach ihnen benannt worden sind (Wolters 2002, 297–323).

625 Für Gaius und Lucius sind aus Ulia bei Córdoba Basen von Reiterstatuen überliefert, wenn diese auch älter sind und auf das Jahr 12 v. Chr. datiert werden (Bergemann 1990, 140, E 64, und E 65). Als posthume Weihung ist Sens anzuführen, wobei es sich dort auch nur um die Rekonstruktion einer Reiterstatuenbasis handelt (Debatty 2004).

626 Wie z. B. in Pisa (Marotta D´Agata 1980).

627 Wie z. B. in Nîmes (Amy/Gros 1979, 177–195).

628 von Hesberg 2002, 32.

629 Binsfeld in: Rheinisches Landesmuseum Trier 1984, 231–232.

630 Heinen 1985, 48.

631 Neiss 1982, 3–8; Vassileiou 1982, 119–130.

632 Debatty 2004, 38–53; Julliot 1898, Nr. 1.

633 Schwinden 2004, 36.

634 Die Ergänzung mit „memoriae" wurde von P. Gros bezweifelt. Er schlug ähnlich der Inschrift in Reims eine Lesung mit *Dis Manibus* vor (Gros 1991, 181–182). Nach Binsfeld läge es allerdings nahe, auch diese mit „*memoriae*" beginnen zu lassen, wobei er damit von der allgemeinen Ergänzung abwich (in: Rheinisches Landesmuseum Trier 1984, 231). Schwinden merkte dazu an, dass die

Schwinden plädierte für eine Aufstellung des Trierer Monuments in Anlehnung an den Beschluss aus Pisa. Er nahm an, dass schon auf dem Provinziallandtag im August 4 n. Chr. in Lyon von allen gallischen *civitates* die Aufstellung beschlossen worden sein könnte[636].

Meines Erachtens ist diese Einordnung zwar möglich, jedoch nicht zwingend. Ein solcher Beschluss wurde sicherlich mit unterschiedlichen Geschwindigkeiten umgesetzt, insbesondere zwischen der Pisas, einer Stadt, die unter dem Patronat des Gaius stand, und der eines Provinziallandtags in Gallien. Neben der methodischen Schwierigkeit, ein solch konkretes Datum ohne Quellenbelege in die Diskussion zu bringen, scheint eine Ablehnung der These besonders deshalb plausibel, da bis zur Beisetzung des Gaius am 9. September alle Rechtsgeschäfte ausgesetzt worden waren[637]. Als *terminus ante quem* wird allgemein der Tod des Augustus angenommen, wobei allerdings auch darüber hinaus noch Ehrungen möglich waren, dementsprechend auch Beschlüsse über Ehrungen[638]. Da das weitere Fundmaterial im Stadtgebiet Triers erst in das erste Jahrzehnt n. Chr. einzuordnen ist, ist die Inschrift entweder einem Bauwerk, das vor dem Ausbau entstand, zuzuordnen, mit Anlage der Straßen sofort zu Baubeginn errichtet worden, oder es gehörte sogar zu einem erst später errichteten Denkmal. Damit schließe ich mich der Argumentation Wightmans an, die die Inschrift als Zeichen des Wohlstands und des Ehrgeizes der Bevölkerung annahm, aber darüber hinaus Trier als „zufällige Zivilsiedlung" in der Mitte der Regierungszeit des Augustus sah[639].

Der Standort des Trierer Denkmals ist leider nicht bekannt, da die Fragmente sekundär verbaut und etwa 500 m auseinander gefunden wurden[640]. Wie schon von Hochuli-Gysel für Chur vermutete[641], wäre meines Erachtens die Aufstellung eines Monument an der Fernstraße bzw. der Brücke oder in einem Stammesheiligtum durchaus zu diskutieren. Allerdings widersprächen diese Lösungen der Vorstellung, ein solches Monument könne nicht „auf der grünen Wiese" gestanden haben[642]. Da an allen oben aufgeführten Orten im

---

Einleitung *memoriae* gerechtfertigt scheine, „trotz der Widmung an die Totengötter, die Manen, nach der Inschrift von Reims und dem Ratsbeschluss von Pisa", begründete dies aber nicht weiter (Schwinden 2004, 39). Für diese Untersuchung ist die Ergänzung, sei es mit *Dis Manibus* oder *memoriae,* nicht relevant, da durch die Angabe des Titels *consulis imperatoris* ein *terminus post quem* für den Herbst 3 n. Chr. gegeben und eine Datierung nach dem Tod des Gaius daher sehr wahrscheinlich ist.

635   Eine Zusammenstellung der Inschriften in: Stein/Petersen 1952–1966, 165–168, Nr. 216.

636   Schwinden 2004, 38.

637   Ehrenberg/Jones 1976³, 39; Kienast 1982, 114.

638   S. o. Ehrungen in der Basilika Aemilia.

639   Wightman 1976, 66. Anders dagegen Heinen, der die Inschrift als „ein weiterer Schritt auf dem Weg einer architektonisch-urbanistischen Prägung" sah (Heinen 1985, 50) und betonte, dass „eine solche Anlage nicht auf dem freien Feld an der Mosel stehen" könne (Heinen 1985, 48).

640   Binsfeld in: Rheinisches Landesmuseum Trier 1984, 231. Auf die in diesem Zusammenhang geführte Diskussion um die Lokalisierung einer *memoria*-Inschrift in der Gegend des späteren Circus, die Schwinden noch mit der Ehrung für Gaius und Lucius in Verbindung gebracht hatte (Schwinden 2004, 38–39 mit weiterer Literatur), wird nicht weiter eingegangen, da das Monument schon spätantik verbaut wurde und deshalb nicht bis ins Mittelalter lesbar gestanden hat (vgl. Anm. 591).

641   Wenn man darüber hinaus noch spekulieren möchte, könnte man sogar das in der Mosel gefundene Bronzeohr (Cüppers 1969, 118, RLM Trier, Inv. 28, 599) zu einer solchen Reiterstatur ergänzen, wobei das jeder wissenschaftlichen Grundlage entbehrt.

642   Heinen 1985, 48.

ersten und frühen zweiten Jahrzehnt der Nachweis für eine größer angelegte Bebauung fehlt, bleiben – unter dem Vorbehalt, dass diese Stücke nicht sogar noch viel später, z. B. während oder nach der Regierungszeit des Tiberius aufgestellt wurden – andere Kontexte zu untersuchen.

## 4.8 Neufund einer Marmorplatte mit Eichenblatt-Dekor

Als weiteres Argument für eine mögliche Gründung Triers bereits im zweiten Jahrzehnt v. Chr. wurde jüngst, unmittelbar vor Drucklegung dieser Arbeit, von G. Breitner und K.-P. Goethert ein ornamentales Relieffragment in die Argumentation eingebracht (RLM Trier EV 2006,29 FNr. 528)[643]. Dabei handelt es sich um fünf anpassende Bruchstücke einer Marmorplatte mit einer Gesamtgröße von 18×20×2 cm, die sekundär genutzt aus einem ansonsten spätantiken Horizont geborgen wurden und bereits antike Bruchstellen aufweisen. Auf ihnen sind sehr qualitätvoll gearbeitete Blattreste einer Eichenlaubgirlande zu erkennen[644].

Diese Marmorplatte datiert Goethert im zweiten Teil des Berichts aufgrund eines stilistischen Vergleichs mit stadtrömischen Monumenten in die Zeit zwischen 20 und 10 v. Chr. und hält eine jüngere Zeitstellung des an der Ara Pacis (9 v. Chr. eingeweiht) zu beobachtenden Stilwandels kaum für möglich. Eine weitere chronologische Präzisierung findet er durch einen Vergleich mit Girlanden in Lyon[645]. Diese könnten zu dem 12 v. Chr. geweihten Altar der Roma und des Augustus gehört haben, wobei bislang eine sichere Zuweisung der Platten zu dem Monument nicht erbracht wurde und auch deren Datierung weiterhin umstritten ist[646]. Da Größe und Ausarbeitung des Trierer Fragments gut vergleichbar sind, postuliert Goethert, ohne Berücksichtigung der Vorbehalte, eine baugleiche, vorarapaciszeitliche, augusteische Ara in Trier und datiert das dort gefundene Stück ebenfalls auf 12 v. Chr. Den Baubeginn sieht er im Zusammenhang mit dem Aufenthalt des Kaisers in Gallien im Jahr 16 v. Chr., kurz nach dem Brückenbau in Trier und dem errechneten hypothetischen „Gründungsdatum" am 23. September 17 v. Chr.[647].

Da es sich zum einen um ein in spätantikem Kontext sekundär verbautes, sehr kleines Fragment handelt, so dass unklar ist ob – und wenn wo – es zuvor in Trier angebracht war, zum anderen bei dem Lyoner Vergleichsbeispiel die Zugehörigkeit zu dem bekannten Altar nicht gesichert, damit auch die Datierung des Stücks nicht handwerklich und stlistisch eindeutig ist[648] und darüber hinaus Eichenblattgirlanden zu anderen Bauwerken außer einer Ara für Roma und Augustus gehört haben könnten, bleibt die Argumentation lückenhaft.

Auf Grundlage der geschilderten Prämissen werden zudem zu weitreichende Schlüsse zur Stadtwerdung Triers abgeleitet: Nach Goethert könne das aus diesem nur wenige cm²

---

643 Breitner/Goethert 2009. Aufgrund des späten Erscheinens kann an dieser Stelle nicht umfassend, sondern nur in gebotener Kürze auf den Beitrag eingegangen werden.
644 Breitner/Goethert 2009, 7–8.
645 Breitner/Goethert 2009, 9–10.
646 Darblade-Audoin/Lavagne 2006, 111–113; Turcan 1982, 614–615. Die Platten wurden in der nähe des Amphitheaters gefunden.
647 Goethert 2003. Siehe hierzu auch Kapitel 4.5 Straßennetz.
648 Darblade-Audoin/Lavagne 2006, 111–113; Turcan 1982, 614–615.

großen Fragment rekonstruierte Monument um 12 v. Chr. – ebenso wie die Inschrift für Gaius und Lucius Caesar – nicht "auf der grünen Wiese" gestanden und müsse Trier bereits als Stadt existiert haben. Zur Untermauerung erwähnt er irreführend zahlreiche Fundnummern (nicht Funde!) aus der Grabung auf dem Viehmarkt, die auch bereits von der Verfasserin gesichtet worden sind. Dort lägen mindestens sieben dangstettenzeitliche, 60 oberadenzeitliche und 91 halternzeitliche Fundnummern vor[649]. Jedoch nur die letztgenannte Datierung, wenn auch nicht die Anzahl, kann anhand der in dieser Arbeit veröffentlichten Komplexe bestätigt werden. Durch die summarische Auflistung ohne Angabe von Inventarnummern, vertretenen Typen etc., ist die weitergehende Schlussfolgerung auf eine Siedlungszunahme im Verlauf der ersten beiden vorchristlichen Jahrzehnte nicht überprüf- oder nachvollziehbar, steht jedoch konträr zu dem hier gewonnenen Bild, das im gesamten Stadtgebiet keinerlei Hinweise auf einen Dangstetten- oder Oberadenhorizont vorliegen. Hinzuweisen ist in diesem Zusammenhang aber erneut sowohl auf die Problematik der langen Umlaufzeiten von Einzelstücken, wie z. B. keltischen Münzen in späteren Kontexten, als auch auf das sicher halternzeitliche Fundmaterial unter der ersten befestigten Straße und die sich daraus ergebenden Konsequenzen für eine Ansiedlung im zweiten Jahrzehnt v. Chr. wie eine fehlende Wegeführung für ggf. mehrere Jahrzehnte.

## 4.9 Tempelbezirke

Die Erforschung der Trierer Tempelbezirke war ein zentrales Anliegen in der ersten Hälfte des 20. Jahrhunderts. In dieser Zeit wurde sowohl der Tempelbezirk im Altbachtal (von 1924 bis 1932) als auch der Tempelbezirk im Irminenwingert (von 1843 in unregelmäßigen Abständen bis 1926 und später) ausgegraben. Die Untersuchungen erfolgten in großem Umfang und besonders im Altbachtal für ihre Zeit vorbildlich, jedoch blieb die Publikation lange aus. Sie erfolgte dann aufgrund der sehr großen Materialmengen und hoher Kriegsverluste[650] nur ausschnittweise, so dass heute eine Beurteilung von Einzelbefunden, besonders denen der Gründungsphasen, sehr schwer ist.

### 4.9.1 Altbachtal

Der Tempelbezirk im Altbachtal liegt südöstlich des Gründungsrasters. Nach den ersten drei Teilabschnitten, die bereits vor dem zweiten Weltkrieg publiziert wurden, erfolgte 1970 die Vorlage der Fundmünzen durch Alföldy und 1972 die Gesamtpublikation durch Gose[651]. In dem Katalog zur Jubiläumsausstellung „Trier – Augustusstadt der Treverer" fasste Schwinden 1984 erstmals kurz die frühkaiserzeitliche Holzbebauung zusammen[652].

---

649   Breitner/Goethert 2009, 12.
650   Schindler gab in seinem Vorwort der Publikation zum Altbachtal folgende Zahlen an: Etwa 100 Feldbücher und Skizzenhefte, 800 Planzeichnungen, annähernd 2000 Geländefotos und 11374 Fundnummern (Gose 1972, XI).
651   Das Manuskript wurde mit einem Vor- und Nachwort versehen von R. Schindler herausgegeben, da Gose kurz vor Abschluss verstarb.
652   Schwinden in Rheinisches Landesmuseum Trier 1984, 242–249.

J. Scheid brachte 1995 neue Überlegungen gegen eine überhöhte Deutung als „Nationalheiligtum" ein[653].

Im Folgenden sind die Befunde mit spätlatène- und kaiserzeitlichem Fundmaterial kurz zusammengestellt:

Im Gebiet der Bautengruppe 3–11 in Planausschnitt II konnte 1929/30 eine Fläche von etwa 100 m² bis auf den anstehenden Boden freigelegt werden. Dabei sind 39 Gruben und Pfostenlöcher dokumentiert worden, die möglicherweise in die augusteische Zeit datiert werden können[654]. Die angegebenen latènezeitlichen Scherben sind alle in kaiserzeitlichen Kontext gefunden worden und gehören vermutlich zu der Ware in Latènetradition[655]. Die Funde werden für alle Gruben als zeitlich sehr einheitlich beschrieben[656]. Allerdings sind auch in den untersten dokumentierten Schichten vereinzelt die deutlich späteren Funde des Hofheimhorizonts vertreten[657].

Bei dem Bau 26a, ebenfalls aus Planausschnitt II, handelt es sich um einen Pfostenbau, der ein unregelmäßiges Viereck bildet. Die Keramik ist im Krieg verloren gegangen, jedoch geht aus den Grabungsunterlagen hervor, dass es sich auch um spätestlatènezeitliche, bzw. frühkaiserzeitliche Keramik gehandelt hat. Durch eine Münze des Nero in der über dem Befund liegenden Schicht ist für dieses Gebäude ein *terminus ante quem* gegeben[658].

Ebenso stammen Funde der ersten Hälfte des ersten Jahrhunderts aus den Schichten unter Bau 27, die jedoch keinem Bauzusammenhang zugewiesen werden können.

Aus den sonstigen Befunden fallen vorgeschichtliche Gruben nördlich von Bau 33 im Planausschnitt III deutlich heraus. Das Fundmaterial gehört zum einen in die Urnenfelder- zum anderen in die Mittellatènezeit, wobei keine Hinweise auf eine Kontinuität zu dem späteren Tempelbezirk gefunden werden konnte. Aus der Schicht über dem anstehenden Boden wurden Scherben aus der ersten Hälfte des ersten Jahrhunderts geborgen[659].

In dem gleichen Planausschnitt III lagen Scherben des ersten Drittels des ersten Jahrhunderts n. Chr. aus der frühesten kaiserzeitlichen Humusschicht ohne näheren Befundzusammenhang[660].

Die größte Gruppe zusammenhängender Holzbauten (34 a–k) wurde in Planausschnitt IV im östlichen Teil vor dem Theater gefunden[661]. Bau 34 a ist ein nur noch in Fundamentgräben erhaltener Viereckbau, dessen Seiten alle unterschiedlich lang sind und einen trapezoiden Grundriss bilden. Das Fundmaterial reicht von Ware in Latènetradition bis zu einer Prägung des Hadrian. Das Gebäude wurde allerdings trotzdem in das frühe erste Jahrhundert n. Chr. datiert[662]. Bau 34 b ist später angelegt worden[663]. Unter ihm be-

---

653  Scheid 1995.

654  Gose 1972, 15–16. Dort sind auch die einzelnen Befunde mit Maßangaben und Fundnummern aufgeführt.

655  Darauf wies schon Schindler (in: Gose 1972, 262) hin. Zu dem Fundmaterial: Ebd., 49–50, 57, 60–61, 64, 69, 75–76.

656  Gose 1972, 49.

657  Sigillata: Gose 1972, 69; Goldglimmerware: Ebd., 64.

658  Ebd., 88–89.

659  Ebd., 93–94.

660  Ebd., 97.

661  Ebd., 99.

662  Ebd., 99.

663  In der Fundamentierung wurde ein As des Nero und ein Sesterz des Marc Aurel gefunden (Ebd., 99).

fand sich der polygonale Pfostenbau 34 c, der allerdings nur teilweise ergraben werden konnte. Er hat einen rekonstruierten Durchmesser von etwa 9,30 m–9,40 m. Zwischen zwei Pfosten ist jeweils ein kleinerer nach innen vorgeschoben. Das Fundmaterial hierzu ist leider verloren gegangen. Es hat sich dabei wohl um latènezeitliche oder in latènetradition stehende Scherben gehandelt[664]. Ebenfalls durch Bau 34 b überlagert liegt Bau 34 d, dessen Grundriss aus acht fast rechteckig angeordneten Pfosten gebildet wird. Gose erwähnte kein geborgenes Fundmaterial, ebenso wenig von dem etwas nordwestlich gelegenen Bau 34 e, von dem sieben Pfosten erhalten waren[665]. Zu einer halbrunden Struktur (34 f) gehören acht Pfostenlöcher zwischen Bau 34 a und b, zu denen ebenfalls kein Fundmaterial erwähnt wird. Dieses trifft auch auf die beiden kleinen, rechteckigen Grundrisse 34 g und h zu, die eventuell auch zu einem Gebäude gehört haben können, da sie sich sehr ähnlich sind. Ein weiterer, nach Norden geöffneter, halbrunder Bau liegt westlich von 34 g und h, und kann nicht näher zeitlich eingegrenzt werden. Ob der Wassergraben 34 k zu der ersten Phase gehörte, ist nicht gesichert[666].

In Planausschnitt V wurden vier als „vorrömisch" angesprochene Gruben dokumentiert, wobei die eine fundfrei war. Das Gelände wurde spätestens kaiserzeitlich verfüllt und weiter genutzt. Aus diesen Zusammenhängen stammen auch spätaugusteische oder frühtiberische Scherben sowie Münzen. Zu dieser Zeit wurden auch zwei Pfostenlöcher (I und II) angelegt[667].

In Planausschnitt VI wurde der so genannte augusteische Graben als früheste Struktur untersucht, aus dem eine Sigillata-Schale mit Ateiusstempel stammt[668].

Auch in Planausschnitt VII konnten eine spätlatène- oder frühkaiserzeitliche Besiedlung anhand von wenigen Gruben und Pfostenbefunden, die keinen Grundrissen zuzuordnen sind, nachgewiesen werden[669].

Loeschcke vermutete, dass die Bauten 26, 34 c-h und i zu einem vorrömischen Tempelbezirk gehört hätten, der später in Stein ausgebaut wurde[670]. Schindler wies allerdings darauf hin, dass die spätlatènezeitlichen Funde aus diesen angesprochenen Gebäuden überwiegend in Verbindung mit frühkaiserzeitlicher Ware auftreten und somit nicht als „vorgeschichtlich" angesprochen werden können. Die reinen vorkaiserzeitlichen Komplexe weisen ausschließlich noch früheres Fundmaterial der Früh- und Mittellatènezeit auf[671]. Scheid wies darauf hin, dass es bis 1995 – und diese Situation hat sich bis heute nicht verändert – keinen Beweis für eine vorrömische Kultstätte gegeben hat und trotzdem die Grundideen Loeschckes immer noch zitiert werden[672]. Im Weiteren ging er auf die Interpretation des Heiligtums ein und machte darauf aufmerksam, dass die meisten Götter trotzdem römisch akkulturiert worden sind, obwohl sie in dem Heiligtum einheimisch waren[673].

---

664  Ebd., 100.
665  Ebd., 100.
666  Ebd., 100.
667  Ebd., 156.
668  Ebd, 191.
669  Ebd., 220–221.
670  Loeschcke 1930, 74.
671  Schindler in: Gose 1972, 261–262; ähnlich aber auch in Schindler 1971, 71.
672  Scheid 1995, 102–103.
673  Ebd., 104–109.

Anhand der Münzen ist meines Erachtens eine Einordnung in früh- und mittelaugusteische Zeit fragwürdig, da das Gesamtmünzspektrum dem der spätaugusteischen Zeit entspricht[674]. Auf dieser Basis schließe ich mich den Aussagen Schindlers an, demzufolge der Beginn des Tempelbezirks im Altbachtal ungefähr gleichzeitig mit der Gründung der Stadt einzuordnen ist[675].

## 4.9.2 Tempelbezirk am Irminenwingert[676]

Wie Schwinden schon 1984 schrieb, sind die Anfänge der älteren Anlage im Tempelbezirk am Irminenwingert auf der linken Seite der Mosel weniger geklärt als die der Kultanlage im Altbachtal[677]. Unklar ist, ob das Gelände schon in vorgeschichtlicher Zeit besiedelt war und wie eine solche Besiedlung aussah. Direkt außerhalb der südlichen Abschlussmauer wurden im sandigen Lehmboden vorgeschichtliche Scherben gefunden, die im Krieg verloren gingen[678]. Im Weiteren wurden drei keltische Münzen geborgen[679]. Da die Funde allerdings nicht aus Kontexten stammen, sind sie als Hinweis auf ein schon in keltischer Zeit bestehendes Heiligtum nicht zu akzeptieren, allenfalls sprechen sie für eine nicht näher zu bestimmende Nutzung des Geländes. Für die augusteische Zeit sind als einzige Quellen neun Münzen des Augustus bzw. eine des Augustus oder Tiberius bekannt[680]. Zu diesen ist allerdings anzumerken, dass vier gegengestempelt und zwei halbiert sind, was längere Umlaufzeiten wahrscheinlich macht. Auffällig ist auch, dass die Münzreihe dann erst wieder mit Prägungen des Caligula einsetzte, so dass für einen Prägezeitraum von etwa 20 Jahren Münzen fehlen. Schwinden wies darauf hin, dass eine Inschrift des Priesters Priscus, die um die Mitte des ersten Jahrhunderts n. Chr. datiert wird, zu den ältesten Funden überhaupt gehört[681]. Der Mangel an Funden und Befunden deutet vorerst darauf hin, dass der Tempelbezirk am Irminenwingert frühestens in der ersten Hälfte des ersten Jahrhunderts n. Chr. angelegt wurde. Den einzigen Einwand dagegen brachte H. Merten mit der Begründung, dass der durch eine umgelagerte Inschrift nachgewiesene ältere Kult der Xulsigien, der keine *interpretatio romana* erfahren hatte, so unbedeutend war, dass er wohl nicht von einer anderen, weit entfernten Stelle hierhin verlagert wurde, sondern zu einem bescheidenen Kultplatz der vorrömischen Zeit gehört haben könnte[682].

---

674 Vgl. hierzu: Kapitel 3.1.2 Römische Münzen, das überwiegend auf den Münzen aus dem Altbachtal basiert. 220 von 263 der insgesamt aufgenommenen Münzen stammen aus dem Tempelbezirk am Altbachtal, da dieser durch die Vorlage der Fundmünzen bereits im Jahr 1970 bis heute am besten erschlossen ist (Alföldi 1970).

675 Schindler in: Gose 1972, 277.

676 Grundlegend: Gose 1955; besonders zu den frühen Befunden und Funden: Schwinden in: Rheinisches Landesmuseum Trier 1984, 243–244; mit weiterer Literatur: Trunk 1991, 226–229.

677 Schwinden in: Rheinisches Landesmuseum Trier 1984, 243.

678 Gose 1955, 86. H. Merten verfolgte die Kisten noch in den Inventaren des Landesmuseums, ohne weitere Hinweise auf deren Aufbewahrung zu finden (Merten 1985, 53, Anm. 47).

679 Alföldi/Wigg-Wolf 2006, 527, 3019,1, Nr. 1–3. Dabei handelt es sich um eine Scheers 216, die in den augusteischen Münzumlauf einzuordnen ist, sowie um zwei Scheers 191, die grob in den Latène D1 Horizont eingeordnet werden können.

680 Alföldi/Wigg-Wolf 2006, 527–528; 3019,1, Nr. 4–12.

681 Schwinden in: Rheinisches Landesmuseum Trier 1984, 244, 250–251 mit weiterer Literatur.

682 Siehe hierzu Merten 1985, 53, wobei sie auch darauf hinwies, dass die gefundene Inschrift von ihrem ursprünglichen Aufstellungsort in eine der Kapellen verlagert wurde. Für die Diskussionsbereitschaft

Der Tempelbezirk am Moselufer scheint keinen frühkaiserzeitlichen Vorgängerbau zu haben. Cüppers sprach in diesem Zusammenhang nur von einfacheren Bauten, wie sie auch im Bereich von St. Irminen bestanden haben[683]. Ebenso scheint der Tempel am Herrenbrünnchen erst Ende des ersten oder Anfang des zweiten Jahrhunderts errichtet worden zu sein[684].

Abschließend lässt sich festhalten, dass zum Kult in der frühen Kaiserzeit kaum Aussagen getroffen werden können. Die wenigen Spuren im Altbachtal, die wahrscheinlich mit Resten von Tempeln in Verbindung gebracht werden können, lassen keine differenzierten Interpretationen zu. Weitere Hinweise auf einen Staatskult sowie umfangreiche latènezeitliche Kultgebäude wie auf dem Titelberg oder Martberg[685] fehlen bislang.

## 4.10 Wasserversorgung

Die Wasserversorgung Triers ist für die Frühzeit bislang nur wenig erforscht[686]. Der früheste bislang belegte Aquädukt befindet sich an der Nordseite des Altbachtals und wurde nach der Mitte des ersten Jahrhunderts n. Chr. angelegt[687]. Für die erste Hälfte des ersten Jahrhunderts sind hölzerne Wasserrinnen dendrochronologisch auf 39 n. Chr. datiert, die Wasser aus Bächen heranführten[688]. Bleileitungen für die Trinkwasserversorgung, wie sie z. B. am Forum in der Grabung von 1963 aufgenommen wurden, sind in die erste Straße nachträglich eingetieft worden und gehören somit nicht zur Gründungszeit[689]. Das früheste Zeugnis ist ein Brunnen[690]. Es ist das älteste dendrochronologisch ermittelte Datum der römischen Zeit aus dem Stadtgebiet überhaupt und stammt von einem Brunnenkasten aus der Grabung Feldstraße/Klinikum Mutterhaus der Borromäerinnen RLM Trier, EV 1992,13. Das Holz hatte noch ein gesichertes Endjahr von 15 n. Chr. und wurde vermutlich um 18 n. Chr. verarbeitet. Weitere Hinweise auf die Wasserversorgung der frühen Stadt fehlen bislang.

---

danke ich sehr herzlich Dr. H. Merten. Sie wies zu recht darauf hin, dass die Belege für eine Verehrung in keltischer Zeit völlig fehlen, ging aber dennoch von einem bescheidenen Kultplatz aus (Merten 1985, 53).

683  Cüppers 1982, 10. Weitere Literatur zum Tempelbezirk allgemein: Archäologische Trier-Kommission 2005, 115.
684  Ebd., 116; Trunk 1991, 219–222 mit weiterer Literatur.
685  Zu Titelberg und Martberg mit weiterer Literatur siehe: Kapitel 6.1 Trier als Zentralort der Treverer.
686  Zusammengefasst in: Archäologische Trier-Kommission 2005, 38–40.
687  Ebd., 38.
688  Ebd., 39.
689  Cüppers 1984a, 50.
690  Freundliche Mitteilung M. Neyses-Eiden, erwähnt in: Löhr 1998, 26.

# 4.11 Holzbebauung

Innerhalb des Gründungsrasters Triers sind an verschiedenen Stellen Reste von Fachwerk-bebauung entdeckt worden. Cüppers stellte diese im Überblick zweimal zusammen[691], ohne jedoch näher auf die eigentlichen Befundsituationen einzugehen. Er merkte an, dass keine Fundhorizonte der Gründungszeit außer den bei Untersuchungen Koethes in den dreißiger Jahren aufgenommenen Fundstellen – auch bei großflächigen Untersuchungen – ungestört angetroffen wurden[692]. Folgende Befunde aus Grabungen vor dem Zweiten Weltkrieg nannte Cüppers:

– In der Friedrich-Wilhelm-Straße/Herz-Jesu-Kloster wurden Spuren einer größeren Pfahlsetzung (29 Pfähle), die Loeschcke als „wahrscheinlich augusteisch" ansprach, ge-funden[693]. In dem Skizzenbucheintrag sind leider keine weiteren Angaben zur Fachwerkbebauung vermerkt und der Befund damit meines Erachtens als nicht gesichert einzuordnen[694].

– In der Südallee/Eberhardstraße wurden sieben Fragmente roten Lehmfachwerks mit den Abdrücken von Weidengeflecht gefunden[695]. Zu diesen sind keine datierenden Beifunde bekannt.

– Auch zu der doppelseitig verputzten Lehmwand in den Barbarathermen, zu der auch noch weitere Fachwerkwandspuren dokumentiert wurden, ist kein Fundmaterial überlie-fert[696].

– Ebenso konnte auch bei den Standhölzern eines Pfostenbaus im Gartenfeld, die nachträglich überbaut wurden, kein Fundmaterial geborgen werden[697].

Nach dem zweiten Weltkrieg führte Cüppers folgende Stellen mit Fachwerkbebauung auf:

– Aus der Villa Voss an der Südallee wurde ein verbrannter Stützbalken geborgen, der dendrochronologisch um 121 v. Chr. datiert werden kann. Cüppers wies allerdings be-reits darauf hin, dass die Fachwerkkonstruktion, in die er verbaut war, sicher später ist[698]. In augusteische Zeit datierendes Fundmaterial wurde nicht nachgewiesen.

– Das Fundmaterial zu den Pfostenstellungen am Klinikum Mutterhaus der Borromäerin-nen, die beim Bau einer Tiefgarage beobachtet wurden, ist nicht stratigraphisch getrennt dokumentiert.

– Alle Fundnummern, die bei der Grabung Vereinigte Hospitien/St. Irminen geborgen wurden und neben anderem auch augusteisches Material enthalten, können aufgrund der spätesten Beifunde frühestens in die Mitte des ersten Jahrhunderts n. Chr. datiert wer-

691  Cüppers 1984a, 48–51. Ähnlich fasste er die Befunde auch noch einmal zusammen in: ders. 1984b, 16–19.

692  Ders. 1984a, 48.

693  Cüppers bezog sich dabei auf den Jahresbericht von 1926 (Krüger/Steiner u. a. 1926, 178).

694  Das ebenfalls erwähnte Straßenprofil befindet sich in Skizzenbuch 202, 26–29, allerdings keine Angaben darüber hinaus. Das ist sehr bedauerlich, da auch in den Befunden in der Forumserweite-rung ein ähnlicher Pfahlrost dokumentiert werden konnte Kapitel 2.1 Forum.

695  In dem Fundverzeichnis sind unter der von Cüppers angegeben Nummer ST 2785 nur diese Befund-reste vermerkt.

696  RLM Trier, Skizzenbuch 118, 37.

697  RLM Trier, Skizzenbuch 91, 8 und 26.

698  Cüppers 1984a, 48.

den. Einzig Fundnummer 101, die aus einer nicht näher spezifizierten Grube stammt, wurde bei der Inventarisierung als rein augusteisch angesprochen. Darunter ist allerdings meines Erachtens bei erneuter Sichtung kein feinchronologisch zu differenzierendes Fundmaterial.

– Die angegebenen Scherben und Metallkleinfunde aus der Metzelstraße, den Tiefgaragen am Constantinplatz und Palais/Mustor sowie in der Grabung Bürgerverein/Viehmarkt wurden ohne Befundzusammenhänge geborgen.

– Die Standspuren der Fachwerkwände der Grabung Gervasius-Garten/Germanstraße überlagern die erst in spätaugusteische Zeit datierende Grube und gehören frühestens in tiberische Zeit. Sie bilden damit sicher erst eine zweite Phase der Holzbebauung in der Forumserweiterung[699].

Für Aufnahme und Beurteilung der ersten Bauphase gilt die Feststellung, dass nicht jedes Fachwerk automatisch in die Gründungszeit gehört. Noch deutlich über die Mitte des ersten Jahrhunderts hinaus wurde in Trier ausschließlich in Holz-Lehmtechnik gebaut[700]. Auch kann nicht davon ausgegangen werden, dass jede im Befund spätere Wand schon einen frühkaiserzeitlichen Vorgänger hatte, auch wenn dies in Einzelfällen durchaus wahrscheinlich ist. Vielmehr muss die Datierung in jedem Fall an Funden überprüft werden. Wenn nicht durch Zufall Material aus dem Balkengraben oder dem ersten Laufniveau stammt, kann es ebenfalls nicht direkt auf die Bebauungszeit bezogen werden. Das schränkt die in Frage kommenden Befunde stark ein, da nur ein kleiner Teil nachweislich augusteisch oder frühtiberisch, der wesentlich größere dagegen nicht oder zeitlich später zu datieren ist. Alle von Cüppers aufgeführten Befunde erfüllen diese Kriterien bei einer genaueren Betrachtung nicht. Es zeigt sich in diesem Abschnitt der Auswertung, dass abgesehen von den Gruben keine zeitlich eindeutigen Bebauungsreste herausgearbeitet werden können und damit überhaupt für eine wissenschaftliche Betrachtung zur Verfügung stehen. Zweifelsfrei ehemals vorhandene Wände oder Laufhorizonte sind nicht erhalten oder nicht untersucht.

Besonders deutlich wird das am Beispiel Viehmarkt. Dort wurden folgende Zusammenhänge dokumentiert[701]:

– Neben zahlreichen Gruben ist in Planquadrat K-L/10 in einem holzverschalten Keller die erste Nutzungsphase in spätaugusteischer Zeit nachgewiesen, da vermutlich spätestens in tiberischer Zeit ein zweiter Boden eingezogen worden ist.

– Von einer nicht näher datierbaren, aber nach dem Schichtzusammenhang frühen Wand in Planquadrat G/13–14 wurde die 0,14 m breite Standspur aufgenommen.

– In der Südostinsula ist in Planquadrat J-K/3 neben einer Grube ebenfalls ein 0,14 m breiter Graben mit zwei größeren Pfostenlöchern dokumentiert, der vermutlich zu einer Fachwerkkonstruktion gehört hat.

– Des Weiteren wurde in der südwestlichen Insula in den Planquadraten G 2/3 eine bemalte Wand geborgen, die nicht sicher zu datieren, aber im Vergleich zu den weiteren Befunden aufgrund der Stratigraphie „früh" ist.

---

699  S. u. und Kapitel 2.1 Forum.
700  Bei der Aufarbeitung der Grabungsdokumentation des Viehmarkts und des Forums zeigte sich, dass mindestens drei aufeinander folgende Fachwerkphasen herauszuarbeiten sind.
701  Vgl. für die folgenden Befunde auch: Kapitel 2.2 Viehmarkt.

Diese sehr geringe Anzahl an Wandbefunden ist sehr auffällig im Verhältnis zu der viel größeren Menge an Gruben. Auch am Forum zeigt sich diese Schwierigkeit: Zu den vier Siedlungsgruben mit sehr reichhaltigem Fundmaterial sind keine weiteren Baubefunde freigelegt worden. Die nachgewiesene Fachwerkbebauung, die Cüppers den Gruben zuwies, gehört sicher zu einer späteren Phase, da sie eine der Gruben überlagert[702]. Bezeichnend ist aber auch, dass bei der sorgfältig durchgeführten Untersuchung 1995 keine weiteren Befunde zu den dortigen Gruben entdeckt wurden. Das ist vermutlich auf eine oder mehrere Einplanierungen des gesamten Geländes zurück zu führen[703], bei denen die nicht sehr tief gegründeten Fachwerkbauten vollkommen zerstört wurden und sich nur die tieferen Gruben erhalten haben.

Es zeigt sich, dass durch fehlende Grabungsbefunde und die zeitliche Begrenzung der Fragestellung fast keine Wände zu den dagegen zahlreichen Gruben gefunden wurden. Die Konsequenz für die Beurteilung der Aussagefähigkeit des in dieser Arbeit vorgelegten Fundmaterials wird an anderer Stelle diskutiert[704].

## 4.12 Gewerbliche Anlagen

Außer den bereits im Befundkapitel vorgestellten Töpferöfen sind bei der Materialaufnahme keine direkten Hinweise auf produzierendes Gewerbe gefunden worden. Die beiden Töpfereibezirke haben ungefähr zeitgleich nebeneinander bestanden. Die Öfen am Klinikum Mutterhaus der Borromäerinnen scheinen gegebenenfalls etwas später aufgegeben worden zu sein, da unter dem Fundmaterial einige Scherben Goldglimmerware sind. Diese Warenart wird allgemein ab der Mitte des ersten Jahrhunderts angesetzt[705], so dass ihr Vorkommen gegebenenfalls auch an dem Verfüllungszeitpunkt gelegen haben kann. Die chronologisch unempfindlichen Formen Belgischer Ware und Tongrundig Glattwandiger Krüge lassen sich nicht zeitlich voneinander trennen. In beiden Bezirken wurde in größerer Menge die Topfform Deru P 1–9 mit verschiedenen Verzierungen sowie Tongrundig Glattwandige Krüge mit stark unterschnittenem Rand produziert, die für die spätaugusteische und tiberische Zeit typisch sind.

In den Fundschichten unter der Rotsandsteinstraße am Viehmarkt wurden vereinzelte Schlackereste geborgen, die auf eine Metallverarbeitung in deren Umfeld hindeuten können[706].

---

702  Cüppers 1984a, 50–51.
703  Vergleich hierzu Blatt 24, Schicht 7 und 20.
704  Siehe hierzu Kapitel 1 Einleitung.
705  Die Datierung der Goldglimmerware ist allerdings vergleichsweise unsicher, da bislang größer angelegte Untersuchungen fehlen. Grundlegend sind immer noch Gose 1950, 20–21, der sie in die zweite Hälfte des 1. und in das 2. Jh. einordnete. Tuffreau-Libre ging dagegen davon aus, dass einzelne Formen schon zu Beginn des 1. Jhs. n. Chr. anfangen (Tuffreau-Libre 1978, 125).
706  Darunter scheinen Buntmetallschlacken zu sein, die ohne chemische Analysen nicht weiter beurteilt werden können.

## 4.13 Gräberfelder

Eine weitere Quelle zur Gründungzeit einer Stadt sind die Gräberfelder und deren früheste Belegung. Für die hier vorliegende Arbeit bleiben diese allerdings fast unberücksichtigt, da sie zum einen sehr schlecht und unvollständig bei Notbergungen im 19. und zu Beginn des 20. Jahrhunderts freigelegt wurden[707]. Zum anderen werden die Gräber des ersten Jahrhunderts zur Zeit von M. Kaiser bearbeitet, die damit für die Verfasserin nicht zugänglich waren. Bislang publizierte Kaiser nur zwei kurze Vorberichte[708], die allerdings wenige Aussagen zu der frühesten Belegungsphase enthalten. Aussagekräftiger sind da die bereits erschienen Einzelstudien zur Belgischen Ware[709], den Lampen[710], Gläsern[711] und den Terra Sigillatastempeln[712], die die Grabkomplexe berücksichtigten und mit diesen chronologisch empfindlichen Fundgattungen Aussagen zu den frühesten Komplexen möglich machen. Dadurch kann aber natürlich keine Vollständigkeit erzielt werden. Im Weiteren sind einige repräsentative Grabkomplexe in dem Katalog zu der Jubiläumsausstellung 1984 bereits von Goethert-Polaschek vorgelegt worden[713].

Werden diese schon publizierten Gräber zusammengetragen, kommt man auf 37 der augusteischen und frühtiberischen Zeit. Darunter ist kein einziges Grab älter als spätaugusteisch anzusetzen. Diese Beobachtung deckt sich mit den Feststellungen von Kaiser[714] und auch von Koethe, der in der Beschreibung der gestempelten Belgischen Ware darauf hinwies, dass seine Bezeichnung „augusteisch" für eine Übereinstimmung mit dem Halternhorizont steht[715].

Unter dem Vorbehalt, dass die Trierer Gräber nur in kleinen Ausschnitten und nicht systematisch untersucht wurden, ist es meines Erachtens auffällig, dass sich die Grabfunde mit den Funden aus dem Stadtgebiet zeitlich decken und auch hier keine früheren Gräber belegt sind, obwohl aus dem ersten Jahrhundert insgesamt etwa 430 Inventare vorliegen[716].

## 4.14 Militär

Das nachweislich älteste römische Zeugnis aus Trier ist das Militärlager auf dem Petrisberg, das aufgrund archäologischer und dendrochronologisch auswertbarer Funde um 30 v. Chr. datiert werden kann[717]. Im Jahr 1938 wurden bei der Begleitung von Ausschach-

---

707   Die Grabungsgeschichte der Trierer Gräberfelder ist kurz zusammengefasst in: Archäologische Trier-Kommission 2005, 122–125; vgl. auch: Rheinisches Landesmuseum Trier 1984, 182.
708   Kaiser 2000; dies. 2001.
709   Koethe 1938c.
710   Goethert-Polaschek 1985.
711   Goethert-Polaschek 1977.
712   Frey 1993.
713   Rheinisches Landesmuseum Trier 1984.
714   Freundliche Mitteilung Dr. M. Kaiser.
715   Koethe 1938c, 90.
716   Kaiser 2000, 305.
717   Zusammenfassung der Literatur bis 1984: Rheinisches Landesmuseum Trier 1984, 174–180; darüber hinaus: Löhr 2003, 21–30; ders. 2004b; Archäologische Trier-Kommission 2005, 141–142.

tungsarbeiten einiger Kasernenbauten verschiedene Gruben, eine Zisterne, ein Spitzgraben, Pfostenlöcher und eine Brandschicht untersucht. Das Fundmaterial publizierte bereits 1939 Loeschcke und erkannte es von der Zeitstellung her als außergewöhnlich früh[718]. Die Datierung präzisierte Hollstein 1980 und wies an sechs Holzproben aus der Untersuchung ein Fällungsdatum im Frühjahr 30 v. Chr. nach[719]. Binsfeld stellte 1984 erstmals den Zusammenhang zwischen einer Operation des Nonius Gallus gegen die Treverer und dem Lager auf dem Petrisberg her[720].

Unter den dortigen Funden ist ein Terra Sigillata Teller, der damit zu den allgemein frühesten datierten Funden dieser Warengattung gehört[721]. Bis 1998 wurde das Gelände vom französischen Militär genutzt und war deshalb nicht näher zu untersuchen. Im Vorfeld der Landesgartenschau 2004 und der daran anschließenden Bebauung des Geländes konnten seit 2001 geophysikalische Prospektionen und Grabungen durchgeführt werden, die das Bild des Militärlagers deutlich erweiterten. So wurden Spuren von Pferdeställen oder Stallkasernen an einer Straße, weitere Fachwerkbebauung und Brunnen gefunden[722]. Eine kleine Auswahl des Fundmaterials wurde in einem Vorbericht abgebildet[723]. Das Lager war nur kurz belegt und wurde bei der Aufgabe vermutlich abgebrannt[724]. Die Datierung um 30 v. Chr. mit einer kurzen Belegungszeit bestätigte sich auch bei diesen Untersuchungen[725].

Im Weiteren wurde lange Zeit ein Lager in der Trierer Südstadt vermutet[726], für das Goethert aber überzeugend darlegen konnte, dass einer der angenommenen Gräben zu einer Verteidigungsanlage aus dem Jahr 1675 gehörte[727].

Löhr erwog, dass mehrere 2004 entdeckte Sohlgräben am Klinikum Mutterhaus der Borromäerinnen gegebenenfalls zu einer militärischen Befestigung gehört haben könnten[728]. Dagegen spricht allerdings, dass es sich um Sohlgräben handelt, die für diese frühe Zeit untypisch für eine militärische Anlage wären. Darüber hinaus verliefen die Gräben nicht gradlinig, sondern sind leicht gebogen, was ebenfalls nicht für eine militärische Anlage üblich war[729]. Wie in der Befundbeschreibung ausgeführt, handelte es sich bei diesen Strukturen um mindestens drei Grabenphasen, von denen zwei längere Zeit offen

---

718 Loeschcke 1939, 111–112 besonders zur Zeitstellung der Funde.
719 Hollstein 1980, 132–133.
720 Rheinisches Landesmuseum Trier 1984, 175.
721 Ettlinger/Hedinger u. a. 2002, 39.
722 Löhr 2003; ders. 2004a; ders. 2004b; ders. 2004c; ders. 2005; Archäologische Trier-Kommission 2005, 141–142.
723 Löhr 2004c.
724 Ebd., 39. Löhr drückte sich an dieser Stelle sehr vorsichtig aus, wies aber auf immer wieder auftretende Brandreste auf Grubensohlen hin.
725 Ders. 2003, 29. Vereinzelt wird immer wieder eine längere Belegungszeit postuliert, die sich aber auf keinerlei archäologische Belege stützen kann. So zuletzt auch Strobel 2006a, 102–103 mit einer wenig schlüssigen Argumentation, dass die Moselbrücke auf einen Zugang zum Lager auf dem Petrisberg ausgerichtet war (Ebd., 104).
726 Goethert 2003b, 251 mit weiterer Literatur.
727 Ebd., 251–254.
728 Archäologische Trier-Kommission 2005, 48 mit Abb. 1.
729 Für eine gebogene Struktur wäre nur an eine Clavicula zu denken, die dann aber einen stärkeren Bogen aufweisen müsste. Allgemein werden diese später datiert, allerdings konnten unter anderen Befunden 2000 am Ostlager in Haltern und in Kneblinghausen bereits frühere Beispiele freigelegt werden.

gelassen und nur eine sehr schnell verfüllt wurde. Die Nutzungsphase insbesondere des jüngsten Grabens deutet auf fließendes Wasser hin, da zwischen tonig humosem Schlamm immer wieder Sandlinsen eingeschwemmt waren[730].

Meines Erachtens sind diese Spuren nicht militärisch zu deuten. Vermutlich handelte es sich um ein Entwässerungssystem. Weitere Hinweise aus dem Fundmaterial oder den Befunden heraus fehlen ebenfalls, obwohl in unmittelbarer Nähe zwischenzeitlich umfangreiche Untersuchungen auch der frühesten Besiedlung stattgefunden haben[731].

Zwei Reitergrabsteine der ersten Hälfte des ersten Jahrhunderts n. Chr. – einer davon nur als Zeichnung überliefert – sind weitere archäologische Hinweise im militärischen Kontext[732]. Sie veranlassten schon Ritterling 1906[733] und Keune 1935 dazu, die Stationierung einer *ala Hispanorum* in Trier anzunehmen, da in dem einen Fall ein aus Spanien stammender Reiter, im anderen ein vermutlich spanischstämmiger Name überliefert sind[734]. Ob sie allerdings mit einem dauerhaften Lager oder einem kürzeren Einsatz in Verbindung stehen[735], lässt sich aus den Steinen nicht klären. Die Bestatteten könnten auch erst nach ihrer Dienstzeit nach Trier gekommen sein. Krier wies darauf hin, dass zum Zeitpunkt des Todes des einen Reiters mit Sicherheit kein Reiterlager mehr in Trier bestanden hat[736]. Die vermutete Ala I Hispanorum wurde 17 n. Chr. einer Mainzer Legion zugeteilt und in Mainz und Worms stationiert[737].

Unter dem in dieser Arbeit aufgenommenen Fundmaterial befinden sich keine Militaria, was aber aufgrund der schlechten Metallerhaltung leider keinerlei Aussagewert hat[738].

Hinzuweisen ist an dieser Stelle noch einmal auf die historischen Quellen: Heinen bemerkte, dass in der Nachricht über die Erhebung des Iulius Florus nur von römischen Kaufleuten, nicht jedoch von einer Truppe bei den Treverern die Rede war. Damit stand seines Erachtens die für Trier vermutete Reitereinheit wahrscheinlich im Jahr 21 n. Chr. nicht mehr dort[739].

Es ist festzuhalten, dass das Lager auf dem Petrisberg der Zeit um und kurz nach 30 v. Chr. die einzige bislang nachgewiesene militärische Präsenz in der Trierer Talweite bleibt. In dem späteren Stadtgebiet fehlen alle Hinweise auf eine solche Stationierung. Allerdings ist die Durchführung großer Baumaßnahmen wie der Ausbau der Fernstraße und Brücke sowie die Anlage des Gründungsrasters nicht ohne militärische Präsenz und Know-How denkbar. Ebenso ist es schwer vorstellbar, dass eine aufwändige Brückenkonstruktion ohne Schutz in gerade neu erschlossenem Gebiet stand. Allerdings bleibt der Nachweis eines solchen Postens noch zu erbringen. Erst dann sollte meines Erachtens auch über die

---

730   S. Kapitel 2.4 Fachwerkbebauung und Gräben Klinikum Mutterhaus der Borromäerinnen Strahlenzentrum.
731   Grabung am Klinikum Mutterhaus der Borromäerinnen EV 2003, 23.
732   Zu den Reitergrabsteinen vgl. zuletzt: Goethert-Polaschek 2002, 15–16 mit weiterer Literatur, aber besonders Krier in: Rheinisches Landesmuseum Trier 1984, 235–238.
733   Ritterling 1906, 172.
734   Keune 1935, 77.
735   Goethert-Polaschek 2002, 16.
736   Rheinisches Landesmuseum Trier 1984, 238.
737   Krier 1981, 181 mit weiterer Literatur Anm. 34.
738   Vgl. hierzu die einleitenden Bemerkungen zu Kapitel 3.2 Metall.
739   Heinen 1985, 58 und Kapitel 4.2 Historische Quellen.

Truppenstärke oder die hier stationierte Einheit spekuliert werden, da alleine die beiden überlieferten Grabsteine dafür nicht ausreichen[740].

Wie schwer ein solches temporäres Lager nachzuweisen ist, zeigen die Befunde des Lagers auf dem Petrisberg oder in *Belginum*. Nur wenige Wandgräben und Gruben, geringe Mengen Fundmaterial und schlecht erhaltene Umfassungsgräben konnten bei sorgfältigen Untersuchungen unter archäologisch deutlich besseren Vorraussetzungen nachgewiesen werden[741]. Durch die spätere starke Überbauung fällt der Nachweis einer solchen Anlage in der Nähe der Brücke in Trier um so schwerer.

---

740  Als Erster schlug bereits 1906 Ritterling Trier als Standort der Ala Hispanorum vor (Ritterling 1906, 172).
741  Zum Petrisberg siehe oben, zu *Belginum* vgl. Anm. 501.

# 5 Entwurf eines Siedlungsbildes

Die Trierer Talweite, und besonders die später von der Stadt bebauten Schwemmterrassen, waren in vorgeschichtlicher Zeit sicherlich aufgrund der naturräumlichen Gegebenheiten wie der guten Bodenqualität und dem natürlichen Moselübergang nie siedlungsleer. Die von Gilles vorgelegten latènezeitlichen Funde[742], die Gräberfelder in der näheren Umgebung wie Biewer[743], Euren[744] oder Olewig[745] sowie die Siedlungen in Konz-Könen[746] oder Ehrang weisen darauf hin. Eine größere spätlatènezeitliche Siedlung hätte eher auf einer der Anhöhen gelegen[747], so z. B. auf der Hill, einem Bergsporn in der Nähe von Olewig, wie Gilles bereits vermutete[748]. Die Feststellung Krausses, dass es sich deshalb seit spätestens Mitte des ersten Jahrhunderts v. Chr. um eine ökonomische und politische Zentralregion handele[749], erscheint mir dennoch nicht ohne weiteres belegt: Die Funddichte insbesondere aus dem späteren Stadtgebiet ist gering und die Ausstattung der Gräber, die zudem nicht direkt in der Talweite liegen, durchaus vergleichbar mit anderen aus dem Treverergebiet.

Da über die Dichte und Struktur der Besiedlung dieser Phasen aus dem Stadtareal wenig bekannt ist, bleibt nur zu vermuten, dass sich auf dieser Fläche verschiedene einzelne Höfe befanden, jedoch keine größere Siedlung von zentraler Bedeutung[750].

Das Lager auf dem Petrisberg ist 29 v. Chr. strategisch günstig und darüber hinaus in der Nähe der Wasserstraße und des Flussübergangs angelegt worden. Ein direkter Bezug zu einer Siedlung muss nicht bestanden haben. Aufgrund der zeitlichen Übereinstimmung von dendrochronologischer und historischer Überlieferung erscheint es verlockend, das Lager im Zusammenhang mit den militärischen Operationen des Nonius Gallus gegen die Treverer zu sehen. Sicher ist aber, dass es nicht lange genutzt wurde, da größere Mengen an Funden und besonders auch deutlich später als 30 v. Chr. einzuordnende fehlen.

Schon in vorgeschichtlicher Zeit bestand sicherlich eine Fernverbindungsstraße im Moseltal, die den Fluss an der natürlichen Furt kreuzte[751]. Dort wurde auch ein um 122 v. Chr. datierter Vierkantpfahl gefunden, der eventuell mit einem vorkaiserzeitlichen Moselübergang in Verbindung steht[752]. Ob der erste römische Straßenausbau bereits 39/38 v. Chr. erfolgte, kann aufgrund fehlender Quellen weder be- noch widerlegt werden. Funde im Bereich der späteren Brücke geben diesbezüglich keine Auskunft, da sie auch im Zusammenhang mit der Nutzung der Furt verloren gegangen sein können[753]. Die dendrochronologisch

---

742 Gilles 1992. Einschränkungen zu deren Datierung siehe Kapitel 4.1 Vorrömische Besiedlung.
743 Leifeld 2007, 369–380 mit weiterer Literatur.
744 Rheinisches Landesmuseum Trier 1984, 156–157 mit weiterer Literatur.
745 Ebd., 158–162; Leifeld 2007, 384–385 mit weiterer Literatur.
746 Löhr/Nortmann 2000.
747 Leifeld 2007, 385.
748 Gilles 1992, 210–211. Allerdings konnte bei einer Untersuchung während Kanalarbeiten kein prähistorischer oder römischer Halsgraben nachgewiesen werden (Clemens/Faust u. a. 2004/05 439).
749 Dagegen zuletzt: Krausse 2006, 331.
750 Ebd., 331.
751 Cüppers 1969, 6–7.
752 Hollstein 1980, 135.
753 Gilles 1992, 200.

datierte Brücke, die der erste sicher kaiserzeitliche Befund in der Talweite ist, spricht meines Erachtens allerdings für einen römischen Ausbau erst um oder nach 17 v. Chr.[754]. Für den Straßenverlauf auf der rechten Moselseite gibt es nur wenige Anhaltspunkte. Vielleicht können ein Straßenprofil in der Fleischstraße und die Ausrichtung der späteren Porta Nigra Hinweise auf die Trassenführung geben. Die schräge Ausrichtung des Stadttors auf das Straßenraster im zweiten Jahrhundert n. Chr. wurde unter anderen von Graeven und Gose durch eine solche Straße erklärt[755]. Diese Trasse deckt sich mit der von Löhr festgestellten Schwemmterrassenkante, die das hochwasserfreie Gelände markiert[756].

Die Brücke stand vermutlich allerdings nicht ohne Bewachung in der Talweite[757]. Ein kleines, bislang nicht nachgewiesenes Lager, z. B. mit Reitern der *Ala I Hispanorum,* ist denkbar. Meiner Ansicht nach auszuschließen ist die Anlage des Straßenrasters zu einem so frühen Zeitpunkt. Die Ausrichtung bezieht sich nicht auf die Brücke, sondern auf die Terrassenkante. Unter den ersten befestigten Straßen aus Rotsandstein befindet sich sicher datierbares Fundmaterial des Halternhorizonts. Zugleich ist diese Schicht jedoch nur wenige Zentimeter dick und weist kein Fundmaterial des Oberadenhorizonts auf. Das wäre bei einer Anlage schon um oder kurz nach 17 v. Chr. aber zwingend zu erwarten, ebenso wie eine größere Schichtdicke. Deshalb sind diese Sand- oder Baustraßen vermutlich frühestens im ersten Jahrzehnt n. Chr errichtet worden. Im Weiteren wären bei einer größere Bereiche des späteren Stadtgebiets umfassenden Ansiedlung Abfallgruben zu erwarten, wie Befunde aus Autun und Lyon zeigen[758].

Ungefähr gleichzeitig zu den Straßen ist dann auch die erste Holzbebauung nachzuweisen. Allerdings zeichnet sich diese – wie an anderen Plätzen auch – vornehmlich durch Gruben und Pfostenlöcher, nicht durch Wandreste aus. Sehr viel Bausubstanz ist verloren gegangen, weitergenutzt oder überbaut worden. Von der ersten Phase an scheint allerdings schon bemalter Wandputz überliefert zu sein, ebenso wie ein reger Import mediterraner Güter, wie sich an der Sigillata und den wenigen Amphorenscherben zeigt. Alle Hinweise aus dem Stadtgebiet deuten darauf hin, dass diese Aufsiedlung in einem vergleichsweise kurzen Zeitraum erfolgte, da sich keine zeitliche Abstufung im Fundmaterial feststellen lässt. Die Anlage der Töpferöfen außerhalb des Gründungsrasters kann ein Hinweis darauf sein, dass schon sehr bald feuergefährliche Betriebe außerhalb des Wohnareals angelegt wurden. Insgesamt sind jedoch sehr wenige Baubefunde überliefert. In spättiberisch-claudischer Zeit vervielfachen sich dann Fundmaterial und Befunde, und die bei Pomponius Mela *De chronographia* III 20 beschriebene *urbs opulentissima* entwickelte sich.

---

754  Cüppers 1969, 42–50; 145.
755  Graeven 1904, 125–128; Gose 1969, 57.
756  Löhr 1998, 22–23.
757  Archäologische Belege für Lager jenseits der Brücke aus der Zeit des Bataveraufstandes fehlen auch (Freundlicher Hinweis Dr. H. Löhr).
758  Kasprzyck/Labaune 2003; Desbat 2003.

# 6 Überregionale Auswertung

## 6.1 Trier als Zentralort der Treverer

*Augusta Treverorum* ist, wie schon für den Ausstellungskatalog der Jubiläumsausstellung 1984 griffig formuliert wurde, die „Augustusstadt der Treverer". Bereits der Name zeigt die Vermischung von römischen mit einheimischen Elementen. In einer größer angelegten Studie ist jüngst von Krausse der Mosel-Eifelraum am Übergang zwischen Latène und römischer Zeit flächig untersucht worden, jedoch ohne näher auf die einzelnen Plätze oder deren chronologische Gliederung einzugehen[759]. Diese Art der Erfassung ist meines Erachtens für die hier behandelten Fragestellungen nicht zielführend, da der ausschließliche Nachweis von kleinräumiger Besiedlung sowie strukturellem Wandel im ländlichen Raum kaum Aussagekraft für die Entwicklung des städtischen Zentrums hat[760]. Daher sollen hier ausschließlich größere und besser erforschte Ansiedlungen betrachtet werden, deren Veränderungen Rückschlüsse auf die Beziehung zum Stammeszentrum zulassen.

Trier liegt im Zentrum des eigentlichen Stammesgebiets der Treverer und markiert einen Trennungspunkt zwischen zwei unterschiedlichen Entwicklungsräumen. Auf der einen Seite steht der schon früh romanisierte Bereich im Westen mit dem Titelberg als Mittelpunkt. Metzler arbeitete eine frühe Romanisierungsstufe heraus, die auf der anderen Seite in den östlichen Mittelgebirgen der Eifel und des Hunsrück in dieser Form nicht zu fassen ist[761]. Deshalb soll im Folgenden zunächst der Westen und dort, aufgrund des Forschungsstands und ihrer Bedeutung, das Oppidum auf dem Titelberg und der Vicus von Dalheim betrachtet werden.

Das Oppidum auf dem Titelberg im Südwesten Luxemburgs ist sicherlich nicht nur das am sorgfältigsten ergrabene im Gebiet der Treverer, sondern bislang auch das am besten und umfassendsten publizierte. Die Grabungen werden zudem fortgesetzt und nur ein kleiner Teil ist bisher vorgelegt worden[762].

Für die Fragestellungen dieser Arbeit sind die Funktion als Zentralort sowie die Datierung des deutlichen Siedlungsrückgangs in dem Oppidum wichtig. Unumstritten ist die herausragende Position des Titelbergs im Vergleich zu den anderen bislang erforschten Oppida im Treverergebiet: Wallendorf, Kastel-Staadt, Martberg und Donnersberg. Diese auch überregionale Bedeutung zeigt sich nicht nur in Größe und Befestigung der Anlage, sondern vor allem im Fundgut, das umfangreiche Importe aus dem Mittelmeergebiet ent-

---

759  Zur Erfassung der von Krausse aufgenommenen Fundstellen, deren Auswahl, Datierung und die Methodik siehe: Krausse 2006, 232–239.

760  Krausse 2006, Diachrone Analyse 291–302.

761  Metzler 1995a, 608.

762  Grundlage für alle weiteren Betrachtungen ist: Metzler 1995a. Danach erschienen neben einer großen Zahl kleinerer Beiträge monographisch zu einem der Gräberfelder: Metzler-Zens/Metzler u. a. 1999, und zu den Fibeln: Gaspar 2007.

hält. Durch die große Zahl an Tüpfelplatten und Reste von Bronzeverarbeitung wird von einer größeren Münzprägung ausgegangen[763]. Auffällig sind die Siedlungsreste des Titelbergs auch in ihrer Ausstattung: Es sind die einzigen bislang bekannten steinern ausgemauerten Keller sowie die ersten Wandmalereireste im Treverergebiet. Sie werden in die Zeit um 30 v. Chr. datiert[764]. Im Weiteren ist auch der große Heilige Bezirk hervorzuheben, dessen Publikation aber noch aussteht.

Anhand der großen Menge Fundmaterials gelang es Metzler, einen Fundhorizont herauszuarbeiten, den er als Gallo-Römisch 1 (GR 1) bezeichnete. Dieser steht für eine Phase der Romanisierung, die seines Erachtens zeitlich nach der Anlage einer dendrochronologisch datierten Bohlenschicht im Graben der Hauptstraße des Oppidums beginnt und vor den ersten Lagern am Rhein endet. Damit umfasst sie die Jahre zwischen 30 und 15 v. Chr[765].

Kritik an diesen absoluten Daten äußerte jüngst H. Leifeld. Er hinterfragte die Datierung des Straßengrabenprofils durch Metzler und argumentierte meines Erachtens schlüssig, dass der GR1 Horizont erst nach 28 v. Chr., wenn er auf der Grundlage des Grabenprofils beruhte, begonnen haben kann. Er führte dazu eine der von Weiller vorgelegten Münzen an, die angeblich aus der Schicht unter dem GR 1-Horizont kommt und frühestens auf 28 v. Chr. datiert werden kann. Auch die Enddatierung zweifelte er aufgrund von drei Münzen der ersten Lyoner Altarserie an, die aus der gleichen Schicht kommen. Diese könne damit nicht vor oder gleichzeitig mit Dangstetten, Oberaden und Rödgen geendet haben, sondern erst danach, da der Prägebeginn dieser Serie erst zwischen 15 und 10 v. Chr. liege. Er sah ein Ende der Phase allerdings auch nicht weit nach 7 v. Chr., da sonst mehr Münzen der ersten Altarserie vorhanden sein müssten. Leifeld machte wahrscheinlich, dass die Stationierung von Militär erst in dem zweiten Jahrzehnt v. Chr. erfolgte, und eventuell erst mit dem von ihm in dem zweiten Aufenthalt Agrippas in Gallien angenommenen Straßenbau[766] in Verbindung zu bringen ist[767].

Die Datierung des Horizonts GR 1 nahm Metzler als Grundlage, um einen Siedlungsrückgang zeitlich einzuordnen, und vermutete, dass im Laufe des zweiten Jahrzehnts v. Chr. die meisten Befunde auf dem Titelberg verfüllt wurden und eine Reduktion der Siedlung einsetzte, wobei sie bis in das dritte Jahrhundert n. Chr. nie ganz endeten. Mit dieser Reduzierung brachte er auch einen Bedeutungsrückgang der Ansiedlung in Verbindung und sah den gleichzeitigen Abzug des Militärs als wahrscheinlich an, ebenso wie die Verlagerung der wirtschaftlichen Aktivitäten nach Dalheim[768]. Wenn man nun mit Leifeld den Horizont GR 1 etwas später ansetzt, hätte dieser Prozess erst im letzten Jahrzehnt v. Chr. eingesetzt. Darauf deuten auch andere Funde und Befunde hin. Zum einen ist eine vergleichsweise hohe Zahl an Aucissafibeln gefunden worden, deren Hauptverbreitungszeit allgemein in der mittelaugusteische Zeit beginnt[769]. Gaspar führte 131 Stück mit Varianten

---

763    Metzler 1995a, 566.
764    Metzler/Gaeng 2004, 36.
765    Zum Formenspektrum vgl.: Metzler 1995a, 554, Abb. 280; zur Datierung Metzler 1995a, 561.
766    Siehe hierzu: Kapitel 4.3 Fernstraßen.
767    Leifeld 2007, 13–18.
768    Metzler 1995a, 571–572.
769    Vereinzelt gibt es auch schon frühere Stücke. Siehe hierzu: 3.2.2 Römische Fibeln mit weiterer Literatur.

und Nachbildungen für den Titelberg auf. Diese im ersten Moment vergleichsweise hohe Zahl relativiert sich jedoch, wenn man sich vor Augen hält, dass es sich dabei nur um etwa 6% des Gesamtbestandes an Fibeln handelt. Da dieser Fibeltyp noch bis zur Mitte des ersten Jahrhunderts n. Chr. umgelaufen ist, kann auch der Verlustzeitraum lang sein. Gaspar wies zudem darauf hin, dass mittelaugusteische Militaria und Sigillata noch zahlreich sind. Seines Erachtens liefern die Ausgrabungen derzeit keine eindeutigen Erklärungshinweise für das recht häufige Auftreten dieser Formen [770]. Es lässt sich anhand der publizierten Funde allerdings nicht beurteilen, in wie weit diese mit dem weiterlaufenden Vicus oder der letzten Phase des Oppidums in Verbindung zu bringen sind.

In der Publikation des Gräberfelds von Lamadelaine ist ebenfalls zu bemerken, dass in großer Zahl Funde des Horizonts GR 2, der mit Neuss, Oberaden und Haltern in Verbindung gebracht wird, sowohl auf dem Titelberg als auch aus den Gräberfeldern der Umgebung vorliegen [771]. Wenn man die Bestattungen auszählt, fällt auf, dass der Rückgang der Beisetzungen nicht so signifikant ist, wie zu erwarten gewesen wäre: Folgende zeitlich einzuordnende Gräber wurden vorgelegt:

Latène D1 b (120–80 v. Chr.): 8 Gräber in 40 Jahren (0,2 p. A.)
Latène D2 a (80–55 v. Chr): 17 Gräber in 25 Jahren (0,68 p. A.)
Latène D2 b (55–30 v. Chr.): 13 Gräber in 25 Jahren (0,52 p. A.)
GR 1 (30–15 v. Chr.): 13 Gräber in 15 Jahren (0,87 p. A.)
GR 2 (15 v. Chr. – 10/20 n. Chr.): 12 Gräber in 25–30 Jahren (0,48–0,4 p. A.)[772]

Durch die hier zusammengetragenen Funde und Befunde scheint mir durchaus möglich, dass die Siedlungsreduzierung auf dem Titelberg erst etwas später als von Metzler angenommen eingesetzt haben könnte. Da allerdings in ganz anderem Zusammenhang auch das früheste Fundmaterial aus Trier meines Erachtens chronologisch ebenfalls später als bislang angenommen einzuordnen ist, bleibt das von Metzler aufgestellte Modell des Siedlungsrückgangs auf dem Titelberg mit einer Verlegung der wirtschaftlichen Aktivitäten nach Dalheim und einem Bedeutungsverlust des Titelbergs parallel zu einem Anstieg von Trier weiterhin gültig, nur zeitlich versetzt.

Der GR 1- und der frühe GR 2-Horizont sind in Trier nicht belegt. Metzler verzichtete in seiner Arbeit bewusst auf eine erneute Diskussion der Frage nach dem politischen Stammeszentrum der Treverer, die auch hier nicht geführt werden soll, da Administration allgemein nicht oder nur durch Zufall unzweifelhaft nachweisbar ist [773].

Wenn die Spätdatierung des GR 1-Horizonts nicht zutreffen sollte, entstünde eine Lücke zwischen dem Besiedlungsrückgang und der Gründung Triers, die schwer zu füllen wäre. Dann käme einzig Dalheim als „Übergangszentrum" und Gründung des zweiten Jahrzehnts v. Chr. in Frage.

Der römische Vicus von Dalheim liegt auf einem Hochplateau an der Fernverbindungsstraße zwischen Metz und Trier ungefähr auf der Hälfte der Strecke [774]. Auf den lateinischen Name Ricciacus für die Ansiedlung deuten neben der Tabula Peutingeriana

---

770 Gaspar 2007, 24. Anders noch: Metzler 1995a, 505.
771 Metzler-Zens/Metzler u. a. 1999, 341.
772 Die Zahlen nach: ebd., 437; die Datierungen nach: ebd., 343.
773 Metzler 1995a, 570.
774 Allgemein zur topographischen Lage und Forschungsgeschichte mit weiterer Literatur: Krier 1992.

auch Bleitessères mit den Inschriften „RICCIAC" oder „RICC" hin. Durch die Lage an der Fernstraße hatte er vermutlich von Beginn an die Funktion eines Etappenortes. In der Zeit nach 69/70 n. Chr. wurde der Ort in Stein ausgebaut. Für die spätere Zeit sind ein Theater und ein Tempelbezirk nachgewiesen[775].

Die Gründungsvoraussetzungen für Dalheim und Trier wurden immer wieder zueinander in Verbindung gesetzt und verglichen[776]. Das liegt nicht nur daran, dass beide Orte an der gleichen Verbindungsstraße lagen, sondern beides Siedlungen sind, deren keltische Wurzeln zwar anhand von vergleichsweise wenigem Fundmaterial vermutet, aber bislang nicht durch Befunde untermauert sind. Bei den festgestellten Strukturen scheint es sich nicht um eine direkte Fortführung von keltischer Tradition, sondern um eine römische Neugründung gehandelt zu haben. Noch 1980 schrieb Krier, dass bis dato kein Hinweis auf eine Kontinuität in die keltische Zeit bestehen[777]. In den folgenden Jahren konnte allerdings eine größere Anzahl keltischer Münzen und anderer Kleinfunde geborgen werden, die auf eine Besiedlung ab Latène C2 oder dem frühen Latène D1 hindeutet. Aufgrund einer Schrötlingsform vermutete Krier unter Vorbehalt sogar eine Münzprägung in dieser frühen Zeit[778]. Diese Siedlungsphase brach vermutlich jedoch um 30/29 v. Chr. ab, da z. B. im Vergleich zum Titelberg die frühesten römischen Importe hier fehlen. Krier ging von einer erneuten Besiedlung um 18/17 v. Chr. im Zuge der Anlage der Fernstraße aus[779]. Dieser sehr kurze Siedlungshiatus ist allerdings meines Erachtens nicht alleine durch das Fehlen des GR 1-Horizontes sicher zu erklären. Es muss beachtet werden, dass dieser Horizont eventuell am Titelberg auf die gleichzeitige Anwesenheit von Militär zurückzuführen ist. Es könnte durchaus sein, dass in der keltischen Siedlung von Dalheim, ähnlich wie in denen des östlichen Trevererbietes, zu dieser Zeit noch keine Belieferung mit romanisierten Gütern stattgefunden hat und es deshalb im archäologischen Fundgut nicht nachweisbar ist.

Die Ausdehnung des Vicus mit über 20 ha ist deutlich kleiner als die Fläche des Gründungsrasters von Trier. Auffällig ist allerdings, dass das Fundmaterial etwas früher beginnt als die für Trier belegten Funde. Der Oberadenhorizont ist hier sowohl in der Keramik als auch in den Münzen belegt[780]. Leider fehlt bislang aber die umfassende Publikation der Grabungsfunde[781].

Die frühe Holzbebauung ist in Ständer- und in Schwellbalkentechnik errichtet. In den anstehenden Felsen wurden dazu Vorrats- oder Kellergruben eingearbeitet. Grundrisse konnten – bis zum heutigen Publikationsstand – nicht rekonstruiert werden. Wahrscheinlich handelte es sich dabei aber um Streifenhäuser. Eine Eisenverarbeitung wurde nachgewiesen[782]. Größere Mengen unbenutzter Öllampen und südgallischer Terra Sigillata gleicher Typen deuten für die etwas spätere Zeit auf Keramikhandel hin[783]. Die Rolle des Militärs

---

775  Metzler-Zens/Metzler u. a. 1999, 65.
776  So z. B.: Krier 1984, 79.
777  Ders. 1980, 189.
778  Ders. 1984, 82.
779  Ebd., 83.
780  Zu den Münzen vgl.: Weiller 1972–1996, jeweils Dalheim.
781  Eine erste Fundvorlage erfolgte durch: Krier 1980. Zuletzt wurden die Tierkochenfunde aus dem Tempelbezirk vorgelegt (Oelschlägel 2006).
782  Krier 1980, 190–191.
783  Ebd., 192.

ist hier wie in Trier nicht sicher zu bewerten. Einzelne Militaria liegen vor, jedoch keine Befunde, die direkt mit einem Lager in Verbindung gebracht werden können. Durch die Lage an der Fernstraße ist allerdings die Vermutung durchaus wahrscheinlich, dass hier auch eine militärisch genutzte Straßenstation lag[784].

Im Zusammenhang mit der Aufgabe des Titelbergs und der damit verbundenen, vermuteten Verlegung des Stammeszentrums der Treverer nach Trier lassen sich aus den bislang publizierten Befunden aus Dalheim keine Schlüsse ziehen. Es bleibt festzuhalten, dass Dalheim sicherlich einen Bedeutungszuwachs im zweiten Jahrzehnt v. Chr. hatte, aber nicht, wie groß dieser war. Wie schon bei der Untersuchung des Titelbergs darauf hingewiesen wurde, gilt auch hier, dass Administration nicht oder nur sehr schwer im archäologischen Befund nachzuweisen ist.

Diese beiden Fundplätze, die in dem Zeitraum der frühen Romanisierung sicherlich eine oder sogar die zentrale Bedeutung hatten, stehen exemplarisch für den westlichen Raum des Treverergebiets und dessen Entwicklung in den letzten Jahrzehnten v. Chr.

Im Osten ist dagegen im gleichen Zeitraum eine andere Entwicklung zu beobachten. Darauf hatte schon Metzler aufmerksam gemacht, als er feststellte, dass die römischen Einflüsse, die sich im Horizont GR 1 im Fundmaterial abzeichnen, nur an den bedeutenden Verkehrsachsen liegen. Sie werden im östlichen nicht so früh wie im westlichen Gebiet erschlossen[785].

Deutlich zeigt sich das an den Grabfunden aus *Belginum*. Obwohl das Gräberfeld durchgehend seit dem 6. Jahrhundert v. Chr. belegt war, lässt sich der GR 1-Horizont nicht feststellen. Die dort vermutlich zeitgleichen Gräber weisen noch einen rein keltischen Formenschatz auf. Erst mit dem Straßenausbau in spätaugusteischer oder tiberischer Zeit kam eine größere Menge an Importen und damit auch die archäologisch nachweisbare Romanisierung in das Fundgut[786]. Dies zeigt sich besonders deutlich an dem vollständigen Fehlen von Campana und der nur in ganz geringer Stückzahl auftretenden Italischen Sigillata. Dafür sind Gefäße in Latènetradition noch weit in das erste Jahrhundert n. Chr. belegt[787]. Mit dem Ausbau der Fernstraße kamen direkt die Produkte der Trierer Werkstätten der Belgischen Ware an, die wiederum hier einen Export der Stücke belegen. Das kleine, nachgewiesene Militärlager könnte – wie oben bereits ausgeführt – eventuell mit dem Straßenbau in Verbindung gebracht werden[788]. Die eigentliche Vicusbebauung begann erst in der spätaugusteisch-tiberischen Zeit. Die durch das Gräberfeld sicher belegte Vorgängersiedlung ist bislang noch nicht entdeckt und ausgegraben worden[789]. Die Vicusentwicklung von *Belginum* ist vermutlich mit der Dalheims zu parallelisieren. Auch hier wird es eine größere Mansio gegeben haben, die aber ebenso bislang nicht bekannt ist. Besser erforscht sind dagegen die Reste von mehreren gallo-römischen Tempelbezirken, deren Publikation bislang aber nur vorberichtlich erfolgte[790].

---

784   Krier 1980, 192.
785   Metzler 1995a, 608; 619–621.
786   Geldmacher 2004, 340; Geldmacher 2007, 117, Abb. 1.
787   Geldmacher 2004, 345; Metzler 1989, 242.
788   Oldenstein 2000, 32; Haupt 2000, 203–218.
789   Binsfeld 1976a, 41.
790   Cordie/König u. a. 2007, 187–188; 321–346; Cordie-Hackenberg 2000; Binsfeld 1976b.

Auf dem Martberg, einem 55 ha großen Bergplateau, entwickelte sich im ersten Jahrhundert v. Chr. eine befestigte Siedlung mit einer Tempelanlage der keltischen und römischen Zeit. Sie entstanden in den letzten Jahrzehnten v. Chr. auf einem bis dahin befundfreien Platz. Ab diesem Zeitpunkt lief die kultische Nutzung immer weiter, wohingegen die Siedlung sich zurückbildete. Thoma schlug als Interpretation dieser Konzentration auf kultische Belange vor, dass in Fragen der Organisation die ehemaligen Siedlungszentren und mit ihnen die Versammlungsplätze auch nach der Aufgabe der Siedlungen noch Bedeutung hatten und diesen Plätzen eine Ersatzfunktion für verloren gegangene, politische und wirtschaftliche Macht der Eliten zukam[791].

Ein vergleichbares Bild bietet Wallendorf. Auch hier sind für die Zeitstufe Latène D2 nur sehr wenige Siedlungsaktivitäten nachgewiesen. Krausse nahm aber für das letzte Viertel des ersten Jahrhundert v. Chr. die Entstehung der ältesten Kultbauten an, für die ein *terminus post quem* in tiberischer Zeit gegeben ist[792]. Allerdings gewann Wallendorf nie die gleiche überregionale Bedeutung wie der Martberg[793].

An diesen ausgewählten Punkten ebenso wie in der großflächiger angelegten diachronen Analyse Krausses für den Eifelraum zeigt sich, dass im westlichen Bereich tendenziell etwas früher Romanisierung festzustellen ist, im östlichen jedoch noch länger mit den keltischen Formen und Gefäßen gearbeitet wird. Dieser Unterschied allerdings hängt nicht nur mit dem Ausbau des Straßennetzes zusammen und ist regional zu fassen, sondern wurde zusätzlich noch durch das Militär vorangetrieben, das Romanisierung allgemein beschleunigte. Dies sieht man an Dalheim und dem Titelberg, in denen eine Militärpräsenz im Gegensatz zu *Belginum* früher zu vermuten, beziehungsweise nachgewiesen ist.

Zusammenfassend zeigt sich, dass Trier jetzt zwischen östlichem und westlichem Trevererbiet sowie zwischen Keltischem und Romanisiertem ein verbindendes Glied war und die beschriebenen Entwicklungen stark beschleunigt stattfanden: Die Stadt lag verkehrsgünstig an der Straße des Agrippa und zeigte von den ersten Fundkomplexen an einen hohen Romanisierungsstand. Bislang nicht nachgewiesen, aber sicherlich mit in die Gründung oder Brückensicherung eingebunden war das Militär. Die ältesten Fundhorizonte sind erst spätaugusteisch belegt. Gleichzeitig bleiben Keramikformen in Latènetradition und keltische Münzen noch weit in das erste nachchristliche Jahrhundert im Gebrauch. Auch im Kult war ein starker keltischer Einfluss spürbar, gleichzeitig ist aber schon ein frühes Monument des Kaiserkultes inschriftlich belegt. Im Stadtnamen findet sich der römische Stadttitel Augusta neben dem keltischen Stammesnamen. Trier war somit von Beginn an die römische Stadt der keltischen Treverer.

---

791   Thoma 2007a, 347; 362; ders. 2007b, 19–21. Zum Fundmaterial: Nickel/Thoma 2005; Thoma 2000, 475.

792   Krausse 2006, 204.

793   Ebd., 230.

## 6.2 Stadtgründungen nördlich der Alpen in augusteischer Zeit

### 6.2.1 Caesarische Coloniagründungen in Gallien

Die Raumordnung und Administration in Gallien bestimmten mindestens bis zum Gallischen Krieg die keltischen Stämme mit ihren großen Oppida. Dort ist im Verlauf des ersten Jahrhunderts ein immer höherer Anteil an römischen Funden nachweisbar, der nach Norden etwas abnimmt und als Gradmesser des römischen Einflusses sowie der Lebensweise und damit der Romanisation bzw. in der Zeit nach dem Gallischen Krieg, der Romanisierung dient[794]. Dann zeigen sich auch erste administrative Veränderungen: Städte werden gegründet und Fernstraßen ausgebaut[795].

Ältester Beleg für die Deduktion zweier römischer Städte nördlich der Alpen ist die Grabinschrift des Lucius Munatius Plancus bei Gaëta, in der er als Gründer der Coloniae von *„Lugdunum et Rauricam"* – Lyon und Augst – bezeichnet wird[796]. Etwa zeitgleich nach dem Gallischen Krieg und vor dem Tod Caesars wurde auch Nyon/*Colonia Iulia Equestris* angelegt[797].

Lyon war sicherlich die wichtigste der drei neuen Städte in Gallien. Dies zeigt sich nicht nur an dem schnellen Ausbau bis in augusteische Zeit, sondern wird insbesondere an dem großen überregionalen Heiligtum deutlich, zu dem der Altar der Roma und des Augustus gehört[798]. Dessen Bild tragen mehrere Serien in Lyon geprägter Münzen[799], die die Masse des augusteischen Münzumlaufs im Untersuchungsgebiet ausmachen. Sie zeigen nicht nur eine große Kaiserkultanlage, sondern sind gleichzeitig auch Beleg für die bedeutende administrative Funktion Lyons durch die Münzprägung schon im zweiten Jahrzehnt v. Chr. Daneben wurde die Stadt auch wirtschaftlich zu einem zentralen Versorgungspunkt ganz Galliens, insbesondere des römischen Heeres. Die Waren der großen Keramikmanufakturen etwa[800] kamen in großen Stückzahlen an den Rhein[801]. Diese herausgehobene Bedeutung in allen Bereichen ist sicherlich nicht zuletzt auf die sehr günstige verkehrsgeographische Lage zurückzuführen[802]. So liegt Lyon am Zusammenfluss von Rhône und Saône, von denen mit dem Schiff das nördliche Gallien und das Helvetergebiet vom Mittelmeer er-

---

794    Im Laufe des 3. und 2. Jhs. v. Chr. bauten die Kelten bereits zu den Mittelmeerländern nach und nach Wirtschafts- und Kulturbeziehungen auf. Im Zuge der Romanisation versuchte besonders die keltische Oberschicht, sich dem mediterranen Lebensstil anzugleichen. Diese bestehenden kulturellen und wirtschaftlichen Beziehungen legten den Grundstein zur eigentlichen Romanisierung. Beide Prozesse gingen fließend ineinander über. Zu diesem umfassend mit weiterer Literatur: Schörner (Hrsg.) 2005.

795    Ausführlich zum gallischen Straßensystem siehe: 4.3 Fernstraßen.

796    Zum Grabmal des Lucius Munatius Plancus: Fellmann 1957, dort besonders zur Inschrift: 19–21; zu den Coloniagründungen und Plancus allgemein: Poux 2005, besonders 9–12; zur Inschrift und den Interpretationen zu Augst: Berger 2000, 13–15.

797    Ausführlicher mit Literatur s. u. zu Nyon.

798    Le Mer/Chomer 2007, 189–191 mit weiterer Literatur.

799    Ebd., 231–233; Desbat 2005, 85–87 mit weiterer Literatur.

800    Zusammenfassungen zu den Produktionsstätten mit weiterer Literatur in: Desbat 2007, 214–217; ders. 2005, 172–173; Grundlegend zu den frühen Produktionsstätten: Desbat/Genin u. a. 1996.

801    Verbreitungskarten in: ebd., 233–238. Exemplarisch für die Rhein- und Lippelager stehen Tonanalysen aus Haltern: Schneider in: Roth-Rubi/Rudnick u. a. 2006, 166.

802    Zum Verlauf der Fernstraßen auf dem Stadtplateau vgl.: Le Mer/Chomer 2007, 181, Fig. 55.

schlossen werden konnte[803]. Darüber hinaus ist die Lage am Kreuzungspunkt des Straßensystems Agrippas, das auf schon bestehende Fernverkehrswege in der keltischen Zeit zurückgeht, ideal[804]. Auffällig ist für Lyon auch, dass erst seit den Forschungen der 80er Jahre des 20. Jahrhunderts in größerem Umfang sowohl Spuren der Latènezeit als auch Reste der voraugusteischen Gründungsphase der Colonia zum Vorschein kommen[805]. Dies liegt zum einen an der starken Überbauung bis in die heutige Zeit, zum anderen aber auch an verbesserter Grabungstechnik sowie einem besonderen Forschungsschwerpunkt auf dem Beginn der Stadt.

Die zweite von Lucius Munatius Plancus deduzierte Colonia „Raurica" wird mit der späteren Colonia [Paterna Munatia Felix Apollin]aris [Augusta E]mertia [Raur]ica[806], dem heutigen Augst, identifiziert[807]. Diese Zuweisung ist jedoch nicht unumstritten, da bislang keine archäologischen Funde oder Befunde der caesarischen Gründung geborgen werden konnten. So wurde verschiedentlich die Vermutung geäußert, das Oppidum im nahe gelegenen Basel sei mit der Colonia Raurica zu identifizieren und der Titel erst später auf Augst übergegangen, wobei dafür keine Beweise erbracht werden können[808]. Im Unterschied zu Lyon ist Augst nicht vergleichbar stark überbaut worden und weist eine sehr umfassende und sorgfältige Erforschung auf, in der – natürlich immer mit Einschränkungen – größere Überlieferungslücken beinahe ausgeschlossen werden können.

Die Stadtanlage erstreckte sich über eine sich verjüngende Hochebene von ungefähr 1000 m Länge und 1200 m Breite, die sich in bis zu 30 m hohen Böschungen über den Rhein erhebt. In der ersten Siedlungsphase umfasste das Stadtgebiet ca. 20–23 ha. In antiker Zeit traf sich hier eine aus Italien über den Großen St. Bernhard an den Rhein kommende Fernstraße mit einer weiteren, die aus Gallien durch die burgundische Pforte zur oberen Donau und nach Rätien führte[809]. Dies zeigt – wie in Lyon – auch hier die strategisch und verkehrsgeographisch sehr günstige Situation der ersten Coloniagründung. Es sind wiederholt Spuren einer Brandrodung festgestellt worden, die in das erste Jahrzehnt v. Chr. weisen[810]. Das erste dendrochronologisch datierte und an dem Straßenraster ausge-

---

803 Zur Gründung Lyons sowie der damit verbundenen Romanisierungspolitik ist 2005 ein Ausstellungskatalog erschienen, der die wichtigsten Argumentationslinien sowie Funde und Befunde gut zusammenfasst: Desbat 2005.

804 Zu dem Straßennetz vgl. Kapitel: 4.3 Fernstraßen.

805 Desbat 2005, 105–121.

806 Lesung und Ergänzung nach: Berger 2000, 37.

807 Zu der Gründungszeit sind in den letzten Jahren verschiedene Monographien und Beiträge erschienen. Grundlegend: Furger 1994, 29–32; zu Einzelaspekten: Deschler-Erb 1999, 99–100; Berger 1999/2000, 71–80; ders. 2000, 13–15; 227–228; 232–233; Schatzmann 2003, 215–216; Schwarz 2004, 198; 307–313; 328–330; Deschler-Erb/Helmig u. a. 2005; Fünfschilling 2006, 265; kürzlich zusammenfassend zu der Region und Augst im besonderen mit weiterer Literatur: Deschler-Erb/Helmig u. a. 2005.

808 Martin 1973; Berger 2000, 13–15, bes. Anm. 27 mit weiterer Literatur; Berger 1999/2000, 73–74; Deschler-Erb/Helmig u. a. 2005, 164. Im Folgenden wird Augst als caesarische Gründung behandelt, obwohl keine Funde oder Befunde aus dieser Zeit vorliegen. Für die hier betrachtete Fragestellung der Urbanisierung ist nicht nur die Bauausführung, sondern schon der Planungsprozess entscheidend.

809 Furger 1994, 29–32. Die Bedeutung des Verkehrsknotenpunkts wird jedoch auch unterschiedlich eingeschätzt. Vgl. hierzu: Berger 1999/2000, 75–76.

810 Furger 1994, 29–30.

richtete Haus ist für 6 v. Chr. belegt[811]. Der Ausbau erfolgte im Zentrum schnell, in den Randbereichen dagegen nach Bedarf. Die Anlage der ersten Straßen auf dem Kastelenplateau ist erst zu Beginn der Phase 1.3 (ca. 1/10 n. Chr. – ca. 30/40 n. Chr.) nachzuweisen. Die früheste Holzbebauung dort ist allerdings nicht exakt auf das Insularaster ausgerichtet[812]. Das früheste Fundmaterial wird in Augst erst in mittel- bis spätaugusteische Zeit datiert, ist dann allerdings fast flächendeckend verbreitet. Das spricht für eine schnelle Aufsiedlung. Sowohl ein orthogonales Straßensystem als auch die Hervorhebung der zweieinhalb Forumsinsulae waren, wie Grabungsbefunde der Insulabebauung zeigen, von Anfang an angelegt[813].

Etwa zeitgleich wurde auch die Colonia Iulia Equestris, das heutige Nyon am Genfer See, gegründet[814]. Der gallo-römische Name Noviodunum, der zu einem älteren, nicht nachgewiesenen Oppidum gehören könnte, wird immer wieder mit dem Ort in Verbindung gebracht. Vermutlich wurde er allerdings erst in römischer Zeit auf die Colonia übertragen, da er erstmals in der Notitia Galliarum um 400 n. Chr. erwähnt wird[815]. C. Brunetti schrieb, dass der so genannte caesarische Fundhorizont mit Amphoren der Form Dressel 1, Campanischer Ware und frühester Sigillata[816] gut belegt ist, jedoch die Funde der frühen augusteischen Zeit fehlen. Das wurde von ihr auf die Schwierigkeiten der Überlieferung in später überbauten Gebieten sowie wenige Spuren der Gründungsphase insgesamt zurückgeführt[817]. Es besteht allerdings auch die Möglichkeit, dass ein Abbruch nach der Besiedlung des Platzes und ein erneuter Beginn in den letzten Jahren vor der Zeitenwende vorliegt. Darauf könnte die Datierung der ersten untersuchten Wohngebäude, von Teilen des Forums und einer Thermenanlage in augusteische Zeit hindeuten[818]. Bislang sind jedoch die Funde und Befunde sowie deren Auswertung noch nicht vorgelegt, so dass eine weitere Beurteilung an dieser Stelle nicht erfolgen kann.

Aus der Betrachtung der drei Plätze lassen sich mehrere Feststellungen ableiten, die für die Einordnung Triers von Bedeutung sein können:

Zunächst zeigt sich, dass früheste Phasen einer Stadt generell schwer nachweisbar sind, und die drei vorgestellten Plätze verdeutlichen die Schwierigkeiten des Erkennens und der Dokumentation von Gründungsphasen. Im Fall Lyons kann, obwohl die antike Stadt vollständig überbaut ist, an den neueren Grabungen gezeigt werden, dass vom Beginn in caesarischer Zeit an ein schneller Ausbau erfolgte. In Augst dagegen sind keine Funde der aufgrund der Grabinschrift des Munatius Plancus angenommenen Gründungszeit nachgewie-

---

811  Furger 1985, 123–146.
812  Schwarz 2004, 198; 307–313; 328–330.
813  Zusammenfassend mit weiterer Literatur: Deschler-Erb/Helmig u. a. 2005, 164–166.
814  Allgemein zur Gründung Nyons: Frei-Stolba/Bielmann u. a. 1999, 32–53; Berger 1999/2000, 68–71; Brunetti 2005, 57–59.
815  Frei-Stolba/Bielmann u. a. 1999, 36–37. Da allerdings auch bei den neueren Grabungen bislang keine Reste davon gefunden wurden, wird dieses auch in Zweifel gezogen: Rossi 1995, 103; Berger 1999/2000, 74; ders. 2000, 15, bes. Anm. 35 mit weiterer Literatur.
816  Da diese nicht abgebildet oder Bestimmungen angegeben sind, kann deren Zeitstellung nicht näher eingegrenzt werden.
817  Brunetti 2005, 59. Rossi führte das Fehlen allerdings auf ein Chronologieproblem zurück: Rossi 1995, 102.
818  Rey-Vodoz/Hauser u. a. 2003, 33–35; Hauser/Rossi 1998, 18–25; Rossi 1995, 112–113; Morel/Amstad 1990, 15–31, 73–74.

sen, obwohl die Forschungslage wesentlich besser ist. Für Nyon ist die Situation derzeit unklar, es könnte aber eine Lücke zwischen der caesarischen Gründung und dem späteren Ausbau kurz vor der Zeitenwende bestanden haben.

Lyon zeigt, dass aufgrund der starken Überbauung früheste Reste – z. B. in Zusammenhang mit dem Brückenbau – nicht erkannt und dokumentiert worden sein können. Diese Möglichkeit kann und soll auch für Trier nicht ausgeschlossen werden, wobei darauf hinzuweisen ist, dass die ersten Phasen in Lyon inzwischen großräumig durch Abfallgruben dokumentiert sind. Auch in Trier wurden in den letzten zwanzig Jahren immer wieder größere Flächen bis in den anstehenden Boden untersucht, jedoch ohne Ergebnisse zu erbringen.

Es besteht deshalb ebenso die Möglichkeit – wie August illustriert –, dass nach dem Beschluss, eine Stadt zu gründen, der Ausbau wesentlich später erfolgte. Wiederum übertragen hieße das: Mit der Anlage der Trierer Brücke könnte der Plan zum Bau einer Stadt entstanden sein – Berger bezeichnete diesen Zustand für August als „virtuell"[819] –, der erst etwa zwanzig Jahre später umgesetzt wurde. Da in August durch den Tod Caesars eine veränderte politische Situation eintrat und der Platz durch die noch nicht erfolgten Alpenfeldzüge einen römischen „Vorposten" bildete, sind meines Erachtens gewichtigere Gründe und Erklärungsmodelle für eine große zeitliche Lücke zwischen beschlossener Gründung und Ausführung gegeben, als diese in Trier vorliegen. Hier war das Gebiet durch die Straße bereits erschlossen und die Lager an Rhein und Lippe ließen das Territorium der Treverer zu „Hinterland" werden. Ein Planungszeitraum von etwa zwanzig Jahren, die zwischen Brückenbau und Anlage des Straßenraster vergingen, scheint mir deshalb unwahrscheinlich.

Wenn man jedoch einen so langen Prozess zwischen „Gründungsidee" und erster archäologischer Nachweisbarkeit annehmen möchte, könnte für Trier ein schon abgestecktes, aber noch nicht ausgebautes Gründungsschema denkbar sein – doch ob das am Sonnenaufgang eines bestimmten Tages ausgerichtet gewesen war, wie Goethert postulierte, ist wissenschaftlich nicht nachweisbar [820].

Auf eine weitere Gemeinsamkeit aller caesarischen Coloniagründungen wies Poux hin: Alle Plätze trugen bereits keltische Namen, die weiter überliefert wurden, wie Lyon – *Lugdunum*, Augst – *Raurica* und Nyon – *Noviodunum*[821]. Er argumentierte, dass diese Städte keine Gründungen aus dem Nichts wie in augusteischer Zeit seien, sondern auf bestehende Infrastruktur zurückgriffen. Die Eliten seien bereits an Rom gebunden und romanisiert[822] gewesen. Inwieweit diese Gemeinsamkeit wirklich bestand, ist allerdings zumindest für Nyon zu prüfen, da der Name *Noviodunum* späteren Ursprungs sein kann. Bei *Raurica* wurde der Stammesname im Römischen mit aufgenommen, was auch in augusteischer Zeit noch häufig belegt ist, wie z. B. in *Augusta Treverorum* oder *Augusta Tungrorum*. Auch scheint die Argumentation anhand des Romanisierungsgrades der indigenen Bevölkerung nicht schlüssig, da im Treverergebiet von einer genauso starken Romanisierung ausgegangen werden muss.

---

819   Berger 1999/2000, 79.
820   Goethert 2003.
821   Darüber hinaus führte er noch Arles/*Arelate* und Valencia/*Valencia* als caesarische Gründungen an.
822   Poux 2005, 14.

Die drei hier kurz vorgestellten, caesarischen Coloniae zeigen exemplarisch, dass der Ausbau einer neuen Stadt je nach strategischer und administrativer Notwendigkeit erfolgte. Obwohl alle ungefähr gleichzeitig gegründet wurden und in der Grabinschrift des Munatius Plancus Lyon und Augst gleichwertig nebeneinander stehen, sind sie unterschiedlich schnell ausgebaut worden und unterscheiden sich stark in ihrer späteren Bedeutung. So entwickelte sich Lyon in der zweiten Hälfte des ersten Jahrhunderts v. Chr. durch seine Lage zum überregionalen Zentrum, und das sowohl in Administration und Kult als auch in der wirtschaftlichen Bedeutung. Hier bestand offenbar die Notwendigkeit, eine Verwaltung der eroberten gallischen Gebiete sowie einen gut zu erreichenden Versorgungsstützpunkt einzurichten.

Augst wurde, wie bereits mehrfach geschildert, erst später ausgebaut. Dieser Unterschied zwischen Deduktion und Bauausführung ist vermutlich mit einem Wandel der Politik nach dem Tod Caesars in Verbindung zu bringen. Die Planung der Colonia Raurica könnte noch in Zusammenhang mit den eventuell vorgesehenen Unternehmungen Caesars zur Sicherung der Rheingrenze oder sogar Vorstößen in rechtsrheinisches Gebiet entstanden sein. Der Platz wäre dann als Nachschubbasis für das Militär, oder aber auch als Sicherung gegen Einfälle nach Zentralgallien durch die Burgundische Pforte gedacht gewesen[823]. Erst mit den Alpenfeldzügen erlangte die Region erneut erhöhte Aufmerksamkeit. Fast zeitgleich, bzw. in deren direkter Folge, sind dann die ersten archäologisch nachgewiesenen Reste zu datieren.

Durch den schlechten Forschungsstand in Nyon ist die Beurteilung schwieriger, ob die Stadt, wie Berger formulierte, als „Brückenkopf der *Provincia Gallia Narbonensis* oder „Ville-vitrine" de Rom" geplant wurde[824]. Zu bemerken ist allerdings, dass neben einem monumentalen Zentrum die Zahl der Insulae im Vergleich zu Augst und Lyon begrenzt blieb. Dieses könnte, so vermutete Berger, daran liegen, dass die benachbarten *vici*, Genf und Vidy, aufgrund besserer verkehrsgeographischer Lagen wirtschaftlich bedeutender wurden[825].

Es zeigt sich an diesen Beispielen, dass für eine Stadtgründung, aber auch den darauf folgenden Ausbau, politische Entscheidungen grundlegend waren, und dass durch einen Wechsel der allgemeinen Situation Planungen angepasst werden konnten.

Da keine historischen Quellen zum Beginn Triers vorliegen, vergleichbar der Inschrift des Munatius Plancus zu Lyon und Augst, kann nur eine Annäherung an die Gründungszeit der Stadt erreicht werden, indem man ihre mögliche Funktion in den letzten beiden vorchristlichen und dem ersten nachchristlichen Jahrzehnt untersucht.

Kurz nach dem Brückenbau um 17 v. Chr. begannen strukturelle Veränderungen im gallisch-germanischen Grenzgebiet, die durch die Niederlage des Lollius ausgelöst wurden. Neben einer Konzentration römischer Legionen am Rhein wurde auch ein Census durchgeführt, der auf bestehende Verwaltungsstrukturen zurückgreifen musste[826]. Die Versorgung

---

823 Ähnlich: Berger 1999/2000, 76–79 mit weiterer Literatur und einer Zusammenfassung zur Bedeutung der Mittelland-Hauensteinstraße aus dem zentralgallischen Gebiet.

824 Berger 1999/2000, 68, 71.

825 Ebd., 70.

826 Zusammenfassend zu den Quellen und mit weiterer Literatur siehe: Wolters 2000b, 26–28; Welwei 1999, 678–680; Becker 1992, 99–106.

des Endpunktes der Fernstraße, also das Legionslager in Mainz, könnte Anlass geboten
haben, einen zentralen Umschlagplatz anzulegen. Es wäre möglich, dass losgelöst von
diesen politischen Entwicklungen Trier zu diesem Zeitpunkt als Verwaltungs- beziehungsweise Kultzentrum zur Neustrukturierung des Trevererstamms geplant wurde. Ausschließlich die Neuorganisation eines Stammes wäre als Ausgangspunkt aber ungewöhnlich, da
den Treverern gegenüber anderen Stämmen keine Sonderrolle zukam. Eine neue Stadt hätte
vermutlich im zweiten Jahrzehnt v. Chr. die Funktion einer Nachschub- und Versorgungs-
station bekommen. Dabei ist aber nicht zu klären, ob der hohe logistische Aufwand, der
notwendig gewesen wäre, erbracht werden konnte, da viele Kapazitäten in dieser Zeit an
der Grenze gebunden waren.

Versorgungstechnische Aufgaben gewannen in spätaugusteischer Zeit durch die gefes-
tigte Situation an der Rheingrenze an Bedeutung, da die Lager dauerhafter eingerichtet
wurden, wie z. B. die Bleiwasserleitungen in Haltern zeigen, und gleichzeitig zivile Ansiedlungen wie Köln oder Waldgirmes entstanden. Die Versorgung der zivilen Bevölkerung
veränderte sicherlich auch die Belieferungsstrukturen im Hinterland und machte eine dau-
erhafte Einrichtung von Warenumschlags- und Produktionsplätzen notwendig. Diese wären
bei der ausschließlichen Versorgung des Militärs nicht ebenso notwendig gewesen, da
große Truppenansammlungen zeitlich begrenzt geplant waren.

Doch weiterhin steht fest, dass sich anhand der bekannten Quellen kein Schlüsselereig-
nis finden lässt, das die Gründung Triers auslöste. In dem allgemeinen Entwicklungspro-
zess der zivilen Siedlungen kommt der Colonia Augusta Treverorum im Hinterland der
Grenze aber sicherlich eine hohe Bedeutung zu.

Als letzter Punkt im Vergleich Triers mit den caesarischen Coloniagründungen bleibt
noch darauf hinzuweisen, dass das Beispiel Lyon zeigt, wie sich in dem vergleichsweise
kurzen Zeitraum von dreißig Jahren eine neu gegründete Stadt zu einer wichtigen Metro-
pole – sogar mit Münzprägung – entwickeln konnte. Der Zeitraum zwischen den frühesten
römischen Funden aus dem Stadtgebiet in Trier und die Erwähnung als *urbs opulentissima*
bei Pomponius Mela in den vierziger Jahren des ersten Jahrhunderts n. Chr. ist etwa vergleichbar lang. Das verdeutlicht noch einmal, dass mit diesem literarischen Zeugnis nichts
über den Zeitpunkt der Gründung, die Größe oder die Strukturen der augusteischen Zeit
ausgesagt werden kann [827].

## 6.2.2 *Bibracte* – **Autun**

Der Urbanisierungsprozess im nördlichen Gallien wurde nicht nur von den römischen Coloniae bestimmt, er ist bereits im ersten Jahrhundert v. Chr. in den großen Oppida zu erkennen[828]. Diese hatten sowohl wirtschaftlich als auch politisch und religiös zentralörtliche

---

827  Vgl. in diesem Zusammenhang Heinen 1985, 52–53 und ausführlicher zu der Quelle: 4.2 Historische
      Quellen.
828  In den letzten Jahren wurde verstärkt in Frankreich sowohl von der keltischen als auch von der römi-
      schen Seite der Romanisierungs- und Urbanisierungsprozess in den Mittelpunkt von Untersuchungen
      gestellt. Zu der damit verbundenen Forschungsdiskussion vgl. (auch auf Bibracte bezogen) mit weite-
      rer Literatur: Gruel/Vitali 1998, 87–88. Allgemein zu Urbanisierungsprozessen in Gallien mit zu-
      sammenfassender Literatur: Lafon 2006, 69–70. Zu den keltischen Oppida als keltische Städte zu-
      sammenfassend: Fichtl 2000, besonders zum Übergang zu den römischen Städten: 155–161.

Funktionen[829]. Darüber hinaus lassen sich auch in der Stadtentwicklung urbanistische Aspekte, wie z. B. geplante Straßenraster, erkennen[830].

Caesar erwähnte eine Reihe Orte, die er jedoch nicht als Oppida bezeichnete[831], die – wie Metzler bemerkte – bis auf Bibracte alle leicht zugänglich im Tal und am Ufer eines Flusses lagen. Topographisch boten sie nicht die fortifikatorischen Vorzüge der Höhenbefestigungen, sondern waren verkehrsgünstig angelegt[832]. Metzler vermutete, dass die Wahl dieser bedeutenden caesarischen Truppenstandorte schon als Ausgangspunkt eines Programms der organisatorischen Erfassung Galliens aufzufassen sei, das konsequent in den nachfolgenden Jahrzehnten verwirklicht wurde[833]. Dafür spricht, dass alle Civitashauptorte der augusteischen Zeit in gut erreichbaren Tälern an schiffbaren Flüssen lagen, und Aufgabe wie Umsiedlung aus den Oppida an die Flüsse in der spätaugusteischen Zeit nachzuweisen sind.

Das wohl bekannteste und am besten erforschte Oppidum ist *Bibracte*/Mont Beuvray[834]. Der Prozess der Romanisierung ist hier sowohl im Fundgut als auch in der Architektur dokumentiert[835]. Das Oppidum wurde vermutlich in augusteischer oder frühtiberischer Zeit aufgegeben und die Bevölkerung in das im Flusstal gelegene Autun in 28 km Entfernung umgesiedelt[836]. Der Vergleich der keltischen Siedlung mit der augusteischen Neugründung zeigt, dass viele der Strukturen bereits in dem Oppidum angelegt waren. Guillaumet ging sogar davon aus, dass die Anlage des Straßennetzes ebenso wie die der Wasserversorgung von Bibracte in Autun direkt kopiert worden ist[837]. Die Stadtanlage wird – nicht zuletzt wegen dem Stadtnamen *Augustodunum* – in die augusteische Zeit datiert. Im Fundmaterial ist allerdings auffällig, dass fast ausschließlich tiberische Stücke vorliegen. Es fehlen sowohl Aco-Becher als auch Italische Sigillata, Produkte aus Lyon La Muette sind in Autun sehr selten[838], dagegen aber in Bibracte noch zahlreich belegt[839]. Damit ist im Fundmaterial erst eine Besiedlung in der frühtiberischen Zeit zu erkennen, die eine spätere als die angenommene Gründungszeit unter Augustus vermuten lässt.

Diese Situation ist nicht nur bezogen auf die direkte Umsiedlung der Bevölkerung aus einem großen Oppidum in eine neu gegründete Stadt mit Trier vergleichbar. Auch auf dem Titelberg zeigt sich bereits ein hoher Romanisierungsgrad in Bauweise und Organisation der Siedlungsstruktur. Bemerkenswert ist aber, dass das älteste Fundmaterial an der Mosel ein ähnliches Spektrum zeigt: Es ist nur vergleichsweise wenig Italische Terra Sigillata unter den Funden und bislang wurde im Stadtgebiet kein einziges Fragment eines Aco-

---

829   Fichtl 2000, 91–148.

830   Ebd., 80–83.

831   *Nemetocenna* (Arras), *Samarobriva* (Amiens), *Durocortorum* (Reims), *Cabillonum* (Châlon-sur-Sâone), *Matisco* (Mâcon) und *Agedincum* (Sens).

832   Metzler 1995a, 600.

833   Ebd., 602.

834   Umfangreiche Literatur ist besonders in den letzten Jahren erschienen, auch zu Urbanisierungsprozessen und der Übersiedlung der Bevölkerung nach Autun: Paunier/Luginbühl 2004; Gruel/Vitali 1998, 1–140

835   Gruel/Vitali 1998, 38–43; Paunier/Luginbühl 2004.

836   Rebourg 1998; Chardron-Picault 1996.

837   Guillaumet 2003, 223.

838   Rebourg 1998, 216.

839   Gruel/Vitali 1998, 75.

Bechers geborgen. Unter Berücksichtigung der Schwierigkeiten, anhand von keramischem Fundmaterial auf wenige Jahre genau zu datieren, scheinen damit sowohl die Aufgabe der Oppida als auch die Neugründungen der beiden Städte etwa zeitgleich spätaugusteisch-frühtiberisch stattgefunden zu haben.

### 6.2.3 Civitashauptorte der augusteischen Zeit in der Provinz Gallia Belgica

Der Übergang von keltischen Oppida zu römischen Zentralorten ist im Einzelnen sehr unterschiedlich untersucht. Béal führte 61 Orte in den Tres Galliae mit einer kommentierten Kurzbibliographie zum Wechsel von Oppidum zu Civitashauptort auf[840]. 21 davon liegen in der Provinz Gallia Belgica und in den Gebieten bis zum Rhein[841]. Von diesen sollen im Folgenden Tongeren, Köln, Metz, Langres, Besançon und Avenches näher betrachtet werden[842]. Dabei handelt es sich ausschließlich um Verwaltungszentren, die an oder in mittlerer Entfernung vom Rhein liegen, vergleichbar der geographischen Lage Triers. Die weiter westlich gelegenen Orte sind bereits von Vanderhoeven und zum Teil von Metzler unter Berücksichtigung der hier diskutierten Fragestellungen zusammengefasst worden[843].

Im Zentrum der Betrachtung sollen der Übergang von den keltischen zu römischen Strukturen sowie die Zeugnisse des Urbanisierungsprozesses stehen.

Vanderhoeven führte als Kriterien für den urbanen Charakter eines Orts die Rolle als Verwaltungszentrum, Wohnort der Führungsschicht und als „arenas for the internal competition in the financing of monuments" an. Die Funktionen als Handels- und Handwerkszentren sind seiner Meinung nach sekundär, da sie auch in einfachen *vici* ausgeübt wurden[844]. Zu diesen Kriterien ist meines Erachtens noch hinzuzufügen, dass von Beginn an ein geplant rechtwinkliges Straßennetz mit einem größerem Umfang angelegt wurde. Auch auf eine eher gewachsene Siedlung wie ein Lagerdorf konnten die Verwaltung, Bevölkerung und öffentliche Monumente übertragen werden[845]. Das zeigt z. B. die Entwicklung der Mainzer Cannabae zur Provinzhauptstadt, die keine Stadtgründung im eigentlichen Sinn war. Dieser Prozess nimmt natürlich der späteren Siedlung nicht den städtischen Charakter, ist jedoch bei der Untersuchung der Urbanisierung einer Region als sekundär zu betrachten, da sich der Ort eher zufällig entwickelte. Bei Mainz waren das zum Beispiel die Bedürfnisse des Legionslagers, denen kein städtebauliches Konzept zugrunde lag. Wichtig ist für ein geplantes Zentrum von Beginn an eine gewisse Größe und Ausstattung mit der dazu gehörenden Infrastruktur, für deren archäologische Nachweisbarkeit das Straßenraster steht.

---

840 Béal 1996, 357–367.

841 Bedon 1999, 100–107, mit weiterer Literatur und Angaben zu den jeweiligen historischen Quellen, allerdings fast ohne Be- oder Auswertung.

842 Zu den beiden weiteren Orten Toul und Brumath liegt bislang nicht ausreichend Literatur vor, um sie mit in den Vergleich einbeziehen zu können. Wie schon Vanderhoeven für seine Zusammenstellung anmerkte, basiert auch die vorliegende Arbeit ausschließlich auf der Auswertung der bislang vorgelegten Publikationen und birgt damit große Schwierigkeiten und Gefahren durch den sehr unterschiedlichen Stand der archäologischen Untersuchungen. Dies erschwert in vielen Fällen auch den direkten Vergleich unter den verschiedenen Plätzen (Vanderhoeven 1996, 224).

843 Vanderhoeven 1996, 224–244; Metzler 1995a, 592–624. Zu diesen s. u.

844 Vanderhoeven 1996, 224.

845 Natürlich sind auch in Lagerdörfern rechtwinklige Straßenanlagen sowie die Ausweisung von öffentlichen Plätzen möglich, jedoch orientieren sie sich an den Lagerausfahrtstraßen und werden nicht großflächig von Beginn an wie ein regelhaftes Straßenraster geplant.

Im Folgenden werden nun die Ausgangsvoraussetzungen, Standortfaktoren, Ausstattungen und frühesten Funde der Vergleichsorte einander gegenübergestellt um Gemeinsamkeiten herauszuarbeiten.

### 6.2.3.1 *Vom Oppidum zur Stadt: Die vorrömische Besiedlung der Civitashauptorte*

Es gibt mehrere Varianten zur Gründung einer römischen Stadt in einer keltisch besiedelten Region[846]: Die erste Möglichkeit ist die Aufgabe des keltischen Oppidums und Einrichtung der römischen Verwaltung am selben Ort. Eine zweite ist die Überbauung einer kleineren, mehr oder weniger unbedeutenden keltischen Siedlung durch ein römisches Verwaltungszentrum. Als drittes Modell kann auch eine römische Neugründung *ex nihilo* entstehen oder als viertes eine Siedlung in einem aufgelassenen römischen Militärlager wachsen.

Für alle vier Möglichkeiten lassen sich Beispiele im Untersuchungsraum finden: In Metz[847] und Besançon[848] sind in keltischen Oppida römische Civitashauptorte angelegt worden. Für den zweiten Fall kann Langres[849] und den dritten Augst[850] exemplarisch stehen. In einem aufgelassenen Militärlager entstand Tongeren[851].

Vanderhoeven stellte für den nordgallischen Raum fest, dass sich auch dort ein sehr variationsreiches Bild ergibt, ebenso für die von ihm besprochenen Zentren im Rheinland. An vielen Plätzen wurden als „vorrömisch" klassifizierte Funde geborgen[852]. Er betonte allerdings, dass bei der Beurteilung dieser Spuren immer darauf zu achten sei, ob sie voreroberungszeitlich oder nur allgemein vorgeschichtlich seien, da ältere Funde und Befunde nur belegen, dass es sich um eine gute Siedlungslage, nicht jedoch um eine direkte Vorgängersiedlung handele. Dabei zeigte sich seines Erachtens, dass alle Civitashauptorte *ex nihilo* gegründet worden sind und keine direkten Vorgänger hatten. Als Ausnahmen führte er Trier und Reims an, wobei in dieser Arbeit bereits gezeigt wurde, dass in Trier keine größere spätlatènezeitliche Siedlung nachzuweisen ist. Als Begründung für die Ausnahme der Stellung von Reims sah er die Funktion der Stadt als Provinzhauptstadt an[853]. Aber auch Metz und Besançon gingen aus keltischen Siedlungen hervor, bzw. waren in einem Oppidum angelegt worden und zeigen somit eine Platzkontinuität der keltischen zur römischen Verwaltung. Dies kann aber darauf zurückzuführen sein, dass Metz weder als Oppidum noch als Civitashauptort zu den zentralen und großräumig bedeutenden Plätzen gehört hat, sondern im Vergleich zum Beispiel zu Trier oder Tongeren immer ein kleines Territorium verwaltete. Darüber hinaus sind an beiden Plätzen die Standortfaktoren für ein Oppidum ungewöhnlich, entsprechen jedoch denen eines römischen Civitashauptortes, da sie beide eine gute Verkehrsanbindung durch Straßen und Flüsse haben[854]. Es könnte sich an diesen

---

846 Hierzu grundlegend: Frézouls 1991, 108–109.

847 Flotté 2005.

848 Guilhot/Goy 1992; Vaxelaire 2003; Vaxelaire/Barral 2003.

849 Joly 2003, 237. Anders sah das Metzler, allerdings auf einem älteren Forschungsstand. Er ging davon aus, das Langres der einzige Fall ist, in dem sich ein keltisches Oppidum direkt zu einer Siedlung mit urbanem Charakter entwickelte (Metzler 1995a, 613).

850 Deschler-Erb/Helmig u. a. 2005.

851 Vanderhoeven 1996.

852 Vgl. zu den einzelnen Situationen besonders: Vanderhoeven 1996, 229–230 Anm. 67 und 68.

853 Ebd., 229–231.

854 Zu diesen Faktoren s. u.

Beispielen also zeigen, dass es bei einer Stadtplanung weniger darauf ankam, die alten Verwaltungszentren zu entmachten und durch neue zu ersetzen, sondern sich hier vielmehr die Überlegungen zum Bedeutungswandel der Verkehrsanbindung gegenüber der guten Befestigung widerspiegeln, die bereits Metzler äußerte[855]. Metz und Besançon waren die einzigen Plätze, die die Anforderungen sowohl für ein Oppidum als auch für eine römische Stadt erfüllten.

Trier ist nach dem bisherigen Kenntnisstand in die zweite Gruppe einzuordnen. Hier hat es weder ein keltisches Oppidum noch ein Lager gegeben, aber auch eine vollkommene Siedlungsleere ist aufgrund des – wenn auch beschränkten – Fundmaterials nicht anzunehmen. Höchstwahrscheinlich gab es eine kleinere Siedlung oder mehrere Höfe, während zentralörtliche Funktionen erst in spätaugusteischer Zeit ausgeübt wurden.

### 6.2.3.2 Die Frage der Standortwahl und deren Kriterien

Wie schon Vanderhoeven für die nördlich gelegenen Städte zeigte[856], lagen alle Civitashauptorte an dem Hauptverkehrsstraßennetz, das schon auf die Planungen Agrippas zurückgeführt wird. Die Schwierigkeiten der Datierung dieser gallischen Straßen wurden schon mehrfach ausgeführt und die Problematik ausführlich diskutiert[857]. Hinzuweisen ist noch einmal darauf, dass es sich bei dem Straßenbau vermutlich nicht um ein in wenigen Jahren vollendetes Projekt gehandelt hat, sondern große, nicht immer näher zu datierende Zeiträume zwischen der Anlage der einzelnen Straßenabschnitte vorkommen. Im Weiteren lagen alle Civitashauptorte an schiffbaren Gewässern, die eine gute und schnelle Logistik, vor allem aber einen erleichterten Warentransport ermöglichten. Die guten Verkehrsanbindungen wurden auf militärische Bedürfnisse zurückgeführt, um Truppen und Versorgungsgüter aus dem Hinterland an den Rhein zu transportieren. Vanderhoeven machte aber auch auf allgemeine wirtschaftliche Interessen aufmerksam, z. B. den für Tongeren nachgewiesenen Transport von Baumaterialien. Er führte ebenfalls aus, dass alle Civitashauptorte mehr oder weniger im Zentrum des dazugehörigen Stammesgebiets lagen und wies darauf hin, dass dieser Aspekt bei der Auswahl des Platzes anscheinend bedeutend war, da er sich sonst nicht ausnahmslos überall finden lassen dürfte[858].

Hinzu kommen bei allen Plätzen schlechtere Verteidigungsmöglichkeiten als in den befestigten Höhensiedlungen[859].

### 6.2.3.3 Straßennetz

Eines der entscheidenden Merkmale von Civitashauptorten im Unterschied zu einfachen vici[860] ist ein rechtwinklig angelegtes Straßenraster, das in vielen Fällen schon in augusteische Zeit datiert wird[861]. Durch die starke Überbauung und die oft nur unzureichenden Untersuchungen lassen sich diese Netze allerdings nur sehr schwer vergleichen und selten

---

855   Metzler 1995a, 603–604.
856   Vanderhoeven 1996, 226.
857   Vgl. Kapitel 4.3 Fernstraßen.
858   Vanderhoeven 1996, 226.
859   S. u. Militär und Urbanisierung.
860   Auch Civitashauptorte sind vom rechtlichen Status her vici, werden hier allerdings als gesonderte Gruppe behandelt.
861   Zu den Beispielen: Vanderhoeven 1996, 236, Anm. 105.

gelingt die Herausarbeitung der Größe des ersten Rasters wie in Trier. Es ist aber auffällig, dass an vielen Plätzen, wie z. B. in Metz, Augst, Köln und Trier, Fundmaterial der ersten Phase über große Flächen, bzw. das gesamte Raster nachzuweisen ist. Die Ausrichtung des Rasters in Trier orientierte sich an geomorphologischen Vorgaben.

### 6.2.3.4 Forum

Zu den Fora ist in den meisten Fällen wenig bekannt[862]. Vanderhoeven führte in seinem Gebiet nur die von Bavay und Amiens an[863], wobei in Amiens zwar augusteische Schichten unter dem steinernen Forum aus der Mitte des ersten Jahrhunderts n. Chr. gefunden wurden, diese aber nicht sicher mit öffentlicher Bebauung in Verbindung gebracht werden können[864]. In Bavay ist im Bereich des Forums die Inschrift eines Ehrenmonuments für Tiberius Caesar gefunden worden und zudem Reste einer spätkeltischen Münzprägung[865]. In Augst wurden wenige Reste von Holz-Lehmbauten gefunden, die von den Ausgräbern unter Vorbehalt einem Forumskomplex zugewiesen wurden, da die vorgefundenen Strukturen gleich den späteren orientiert sind[866]. Darin fand sich Fundmaterial des Halternhorizonts[867]. In Trier ist der Forumsbereich so weit überbaut, dass keine Aussagen zu Holzbauphasen möglich sind[868].

### 6.2.3.5 Öffentliche Monumente und Verehrung des Kaiserhauses

Schon unmittelbar nach der Gründung der Civitashauptorte sind an vielen Plätzen Monumente für Mitglieder des Kaiserhauses aufgestellt worden. Von ihnen haben sich zumeist nur wenige Reste erhalten. Dazu gehören inschriftlich belegte Denkmäler wie für Gaius und Lucius Caesar[869], Tiberius[870], Drusus[871] und Germanicus[872]. Es gab allerdings darüber hinaus sicherlich noch weitere Beispiele. So haben die Reste einer vergoldeten Reiterstatue in Waldgirmes, das durch seine kurze Besiedlungszeit einen guten Einblick ausschließlich in die Gründungsphase eines Ortes gibt, sicherlich auch zu einem solchen gehört[873]. Diese Monumente zeigen, dass aufwändige und teure Denkmäler von Anfang an in neu angelegten Orten aufgestellt wurden. Dafür spricht auch, dass in fast allen Orten die Gaius und

---

862 Nünnerich-Asmus stellte Fora in den nordwestlichen Provinzen unter Berücksichtigung der Urbanisierungspolitik zusammen, wobei es sich dabei um die ersten Steinbauphasen handelt, die zum Teil deutlich später als die Gründungen der Städte sind (Nünnerich-Asmus 1999/2000).
863 Vanderhoeven 1996, 237–238.
864 Bayard 1979, 132–136.
865 Thollard 1997, 129–134; Carmelez 2001.
866 Hänggi 1988, 17.
867 Vogel Müller 1988, 29.
868 Vgl. Kapitel 4.6 Forum.
869 Siehe hierzu ausführlich mit Vergleichen und Diskussion der Datierungsschwierigkeiten Kapitel 4.7 Ehreninschrift für Gaius und Lucius Caesar.
870 Aus Bavay liegt z. B. eine Inschrift für Tiberius aus den Jahren zwischen 4 n. Chr. und 14 n. Chr. vor: Vanderhoeven 1996, 238–239 mit weiterer Literatur.
871 Kellner 1973.
872 Lebek 1989; ders. 1991.
873 Becker/Rasbach 2003, 162–164.

Lucius Monumente zu den frühesten Funden gehören, bzw. kein Fundmaterial der Zeit um oder kurz nach 4 n. Chr. vorliegt[874].

Vanderhoeven wertete die Ehrungen als Zeichen eines sehr schnell nach mediterranem Vorbild einsetzenden „Euergetismus" der lokalen Eliten[875]. Darüber hinaus stehen sie seines Erachtens für ein Patronatsverhältnis zwischen Mitgliedern des julisch-claudischen Kaiserhauses und den nordgallischen Eliten. Als weiterer Hinweis auf diese Bindung betrachtet er die zahlreichen Bezeichnungen „Augusta" in den Stadtnamen[876]. Dies trifft sicherlich auf die Stadtnamen, aber nur zum Teil auf die Ehrungen zu, da sie auch vom Militär aufgestellt worden sind, wie z. B. die Monumente in Mainz und wahrscheinlich auch in Bregenz zeigen[877].

### 6.2.3.6 Tempel

Da in Trier bislang die ersten Phasen aller Tempelbezirke nahezu unbekannt sind, lassen sich keine vergleichbaren Aussagen zu anderen Orten erzielen. Es ist sehr wahrscheinlich, dass es einen Kaiserkult gegeben hat, wobei unklar ist, wo dieser ausgeübt wurde. Allerdings nahm der Kaiserkult allgemein eine überragende Stellung ein, nicht nur beim Militär, sondern auch als wichtiges Instrument der Romanisierung[878], so dass er auch in Trier vorhanden gewesen sein muss. Als indirekter Hinweis auf einen solchen könnten nur zwei als Togati dargestellter Priester herangezogen werden, die vielleicht mit für den Kaiserkult in Trier verantwortlich waren[879]. Darüber hinaus gab es aber in der Gründungsphase auch die eher einheimisch geprägten Tempelbezirke im Altbachtal und evtl. am Irminenwingert. Für den Bereich der späteren Germania Superior wurde die Entwicklung des Kults bereits ausführlich durch W. Spickermann untersucht. Die Trierer Bezirke fügen sich gut in das von ihm skizzierte Bild eines „Nebeneinander(s) einheimischer religiöser Traditionen und der Religion der römischen Eroberer" ein, so dass auf einen ausführlichen überregionalen Vergleich an dieser Stelle verzichtet werden kann[880].

---

874   Kempten, Chur, Martigny, Sens und Trier. Nur in Reims gibt es bereits früheres Fundmaterial. Siehe dazu: Kapitel 4.7 Ehreninschrift für Gaius und Lucius Caesar.

875   Der Begriff Euergetismus trifft in diesem Fall meines Erachtens nicht auf diesen Ehrungstyp zu, da er ein Zeichen der Loyalitätsbezeugung zum Kaiserhaus darstellt.

876   Vanderhoeven 1996, 239–240.

877   Strobel 2006b, 8; Konrad 1989b, 24–25.

878   Spickermann 2003, 143 mit weiterer Literatur zum Kaiserkult.

879   Der eine Togatus ohne Fundortangabe wurde von Goethert-Polaschek in das 1. Viertel des 1. Jhs. n. Chr. eingeordnet. Sie argumentierte, dass der Typ des Togatus *capite velato* nördlich der Alpen sehr selten und deshalb Kulthandlungen und Priesterämtern von außerordentlicher Wichtigkeit vorbehalten war. Sie sah es als „höchst wahrscheinlich, dass der Mann hier in seiner Funktion als Priester des Kaiserkultes geehrt worden ist" (Goethert-Polaschek 2002, 17–18). Das andere Stück wurde in die Zeit um 50 n. Chr. datiert und in dem südlichen Gräberfeld bei St. Matthias gefunden. Durch das angenommene Alter des Dargestellten ging Heinen davon aus, dass der Dargestellte noch vor der Zeitenwende geboren wurde. Er stellte die Spekulation auf, „ohne so weit zu gehen zu behaupten, dass der *togatus velatus* von St. Matthias ein mit seiner Jugend in die augusteische Zeit zurückreichender treverischer Priester des Kaiserkultes gewesen sei", aber als unwahrscheinlich schätzte er es nicht ein (Heinen 1985, 49–50 mit älterer Literatur); so zuletzt auch: Goethert-Polaschek 2002, 24–25; 68–70.

880   Spickermann 2003, 135–144.

### 6.2.3.7 Wohnbebauung

Ähnlich der für Trier geschilderten Problematik zur Auffindung und Untersuchung von Wohnbebauung sind bis auf Augst und Tongeren kaum vollständige Hausgrundrisse untersucht und vorgelegt. In Tongeren zeigte sich in den ersten Phasen eine Abfolge von Wohnstallhäusern zu römisch-mediterranen Atriumhäusern. Auch in der Bauweise stellte Vanderhoeven Veränderungen von der Pfostenständerbauweise hin zu Schwellbalkentechnik fest[881]. In Augst[882], Besançon[883] und Kempten[884] ist diese Technik in tiberischer Zeit belegt. Die wenigen Trierer Befunde scheinen von Schwellbalkenkonstruktionen zu stammen. Hinweise auf einheimische Hausformen sind allerdings nicht belegt. Wandmalerei scheint nicht nur in Trier, sondern in den meisten Städten zur Grundausstattung gehört zu haben.

### 6.2.3.8 Handwerk

Am häufigsten ist allgemein wie auch in Trier bislang der Nachweis von Töpfereien für die Gründungszeit gelungen. Belgische Ware bzw. andere einheimische Produkte wurden in allen größeren Siedlungen hergestellt, so z. B. auch in Waldgirmes[885]. Inwieweit diese Produktionsstätten jedoch für einen überregionalen Markt produzierten, muss ohne Tonanalysen offen bleiben. Die hohe Dichte an Töpfereizentren lässt vermuten, dass der Vertrieb eher kleinräumig erfolgte.

In Augst wurden auf dem Kastelenplateau Metallreste gefunden, die auf Eisenverarbeitung hindeuten[886]. In Trier ist eine Metallverarbeitung in der Gründungszeit ebenfalls anzunehmen, da Schlackereste sowohl unter der Rotsandsteinstraße am Viehmarkt lagen als auch in einer der Gruben am Forum gefunden wurden.

### 6.2.3.9 Militär und Urbanisierung

Vanderhoeven machte darauf aufmerksam, dass die Vorstellung, Städte seien aus Militärlagern heraus entstanden, nicht zu halten ist[887]. Nur in zwei Städten ist seines Erachtens der Nachweis für Militär erbracht: Zum einen in Tongeren, wo er die Anlage des Straßennetzes und der ersten Gräben als militärisch annahm, zum anderen in Trier, wobei dieses inzwischen nicht mehr dazuzurechnen ist[888]. Am Rhein wies er darauf hin, dass zwar eine räumliche Nähe zwischen militärischen Anlagen und zivilen Hauptorten bestand, diese aber klar voneinander getrennt waren. Er kam zu dem Schluss, dass ein Zusammenhang zwischen Militär und zivilem Verwaltungszentrum immer möglich war, auch dass militärische Strukturen unter einer späteren Stadt gelegen haben, lässt sich seines Erachtens nicht ausschließen. Er wies aber auch darauf hin, dass er die Vorstellung als problematisch betrachte, die kurze militärische Besatzung eines Platzes habe langfristige ökonomische Vorteile für einen Standort erbracht. In erster Linie sah er die Vorteile für die

---

881   Vanderhoeven 1996, 241–244.
882   Schwarz 2004, 327.
883   Vaxelaire/Barral 2003, 248, 250–259.
884   Weber 2000, 25.
885   Wigg/Walter 1997.
886   Schwarz 2004, 307.
887   Vanderhoeven 1996, 231–235.
888   Vgl. Kapitel 4.14 Militär.

Neugründungen in der guten Anbindung an das Verkehrsnetz und erst in zweiter die militärische Komponente in der Zeit der rechtsrheinischen militärischen Kampagnen zwischen 12 v. Chr. und 16 n. Chr. Allerdings wies er auch darauf hin, dass das technische Wissen, die Arbeitskräfte und die Autorität für Planung und Bauausführung von Straßenrastern, Befestigungen und vermutlich auch dem Forum–Tempelkomplex nur durch das Militär denkbar sei. Italische Sigillata sei zudem kein sicheres Zeichen für dessen Anwesenheit[889].

Kürzlich stellte Strobel noch einmal einen Bezug zwischen dem Lager auf dem Petrisberg und der Gründung der Stadt her. Er ging davon aus, dass die gesamte Trierer Talweite und die Höhen um den Petrisberg mit Anlage des Lagers von Rom beschlagnahmt und der direkten Militäradministration unterstellt wurden. Das Gebiet im Tal musste deshalb von römischer Seite „ausdrücklich für die Gründung der Stadt an die Civitas Treverorum zurückgegeben werden". Es spräche seines Erachtens alles dafür, dass dies im Zusammenhang mit dem Census 13 v. Chr. erfolgte[890]. Da Strobel jedoch von einer falschen Belegungszeit des Lagers ausging[891] und keine Argumente für seine weiteren Spekulationen anführte, sind sie meines Erachtens hinfällig[892].

### 6.2.3.10 Früheste Funde

Als zentraler Aspekt für die Bewertung und Datierung der Gründung einer Stadt ist zu untersuchen, wie das früheste Fundmaterial zeitlich einzuordnen ist. Folgendes Bild zeigt sich bei der Untersuchung der Civitashauptorte in der Provinz Gallia Belgica:

In Tongeren werden die frühesten Funde um 10 v. Chr. datiert. Darüber hinaus liegt Italische Terra Sigillata auch schon aus dem Zeitraum um 15 v. Chr. vor, ist aber immer später vergesellschaftet. Vanderhoeven ging von einem militärisch geprägten Oberadenhorizont aus und nahm dann eine erste zivile Nutzung in spätaugusteisch-tiberischer Zeit an[893].

In Köln ist der älteste sicher zu belegende Fund der römischen Zeit ein dendrochronologisch ermitteltes Datum von 4/5 n. Chr. Das früheste Fundmaterial aus dem Bereich der Domgrabung beginnt ab ungefähr 7 v. Chr. Eine schnelle Aufsiedlung erfolgte wohl ab der zweiten Hälfte des ersten Jahrzehnts n. Chr.[894].

Auch in Trier ist das älteste belegte Zeugnis ein Dendrodatum: das der Brücke der Jahre 18/17 v. Chr. Das früheste Kleinfundmaterial aus dem Stadtbereich liegt aber erst aus spätaugusteischer Zeit vor[895].

---

889   Vanderhoeven 1996, 231–235.
890   Strobel 2006a, 104–105.
891   Strobel ging zwar von einer „relativ kurzen" Belegungszeit aus, sah das Ende aber erst spätestens im Zusammenhang der Truppenbewegungen 15/12 v. Chr., während denen die Besatzung verringert und das Lager dann aufgelassen wurde (ebd., 102).
892   Ebd., 104.
893   Vanderhoeven 1996; Vanderhoeven/Matens u. a. 2001, 60–66; Vanderhoeven 2001, 157–176; ders. 2003, 122–131; Vanderhoeven/Raepsaet-Charlier 2004, 51–53; Amiens-Métropole 2004.
894   Seiler 2001; Fischer 2001, 558–561; von Hesberg 2002; Liesen 2002; ders. 2003; Eck/von Hesberg 2003; Eck 2004, 77–117; Höpken 2005, 53–55; Rothenhöfer 2005, 237–238; Heinrichs 2007.
895   Siehe 3 Fundanalyse und 4 Auswertung.

Die Situation in Metz ist dagegen anders. Dort bilden die Reste eines latènezeitlichen Oppidums den ersten Fundhorizont. Das früheste Fundmaterial aus römischem Siedlungszusammenhang wird dagegen ebenfalls erst in die spätaugusteische Zeit datiert[896].

Aus Langres liegt in geringem Umfang spätkeltisches Fundmaterial vor. Ein starker Anstieg der Fundmenge und auch der Befunde ist erst in spätaugusteischer Zeit zu verzeichnen[897].

Die Funde und Befunde von Augst wurden bereits im Zusammenhang mit den caesarischen Coloniagründungen vorgestellt. Die ersten dendrochronologisch datierten Holzbauten stammen aus dem Jahr 6 v. Chr. Das Fundmaterial beginnt in der spätaugusteischen Zeit und ist über das gesamte Stadtgebiet verteilt geborgen worden[898].

Besançon unterscheidet sich von den bisher vorgestellten Orten: Es liegt umfangreiches spätlatènezeitliches Fundmaterial vor und der Platz blieb bis in die Kaiserzeit durchgehend besiedelt[899].

In Avenches ist der früheste, sicher zu datierende Beleg wieder ein dendrochronologisch ermitteltes Datum aus den Jahren 5/6 n. Chr. Allerdings wurden bereits Reste eines spätlatènezeitlichen Heiligtums freigelegt. Eine sehr schnelle Aufsiedlung des Stadtgebiets erfolgte spätestens in tiberischer Zeit[900].

In Nyon ist bereits ein caesarischer Fundhorizont mit Amphoren der Form Dressel 1, Campanischer Ware und „frühester Sigillata" belegt. Weitere Funde werden erst in mittel- bis spätaugusteische Zeit datiert, in der auch eine größerflächige Aufsiedlung erfolgte[901].

Rechts des Rheins ist noch Waldgirmes an dieser Stelle interessant: Es liegen im Fundmaterial nur wenige Nemaususmünzen vor, die erste der Lyoner Altarserien überwiegt. Es wurden sowohl Italische Terra Sigillata als auch in einheimischer Tradition stehende Keramik spätaugusteischer Zeitstellung gefunden[902].

Damit liegt aus allen Civitashauptorten erst Fundmaterial aus der spätaugusteischen Zeit in größerem Umfang vor. Nur Metz und Besançon, die beide in einem keltischen Oppidum entstanden, können anhand der Funde früher eingeordnet werden, bzw. weisen eine Platzkontinuität auf. Dabei beginnen in Metz die charakteristisch römischen Befunde, die mit dem Straßenraster in Verbindung gebracht werden können, auch erst in spätaugusteischer Zeit[903].

---

896 Flotté 2005 mit umfassender Bibliographie; Frézouls 1982, 295–350; Faye/Georges u. a. 1990.

897 Joly 2007; Joly 2003.

898 Furger 1994, 29–32; Deschler-Erb 1999, 99–100; Berger 1999/2000, 71–80; Schatzmann 2003, 215–216; 227–228; 232–233; Schwarz 2004, 198, 307–313; 328–330; Deschler-Erb/Helmig u. a. 2005; Fünfschilling 2006, 265.

899 Vaxelaire/Barral 2003; Vaxelaire 2003, 246.

900 Pruvot 2006; Morel/Meylan Krause u. a. 2005; Frei-Stolba/Bielmann u. a. 1999, 88–91.

901 Frei-Stolba/Bielmann u. a. 1999, 32–53; Berger 1999/2000, 68–71; Brunetti 2005, 57–59; Rey-Vodoz/Hauser u. a. 2003, 33–35; Hauser/Rossi 1998, 18–25; Rossi 1995.

902 Becker 2007; Rasbach 2007a; Rasbach 2007b; Becker/Rasbach 2003; von Schnurbein 2003; Becker 2003; Becker/Rasbach 2001; Rasbach/Becker 1998; Wigg/Walter 1997; von Schnurbein/Wigg u. a. 1995.

903 Freundliche Mitteilung M. Feller.

Bei dem Vergleich der Civitashauptorte in der Gallia Belgica, unter Einbeziehung der Ergebnisse von Vanderhoeven, hat sich gezeigt, dass trotz großer Unterschiede einige Gemeinsamkeiten als charakteristisch herausgestellt werden können:

Bedeutend ist für alle Städte eine verkehrsgünstige Lage, sowohl an einer oder sogar mehreren überregionalen Straßen als auch an einem schiffbaren Gewässer. Zudem sind alle Hauptorte, unabhängig davon, wo das frühere wichtigste Oppidum lag, im Zentrum des Stammesgebietes. Diese Lagen scheinen wichtiger zu sein als eine Gründung *ex nihilo*, da in einzelnen Fällen Platzkontinuität gegeben ist. Die Oppida erfüllten zumeist wohl nicht die Ansprüche römischer Standortfaktoren. Eine weitere Gemeinsamkeit ist, dass alle Städte eine „Basisausstattung" urbanistischer Elementen, wie ein Straßennetz und vermutlich auch Heiligtümer und Fora, erhielten. Diese sind im Einzelnen aber nur schwer nachzuweisen, da der Forschungsstand an vielen Orten unzureichend ist. Es lässt sich in allen Städten im Vergleich zu keltischen Siedlungen auch die Entwicklung von den reinen Pfostenkonstruktionen zur Schwellbalkentechnik erkennen. An vielen Plätzen finden sich für die augusteische Zeit schon Fragmente von Steinarchitektur oder zumindest Wandmalereireste. An keinem der Orte ist ein Nachweis für dort stationiertes Militär zu finden, auch wenn bei allen davon ausgegangen werden muss, dass Baueinheiten der Truppen mit an der Planung und Logistik beteiligt gewesen sind[904]. Auffällig ist im Weiteren, dass alle Städte erst in spätaugusteischer oder sogar frühtiberischer Zeit als Civitashauptorte entstehen, bzw. im archäologischen Fundmaterial zu fassen sind. Es ist natürlich möglich, dass im Einzelnen eine Überlieferungslücke durch unvollständige archäologische Erfassung entstanden ist. Allerdings sind einzelne Orte sehr gut archäologisch untersucht, so dass zum Teil auch geringe Reste der Latènezeit gefunden wurden, der Oberadenhorizont jedoch in jedem Fall fehlt. Schwierigkeiten bereiten an dieser Stelle gerade solche Orte, für die ein Gründungsdatum überliefert, erschlossen oder angenommen wird, das Fundmaterial jedoch erst – zum Teil sogar deutlich – später beginnt. Grundsätzlich stellt sich die Frage, wie und ob sich Gründungsphasen von Städten im Fundmaterial überhaupt nachweisen lassen. Da allerdings in Lyon und Nyon inzwischen Gruben der ersten Phasen untersucht werden konnten, verringert sich die Wahrscheinlichkeit, dass sie in Augst bislang nur nicht entdeckt wurden, da gerade dort sehr umfangreiche und systematische Untersuchungen stattgefunden haben. In Köln sind zwar die Ubier bereits früher umgesiedelt worden, aber für die Zeit um 19/18 v. Chr. lassen sich noch keinerlei archäologische Belege dafür im späteren Stadtgebiet finden[905]. Auch mit der Befund- und Fundsituation in Trier lässt sich gegen eine Überlieferungslücke argumentieren, da unter der ersten befestigten Straße, die meines Erachtens mit oder sehr bald nach der Gründung angelegt wurde, ausschließlich spätaugusteisches Material liegt, obwohl durch das dendrochronologisch ermittelte Datum des Brückenbaus bislang ein Oberadenhorizont vermutet wurde. Ferner ist ungeachtet aller Dokumentationsdefizite an zahlreichen Stellen des Stadtgebiets spätbronzezeitliche Keramik geborgen worden[906].

Stellt man den hier behandelten Plätzen nun die Lager und Lagervorstädte am Rhein gegenüber, fällt auf, dass diese zum Teil deutlich früher beginnen, wie z. B. Mainz oder

---

904   Vanderhoeven 1996, 235.
905   Eck 2004, 46–55.
906   Freundliche Mitteilung Dr. H. Löhr.

Neuss, und vollkommen andere Strukturen entwickeln. In Trier ist nur in Zusammenhang mit dem Bau der Brücke und des Straßenrasters Militär zu erwarten, bestenfalls noch eine kleine Schutztruppe, deren Stammeinheiten dauerhaft am Rhein stationiert waren. Strobel wies darauf hin, dass die Motive für die Gründung Triers seines Erachtens weniger in einer Urbanisierungspolitik lagen, sondern vielmehr in der administrativen Neuorganisation des ostgallischen Raumes, mit einer militärischen und logistischen Zielsetzung[907]. Er ging dabei aber von einer militärischen Präsenz in Trier aus, die aufgrund der Befunde und des Fundmaterials nicht zu belegen ist.

Meines Erachtens kann man mit Tongeren, Trier, Metz, Langres, Besançon, Avenches, Augst und auch Kempten in Raetien eine zweite Reihe Städte hinter der Grenze ausmachen, die etwa gleichzeitig begannen und vermutlich zentral organisierte Verwaltungen und auch Versorgungsaufgaben für das Militär übernahmen. Bei der Anlage dieses Städtenetzes in der spätaugusteisch-frühtiberischen Zeit wurde auf schon bestehende Kontakte zurückgegriffen und die Strukturen an römische Vorgaben der guten Erreichbarkeit angepasst. Gleichzeitig wurde dabei den Oppida in den meisten Fällen die militärstrategisch günstige Lage genommen, wobei das – wie Metz und Besançon zeigen – nicht immer erforderlich war. Durch die Lage der neu gegründeten Städte regelhaft in den Zentren der Stammesgebiete, nicht in Randbereichen, wurde der einheitliche Charakter dieser Anlagen noch einmal betont.

Die Gründung Triers dürfte damit in ein breit angelegtes Urbanisierungsprogramm der spätaugusteisch-frühtiberischen Zeit gehören, das weiter an neuen zielgerichteten Grabungen sowie der Auswertung von Altfunden erforscht werden sollte.

---

907 Strobel 2006a, 106–107.

# 7 Zusammenfassung

Der Beginn von *Augusta Treverorum* liegt nicht, wie bislang angenommen, im zweiten Jahrzehnt v. Chr., sondern erst um die Zeitenwende. Die Untersuchung der frühesten Fundschichten des Stadtgebiets erbrachte an verschiedenen Stellen vorgeschichtliche, vor allem urnenfelderzeitliche Befunde. Eine größere zusammenhängende Siedlung der Spätlatènezeit fehlt jedoch sicher und kann nicht anhand des spärlich vorliegenden Fundmaterials postuliert werden, insbesondere nicht an Münzen, die noch lange umgelaufen sein können. Der älteste, zudem sicher datierte Befund in der Talweite ist die erste Moselbrücke aus den Jahren 18/17 v. Chr. Ob ihre Errichtung in Zusammenhang mit dem Ausbau des Agrippa zugeschriebenen Straßennetzes in Gallien erfolgte bleibt ungewiss, da dessen Datierung nicht abschließend geklärt ist. Die Brücke liefert jedoch ein starkes Argument, zumindest den Baubeginn des Teilabschnitts der Fernstraße in Trier erst nach dem zweiten Aufenthalt Agrippas nach 20 v. Chr. anzunehmen. Da in den darauf folgenden Jahren der Rhein und die großen Militärlager an Bedeutung gewannen, erscheint ein Ausbau der Versorgungswege im Hinterland zu diesem Zeitpunkt möglich.

Aus dem eigentlichen Stadtgebiet liegen allerdings Funde und Befunde erst der spätaugusteischen Zeit vor. Das sechs mal acht Insulae umfassende Straßenraster wurde frühestens um die Zeitenwende ausgebaut: Unter der ersten befestigten Straßenstickung eine große Menge Fundmaterial des Halternhorizonts. Da sich in diesen geschlossenen Fundkomplexen zudem nur vereinzelte Altstücke befinden, ist nicht von einer größeren Siedlung vor der Anlage des Stadtgrundrisses auszugehen.

Aussagen zum Aussehen der Stadt in der Gründungsphase sind kaum möglich. Spätere Überbauungen sowie lange Nutzungszeiten störten oder überformten die ersten Befunde, so dass sie nicht gesichert der augusteischen oder frühtiberischen Zeit zuzuweisen sind. Das in Stein angelegte Forum der zweiten Hälfte des ersten Jahrhunderts n. Chr. überdeckte frühere Nutzungshorizonte und lässt dadurch keine Rückschlüsse auf diesen zentralen Bereich des Gründungsrasters zu. In der späteren Forumserweiterung ist für die Gründungsphase – vermutlich private – Holzbebauung nachgewiesen. Das einzige öffentliche Monument früher Zeitstellung ist eine Ehreninschrift für Gaius und Lucius Caesar, die allerdings nicht zwingend in das Jahr 4 n. Chr. eingeordnet werden muss. Reste von Holzbebauung sowie spätaugusteisches Fundmaterial liegen im gesamten Bereich des Gründungsrasters vor, ohne dass eine zeitliche Staffelung der Aufsiedlung nachzuweisen ist. Vermutlich erfolgte sie innerhalb weniger Jahre, da feuergefährdete gewerbliche Betriebe wie Töpfereien von Beginn an außerhalb lagen. Die Häuser sind zumindest zum Teil in Schwellbalkentechnik errichtet und bereits in der ersten Phase mit Putz und Wandmalereien ausgestattet. Die zentrale Einrichtung einer Wasserver- und entsorgung konnte nicht nachgewiesen werden. Leitungen sind nachträglich in die erste befestigte Straße eingebaut. Dagegen liegen Hölzer eines Brunnens der frühtiberischen Zeit vor.

Die nur in Teilen untersuchten Gräberfelder stützen das im Siedlungsmaterial gewonnene Bild: Kein Grab ist älter als spätaugusteisch-frühtiberisch, und im Fundmaterial befinden sich kaum Altstücke. Zeitstellung und Entwicklung der Tempelbezirke sind nicht zu beurteilen, da die ältesten Schichten unzureichend untersucht wurden. Die Münzreihe des Altbachtals legt dort allerdings einen Beginn in spätaugusteischer Zeit nahe. In der Trierer Talweite fehlt außerdem bislang der sichere Nachweis von stationiertem Militär.

Auch wenn in Zukunft neue Grabungen eine spätlatènezeitliche Siedlung oder einen größeren Straßenvicus der Zeit um 20 v. Chr. erbringen sollten, bleibt als Ergebnis dieser Arbeit festzuhalten, dass der Ausbau des ersten befestigten Straßennetzes als Ausgangspunkt der späteren Stadt erst in spätaugusteischer Zeit erfolgt sein kann.

Die Stadt *Augusta Treverorum* wurde an einer bereits bestehenden Fernstraße im Zentrum des Stammesgebiets der Treverer gegründet. Die Reduktion der Siedlung auf dem Titelberg sowie die Besiedlung der Stadt an der Mosel sind vermutlich gleichzeitig erfolgt. Dabei ist der Sitz des administrativen Zentrums übertragen worden. Die Aufgabe oder Umnutzung des wichtigsten Oppidums eines Stammes bei gleichzeitiger Neugründung einer römischen Zentralsiedlung in verkehrsstrategisch günstiger Lage scheint in dieser Zeit keineswegs singulär. Ähnliche Vorgänge lassen sich im gesamten Gebiet der Provinz *Gallia Belgica* und sogar darüber hinaus in angrenzenden Regionen, wie am Rhein, in Raetien oder auch in Zentralgallien, beobachten. Nahezu gleichzeitig entwickeln sich Zentralorte mit rechtwinklig zueinander verlaufenden Straßen, öffentlichen Monumenten und einer insgesamt städtischen Infrastruktur, die zudem oft die Bezeichnung Augusta mit dem jeweiligen Stammesnamen trägt. Die Fundhorizonte sind einheitlich halternzeitlich und auch die dendrochronologischen Untersuchungen weisen in den Zeitraum kurz vor oder kurz nach der Zeitenwende. Unter Vorbehalt weiterer Untersuchungen zeigt sich darin vermutlich ein zentral organisiertes Städtebauprogramm der spätaugusteischen Zeit zur zivilen Besiedlung und Organisation Nordgalliens und der späteren germanischen Provinzen.

# 8 Literaturverzeichnis

Alföldi 1970: M. R. Alföldi, FMRD, Abt. 4. Rheinland-Pfalz. Stadt und Reg.-Bez. Trier. Stadt Trier (3001–3002) 3/1 (Berlin 1970).

— 2007a: M. R. Alföldi, FMRD, Abt. 4. Rheinland-Pfalz. Stadt und Reg.-Bez. Trier. Stadt Trier. Straßen rechts der Mosel A–K (3022–3110) 3/4 (Mainz 2007).

— 2007b: M. R. Alföldi, FMRD, Abt. 4. Rheinland-Pfalz. Stadt und Reg.-Bez. Trier. Stadt Trier. Straßen rechts der Mosel L–Z (3111–3186) 3/5 (Mainz 2007).

Alföldi/Wigg-Wolf 2006: M. R. Alföldi/D. Wigg-Wolf, FMRD, Abt. 4. Rheinland-Pfalz. Stadt Trier (3003–3020) 3/2 (Göttingen 2006).

Amiens-Métropole 2004: Amiens-Métropole (Hrsg.), La marque de Rome. Samarobriva et les villes du nord de la Gaule (Amiens 2004).

Amy/Gros 1979: R. Amy/P. Gros, La Maison Carrée de Nîmes. Gallia suppl. 38 (Paris 1979).

Archäologische Trier-Kommission 2005: Archäologische Trier-Kommission (Hrsg.), Rettet das archäologische Erbe in Trier. Zweite Denkschrift der Archäologischen Trier-Kommission. Schriftenr. Rhein. Landesmus. Trier 31 (Trier 2005).

Bayard 1979: D. M. J. L. Bayard, Le Forum d´Amiens antique au haut-empire. 1973–1978: six années de recherches au square Jules Bocquet et au Logis du Roy. Cahiers Arch. Picardie 6, 1979, 131–152.

Béal 1996: J.-C. Béal, Bibracte-Autun ou le «transfert de capitale». Lieu-commun et réalités archéologiques. Latomus 55/2, 1996, 339–367.

Becker 1992: A. Becker, Rom und die Chatten. Quellen u. Forsch. Hess. Gesch. 88 (Marburg, Darmstadt 1992).

— 2003: A. Becker, Lahnau-Waldgirmes. Eine augusteische Stadtgründung in Hessen. Historia 52/3, 2003, 337–350.

— 2007: A. Becker, Lahnau-Waldgirmes. Eine römische Stadtgründung im Lahntal aus der Zeit um Christi Geburt. In: G. A. Lehmann/R. Wiegels (Hrsg.), Römische Präsenz und Herrschaft im Germanien der augusteischen Zeit. Abhandl. Königl. Ges. Wiss. Göttingen, Phil.-Hist. Kl., 3. Folge 279 (Göttingen 2007) 321–330.

Becker/Rasbach 2001: A. Becker/G. Rasbach, Vortrag zur Jahressitzung 2001 der Römisch-Germanischen Kommission. Waldgirmes. Eine augusteische Stadtgründung. Ber. RGK 82, 2001, 591–610.

— 2003: A. Becker/G. Rasbach, Die spätaugusteische Stadtgründung in Lahnau-Waldgirmes. Archäologische, architektonische und naturwissenschaftliche Untersuchungen. Germania 81/1, 2003, 147–199.

Bedon 1999: R. Bedon, Les villes des trois Gaules de César à Néron dans leur contexte historique, territorial et politique (Clamecy 1999).

Bergemann 1990: J. Bergemann, Römische Reiterstatuen. Ehrendenkmäler im öffentlichen Bereich. Beitr. Erschließung Hellenist. u. Kaiserzeitl. Skulptur 11 (Mainz 1990).

Berger 1996: F. Berger, Kalkriese 1. Die römischen Fundmünzen. Röm.-Germ. Forsch. 55 (Mainz 1996).

Berger 1999: F. Berger, Kalkriese: Die römischen Fundmünzen. In: W. Schlüter/R. Wiegels (Hrsg.), Rom, Germanien und die Ausgrabungen von Kalkriese. Osnabrücker Forsch. Alt. u. Ant.-Rezeption 1 (Osnabrück 1999) 271–277.

— 1999/2000: L. Berger, Gründungsproblematik und Frühzeit der römischen Kolonien in der Schweiz. Jahrb. Heimat- u. Altver. Heidenheim 8, 1999/2000, 67–95.

— 2000: L. Berger, Testimonien für die Namen von Augst und Kaiseraugst von den Anfängen bis zum Ende des ersten Jahrhunderts. In: P.-A. Schwarz/L. Berger (Hrsg.), Tituli Rauracenses 1. Forsch. Augst 29 (Augst 2000) 13–39.

Biegert/Rasbach 2005: S. Biegert/G. Rasbach, Belgische Waren aus der spätaugusteischen Stadtgründung in Lahnau-Waldgirmes (Hessen, D). In: Rei Cretariae Romanae Fautores (Hrsg.), Congressvs vicesimvs qvartvs rei cretariae romanae favtorvm namvri et dvobvs lovaniis habitvs MMIV. RCRF Acta 39 (Abingdon 2005) 25–38.

Bienert 2007: B. Bienert, Die römischen Bronzegefäße im Rheinischen Landesmuseum Trier. Trierer Zeitschr., Beih. 31 (Trier 2007).

Binsfeld 1970: W. Binsfeld, Zum Namen der Treverer und der Stadt Trier. Trierer Zeitschr. 33, 1970, 35–42.

— 1976a: W. Binsfeld, Der römische Vicus Belginum. Arch. Korrbl. 6, 1976, 39–42.

— 1976b: W. Binsfeld, Ein Heiligtum in Belginum-Wederath. Trierer Zeitschr. 39, 1976, 39–44.

— 1984: W. Binsfeld, Die früheste römische Keramik aus Trier. In: Rheinisches Landesmuseum Trier (Hrsg.), Trier – Augustusstadt der Treverer (Mainz 1984) 174–175.

— 2000: W. Binsfeld, Trierer Archäologie von 1500 bis 1800. Antiquitates Trevirenses – Beiträge zur Geschichte der Trierer Altertumskunde und der Gesellschaft für Nützliche Forschung. Kurtrier. Jahrb. 40, 2000, 25–30.

Bogaers/Haalebos 1980: J. Bogaers/J. K. Haalebos, Opgravingen in de Romeinse Legioensvestingen te Nijmegen, III. Canisiuscollege, Hoge Veld, 1975–1977. Oudheidkundige Mededel. Rijksmus. Leiden 61, 1980, 39–111.

Böhme-Schönberger 1994: A. Böhme-Schönberger, Die Kragenfibel – eine treverische Fibelform? In: C. Dobiat (Hrsg.), Festschrift für Otto-Herman Frey zum 65. Geburtstag. Marburger Stud. Vor- u. Frühgesch. 16 (Marburg 1994) 111–126.

Boschung 2002: D. Boschung, Gens Augusta. Untersuchungen zu Aufstellung, Wirkung und Bedeutung der Statuengruppen des julisch-claudischen Kaiserhauses. Monum. Artis Romanae 33 (Mainz 2002).

Brandt/Schmidt 1972: E. Brandt/E. Schmidt (Hrsg.), Antike Gemmen in deutschen Sammlungen. München, Staatliche Münzsammlung. Ant. Gemmen Dt. Slg. 1,3 (München 1972).

Breitner/Goethert 2009: G. Breitner/K.-P. Goethert, Ein Altar für Augustus und Roma in Trier. Funde u. Ausgr. Trier 40, 2008 (2009), 7–13.

Bringmann 2007: K. Bringmann, Augustus. Gestalten der Antike (Darmstadt 2007).

Brunetti 2005: C. Brunetti, Noviodunum ou la Colonia Iulia Equestris. In: A. Desbat (Hrsg.), Lugdunum (Gollion 2005) 57–59.

Carmelez 2001: J.-C. Carmelez, Le forum de Bavay, une création augustéenne. In: M. Lodewijcky (Hrsg.), Belgian Archaeology in a European Setting II. Acta Arch. Lovaniensia, Monogr. 13 (Leuven 2001) 95–104.

Chantraine 1968: H. Chantraine, Novaesium III. Die antiken Fundmünzen der Ausgrabungen in Neuss. Limesforsch. 8 (Berlin 1968).

— 1982: H. Chantraine, Novaesium VII. Die antiken Fundmünzen von Neuss. Gesamtkatalog der Ausgrabungen 1955–1978. Limesforsch. 20 (Berlin 1982).

Chardron-Picault 1996: P. Chardron-Picault, Autun-Augustodunum. Bilan des dernières découvertes. In: R. Bedon (Hrsg.), Les villes de la Gaule Lyonnaise. Caesarodunum 30 (Limoges 1996) 35–57.

Chevallier 1972: R. Chevallier, Les voies romaines (Paris 1972).

Clemens/Löhr 1997: L. Clemens/H. Löhr, Jahresbericht des Landesamtes für Denkmalpflege, Abteilung Archäologische Denkmalpflege, Amt Trier für den Stadtbereich Trier 1995. Trierer Zeitschr. 60, 1997, 363–386.

— 2000: L. Clemens/H. Löhr, Jahresbericht des Landesamtes für Denkmalpflege, Abteilung Archäologische Denkmalpflege, Amt Trier für den Stadtbereich Trier 1998. Trierer Zeitschr. 63, 2000, 424–428.

— 2001: L. Clemens/H. Löhr, Drei neue Landschaftsbilder zur Geschichte der Trierer Talweite in der Spätbronzezeit, der Spätantike und dem Hochmittelalter, Funde u. Ausgr. Trier 33, 2001, 103–134.

Clemens/Faust u. a. 2004/05: L. Clemens/S. Faust/K.-J. Gilles/M. König/H. Löhr/M. Neyses-Eiden/H. Nortmann, Jahresbericht des Landesamtes für Denkmalpflege, Abteilung Archäologische Denkmalpflege, Amt Trier für die Landkreise Bernkastel-Wittlich, Birkenfeld, Bitburg-Prüm, Daun und Trier-Saarburg 2001–2003. Trierer Zeitschr. 67/68, 2004/05, 333–457.

Cordie/König u. a. 2007: R. Cordie/J. König u. a., Die Grabungen der Jahre 2000 bis 2005 im Vicus Belginum. In: R. Cordie (Hrsg.), Belginum. Schriftenr. Rhein. Landesmus. Trier 33 (Mainz 2007) 179–195.

Cordie-Hackenberg 2000: R. Cordie-Hackenberg, Die Tempelbezirke von Belginum. In: A. Haffner/S. von Schnurbein (Hrsg.), Kelten, Germanen, Römer im Mittelgebirgsraum zwischen Luxemburg und Thüringen. Koll. Vor- u. Frühgesch. 5 (Bonn 2000) 409–420.

Cordie-Hackenberg/Haffner 1991: R. Cordie-Hackenberg/A. Haffner, Das keltisch-römische Gräberfeld von Wederath-Belginum. Teil 4: Gräber 1261–1817. Ausgegraben 1978–1980. Trierer Grabungen u. Forsch. 4,4 (Mainz 1991).

Cordie-Hackenberg/Wigg 1998: R. Cordie-Hackenberg/A. Wigg, Einige Bemerkungen zu spätlatène- und römerzeitlicher handgemachter Keramik des Trierer Landes. In: A. Müller-Karpe/H. Brandt u. a. (Hrsg.), Studien zur Archäologie der Kelten, Römer und Germanen in Mittel- und Westeuropa. Internationale Archäologie. Stud. Honoraria 4 (Rahden 1998) 103–117.

Cüppers 1969: H. Cüppers, Die Trierer Römerbrücken. Trierer Grabungen u. Forsch. 5 (Mainz 1969).

— 1977: H. Cüppers, Die Stadt Trier und die verschiedenen Phasen ihres Ausbaues von der Gründung bis zum Bau der mittelalterlichen Stadtbefestigung. In: P.-M. Duval/E. Frézouls (Hrsg.), Thèmes de recherches sur les villes antiques d'occident. Coll. Internat. Centre Nat. Rech. Scien. 542 (Paris 1977) 223–228.

— 1979: H. Cüppers, Das römische Forum der Colonia Augusta Treverorum. In: Rheinisches Landesmuseum Trier (Hrsg.), Festschrift 100 Jahre Rheinisches Landesmuseum Trier. Trierer Grabungen u. Forsch. 14 (Mainz 1979) 211–262.

— 1982: H. Cüppers, Der Tempel des Asklepios an der Moselbrücke. Vorbericht. Funde u. Ausgr. Trier 14, 1982, 7–13.

— 1984a: H. Cüppers, Frührömische Siedlungsreste und Funde aus dem Stadtgebiet von Trier. In: Rheinisches Landesmuseum Trier (Hrsg.), Trier – Augustusstadt der Treverer (Mainz 1984) 48–51.

— 1984b: H. Cüppers, Siedlungsreste und Funde aus der Zeit der Gründung der Augusta Treverorum. Kurtrier. Jahrb. 24, 1984, 11–20.

Cüppers/Gilles u. a. 1987–1988: H. Cüppers/K.-J. Gilles u. a., Berichte des Amtes Trier. Denkmalpfl. Rheinland-Pfalz 42–43, 1987–1988, 338–343.

Czysz/Dietz u. a. 1995: W. Czysz/K. Dietz u. a. (Hrsg.), Die Römer in Bayern (Aalen 1995).

Darblade-Audoin/Lavagne 2006: M.-P. Darblade-Audoin/H. Lavagne, Lyon. Nouvel Espérandieu 2 (Paris 2006) 111–113.

Debatty 2004: B. Debatty, Une dédicace à Caius César découverte à Sens (CIL XIII 2942). Hypothèses sur la nature du support de l'inscription. Bull. Soc. Arch. Sens, 4e Sér., 2004, 38–53.

Dembski 2005: G. Dembski, Die antiken Gemmen und Kameen aus Carnuntum. Arch. Park Carnuntum. Neue Forsch. 1 (Wien 2005).

Deru 1996: X. Deru, La céramique belge dans le nord de la Gaule. Caractérisation, chronologie, phénomènes culturels et économiques. Publ. Hist. Art et Arch. Univ. Catholique Louvain 89 (Louvain-La-Neuve 1996).

— 2004: X. Deru, Les estampilles littérales et anépigraphes sur céramique belge et le rapport à l'écrit des potters belgo-romains. Gallia 61, 2004, 133–143.

Desbat 1995: A. Desbat, Les productions precoces de ceramiques a glaçure plombifère de la vallée du Rhône. In: Rei Cretariae Romanae Fautores (Hrsg.), Congressvs octavvs decimvs rei cretariae romanae favtorvm albaregalensis. RCRF Acta 34 (Alba Regina 1995) 39–47.

— 2003: A. Desbat, La gestion des déchets en milieu urbain. L´exemple de Lyon à la période romaine. In: P. Ballet/P. Cordier u. a. (Hrsg.), La ville et ses déchets dans le monde romain: rebuts et recyclages. Arch. et Hist. Romaine 10 (Montagnac 2003) 117–120.

— 2005: A. Desbat (Hrsg.), Lugdunum. Naissance d´une capitale (Gollion 2005).

— 2007: A. Desbat, Artisanat et commerce à Lugdunum. In: A.-C. Le Mer/C. Chomer (Hrsg.), Lyon. Carte Arch. Gaule 69/2 (Paris 2007) 214–222.

Desbat/Genin u. a. 1996: A. Desbat/M. Genin u. a., Les productions des ateliers de potiers antiques de Lyon. Ière partie: Les ateliers précoces. Gallia 53, 1996, 1–249.

Deschler-Erb 1999: E. Deschler-Erb, Ad arma! Römisches Militär des 1. Jahrhunderts n. Chr. in Augusta Raurica. Forsch. Augst 28 (Augst 1999).

Deschler-Erb/Helmig u. a. 2005: E. Deschler-Erb/G. Helmig u. a., Regio Baseliensis im Vergleich. In: G. Kaenel/S. Martin-Kilcher u. a. (Hrsg.), Colloquium Turicense. Cahiers Arch. Romande 101 (Lausanne 2005) 155–170.

Deschler-Erb 1998: S. Deschler-Erb, Römische Beinartefakte aus Augusta Raurica. Rohmaterial, Technologie, Typologie und Chronologie. Forsch. Augst 27/1 (Augst 1998).

Dobiat 1994: C. Dobiat (Hrsg.), Festschrift für Otto-Herman Frey zum 65. Geburtstag. Marburger Stud. Vor- u. Frühgesch. 16 (Marburg 1994).

Dörfler/Evans u. a. 1998: W. Dörfler/A. Evans u. a., Trier Walramsneustraße. Untersuchungen zum römerzeitlichen Landschaftswandel im Hunsrück-Eifel-Raum an einem Beispiel aus der Trierer Talweite. In: A. Müller-Karpe/H. Brandt u. a. (Hrsg.), Studien zur Archäologie der Kelten, Römer und Germanen in Mittel- und Westeuropa. Internationale Archäologie. Stud. Honoraria 4 (Rahden 1998) 119–152.

— 2000: W. Dörfler/A. Evans u. a., Wandel der Kulturlandschaft als Ausdruck kulturellen Wandels? Pollenanalytische und siedlungsarchäologische Untersuchungen zur Romanisierung in der Vulkaneifel. In: A. Haffner/S. von Schnurbein (Hrsg.), Kelten, Germanen, Römer im Mittelgebirgsraum zwischen Luxemburg und Thüringen. Koll. Vor- u. Frühgesch. 5 (Bonn 2000) 129–139.

Dragendorff 1895: H. Dragendorff, Terra Sigillata: Ein Beitrag zur Geschichte der griechischen und römischen Keramik. Bonner Jahrb. 96/97, 1895, 18–155.

Dragendorff/Watzinger 1948: H. Dragendorff/C. Watzinger, Arretinische Reliefkeramik mit Beschreibung der Sammlung in Tübingen (Reutlingen 1948).

Drinkwater 1983: J. F. Drinkwater, Roman Gaul. The Three Provinces, 58 BC–AD 260 (London, Canberra 1983).

Düerkop 2002: A. Düerkop, Terra Sigillata-Stempel aus dem Flottenlager Köln-Marienburg (Alteburg). Kölner Jahrb. 35, 2002, 783–951.

— 2003: A. Düerkop, Die italische glatte Sigillata der Ausgrabung 1998 im Kastell Alteburg. Kölner Jahrb. 36, 2003, 659–681.

Eck 2004: W. Eck, Köln in römischer Zeit. Geschichte einer Stadt im Rahmen des Imperium Romanum. Gesch. Stadt Köln 1 (Köln 2004).

Eck/von Hesberg 2003: W. Eck/H. v. Hesberg, Der Rundbau eines Dispensator Augusti und andere Grabmäler der frühen Kaiserzeit in Köln. Monumente und Inschriften. Kölner Jahrb. 36, 2003, 151–205.

Ehrenberg/Jones 1976³: V. Ehrenberg/A. H. Jones, Documents Illustrating the Reigns of Augustus and Tiberius (Oxford 1976³).

Ettlinger 1983: E. Ettlinger, Novaesium IX. Die Italische Sigillata von Novaesium. Limesforsch. 21 (Berlin 1983).

Ettlinger/Hedinger u. a. 2002: E. Ettlinger/B. Hedinger u. a. (Hrsg.), Conspectus formarum terrae sigillatae Italico modo confectae. Mat. Röm.-Germ. Keramik 10 (Bonn 2002).

Faustmann 2007: A. C. Faustmann, Besiedlungswandel im südlichen Oberrheingebiet von der Römerzeit bis zum Mittelalter. Freiburger Beitr. Arch. u. Gesch. 10 (Rahden 2007).

Faye/Georges u. a. 1990: O. Faye/M. Georges u. a., Des fortifications de La Tène à Metz (Moselle). Trierer Zeitschr. 53, 1990, 55–126.

Fellmann 1957: R. Fellmann, Das Grab des Lucius Munatius Plancus bei Gaëta. Schr. Inst. Ur- u. Frühgesch. Schweiz 11 (Basel 1957).

Fichtl 2000: S. Fichtl, La ville celtique. Les oppida de 150 av. J.-C. à 15 ap. J.-C. (Paris 2000).

Fischer 2001: Th. Fischer, Neuere Forschungen zum römischen Flottenlager Köln-Alteburg. In: Th. Grünewald (Hrsg.), Germania inferior. Ergbd. RGA 28 (Berlin 2001) 547–564.

Flotté 2005: P. Flotté (Hrsg.), Metz. Carte Arch. Gaule 57/2 (Paris 2005).

Frei-Stolba/Bielmann u. a. 1999: R. Frei-Stolba/A. Bielmann u. a., Recherches sur les institutions de Nyon, Augst et Avenches. In: M. Dondin-Payre/M.-T. Raepsaet-Charlier (Hrsg.), Cités, municipes, colonies. Hist. Ancienne et Médiévale 53 (Paris 1999) 29–95.

Frey 1993: M. Frey, Die römischen Terra-sigillata-Stempel aus Trier. Trierer Zeitschr., Beih. 15 (Trier 1993).

Frézouls 1982: E. Frézouls (Hrsg.), Belgique 1. Amiens – Beauvais – Grand – Metz. Villes Ant. France 1 (Strasbourg 1982).

— 1988: E. Frézouls, Strabon et les voies d´Agrippa. KTEMA 13, 1988, 275–284.

— 1991: E. Frézouls, Villes augustéennes de l´Est et du Nord-Est de la France. In: C. Goudineau/A. Rebourg (Hrsg.), Les villes augustéennes de Gaule (Autun 1991) 107–115.

Fünfschilling 1992: S. Fünfschilling, Durchbrochene Bronzegriffe aus Augst. Jahresber. Augst u. Kaiseraugst 13, 1992, 265–276.

— 2006: S. Fünfschilling, Das Quartier «Kurzenbettli» im Süden von Augusta Raurica. Forsch. Augst 2006 (Augst 2006).

Furger 1985: A. R. Furger, Augst 6 v. Chr. Dendrodaten und Fundhorizonte. Jahresber. Augst u. Kaiseraugst 5, 1985, 123–146.

— 1994: A. R. Furger, Die urbanistische Entwicklung von Augusta Raurica vom 1. bis zum 3. Jahrhundert. Jahresber. Augst u. Kaiseraugst 15, 1994, 29–38.

Ganzert 1984: J. Ganzert, Das Kenotaph für Gaius Caesar in Limyra. Architektur und Bauornamentik. Istanbuler Forsch. 35 (Tübingen 1984).

Gaspar 2007: N. Gaspar, Die keltischen und gallo-römischen Fibeln vom Titelberg. Les fibules gauloises et gallo-romaines du Titelberg. Dossiers Arch. Mus. Nat. Hist. et Art 11 (Luxembourg 2007).

Geldmacher 2004: N. Geldmacher, Die römischen Gräber des Gräberfeldes von Wederath-Belginum, Kr. Bernkastel-Wittlich. Typologische und chronologische Studien (Diss. Univ. Kiel 2004).

— 2007: N. Geldmacher, Belegungsgeschichte der Nekropole von Wederath-Belginum. In: R. Cordie (Hrsg.), Belginum. Schriftenr. Rhein. Landesmus. Trier 33 (Mainz 2007) 117–126.

Gilles 1989: K.-J. Gilles, Eine weitere unedierte Münze der Treverer aus Trier. Neue Aspekte zu den Anfängen Triers. Funde u. Ausgr. Trier 21, 1989, 7–18.

— 1992: K.-J. Gilles, Neue Funde und Beobachtungen zu den Anfängen Triers. Trierer Zeitschr. 55, 1992, 193–232.

Goethert 2003a: K.-P. Goethert, Römerbauten in Trier. Porta Nigra, Amphitheater, Barbarathermen, Thermen am Viehmarkt, Kaiserthermen. Ed. Burgen, Schlösser, Alt. Rheinland-Pfalz, Führungsh. 20 (Regensburg 2003).

— 2003b: K.-P. Goethert, Untersuchungen zum Gründungsschema des Stadtplanes der Colonia Augusta Treverorum. Die Geburt der Stadt an der Mosel. Arch. Korrbl. 33, 2003, 239–258.

— 2005: K.-P. Goethert, Thermen am Viehmarkt. In: Archäologische Trier-Kommission (Hrsg.), Rettet das archäologische Erbe in Trier. Schriftenr. Rhein. Landesmus. Trier 31 (Trier 2005) 86–87.

Goethert-Polaschek 1977: K. Goethert-Polaschek, Katalog der römischen Gläser des Rheinischen Landesmuseums Trier. Trierer Grabungen u. Forsch. 9 (Mainz 1977).

— 1984a: K. Goethert-Polaschek, Die früheste Gebrauchskeramik der Trierer Kaiserthermen (augusteische bis tiberische Zeit). Trierer Zeitschr. 47, 1984, 119–152.

— 1984b: K. Goethert-Polaschek, Terra Sigillata. In: Rheinisches Landesmuseum Trier (Hrsg.), Trier – Augustusstadt der Treverer (Mainz 1984) 200–204.

— 1985: K. Goethert-Polaschek, Katalog der römischen Lampen des Rheinischen Landesmuseums Trier. Bildlampen und Sonderformen. Trierer Grabungen u. Forsch. 15 (Mainz 1985).

— 2002: K. Goethert-Polaschek, Kaiser, Prinzen, prominente Bürger. Römische Bildniskunst des 1. und 2. Jahrhunderts n. Chr. im Rheinischen Landesmuseum Trier. Schriftenr. Rhein. Landesmus. Trier 25 (Trier 2002).

Gose 1950: E. Gose, Gefäßtypen der römischen Keramik im Rheinland. Beih. Bonner Jahrb. 1 (Bonn 1950).

— 1955: E. Gose, Der Tempelbezirk des Lenus Mars in Trier. Trierer Grabungen u. Forsch. 11 (Berlin 1955).

— 1969: E. Gose (Hrsg.), Die Porta Nigra in Trier. Trierer Grabungen u. Forsch. 4 (Berlin 1969).

— 1972: E. Gose, Der gallo-römische Tempelbezirk im Altbachtal zu Trier. Trierer Grabungen u. Forsch. 7 (Mainz 1972).

Graeven 1904: H. Graeven, Der Stadtplan des römischen Trier. Denkmalpfl. 6, 1904, 125–128.

Gros 1991: P. Gros, Les autels des Caesares et leur signification dans l'espace urbain des villes julio-claudiennes. In: R. Étienne/M.-T. Le Dinahet (Hrsg.), L'espace sacrificiele dans les civilisations méditerranéennes de l'antiquité. Publ. Bibl. Salomon-Reinach 5 (Paris 1991) 179–186.

Gruel/Vitali 1998: K. Gruel/D. Vitali, L'oppidum de Bibracte. Gallia 55, 1998, 1–140.

Guilhot/Goy 1992: J.-O. Guilhot/C. Goy (Hrsg.), 20000 m³ d'Histoire. Les fouilles du parking de la Mairie à Besançon (Besançon 1992).

Guillaumet 2003: J.-P. Guillaumet, De la naissance de Bibracte à la naissance d'Autun. In: M. Reddé/L. Dubois u. a. (Hrsg.), La naissance de la ville dans l'antiquité. De l'archéologie à l'histoire (Paris 2003) 215–225.

Haffner 1984a: A. Haffner, Die Treverer im letzten Jahrhundert vor Chr. Geb. nach der schriftlichen Überlieferung. In: Rheinisches Landesmuseum Trier (Hrsg.), Trier – Augustusstadt der Treverer (Mainz 1984) 27–31.

Haffner 1984b: A. Haffner, Die Trierer Talweite in der Latènezeit. In: Rheinisches Landesmuseum Trier (Hrsg.), Trier – Augustusstadt der Treverer (Mainz 1984) 16–19.

Hanel 1995: N. Hanel, Vetera I. Die Funde aus den römischen Lagern auf dem Fürstenberg bei Xanten. Rhein. Ausgr. 35 (Köln 1995).

Hänggi 1988: R. Hänggi, Ausgrabungen in Augst im Jahr 1987. Jahresber. Augst u. Kaiseraugst 9, 1988, 13–27.

Haselgrove 1999: C. Haselgrove, The Development of Iron Age Coinage in Belgic Gaul. Num. Chronicle 159, 1999, 111–168.

— 2006: C. Haselgrove, The Impact of the Roman Conquest on Indigenous Coinages in Belgic Gaul and southern Britain. In: P. de Jersey (Hrsg.), Celtic Coinage. BAR Internat. Ser. 1532 (Oxford 2006) 97–115.

Haupt 1984: D. Haupt, Römischer Töpfereibezirk bei Soller, Kr. Düren. Bericht über eine alte Ausgrabung. In: D. Haupt (Hrsg.), Beiträge zur Archäologie des römischen Rheinlands 4. Rhein. Ausgr. 24 (Köln 1984) 391–470.

— 2000: P. Haupt, Die Grabungen im Vicus Belginum 2000. Trassenbereich der B 50 (neu). Trierer Zeitschr. 63, 2000, 203–231.

Hauser/Rossi 1998: P. Hauser/F. Rossi, Nyon – Urbanisme et habitat. Dossiers Arch. 232, 1998, 18–25.

van Heesch 1999: J. van Heesch, Augustan bronze coins in the north-west of Gaul. In: W. Schlüter/R. Wiegels (Hrsg.), Rom, Germanien und die Ausgrabungen von Kalkriese. Osnabrücker Forsch. Alt. u. Ant.-Rezeption 1 (Osnabrück 1999) 347–362.

Heide 1997: A. Heide, Das Wetter und Klima in der römischen Antike im Westen des Reiches (Mainz 1997).

Heinemann 2007: A. Heinemann, Eine Archäologie des Störfalls. Die toten Söhne des Kaisers in der Öffentlichkeit des frühen Principats. In: T. Hölscher/F. Hölscher (Hrsg.), Römische Bilderwelten. Arch. u. Gesch. 12 (Heidelberg 2007) 41–109.

Heinen 1976: H. Heinen, Grundzüge der wirtschaftlichen Entwicklung des Moselraumes zur Römerzeit. Trierer Zeitschr. 39, 1976, 75–118.

— 1984: H. Heinen, Augustus in Gallien und die Anfänge des römischen Trier. In: Rheinisches Landesmuseum Trier (Hrsg.), Trier – Augustusstadt der Treverer (Mainz 1984) 32–47.

— 1985: H. Heinen, Trier und das Trevererland in römischer Zeit. 2000 Jahre Trier 1 (Trier 1985).

Heinrichs 2007: J. Heinrichs, Vor dem oppidum Ubiorum. Münzen einer Zivilsiedlung im Kölner Domareal in ihren Aufschlüssen für das augusteische Köln, die Datierung von Kalkriese und das Problem fehlender nachvaruszeitlicher Befunde östlich des Rheins. In: G. A. Lehmann/R. Wiegels (Hrsg.), Römische Präsenz und Herrschaft im Germanien der augusteischen Zeit. Abhandl. Königl. Ges. Wiss. Göttingen, Phil.-Hist. Kl., 3. Folge 279 (Göttingen 2007) 225–320.

Heising 2007: A. Heising, Figlinae Mogontiacenses. Die römischen Töpfereien von Mainz. Ausgr. u. Forsch. 3 (Remshalden 2007).

Henrich 2006: P. Henrich, Die römische Besiedlung in der westlichen Vulkaneifel. Trierer Zeitschr., Beih. 30 (Trier 2006).

von Hesberg 2002: H. v. Hesberg, Bauteile der frühen Kaiserzeit in Köln. Das Oppidum Ubiorum zur Zeit des Augustus. In: A. Rieche/H.-J. Schalles u. a. (Hrsg.), Grabung – Forschung – Präsentation. Xantener Ber. 12 (Mainz 2002) 13–36.

von Hesberg/Panciera 1994: H. v. Hesberg/S. Panciera, Das Mausoleum des Augustus. Der Bau und seine Inschriften. Bayer. Akad. Wiss., Phil.-Hist. Kl., Abhandl. N. F. 108 (München 1994).

Hettner 1880: F. Hettner, Das römische Trier. Monatsschr. Gesch. Westdeutschland 6, 1880, 343–369.

Hettner 1888: F. Hettner, Römische Inschrift. Korrbl. Westdt. Zeitschr. Gesch. 7, 1888, 166–173.

— 1893: F. Hettner, Die Steindenkmäler des Provinzialmuseums zu Trier mit Ausschluss der Neumagener Monumente (Trier 1893).

Hochuli-Gysel 1977: A. Hochuli-Gysel, Kleinasiatische glasierte Reliefkeramik (50 v. Chr. – 50 n. Chr.) und ihre oberitalischen Nachahmungen. Acta Bernensia VII (Bern 1977).

— 1997: A. Hochuli-Gysel, Bleiglasierte Keramik. In: Direktion der öffentlichen Bauten des Kantons Zürich (Hrsg.), Vitudurum 8. Monogr. Kantonsarch. Zürich 30 (Zürich 1997) 63–81.

Hochuli-Gysel/Siegfried-Weiss u. a. 1991: A. Hochuli-Gysel/A. Siegfried-Weiss u. a. (Hrsg.), Chur in römischer Zeit. Band II: A. Ausgrabungen Areal Markthallenplatz, B. Historischer Überblick. Antiqua 19 (Basel 1991).

Hoffmann 1998: P. Hoffmann, Die Stadtentwicklung am römischen Forum in Trier. Ergebnisse und Fragen zu Datierung und Nutzung der so genannten Thermen am Viehmarkt. Funde u. Ausgr. Trier 30, 1998, 53–68.

Hollstein 1980: E. Hollstein, Mitteleuropäische Eichenchronologie. Trierer dendrochronologische Forschungen zur Archäologie und Kunstgeschichte. Trierer Grabungen u. Forsch. 11 (Mainz 1980).

Höpken 2005: C. Höpken, Die römische Keramikproduktion in Köln. Kölner Forsch. 8 (Mainz 2005).

Ilisch 1992: P. Ilisch, Die Münzen aus den Ausgrabungen im Römerlager Oberaden. In: J.-S. Kühlborn (Hrsg.), Das Römerlager in Oberaden III. Bodenalt. Westfalen 27 (Münster 1992) 175–201.

— 1999: P. Ilisch, Die Münzen aus den römischen Militärlagern in Westfalen. In: W. Schlüter/R. Wiegels (Hrsg.), Rom, Germanien und die Ausgrabungen von Kalkriese. Osnabrücker Forsch. Alt. u. Ant.-Rezeption 1 (Osnabrück 1999) 279–291.

Joly 2003: M. Joly, Langres, de la ville Gauloise à la ville Gallo-Romaine. In: M. Reddé/L. Dubois u. a. (Hrsg.), La Naissance de la ville dans l'Antique. De l'Archéologie à l'Histoire (Paris 2003) 227–238.

— 2007: M. Joly, Langres. Oppidum et caput civitatis. In: R. Hanoune (Hrsg.), Les villes romaines du Nord de la Gaul. Rev. Nord, Hors Sér., Collect. Art et Arch. 10 (Villeneuve-d'Ascq 2007) 205–219.

Julliot 1898: G. Julliot, Inscriptions et monuments du Musée Gallo-Romain de Sens (Sens 1898).

Kahrstedt 1951: U. Kahrstedt, Die „Gründung" der Colonia Augusta Treverorum. Trierer Zeitschr. 20, 1951, 68–76.

Kaiser 2000: M. Kaiser, Elemente der Romanisierung im Grabbrauch des 1. Jahrhunderts n. Chr. in der Augusta Treverorum. In: A. Haffner/S. von Schnurbein (Hrsg.), Kelten, Germanen, Römer im Mittelgebirgsraum zwischen Luxemburg und Thüringen. Koll. Vor- u. Frühgesch. 5 (Bonn 2000) 305–317.

— 2001: M. Kaiser, Römische Bestattungsbräuche in Trier, im Trierer Umland, in Bonn und Neuss. In: M. Heinzelmann/J. Ortalli u. a. (Hrsg.), Römischer Bestattungsbrauch und Beigabensitten. Palilia 8 (Wiesbaden 2001) 279–285.

Kasprzyck/Labaune 2003: M. Kasprzyck/Y. Labaune, La gestion des déchets à Augustodunum (Autun, Saône-et-Loire) durant l'époque romaine. Les données archéologiques. In: P. Ballet/P. Cordier u. a. (Hrsg.), La ville et ses déchets dans le monde romain: rebuts et recyclages. Arch. et Hist. Romaine 10 (Montagnac 2003) 99–116.

Kellner 1973: H.-J. Kellner, Zur Drusus-Inschrift von Bregenz. Jahrb. Vorarlberger Landesmusver. 117, 1973, 38–43.

Kemmers 2006: F. Kemmers, Coins for a Legion. An analysis of the coin finds from the Augustan legionary fortress and Flavian canabae legionis at Nijmegen. SFMA 21 (Mainz 2006).

Kempf 1953: T. K. Kempf, Die Entwicklung des Stadtgrundrisses von Trier. Trierisches Jahrb. 1953, 5–23.

Kendrick 1997: P. M. Kendrick, Cn. Ateius – The inside story. RCRF Acta 35, 1997, 179–190.

Kentenich 1933: G. Kentenich, Die älteste Stadtanlage Triers. Trierische Heimat 9, 1933, 140–146.

Keune 1931: J. B. Keune, Das römische Trier. Trierische Heimat 8, 1931, 50–54.

— 1935: J. B. Keune, Spanische Reiter im römischen Trier. Trierer Zeitschr. 10, 1935, 76–79.

Kienast 1982: D. Kienast, Augustus. Prinzeps und Monarch (Darmstadt 1982).

Kilian/Gose u. a. 1956/58: L. Kilian/E. Gose u. a., Jahresbericht des Landesdienstes für Vor- und Frühgeschichte für die Jahre 1945–1958. Trierer Zeitschr. 24–26, 1956/58, 313–661.

Kleiner 1985: F. S. Kleiner, The Arch of Gaius Caesar at Pisa (CIL, XI, 1421). Latomus 44, 1985, 156–164.

Koethe 1936: H. Koethe, Neue Daten zur Geschichte des römischen Trier. Germania 20/1, 1936, 27–35.

— 1937: H. Koethe, Die Erforschung der römischen Zeit im Regierungsbezirk Trier. Nachrbl. Dt. Vorzeit 13, 1937, 148–151.

— 1938a: H. Koethe, Die Anfänge Triers. Trierer Zeitschr. 13, 1938, 190–207.

— 1938b: H. Koethe, Über die Trevererfrage und neue Entdeckungen auf dem Boden des römischen Trier. Arch. Anz. 1938, 752–760.

— 1938c: H. Koethe, Zur gestempelten belgischen Keramik aus Trier. In: H. von Petrikovits/A. Steeger (Hrsg.), Festschr. Oxé (Darmstadt 1938) 89–109.

Kolb 1984: F. Kolb, Die Stadt im Altertum (München 1984).

Konrad 1989a: M. Konrad, Augusteische Terra Sigillata aus Bregenz. Germania 67/2, 1989, 588–593.

— 1989b: M. Konrad, Neue archäologische Ergebnisse zum Beginn des römischen Bregenz. Jahrb. Vorarlberger Landesmusver. 133, 1989, 19–25.

Krausse 2006: D. Krausse, Eisenzeitlicher Kulturwandel und Romanisierung im Mosel-Eifel-Raum. Die keltisch-römische Siedlung von Wallendorf und ihr archäologisches Umfeld. Röm.-Germ. Forsch. 63 (Mainz 2006).

Krier 1980: J. Krier, Zu den Anfängen der römischen Besiedlung auf "Pëtzel" bei Dalheim. Publ. Section Hist. Inst. Luxembourg 94, 1980, 139–194.

— 1981: J. Krier, Die Treverer außerhalb ihrer Civitas. Mobilität und Aufstieg. Trierer Zeitschr., Beih. 5 (Trier 1981).

— 1984: J. Krier, Das vorrömische und frührömische Dalheim (Luxemburg). In: Rheinisches Landesmuseum Trier (Hrsg.), Trier – Augustusstadt der Treverer (Mainz 1984) 79–86.

— 1992: J. Krier, Der römische Vicus von Dalheim. In: J. Lichardus/A. Miron (Hrsg.), Der Kreis Merzig-Wadern und die Mosel zwischen Nennig und Metz. Führer Arch. Denkmäler Deutschland 24 (Stuttgart 1992) 243–251.

Krug 1995: A. Krug, Römische Gemmen im Rheinischen Landesmuseum Trier. Schriftenr. Rhein. Landesmus. Trier 10 (Hemsbach 1995).

Krüger 1930: E. Krüger, Jahresbericht des Provinzialmuseums zu Trier. Ausgrabungen, Funde und Erwerbungen. Vom 1. April 1929 bis 31. März 1930. Trierer Zeitschr. 5, 1930, 149–194.

— 1938: E. Krüger, Die Augustusstadt Trier. Trierer Zeitschr. 13, 1938, 185–189.

Krüger/Steiner u. a. 1926: E. Krüger/P. Steiner u. a., Jahresbericht des Provinzialmuseums zu Trier 1926. Trierer Zeitschr. 1/4, 1926, 177–200.

Kuhnen 2001: H.-P. Kuhnen, Die Anfänge des römischen Trier. Alte und neue Forschungsansätze. In: G. Precht/N. Zieling (Hrsg.), Genese, Struktur und Entwicklung römischer Städte im 1. Jahrhundert n. Chr. in Nieder- und Obergermanien. Xantener Ber. 9 (Mainz 2001) 143–156.

Kutzbach 1925: F. Kutzbach, Die Bodengestaltung der Stadt Trier und die römische Stadt. Germania 9, 1925, 54–58.

Lafon 2006: X. Lafon, Urbanisation en gaule romaine. In: D. Paunier (Hrsg.), La romanisation et la question de l´héritage celtique. Bibracte 12/5 (Glux-en-Glenne 2006) 67–79.

Le Mer/Chomer 2007: A.-C. Le Mer/C. Chomer (Hrsg.), Lyon. Carte Arch. Gaule 69/2 (Paris 2007).

Lebek 1989: D. Lebek, Die Mainzer Ehrungen für Germanicus, den älteren Drusus und Domitian. Zeitschr. Papy. u. Epigr. 78, 1989, 45–82.

— 1991: D. Lebek, Ehrenbogen und Prinzentod 9 v. Chr. – 23 n. Chr. Zeitschr. Papyrol. u. Epigr. 86, 1991, 47–78.

Leibundgut 1977: A. Leibundgut, Die römischen Lampen in der Schweiz. Eine kultur- und handelsgeschichtliche Studie (Bern 1977).

Leidig 1998: T. Leidig, C. CARRINAS C. F.: Überlegungen zu zwei Bronzemünzen der Treverer. Zeitschr. Papy. u. Epigr. 122, 1998, 211–218.

Leifeld 2007: H. Leifeld, Endlatène- und älterkaiserzeitliche Fibeln aus Gräbern des Trierer Landes. Eine antiquarisch-chronologische Studie. Univforsch. Prähist. Arch. 146 (Bonn 2007).

Liesen 2002: B. Liesen, Die Grabungen südlich und westlich des Kölner Doms III. Reliefverzierte Terra Sigillata. Kölner Jahrb. 35, 2002, 409–435.

— 2003: B. Liesen, Die Grabungen südlich und westlich des Kölner Doms V. Stempel und Graffiti auf unverzierter Sigillata. Kölner Jahrb. 36, 2003, 407–426.

Loeschcke 1909: S. Loeschcke, Keramische Funde in Haltern. Ein Beitrag zur Geschichte der augusteischen Kultur in Deutschland (Münster 1909).

— 1930: S. Loeschcke, Vorrömische Funde aus Trier. Die Anfänge des Tempelbezirkes im Altbachtale. In: Direktion des Römisch-Germanischen Zentralmuseums in Mainz (Hrsg.), Schumacher-Festschrift (Mainz 1930) 73–76.

— 1939: S. Loeschcke, Älteste römische Keramik vom Petrisberg über Trier. Trierer Zeitschr. 14, 1939, 93–112.

Löhr 1993: H. Löhr, Neues zum frührömischen Trier. Arch. Deutschland 1993/1, 53.

— 1997: H. Löhr, Naßholzbefunde und Grundwasser in Trier. Funde u. Ausgr. Trier 29, 1997, 43–50.

— 1998: H. Löhr, Drei Landschaftsbilder zur Natur- und Kulturgeschichte der Trierer Talweite.
Funde u. Ausgr. Trier 30, 1998, 7–28.

— 2000: H. Löhr, Intensivierte Bodenerosion als Folge römischer Landnutzung in der Trierer Talweite und ihrem Umfeld. In: A. Haffner/S. von Schnurbein (Hrsg.), Kelten, Germanen, Römer im
Mittelgebirgsraum zwischen Luxemburg und Thüringen. Koll. Vor- u. Frühgesch. 5 (Bonn 2000)
175–199.

— 2003: H. Löhr, Das frührömische Militärlager auf dem Petrisberg bei Trier. Landesgartenschau
und Archäologie. Funde u. Ausgr. Trier 35, 2003, 21–30.

— 2004a: H. Löhr, Archäologie. In: F. G. Hirschmann (Hrsg.), Der Petrisberg (Trier 2004) 1–4.

— 2004b: H. Löhr, In der Erde Geschichte lesen. In: Baudezernat der Stadt Trier/Landesgartenschau
Trier 2004 GmbH u. a. (Hrsg.), Der Petrisberg in Trier (Trier 2004) 18–22.

— 2004c: H. Löhr, Zum Stand der Untersuchungen im früheströmischen Militärlager auf dem Petrisberg bei Trier. Arch. Rheinland-Pfalz 2004, 36–39.

— 2005: H. Löhr, Ausgewählte Forschungsfragen der Trierer Stadtarchäologie. In: Archäologische
Trier-Kommission (Hrsg.), Rettet das archäologische Erbe in Trier. Schriftenr. Rhein. Landesmus. Trier 31 (Trier 2005) 48–50.

Löhr/Clemens 2001: H. Löhr/L. Clemens, Drei neue Landschaftsbilder zur Geschichte der Trierer
Talweite in der Spätbronzezeit, der Spätantike und dem Hochmittelalter. Funde u. Ausgr. Trier
33, 2001, 103–134.

Löhr/Nortmann 2000: H. Löhr/H. Nortmann, Ein spätlatènezeitlich-frührömischer Siedlungsaus-
schnitt bei Konz-Könen, Kreis Trier-Saarburg und die naturhistorische Entwicklung ihres Umfel-
des am Saarmündungstrichter. Trierer Zeitschr. 63, 2000, 35–154.

Lorenz 1987: Th. Lorenz, Römische Städte. Grundzüge 66 (Darmstadt 1987).

Loscheider 1998: R. Loscheider, Untersuchungen zum spätlatènezeitlichen Münzwesen des Treverer-
landes. Arch. Mosellana 3, 1998, 63–225.

— 2000: R. Loscheider, Einhiebe, Hackgeld und Nachprägungen. Metrologische Beobachtungen an
Fundmünzen des 1. Jahrhunderts n. Chr. aus dem gallorömischen Heiligtum Möhn, Nierst, bei
Trier. In: R. Wiegels (Hrsg.), Die Fundmünzen von Kalkriese und die frühkaiserzeitliche Münz-
prägung. Osnabrücker Forsch. Alt. u. Ant.-Rezeption 3 (Möhnesee 2000) 179–190.

— 2005: R. Loscheider, Militär und Romanisierung: zum Münzwesen der Treverer nach dem Gallischen Krieg. In: J. Metzler/D. Wigg-Wolf (Hrsg.), Die Kelten und Rom. SFMA 19 (Mainz 2005)
109–127.

Luik 2001: M. Luik, Römische Wirtschaftsmetropole Trier. Trierer Zeitschr. 64, 2001, 245–282.

— 2002: M. Luik, Kunsthandwerkliche Produktion im römischen Trier. In: J.-C. Béal/J.-C. Goyon
(Hrsg.), Les artisans dans la ville antique. Collect. Inst. Arch. Univ. Lumière-Lyon 26 (Paris
2002) 139–151.

Maise 1998: C. Maise, Archäoklimatologie. Vom Einfluss nacheisenzeitlicher Klimavariabilität in der
Ur- und Frühgeschichte. Jahrb. SGU 81, 1998, 197–235.

Marotta D´Agata 1980: A. R. Marotta D´Agata, Decreta Pisana (CIL XI 1420–21). Edizione critica,
traduzione e commento. Testimonia 5 (Pisa 1980).

Martin 1973: M. Martin, …in Gallia colonias deduxit Lugdunum et Rauricam (CIL X 6087). Römer-
haus u. Mus. Augst Jahresber. 1971, 1973, 3–15.

Martin-Kilcher 1987–1994: S. Martin-Kilcher, Die römischen Amphoren aus Augst und Kaiseraugst.
Ein Beitrag zur römischen Handels- und Kulturgeschichte. Forsch. Augst 7 (Augst 1987–1994).

— 2003: S. Martin-Kilcher, Dépôts en milieu urbain et amphores. Evacuation organisée – réutilisa-
tion – déchets. In: P. Ballet/P. Cordier u. a. (Hrsg.), La ville et ses déchets dans le monde romain:
rebuts et recyclages. Arch. et Hist. Romaine 10 (Montagnac 2003) 231–242.

Matijević 2008: K. Matijević, Beobachtungen zur Gründung von Lugdunum. Gymnasium 115, 2008/2, 141–168.

Merten 1985: H. Merten, Der Kult des Mars im Trevererraum. Trierer Zeitschr. 48, 1985, 7–113.

Metzler 1989: J. Metzler, Eine traditionsbewußte treverische Frau in augusteischer Zeit. Grab 2050. In: A. Haffner (Hrsg.), Gräber – Spiegel des Lebens. Schriftenr. Rhein. Landesmus. Trier 2 (Mainz 1989) 239–246.

— 1995a: J. Metzler, Das treverische Oppidum auf dem Titelberg. Zur Kontinuität zwischen der spätkeltischen und der frührömischen Zeit in Nord-Gallien. Dossiers Arch. Mus. Nat. Hist. et Art 3 (Luxembourg 1995).

— 1995b: J. Metzler, Kontinuität und Integration in der "Raumplanung" in Gallien im ersten Jahrhundert v. Chr. In: J. Metzler/M. Millett u. a. (Hrsg.), Integration in the early Roman west. Dossiers Arch. Mus. Nat. Hist. et Art 4 (Luxembourg 1995) 153–158.

Metzler/Gaeng 2004: J. Metzler/C. Gaeng, Camp militaire romain ou établissement de commerçants italiques dans l´oppidum du Titelberg? Bull. Inf. Mus. Nat. Hist. et Art 17, 2004, 36–37.

Metzler-Zens/Metzler u. a. 1999: N. Metzler-Zens/J. Metzler u. a., Lamadelaine. Une nécropole de l´oppidum du Titelberg. Dossiers Arch. Mus. Nat. Hist. et Art 6 (Luxembourg 1999).

Morel/Amstad 1990: J. Morel/S. Amstad, Un quartier romain de Nyon. De l´époque Augustéenne au IIIe siècle. Les fouilles de Bel-Air/Gare 9 1978–1982. Cahiers Arch. Romande 49 = Noviodunum II (Lausanne 1990).

Morel/Meylan Krause u. a. 2005: J. Morel/M.-F. Meylan Krause u. a., Avant la ville. Témoins des 2e et 1er siècles av. J.-C. sur le site d´Aventicum-Avenche. In: G. Kaenel/S. Martin-Kilcher u. a. (Hrsg.), Colloquium Turicense. Cahiers Arch. Romande 101 (Lausanne 2005) 29–58.

Morscheiser-Niebergall 2007: J. Morscheiser-Niebergall, Augusta Treverorum (Trier). Zum Beginn des Hauptortes der Treverer. In: G. Uelsberg (Hrsg.), Krieg und Frieden (Bonn, Darmstadt 2007) 250–252.

Musée cantonal d´archéologie Sion 1998: Musée cantonal d´archéologie Sion (Hrsg.), Vallis Poenina. Le Valais à l´époque romaine (Sion 1998).

Neiss 1982: R. Neiss, Une dédicace de la cité des Rèmes à C. César et L. César. Bull. Soc. Arch. Champanoise 75/4, 1982, 3–8.

Nesselhauf/Lieb 1959: H. Nesselhauf/H. Lieb, Dritter Nachtrag zu CIL XIII. Inschriften aus den germanischen Provinzen und dem Treverergebiet. Ber. RGK 40, 1959, 120–229.

Neyses 1998: M. Neyses, Erste römerzeitliche Tannenchronologie für die Nordwest-Provinzen. Trierer Zeitschr. 61, 1998, 137–154.

Neyses-Eiden 2005: M. Neyses-Eiden, Holz erzählt Geschichte. Dendrochronologische Forschungen zwischen Mosel und Hunsrück. Schr. Archpark Belginum 1 (Trier 2005).

Nick 2006: M. Nick, Gabe, Opfer, Zahlungsmittel. Strukturen keltischen Münzgebrauchs im westlichen Mitteleuropa. Freiburger Beitr. Arch. u. Gesch. 12 (Rahden 2006).

Nickel/Thoma 2005: C. Nickel/M. Thoma, Zum gallo-römischen Tempelbezirk auf dem Martberg bei Pommern an der Mosel, Kr. Cochem-Zell. Ein Zwischenbericht. Ber. Arch. Mittelrhein u. Mosel 10. Trierer Zeitschr., Beih. 29 (Trier 2005) 337–372.

Noeske 2004: H.-C. Noeske, FMRD, Abt. 4. Rheinland-Pfalz. Stadt und Reg.-Bez. Trier, Münzen ohne Fundort und/oder ohne Inventarnummer (3021,1–2) 3/3 (Mainz 2004).

Nünnerich-Asmus 1999/2000: A. Nünnerich-Asmus, Leitmuster städtischer Architektur in den nordwestlichen Provinzen. Zu den Mechanismen römischer Urbanisierungspolitik. Jahrb. Heimat- u. Altver. Heidenheim 8, 1999/2000, 40–66.

Oelschlägel 2006: C. Oelschlägel, Die Tierknochen aus dem römischen Tempelbezirk Dalheim (Luxemburg). Dossiers Arch. Mus. Nat. Hist. et Art 8 (Luxembourg 2006).

Oldenstein 2000: J. Oldenstein, Wederath/Belginum. Gräberfeld, Lager, Siedlung und Tempelbezirk. In: A. Haffner/S. von Schnurbein (Hrsg.), Kelten, Germanen, Römer im Mittelgebirgsraum zwischen Luxemburg und Thüringen. Koll. Vor- u. Frühgesch. 5 (Bonn 2000) 23–39.

Oxé 1933: A. Oxé, Arretinische Reliefgefäße vom Rhein. Mat. Röm.-Germ. Keramik 5 (Frankfurt a.
    M. 1933).

Oxé/Comfort u. a. 2000: A. Oxé/H. Comfort/P. M. Kendrick, Corpus Vasorum Arretinorum. A Cata-
    logue of the Signatures, Shapes and Chronology of Italian Sigillata. Second Edition. Antiquitas,
    R. 3, 41 (Bonn 2000).

Paunier/Luginbühl 2004: D. Paunier/Th. Luginbühl, Bibracte. Le site de la maison 1 du Parc aux
    Chevaux (PC1). Des origines de l´oppidum au règne de Tibère. Bibracte 8 (Glux-en-Glenne
    2004).

Platz-Horster 1987: G. Platz-Horster, Die Gemmen aus Xanten. Kunst u. Alt. Rhein 126 (Bonn 1987).

Platz-Horster 1994: G. Platz-Horster, Die antiken Gemmen aus Xanten II. Führer u. Schr. Regional-
    mus. Xanten 35 (Bonn 1994).

Polfer 1996: M. Polfer, Une production céramique particulière de la cité des Trévires. La céramique à
    aspect de liège dégraissé à l´aide de coquilles. In: Société Française d´Etude de la Céramique
    Antique en Gaule (Hrsg.), Actes du congrès de Dijon (Saint-Paul-Trois-Châteaux 1996) 375–379.

Poux 2005: M. Poux, Plancus à Lyon. In: A. Desbat (Hrsg.), Lugdunum (Gollion 2005) 7–25.

Pruvot 2006: C. M. Pruvot, L´insula 19 à Avenches. De l´édifice tibérien aux thermes du IIe siècle.
    Aventicum XIV. Cahiers Arch. Romande 103 (Lausanne 2006).

Pucci 1985: G. Pucci, Terra sigillata italica. In: G. Treccani (Hrsg.), Enciclopedia dell´arte antica.
    Atlante delle forme ceramiche 2 (1985) 359–406.

Rasbach 2007a: G. Rasbach, Das Fundmaterial von Waldgirmes. Ein Überblick. In: G. A. Leh-
    mann/R. Wiegels (Hrsg.), Römische Präsenz und Herrschaft im Germanien der augusteischen
    Zeit. Abhandl. Königl. Ges. Wiss. Göttingen, Phil.-Hist. Kl., 3. Folge 279 (Göttingen 2007) 331–
    336.

— 2007b: G. Rasbach, Waldgirmes. In: G. Uelsberg (Hrsg.), Krieg und Frieden (Bonn, Darmstadt
    2007) 253–257.

Rasbach/Becker 1998: G. Rasbach/A. Becker, Der spätaugusteische Stützpunkt Lahnau-Waldgirmes.
    Vorbericht über die Ausgrabungen 1996–1997. Germania 76/2, 1998, 673–692.

Rathmann 2004: M. Rathmann, Die Reichsstraßen der Germania Inferior. Bonner Jahrb. 204, 2004,
    1–45.

Rebourg 1998: A. Rebourg, L´urbanisme d´Augustodunum (Autun, Saône-et-Loire). Gallia 55, 1998,
    141–236.

Reddé 1987: M. Reddé, Les ouvrages militaires romains en Gaule sous le Haut-Empire. Vers un bilan
    des recherches récentes. Jahrb. RGZM 34/2, 1987, 343–368.

— 1991: M. Reddé, Die militärische Besetzung Galliens unter Augustus. Überlegungen zu den römi-
    schen Befestigungen des französischen Territoriums. In: B. Trier (Hrsg.), Die römische Okkupa-
    tion nördlich der Alpen zur Zeit des Augustus. Bodenalt. Westfalen 26 (Münster 1991) 41–48.

Rey-Vodoz/Hauser u. a. 2003: V. Rey-Vodoz/P. Hauser u. a. (Hrsg.), Nyon. Colonia Iulia Equestris –
    Musée Romain de Nyon (Gollion 2003).

Rheinisches Landesmuseum Trier 1984: Rheinisches Landesmuseum Trier (Hrsg.), Trier – Augus-
    tusstadt der Treverer. Stadt und Land in vor- und frührömischer Zeit (Mainz 1984).

— 1939: Rheinisches Landesmuseum Trier, Jahresbericht des Rheinischen Landesmuseums Trier für
    1938. Trierer Zeitschr. 14, 1939, 196–281.

Riha 1979: E. Riha, Die römischen Fibeln aus Augst und Kaiseraugst. Forsch. Augst 3 (Augst 1979).

— 1982: E. Riha, Die römischen Löffel aus Augst und Kaiseraugst. Archäologische und metallanaly-
    tische Untersuchungen. Forsch. Augst 5 (Augst 1982).

— 1994: E. Riha, Die römischen Fibeln aus Augst und Kaiseraugst. Die Neufunde seit 1975. Forsch.
    Augst 18 (Augst 1994).

Ritterling 1906: E. Ritterling, Zur Geschichte des römischen Heeres in Gallien unter Augustus. Bon-
    ner Jahrb. 114/115, 1906, 159–188.

Rossi 1995: F. Rossi, L´area sacra du forum de Nyon et ses abords. Fouilles 1988–1990. Cahiers Arch. Romande 66 = Noviodunum III (Lausanne 1995).

Rothenhöfer 2005: P. Rothenhöfer, Die Wirtschaftsstrukturen im südlichen Niedergermanien. Untersuchungen zur Entwicklung eines Wirtschaftsraumes an der Peripherie des Imperium Romanum. Kölner Stud. Arch. Röm. Provinzen 7 (Rahden 2005).

Roth-Rubi/Rudnick u. a. 2006: K. Roth-Rubi/B. P. Rudnick u. a. (Hrsg.), Varia Castrensia. Haltern, Oberaden, Anreppen. Bodenalt. Westfalen 42 (Paderborn 2006).

Roth-Rubi/Schneider 2006: K. Roth-Rubi/G. Schneider, Dangstetten III. Das Tafelgeschirr aus dem Militärlager von Dangstetten. Forsch. Vor- u. Frühgesch. Baden-Württemberg 103 (Stuttgart 2006).

Rudnick 1995: B. P. Rudnick, Die verzierte Arretina aus Oberaden und Haltern. Bodenalt. Westfalen 31 (Mainz 1995).

— 2001: B. P. Rudnick, Die römischen Töpfereien von Haltern. Bodenalt. Westfalen 36 (Mainz 2001).

Schatzmann 2003: R. Schatzmann, Das Südwestquartier von Augusta Raurica. Untersuchungen zu einer städtischen Randzone. Forsch. Augst 33 (Augst 2003).

Scheers 1977: S. Scheers, Traité de numismatique celtique II. La Gaule Belgique. Centre Rech. Hist. Ancienne Ser. Numismatique 24 (Paris 1977).

Scheid 1995: J. Scheid, Der Tempelbezirk im Altbachtal zu Trier: ein "Nationalheiligtum"? In: J. Metzler/M. Millett u. a. (Hrsg.), Integration in the early Roman west. Dossiers Arch. Mus. Nat. Hist. et Art 4 (Luxembourg 1995) 101–110.

Schiel 1964: B. Schiel, Einführung in die geologischen und geographischen Grundlagen des Trierer Landes. In: R. Laufner (Hrsg.), Geschichte des Trierer Landes. Schriftenr. Trier. Landesgesch. 10 (Trier 1964) 9–38.

Schimmer 2005: F. Schimmer, Die italische Terra Sigillata aus Bregenz. Schr. Vorarlberger Landesmus., R. A, Landschaftsgesch. u. Arch. 10 (Bregenz 2005).

Schindler 1971: R. Schindler, Ein Kriegergrab mit Bronzehelm aus Trier-Olewig. Trierer Zeitschr. 34, 1971, 43–82.

— 1973: R. Schindler, War Trier Stammesmittelpunkt der Treverer? Landeskundl. Vierteljahrsbl. 19/3, 1973, 87–98.

— 1979: R. Schindler, Das Straßennetz des römischen Trier. In: Rheinisches Landesmuseum Trier (Hrsg.), Festschrift 100 Jahre Rheinisches Landesmuseum Trier. Trierer Grabungen u. Forsch. 14 (Mainz 1979) 121–209.

Schindler-Kaudelka/Fastner u. a. 2001: E. Schindler-Kaudelka/U. Fastner/M. Gruber, Italische Terra Sigillata mit Appliken in Noricum. Österr. Akad. Wiss., Denkschr. 298. = Arch. Forsch. 6 (Wien 2001).

Schmidt/Gruhle 2003a: B. Schmidt/W. Gruhle, Klimaextreme in römischer Zeit. Eine Strukturanalyse dendrochronologischer Daten. Arch. Korrbl. 33, 2003, 421–426.

— 2003b: B. Schmidt/W. Gruhle, Niederschlagsschwankungen in Westeuropa während der letzten 8000 Jahre. Versuch einer Rekonstruktion mit Hilfe eines neuen dendrochronologischen Verfahrens (Grad der Wuchshomogenität). Arch. Korrbl. 33, 2003, 281–300.

— 2005: B. Schmidt/W. Gruhle, Mögliche Schwankungen von Getreideerträgen. Befunde zur rheinischen Linienbandkeramik und römischen Kaiserzeit. Arch. Korrbl. 35, 2005, 301–316.

von Schnurbein 1982: S. v. Schnurbein, Die unverzierte Terra Sigillata aus Haltern. Bodenalt. Westfalen 19 (Münster 1982).

— 2003: S. v. Schnurbein, Augustus in Germania and his new 'town' at Waldgirmes east of the Rhine. Journal Roman Arch. 16, 2003, 93–107.

von Schnurbein/Wigg u. a. 1995: S. v. Schnurbein/A. Wigg u. a., Ein spätaugusteisches Militärlager in Lahnau-Waldgirmes (Hessen). Bericht über die Grabungen 1993–1994. Germania 73/2, 1995, 337–367.

Schörner 1997: G. Schörner, Entwurf und arbeitsteilige Fertigung in der Gallia Narbonensis. Die Ran-
kenfriese des Quellheiligtums und der Maison Carrée in Nîmes. Kölner Jahrb. 30, 1997, 145–157.

Schörner (Hrsg.) 2005: G. Schörner, Romanisierung – Romanisation. Theoretische Modelle und prak-
tische Fallbeispiele. BAR Internat. Ser. 1427 (Oxford 2005).

Schwarz 2004: P.-A. Schwarz, Kastelen 1. Die prähistorischen Siedlungsreste und die frühkaiserzeitlichen Holzbauten auf dem Kastelenplateau. Forsch. Augst 21 (Augst 2004).

Schwinden 2004: L. Schwinden, 2000 Jahre alt – Das Trevererdenkmal für die Söhne des Augustus (4
n. Chr.). Zur ältesten Monumentalinschrift der Rheinlande. Funde u. Ausgr. Trier 36, 2004, 29–
40.

Seiler 2001: S. Seiler, Vorcoloniazeitliche Siedlungsspuren im Norden des römischen Köln. In: G.
Precht/N. Zieling (Hrsg.), Genese, Struktur und Entwicklung römischer Städte im 1. Jahrhundert
n. Chr. in Nieder- und Obergermanien. Xantener Ber. 9 (Mainz 2001) 123–134.

Southern 2001: P. Southern, Augustus (London, New York 2001).

Spickermann 2003: W. Spickermann, Germania Superior. Religionsgesch. Röm. Germanien I = Religion Röm. Provinzen 2 (Tübingen 2003).

Stein/Petersen 1952–1966: A. Stein/L. Petersen, Prosopographia Imperii Romani IV (Berlin 1952–
1966).

Steiner 1926: P. Steiner, Moselübergang und Gründung Triers. Trierer Zeitschr. 1/3, 1926, 125–131.

Steininger 1845: J. Steininger, Geschichte der Trevirer unter der Herrschaft der Römer (Trier 1845).

Strobel 2006a: K. Strobel, Der Raum als vorgegebene Größe. Politisches Handeln und die Schaffung
des historischen Raumes: Von einer Peripherzone des Imperium Romanum zu einem Kernraum
Europas. In: F. Irsigler (Hrsg.), Zwischen Maas und Rhein. Trierer Hist. Forsch. 61 (Trier 2006).

— 2006b: K. Strobel, Die Römer am Main. Die Mainlinie als Teil der augusteischen Eroberungspoli-
tik. Jahrb. Fränk. Landesforsch. 66, 2006, 1–17.

Thollard 1997: P. Thollard, Fouilles sur le forum de Bavay (1993–1997). Aire sacrée, cryptoportique
et terrasse sud. Rev. Nord 79, 1997, 66–139.

Thoma 2000: M. Thoma, Der gallo-römische Kultbezirk auf dem Martberg bei Pommern an der Mosel, Kr. Cochem-Zell. In: A. Haffner/S. von Schnurbein (Hrsg.), Kelten, Germanen, Römer im
Mittelgebirgsraum zwischen Luxemburg und Thüringen. Koll. Vor- u. Frühgesch. 5 (Bonn 2000)
447–483.

— 2007a: M. Thoma, De Beitrag des Martbergs von Pommern zur Frage der Kontinuität vom 1. Jahrhundert v. Chr. bis in spätrömische Zeit. In: R. Cordie (Hrsg.), Belginum. Schriftenr. Rhein. Landesmus. Trier 33 (Mainz 2007) 347–364.

— 2007b: M. Thoma, Der Martberg bei Pommern. Zur römischen Siedlungsgeschichte am Unterlauf
der Mosel am Beispiel des Aufstiegs und Untergangs eines ländlichen Heiligtums. Heimatjahrb.
Cochem-Zell 2007, 15–23.

Trunk 1991: M. Trunk, Römische Tempel in den Rhein- und westlichen Donauprovinzen. Ein Beitrag
zur architekturgeschichtlichen Einordnung römischer Sakralbauten in Augst. Forsch. Augst 14
(Augst 1991).

Tuffreau-Libre 1978: M. Tuffreau-Libre, La céramique gallo-romaine dorée au mica dans le Nord de
la France (Nord et Picardie). Helinium 18, 1978, 105–125.

Turcan 1982: R. Turcan, L'autel de Rome et d'Auguste "Ad Confluentem". In: ANRW II, 12/1, (Berlin, New York 1982) 607–644.

Unruh 2001: F. Unruh, Viehmarkt: Römische Thermen und moderner Schutzbau als "Fenster in die
Stadtgeschichte". In: H.-P. Kuhnen (Hrsg.), Das römische Trier. Führer Arch. Denkmäler Deutschland 40 (Stuttgart 2001) 223–239.

Vanderhoeven 1996: A. Vanderhoeven, The earliest urbanisation in Nothern Gaul. Some implications
of recent research in Tongres. In: N. Roymans (Hrsg.), From the Sword to the Plough. Amsterdam Arch. Stud. 1 (Amsterdam 1996) 189–260.

— 2001: A. Vanderhoeven, Das vorflavische Tongeren. Die früheste Entwicklung der Stadt anhand von Funden und Befunden. In: G. Precht/N. Zieling (Hrsg.), Genese, Struktur und Entwicklung römischer Städte im 1. Jahrhundert n. Chr. in Nieder- und Obergermanien. Xantener Ber. 9 (Mainz 2001) 157–176.

— 2003: A. Vanderhoeven, Aspekte der frühesten Romanisierung Tongerens und des zentralen Teils der civitas Tungrorum. In: Th. Grünewald/S. Seibel (Hrsg.), Kontinuität und Diskontinuität. Ergbd. RGA 35 (Berlin 2003) 119–144.

Vanderhoeven/Matens u. a. 2001: A. Vanderhoeven/M. Matens u. a., Romanization and settlement in the central part of the Civitas Tungrorum. In: S. Altekamp/A. Schäfer (Hrsg.), The Impact of Rome on Settlement in the Northwestern and Danube Provinces. BAR Internat. Ser. 921 (Oxford 2001) 57–90.

Vanderhoeven/Raepsaet-Charlier 2004: A. Vanderhoeven/M.-T. Raepsaet-Charlier, Tongres au Bas-Empire romain. In: A. Ferdiere (Hrsg.), Capitales éphémères (Tours 2004) 51–73.

Vassileiou 1982: A. Vassileiou, La dédicace d'un monument de Reims élévé en l'honneur de Gaius et Lucius Caesar. Zeitschr. Papy. u. Epigr. 47, 1982, 119–130.

Vaxelaire 2003: L. Vaxelaire, L'oppidum de Besançon. Fouilles récentes (1999–2002). Arch. Mosellana 5, 2003, 187–198.

Vaxelaire/Barral 2003: L. Vaxelaire/P. Barral, Besançon: De l'oppidum à la ville Romaine. In: M. Reddé/L. Dubois u. a. (Hrsg.), La naissance de la ville dans l'Antiquité. De l'archéologie à l'histoire (Paris 2003).

Vogel Müller 1988: V. Vogel Müller, Grabung 1987.51. Forum. Die Funde aus dem Bereich der Tabernen und der Tempelportikus. Jahresber. Augst u. Kaiseraugst 9, 1988, 29–45.

Walser 1980: G. Walser, Römische Inschriften in der Schweiz. III. Teil: Wallis, Tessin, Graubünden, Meilensteine aus der ganzen Schweiz (Bern 1980).

— 1994: G. Walser, Studien zur Alpengeschichte in antiker Zeit. Historia Einzelschr. 86 (Stuttgart 1994).

Weber 2000: G. Weber (Hrsg.), Cambodunum – Kempten. Erste Hauptstadt der römischen Provinz Raetien? Zabern Bildbd. Arch. (Mainz 2000).

Weiller 1972–1996: R. Weiller, Die Fundmünzen der römischen Zeit im Großherzogtum Luxemburg I–V (Berlin 1972–1996).

Welwei 1999: K.-W. Welwei, Probleme römischer Grenzsicherung am Beispiel der Germanienpolitik des Augustus. In: W. Schlüter/R. Wiegels (Hrsg.), Rom, Germanien und die Ausgrabungen von Kalkriese. Osnabrücker Forsch. Alt. u. Ant.-Rezeption 1 (Osnabrück 1999) 675–688.

Werle 1978: O. Werle (Hrsg.), Trier und Umgebung. Sammlung Geogr. Führer 11 (Berlin, Stuttgart 1978).

Wigg/Walter 1997: A. Wigg/D. Walter, Ein Töpferofen im augusteischen Militärlager Lahnau-Waldgirmes, Lahn-Dill-Kreis. Germania 75/1, 1997, 285–297.

Wigg 1996: D. G. Wigg, The function of the last Celtic coinages in Northern Gaul. In: C. E. King/D. G. Wigg (Hrsg.), Coin finds and coin use in the Roman world. SFMA 10 (Berlin 1996) 415–436.

— 1999: D. G. Wigg, The development of the monetary economy in N Gaul in the Late La Tène and Early Roman periods. In: J. D. Chreighton/R. J. A. Wilson (Hrsg.), Roman Germany. Journal Roman Arch., Suppl. Ser. 32 (Portsmouth, Rhode Island 1999) 99–124.

— 2003: D. G. Wigg, Die Stimme der Gegenseite? Keltische Münzen und die augusteische Germanienpolitik. In: Th. Grünewald/S. Seibel (Hrsg.), Kontinuität und Diskontinuität. Ergbd. RGA 35 (Berlin 2003) 218–241.

Wightman 1970: E. M. Wightman, Roman Trier and the Treveri (London 1970).

— 1976: E. M. Wightman, Der Meilenstein von Buzenol, eine Inschrift aus Mainz und die Rechtsstellung des römischen Trier. Trierer Zeitschr. 39, 1976, 61–68.

— 1977: E. M. Wightman, Military arrangements, native settlements and related developments in early roman Gaul. Helinium 17, 1977, 105–125.

Wolff 1977: H. Wolff, Civitas und Colonia Treverorum. Historia 26, 1977, 204–242.

Wolters 2000a: R. Wolters, Anmerkungen zur Münzdatierung spätaugusteischer Fundplätze. In: R. Wiegels (Hrsg.), Die Fundmünzen von Kalkriese und die frühkaiserzeitliche Münzprägung. Osnabrücker Forsch. Alt. u. Ant.-Rezeption 3 (Möhnesee 2000) 81–117.

— 2000b: R. Wolters, Die Römer in Germanien (München 2000).

— 2002: R. Wolters, Gaius und Lucius Caesar als designierte Konsuln und principes iuventutis. Die lex Valeria Cornelia und RIC I² 205ff. Chiron 32, 2002, 297–323.

Zanker 1987: P. Zanker, Augustus und die Macht der Bilder (München 1987).

Zazoff 1970: P. Zazoff (Hrsg.), Antike Gemmen in deutschen Sammlungen. Braunschweig, Göttingen, Kassel. Ant. Gemmen Dt. Slg. 3 (Wiesbaden 1970).

Zick 2007: M. Zick, Rom an der Lahn. Abenteuer Arch. Dossier 1, 2007, 80–83.

Zolitschka/Löhr 1999: B. Zolitschka/H. Löhr, Geomorphologie der Mosel-Niederterrassen und Ablagerungen eines ehemaligen Altarmsees (Trier, Rheinland-Pfalz). Indikatoren für jungquartäre Umweltveränderungen und anthropogene Schwermetallbelastung. Petermanns Geograph. Mitt. 143, 1999, 401–416.

# 9 Katalog

Die Abbildungsnummern auf den Tafeln sind mit den Katalognummern der jeweiligen Grabungen identisch, abgebildete Stücke sind im Katalog fett gedruckt und mit * gekennzeichnet. Alle Zeichnungen sind von der Verfasserin angefertigt worden. Folgende Abkürzungen sind im Katalog verwendet:

Ws. = Wandscherbe
Rs. = Randscherbe
Bs. = Bodenscherbe
L. = Länge
B. = Breite
H. = Höhe
Dm. = Durchmesser
Rdm. = Randdurchmesser
Bdm. = Bodendurchmesser
FN. = Fundnummer

Farbbestimmungen der Terra Sigillata erfolgten nach der Munsel Soil Color Chart. Zu besseren Anschaulichkeit wurden die Farben wie folgt angesprochen:

| | |
|---|---|
| Dunkelbraun | 10YR 8/4. 8/6. |
| Dunkelgrau | 2.5Y 4/1. |
| Dunkelorangerot | 5 YR 5/8. |
| Dunkelrot | 7.5 YR 3/6. 3/8. |
| Gelblichweiß | 2.5Y 8/4. |
| Grau GLEY | 2 6/5PB. 4/PB. |
| Graubraun | 2.5YR 5/1. |
| Hellbraun | 10YR 7/3.7/4.8/3.8/4. |
| hellgrau | 2.5Y 7/1; 5Y 7/1. |
| Hellorangerot | 7.5YR 8/6. |
| Hellrot | 10R 6/8. 7/6. 7/8. 5/6. 6/6. |
| Ocker | 7.5YR 6/8 |
| Ockerbraun | 7.5YR 6/6. 7/6. |
| Ockergrau | 10YR 6/2. 6/3 |
| Ockerrot | 2.5YR 6/8. |
| Ockerweiß | 2.5Y 8/4. |
| Orange | 2.5YR 5/8. |
| Orangebraun | 5YR 5/6. |
| Orangerot | 5YR 6/6.6/8.7/6.7/8. |
| Rot | 10R 4/6. 4/8. |
| Rotbraun | 2.5YR 4/6. 4/8. |
| Rötlich | 10R 5/8. |
| Schwarz | 5Y 2.5/1. |

# St. Gervasius, EV 1963,37 (Tafel 1–10)

### Schnitt 17, unter der ersten Straße.

1*, Keramik, TS, Schale, Consp. 14.1, mittel-spätaugusteisch, 1 Rs., Rdm. 14 cm, Oberfl.: rot, dicke Engobe stark abgerieben, Bruch: ockerbraun, keine Einschlüsse erkennbar, FN. 102, Blatt 11.

2, Keramik, Belg. Ware, Becher, 1 Bs., Bdm. 10 cm, Oberfl.: grau, fein geglättet, Bruch: grau, größere schwarze Einschlüsse, FN. 102, Blatt 11.

3, Keramik, Belg. Ware, Becher, 3 Bs., Bdm. unbestimmbar, Oberfl.: grau, fein geglättet, Bruch: grau, fein geschlämmt, FN. 102, Blatt 11.

4, Keramik, Belg. Ware, Becher, 1 Ws., Oberfl.: grau, fein geglättet, Bruch: grau, kleine schwarze Einschlüsse, schmales Kleinrechteck-Schrägstrichdekor, FN. 102, Blatt 11.

5, Keramik, Belg. Ware, Becher, 1 Ws., Oberfl.: graubraun, fein geglättet, Bruch: braun, Quarzsandeinschlüsse, quadratisches Kleinrechteckschrägstrichdekor, FN. 102, Blatt 11.

### Schnitt 4, Pfostenloch unter der ersten Straße.

6*, Keramik, rote Belg. Ware, Teller, Deru A 5, Horizont III-VI, 1 Rs., Rdm. 24 cm, Oberfl.: rotorange, matt, sehr gut geglättet, Bruch: orangerot, Quarzsandeinschlüsse, FN. 29, Blatt 5.

### Schnitt 8, aus der ersten Straße.

7*, Keramik, Belg. Ware, Teller, Deru A 32.2, Horizont III-VI, 1 Rs., Rdm. 32 cm, Oberfl.: grau, sehr fein geglättet, leichte Brandspuren, Bruch: hellgrau, kleine schwarze Einschlüsse, FN. 65, Blatt 7.

8*, Keramik, Belg. Ware, Topf, 2 Bs., Bdm. 9 cm, Oberfl.: grau, fein geglättet, Bruch: grau, Quarzsandmagerung, FN. 65, Blatt 7.

9*, Keramik, Glattwandige Ware in Latènetradition, Schüssel, Höpken R9, 1 Rs., Rdm. 16 cm, Oberfl.: dunkelbraun, gut geglättet, Bruch: rotbraun, große Quarzkörner, FN. 65, Blatt 7.

10*, Keramik, Muschelgem. Ware, Topf, Titelberg E.1.8, 1 Rs., Rdm. 12 cm, Oberfl.: dunkelbraun, rau, Bruch: dunkelbraun starke Muschelmagerung, FN. 65, Blatt 7.

### Schnitt 4, auf der ersten Straße.

11, Keramik, Tongrundig Glattwandige Ware, verschiedene Gefäße, 4 Ws., FN. 94, Blatt 5.

### Schnitt 17, auf der ersten Straßendecke.

12*, Keramik, TS, Schale, Consp. B 3.9, 1 Bs., Bdm. 7 cm, Oberfl.: rot, Engobe stark abgerieben, Bruch: ockerbraun, keine Einschlüsse erkennbar, FN. 101, Blatt 11.

13*, Keramik, Belg. Ware, Teller, Deru A 1.4, Horizont II-V, 4 Rs. Ws., Rdm. 24 cm, Oberfl.: rötlichgrau, sehr fein geglättet, Bruch: grau, größere weiße Quarzkörner, FN. 101, Blatt 11.

### Schnitt 7, Straßengraben der ersten Straße.

14, Keramik, TS, Schale, 3 Ws., Oberfl.: dunkelrot, dicke Engobe, Bruch: ockerbraun, kleine gelbe Einschlüsse, FN. 48, Blatt 7.

15*, Keramik, Belg. Ware, Becher, 1 Bs., Bdm. 8 cm, Oberfl.: grau, rau, Bruch: grau, Quarzsandmagerung, FN. 48, Blatt 7.

16, Keramik, Belg. Ware, Becher, 1 Ws., Oberfl.: grau, rau, Verformung, Delle, Bruch: grau, Quarzsandmagerung, V-förmiges Rollrädchendekor, FN. 48, Blatt 7.

17*, Keramik, Tongrundig Glattwandige Ware, Topf, 1 Rs., Rdm. 9 cm, Oberfl.: ocker, Tonreste an der Innenseite, unsauber gearbeitet, Bruch: ocker, fein geschlämmt, FN. 48, Blatt 7.

18, Keramik, Tongrundig Glattwandige Ware, Krug, 1 Henkel, Oberfl.: rötlich, grob geglättet, Bruch: rötlich, kleine schwarze Einschlüsse, FN. 48, Blatt 7.

## Schnitt 7, Schwemmlehm und schwarzer Schlamm.

20, Metall, Bronzemünze, Münze, Altarserie, halbiert, 1, FN. 56, Blatt 7.

## Schnitt 12, erste Kulturschicht.

21*, Keramik, Belg. Ware, Teller, Deru A 5.2, Horizont III-VI, 1 Rs., Rdm. 28 cm, Oberfl.: grau, fein geglättet, Bruch: hellgrau, Quarzsandeinschlüsse, FN. 81, Blatt 9.

## Schnitt 6, aus dem Schwemmlehm.

22*, Keramik, Tongrundig Glattwandige Ware, Schüssel, 1 Bs., Bdm. 15 cm, Oberfl.: ocker, grob geglättet, einzelne anhaftende Tonreste, Bruch: ocker, grobe Quarzsandmagerung, FN. 97, Blatt 6.

## Schnitt 3, anstehender Schwemmlehm, oben verschlammt, wohl alte Humusschicht, enthält Einschlüsse, 4 „Wackensteine" schließen oben mit der Schicht ab, schwimmend gesetzt.

23*, Keramik, Rauwand. Ware, Topf, Haltern 58, 1 Rs., Rdm. 12 cm, Oberfl.: dunkelbraun, rau, Bruch: dunkelbraun, Quarzsandeinschlüsse, FN. 18, Blatt 4.

24*, Keramik, Muschelgem. Ware, Topf, Titelberg E.1.8, 3 Rs. Ws., Rdm. 10 cm, Oberfl.: dunkelbraun, rau, Bruch: dunkelbraun, Muschelmagerung, FN. 18, Blatt 4.

## Schnitt 4, aus dem Schwemmlehmboden, der in den oberen 60 cm bewegt ist, dunkle Schlammeinschlüsse, kiesige Sandader.

25*, Keramik, Tongrundig Glattwandige Ware, Krug, Neuss VI, Taf. 11,2, 1 Rs., Rdm. 8,4 cm, Oberfl.: ockerrot, gut geglättet, Bruch: orange, sandige Struktur, FN. 30, Blatt 5.

26*, Keramik, Muschelgem. Ware, Topf, Titelberg E.1.2, 4 Rs. Ws., Rdm. 16 cm, Oberfl.: dunkelbraun, rau, Bruch: braun, feine dichte Muschelmagerung, Kammstrichdekor, FN. 30, Blatt 5.

## Schnitt 12, unter Fachwerkbebauungsestrich.

27, Keramik, Belg. Ware, Topf, 1 Bs., Bdm. 10,2 cm, Oberfl.: grau, fein geglättet, Bruch: grau, Quarzsandeinschlüsse, FN. 80, Blatt 9.

28, Keramik, Muschelgem. Ware, Topf, 1 Ws., Oberfl.: dunkelbraun, rau, Bruch: braun, feine Muschelmagerung, FN. 80, Blatt 9.

29, Metall, Eisen, Nagel, FN. 80, Blatt 9.

## Schnitt 4, im Schwemmlehm, evtl. Störung, Zeichnung nicht eindeutig.

30, Keramik, Belg. Ware, Topf, 1 Bs., Bdm. 10,6 cm, Oberfl.: dunkelgrau, gut geglättet, Bruch: grau, Quarzsandmagerung, FN. 27, Blatt 5.

31*, Keramik, Glattwandige Ware in Latènetradition, Topf, Haltern 57/Neuss VI, Taf. 20,6, 1 Rs., Rdm. 14,6 cm, Oberfl.: schwarz, gut geglättet, Brandspuren, Bruch: graubraun, schwarze und rote Einschlüsse, FN. 27, Blatt 5.

32*, Keramik, Glattwandige Ware in Latènetradition, Topf, Haltern 58, 1 Rs., Rdm. 24 cm, Oberfl.: dunkelgrau, gut geglättet, Bruch: grau, grobe Quarzsandeinschlüsse, FN. 27, Blatt 5.

33, Keramik, Rauwand. Ware, Topf, 2 Ws., Oberfl.: dunkelbraun – schwarz, grob geglättet, Bruch: graubraun, schwarze und rote Einschlüsse, Kammstrichdekor, FN. 27, Blatt 5.

## Schnitt 7, Schwemmlehm und schwarzer Schlamm auf anstehender Schwemmlehmschichtung mit nur wenigen Einschlüssen.

34*, Keramik, TS, Teller, Consp. B 2.4, 1 Bs., Bdm. 10 cm, Oberfl.: rot, dicke Engobe, Bruch: ockergrau, keine Einschlüsse erkennbar, umlaufende Zierrillen, FN. 49, Blatt 7.

35*, Keramik, TS, Schale, 1 Ws., Oberfl.: rot, Engobe z. T. abgerieben, Bruch: ocker, keine Einschlüsse erkennbar, Rankendekor, Rudnick 1995, Punze 237, FN. 49, Blatt 7.

36, Keramik, TS, Schale, 1 Ws., Oberfl.: rot, Engobe z. T. abgerieben, Bruch: ocker, keine Einschlüsse erkennbar, Ratterdekor, FN. 49, Blatt 7.

37*, Keramik, Tongrundig Glattwandige Ware, Krug, Neuss VI, Taf. 15,1, 1 Rs., Rdm. 15,6 cm, Oberfl.: ocker, gut geglättet, Bruch: grauer Kern, fein geschlämmt, FN. 49, Blatt 7.

## Schnitt 2, ohne Schichtbeschreibung, zweite Schicht von unten.

38*, Keramik, rote Belg. Ware, Teller, Deru A 17, 1 Rs., Rdm. 17 cm, Oberfl.: rot, matter, z. T. abgeriebener dünner Überzug, Bruch: ockerbraun, starke Quarzsandmagerung, FN. 13, Blatt 3.

39, Keramik, Belg. Ware, Becher, 1 Ws., Oberfl.: grau, fein geglättet, Bruch: grau, fein geschlämmt, doppelte umlaufende Zierrille, V-förmiges Rollrädchendekor, FN. 13, Blatt 3.

40, Keramik, Belg. Ware, Becher, 1 Ws., Oberfl.: grau, fein geglättet, Bruch: grau, fein geschlämmt, Schrägstrichrollrädchendekor, begrenzt von umlaufender Zierrille, FN. 13, Blatt 3.

41, Keramik, Belg. Ware, Becher, 1 Ws., Oberfl.: grau, fein geglättet, Bruch: grau, fein geschlämmt, Schrägstrichrollrädchendekor, begrenzt von umlaufender Zierrille, FN. 13, Blatt 3.

42*, Keramik, Tongrundig Glattwandige Ware, Schale?, 1 Rs., Rdm. 10,6 cm, Oberfl.: dunkelgrau, fein geglättet, Bruch: braun, Quarzsandmagerung, FN. 13, Blatt 3.

43*, Keramik, Tongrundig Glattwandige Ware, Topf, Haltern 58, 1 Rs., Rdm. 8 cm, Oberfl.: weißgrau, gut geglättet, Bruch: weiß, sehr feine Quarzsandmagerung, FN. 13, Blatt 3.

44*, Keramik, Tongrundig Glattwandige Ware, Topf, Haltern 58, 1 Rs., Rdm. 20 cm, Oberfl.: grau, rau, Bruch: grau, einzelne größere Quarzeinschlüsse, FN. 13, Blatt 3.

45*, Keramik, Tongrundig Glattwandige Ware, Topf, 1 Bs., Bdm. 13 cm, Oberfl.: rotbraun, rau, Bruch: grau, größere schwarze Einschlüsse, Tuff?, FN. 13, Blatt 3.

46*, Keramik, Tongrundig Glattwandige Ware, Topf, 1 Bs., Bdm. 14 cm, Oberfl.: dunkelgrau, stark angegriffen, Bruch: hellgrau, große Quarzsandeinschlüsse, umlaufendes Ratterdekor, Stempel SVIII, FN. 13, Blatt 3.

47, Keramik, Tongrundig Glattwandige Ware, Krug, 1 Henkel, Oberfl.: ockerrot, rau, Bruch: ocker, Quarzsandmagerung, FN. 13, Blatt 3.

48*, Keramik, Glattwandige Ware in Latènetradition, Schale, Deru C8 Variante, 1 Rs., Rdm. 16 cm, Oberfl.: schwarz, gut geglättet, Bruch: dunkelbraun, Sandmagerung, FN. 13, Blatt 3.

49, Keramik, Rauwand. Ware, Topf, 3 Ws., Oberfl.: dunkelbraun, rau, Bruch: dunkelbraun, dichte, feine Muschelmagerung, Kammstrich, FN. 13, Blatt 3.

50, Keramik, Muschelgem. Ware, Topf, 1 Ws., Oberfl.: dunkelbraun, rau, Bruch: dunkelbraun, Quarzsandeinschlüsse, Kammstrich, FN. 13, Blatt 3.

51*, Keramik, Schwerkeramik, Vorratsgefäß mit aufstehendem Rand, Höpken S9, 1 Rs., Rdm. 18 cm, Oberfl.: grau, rau, Bruch: grau, einzelne größere Quarzeinschlüsse, FN. 13, Blatt 3.

## Schnitt 7, auf Laufschicht über Schwemmlehm und schwarzem Schlamm.

52, Metall, Bronzemünze, Münze, Augustus Pater Patriae, 10–14, 1, FN. 47, Blatt 7.

## Schnitt 3, unterste Siedlungsschicht.

53*, Keramik, TS, Teller, Consp. 12.4, mittel-spätaugusteisch, 2 Rs., Rdm. 16 cm, Oberfl.: rot, dicke rot Engobe, teilweise abgeplatzt, Bruch: ockerbraun, keine Einschlüsse erkennbar, FN. 107, Blatt 4.

54*, Keramik, Rauwand. Ware, Topf, Haltern 57/Höpken R18, 1 Rs., Rdm. 10 cm, Oberfl.: schwarz, rau, grob geglättet, Bruch: braun, grobe Quarzsandmagerung, FN. 107, Blatt 4.

## Schnitt 18, brandhaltige unterste Siedlungsschicht.

55*, Keramik, TS, Schale, Consp. 14.2, mittel-spätaugusteisch, 1 Rs., Rdm. 10 cm, Oberfl.: rot, dicke, gut erhaltene Engobe, Bruch: ockerbraun, keine Einschlüsse erkennbar, FN. 116, Blatt 12.

56*, Keramik, rote Belg. Ware, Schale, Deru C 3, Horizont II-III, 1 Rs., Rdm. 12 cm, Oberfl.: orangerot, Überzug nur auf Innenseite, Bruch: orange, einzelne dunkle Einschlüsse, FN. 116, Blatt 12.

57*, Keramik, rote Belg. Ware, Becher, Deru P 29, Horizont II-VI, 1 Rs., Rdm. 18 cm, Oberfl.: rotbraun, gut geglättet, Bruch: orangerot, kleine weiße Quarzeinschlüsse, FN. 116, Blatt 12.

58, Keramik, Belg. Ware, Becher, 1 Ws., Oberfl.: grau, gut geglättet, Bruch: hellgrau, Quarzeinschlüsse, V-förmiges Rollrädchendekor, FN. 116, Blatt 12.

59, Keramik, Tongrundig Glattwandige Ware, Topf, Deru P 1–9 Variante, 1 Rs., Rdm. 11 cm, Oberfl.: ocker, gut geglättet, Brandspuren, Bruch: hellbraun, fein geschlämmt, FN. 116, Blatt 12.

## Schnitt 5, aus tiefster Siedlungsschicht, graubraun, Profil ohne Beschreibung.

60, Keramik, Belg. Ware, Topf, 1 Bs., Bdm. 7,4 cm, Oberfl.: grau, fein geglättet, Bruch: grau, Quarzsandmagerung, FN. 50, Blatt 6.

61, Keramik, Tongrundig Glattwandige Ware, Topf, 1 Bs., Bdm. 8 cm, Oberfl.: orangerot, gut geglättet, Bruch: orange, Quarzsandmagerung, FN. 50, Blatt 6.

## Schnitt 5, aus Brandschicht über tiefster Siedlungsschicht.

62, Keramik, Muschelgem. Ware, Topf, 2 Ws., Oberfl.: dunkelbraun, rau, Bruch: braun, feine dichte Muschelmagerung, Kammstrichdekor, FN. 51, Blatt 6.

## Schnitt 7, Antike Störung noch bevor die Pfosten gerammt sind.

63*, Keramik, Belg. Ware, Teller, Deru A 41 oder 43, Horizont III-VI, 3 Rs., Rdm. 20,4 cm, Oberfl.: schwarz, fein geglättet, Bruch: ockerbraungrau, Quarzsandmagerung, FN. 55, Blatt 7.

64*, Keramik, Belg. Ware, Teller, 3 Bs., Bdm. 20 cm, Oberfl.: schwarz, fein geglättet, Bruch: grau, feine Quarzsandmagerung, eingetiefte Zierrillen, FN. 55, Blatt 7.

65*, Keramik, Rauwand. Ware, Topf, Haltern 57/Höpken R18, 1 Rs., Rdm. 12 cm, Oberfl.: schwarz – grau, rau, Bruch: hellgrau, grobe Quarzsandmagerung, FN. 55, Blatt 7.

## Schnitt 15, aus der Mauer K.

66*, Keramik, Belg. Ware, Teller, ähnl. Deru A 36, 1 Rs., Rdm. 16 cm, Oberfl.: schwarz, fein geglättet, Bruch: grau, Quarzsandeinschlüsse, FN. 89, Blatt 10.

## Schnitt 15, Grube, Schicht H.

67*, Keramik, TS, Platte, Consp. 12.5.2, mittel-spätaugusteisch, 1 Rs., Rdm. 24 cm, Oberfl.: rot,
Engobe platzt stellenweise ab, Bruch: ockerbraun, keine Einschlüsse erkennbar, FN. 93, Blatt 10.

68*, Keramik, TS, Schale, 1 Ws., Oberfl.: rot, glänzende dicke Engobe, Bruch: dunkelrot, kleine
gelbe Einschlüsse, Palmwedel, FN. 93, Blatt 10.

69*, Keramik, rote Belg. Ware, Schale, 1 Bs., Bdm. 4,8 cm, Oberfl.: orangerot, matter Überzug,
Bruch: orangerot, große rote Einschlüsse, Stempel: ISSI__ evtl. Smertissio Deru 1996, 156., FN.
93, Blatt 10.

70*, Keramik, rote Belg. Ware, Teller, Deru A 7, Horizont III-VI, 1 Rs., Rdm. 24 cm, Oberfl.: orangerot, matter Überzug, Bruch: orangerot, FN. 93, Blatt 10.

71, Keramik, Lampe, 1 Ws., Oberfl.: rotbraun, gut geglättet, Bruch: braun, glimmerhaltig, FN. 93,
Blatt 10.

72, Keramik, Belg. Ware, Teller, 1 Bs., Bdm. 16 cm, Oberfl.: grau, fein geglättet, Bruch: grau, Quarzsandmagerung, FN. 93, Blatt 10.

73*, Keramik, Belg. Ware, Teller, 2 Bs., Bdm. 16 cm, Oberfl.: grau, fein geglättet, Bruch: weiß,
Quarzsand und große weiße Einschlüsse, Ratterdekor, FN. 93, Blatt 10.

74*, Keramik, Belg. Ware, Becher, Deru P 1–9, Horizont II-VI, 1 Rs., Rdm. 10 cm, Oberfl.: schwarz,
stark bestoßen, Bruch: graubraun, Quarzsandmagerung, FN. 93, Blatt 10.

75, Keramik, Belg. Ware, Spielstein, 1 Ws., Oberfl.: grau, fein geglättet, rund abgeschlagen, Bruch:
grau, Quarzsandeinschlüsse, FN. 93, Blatt 10.

76*, Keramik, Glattwandige Ware in Latènetradition, Teller, Höpken T1, 1 Rs., Rdm. 16 cm, Oberfl.:
braun, gut geglättet, Bruch: dunkelbraun, grobe Quarzsandmagerung, Einglättdekor auf der Innenseite, FN. 93, Blatt 10.

77*, Keramik, Rauwand. Ware, Topf, 1 Rs., Rdm. 14 cm, Oberfl.: hellgrau, rau, Bruch: weiß, grobe
Quarzsandmagerung, FN. 93, Blatt 10.

78, Keramik, Rauwand. Ware, Topf, 1 Ws., Oberfl.: grau, rau, Bruch: grau, Quarzsandeinschlüsse,
umlaufende Zierrillen, FN. 93, Blatt 10.

79*, Keramik, Muschelgem. Ware, Deckel, Titelberg E.10.1, 1 Rs., Rdm. 25 cm, Oberfl.: dunkelbraun, rau, Bruch: braun, dichte feine Muschelmagerung, FN. 93, Blatt 10.

80*, Keramik, Muschelgem. Ware, Schüssel oder Deckel, 2 Rs., Rdm. 32 cm, Oberfl.: dunkelbraun,
rau, Bruch: braun, dichte feine Muschelmagerung, Kammstrichdekor, FN. 93, Blatt 10.

81, Knochen, z. T. Bearbeitungsspuren, durchbohrt, FN. 93, Blatt 10.

## Schnitt 15, erste Grube, Schicht D.

82*, Keramik, TS, Teller, Consp. 12.4, mittel-spätaugusteisch, 1 Rs., Rdm. 18 cm, Oberfl.: rot, dicke
Engobe, Brandspuren, Bruch: ockergrau, keine Einschlüsse erkennbar, FN. 122, Blatt 10.

83*, Keramik, TS, Schale, Consp. 14.1.3, mittel-spätaugusteisch, 1 Rs., Rdm. 12 cm, Oberfl.: rot,
Engobe stellenweise abgerieben, Bruch: ocker, keine Einschlüsse erkennbar, FN. 122, Blatt 10.

84*, Keramik, TS, Schale, Consp. 22.1, mittelaugusteisch-tiberisch, 1 Rs., Rdm. 13 cm, Oberfl.: rot, dicke glänzende Engobe stellenweise abgerieben, Bruch: ocker, sehr kleine schwarze Einschlüsse erkennbar, zwei umlaufende Bänder Ratterdekor, FN. 122, Blatt 10.

85*, Keramik, TS, Schale, Consp. 22.1, mittelaugusteisch-tiberisch, 1 Rs., Rdm. 18 cm, Oberfl.: rot, sehr dicke Engobe, Bruch: ocker, kleine gelbe Einschlüsse, Ratterdekor, FN. 122, Blatt 10.

86*, Keramik, TS, Schale, Consp. 22.1, mittelaugusteisch-tiberisch, 1 Rs., Rdm. 16 cm, Oberfl.: rot, sehr dicke Engobe, Bruch: ocker, kleine gelbe Einschlüsse, Ratterdekor, FN. 122, Blatt 10.

87*, Keramik, TS, Schale, Consp. 22.1, mittelaugusteisch-tiberisch, 1 Rs., Rdm. 14 cm, Oberfl.: rot, Engobe blättert großflächig ab, Brandspuren, Bruch: ockerbraun, keine Einschlüsse erkennbar, zwei umlaufende Bänder Ratterdekor, FN. 122, Blatt 10.

88*, Keramik, rote Belg. Ware, Teller, Deru A 7, Horizont III-VI, 1 Rs., Rdm. 22 cm, Oberfl.: orangerot, nur Innenseite engobiert, Bruch: rötlich, hoher Quarzsandanteil, FN. 122, Blatt 10.

89*, Keramik, rote Belg. Ware, Schale, Horizont III-VI, 1 Rs., Rdm. 9,6 cm, Oberfl.: rot, matter Überzug, z. T. abgeblättert, Bruch: ziegelrot, Quarzsandeinschlüsse, FN. 122, Blatt 10.

90*, Keramik, rote Belg. Ware, Becher, Deru B 47.1, Horizont III, 1 Rs., Rdm. 8 cm, Oberfl.: rot, matter Überzug nur an Außenseite, Bruch: ocker, Quarzsandmagerung, FN. 122, Blatt 10.

91, Keramik, Lampe, 1 Bs., Bdm. 4 cm, Oberfl.: rot, gut geglättet, Bruch: grau, einzelne größere Quarzeinschlüsse, FN. 122, Blatt 10.

92*, Keramik, Belg. Ware, Teller, 2 Bs., Bdm. 10 cm, Oberfl.: grau, fein geglättet, Bruch: grau, Quarzsandeinschlüsse, umlaufendes Ratterdekorband, FN. 122, Blatt 10.

93*, Keramik, Belg. Ware, Becher, Deru P 1–9, Horizont II-VI, 6 Rs., Rdm. 16 cm, Oberfl.: grau, fein geglättet, Bruch: dunkelgrau, fein geschlämmt, FN. 122, Blatt 10.

94*, Keramik, Belg. Ware, Becher, Deru P 1–9, Horizont II-VI, 3 Rs., Rdm. 11 cm, Oberfl.: grau, fein geglättet, Bruch: ockerbraun, größere Quarzkörner, FN. 122, Blatt 10.

95*, Keramik, Belg. Ware, Becher, Deru P 1–9, Horizont II-VI, 1 Rs., Rdm. unbestimmbar, Oberfl.: grau, fein geglättet, Bruch: grau, kleine schwarze Einschlüsse, FN. 122, Blatt 10.

96*, Keramik, Belg. Ware, Becher, Deru P 1–9, Horizont II-VI, 1 Rs., Rdm. 15 cm, Oberfl.: grau, fein geglättet, Bruch: grau, Quarzsandeinschlüsse, FN. 122, Blatt 10.

97*, Keramik, Belg. Ware, Becher, Deru P 1–9, Horizont II-VI, 1 Rs., Rdm. 13 cm, Oberfl.: grau, fein geglättet, Bruch: dunkelgrau, Quarzsandeinschlüsse, FN. 122, Blatt 10.

98*, Keramik, Belg. Ware, Becher, Deru P 1–9, Horizont II-VI, 2 Rs., Rdm. 9,6 cm, Oberfl.: grau, fein geglättet, Bruch: grau, Quarzsandeinschlüsse, V-förmiges Rollrädchendekor, FN. 122, Blatt 10.

99*, Keramik, Belg. Ware, Becher, Deru P 1–9, Horizont II-VI, 1 Rs., Rdm. 14 cm, Oberfl.: grau, fein geglättet, Bruch: grau, Quarzsandeinschlüsse, FN. 122, Blatt 10.

100, Keramik, Belg. Ware, Grätenbecher, Deru P23, 1 Ws., Oberfl.: ockerbraun, rau, Bruch: ockerbraun, drei Grätenansätze von Fischgrätendekor erhalten, FN. 122, Blatt 10.

101, Keramik, Belg. Ware, Becher, 12 Ws., V-förmiges Rollrädchendekor, FN. 122, Blatt 10.

102, Keramik, Belg. Ware, Becher, 5 Ws., kleinrechteckiges Rollrädchendekor, FN. 122, Blatt 10.

103, Keramik, Belg. Ware, Becher, 3 Ws., Schrägstrichrollrädchendekor, FN. 122, Blatt 10.

104, Keramik, Belg. Ware, Becher, 4 Ws., umlaufende Zierrillen, FN. 122, Blatt 10.

105, Keramik, Belg. Ware, Becher, 1 Ws., Oberfl.: schwarz, sehr fein geglättet, Bruch: grau, Quarzsandmagerung, Einglättdekor, FN. 122, Blatt 10.

106*, Keramik, Belg. Ware, Becher, 2 Bs., Bdm. 11,6 cm, Oberfl.: grau, fein geglättet, Bruch: grau, Quarzsandeinschlüsse, FN. 122, Blatt 10.

107*, Keramik, Belg. Ware, Becher, 1 Bs., Bdm. 9 cm, Oberfl.: grau, fein geglättet, Bruch: grau, Quarzsandeinschlüsse, FN. 122, Blatt 10.

108*, Keramik, Belg. Ware, Balsamarium, Haltern 30, 1 Bs., Bdm. 2,4 cm, Oberfl.: ockergrau, fein geglättet, starke Brandspuren, Bruch: ocker, sehr feine Quarzsandmagerung, FN. 122, Blatt 10.

109*, Keramik, Tongrundig Glattwandige Ware, Topf, Haltern 57, 1 Rs., Rdm. 10 cm, Oberfl.: grau, stark abgegriffen, Bruch: grau, größere schwarze Einschlüsse, FN. 122, Blatt 10.

110*, Keramik, Tongrundig Glattwandige Ware, Topf, Haltern 57, 1 Rs., Rdm. 9 cm, Oberfl.: dunkelgrau, Glättlinien erkennbar, Bruch: grau, fein geschlämmt, FN. 122, Blatt 10.

111*, Keramik, Tongrundig Glattwandige Ware, Topf, Haltern 57, 1 Rs., Rdm. 15,4 cm, Oberfl.: schwarz, gut geglättet, starke Brandspuren, Bruch: braun, starke Quarzsandmagerung, FN. 122, Blatt 10.

112*, Keramik, Tongrundig Glattwandige Ware, Topf, Neuss VI, Taf. 27,18, 1 Rs., Rdm. 16 cm, Oberfl.: ocker, sehr fein geglättet, Bruch: rötlich, Quarzsandmagerung, FN. 122, Blatt 10.

113*, Keramik, Tongrundig Glattwandige Ware, Topf, 1 Rs., Rdm. 10 cm, Oberfl.: braun, grob geglättet, Bruch: braunrot, keine Magerung erkennbar, sehr dichte Struktur, FN. 122, Blatt 10.

114*, Keramik, Tongrundig Glattwandige Ware, Topf, 1 Rs., Rdm. 9 cm, Oberfl.: ocker, sehr fein geglättet, Bruch: ockerweiß, Quarzsandeinschlüsse, FN. 122, Blatt 10.

115*, Keramik, Tongrundig Glattwandige Ware, Topf, 1 Bs., Bdm. 6 cm, Oberfl.: ocker, sehr fein geglättet, Bruch: rötlich, Quarzsandmagerung, FN. 122, Blatt 10.

116*, Keramik, Tongrundig Glattwandige Ware, Topf, 2 Bs., Bdm. 11 cm, Oberfl.: weiß, fein geglättet, Bruch: weiß, kleine rote Einschlüsse, FN. 122, Blatt 10.

117, Keramik, Tongrundig Glattwandige Ware, Topf, 2 Bs., Bdm. 8 cm, Oberfl.: ocker, gut geglättet, Bruch: weiß, kleine rote Einschlüsse, FN. 122, Blatt 10.

118*, Keramik, Tongrundig Glattwandige Ware, Topf, 2 Bs., Bdm. 8 cm, Oberfl.: braun, geglättet, Bruch: braun, Quarzsandmagerung, FN. 122, Blatt 10.

119*, Keramik, Tongrundig Glattwandige Ware, Deckel?, Höpken T25, 1 Rs., Rdm. 38 cm, Oberfl.: hellbraun, gut geglättet, Bruch: braun, grobe, dichte Quarzsandmagerung, FN. 122, Blatt 10.

120*, Keramik, Tongrundig Glattwandige Ware, Krug, Höpken T32, 1 Rs., Rdm. 8 cm, Oberfl.: ocker, gut geglättet, Bruch: orange, Quarzsandeinschlüsse, FN. 122, Blatt 10.

121, Keramik, Tongrundig Glattwandige Ware, Krug, 2 Henkel, Oberfl.: ocker, gut geglättet, Bruch: grau, Quarzsandeinschlüsse, FN. 122, Blatt 10.

122, Keramik, Glattwandige Ware in Latènetradition, Topf, 1 Ws., Oberfl.: schwarz, gut geglättet, Brandspuren, Bruch: dunkelgrau, Quarzsandmagerung, grobes Ratterdekor, FN. 122, Blatt 10.

123, Keramik, Glattwandige Ware in Latènetradition, Topf, 1 Ws., Oberfl.: schwarz, gut geglättet, Bruch: hellbraun, Quarzsandmagerung, Kammstrichdekor, FN. 122, Blatt 10.

124*, Keramik, Rauwand. Ware, Topf, Haltern 57/Höpken R18, 1 Rs., Rdm. 10 cm, Oberfl.: grau, gut geglättet, Bruch: grau, größere dunkelgraue Einschlüsse, umlaufende Zierrille, FN. 122, Blatt 10.

125, Keramik, Rauwand. Ware, Topf, 1 Rs., Rdm. 12 cm, Oberfl.: schwarz, grob geglättet, Brandspuren, Bruch: dunkelbraun, weiße Quarzsandmagerung, FN. 122, Blatt 10.

126*, Keramik, Rauwand. Ware, Topf, 1 Rs., Rdm. 10 cm, Oberfl.: schwarz, grob geglättet, Brandspuren, Bruch: braun, Quarzsandmagerung, FN. 122, Blatt 10.

127*, Keramik, Rauwand. Ware, Topf, 1 Bs., Bdm. 11 cm, Oberfl.: braun, gut geglättet, Bruch: rotbraun, grobe Quarzsandmagerung, FN. 122, Blatt 10.

128, Keramik, Muschelgem. Ware, Topf, Titelberg E.1.8, 1 Rs., Rdm. unbestimmbar, Oberfl.: dunkelbraun, geglättet, Bruch: braun, dichte feine Muschelmagerung, FN. 122, Blatt 10.

129, Keramik, Muschelgem. Ware, Topf, 1 Rs., Rdm. 10 cm, Oberfl.: dunkelbraun, geglättet, Bruch: braun, dichte feine Muschelmagerung, FN. 122, Blatt 10.

130*, Keramik, Schwerkeramik, Reibschale, 1 Bs., Bdm. 13 cm, Oberfl.: ocker, rau, Bruch: ocker, grobe Quarzsandmagerung, FN. 122, Blatt 10.

131*, Keramik, Schwerkeramik, Vorratsgefäß mit aufstehendem Rand, Höpken S9, 3 Rs., Rdm. 16,6 cm, Oberfl.: grau, grob geglättet, Bruch: dunkelgrau, Quarzsandmagerung, FN. 122, Blatt 10.

## Schnitt 15, Grube, Schicht G und H.

132*, Keramik, TS, Schale, Evtl. Consp. 9?, mittelaugusteisch-tiberisch, 1 Rs., Rdm. unbestimmbar, Oberfl.: rot, matte Engobe, Bruch: ockerbraun, Quarzsandeinschlüsse, FN. 92, Blatt 10.

133*, Keramik, TS, Schale, Consp. 31.1, spätaugusteisch, frühtiberisch, 1 Rs., Rdm. 9 cm, Oberfl.: rot, Engobe großflächig abgerieben, Bruch: ockerbraun, keine Einschlüsse erkennbar, FN. 92, Blatt 10.

134*, Keramik, TS, Schale, 1 Ws., Oberfl.: dunkelrot, matte Engobe, Bruch: dunkelrot, einzelne Quarzkörner, Reliefdekor, ähnlich Rudnick 1995, Punze 74, FN. 92, Blatt 10.

135*, Keramik, rote Belg. Ware, Teller, Deru A 5, Horizont III-VI, 1 Rs., Rdm. 32 cm, Oberfl.: rot, sehr gut erhaltene matte Engobe, Bruch: ockerrot, dunkle Quarzsandmagerung, FN. 92, Blatt 10.

136*, Keramik, rote Belg. Ware, Schale, 1 Bs., Bdm. 7 cm, Oberfl.: rot, Engobe stark abgerieben, Bruch: orangerot, Quarzsandmagerung, FN. 92, Blatt 10.

137*, Keramik, rote Belg. Ware, Schale, 1 Rs., Rdm. 16 cm, Oberfl.: rot, Engobe stellenweise abgeblättert, Bruch: orangerot, Quarzsandmagerung, FN. 92, Blatt 10.

138*, Keramik, rote Belg. Ware, Becher, Deru P 39 ähnl., Horizont II-VI, 1 Rs., Rdm. 8 cm, Oberfl.: rotbraun, fein geglättet, Bruch: orangebraun, Quarzsandmagerung, zwei umlaufende Zierrillen, FN. 92, Blatt 10.

139*, Keramik, rote Belg. Ware, Becher, Deru P 29, Horizont II-VI, 17 Rs. Ws., Rdm. 18 cm, Oberfl.: rotbraun, fein geglättet, Bruch: ockerrot, Quarzsandmagerung, Kammstrichdekor, FN. 92, Blatt 10.

140*, Keramik, Belg. Ware, Teller, Deru A 34.2, Horizont II-V, 1 Rs., Rdm. 26 cm, Oberfl.: grau, gut geglättet, Brandspuren, Bruch: hellgrau, weiße Quarzmagerung, FN. 92, Blatt 10.

141*, Keramik, Belg. Ware, Teller, 1 Ws., Oberfl.: schwarz, fein geglättet, Bruch: grau, Quarzsandmagerung, Stempel: LVIII oder IVIII, FN. 92, Blatt 10.

142*, Keramik, Belg. Ware, Teller, 1 Bs., Bdm. 14 cm, Oberfl.: schwarz, grob geglättet, Bruch: grau, fein geschlämmt, FN. 92, Blatt 10.

143*, Keramik, Belg. Ware, Becher, Deru P 1–9, Horizont II-VI, 1 Rs., Rdm. 14 cm, Oberfl.: grau, fein geglättet, Bruch: grau, Quarzsandmagerung, FN. 92, Blatt 10.

144*, Keramik, Belg. Ware, Becher, Deru P 1–9, Horizont II-VI, 1 Rs., Rdm. 14 cm, Oberfl.: grau, fein geglättet, Bruch: grau, Quarzsandmagerung, FN. 92, Blatt 10.

145*, Keramik, Belg. Ware, Becher, Deru P 1–9, Horizont II-VI, 1 Rs., Rdm. 12 cm, Oberfl.: grau, fein geglättet, Bruch: grau, Quarzsandmagerung, FN. 92, Blatt 10.

146*, Keramik, Belg. Ware, Becher, Deru P 1–9, Horizont II-VI, 1 Rs., Rdm. 20 cm, Oberfl.: grau, fein geglättet, Bruch: braun, grobe Quarzsandmagerung, FN. 92, Blatt 10.

147*, Keramik, Belg. Ware, Becher, Deru P 1–9, Horizont II-VI, 1 Rs., Rdm. 16 cm, Oberfl.: grau, sehr fein geglättet, Bruch: grau, keine Magerung erkennbar, FN. 92, Blatt 10.

148*, Keramik, Belg. Ware, Becher, Deru P 1–9, Horizont II-VI, 1 Rs., Rdm. 16 cm, Oberfl.: dunkelgrau, fein geglättet, Bruch: dunkelgrau, keine Magerung erkennbar, FN. 92, Blatt 10.

149, Keramik, Belg. Ware, Grätenbecher, Deru P 23, Horizont II und III, 1 Ws., Oberfl.: weiß, fein geglättet, Bruch: weiß, einzelne dunkelrote Einschlüsse, umlaufende Zierrillen, Ansatz Gräten, FN. 92, Blatt 10.

150, Keramik, Belg. Ware, Becher, Deru P 1–9, 1 Rs., Rdm. 14 cm, Oberfl.: grau, gut geglättet, Bruch: grau, grobe Quarzsandmagerung, FN. 92, Blatt 10.

151, Keramik, Belg. Ware, Becher, 1 Ws., Oberfl.: grau, fein geglättet, Bruch: grau, Quarzsandmagerung, V-förmige Einzelabdrücke, FN. 92, Blatt 10.

152, Keramik, Belg. Ware, Becher, 1 Ws., Oberfl.: grau, fein geglättet, Ratterdekor, FN. 92, Blatt 10.

153, Keramik, Belg. Ware, Becher, 1 Ws., Oberfl.: schwarz, fein geglättet, kleinrechteckiges Schrägstrichrollrädchendekor, FN. 92, Blatt 10.

154, Keramik, Belg. Ware, Becher, 4 Ws., Oberfl.: grau, fein geglättet, Bruch: verschiedene Gefäße, V-förmiges Rollrädchendekor, FN. 92, Blatt 10.

155, Keramik, Belg. Ware, Becher, 8 Ws., Oberfl.: grau, fein geglättet, Bruch: verschiedene Gefäße, umlaufende Zierrille, FN. 92, Blatt 10.

156, Keramik, Belg. Ware, Becher, 1 Ws., Oberfl.: schwarz, fein geglättet, Bruch: grau, Quarzsandmagerung, FN. 92, Blatt 10.

157*, Keramik, Belg. Ware, Becher, 1 Ws., Oberfl.: grau, fein geglättet, Bruch: grau, Quarzsandmagerung, FN. 92, Blatt 10.

158*, Keramik, Belg. Ware, Becher, 1 Bs., Bdm. 12 cm, Oberfl.: grau, gut geglättet, Bruch: grau, Quarzsandmagerung, FN. 92, Blatt 10.

159*, Keramik, Belg. Ware, Becher, 2 Bs., Bdm. 13 cm, Oberfl.: grau, gut geglättet, Bruch: grau, fein geschlämmt, FN. 92, Blatt 10.

160*, Keramik, Tongrundig Glattwandige Ware, Teller, Höpken T1, 1 Rs., Rdm. 18 cm, Oberfl.: dunkelbraun, gut geglättet, Bruch: braun, Quarzsandmagerung, FN. 92, Blatt 10.

161*, Keramik, Tongrundig Glattwandige Ware, Topf, Höpken B 20 Variante, 1 Rs., Rdm. 18 cm, Oberfl.: dunkelbraun, gut geglättet, Brandspuren, Bruch: grau, größere schwarze Einschlüsse, umlaufende Zierrillen, FN. 92, Blatt 10.

162, Keramik, Tongrundig Glattwandige Ware, Topf, 1 Bs., Bdm. 10,6 cm, Oberfl.: ocker, fein geglättet, Bruch: hellgrau, einzelne große weiße Einschlüsse, FN. 92, Blatt 10.

163*, Keramik, Tongrundig Glattwandige Ware, Topf, 1 Bs., Bdm. 10 cm, Oberfl.: ocker, sehr fein geglättet, Bruch: ocker, einzelne rote Einschlüsse, FN. 92, Blatt 10.

164*, Keramik, Tongrundig Glattwandige Ware, Topf, 1 Bs., Bdm. 5,6 cm, Oberfl.: ocker, fein geglättet, Bruch: dunkelrot – grau, Quarzsandmagerung, FN. 92, Blatt 10.

165*, Keramik, Tongrundig Glattwandige Ware, Topf, 1 Bs., Bdm. 5,4 cm, Oberfl.: graubraun, gut geglättet, Bruch: grau, Quarzsandmagerung, FN. 92, Blatt 10.

166*, Keramik, Tongrundig Glattwandige Ware, Topf, 1 Bs., Bdm. 7,6 cm, Oberfl.: braun, gut geglättet, Bruch: rotbraun, Quarzsandmagerung, FN. 92, Blatt 10.

167*, Keramik, Tongrundig Glattwandige Ware, Krug, Haltern 45/Höpken T30, 1 Rs., Rdm. 10 cm, Oberfl.: ocker, rau, Bruch: hellgrau, Quarzsandmagerung, FN. 92, Blatt 10.

168, Keramik, Tongrundig Glattwandige Ware, Krug, 3 Henkel, Oberfl.: ocker, fein geglättet, FN. 92, Blatt 10.

169*, Keramik, Rauwand. Ware, Teller, Titelberg A.8.1., 1 Rs., Rdm. 20 cm, Oberfl.: dunkelbraun, grob geglättet, Bruch: dunkelbraun, plattige Struktur Quarzsandmagerung, FN. 92, Blatt 10.

170*, Keramik, Rauwand. Ware, Topf, Haltern 57, 1 Rs., Rdm. 12 cm, Oberfl.: schwarz, grob geglättet, Bruch: dunkelgrau, Quarzsandmagerung, FN. 92, Blatt 10.

171*, Keramik, Rauwand. Ware, Topf, Haltern 58, 1 Rs., Rdm. 17 cm, Oberfl.: braun, rau, Bruch: braun, grobe Kalkmagerung, FN. 92, Blatt 10.

172*, Keramik, Rauwand. Ware, Topf, Titelberg A.9.6, 1 Rs., Rdm. 10 cm, Oberfl.: graubraun, grob geglättet, Bruch: braun, Quarzsandmagerung, FN. 92, Blatt 10.

173*, Keramik, Rauwand. Ware, Flasche, Titelberg A.3.2, 1 Rs., Rdm. 4,8 cm, Oberfl.: braun, rau, Brandspuren, Bruch: dunkelgrau, grobe Quarzsandmagerung, FN. 92, Blatt 10.

174*, Keramik, Muschelgem. Ware, Topf, Titelberg E.1.8, 1 Rs., Rdm. 16 cm, Oberfl.: dunkelbraun, grob geglättet, Bruch: dunkelbraun, Muschelmagerung, FN. 92, Blatt 10.

175, Keramik, Muschelgem. Ware, Topf, 4 Ws., Oberfl.: schwarz, rau, FN. 92, Blatt 10.

176*, Keramik, Schwerkeramik, Reibschale, Haltern 59, 1 Rs., Rdm. 30 cm, Oberfl.: ocker, gut geglättet, Bruch: ocker, grobe rötliche Magerungspartikel, FN. 92, Blatt 10.

177*, Keramik, Schwerkeramik, Dolium, Titelberg F1.1, 1 Rs., Rdm. 31 cm, Oberfl.: hellgelb, gepichter Rand, gut geglättet, Bruch: grau, große weiße Einschlüsse, FN. 92, Blatt 10.

## Schnitt 15, aus der ersten Grube, Schicht E.

178*, Keramik, TS, Teller, Consp. 21.3.1, spätaugusteisch-tiberisch, 1 Rs., Rdm. 18 cm, Oberfl.: rot, dicke rote Engobe, Bruch: ockerbraun, keine Einschlüsse erkennbar, FN. 90, Blatt 10.

178a, Metall, Eisen, Achsnagel, FN. 90, Blatt 10.

179, Keramik, TS, Teller, 1 Bs., Oberfl.: rot, dicke rote Engobe, Bruch: ockerbraun, kleine gelbe Einschlüsse, umlaufende Zierrillen, FN. 90, Blatt 10.

180*, Keramik, Belg. Ware, Flasche, Deru BT 2, Horizont V-VII, 1 Rs., Rdm. 5 cm, Oberfl.: grau, fein geglättet, Bruch: grau, einzelne größere Quarzeinschlüsse, V-förmiges Rollrädchendekor, FN. 90, Blatt 10.

181*, Keramik, Belg. Ware, Becher, Deru P 33, Horizont II-IV, 1 Rs., Rdm. 12 cm, Oberfl.: schwarz, fein geglättet, Überzug blättert ab, Bruch: grau, Quarzeinschlüsse, FN. 90, Blatt 10.

182, Keramik, Belg. Ware, Becher, 1 Ws., Oberfl.: grau, fein geglättet, Bruch: grau, kleine schwarze Einschlüsse, V-förmiges Rollrädchendekor, FN. 90, Blatt 10.

183, Keramik, Belg. Ware, Becher, 1 Ws., Oberfl.: grau, fein geglättet, Bruch: grau, kleine schwarze Einschlüsse, Rollrädchendekor, FN. 90, Blatt 10.

184, Keramik, Belg. Ware, Becher, 1 Ws., Oberfl.: grau, fein geglättet, Bruch: grau, fein geschlämmt, Kleinrechteckrollrädchendekor, FN. 90, Blatt 10.

185*, Keramik, Belg. Ware, Becher, 1 Bs., Bdm. 7 cm, Oberfl.: grau, fein geglättet, Bruch: grau, kleine schwarze Einschlüsse, FN. 90, Blatt 10.

186, Keramik, Belg. Ware, Becher, 1 Bs., Oberfl.: grau, fein geglättet, Bruch: grau, fein geschlämmt, FN. 90, Blatt 10.

187*, Keramik, Tongrundig Glattwandige Ware, Krug, Neuss VI, Taf. 15,5, 1 Rs., Rdm. 14 cm, Oberfl.: gelblichweiß, gut geglättet, Bruch: gelblich, Quarzsandmagerungen, umlaufende Zierrillen, FN. 90, Blatt 10.

188*, Keramik, Tongrundig Glattwandige Ware, Krug, Höpken T32, 1 Rs., Rdm. 10 cm, Oberfl.: ocker, gut geglättet, Bruch: rötlich, größere weiße und ziegelrote Einschlüsse, FN. 90, Blatt 10.

189, Keramik, Tongrundig Glattwandige Ware, Krug, 1 Bs., Oberfl.: ocker, gut geglättet, Bruch: grau, fein geschlämmt, FN. 90, Blatt 10.

190*, Keramik, Glattwandige Ware in Latènetradition, Schüssel, Höpken T9, 1 Rs., Rdm. 20 cm, Oberfl.: schwarz, gut geglättet, Bruch: dunkelgrau, grob mit Quarz gemagert, FN. 90, Blatt 10.

## Schnitt 15, zweite Grube, dunkle unterste Schicht.

191*, Metall, Bronze, Fibel, Aucissafibel Riha 5.2, 1, FN. 121, Blatt 10.

192, Metall, Bronze, Fibel, Aucissafibel Riha 5.2, 1 Fragment, nur Nadel und Kopfplatte erhalten, FN. 121, Blatt 10.

193*, Metall, Bronze, Messer?, FN. 121, Blatt 10.

194, Glas, Ring oder Henkel, 1 Fragment, Oberfl.: blau, FN. 121, Blatt 10.

195*, Keramik, TS, Teller, Consp. B 2.5, 1 Bs., Bdm. 11 cm, Oberfl.: rot, Engobe stellenweise abgerieben, Brandspuren, Bruch: rotbraun, keine Einschlüsse erkennbar, umlaufende Zierrillen, FN. 121, Blatt 10.

196, Keramik, TS, Teller, 1 Ws., Oberfl.: rot, Engobe stellenweise abgerieben, Brandspuren, Bruch: dunkelrot, kleine gelbe Einschlüsse, FN. 121, Blatt 10.

197*, Keramik, TS, Schale, Consp. 22.1, mittelaugusteisch-tiberisch, 1 Rs., Rdm. 14 cm, Oberfl.: rot, dicke gut erhaltene Engobe, Brandspuren, Bruch: ocker, keine Einschlüsse erkennbar, Kerbverzierung unter dem Rand, FN. 121, Blatt 10.

198*, Keramik, TS, Schale, Consp. B 3.13, 2 Bs., Bdm. 8 cm, Oberfl.: rot, dicke gut erhaltene Engobe, Bruch: ocker, keine Einschlüsse erkennbar, Ratterdekor, FN. 121, Blatt 10.

199, Keramik, TS, Schale, 1 Henkel, Oberfl.: rot, dicke gut erhaltene Engobe, Bruch: rotbraun, keine Einschlüsse erkennbar, FN. 121, Blatt 10.

200*, Keramik, TS, Schale, 2 Rs. Ws., Rdm. unbestimmbar, Oberfl.: rot, dicke gut erhaltene Engobe, Bruch: ocker, keine Einschlüsse erkennbar, Ratterdekor, FN. 121, Blatt 10.

201*, Keramik, rote Belg. Ware, Teller, Deru A 5, Horizont III-VI, 1 Rs., Rdm. 34 cm, Oberfl.: orangerot, Überzug an Innenseite, Brandspuren, Bruch: weiß, hoher Quarzsandanteil, kleine rote Einschlüsse, FN. 121, Blatt 10.

202*, Keramik, rote Belg. Ware, Teller, Deru A 5, Horizont III-VI, 1 Rs., Rdm. 25 cm, Oberfl.: orangerot, fein geglättet, Bruch: orangerot, kleine schwarze Einschlüsse, FN. 121, Blatt 10.

203, Keramik, rote Belg. Ware, Teller, 1 Ws., Oberfl.: orangerot, fein geglättet, Bruch: orangerot, kleine schwarze Einschlüsse, FN. 121, Blatt 10.

204*, Keramik, Weißrotware, Schüssel, Höpken W1, 3 Rs., Ws., Rdm. 16 cm, Oberfl.: weiß, fein geglättet, Bruch: orange, kleine weiße und schwarze Einschlüsse, quadratischer Kammstrichdekor, FN. 121, Blatt 10.

205, Keramik, Lampe, 1 Henkel, Oberfl.: ocker, fein geglättet, Bruch: hellgelb, fein geschlämmt, FN. 121, Blatt 10.

206*, Keramik, Belg. Ware, Teller, Deru A 32.2, Horizont III-VI, 1 Rs., Rdm. 35 cm, Oberfl.: ockergrau, fein geglättet, Brandspuren, Bruch: dunkelgrau, Quarzsandmagerung, FN. 121, Blatt 10.

207, Keramik, Belg. Ware, Teller, Deru A 37, Horizont III-IV, 1 Rs., Rdm. 20 cm, Oberfl.: schwarz, fein geglättet, Bruch: hellgrau, fein geschlämmt, umlaufende Zierrille, FN. 121, Blatt 10.

208*, Keramik, Belg. Ware, Becher, Deru P 1–9, Horizont II-VI, 1 Rs., Rdm. 14,4 cm, Oberfl.: grau, fein geglättet, Bruch: grau, kleine schwarze Einschlüsse, FN. 121, Blatt 10.

209*, Keramik, Belg. Ware, Becher, Deru P 1–9, Horizont II-VI, 1 Rs., Rdm. 12 cm, Oberfl.: dunkelgrau, fein geglättet, Bruch: graubraun, fein geschlämmt, FN. 121, Blatt 10.

210*, Keramik, Belg. Ware, Becher, Deru P 1–9, Horizont II-VI, 3 Rs., Rdm. 10,4 cm, Oberfl.: grau, fein geglättet, Bruch: grau, fein geschlämmt, FN. 121, Blatt 10.

211*, Keramik, Belg. Ware, Becher, Deru P 1–9, Horizont II-VI, 1 Rs., Rdm. 16 cm, Oberfl.: grau, fein geglättet, Bruch: ockergrau, fein geschlämmt, FN. 121, Blatt 10.

212*, Keramik, Belg. Ware, Becher, Deru P 1–9, Horizont II-VI, 1 Rs., Rdm. 18 cm, Oberfl.: grau, fein geglättet, Bruch: hellgrau, kleine schwarze Einschlüsse, FN. 121, Blatt 10.

213*, Keramik, Belg. Ware, Becher, Deru P 29, Horizont II-VI, 20 Rs. Ws., Rdm. 14,8 cm, Oberfl.: braun, fein geglättet, Bruch: orange, größere weiße Einschlüsse, V-förmiges Rollrädchendekor, FN. 121, Blatt 10.

214, Keramik, Belg. Ware, Becher, 5 Ws., umlaufende Zierrillen, FN. 121, Blatt 10.

215, Keramik, Belg. Ware, Becher, 2 Ws., kleinrechteckiges Schrägstrichrollrädchendekor, FN. 121, Blatt 10.

216, Keramik, Belg. Ware, Becher, 4 Ws., Ratterdekor, FN. 121, Blatt 10.

217, Keramik, Belg. Ware, Becher, 8 Ws., V-förmiges Rollrädchendekor, FN. 121, Blatt 10.

218*, Keramik, Belg. Ware, Becher, 1 Bs., Bdm. 10 cm, Oberfl.: grau, fein geglättet, Bruch: grau, größere weiße Einschlüsse, FN. 121, Blatt 10.

219*, Keramik, Belg. Ware, Becher, 1 Bs., Bdm. 7,2 cm, Oberfl.: grau, fein geglättet, Bruch: grau, fein geschlämmt, FN. 121, Blatt 10.

220*, Keramik, Tongrundig Glattwandige Ware, Teller, Höpken T1, 1 Rs., Rdm. 20 cm, Oberfl.: grau, fein geglättet, Bruch: hellgrau, grobe Quarzsandmagerung, FN. 121, Blatt 10.

221*, Keramik, Tongrundig Glattwandige Ware, Topf, Haltern 57, 1 Rs., Rdm. 11,6 cm, Oberfl.: schwarz, gut geglättet, Brandspuren, Bruch: schwarz, helle Sandmagerung, FN. 121, Blatt 10.

222*, Keramik, Tongrundig Glattwandige Ware, Topf, Haltern 58, 1 Rs., Rdm. 14 cm, Oberfl.: grau, grob geglättet, Brandspuren, Bruch: hellgrau, große dunkelgraue Einschlüsse, FN. 121, Blatt 10.

223*, Keramik, Tongrundig Glattwandige Ware, Topf, Haltern 58, 1 Rs., Rdm. 10,4 cm, Oberfl.: braun, gut geglättet, Brandspuren, Bruch: graubraun, größere rote Einschlüsse, FN. 121, Blatt 10.

224*, Keramik, Tongrundig Glattwandige Ware, Topf, Deru P 6 Variante, 1 Rs., Rdm. 12 cm, Oberfl.: braun, gut geglättet, Brandspuren, Bruch: braun, fein geschlämmt, FN. 121, Blatt 10.

225*, Keramik, Tongrundig Glattwandige Ware, Topf, 1 Bs., Bdm. 13 cm, Oberfl.: braun, gut geglättet, Bruch: graubraun, grobe Quarzsandmagerung, FN. 121, Blatt 10.

226*, Keramik, Tongrundig Glattwandige Ware, Topf, 2 Bs., Bdm. 10,6 cm, Oberfl.: ocker, fein geglättet, Bruch: ocker, fein geschlämmt, FN. 121, Blatt 10.

227*, Keramik, Tongrundig Glattwandige Ware, Topf, 2 Bs., Bdm. 10 cm, Oberfl.: ocker, fein geglättet, Bruch: grau und orange, Quarzsandmagerung, FN. 121, Blatt 10.

228*, Keramik, Tongrundig Glattwandige Ware, Topf, 1 Bs., Bdm. 14 cm, Oberfl.: hellgelb, fein geglättet, stark abgeriebener Überzug, Bruch: orange, kleine schwarze Einschlüsse, FN. 121, Blatt 10.

229, Keramik, Tongrundig Glattwandige Ware, Topf, 1 Bs., Bdm. 14 cm, Oberfl.: ocker, gut geglättet, Bruch: ocker, fein geschlämmt, FN. 121, Blatt 10.

230*, Keramik, Tongrundig Glattwandige Ware, Topf, 1 Bs., Bdm. 10,2 cm, Oberfl.: grau, fein geglättet, Bruch: grau, fein geschlämmt, FN. 121, Blatt 10.

231*, Keramik, Tongrundig Glattwandige Ware, Topf, 1 Bs., Bdm. 9,4 cm, Oberfl.: grau, fein geglättet, Bruch: braun, fein geschlämmt, FN. 121, Blatt 10.

232*, Keramik, Tongrundig Glattwandige Ware, Topf, 1 Bs., Bdm. 8 cm, Oberfl.: ocker, fein geglättet, Bruch: grau und orange, Quarzsandmagerung, FN. 121, Blatt 10.

234*, Keramik, Tongrundig Glattwandige Ware, Deckel, Höpken T25, 1 Rs., Rdm. 15 cm, Oberfl.: grau, gut geglättet, Brandspuren, Bruch: hellgrau, Quarzsandmagerung, FN. 121, Blatt 10.

235*, Keramik, Tongrundig Glattwandige Ware, Deckel, Höpken T26, 1 Rs., Rdm. 16 cm, Oberfl.: grau, rau, Bruch: graubraun, Quarzsandmagerung, FN. 121, Blatt 10.

236, Keramik, Tongrundig Glattwandige Ware, Krug, 2 Henkel, Oberfl.: ocker, gut geglättet, Bruch: ocker, fein geschlämmt, FN. 121, Blatt 10.

237, Keramik, Tongrundig Glattwandige Ware, Krug, 1 Henkel, Oberfl.: ocker, gut geglättet, Bruch: grauer Kern, fein geschlämmt, FN. 121, Blatt 10.

238, Keramik, Tongrundig Glattwandige Ware, Krug, 1 Henkel, Oberfl.: ocker, gut geglättet, Bruch: ocker, fein geschlämmt, FN. 121, Blatt 10.

239*, Keramik, Glattwandige Ware in Latènetradition, Teller, 1 Rs., Rdm. 12 cm, Oberfl.: schwarz, gut geglättet, Bruch: graubraun, grobe graue Einschlüsse, FN. 121, Blatt 10.

240*, Keramik, Rauwand. Ware, Topf, Haltern 58, 1 Rs., Rdm. 11 cm, Oberfl.: braun, rau, Bruch: graubraun, größere Einschlüsse, FN. 121, Blatt 10.

241, Keramik, Rauwand. Ware, Topf, 1 Bs., Bdm. 22 cm, Oberfl.: braun, rau, Bruch: dunkelbraun, grobe graue Einschlüsse, FN. 121, Blatt 10.

242*, Keramik, Rauwand. Ware, Topf, 1 Bs., Bdm. 11 cm, Oberfl.: braun, rau, Bruch: graubraun, weiße Quarzmagerung, FN. 121, Blatt 10.

243, Keramik, Muschelgem. Ware, Topf, Titelberg E.1.8, 3 Rs. Ws., Rdm. unbestimmbar, Oberfl.: braun, rau, Brandspuren, Bruch: braun, feine dichte Muschelmagerung, FN. 121, Blatt 10.

244*, Keramik, Schwerkeramik, Amphore, Dressel 7–11, 1 Rs., Rdm. 22 cm, Oberfl.: ocker, gut geglättet, Bruch: rötlich, feine Quarzsandmagerung, FN. 121, Blatt 10.

### Schnitt 15, aus der Grube unter FN. 90.

245*, Keramik, Belg. Ware, Teller, Deru A 7.2, Horizont III-VI, 1 Rs., Rdm. 36 cm, Oberfl.: grau, fein geglättet, Bruch: weiß, sehr hoher Quarzanteil, FN. 91, Blatt 10.

246, Keramik, Tongrundig Glattwandige Ware, Schüssel, 1 Bs., Bdm. 10 cm, Oberfl.: dunkelbraun, rau, Bruch: braun, Quarzsandmagerung, FN. 91, Blatt 10.

## Forum, Umbau Peter Heil, EV 1965,49 (Tafel 11).

### Auf der ersten Straße, in dem Graben nord-südlicher Richtung in den anstehenden Sandboden eingetieft. Obere Straßenschichten gehen darüber weg.

1*, Keramik, TS, Schale, Consp. B 3.19, 5 v. Chr. – 20 n. Chr., 1 Bs., Bdm. 3,6 cm, Oberfl.: dunkelrot, sehr dicke, hoch glänzende Engobe, Bruch: ockerbraun, kleine gelbe Einschlüsse, Stempel: ATEI XANTHI OCK type 316.8, s.a. Frey 1993, 31.2, OCK 12 683, FN. o. A., Blatt ?.

2*, Keramik, TS, Schale, Consp. B 3.9, 1 Bs., Bdm. 4,2 cm, Oberfl.: rot, Engobe stark abgerieben, Bruch: orange, keine Einschlüsse erkennbar, Stempel unleserlich, FN. o. A., Blatt ?.

3*, Keramik, Belg. Ware, Teller, Deru A 1.5, Horizont II-V, 1 Rs., Rdm. 25 cm, Oberfl.: grau, fein geglättet, Bruch: weißgrau, kleine schwarze Einschüsse, FN. o. A., Blatt ?.

4*, Keramik, Belg. Ware, Becher, Deru P 1.6, Horizont II-VI, 1 Rs., Rdm. 15 cm, Oberfl.: grau, fein geglättet, Bruch: dunkelgrau, kleine schwarze Einschlüsse, FN. o. A., Blatt ?.

5*, Keramik, Tongrundig Glattwandige Ware, Krug, Höpken T33, 1 Rs., Rdm. 10 cm, Oberfl.: ockerrot, gut geglättet, Bruch: grau, Quarzsandmagerung, FN. o. A., Blatt ?.

6, Keramik, Tongrundig Glattwandige Ware, Krug, 1 Ws., Oberfl.: ocker, gut geglättet, Bruch: ockerweiß, dichte weiße Quarzsandmagerung, FN. o. A., Blatt ?.

7, Metall, Bronze, unbest. Fragment, FN. o. A., Blatt ?.

**Scherben aus der unteren der beiden Straßen vor Anlage des Forums.**

8, Bronze, Münze, Lyoner Altarsierie I, RIC I Nr. 360, FN. o. A., Blatt 4?.

9*, Keramik, Belg. Ware, Teller, Deru A 1.3, Horizont II-V, 1 Rs., Rdm. 26 cm, Oberfl.: grau, fein geglättet, Bruch: weißgrau, dichte helle Quarzsandmagerung, FN. o. A., Blatt 4?.

10*, Keramik, Belg. Ware, Balsamarium, Haltern 30, 1 Bs., Bdm. 2,8 cm, Oberfl.: grau, fein geglättet, Bruch: dunkelgrau, Quarzsandmagerung, FN. o. A., Blatt 4?.

11*, Keramik, Belg. Ware, Topf, 1 Bs., Bdm. 8 cm, Oberfl.: grau, fein geglättet, Bruch: grau, kleine schwarze Einschlüsse, FN. o. A., Blatt 4?.

## Neustraße/Kaiserstraße, EV 1995,30 (Tafel 12–18)

**Unter der ersten römischen Straße, Schicht 2, leicht dunkel gelbbrauner, schwach manganfleckiger Grobsand, leicht lehmig, darin vereinzelt Holzkohle und Quarze.**

1, Keramik, Glattwandige Ware in Latènetradition, 1 Ws., Oberfl.: schwarz, gut geglättet, weich gebrannt, Bruch: schwarz, Quarzsandmagerung, FN. 70, Blatt 30.

**Unter der ersten römischen Straße, Schicht 3, bleicher weißgelblicher Grobsand, leicht lehmig, darin vereinzelt Holzkohle und Quarze.**

2*, Keramik, rote Belg. Ware, Becher, Deru B 47.1, Horizont III, 1 Rs., Rdm. 8 cm, Oberfl.: nur Außenseite rot engobiert, sehr fein geglättet, Bruch: rot, kleine schwarze Einschlüsse, FN. 69, Blatt 30.

3, Keramik, rote Belg. Ware, Schüssel, 3 Ws., Oberfl.: nur Außenseite rot engobiert, sehr fein geglättet, Bruch: rot, kleine schwarze Einschlüsse, FN. 69, Blatt 30.

4*, Keramik, Tongrundig Glattwandige Ware, Krug?, 1 Rs., Rdm. 10 cm, Oberfl.: weiß, gut geglättet, Bruch: weiß, kleine schwarze Einschlüsse, FN. 69, Blatt 30.

5, Keramik, Rauwand. Ware, unbest., 1 Ws., Oberfl.: ocker, rau, Bruch: ocker, grobe Quarzsandmagerung, FN. 69, Blatt 30.

6, Keramik, Belg. Ware, 1 Ws., Oberfl.: grau, fein geglättet, Bruch: grau, Quarzsandmagerung, FN. 69, Blatt 30.

**Unter der ersten römischen Straße, Schicht 3.**

7*, Keramik, Belg. Ware, Becher, Deru P 35–40, Horizont II-VI, 4 Rs., Rdm. 18 cm, Oberfl.: ockerbraun, fein geglättet, Bruch: braun, sehr fein geschlämmt, FN. 75, Blatt 33.

8, Keramik, Belg. Ware, Becher, 1 Ws., Oberfl.: ockerbraun, fein geglättet, Bruch: braun, sehr fein geschlämmt, doppelte, tief eingekerbte Zierrille, FN. 75, Blatt 33.

9, Keramik, Belg. Ware, Becher, 6 Ws., Oberfl.: ockerbraun, fein geglättet, Bruch: braun, sehr fein geschlämmt, geringeltes Einglättdekor, FN. 75, Blatt 33.

**Straßengraben, Schicht 19, braungrauer, schwach lehmiger Sand mit Holzkohle, an Unterkante leicht tonig, in der Mitte kleine Vertiefung mit lockerem Schieferkies gefüllt, Unterkante leicht rostfleckig, südlicher Straßengraben der O-W Str.**

10, Keramik, Belg. Ware, Becher, 1 Ws., Oberfl.: grau, fein geglättet, Bruch: grau, Quarzsandmagerung, Schrägstrichrollrädchendekor, FN. 77, Blatt 30.

11, Keramik, Muschelgem. Ware, Topf, 4 Ws., Oberfl.: dunkelbraun, grob geglättet, Bruch: braun, Muschelmagerung, FN. 77, Blatt 30.

**Straßengraben, roter fetter einplanierter fester Fachwerklehm mit häufigen Kalkmörtelbrocken, Wandputz, Ziegelfragmente, Kalkestrichbrocken, ganze Bruchstücke Fachwerkwände, Putz mit schwarzer Malerei.**

12, Keramik, Belg. Ware, Teller, 1 Bs., Oberfl.: dunkelgrau, fein geglättet, Bruch: keine Magerung erkennbar, FN. 80, Blatt 30.

13, Keramik, Belg. Ware, Teller, 1 Bs., Oberfl.: schwarz, fein geglättet, Bruch: keine Magerung erkennbar, FN. 80, Blatt 30.

14, Keramik, Tongrundig Glattwandige Ware, Krug?, 1 Ws., Oberfl.: ocker, geglättet, Bruch: ocker, Quarzsandmagerung, FN. 80, Blatt 30.

15, Keramik, Tongrundig Glattwandige Ware, 1 Ws., Oberfl.: ocker, geglättet, Bruch: ocker, Quarzsandmagerung, FN. 80, Blatt 30.

**Straßengraben erste Straße, Schicht 21.**

16, Keramik, TS, Schale, 10 v. Chr. – 10 n. Chr., 1 Ws., Oberfl.: rot, fein geglättet, Engobe platzt ab, Bruch: ocker, kleine schwarze Einschlüsse, Stempel CRISPINVS (1) OCK type 702.3, FN. 73, Blatt 33.

17, Glaspaste, Kameo, FN. 73, Blatt 33.

**Vorgeschichtlich, Schicht 12, anstehender gelbbrauner Schwemmsand mit einzelnen Schieferkiesgeröllen.**

18, Keramik, Glattwandige Ware in Latènetradition, 1 Ws., stark abgerieben, Bruch: braun, grobe große weiße Quarzeinschlüsse, FN. 100, Blatt 51.

**Grube 1, Schicht 1, rötlich brauner schwach lehmiger Grobsand, relativ stark mit mittlerem und feinem Schutt durchsetzt, sehr viel Jurakalkbruchstücke, Kiesel, Ziegelstücke sowie Holzkohle, Grubenfüllung.**

19*, Keramik, Belg. Ware, Becher, Deru P 1–9, Horizont II-VI, 2 Rs., Rdm. 16 cm, Oberfl.: dunkelgrau, fein geglättet, Bruch: grau, Quarzsandeinschlüsse, FN. 51, Blatt 22.

20, Keramik, Belg. Ware, Becher, 1 Ws., Oberfl.: ockerbraun, fein geglättet, Bruch: braun, sehr fein geschlämmt, FN. 51, Blatt 22.

**Grube 1 Schicht 3, überwiegend grauer leicht lehmiger aschehaltiger schwach humoser Sand, stark mit Holzkohle durchsetzt sowie häufig Scherben, Tierknochen, einzelne Kiesel, Jurakalkstücke und etwas Schiefersplitt, zum Grubenrand hin deutlich gelbgrünlich verfärbt.**

21*, Keramik, TS, Teller, Consp. 12.3, 2 Rs., Rdm. 24 cm, Oberfl.: rot, Überzug blättert leicht ab, Bruch: hellbraun bis weiß, FN. 52, Blatt 22.

22, Keramik, TS, Teller, 1 Bs., Oberfl.: rot, sehr gute Qualität, Bruch: ockerbraun, keine Einschlüsse erkennbar, Innenseite Reste eines Ratterdekors, außen doppelt umlaufende Zierrille, FN. 52, Blatt 22.

23, Keramik, TS, Teller, 1 Bs., Oberfl.: rot, sehr gute Qualität, Bruch: ockerbraun, keine Einschlüsse erkennbar, Innenseite Ansatz doppelt umlaufender Zierrille, FN. 52, Blatt 22.

24*, Keramik, TS, Schale, Consp. 14.2.2, 1 Rs., Rdm. 10 cm, Oberfl.: rot, sehr feiner Überzug, Bruch: orangebraun, kleine Luftblasen, FN. 52, Blatt 22.

25, Keramik, TS, Schale, 1 Bs., Oberfl.: rot, sehr gute Qualitität, Bruch: ockerbraun, keine Einschlüsse erkennbar, Bodenansatz, FN. 52, Blatt 22.

26, Keramik, TS, Schale, 1 Ws., Oberfl.: rot, schlechte Überzugqualität, Bruch: orangebraun, Quarzsandeinschlüsse, FN. 52, Blatt 22.

27*, Keramik, TS, Kelch, 1 Ws., Oberfl.: rot, sehr gute Qualität, Bruch: ockerbraun, keine Einschlüsse erkennbar, Blumenrankendekor, Dragendorff-Watzinger 403, FN. 52, Blatt 22.

28, Keramik, TS, Geschl. Gefäß, 3 Ws., Oberfl.: rot, schlechte Überzugqualität, innen weiß, Bruch: weiß, kleine Aschereste, Einschnürungen, FN. 52, Blatt 22.

29, Keramik, TS, verschiedene Gefäße, 15 Ws., Oberfl.: rot, verschiedene Qualitäten, FN. 52, Blatt 22.

30, Keramik, rote Belg. Ware, Schale, Deru C 8.4, Horizont III-VI, 1 Rs., Rdm. 14 cm, Oberfl.: hellorangerot, schlechte Überzugqualität, Bruch: hellorangerot, starke Quarzsandmagerung, FN. 52, Blatt 22.

31*, Keramik, rote Belg. Ware, Schale, 1,3 Bs. Ws., Bdm. 5,5 cm, Oberfl.: orangerot, innen fein geglättet, außen Überzug abgerieben, Bruch: dunkelorangerot, deutliche Quarzsandmagerung, Stempel: VIIAI, Doppelte Zierrille mit Ratterdekor gefüllt auf Bodeninnenseite, FN. 52, Blatt 22.

32, Keramik, rote Belg. Ware, Schale, 1 Bs., Oberfl.: dunkel orangerot, innen feiner Überzug, außen ohne Überzug, Bruch: rotbraun, Quarzsandmagerung, Stempel: 3 Buchstaben im Ansatz erhalten DE_, E 3 waagerechte ohne senkrechte Haste, ähnlich DE oder EICI Deru 1996, 181, FN. 52, Blatt 22.

33*, Keramik, rote Belg. Ware, Schale?, 1 Rs., Rdm. 18 cm, Oberfl.: orangerot, schlechte Überzugqualität, leichte Brandspuren, Bruch: hellbraun, Quarzsandmagerung, FN. 52, Blatt 22.

34, Keramik, rote Belg. Ware?, Schale?, 1 Bs.?, Rdm. 20? cm, Oberfl.: rot, fein geglättet, Bruch: orange, einzelne Quarzeinschlüsse, FN. 52, Blatt 24.

35*, Keramik, rote Belg. Ware, Kelch?, 1 Bs., Bdm. 12 cm, Oberfl.: orangerot, Überzug blättert ab, Bruch: hellgrau bis weiß, Quarzsand und Ascheeinschlüsse, FN. 52, Blatt 22.

36*, Keramik, rote Belg. Ware, Kelch?, 2 Bs., Bdm. 8 cm, Oberfl.: orangerot, schlechte Überzugqualität, Bruch: orangebraun, keine Magerung erkennbar, FN. 52, Blatt 22.

37, Keramik, rote Belg. Ware, Flasche?, 1 Ws., Oberfl.: rot, fein geglättet, Bruch: orange, einzelne Quarzeinschlüsse, 2 Einschnürungen, FN. 52, Blatt 22.

38, Keramik, rote Belg. Ware?, Topf, 2 Rs., Rdm. 11 cm, Oberfl.: rotbraun, evtl. Überzug, sehr fein geglättet, Bruch: ziegelrot, keine Magerung erkennbar, umlaufende Zierrille, FN. 52, Blatt 22.

39*, Keramik, Lampe, 2 Bs., Bdm. 5 cm, Oberfl.: rotbraun, Überzug stark abgerieben, Bruch: weiß, keine Magerung erkennbar, FN. 52, Blatt 22.

40*, Keramik, Lampe, 2 Bs., Bdm. 5 cm, Oberfl.: rotbraun, Überzug abgerieben, Bruch: weiß, keine Magerung erkennbar, FN. 52, Blatt 22.

41*, Keramik, Lampe, 3 Bs., Bdm. 5 cm, Oberfl.: braun, innen rot, stark glimmerhaltig, sehr fein geglättet, Bruch: dunkelbraun bis rot, stark glimmerhaltig, FN. 52, Blatt 22.

42*, Keramik, Goldglimmerware, Topf, 8 Rs. Ws., Rdm. 23 cm, Oberfl.: ocker mit Resten von Goldglimmerüberzug, sehr fein geglättet, Bruch: ocker bis ziegelrot, sehr fein geschlämmt, FN. 52, Blatt 22.

43*, Keramik, Belg. Ware, Teller, Deru A 1, Horizont II-V, 1 Rs., Rdm. 25 cm, Oberfl.: schwarz, sehr fein geglättet, Bruch: hellgrau, porös, Quarzsandmagerung, FN. 52, Blatt 22.

44*, Keramik, Belg. Ware, Teller, Deru A 1.3, Horizont II-V, 1 Rs., Rdm. 24 cm, Oberfl.: schwarz, sehr fein geglättet, Bruch: hellgrau, porös, Quarzsandmagerung, FN. 52, Blatt 22.

45*, Keramik, Belg. Ware, Teller, Deru A 1.4, Horizont II-V, 1 Rs., Rdm. 23 cm, Oberfl.: schwarz, sehr fein geglättet, Bruch: dunkelgrau, porös, Quarzsandmagerung, FN. 52, Blatt 22.

46*, Keramik, Belg. Ware, Teller, Deru A 1.4, Horizont II-V, 1 Rs., Rdm. 25,8 cm, Oberfl.: hellgrau, sehr fein geglättet, Bruch: dunkelgrau, porös, sehr fein geschlämmt, FN. 52, Blatt 22.

47*, Keramik, Belg. Ware, Teller, Deru A 1.4, Horizont II-V, 1 Rs., Rdm. 27 cm, Oberfl.: dunkel-grau, sehr fein geglättet, Bruch: hellgrau, porös, kleine schwarze Einschlüsse, FN. 52, Blatt 22.

48*, Keramik, Belg. Ware, Teller, Deru A 1.4, Horizont II-V, 2 Rs. Bs., Bdm. 15 cm, Rdm. 30,6 cm, Oberfl.: schwarz, sehr fein geglättet, Bruch: schwarz, porös, Quarzsandmagerung, zwei unsauber ausgeführte Ratterdekorkreise z. T. überlagernd, von Zierrillen eingefaßt, FN. 52, Blatt 22.

49*, Keramik, Belg. Ware, Teller, Deru A 1.4, Horizont II-V, 1 Rs., Rdm. 23 cm, Oberfl.: schwarz, sehr fein geglättet, Bruch: schwarz, porös, Quarzsandmagerung, FN. 52, Blatt 22.

50, Keramik, Belg. Ware, Teller, 1 Bs., Bdm. 12 cm, Oberfl.: schwarz, sehr fein geglättet, Bruch: hellgrau, porös, Quarzsandmagerung, zwei dicht nebeneinanderliegende Ratterdekorkreise von Zierrillen eingefaßt, FN. 52, Blatt 22.

51, Keramik, Belg. Ware, Teller, 1 Bs., Bdm. 13,2 cm, Oberfl.: hellgrau, sehr fein geglättet, Bruch: hellgrau, porös, keine Magerung erkennbar, zwei schwach eingedrückte Ratterdekorkreise von Zierrillen begrenzt, FN. 52, Blatt 22.

52, Keramik, Belg. Ware, Teller, 1 Bs., Bdm. 12,2 cm, Oberfl.: schwarz, sehr fein geglättet, Bruch: hellgrau, porös, Quarzsandmagerung, schwach eingedrückte Ratterdekorkreise, von Zierrillen ein-gefaßt, FN. 52, Blatt 22.

53, Keramik, Belg. Ware, Teller, 1 Bs., Oberfl.: grau, fein geglättet, Bruch: weiß, einzelne schwarze Einschlüsse, zwei Dekorrillen begrenzen leicht eingedrücktes Ratterdekor, FN. 52, Blatt 22.

54*, Keramik, Belg. Ware, Becher, Deru P 1, Horizont II-VI, 3 Rs. Ws., Rdm. 15 cm, Oberfl.: dun-kelgrau, innen hellgrau, sehr fein geglättet, Bruch: grau, sehr fein geschlämmt, zwei umlaufende Zierbänder mit kleinem Schrägstrichrollrädchendekor, eingefaßt von Zierrillen, FN. 52, Blatt 22.

55*, Keramik, Belg. Ware, Becher, Deru P 1, Horizont II-VI, 11 Rs. Ws., Rdm. 15,2 cm, Oberfl.: dunkelgrau, sehr fein geglättet, Bruch: grau, einzelne größere Quarzkörner, 6,3 cm breiter Zick-zackrollrädchendekorstreifen, oben und unten von je zwei Zierrillen begrenzt, FN. 52, Blatt 22.

56*, Keramik, Belg. Ware, Becher, Deru P 1, Horizont II-VI, 3 Rs. Ws., Rdm. 16 cm, Oberfl.: dun-kelgrau, sehr fein geglättet, Bruch: dunkelgrau-braun, keine Magerunspartikel erkennbar, zwei umlaufende Dekorfelder, die von Linien begrenzt sind. Felder zeigen nur schwache Eintiefungen wohl eines Ratterdekors, FN. 52, Blatt 22.

57*, Keramik, Belg. Ware, Becher, Deru P 1, Horizont II-VI, 4 Rs. Ws., Rdm. 15 cm, Oberfl.: hell-grau, sehr fein geglättet, Bruch: grau, einzelne größere Quarzkörner, zwei umlaufende Zierbänder mit kleinem Schrägstrichrollrädchendekor, eingerahmt von Zierrillen, FN. 52, Blatt 22.

58*, Keramik, Belg. Ware, Becher, Deru P 1, Horizont II-VI, 16 Rs. Ws. Bs., Rdm. 12,6 cm, Oberfl.: ockergrau, sehr fein geglättet, Bruch: grau, keine Magerung erkennbar, zwei umlaufende Bänder mit Kammdekor, Randscherbe nicht anpassend, aber sicher zu Gefäß gehörig, FN. 52, Blatt 22.

59*, Keramik, Belg. Ware, Becher, Deru P 6, Horizont II-IV, 7 Rs. Ws., Rdm. 13 cm, Oberfl.: dun-kelgrau, sehr fein geglättet, Bruch: grau, einzelne größere Quarzkörner, Zickzackrädchendekor-streifen, von Zierrille begrenzt, FN. 52, Blatt 22.

60*, Keramik, Belg. Ware, Becher, Deru P 6, Horizont II-IV, 6 Rs. Ws., Rdm. 12 cm, Oberfl.: dunkelgrau, sehr fein geglättet, Bruch: grau, einzelne größere Quarzkörner, umlaufendes Zierband mit kleinem Schrägstrichrädchendekor, eingerahmt von Zierrillen, FN. 52, Blatt 22.

61*, Keramik, Belg. Ware, Becher, Deru P 6, Horizont II-IV, 2 Rs. Ws., Rdm. 11,2 cm, Oberfl.: dunkelgrau, sehr fein geglättet, Bruch: dunkelgrau, keine Magerung erkennbar, umlaufendes Zierband mit kleinem Schrägstrichrädchendekor, eingerahmt von Zierrillen, FN. 52, Blatt 22.

62*, Keramik, Belg. Ware, Becher, Deru P 1–9, Horizont II-VI, 1 Rs., Rdm. 14 cm, Oberfl.: dunkelgrau, sehr fein geglättet, Bruch: dunkelgrau, keine Magerung erkennbar, FN. 52, Blatt 22.

63*, Keramik, Belg. Ware, Becher, Deru P 1–9, Horizont II-VI, 6 Rs. Ws., Rdm. 13 cm, Oberfl.: dunkelgrau, sehr fein geglättet, Bruch: grau, einzelne größere Quarzkörner, Zickzackrädchendekorstreifen, von Zierrille begrenzt, FN. 52, Blatt 22.

64*, Keramik, Belg. Ware, Becher, Deru P 1–9, Horizont II-VI, 1 Rs., Rdm. 14,2 cm, Oberfl.: grau, sehr fein geglättet, Bruch: dunkelgrau, keine Magerung erkennbar, 2 doppelt umlaufende Zierrillen begrenzen Dekorfeld mit Schrägstrichrollrädchendekor, FN. 52, Blatt 22.

65*, Keramik, Belg. Ware, Becher, Deru P 1–9, Horizont II-VI, 1 Rs., Rdm. 20 cm, Oberfl.: grau, sehr fein geglättet, Bruch: grau, einzelne größere Quarzkörner, FN. 52, Blatt 22.

66*, Keramik, Belg. Ware, Becher, Deru P 1–9, Horizont II-VI, 1 Rs., Rdm. 20 cm, Oberfl.: hellgrau, sehr fein geglättet, Bruch: grau, einzelne größere Quarzkörner, FN. 52, Blatt 22.

67*, Keramik, Belg. Ware, Becher, Deru P 1–9, Horizont II-VI, 1 Rs., Rdm. 12 cm, Oberfl.: grau, sehr fein geglättet, Bruch: grau, kleine schwarze Einschlüsse, FN. 52, Blatt 22.

68*, Keramik, Belg. Ware, Becher, Deru P 35–40, Horizont II-VI, 2 Rs., Rdm. 8 cm, Oberfl.: grau, sehr fein geglättet, Bruch: ockergrau, keine Magerung erkennbar, FN. 52, Blatt 22.

69*, Keramik, Belg. Ware, Becher, Deru P 35–40, Horizont II-VI, 1 Rs., Rdm. 8 cm, Oberfl.: graubraun, rau belassen, Bruch: graubraun, größere Quarzsandeinschlüsse, FN. 52, Blatt 22.

70*, Keramik, Belg. Ware, Becher, Deru P 35–40, Horizont II-VI, 1 Rs., Rdm. 12 cm, Oberfl.: grau bis schwarz, rau belassen, Bruch: dunkelgrau, keine Magerung erkennbar, FN. 52, Blatt 22.

71*, Keramik, Belg. Ware, Becher, Deru P 35–40, Horizont II-VI, 1 Rs., Rdm. 8 cm, Oberfl.: grau bis schwarz, rau belassen, Bruch: graubraun, keine Magerung erkennbar, FN. 52, Blatt 22.

72, Keramik, Belg. Ware, Becher, 52 Ws., Oberfl.: grau bis ockergrau, Zickzackrollrädchendekor, verschiedene Gefäße, FN. 52, Blatt 22.

73, Keramik, Belg. Ware, Becher, 10 Ws., Oberfl.: grau bis dunkelgrau, Schrägstrichrollrädchendekor, verschiedene Gefäße, FN. 52, Blatt 22.

74, Keramik, Belg. Ware, Becher, 6 Ws., Oberfl.: grau, umlaufende Zierrille, verschiedene Gefäße, FN. 52, Blatt 22.

75, Keramik, Belg. Ware, Becher, 2 Ws., Oberfl.: hellgrau, sehr dicke Wandstärke, Bruch: hellgrau porös, sehr breites Zickzackrollrädchendekor wohl in zwei Dekorstreifen, sehr unsauber abgerollt, FN. 52, Blatt 22.

76, Keramik, Belg. Ware, Becher, 1 Ws., Oberfl.: hellgrau, sehr dicke Wandstärke, Bruch: hellgrau porös, sehr breites Zickzackrollrädchendekor wohl in zwei Dekorstreifen, sehr unsauber abgerollt, FN. 52, Blatt 22.

77, Keramik, Belg. Ware, Becher, 1 Ws., Oberfl.: dunkelgrau, sehr fein geglättet, Bruch: dunkelgrau, keine Mageung erkennbar, Kammstrichdekor von umlaufender Zierrille begrenzt, FN. 52, Blatt 22.

78, Keramik, Belg. Ware, Becher, 1 Ws., Oberfl.: dunkelgrau, sehr fein geglättet, Bruch: dunkelgrau, keine Mageung erkennbar, Kerbdekor in von Zierrillen begrenztem Dekorfeld, FN. 52, Blatt 22.

79, Keramik, Belg. Ware, Becher, 1 Bs., Bdm. 8 cm, Oberfl.: ockergrau, sehr fein geglättet, Bruch: ockergrau, leicht porös, keine Magerung erkennbar, FN. 52, Blatt 22.

80, Keramik, Belg. Ware, Becher, 1 Bs., Bdm. 7,6 cm, Oberfl.: hellgrau, sehr fein geglättet, Bruch: hellgrau, keine Magerung erkennbar, FN. 52, Blatt 22.

81, Keramik, Belg. Ware, Becher, 2 Bs., Bdm. 8,2 cm, Oberfl.: hellgrau, sehr fein geglättet, Bruch: hellgrau, einzelne große Quarzeinschlüsse, FN. 52, Blatt 22.

82, Keramik, Belg. Ware, Becher, 1 Bs., Bdm. 9 cm, Oberfl.: dunkelgrau bis schwarz, sehr fein geglättet, Bruch: dunkelgrau, keine Magerung erkennbar, FN. 52, Blatt 22.

83, Keramik, Belg. Ware, Becher, 1 Bs., Bdm. 8 cm, Oberfl.: dunkelgrau bis schwarz, sehr fein geglättet, Bruch: dunkelgrau, keine Magerung erkennbar, FN. 52, Blatt 22.

84, Keramik, Belg. Ware, Becher, 1 Bs., Bdm. 10 cm, Oberfl.: ockergrau, sehr fein geglättet, Bruch: ockergrau, größere schwarze Einschlüsse, FN. 52, Blatt 22.

85, Keramik, Belg. Ware, Becher, 1 Bs., Oberfl.: schwarz, fein geglättet, Bruch: braun, große Quarzsandeinschlüsse, FN. 52, Blatt 22.

86, Keramik, Belg. Ware, Flasche, 2 Ws., Oberfl.: schwarz, fein geglättet, Bruch: dunkelgrau, helle Quarzsandeinschlüsse, FN. 52, Blatt 24.

87, Keramik, geschl. Gefäß, 1 Ws., Oberfl.: rot geringelt, fein geglättet, Bruch: dunkelbraun und rotbraun, fein geschlämmt, geringelter Überzug, FN. 52, zu Kat. – Nr. 137, Blatt 22.

88*, Keramik, Tongrundig Glattwandige Ware, Schüssel, Höpken T9, 1 Rs., Rdm. 20 cm, Oberfl.: hellbraun, geglättet, Bruch: hellbraun, fein geschlämmt, FN. 52, Blatt 22.

89, Keramik, Tongrundig Glattwandige Ware, Becher, 3 Ws., Oberfl.: braun, geglättet, Bruch: rotbraun, keine Magerung erkennbar, mit in zu Gruppen angeordneten Kammstrichbändern verziert, FN. 52, Blatt 22.

90*, Keramik, Tongrundig Glattwandige Ware, Kelch?, 1 Rs., Rdm. 17,2 cm, Oberfl.: weiß bis hellgrau, geglättet, leicht rau, Bruch: hellgrau, kleine schwarze Einschlüsse, umlaufende Zierleisten, FN. 52, Blatt 22.

91*, Keramik, Tongrundig Glattwandige Ware, Deckel, Höpken T26, 1 Rs., Rdm. 14 cm, Oberfl.: ockerrot, geglättet, Bruch: ziegelrot, größere Quarzeinschlüsse, Brandspuren, FN. 52, Blatt 22.

92*, Keramik, Tongrundig Glattwandige Ware, Topf, Haltern 57/Höpken T20, 5 Rs. Ws., Rdm. 15,2 cm, Oberfl.: hellgrau, Brandspuren, geglättet, Bruch: hellgrau, größere runde Einschlüsse, kleine Blasen, zwei runde Löcher (Flickung?) in nicht aneinander anpassenden Scherben, zwei umlaufende Rillen unter dem Rand, FN. 52, Blatt 22.

93*, Keramik, Tongrundig Glattwandige Ware, Topf, Haltern 58, 4 Rs., Rdm. 13,6 cm, Oberfl.: grau, geglättet, Bruch: hellgrau, größere schwarze Einschlüsse, FN. 52, Blatt 22.

94, Keramik, Tongrundig Glattwandige Ware, Topf, 1 Bs., Oberfl.: ocker, rau, Bruch: ocker, Quarzsandeinschlüsse, FN. 52, Blatt 22.

95, Keramik, Tongrundig Glattwandige Ware, Topf?, 1 Bs., Bdm. 9 cm, Oberfl.: ocker, geglättet, Bruch: ocker, einzelne große Ziegeleinschlüsse, FN. 52, Blatt 22.

96*, Keramik, Tongrundig Glattwandige Ware, Krug, Höpken T32, 3 Rs. Henkel Ws., Rdm. 6,2 cm, Oberfl.: ockerrot, geglättet, Bruch: hellgrau und ziegelrot, feine Quarzsandeinschlüsse, FN. 52, Blatt 22.

97, Keramik, Tongrundig Glattwandige Ware, Krug?, 2 Bs., Bdm. 7,8 cm, Oberfl.: ockerrot, geglättet, Bruch: hellgrau und ziegelrot, feine Quarzsandeinschlüsse, wohl zu 450, FN. 52, Blatt 22.

98, Keramik, Tongrundig Glattwandige Ware, Krug, 5 Fragm. Henkel, Rdm. 5,7 cm, Oberfl.: ocker, rau, Bruch: ocker, Quarzsandeinschlüsse, FN. 52, Blatt 22.

99, Keramik, Tongrundig Glattwandige Ware, Krug, 1 Henkel, Rdm. 3,6 cm, Oberfl.: weiß, rau, Bruch: weiß, Quarzsand, z. T. organische Magerung, FN. 52, Blatt 22.

100*, Keramik, Glattwandige Ware in Latènetradition, Schüssel, Höpken T9 Variante?, 1 Rs., Rdm. 18 cm, Oberfl.: rotbraun, gut geglättet, Bruch: rotbraun, große schwarze Tuffeinschlüsse, FN. 52, Blatt 22.

101*, Keramik, Glattwandige Ware in Latènetradition, Schüssel, Höpken T9, 3 Rs., Rdm. 13,4 cm, Oberfl.: schwarz, gut geglättet, Bruch: rotbraun, porös, große Quarzsandeinschlüsse, FN. 52, Blatt 22.

102*, Keramik, Glattwandige Ware in Latènetradition, Schüssel, Höpken T9, 4 Rs., Rdm. 22 cm, Oberfl.: schwarz, gut geglättet, Bruch: rotbraun, porös, große Quarzsandeinschlüsse, FN. 52, Blatt 22.

103*, Keramik, Glattwandige Ware in Latènetradition, Schüssel, Höpken T9, 1 Rs., Rdm. 14 cm, Oberfl.: braun, gut geglättet, Bruch: schwarz, Quarzsandeinschlüsse, FN. 52, Blatt 22.

104*, Keramik, Glattwandige Ware in Latènetradition, Topf, Haltern 58, 1 Rs., Rdm. 18 cm, Oberfl.: ockergelb bis braun, gut geglättet, Bruch: schwarz, Quarzsandeinschlüsse, FN. 52, Blatt 22.

105, Keramik, Glattwandige Ware in Latènetradition, Topf?, 1 Bs., Bdm. 9,2 cm, Oberfl.: ziegelrot, gut geglättet, Bruch: ziegelrot, einzelne größere schwarze Einschlüsse, FN. 52, Blatt 22.

106, Keramik, Glattwandige Ware in Latènetradition, Topf, 1 Bs., Bdm. 6 cm, Oberfl.: schwarz, gut geglättet, Bruch: grau, fein geschlämmt, FN. 52, Blatt 22.

107, Keramik, Rauwand. Ware, Topf, 1 Ws., Oberfl.: grau, rau, Bruch: hellgrau, große Quarzkörner, starker Wandknick, FN. 52, Blatt 22.

108, Keramik, Rauwand. Ware, Topf, 1 Ws., Oberfl.: braun, rau, Bruch: ockerbraun, große Quarzsandeinschlüsse, in unregelmäßigem Abstand zu einander verlaufende Horizontal- und Vertikallinien ergeben ein ungleichmäßiges Schachbrettmuster, FN. 52, Blatt 22.

109, Keramik, Rauwand. Ware, Topf, 1 Ws., Oberfl.: rotbraun, rau, Bruch: ziegelrot, große Quarzsand und Ziegeleinschlüsse, Zickzackrollrädchendekor, wie auf belgischer Ware, FN. 52, Blatt 22.

110, Keramik, Rauwand. Ware, Topf, 1 Bs., Oberfl.: braun, rau, Bruch: braun, große Quarzsandeinschlüsse, FN. 52, Blatt 22.

111, Keramik, Rauwand. Ware, Topf, 1 Bs., Bdm. 12 cm, Oberfl.: ocker bis grau, rau, Bruch: grau, Quarzsandmagerung, kammstrichverziert, FN. 52, Blatt 22.

112, Keramik, Rauwand. Ware, Topf, 1 Bs., Bdm. 19 cm, Oberfl.: ocker bis grau, rau, Brandspuren, Bruch: dunkelgrau, große Quarzsandeinschlüsse, FN. 52, Blatt 22.

113*, Keramik, Muschelgem. Ware, Topf, Titelberg E.1.1, 10 Rs. Ws., Rdm. 21 cm, Oberfl.: dunkelbraun bis schwarz, rau, stellenw. schwarzer Überzug, Bruch: dunkelbraun, grobe Muschelmagerung, FN. 52, Blatt 22.

114*, Keramik, Muschelgem. Ware, Topf, Titelberg E.1.8/Haltern 91, 1 Rs., Rdm. 16 cm, Oberfl.: dunkelbraun bis schwarz, rau, Brandspuren, Bruch: dunkelbraun, grobe Muschelmagerung, FN. 52, Blatt 22.

115*, Keramik, Muschelgem. Ware, Topf, Titelberg E.1.8/Haltern 91, 1 Rs., Rdm. 14 cm, Oberfl.: dunkelbraun bis schwarz, rau, Brandspuren, Bruch: dunkelbraun, grobe Muschelmagerung, FN. 52, Blatt 22.

116, Keramik, Muschelgem. Ware, Topf, 7 Bs., Bdm. 14 cm, Oberfl.: dunkelbraun bis schwarz, rau, Brandspuren, Bruch: dunkelbraun, grobe Muschelmagerung, sehr dünnwandig, FN. 52, Blatt 22.

117, Schlacke, Jurakalkabschlag, FN. 52, Blatt 24.

118*, Keramik, Schwerkeramik, Amphore, Dressel 20 mit eingedrehter Kehle, 1 Rs., Rdm. 12,4 cm, Oberfl.: ocker, rau, Bruch: ocker, große Quarzsandeinschlüsse, FN. 52, Blatt 22.

119, Stein, Buntmetall, FN. 52, Blatt 22.

**Grube 1, Schicht 4, in die Grube einfallender feiner bis mittlerer Schiefersplitt, Dm. bis 1,5 cm in rotbrauner bis gelbgrünlich verfärbter, lehmiger Matrix mit Scherben.**

120*, Keramik, Belg. Ware, Topf, 1 Rs., Rdm. 20 cm, Oberfl.: grau, fein geglättet, Bruch: grau, einzelne Quarzkörner, FN. 50, Blatt 22.

121, Keramik, Tongrundig Glattwandige Ware, Becher, 1 Ws., Oberfl.: ocker, grob geglättet, Bruch: ocker, fein geschlämmt, Ratterdekor durch doppelte Zierleiste getrennt, FN. 50, Blatt 22.

**Grube 1, Schicht 5, in die Grube einfallender feiner bis mittlerer Schiefersplitt, Dm. bis 1,5 cm in rotbrauner bis gelbgrünlich verfärbter, lehmiger Matrix mit Scherben, Jurakalk, Kalksteine, einzelne Holzkohle und Ziegel.**

122*, Keramik, Belg. Ware, Becher, Deru P 7.1, Horizont III-V, 1 Rs., Rdm. 7,6 cm, Oberfl.: graubraun, fein geglättet, Bruch: ocker, Quarzsandeinschlüsse, V-förmiges Rollrädchendekor, FN. 49, Blatt 22.

123*, Keramik, Rauwand. Ware, Topf, Haltern 57/Höpken R18, 1 Rs., Rdm. 14 cm, Oberfl.: grau, grob geglättet, Bruch: grau, große Quarzeinschlüsse, FN. 49, Blatt 22.

124, Keramik, Rauwand. Ware, Topf, 1 Bs., Bdm. 7,5 cm, Oberfl.: dunkelgrau bis schwarz, grob geglättet, Bruch: grau, Quarzeinschlüsse, FN. 49, Blatt 22.

125, Knochen, Horn, FN. 49, Blatt 22.

**Grube 2, Schicht 4, braungrauer, leicht schwarz humoser, leicht lehmiger Sand, am Grubenrand und an der Sohle grünlich verfärbt, stark mit Holzkohle, Scherben und Knochen durchsetzt.**

126*, Keramik, TS, Schale, Consp. 22.5, 2. Jhz.v.Chr-Tib., 1 Rs., Rdm. 16 cm, Oberfl.: rot, sehr feiner Überzug, Bruch: hellrot, keine Einschlüsse erkennbar, zwei umlaufende Kerbdekorbänder, FN. 53, Blatt 24.

127*, Keramik, TS, Schale, Consp. 22, 2. Jhz.v.Chr-Tib., 1 Rs., Rdm. unbestimmbar, Oberfl.: rot, sehr feiner Überzug, Bruch: hellrot, keine Einschlüsse erkennbar, ein umlaufendes Kerbdekorband, FN. 53, Blatt 24.

128, Keramik, TS, Schalen, 7 Ws., Oberfl.: rot, sehr feiner Überzug, Bruch: hellrot, keine Einschlüsse erkennbar, wohl zu 469, 470, FN. 53, Blatt 24.

129, Keramik, rote Belg. Ware, Teller, 2 Bs., Oberfl.: orangerot, weiß, innen sehr fein geglättet, außen Tongrundig, Bruch: weiß, einzelne Ziegel und Holzkohleeinschlüsse, anpassend, eine Scherbe verbrannt, eine nicht, FN. 53, Blatt 24.

130*, Keramik, rote Belg. Ware, Schale, Deru C 8.4, Horizont III-VI, 1 Rs., Rdm. 14 cm, Oberfl.: hellorangerot, schlechte Überzugqualität, Bruch: hellorangerot, starke Quarzsandmagerung, FN. 53, Blatt 24.

131*, Keramik, rote Belg. Ware, Kelch?, 2 Bs., Bdm. 12 cm, Oberfl.: hellorangerot, schlechte Überzugqualität, Bruch: hellbraun, fein geschlämmt, FN. 53, Blatt 24.

132*, Keramik, rote Belg. Ware, Becher, Deru KL 3, Horizont II-IV, 3 Rs., Rdm. 18 cm, Oberfl.: hellorangerot, schlechte Überzugqualität nur an Außenseite, Bruch: orangebraun, kleine schwarze Einschlüsse, FN. 53, Blatt 24.

133*, Keramik, rote Belg. Ware, Becher, Deru KL 4, Horizont II-IV, 4 Rs., Rdm. 18 cm, Oberfl.: helloangerot, schlechte Überzugqualität nur an Außenseite, Bruch: hellbraun, sandig, Zierrillen, FN. 53, Blatt 24.

134, Keramik, rote Belg. Ware, geschl. Gefäß, 2 Ws., Oberfl.: orangerot, weiß, außen fein geglättet, innen Tongrundig, Bruch: weiß, einzelne Ziegel und Holzkohleeinschlüsse, FN. 53, Blatt 24.

135, Keramik, rote Belg. Ware, versch. Gefäße, 22 Ws., Oberfl.: helloangerot, schlechte Überzugqualität, z. T. nur einseitig, FN. 53, Blatt 24.

136, Keramik, rote Belg. Ware, versch. Gefäße, 14 Ws., Oberfl.: orangebraun, schlechte Überzugqualität, nur außen, z. T. mehrfache Rillung, mindestens 3 Gefäße, FN. 53, Blatt 24.

137, Keramik, rote Belg. Ware?, 3 Ws., Oberfl.: rot geringelt, fein geglättet, Bruch: dunkelbraun und rotbraun, fein geschlämmt, geringelt, wohl zu Fnr. 87, FN. 53, Blatt 24.

138, Keramik, rot gestrichene Ware, 1 Ws., Oberfl.: dunkelrot, schlechte Bemalungsqualität, FN. 53, Blatt 24.

139, Keramik, Lampe, 2 Ws., Oberfl.: braun, innen rot, stark glimmerhaltig, sehr fein geglättet, Bruch: dunkelbraun bis rot, stark glimmerhaltig, FN. 53, Blatt 24.

140*, Keramik, Belg. Ware, Teller, Deru A 1.4, Horizont II-V, 1 Rs., Rdm. 22 cm, Oberfl.: schwarz, fein geglättet, Bruch: hellgrau, poröse Struktur, FN. 53, Blatt 24.

141*, Keramik, Belg. Ware, Teller, Deru A 1.4, Horizont II-V, 1 Rs., Rdm. 25 cm, Oberfl.: schwarz, innen hellgrau, fein geglättet, Bruch: hellgrau, poröse Struktur, FN. 53, Blatt 24.

142*, Keramik, Belg. Ware, Teller, Deru A 1.4, Horizont II-V, 2 Rs. Ws., Rdm. 25 cm, Oberfl.: schwarz, fein geglättet, Bruch: weiß, fein geschlämmt, FN. 53, Blatt 24.

143*, Keramik, Belg. Ware, Teller, ähnl. Deru A 51.1, 1 Rs., Rdm. 26 cm, Oberfl.: dunkelgrau, sehr fein geglättet, Bruch: hellgrau, sehr fein geschlämmt, FN. 53, Blatt 24.

144, Keramik, Belg. Ware, Teller, 4 Bs., Bdm. 13,4 cm, Oberfl.: hellgrau, fein geglättet, zwei umlaufende Dekorbänder mit Ratterdekor, sehr schwach eingedrückt, FN. 53, Blatt 24.

145, Keramik, Belg. Ware, Teller, 1 Bs., Bdm. 11 cm, Oberfl.: schwarz, fein geglättet, Bruch: hellgrau, sehr fein geschlämmt, schwach eingedrücktes Ratterdekorband, FN. 53, Blatt 24.

146, Keramik, Belg. Ware, Teller, 1 Bs., Bdm. 10 cm, Oberfl.: schwarz, fein geglättet, Bruch: hellgrau, sehr fein geschlämmt, FN. 53, Blatt 24.

147, Keramik, Belg. Ware, Teller, 4 Ws., Oberfl.: schwarz und grau, FN. 53, Blatt 24.

148*, Keramik, Belg. Ware?, Teller, 1 Rs., Rdm. 22 cm, Oberfl.: ocker bis rötlich, sehr fein geglättet, Bruch: rötlich, sehr feine Quarzsandmagerung, FN. 53, Blatt 24.

149*, Keramik, Belg. Ware, Deckel?, 1 Rs., Rdm. 18 cm, Oberfl.: grau, fein geglättet, Bruch: grau, vereinzelte größere schwarze Einschlüsse, FN. 53, Blatt 24.

150*, Keramik, Belg. Ware, Becher, Deru P 1–9, Horizont II-VI, 2 Rs., Rdm. 16 cm, Oberfl.: grau, fein geglättet, Bruch: grau, einzelne dunkelgraue Einschlüsse, FN. 53, Blatt 24.

151*, Keramik, Belg. Ware, Becher, Deru P 1–9, Horizont II-VI, 1 Rs., Rdm. 14 cm, Oberfl.: grau, fein geglättet, Bruch: grau, einzelne dunkelgraue Einschlüsse, FN. 53, Blatt 24.

152*, Keramik, Belg. Ware, Becher, Deru P 1–9, Horizont II-VI, 1 Rs., Rdm. 11 cm, Oberfl.: grau, fein geglättet, Bruch: dunkelgrau, sehr fein geschlämmt, FN. 53, Blatt 24.

153*, Keramik, Belg. Ware, Becher, Deru P 1–9, Horizont II-VI, 1 Rs., Rdm. 16 cm, Oberfl.: grau, fein geglättet, Bruch: grau, vereinzelte größere schwarze Einschlüsse, FN. 53, Blatt 24.

154*, Keramik, Belg. Ware, Becher, Deru P 1–9, Horizont II-VI, 3 Rs., Rdm. 13 cm, Oberfl.: grau, fein geglättet, Bruch: dunkelgrau, sehr fein geschlämmt, FN. 53, Blatt 24.

155, Keramik, Belg. Ware, Becher, 2 Bs., Bdm. 7,4 cm, Oberfl.: grau, fein geglättet, Bruch: grau, vereinzelte schwarze Einschlüsse, FN. 53, Blatt 24.

156, Keramik, Belg. Ware, Becher, 1 Bs., Bdm. 9,6 cm, Oberfl.: grau, fein geglättet, Bruch: grau, keine Einschlüsse erkennbar, Mörtelreste an der Außenseite, FN. 53, Blatt 24.

157, Keramik, Belg. Ware, Becher, 1 Bs., Bdm. 9 cm, Oberfl.: grau, fein geglättet, Bruch: grau, vereinzelte schwarze Einschlüsse, FN. 53, Blatt 24.

158, Keramik, Belg. Ware, Becher, 1 Bs., Bdm. 11 cm, Oberfl.: dunkelgrau, fein geglättet, Bruch: dunkelgrau, keine Einschlüsse erkennbar, Fehlbrand, FN. 53, Blatt 24.

159, Keramik, Belg. Ware, Becher, 1 Bs., Bdm. 8 cm, Oberfl.: grau, geglättet, Bruch: hellgrau, zahlreiche Quarzsandkörner, FN. 53, Blatt 24.

160*, Keramik, Belg. Ware?, Becher, 1 Rs., Rdm. 13 cm, Oberfl.: ocker bis rötlich, sehr fein geglättet, Bruch: rötlich, sehr feine Quarzsandmagerung, FN. 53, Blatt 24.

161, Keramik, Belg. Ware, Topf, 60 Ws., Oberfl.: ockerrot, V-förmiges Rollrädchendekor, verschiedene Gefäße, FN. 53, Blatt 24.

162, Keramik, Belg. Ware, Topf, 12 Ws., Oberfl.: grau, Schrägstrichrollrädchendekor, verschiedene Gefäße, FN. 53, Blatt 24.

163, Keramik, Belg. Ware, Topf, 11 Ws., Oberfl.: dunkelgrau, gut geglättet, Bruch: grau, kleine schwarze Einschlüsse, geringeltes Einglättdekor, FN. 53, Blatt 24.

164, Keramik, Belg. Ware, Topf, 7 Ws., Oberfl.: dunkelgrau, fein geglättet, Bruch: grau vereinzelte kleine schwarze Einschlüsse, Kleinrechteckrollrädchendekor, evtl. zwei Gefäße, FN. 53, Blatt 24.

165, Keramik, Belg. Ware, Topf, 75 Ws., Oberfl.: grau, dreieckiges Rollrädchendekor, verschiedene Gefäße, FN. 53, Blatt 24.

166, Keramik, Belg. Ware, Topf, 19 Ws., Oberfl.: grau, Zierrillen, verschiedene Gefäße, FN. 53, Blatt 24.

167*, Keramik, Tongrundig Glattwandige Ware, Krug, Höpken T33, 1 Rs., Rdm. 11,8 cm, Oberfl.: ockergrau, grob geglättet, Bruch: ocker, grobe Ziegeleinschlüsse, FN. 53, Blatt 24.

168*, Keramik, Tongrundig Glattwandige Ware, Krug, Haltern 45/Höpken T30, 1 Rs., Rdm. 8 cm, Oberfl.: rötlich, grob geglättet, Bruch: rötlich, fein geschlämmt, FN. 53, Blatt 24.

169*, Keramik, Tongrundig Glattwandige Ware, Deckel, Neuss VI, Taf. 24,12, 2 Rs., Rdm. 18 cm, Oberfl.: schwarz, gut geglättet, Bruch: schwarz, sehr grobe Quarzsandmagerung, FN. 53, Blatt 24.

170*, Keramik, Tongrundig Glattwandige Ware, Topf, Haltern 58, 1 Rs., Rdm. 11 cm, Oberfl.: schwarz, gut geglättet, Bruch: schwarz, sehr grobe Quarzsandmagerung, FN. 53, Blatt 24.

171, Keramik, Tongrundig Glattwandige Ware, Topf, Neuss VI, Taf. 27,18 Variante, 1 Rs., Rdm. 10 cm, Oberfl.: schwarz, gut geglättet, Bruch: schwarz, sehr grobe Quarzsandmagerung, FN. 53, Blatt 24.

172, Keramik, Tongrundig Glattwandige Ware, Topf, 1 Bs., Bdm. 10 cm, Oberfl.: grau, grob geglättet, Bruch: hellgrau, Quarzsandmagerung, FN. 53, Blatt 24.

173, Keramik, Tongrundig Glattwandige Ware, Topf, 1 Bs., Bdm. 9 cm, Oberfl.: ockerrot, grob geglättet, Bruch: rötlich, grobe Quarzsand- und Ziegelmagerung, FN. 53, Blatt 24.

174, Keramik, Tongrundig Glattwandige Ware, Topf, 3 Bs., Bdm. 10 cm, Oberfl.: ockerrot, grob geglättet, Bruch: rötlich, Ziegeleinschlüsse, FN. 53, Blatt 24.

175, Keramik, Tongrundig Glattwandige Ware, Topf, 1 Ws., Oberfl.: weiß, gut geglättet, Bruch: orange, fein geschlämmt, zwei aufgesetzte Rippen/Gräten?, FN. 53, Blatt 24.

176, Keramik, Tongrundig Glattwandige Ware, Topf, 1 Ws., Oberfl.: rotbraun, fein geglättet, Bruch: braun, keine Einschlüsse erkennbar, Gurtbecher?, verbrannt, FN. 53, Blatt 24.

177, Keramik, Tongrundig Glattwandige Ware, Topf, 5 Ws., Oberfl.: weiß, fein geglättet, Bruch: orangerot, Quarzsandeinschlüsse, Schachbrett-Kammstrichdekor, FN. 53, Blatt 24.

178, Keramik, Tongrundig Glattwandige Ware, Krug, 1 Ws., Oberfl.: graubraun, geglättet, Bruch: weiß, einzelne Quarzsandkörner, FN. 53, Blatt 24.

179, Keramik, Tongrundig Glattwandige Ware, Krug, 1 Ws., Oberfl.: grau, rau, Bruch: grau, größere weiße und dunkelgraue Einschlüsse, FN. 53, Blatt 24.

180, Keramik, Tongrundig Glattwandige Ware, Krug, 1 Henkel, Oberfl.: weiß, gut geglättet, Bruch: weiß, einzelne Ziegel oder rote Sandsteineinschlüsse, FN. 53, Blatt 24.

181, Keramik, Tongrundig Glattwandige Ware, Krug, 2 Henkel, Oberfl.: weiß, gut geglättet, unterschiedliche Gefäße, FN. 53, Blatt 24.

182, Keramik, Tongrundig Glattwandige Ware, 1 Ws., Oberfl.: dunkelgrau, geglättet, Bruch: hellgrau, keine Einschlüsse erkennbar, FN. 53, Blatt 24.

183*, Keramik, Rauwand. Ware, Teller, Höpken R1, 4 Rs., Rdm. 17 cm, Oberfl.: ocker, grob geglättet, Bruch: grau bis ocker, grobe Quarzsandmagerung, FN. 53, Blatt 24.

184, Keramik, Rauwand. Ware, Teller, 2 Bs., Bdm. 18 cm, Oberfl.: ocker, grob geglättet, Bruch: grau bis ocker, grobe Quarzsandmagerung, FN. 53, Blatt 24.

185*, Keramik, Rauwand. Ware, Deckel, Höpken R38, 1 Rs., Rdm. 10 cm, Oberfl.: grau, rau, Bruch: graubraun, grobe Quarzsandmagerung, z. T. organische Partikel, FN. 53, Blatt 24.

186*, Keramik, Rauwand. Ware, Topf, Haltern 57, 1 Rs., Rdm. 14 cm, Oberfl.: schwarz, grob geglättet, Bruch: graubraun, fein geschlämmt, FN. 53, Blatt 24.

187*, Keramik, Rauwand. Ware, Topf, Haltern 58, 1 Rs., Rdm. 12 cm, Oberfl.: ockergrau, grob geglättet, Bruch: ocker, grobe Quarzsandmagerung, FN. 53, Blatt 24.

188*, Keramik, Rauwand. Ware, Topf, Haltern 58, 1 Rs., Rdm. 15 cm, Oberfl.: ockergrau, grob geglättet, Bruch: ocker, grobe Quarzsandmagerung, FN. 53, Blatt 24.

189*, Keramik, Rauwand. Ware, Topf, Neuss VI, Taf.1,10, 1 Rs., Rdm. 9 cm, Oberfl.: schwarz, grob geglättet, Bruch: dunkelgrau, grobe Quarzsandmagerung, FN. 53, Blatt 24.

190*, Keramik, Rauwand. Ware, Topf, 1 Rs., Rdm. 14 cm, Oberfl.: ockergrau, grob geglättet, Bruch: dunkelgrau, keine Magerung erkennbar, FN. 53, Blatt 24.

191, Keramik, Rauwand. Ware, Topf, 2 Bs., Bdm. 11 cm, Oberfl.: grau, grob geglättet, Bruch: grau, einzelne große Quarzsandkörner, Fehlbrand, FN. 53, Blatt 24.

192, Keramik, Rauwand. Ware, Topf, 1 Bs., Bdm. 12 cm, Oberfl.: grau, grob geglättet, Bruch: grau, grobe Quarzsandmagerung, FN. 53, Blatt 24.

193, Keramik, Rauwand. Ware, Topf, 2 Bs., Bdm. 6 cm, Oberfl.: schwarz, grob geglättet, Bruch: dunkelgrau, grobe Quarzsandmagerung, FN. 53, Blatt 24.

194, Keramik, Rauwand. Ware, Topf, 3 Bs., Bdm. 14 cm, Oberfl.: ocker, grob geglättet, Bruch: ocker, fein geschlämmt, FN. 53, Blatt 24.

195, Keramik, Rauwand. Ware, Topf, 3 Ws., Oberfl.: dunkelbraun, rau, Bruch: graubraun, Quarzsandeinschlüsse, Kammstrichdekor, FN. 53, Blatt 24.

196, Keramik, Schwerkeramik, Amphore, 1 Rs., Rdm. unbestimmbar, Oberfl.: ockergrau, grob geglättet, Bruch: ockerbraun, Quarzsandmagerung, FN. 53, Blatt 24.

## Grube 2, Schicht 5, Band aus Holzkohlen und Asche.

197, Keramik, Rauwand. Ware, Topf, 1 Ws., Oberfl.: grau, grob geglättet, Bruch: hellgrau, grobe Quarzsandmagerung, FN. 55, Blatt 24.

198*, Keramik, Tongrundig Glattwandige Ware, Deckel, Höpken T26, 1 Rs., Rdm. 18 cm, Oberfl.:
grau, grob geglättet, Bruch: grau, Quarzsandmagerung, FN. 56, Blatt 24.

199*, Keramik, Tongrundig Glattwandige Ware, Topf, Haltern 57/Höpken T20, 1 Rs., Rdm. 18 cm,
Oberfl.: grau, grob geglättet, Bruch: grau, Quarzsandmagerung, FN. 56, Blatt 24.

**Grube, Schicht 8, gelblichroter, schwach sandiger Lehm/lehmiger Sand mit
Schieferkies bis 1,5 cm, darin einzelne Holzkohlen und Ziegelbröckchen,
Jurakalkabschläge.**

200, Keramik, Rauwand. Ware, Topf, 1 Ws., Oberfl.: grau, grob geglättet, Bruch: hellgrau, grobe
Quarzsandmagerung, FN. 54, Blatt 24.

# Viehmarktplatz, EV 1987,105, Inv.1987,189 (Tafel 19–40)

**Gesamtfunde unter Rotsandsteinstickung bis Kiesschicht.**

1*, Keramik, TS, Teller, Consp. B 2.5, 1 Bs., Bdm. 8 cm, Oberfl.: rot, Engobe sehr gut erhalten,
Bruch: rötlich ocker, keine Einschlüsse erkennbar, FN. 571, Blatt 703.

2*, Keramik, TS, Platte, 1 Rs., Rdm. 25 cm, Oberfl.: rotbraun, Engobe stellenweise vollständig abgerieben, Bruch: hellgrau, sehr dichte Struktur ohne erkennbare Einschlüsse, drei Reihen flacher Einkerbungen, FN. 571, Blatt 703.

3*, Keramik, TS, Schale, Consp. B 3.14, Consp. 14.2?, mittel-spätaugusteisch, 1 Bs., Bdm. 7 cm,
Oberfl.: rot, Engobe sehr gut erhalten, Bruch: ockerrot, keine Einschlüsse erkennbar, evtl. zu 4,
FN. 571, Blatt 703.

4*, Keramik, TS, Schale, Consp. 14.2, mittel-spätaugusteisch, 2 Rs. Ws., Rdm. 11 cm, Oberfl.: rot,
Engobe sehr gut erhalten, Bruch: ockerrot, keine Einschlüsse erkennbar, evtl. zu 3, FN. 571, Blatt
703.

5, Keramik, TS, verschiedene Gefäße, 2 Ws., Oberfl.: rot, Engobe sehr gut erhalten, Bruch: rötlich
ocker, keine Einschlüsse erkennbar, FN. 571, Blatt 703.

6, Keramik, rote Belg. Ware, 1 Ws., Oberfl.: Innenseite dunkelrot, außen ockergrau, grob geglättet,
Überzug geplatzt, Brandspuren, Bruch: graubraun, größere Quarzeinschlüsse erkennbar, FN. 571,
Blatt 703.

7, Keramik, Lampe, Vogelkopflampe, 21 Frag., Oberfl.: rotbraun, stark abgerieben, Bruch: ocker,
profilierte Schulter mit Zahnkranz erhalten, FN. 571, Blatt 703.

8, Keramik, Lampe, 1 Bs., Bdm. 4 cm, Oberfl.: rötlich, gut geglättet, Bruch: rot, glimmerhaltige
Quarzsandmagerung, FN. 571, Blatt 703.

9*, Keramik, Belg. Ware, Teller, ähnl. Deru A 51.1, 1 Rs., Rdm. 16 cm, Oberfl.: schwarz, fein geglättet, Bruch: dunkelgrau, starke Quarzsandmagerung, FN. 571, Blatt 703.

10, Keramik, Belg. Ware, Becher, 1 Ws., Oberfl.: dunkelgrau, fein geglättet, Bruch: grau, fein geschlämmt, FN. 571, Blatt 703.

11, Keramik, Belg. Ware, Becher, 6 Ws., Oberfl.: grau, fein geglättet, Bruch: grau, fein geschlämmt,
einzelne weiße Quarzkörner, V-förmiges Rollrädchendekor, FN. 571, Blatt 703.

12, Keramik, Belg. Ware, Becher, 1 Bs., Bdm. 11 cm, Oberfl.: grau, fein geglättet, Bruch: grau,
schwarze Tuffeinschlüsse, FN. 571, Blatt 703.

13, Keramik, Belg. Ware, Becher, 1 Bs., Bdm. 9,2 cm, Oberfl.: grau, fein geglättet, Bruch: grau, fein
geschlämmt, FN. 571, Blatt 703.

14*, Keramik, Belg. Ware, Becher, 1 Bs., Bdm. 5 cm, Oberfl.: grau, fein geglättet, Bruch: grau, fein geschlämmt, V-förmiges Rollrädchendekor, von doppelt umlaufender Zierrille begrenzt, FN. 571, Blatt 703.

15, Keramik, Tongrundig Glattwandige Ware, Teller, 1 Bs., Bdm. 13 cm, Oberfl.: hellgrau, gut geglättet, Bruch: weiß, fein geschlämmt, einzelne rote Einschlüsse, FN. 571, Blatt 703.

16*, Keramik, Tongrundig Glattwandige Ware, Topf, 1 Rs., Rdm. 14 cm, Oberfl.: grau, gut geglättet, Bruch: grau, fein geschlämmt, einzelne größere Quarzkörner, FN. 571, Blatt 703.

17, Keramik, Tongrundig Glattwandige Ware, Topf, 1 Ws., Oberfl.: ockerrot, gut geglättet, Bruch: ocker, sehr stark sandhaltige Struktur, Einglättverzierung, FN. 571, Blatt 703.

18*, Keramik, Tongrundig Glattwandige Ware, Topf, 3 Bs. Ws., Bdm. 4 cm, Oberfl.: rötlich, leicht rau, Bruch: rötlich, große weiße Quarzeinschlüsse, FN. 571, Blatt 703.

19, Keramik, Tongrundig Glattwandige Ware, Topf, 1 Bs., Bdm. 14 cm, Oberfl.: grau, gut geglättet, Bruch: hellgrau mit grauem Kern, fein geschlämmt, FN. 571, Blatt 703.

20*, Keramik, Tongrundig Glattwandige Ware, Krug, Neuss VI, Taf. 15,11–13, 1 Rs., Rdm. 10,6 cm, Oberfl.: ocker, gut geglättet, Bruch: ocker, sehr fein geschlämmt, FN. 571, Blatt 703.

21*, Keramik, Tongrundig Glattwandige Ware, Krug, Haltern 45/Höpken T30, 1 Rs., Rdm. 9 cm, Oberfl.: gelblichweiß, gut geglättet, Bruch: gelblichweiß, fein geschlämmt, einzelne rote Einschlüsse, FN. 571, Blatt 703.

22, Keramik, Tongrundig Glattwandige Ware, Krug, 1 Henkel, Oberfl.: ockerrot, gut geglättet, Bruch: grau, Quarzsandmagerung, FN. 571, Blatt 703.

23, Keramik, Glattwandige Ware in Latènetradition, Topf, 1 Ws., Oberfl.: schwarz, gut geglättet, Bruch: dunkelbraun, vereinzelte kleine Quarzkörner, Graphito, FN. 571, Blatt 703.

24*, Keramik, Rauwand. Ware, Teller, 2 Rs., Rdm. 14 cm, Oberfl.: schwarz, grob geglättet, Bruch: dunkelbraun, große Quarzkörner, FN. 571, Blatt 703.

25, Keramik, Rauwand. Ware, Teller, Titelberg A.8.1, 2 Rs., Rdm. 16 cm, Oberfl.: schwarz, grob geglättet, Bruch: schwarz, Quarzsandmagerung, FN. 571, Blatt 703.

26, Keramik, Rauwand. Ware, Teller, Titelberg A.8.1, 1 Rs., Rdm. unbestimmbar, Oberfl.: braun, grob geglättet, Bruch: graubraun, plattige Tonstruktur, Quarzsand, FN. 571, Blatt 703.

27*, Keramik, Rauwand. Ware, Teller, Titelberg A.8.1, 3 Rs., Rdm. 12 cm, Oberfl.: schwarz, grob geglättet, Bruch: dunkelbraun, vereinzelte kleine Quarzkörner, FN. 571, Blatt 703.

28*, Keramik, Rauwand. Ware, Teller, Titelberg A.8.1, 3 Rs., Rdm. 18 cm, Oberfl.: schwarz, grob geglättet, Bruch: dunkelbraun, große Quarzkörner, FN. 571, Blatt 703.

29*, Keramik, Rauwand. Ware, Schüssel, Titelberg A.8.3, 1 Rs., Rdm. 23,2 cm, Oberfl.: rötlich, grob geglättet, Bruch: rötlich, viele kleine Luftblasen, größere Quarzkörner, FN. 571, Blatt 703.

30*, Keramik, Rauwand. Ware, Topf, Haltern 57/Höpken R18, 1 Rs., Rdm. 15 cm, Oberfl.: ockergrau, grob geglättet, Bruch: ockerbraun, grobe Quarzsandmagerung, FN. 571, Blatt 703.

31*, Keramik, Rauwand. Ware, Topf, Haltern 58, 2 Rs., Rdm. 14,8 cm, Oberfl.: schwarz, grob geglättet, starke Brandspuren, Bruch: dunkelbraun, porös, Quarzsandeinschlüsse, FN. 571, Blatt 703.

32*, Keramik, Rauwand. Ware, Topf, Haltern 58, 2 Rs., Rdm. 18 cm, Oberfl.: ockergrau, grob geglättet, Bruch: dunkelbraun, zahlreiche größere Steine, FN. 571, Blatt 703.

33*, Keramik, Rauwand. Ware, Topf, Haltern 58, 1 Rs., Rdm. 17 cm, Oberfl.: schwarz, grob geglättet, starke Brandspuren, Bruch: schwarz, größere Steine, porös, plattenförmige Scherbenstruktur, FN. 571, Blatt 703.

34*, Keramik, Rauwand. Ware, Topf, Neuss VI, Taf. 27,2, 2 Rs., Rdm. 12 cm, Oberfl.: ockergrau, grob geglättet, Bruch: dunkelbraun, porös, große Zahl plattenförmiger Einschlüsse, FN. 571, Blatt 703.

35*, Keramik, Rauwand. Ware, Topf, Titelberg A.9.12, 2 Rs., Rdm. 12,6 cm, Oberfl.: schwarz, grob geglättet, Bruch: dunkelbraun, große Quarzkörner, FN. 571, Blatt 703.

36*, Keramik, Rauwand. Ware, Topf, Titelberg A.9.6, 1 Rs., Rdm. 10 cm, Oberfl.: schwarz, grob geglättet, Bruch: schwarz, größere Steine, porös, plattenförmige Struktur, FN. 571, Blatt 703.

37, Keramik, Rauwand. Ware, Topf, 1 Ws., Oberfl.: schwarz, rau, Bruch: schwarz, Quarzglimmer, Rillenverzierung, FN. 571, Blatt 703.

38*, Keramik, Muschelgem. Ware, Deckel, Titelberg E.10.1, 1 Rs., Rdm. 19 cm, Oberfl.: dunkelbraun, grob geglättet, Bruch: dunkelbraun, Muschelmagerung, FN. 571, Blatt 703.

39*, Keramik, Muschelgem. Ware, Topf, Titelberg E.1.9, 1 Rs., Rdm. 12,6 cm, Oberfl.: schwarz, grob geglättet, starke Brandspuren, Bruch: schwarz, Muschelmagerung, FN. 571, Blatt 703.

40*, Keramik, Schwerkeramik, Reibschale, Haltern 59, 2 Rs., Rdm. 23,6 cm, Oberfl.: gelblichweiß, gut geglättet, Bruch: gelblichweiß, fein geschlämmt, einzelne größere Quarzkörner, FN. 571, Blatt 703.

41*, Keramik, Schwerkeramik, Reibschale, Haltern 59, 1 Rs., Rdm. 22 cm, Oberfl.: gelblichweiß, grob geglättet, Bruch: ockerrot, grobe Quarzsandmagerung, FN. 571, Blatt 703.

42*, Keramik, Schwerkeramik, Topf, Höpken S1, 2 Rs., Rdm. 13,8 cm, Oberfl.: ockergrau, grob geglättet, Rand gepicht, Bruch: dunkelbraun, zahlreiche größere Steine, sehr porös, FN. 571, Blatt 703.

43, Keramik, Schwerkeramik, Amphore, Dressel 2–4, 1 Rs., Rdm. 14 cm, Oberfl.: ocker, grob geglättet, Bruch: ocker, fein geschlämmt, FN. 571, Blatt 703.

44, Keramik, Schwerkeramik, Amphore, Dressel 7–11, 1 Rs., Rdm. 27,6 cm, Oberfl.: gelblichweiß, grob geglättet, FN. 571, Blatt 703.

45*, Keramik, Schwerkeramik, Dolium, Titelberg F1.1, 1 Rs., Rdm. 31,4 cm, Oberfl.: schwarzer Überzug, grob geglättet, Überzug nur stellenw. erhalten, Bruch: grauer Kern, große Kalksteineinschlüsse, FN. 571, Blatt 703.

46, Stein, Glasfluss, 2 Frag., Oberfl.: grün, FN. 571, Blatt 703.

## Unter der Rotsandsteinstraße, Schicht 3, rot-bräunlich, leicht lehmiger Boden, mit Holzkohle durchzogen.

47*, Keramik, TS, Teller, Consp. 12.3, mittel-spätaugusteisch, 1 Rs., Rdm. 18 cm, Oberfl.: rot, sehr gut erhaltener Überzug, Bruch: ockerrot, keine Einschlüsse erkennbar, FN. 639, Blatt 703.

48, Keramik, TS, verschiedene Gefäße, 4 Ws., Oberfl.: rot, sehr gut erhaltener Überzug, Bruch: ockerrot, keine Einschlüsse erkennbar, FN. 639, Blatt 703.

49*, Keramik, Belg. Ware, Becher, Deru P 1–9, Horizont II-VI, 1 Rs., Rdm. 12 cm, Oberfl.: ockerrot bis braun, gut geglättet, Bruch: rötlich, Quarzsandeinschlüsse, FN. 639, Blatt 703.

50, Keramik, Belg. Ware, Becher, 1 Ws., Oberfl.: grau, sehr fein geglättet, Bruch: grau, Quarzsandeinschlüsse, V-förmiges Rollrädchendekor, FN. 639, Blatt 703.

51, Keramik, Belg. Ware, Becher, 3 Ws., Oberfl.: braun, gut geglättet, Bruch: rötlich, feine Quarzsandmagerung, V-förmiges Rollrädchendekor, FN. 639, Blatt 703.

52*, Keramik, Tongrundig Glattwandige Ware, Schale, Höpken T4, 2 Rs. Ws., Rdm. 10 cm, Oberfl.: ocker, fein geglättet, Bruch: ocker, viel Glimmer, FN. 639, Blatt 703.

53*, Keramik, Tongrundig Glattwandige Ware, Deckel, Höpken T26, 1 Rs., Rdm. 24 cm, Oberfl.: ockerbraun, geglättet, Bruch: ockerbraun, grobe Quarzsandeinschlüsse, FN. 639, Blatt 703.

54*, Keramik, Tongrundig Glattwandige Ware, Topf, Haltern 58, 1 Rs., Rdm. 18 cm, Oberfl.: dunkelgrau, geglättet, Bruch: einzelne große Quarzeinschlüsse, viele kleine Blasen, FN. 639, Blatt 703.

55, Keramik, Glattwandige Ware in Latènetradition, Topf, 1 Ws., Oberfl.: schwarz, gut geglättet, Bruch: dunkelbraun, Quarzeinschlüsse, sehr weich gebrannt, FN. 639, Blatt 703.

56, Keramik, Rauwand. Ware, Topf, 4 Ws., Oberfl.: braun, grob geglättet, Bruch: dunkelbraun, Quarzeinschlüsse, sehr weich gebrannt, FN. 639, Blatt 703.

57, Keramik, Muschelgem. Ware, 2 Ws., Oberfl.: dunkelbraun, grob geglättet, Bruch: dunkelbraun, sehr dichte Muschelmagerung, FN. 639, Blatt 703.

58*, Keramik, Schwerkeramik, Reibschale, Höpken S2, 2 Rs., Rdm. 26 cm, Oberfl.: weiß, geglättet, Bruch: weiß, sehr fein geschlämmt, einzelne größere Quarzeinschlüsse, FN. 639, Blatt 703.

## Unter der Rotsandsteinstraße, Schicht 5, stark verunreinigte, belaufene Schwemmsandschicht, im nördlichen Bereich auch mit Kieselsteinen, Ziegel und Keramikfragmenten durchzogen.

59, Keramik, TS, Teller?, 1 Ws., Oberfl.: rot, Engobe auf Außenseite abgeplatzt, Bruch: ockerrot, keine Einschlüsse erkennbar, FN. 359, Blatt 703.

60, Keramik, Tongrundig Glattwandige Ware, Miniaturgefäß?, 2 Ws., Oberfl.: ocker, grob geglättet, Bruch: hellgrau, Kern fein geschlämmt, im oberen Bereich Quarzsandeinschlüsse, FN. 359, Blatt 703.

61, Keramik, Tongrundig Glattwandige Ware, Schüssel, 1 Ws., Oberfl.: ocker, fein geglättet, Bruch: grau, Quarzsandeinschlüsse, FN. 359, Blatt 703.

62*, Keramik, rote Belg. Ware, Teller, Deru A 1.5, Horizont II-V, 7 Rs. Ws., Rdm. 24 cm, Oberfl.: rotengobiert auf Innenseite, verbrannt, großflächig abgeplatzt, Bruch: ocker, grobe Quarzsandmagerung, FN. 360, Blatt 703.

63, Keramik, rote Belg. Ware, Teller, 1 Ws., Oberfl.: rotgestrichen auf Außenseite, fein geglättet, Bruch: ocker, feine Quarzsandmagerung, FN. 360, Blatt 703.

64, Keramik, Lampe, Splitter einer Bildlampe, Oberfl.: orangerot, Bruch: ocker, fein geschlämmt, FN. 360, Blatt 703.

65, Keramik, Belg. Ware, Becher, 1 Ws., Oberfl.: grau, fein geglättet, Bruch: grau, fein geschlämmt, FN. 360, Blatt 703.

66*, Keramik, Tongrundig Glattwandige Ware, Teller, Höpken T1, 1 Rs., Rdm. 22 cm, Oberfl.: schwarz, Innenseite engobiert, fein geglättet, Bruch: schwarz, Quarzsandmagerung, FN. 360, Blatt 703.

67, Keramik, Tongrundig Glattwandige Ware, Becher, 1 Ws., Oberfl.: ockerbraun, fein geglättet, Bruch: ocker, viel Glimmer, FN. 360, Blatt 703.

68, Keramik, Tongrundig Glattwandige Ware, Krug, 2 Henkel, Oberfl.: weiß, geglättet, Bruch: weiß, fein geschlämmt, FN. 360, Blatt 703.

69, Keramik, Glattwandige Ware in Latènetradition, Topf, 1 Ws., Oberfl.: schwarz, gut geglättet, Bruch: dunkelbraun, FN. 360, Blatt 703.

70, Keramik, TS, Schale, 3 Ws., Oberfl.: rot, Überzug sehr gut erhalten, Bruch: rötlich, keine Einschlüsse erkennbar, FN. 361, Blatt 703.

71, Metall, Blei, gerolltes Bleiblech, FN. 361, Blatt 703.

**Unter der Rotsandsteinstraße, Schicht 6, oliv-gräuliche, feinsandige, mit Holzkohle durchzogene, stark belaufene Schicht.**

72, Keramik, rote Belg. Ware, Teller, 1 Ws., Oberfl.: innen rot, außen nicht engobiert, sehr guter Überzug, Bruch: ocker, sehr fein geschlämmt, FN. 896, Blatt 703.

73*, Keramik, Belg. Ware, Teller, Deru A 41 oder 43, Horizont III-VI, 1 Rs., Rdm. 18 cm, Oberfl.: schwarz, poliert, Bruch: dunkelbraun, grobe Quarzsandeinschlüsse, FN. 896, Blatt 703.

74, Keramik, Belg. Ware, Becher, 1 Ws., Oberfl.: grau, geglättet, Bruch: grau, Quarzsandmagerung, FN. 896, Blatt 703.

75*, Keramik, Belg. Ware, 1 Ws., Oberfl.: grau, fein geglättet, Bruch: hellgrau, sehr fein geschlämmt, FN. 896, Blatt 703.

76, Keramik, Rauwand. Ware, Topf, 1 Ws., Oberfl.: graubraun, rau, Bruch: grau, fein geschlämmt, FN. 896, Blatt 703.

77, Keramik, Schwerkeramik, Amphore, 1 Ws., Oberfl.: ocker, innen rötlich, geglättet, Bruch: ocker, grobe Quarzsandmagerung, FN. 896, Blatt 703.

**Unter der Rotsandsteinstraße, Schicht 7, vereinzelt mit Kalkmörtel vermischte rötliche Lehmschicht, im nördlichen Bereich in Kiesmörtelschicht übergehend. Lehm und Kiesschicht sind stark belaufen und von einer schwarz-grauen, mit Holzkohle durchzogenen Schicht überlagert.**

78*, Keramik, Tongrundig Glattwandige Ware, Schale, Höpken T4, 5 Rs. Ws., Rdm. 7 cm, Oberfl.: rotbraun, leicht gegriest, Bruch: rotbraun, feine Quarzsandeinschlüsse, FN. 894, Blatt 703.

79*, Keramik, Tongrundig Glattwandige Ware, Schale, Höpken T4, 4 Rs. Ws., Rdm. 9 cm, Oberfl.: rotbraun, fein geglättet, Bruch: rotbraun, hoher Glimmeranteil, FN. 894, Blatt 703.

80, Keramik, Tongrundig Glattwandige Ware, Topf, 2 Ws., Oberfl.: grau, geglättet, Bruch: grau, Quarzsandmagerung, FN. 894, Blatt 703.

81, Keramik, Tongrundig Glattwandige Ware, Topf, 1 Bs., Oberfl.: schwarz, geglättet, Bruch: dunkelgrau, Quarzsandmagerung, FN. 894, Blatt 703.

**Unter Rotsandsteinstraße.**

82, Metall, Bronzemünze, Lyoner Altar Serie I, RIC I² 230, 8,74 gr, FN. 584, Blatt 703.

**Unter Rotsandsteinstraße, Schicht 2, grau-bräunliche, feinsandige Schicht, durchzogen von kleinen Rotsandsteinfragmenten und Holzkohle.**

83*, Keramik, TS, Teller, Consp. 12.5, mittel-spätaugusteisch, 1 Rs., Rdm. 22 cm, Oberfl.: rot, Überzug stellenweise abgeplatzt, Bruch: ocker, kleine schwarze Einschlüsse, FN. 593, Blatt 730.

84, Keramik, TS, Teller, 1 Ws., Oberfl.: rot, Überzug stellenweise abgeplatzt, Bruch: ocker, kleine schwarze Einschlüsse, umlaufende Zierrillen, FN. 593, Blatt 730.

85, Keramik, TS, Schale, 3 Ws., Oberfl.: rot, Überzug stellenweise abgeplatzt, Bruch: ocker, kleine schwarze Einschlüsse, Ratterdekor, FN. 593, Blatt 730.

86, Keramik, TS, Schale?, Consp. 30/38?, 1 Henkel, Oberfl.: rot, Überzug stellenweise abgeplatzt, Bruch: ocker, kleine schwarze Einschlüsse, Fragment eines Ringhenkels, wohl zu 87, FN. 593, Blatt 730.

87*, Keramik, TS, Schale?, Consp. 30/38?, 1 Rs., Rdm. unbestimmbar, Oberfl.: rot, Überzug stellenweise abgeplatzt, Bruch: ocker, kleine schwarze Einschlüsse, Ringhenkelansatz, wohl zu 86, FN. 593, Blatt 730.

88*, Keramik, Belg. Ware, Teller, Deru A 1.3, Horizont II-V, 1 Rs., Rdm. 24 cm, Oberfl.: grau, fein geglättet, Bruch: grau, Quarzsandmagerung, FN. 593, Blatt 730.

89*, Keramik, Belg. Ware, Becher, Deru P 1–9, Horizont II-VI, 2 Rs., Rdm. 18 cm, Oberfl.: grau, fein geglättet, Bruch: grau, Quarzsandmagerung, FN. 593, Blatt 730.

90*, Keramik, Belg. Ware, Becher, Deru P 1–9, Horizont II-VI, 1 Rs., Rdm. 12 cm, Oberfl.: grau, fein geglättet, Bruch: grau, Quarzsandmagerung, FN. 593, Blatt 730.

91, Keramik, Belg. Ware, Becher, 8 Ws., Oberfl.: grau, verschiedene Gefäße, V-förmiges Rollrädchendekor, FN. 593, Blatt 730.

92, Keramik, Belg. Ware, Becher, 1 Ws., Oberfl.: grau, verschiedene Gefäße, kleinrechteckiges Rollrädchendekor, FN. 593, Blatt 730.

93*, Keramik, Tongrundig Glattwandige Ware, Topf, Haltern 57, 2 Rs., Rdm. 15 cm, Oberfl.: dunkelgrau, gut geglättet, Bruch: graubraun, Quarzsandmagerung, FN. 593, Blatt 730.

94, Keramik, Tongrundig Glattwandige Ware, Topf, 1 Ws., Oberfl.: dunkelgrau, gut geglättet, Bruch: graubraun, Quarzsandmagerung, FN. 593, Blatt 730.

95*, Keramik, Rauwand. Ware, Topf, Titelberg A.9.6, 5 Rs., Rdm. 12 cm, Oberfl.: dunkelgrau, rau, Bruch: schwarz, plattige Struktur, FN. 593, Blatt 730.

96*, Keramik, Rauwand. Ware, Topf, Haltern 57/Höpken R18, 2 Rs., Rdm. 16,6 cm, Oberfl.: schwarz, rau, Bruch: graubraun, Quarzsandmagerung, FN. 593, Blatt 730.

97, Keramik, Schwerkeramik, Amphore, 2 Henkel, Oberfl.: hellgrau, rau, Bruch: grau, grobe schwarze Einschlüsse, FN. 593, Blatt 730.

## Unter Rotsandsteinstraße, Schicht 3, schwarz-gräulich, feinsandige Schicht, stark mit Holzkohle und Schlacken durchzogen.

98*, Keramik, TS, Platte, Consp. 12.4, mittel-spätaugusteisch, 1 Rs., Rdm. 25 cm, Oberfl.: rot, Engobe an wenigen Stellen abgerieben, Bruch: rötlich, einzelne Quarzkörner, FN. 592, Blatt 730.

99*, Keramik, TS, Schale, Consp. 14.2.1, mittel-spätaugusteisch, 1 Rs., Rdm. 17 cm, Oberfl.: rot, Engobe stark abgerieben, Bruch: rötlich, keine Einschlüsse erkennbar, zwei Bänder Kerbdekor, FN. 592, Blatt 730.

100, Keramik, TS, verschiedene Gefäße, 3 Ws., Oberfl.: rot, verschiedene Gefäße, Bruch: verschiedene Gefäße, umlaufende Zierrillen, FN. 592, Blatt 730.

101*, Keramik, Lampe, Vogelkopflampe, Schnauze, Oberfl.: dunkel-rotbraun, Brandspuren um Dochtloch, Bruch: weiß, fein geschlämmt, stilisierter Vogelkopf auf Volutenschnauze, FN. 592, Blatt 730.

102*, Keramik, Lampe, Vogelkopflampe oder Dressel 3, da gerade Schnauze, Oberfl.: rotbraun, Brandspuren um Dochtloch, Bruch: weiß, fein geschlämmt, FN. 592, Blatt 730.

103*, Keramik, Belg. Ware, Teller, Deru A 1.4, Horizont II-V, 2 Rs.; Bs., Bdm. 12 cm, Rdm. 24 cm, H. 3,2 cm, Oberfl.: grau, fein geglättet, Bruch: hellgrau, Quarzsandmagerung, umlaufendes, von Zierrillen begrenztes Ratterdekorfeld, FN. 592, Blatt 730.

104*, Keramik, Belg. Ware, Schale, Deru C 3, 1 Rs., Rdm. 14 cm, Oberfl.: schwarz, fein geglättet, Bruch: braun, Quarzsandmagerung, FN. 592, Blatt 730.

105, Keramik, Belg. Ware, Schale, 2 Ws., Oberfl.: braun, fein geglättet, Bruch: rotbraun, fein geschlämmt, umlaufende Zierrille, FN. 592, Blatt 730.

106*, Keramik, Belg. Ware, Becher, Deru P 1–9, Horizont II–VI, 1 Rs., Rdm. 12 cm, Oberfl.: grau, fein geglättet, Brandspuren, Bruch: grau, Quarzsandmagerung, FN. 592, Blatt 730.

107*, Keramik, Belg. Ware, Becher, Deru P 1–9, Horizont II–VI, 1 Rs., Rdm. 15 cm, Oberfl.: grau, fein geglättet, Bruch: grau, Quarzsandmagerung, FN. 592, Blatt 730.

108, Keramik, Belg. Ware, Becher, 3 Ws., Oberfl.: grau, verschiedene Gefäße, V-förmiges Rollrädchendekor, FN. 592, Blatt 730.

109, Keramik, Belg. Ware, Becher, 1 Ws., Oberfl.: grau, fein geglättet, Bruch: grau, Quarzsandmagerung, Schrägstrichrollrädchendekor, FN. 592, Blatt 730.

110*, Keramik, Tongrundig Glattwandige Ware, Schale, Höpken T4 Variante?, 1 Rs., Rdm. 10 cm, Oberfl.: braun, fein geglättet, Bruch: dunkelbraun, einzelne Quarzkörner, FN. 592, Blatt 730.

111*, Keramik, Tongrundig Glattwandige Ware, Krug, Haltern 45/Höpken T30, 1 Rs., Rdm. 11 cm, Oberfl.: ocker, gut geglättet, Bruch: ocker, fein geschlämmt, Quarzsandeinschlüsse, FN. 592, Blatt 730.

112*, Keramik, Tongrundig Glattwandige Ware, Krug, Höpken T32, 1 Rs., Rdm. 8,8 cm, Oberfl.: ocker, gut geglättet, Bruch: rötlich, fein geschlämmt, einzelne ziegelrote Einschlüsse, FN. 592, Blatt 730.

113, Keramik, Tongrundig Glattwandige Ware, Krug, 1 Henkel, Oberfl.: ocker, gut geglättet, Bruch: ocker, fein geschlämmt, Quarzsandeinschlüsse, 5-gliedriger Bandhenkel, FN. 592, Blatt 730.

114, Keramik, Tongrundig Glattwandige Ware, Krug, 1 Henkel, Oberfl.: ocker, gut geglättet, Bruch: rötlich, fein geschlämmt, einzelne ziegelrote Einschlüsse, FN. 592, Blatt 730.

115, Keramik, Rauwand. Ware, Topf, 1 Ws., Oberfl.: dunkelgrau, rau, Brandspuren, Bruch: braun, Quarzsandmagerung, vier umlaufende Zierrillen, FN. 592, Blatt 730.

## Unter Rotsandsteinstraße, Schicht 4, stark verunreinigte, mit kleinen Kieselsteinen durchzogene, belaufene, verlagerte Schwemmsandschicht.

116*, Keramik, Lampe, 1 Rs., Oberfl.: dunkelbraun bis rotbraun, Überzug stellenweise abgeplatzt, Bruch: ocker, feine schwarze Einschlüsse, FN. 594, Blatt 730.

117*, Keramik, rote Belg. Ware, Teller, Deru A 7, Horizont III–VI, 1 Rs., Rdm. 24 cm, Oberfl.: rot, Überzug stellenweise abgeplatzt, Bruch: ocker, Quarzsandeinschlüsse, FN. 594, Blatt 730.

118*, Keramik, Belg. Ware, Teller, Deru A 1.4, Horizont II–V, 1 Rs., Rdm. 31 cm, Oberfl.: rötlich bis grau, fein geglättet, Brandspuren, Bruch: dunkelgrau, Quarzsandeinschlüsse, FN. 594, Blatt 730.

119*, Keramik, Belg. Ware, Becher, Deru P 1–9, Horizont II–VI, 1 Rs., Rdm. 17 cm, Oberfl.: grau, fein geglättet, Bruch: grau, fein geschlämmt, einzelne, größere schwarze Einschlüsse, FN. 594, Blatt 730.

120, Keramik, Belg. Ware, Becher, 1 Ws., Oberfl.: dunkelgrau, gut geglättet, Bruch: hellgrau, einzelne Quarzsandeinschlüsse, V-förmiges Rollrädchendekor, FN. 594, Blatt 730.

121, Keramik, Belg. Ware, Becher, 1 Ws., Oberfl.: dunkelgrau, gut geglättet, Bruch: grau, feinsandig, Kammstrichschachbrettdekor, FN. 594, Blatt 730.

122*, Keramik, Tongrundig Glattwandige Ware, Krug, Höpken T32, 1 Rs., Rdm. 8 cm, Oberfl.: ocker, gut geglättet, Bruch: ocker, fein geschlämmt, einzelne Quarzkörner, FN. 594, Blatt 730.

123, Keramik, Tongrundig Glattwandige Ware, Krug, 1 Henkel, Oberfl.: weiß, gut geglättet, Bruch: weiß, eingeschlämmt, große Luftblasen, FN. 594, Blatt 730.

124, Keramik, Muschelgem. Ware, Topf, 2 Ws., Oberfl.: schwarz, grob geglättet, Brandspuren, Bruch: dunkelbraun, starke Muschelmagerung, FN. 594, Blatt 730.

125, Metall, Bronze, Haken, 2 Fragmente, an zwei weiteren Ecken fehlen sicherlich ähnlich breite Stege, wie der des abgebrochenen Hakens, FN. 594, Blatt 730.

## Unter Rotsandsteinstraße, Schicht 5, vereinzelt mit Kieselfragmenten vermischte Kiesschicht, im südlichen Bereich stellenweise mit Kalkmörtel gefestigt.

126, Keramik, TS, Schale, Consp. 22, 2. Jhz.v.Chr-Tib., 1 Ws., Oberfl.: rot, Überzug stellenweise abgeplatzt, Bruch: rötlich, keine Einschlüsse erkennbar, unmlaufendes Kerbdekor, FN. 595, Blatt 730.

127*, Keramik, TS, Deckel, Consp. 54.1, 1 Rs., Rdm. 18 cm, Oberfl.: rot, Überzug stellenweise abgeplatzt, Bruch: rötlich, keine Einschlüsse erkennbar, FN. 595, Blatt 730.

128*, Keramik, Belg. Ware, Becher, Deru P 1–9, Horizont II-VI, 1 Rs., Rdm. 15 cm, Oberfl.: grau, fein geglättet, Bruch: grau, Quarzsandmagerung, FN. 595, Blatt 730.

129*, Keramik, Tongrundig Glattwandige Ware, Krug, Haltern 45/Höpken T30, 1 Rs., Rdm. 9 cm, Oberfl.: ocker, gut geglättet, Bruch: rötlich ocker, größere schwarze Einschlüsse, FN. 595, Blatt 730.

## Unter Rotsandsteinstraße, Schicht 3, grau-bräunlich feinsandige Schicht, durchzogen von kleinen Rotsandsteinfragmenten und Holzkohle.

130, Metall, Bronzemünze, Lyon Adler, RIC I² 227, 2,66 gr, FN. 901, Blatt 728.

131, Keramik, TS, Schale, 3 Ws., Oberfl.: rot, feiner Überzug, Bruch: ockerbraun, vereinzelte dunkle Einschlüsse, FN. 901, Blatt 728.

132, Keramik, TS, Schale, 10 v. Chr. – 10 n. Chr. Lyon, 1 Bs., Oberfl.: rot, feiner Überzug, Bruch: ockerbraun, vereinzelte dunkle Einschlüsse, Stempel L. (TITIVS) THYRSUS OCK type 2249.12, FN. 901, Blatt 728.

133*, Keramik, rote Belg. Ware, Schale, Deru KL 17, 1 Rs., Rdm. 15 cm, Oberfl.: orangerot, Überzug nur an Außenseite, Bruch: orangerot, fein geschlämmt, FN. 901, Blatt 728.

134*, Keramik, Glattwandige Ware in Latènetradition, Topf, Haltern 57, 1 Rs., Rdm. 16 cm, Oberfl.: schwarz, gut geglättet, Bruch: schwarz, einzelne Quarzeinschlüsse, FN. 901, Blatt 728.

135, Keramik, Muschelgem. Ware, Topf, 5 Ws., Oberfl.: dunkelbraun, grob geglättet, Bruch: hellbraun, grobe Muschelkalkeinschlüsse, FN. 901, Blatt 728.

136, Keramik, Schwerkeramik, Amphore, 1 Bs., Bdm. 2,5 cm, Oberfl.: ockerrot, gut geglättet, Bruch: grau, fein geschlämmt, einzelne dunkle Einschlüsse, FN. 901, Blatt 728.

137, Keramik, Schwerkeramik, Amphore, 1 Henkel, Oberfl.: weiß, rau, Bruch: hellrot, grobe Quarzeinschlüsse, FN. 901, Blatt 728.

138, Keramik, TS, verschiedene Gefäße, 4 Ws., fein geglättet, FN. 899, Blatt 728.

139*, Keramik, Tongrundig Glattwandige Ware, Krug, Haltern 45/Höpken T30, 1 Rs., Rdm. 7 cm, Oberfl.: rötlich, grob geglättet, Bruch: rötlich, Quarzsandmagerung, FN. 899, Blatt 728.

140, Keramik, Rauwand. Ware, Topf, 1 Ws., Oberfl.: dunkelgrau, rau, Bruch: dunkelbraun, Quarzkörner, umlaufende Zierrille, FN. 899, Blatt 728.

141*, Keramik, Schwerkeramik, Amphorenstöpsel?, 1 Bs., Bdm. 2,8 cm, Oberfl.: rötlich, grob geglättet, Bruch: grauer Kern, Quarzsandmagerung, FN. 899, Blatt 728.

142, Keramik, Schwerkeramik, Amphore, 1 Henkelansatz, Oberfl.: ocker, rau, Bruch: hellrot, viele, sehr große Quarzkörner, FN. 899, Blatt 728.

**Unter Rotsandsteinstraße, Schicht 5, schwarz-gräuliche, feinsandige Schicht, stark mit Holzkohle, teilweise mit Schlackenfragmenten durchzogen.**

143, Metall, Bronze, Kette, 2, Glieder, FN. 858, Blatt 728.

144*, Keramik, TS, Platte, Consp. 12.4, mittel-spätaugusteisch, 1 Rs., Rdm. 25 cm, Oberfl.: rotbraun, Brandspuren, Engobe großflächig abgerieben, Bruch: graubraun, einzelne größere Quarzkörner, FN. 858, Blatt 728.

145*, Keramik, TS, Platte, Consp. 12.5, mittel-spätaugusteisch, 2 Rs., Rdm. 24 cm, Oberfl.: rot, Engobe stellenweise abgerieben, Bruch: ockerbraun, keine Einschlüsse erkennbar, FN. 858, Blatt 728.

146*, Keramik, rote Belg. Ware, Teller, Deru A 7, Horizont III-VI, 1 Rs., Rdm. 31 cm, Oberfl.: Innenseite rotbraun, außen Tongrundig, Brandspuren, Innenseite fein engobiert, Bruch: ockerbraun, sehr hoher Quarzsandanteil, FN. 858, Blatt 728.

147*, Keramik, rote Belg. Ware, Teller, Deru A 7, Horizont III-VI, 1 Rs., Rdm. 23 cm, Oberfl.: Innenseite orangerot, außen Tongrundig, dicker, matter Überzug auf Innenseite, Bruch: ockerbraun, sehr hoher Quarzsandanteil, FN. 858, Blatt 728.

148, Keramik, Lampe, 1 Ws., Oberfl.: hellgrau, fein geglättet, Überzug?, Bruch: weiß, sehr feine schwarze Einschlüsse, FN. 858, Blatt 728.

149*, Keramik, Belg. Ware, Teller, 1 Bs., Bdm. 9 cm, Oberfl.: schwarz, fein geglättet, Bruch: ockerbraun, sehr hoher Quarzsandanteil, FN. 858, Blatt 728.

150*, Keramik, Belg. Ware, Becher, Deru P 1–9, Horizont II-VI, 1 Rs., Rdm. 18 cm, Oberfl.: grau, fein geglättet, Bruch: grau, kleine schwarze und größere rostende Einschlüsse, FN. 858, Blatt 728.

151*, Keramik, Belg. Ware, Becher, Deru P 1–9, Horizont II-VI, 1 Rs., Rdm. 18 cm, Oberfl.: grau, fein geglättet, Bruch: grau, kleine schwarze Einschlüsse, FN. 858, Blatt 728.

152, Keramik, Belg. Ware, Becher, 1 Bs., Bdm. 9 cm, Oberfl.: grau, fein geglättet, Bruch: grau, kleine schwarze Einschlüsse, FN. 858, Blatt 728.

153, Keramik, Belg. Ware, Becher, 1 Bs., Bdm. 11 cm, Oberfl.: grau, fein geglättet, Bruch: grau, kleine schwarze Einschlüsse, FN. 858, Blatt 728.

154, Keramik, Belg. Ware, Becher, 2 Ws., Oberfl.: verschiedene Gefäße, V-förmiges Rollrädchendekor, FN. 858, Blatt 728.

155*, Keramik, Tongrundig Glattwandige Ware, Krug, Haltern 45/Höpken T30, 4 Rs., Rdm. 8,6 cm, Oberfl.: ocker, grob geglättet, Bruch: grau, starke Quarzsandmagerung, FN. 858, Blatt 728.

156*, Keramik, Glattwandige Ware in Latènetradition, Teller, Höpken T1, 1 Rs., Rdm. 18 cm, Oberfl.: schwarz, gut geglättet, Bruch: schwarz, hoher Quarzsandanteil, FN. 858, Blatt 728.

157*, Keramik, Glattwandige Ware in Latènetradition, Topf, Haltern 57, 1 Rs., Rdm. 19 cm, Oberfl.: schwarz, gut geglättet, Bruch: dunkelgrau, plattige Struktur, FN. 858, Blatt 728.

158*, Keramik, Glattwandige Ware in Latènetradition, Topf, Haltern 58, 3 Rs., Rdm. 16 cm, Oberfl.: schwarz, gut geglättet, Bruch: schwarz, hoher Quarzsandanteil, FN. 858, Blatt 728.

159, Keramik, Glattwandige Ware in Latènetradition, Topf, 1 Bs., Bdm. 10 cm, Oberfl.: dunkelbraun, gut geglättet, Bruch: grau, hoher Quarzsandanteil, FN. 858, Blatt 728.

160*, Keramik, Schwerkeramik, Amphore, Dressel 7–11, 1 Rs., Rdm. 17 cm, Oberfl.: gelblichweiß, grob geglättet, Bruch: rötlich, Quarzsandmagerung, organische Einschlüsse, FN. 858, Blatt 728.

161, Keramik, Schwerkeramik, Amphore, 1 Henkel, Oberfl.: ocker bis grau, rau, Bruch: rötlich, sehr grobe Quarzsandeinschlüsse, FN. 858, Blatt 728.

162\*, Keramik, Schwerkeramik, Dolium, Titelberg F1.1, 1 Rs., Rdm. 41 cm, Oberfl.: gelblichweiß, rau, schwarz gepichter Rand, Bruch: dunkelgrau, sehr große weiße Einschlüsse, FN. 858, Blatt 728.

## Unter Rotsandsteinstraße, Schicht 6, stark verunreinigte, mit Kieselsteinen, Holzkohle, Knochen und Keramikfragmenten vermischte, belaufene Schwemmsandschicht, verlagert.

163\*, Metall, Bronze, Gallische Fibel Riha 2.2.5, FN. 585, Blatt 728.

164\*, Metall, Bronze, Langton-Down-Fibel Riha 4.4, 1, FN. 585, Blatt 728.

165\*, Metall, Bronze, Langton-Down-Fibel Riha 4.4, 1, FN. 585, Blatt 728.

166\*, Metall, Bronze, Aucissafibel Riha 5.2, 1, FN. 585, Blatt 728.

167\*, Keramik, TS, Teller, Consp. 12.4, 2 Rs., Rdm. 22 cm, Oberfl.: rot, sehr fein geglättet, starke Brandspuren, Bruch: rotbraun, kleine schwarze Einschlüsse, FN. 585, Blatt 728.

168\*, Keramik, TS, Teller, Consp. 12.5.1, 1 Rs., Rdm. 24 cm, Oberfl.: rot, sehr fein geglättet, Überzug stellenweise abgerieben, Bruch: rötlich ocker, keine Einschlüsse erkennbar, FN. 585, Blatt 728.

169\*, Keramik, TS, Teller, Consp. 12.5.1, 1 Rs., Rdm. 27 cm, Oberfl.: rot, sehr fein geglättet, Überzug stellenweise abgerieben, Bruch: rotbraun, keine Einschlüsse erkennbar, FN. 585, Blatt 728.

170\*, Keramik, TS, Teller, Consp. 12.5.1, 3 Rs., Rdm. 25 cm, Oberfl.: rot, sehr fein geglättet, Überzug stellenweise abgerieben, Bruch: rotbraun, keine Einschlüsse erkennbar, FN. 585, Blatt 728.

171\*, Keramik, TS, Teller, Consp. B 2.4, 2 Bs., Bdm. 9 cm, Oberfl.: rot, fein geglättet, Engobe stellenweise abgerieben, Bruch: bräunlich rot, keine Einschlüsse erkennbar, FN. 585, Blatt 728.

172, Keramik, TS, Teller, 5 Ws., Oberfl.: rot, fein geglättet, Bruch: bräunlich rot, keine Einschlüsse erkennbar, zwei doppelt umlaufende Zierrillen, FN. 585, Blatt 728.

173, Keramik, TS, Teller, 1 Ws., Oberfl.: orangerot, fein geglätteter roter Überzug nur auf Innenseite, Bruch: hellgelb, Quarzsandanteil, poröse Struktur, Ratterdekor, FN. 585, Blatt 728.

174, Keramik, TS, Teller, 1 Ws., Oberfl.: rot, fein geglätteter roter Überzug nur auf Innenseite, Bruch: hellgelb, Quarzsandanteil, poröse Struktur, Ratterdekor, FN. 585, Blatt 728.

175\*, Keramik, TS, Kelch, 8 Ws., Oberfl.: rot, fein geglättet, Bruch: bräunlich rot, keine Einschlüsse erkennbar, Herzblatt- und Rankendekor, Punze Rudnick 1995, HA 25, Punze 179, FN. 585, Blatt 728.

176, Keramik, TS, Schale, Consp. 14.1?, 1 Rs., Rdm. unbestimmbar, Oberfl.: rot, sehr fein geglättet, Überzug stellenweise abgerieben, Bruch: rotbraun, kleine schwarze Einschlüsse, FN. 585, Blatt 728.

177\*, Keramik, TS, Schale, Consp. 22, 2. Jhz.v.Chr-Tib., 3 Rs., Rdm. 10 cm, Oberfl.: rot, sehr fein geglättet, Überzug stellenweise abgerieben, Bruch: rotbraun, kleine schwarze Einschlüsse, FN. 585, Blatt 728.

178\*, Keramik, TS, Schale, 2 Rs., Rdm. 15 cm, Oberfl.: rot, sehr fein geglättet, Überzug stellenweise abgerieben, Bruch: rotbraun, keine Einschlüsse erkennbar, FN. 585, Blatt 728.

179\*, Keramik, TS, Schale, Consp. B 4.2, 2 Bs., Bdm. 5 cm, Oberfl.: rot, fein geglättet, Engobe stellenweise abgerieben, Bruch: bräunlich rot, keine Einschlüsse erkennbar, FN. 585, Blatt 728.

180\*, Keramik, TS, Schale, Consp. B 1.5, 2 Bs., Bdm. 12 cm, Oberfl.: rot, fein geglättet, Brandspuren, Bruch: bräunlich rot, keine Einschlüsse erkennbar, FN. 585, Blatt 728.

181, Keramik, TS, Schale, 1 Ws., Oberfl.: rot, fein geglättet, Bruch: bräunlich rot, keine Einschlüsse erkennbar, vielzeiliges Ratterdekor, FN. 585, Blatt 728.

182, Keramik, TS, verschiedene Gefäße, 11 Ws., Oberfl.: rot, fein geglättet, FN. 585, Blatt 728.

183, Keramik, TS, verschiedene Gefäße, 19 Ws., Oberfl.: rot, fein geglättet, FN. 585, Blatt 728.

184, Keramik, Lampe, Vogelkopflampe, Rdm. 7 cm, Oberfl.: rotbraun, gut geglättet, Brandspuren, Farbüberzug unregelmäßig, Bruch: ocker, fein geschlämmt, Bildfeld vollkommen zerstört, umlaufende Perlenreihe erhalten, FN. 585, Blatt 728.

185*, Keramik, Lampe, 11 Ws., Bs., Henkel, Bdm. 4 cm, Oberfl.: rotbraun, gut geglättet, Brandspuren, Farbüberzug unregelmäßig, Bruch: hellgelb, keine Magerung erkennbar, FN. 585, Blatt 728.

186*, Keramik, Glasierte Ware, Becher, 2 Rs. Ws., Rdm. 6,6 cm, Oberfl.: grün, stellenweise ockerbraun, Glasur auf Außenseite stellenweise abgeplatzt, Bruch: rotbraun, Quarzsandeinschlüsse, eine Nuppe auf Ws. erhalten, FN. 585, Blatt 728.

187*, Keramik, rote Belg. Ware, Teller, Deru A 7, Horizont III-VI, 1 Rs., Rdm. 30 cm, Oberfl.: orangerot, fein geglättet, roter Überzug nur auf Innenseite, Bruch: hellgelb, Quarzsandanteil, poröse Struktur, FN. 585, Blatt 728.

188*, Keramik, rote Belg. Ware, Teller, Deru A 7, Horizont III-VI, 1 Rs., Rdm. 19 cm, Oberfl.: orangerot, fein geglättet, roter Überzug nur auf Innenseite, Bruch: ocker, Quarzsandanteil, poröse Struktur, FN. 585, Blatt 728.

189, Keramik, rote Belg. Ware, Teller, Deru A 7, Horizont III-VI, 2 Rs., Rdm. 26 cm, Oberfl.: orangerot, fein geglättet, roter Überzug nur innen, Brandspuren, Bruch: grau, Quarzsand, poröse Struktur, FN. 585, Blatt 728.

190*, Keramik, rote Belg. Ware, Teller, Deru A 7, Horizont III-VI, 1 Rs., Rdm. 31 cm, Oberfl.: orangerot, fein geglättet, roter Überzug nur auf Innenseite, Bruch: hellgelb, Quarzsandanteil, poröse Struktur, FN. 585, Blatt 728.

191*, Keramik, rote Belg. Ware, Teller, Deru A 7, Horizont III-VI, 2 Rs., Rdm. 25 cm, Oberfl.: orangerot, fein geglättet, roter Überzug nur auf Innenseite, Bruch: ocker, Quarzsandanteil, poröse Struktur, FN. 585, Blatt 728.

192*, Keramik, rote Belg. Ware, Teller, 1 Bs., Bdm. 9 cm, Oberfl.: rot, fein geglättet, Engobe fast vollständig abgerieben, Bruch: ockerbraun, Quarzsand, einzelne rote Einschlüsse, FN. 585, Blatt 728.

193*, Keramik, rote Belg. Ware, Becher, Deru P 1–9, 29?, Horizont II-VI, 2 Rs., Rdm. 16 cm, Oberfl.: orangerot, grob geglättet, Bruch: ziegelrot, kleine weiße Quarzeinschlüsse, FN. 585, Blatt 728.

194*, Keramik, Belg. Ware, Teller, Deru A 1.3, Horizont II-V, 6 Rs., Rdm. 24 cm, Oberfl.: grau, fein geglättet, Bruch: grau, Quarzsand und kleine schwarze Einschlüsse, FN. 585, Blatt 728.

195*, Keramik, Belg. Ware, Teller, Deru A 1.4, Horizont II-V, 1 Rs., Rdm. 28 cm, Oberfl.: dunkelgrau, fein geglättet, Bruch: dunkelgrau, Quarzsandmagerung, FN. 585, Blatt 728.

196*, Keramik, Belg. Ware, Teller, Deru A 1.4, Horizont II-V, 6 Rs., Rdm. 26 cm, Oberfl.: dunkelgrau, fein geglättet, Bruch: grau, im Kern kleine weiße Einschlüsse, FN. 585, Blatt 728.

197*, Keramik, Belg. Ware, Teller, 2 Bs., Bdm. 13,6 cm, Oberfl.: dunkelgrau, fein geglättet, Bruch: hellgrau, Quarzsandmagerung, FN. 585, Blatt 728.

198*, Keramik, Belg. Ware, Teller, 1 Bs., Bdm. 7 cm, Oberfl.: dunkelgrau, fein geglättet, Bruch: braun, Quarzsandmagerung, FN. 585, Blatt 728.

199*, Keramik, Belg. Ware, Teller, 1 Bs., Bdm. 12 cm, Oberfl.: hellgrau, fein geglättet, Bruch: hellgrau, Quarzsandmagerung, umlaufendes Zierband mit Kerbdekor, FN. 585, Blatt 728.

200*, Keramik, Belg. Ware, Teller, 2 Bs., Bdm. 9 cm, Oberfl.: dunkelgrau, fein geglättet, Bruch: hellgrau, Quarzsandmagerung, umlaufende Zierrillen, FN. 585, Blatt 728.

201, Keramik, Belg. Ware, verschiedene Teller, 2 Ws., umlaufende Zierrillen mit Kerbdekor, FN. 585, Blatt 728.

202*, Keramik, Belg. Ware, Becher, Deru P 1–9, Horizont II-VI, 2 Rs., Rdm. 20 cm, Oberfl.: grau, fein geglättet, Bruch: grau, fein geschlämmt, FN. 585, Blatt 728.

203*, Keramik, Belg. Ware, Becher, Deru P 1–9, Horizont II-VI, 1 Rs., Rdm. 10 cm, Oberfl.: dunkelgrau, fein geglättet, Bruch: grau, fein geschlämmt, größere Blasen, FN. 585, Blatt 728.

204*, Keramik, Belg. Ware, Becher, Deru P 1–9, Horizont II-VI, 3 Rs., Rdm. 15 cm, Oberfl.: dunkelgrau, fein geglättet, Bruch: grau, fein geschlämmt, FN. 585, Blatt 728.

205*, Keramik, Belg. Ware, Becher, Deru P 1–9, Horizont II-VI, 1 Rs., Rdm. 20 cm, Oberfl.: grau, fein geglättet, Bruch: weiß, porös, Quarzsandeinschlüsse, FN. 585, Blatt 728.

206*, Keramik, Belg. Ware, Becher, Deru P 1–9, Horizont II-VI, 3 Rs., Rdm. 18 cm, Oberfl.: hellgrau, fein geglättet, Bruch: grau, fein geschlämmt, FN. 585, Blatt 728.

207*, Keramik, Belg. Ware, Becher, Deru P 1–9, Horizont II-VI, 1 Rs., Rdm. 22 cm, Oberfl.: dunkelgrau, fein geglättet, Bruch: weiß, porös, Quarzsandeinschlüsse, FN. 585, Blatt 728.

208*, Keramik, Belg. Ware, Becher, Deru P 1–9, Horizont II-VI, 1 Rs., Rdm. 8 cm, Oberfl.: grau, fein geglättet, Bruch: hellgrau, kleine schwarze Einschlüsse, FN. 585, Blatt 728.

209*, Keramik, Belg. Ware, Becher, Deru P 1–9, Horizont II-VI, 1 Rs., Rdm. 13 cm, Oberfl.: dunkelgrau, fein geglättet, Bruch: grau, fein geschlämmt, FN. 585, Blatt 728.

210, Keramik, Belg. Ware, Becher, 2 Ws., Oberfl.: grau, fein geglättet, Bruch: hellgrau, Quarzsandmagerung, wellenbandförmiges Rollrädchendekor, FN. 585, Blatt 728.

211, Keramik, Belg. Ware, Becher, 3 Ws., Oberfl.: dunkelgrau, fein geglättet, Bruch: dunkelgrau, kleine schwarze Einschlüsse, zwei Dekorfelder mit V-förmigem Rollrädchendekor, FN. 585, Blatt 728.

212, Keramik, Belg. Ware, Becher, 4 Ws., umlaufende Zierrillen, FN. 585, Blatt 728.

213, Keramik, Belg. Ware, Becher, 1 Bs., Bdm. 8 cm, Oberfl.: grau, gut geglättet, Bruch: grau, größere schwarze Einschlüsse, FN. 585, Blatt 728.

214, Keramik, Belg. Ware, Becher, 1 Bs., Bdm. 9,2 cm, Oberfl.: grau, gut geglättet, Bruch: grau, fein geschlämmt, FN. 585, Blatt 728.

215, Keramik, Belg. Ware, Becher, 1 Ws., Oberfl.: grau, grob geglättet, Bruch: hellgrau, Quarzsandmagerung, Kammstrichdekor, FN. 585, Blatt 728.

216, Keramik, Belg. Ware, Becher, 1 Ws., Oberfl.: hellgrau, fein geglättet, Bruch: hellgrau, Quarzsandmagerung, Kleinrechteckdekor, FN. 585, Blatt 728.

217, Keramik, Belg. Ware, Becher, 7 Ws., V-förmiges Rollrädchendekor, FN. 585, Blatt 728.

218, Keramik, Tongrundig Glattwandige Ware, Schüssel, 1 Bs., Bdm. 10 cm, Oberfl.: gelblich, gut geglättet, Bruch: gelblichweiß, Quarzsand, größere ziegelrote Einschlüsse, FN. 585, Blatt 728.

219*, Keramik, Tongrundig Glattwandige Ware, Deckel, Neuss VI, Taf. 34,15, 1 Rs., Rdm. 16 cm, Oberfl.: ocker, grob geglättet, Bruch: grau, Quarzmagerung, FN. 585, Blatt 728.

220*, Keramik, Tongrundig Glattwandige Ware, Deckel, Höpken T26, 1 Rs., Rdm. 18 cm, Oberfl.: ocker bis dunkelbraun, grob geglättet, Bruch: ocker, viele kleine Bläschen, FN. 585, Blatt 728.

221*, Keramik, Tongrundig Glattwandige Ware, Becher?, 1 Bs., Bdm. 7 cm, Oberfl.: ocker, gut geglättet, Brandspuren, Bruch: gelb, Quarzsandeinschlüsse, FN. 585, Blatt 728.

222*, Keramik, Tongrundig Glattwandige Ware, Krug, Höpken T30, 1 Rs., Rdm. 12 cm, Oberfl.: ocker, grob geglättet, Bruch: ocker, keine Magerung erkennbar, FN. 585, Blatt 728.

223, Keramik, Tongrundig Glattwandige Ware, Krug, Haltern 45/Höpken T30, 1 Rs., Rdm. 9 cm, Oberfl.: gelblichweiß, grob geglättet, Bruch: hellgelb, keine Magerung erkennbar, FN. 585, Blatt 728.

224, Keramik, Tongrundig Glattwandige Ware, Krug, Haltern 45/Höpken T30, 3 Rs., Rdm. 10 cm, Oberfl.: rötlich, grob geglättet, Bruch: orangerot, Quarzsandmagerung, FN. 585, Blatt 728.

225, Keramik, Tongrundig Glattwandige Ware, Krug, 3 Henkel, Oberfl.: verschiedene Gefäße, FN. 585, Blatt 728.

226, Keramik, Tongrundig Glattwandige Ware, Topf, Haltern 58, 1 Rs., Rdm. 15,8 cm, Oberfl.: grau, grob geglättet, Bruch: grau, fein geschlämmt, FN. 585, Blatt 728.

227*, Keramik, Tongrundig Glattwandige Ware, Topf, 1 Bs., Bdm. 12 cm, Oberfl.: rötlich, grob geglättet, Bruch: orangerot, Quarzsandmagerung, FN. 585, Blatt 728.

228, Keramik, Tongrundig Glattwandige Ware, Topf, 4 Bs., Bdm. 11 cm, Oberfl.: rötlich, grob geglättet, Bruch: rötlich bis grau, kleine schwarze Einschlüsse, FN. 585, Blatt 728.

229*, Keramik, Glattwandige Ware in Latènetradition, Deckel, Höpken T25, 1 Rs., Rdm. 25 cm, Oberfl.: dunkelbraun, gut geglättet, Bruch: braun, unregelmäßige Struktur, größere Einschlüsse, FN. 585, Blatt 728.

230*, Keramik, Glattwandige Ware in Latènetradition, Topf, Titelberg A.9.4, 1 Rs., Rdm. 16 cm, Oberfl.: schwarz, gut geglättet, Bruch: braun, unregelmäßige Struktur, größere Einschlüsse, FN. 585, Blatt 728.

231*, Keramik, Rauwand. Ware, Topf, Titelberg A.9.6 Variante, 2 Rs., Rdm. 11 cm, Oberfl.: dunkelbraun, rau, Brandspuren am Rand, Bruch: braun, stark quarzsandhaltig, größere schwarze Einschlüsse, Stechverzierung und Ansatz von Kammstrich?, Schlickerüberzug, FN. 585, Blatt 728.

232, Keramik, Rauwand. Ware, Topf, Haltern 58, 1 Rs., Rdm. 14,6 cm, Oberfl.: dunkelbraun, grob geglättet, Bruch: schwarzbraun, größere schwarzglänzende Einschlüsse, plattige Struktur, FN. 585, Blatt 728.

233, Keramik, Rauwand. Ware, Topf, Haltern 58, 4 Rs., Rdm. 18 cm, Oberfl.: dunkelbraun, grob geglättet, Bruch: schwarzbraun, Quarzeinschlüsse, FN. 585, Blatt 728.

234*, Keramik, Rauwand. Ware, Topf, unbest., 3 Rs., Rdm. 15 cm, Oberfl.: dunkelbraun, grob geglättet, Bruch: braun, Quarzsandmagerung, FN. 585, Blatt 728.

235*, Keramik, Muschelgem. Ware, Schüssel, Titelberg E.8.1, 5 Rs., Rdm. 18 cm, Oberfl.: dunkelbraun, grob geglättet, Bruch: braun, Muschelmagerung, FN. 585, Blatt 728.

236*, Keramik, Muschelgem. Ware, Topf, Titelberg E.1.1, 1 Rs., Rdm. 24 cm, Oberfl.: dunkelbraun, grob geglättet, Brandspuren, Bruch: braun, Muschelmagerung, FN. 585, Blatt 728.

237*, Keramik, Muschelgem. Ware, Topf, Titelberg E.1.2, 1 Rs., Rdm. 16 cm, Oberfl.: dunkelbraun, grob geglättet, Bruch: braun, Muschelmagerung, FN. 585, Blatt 728.

238*, Keramik, Muschelgem. Ware, Topf, Titelberg E.1.8, 2 Rs., Rdm. 18 cm, Oberfl.: dunkelbraun, grob geglättet, Brandspuren, Bruch: braun, Muschelmagerung, FN. 585, Blatt 728.

239*, Keramik, Muschelgem. Ware, Topf, Titelberg E.1.8, 2 Rs., Rdm. 18,2 cm, Oberfl.: dunkelbraun, grob geglättet, Rand gepicht, Bruch: braun, starke Muschelmagerung, FN. 585, Blatt 728.

240*, Keramik, Schwerkeramik, Reibschale, Haltern 59, 11 Rs. u. Bs., Bdm. 13,2 cm, Rdm. 28 cm, H. 11,2 cm, Oberfl.: gelblichweiß, grob geglättet, Bruch: gelblichweiß, fein geschlämmt, einzelne rote Einschlüsse, FN. 585, Blatt 728.

241*, Keramik, Schwerkeramik, Amphore, Dressel 2–4, 1 Rs., Rdm. 16,6 cm, Oberfl.: gelblichweiß, grob geglättet, Bruch: ziegelrot, Quarzsandmagerung, FN. 585, Blatt 728.

242*, Keramik, Schwerkeramik, Amphore, Dressel 7–11, 1 Rs., Rdm. 17 cm, Oberfl.: gelblichweiß, grob geglättet, Bruch: rötlich, Quarzsandmagerung, organische Einschlüsse, FN. 585, Blatt 728.

243, Keramik, Schwerkeramik, Amphore, 1 Ws., Oberfl.: weißgrau, grob geglättet, Bruch: rötlich, Quarzsandmagerung, organische Einschlüsse, FN. 585, Blatt 728.

244, Keramik, Schwerkeramik, Amphore, 1 Henkel, Oberfl.: gelblichweiß, grob geglättet, Bruch: rötlich, Quarzsandmagerung, organische Einschlüsse, FN. 585, Blatt 728.

245*, Keramik, TS, Teller, Consp. 12.4, 1 Rs., Rdm. 21 cm, Oberfl.: rot, feiner, gut erhaltener Überzug, Bruch: ockerbraun, vereinzelte dunkle Einschlüsse, FN. 900, Blatt 728.

246, Keramik, TS, Schale, 2 Rs., Rdm. 16 cm, Oberfl.: rot, feiner, leicht bestoßener Überzug, Bruch: ockerbraun, vereinzelte dunkle Einschlüsse, außen am Rand umlaufendes Kerbdekor, FN. 900, Blatt 728.

247*, Keramik, TS, Schale, Consp. B 4.8, 10 v. Chr. – 50 n. Chr., 4 Bs., Bdm. 7 cm, Oberfl.: rot, feiner, gut erhaltener Überzug, Bruch: ockerbraun, vereinzelte dunkle Einschlüsse, Stempel CN. ATEIVS OCK type 278.48 oder sehr ähnlich, FN. 900, Blatt 728.

248, Keramik, TS, verschiedene Gefäße, 6 Ws., Oberfl.: rot, Bruch: ockerbraun, vereinzelte dunkle Einschlüsse, FN. 900, Blatt 728.

249*, Keramik, Belg. Ware, Becher, Deru P 1–9, Horizont II-VI, 1 Rs., Rdm. 16 cm, Oberfl.: dunkelgrau, fein geglättet, Unterseite schwarze Überzugsreste, Bruch: grau, fein geschlämmt, einzelne schwarze Tuffeinschlüsse, FN. 900, Blatt 728.

250, Keramik, Belg. Ware, Becher, 1 Bs., Bdm. 10 cm, Oberfl.: dunkelgrau, fein geglättet, Mörtel an Außenseite, Bruch: grau, fein geschlämmt, einzelne schwarze Tuffeinschlüsse, FN. 900, Blatt 728.

251, Keramik, Tongrundig Glattwandige Ware, Becher, 1 Bs., Bdm. 4 cm, Oberfl.: rötlich, fein geglättet, Aussparungen von organischen Magerungspartikeln, Bruch: rötlich, größere weiße Einschlüsse, viel Glimmer, FN. 900, Blatt 728.

252*, Keramik, Rauwand. Ware, Topf, Haltern 57/Höpken R18, 1 Rs., Rdm. 20 cm, Oberfl.: schwarz, grob geglättet, Bruch: dunkelbraun, porös, hoher Quarzsandanteil, FN. 900, Blatt 728.

253, Keramik, Rauwand. Ware, Topf, 1 Bs., Bdm. 12 cm, Oberfl.: dunkelgrau, grob geglättet, Bruch: dunkelbraun, porös, hoher Quarzsandanteil, FN. 900, Blatt 728.

254*, Keramik, Muschelgem. Ware, Topf, Titelberg E.1.8, 1 Rs., Rdm. 15 cm, Oberfl.: schwarz, rau, Bruch: dunkelbraun, sehr feine Muschelmagerung, FN. 900, Blatt 728.

255*, Keramik, Schwerkeramik, Reibschale, Haltern 59, 2 Rs., Rdm. 25 cm, Oberfl.: gelblichweiß, rau, Bruch: ocker, zahlreiche kleine Luftblasen, FN. 900, Blatt 728.

256*, Keramik, Schwerkeramik, Reibschale, 2 Bs., Bdm. 20 cm, Oberfl.: rötlich weiß, rau, Bruch: ocker, kleine weiße und rote Einschlüsse, FN. 900, Blatt 728.

257, Keramik, Schwerkeramik, Amphore, 1 Henkel, Oberfl.: gelblichweiß, rau, Bruch: hellrot, Quarzeinschlüsse, FN. 900, Blatt 728.

258*, Keramik, Schwerkeramik, Dolium, Titelberg F1.1, 1 Rs., Rdm. 47,4 cm, Oberfl.: rötlich weiß, rau, schwarz gepichter Rand, Bruch: dunkelgrau, sehr große weiße Einschlüsse, FN. 900, Blatt 728.

## Unter Rotsandsteinstraße, Schicht 12, verunreinigte Schwemmsandschicht, in Oberfläche eingetretene Kieselsteine, Knochen, Keramik und Ziegelfragmente.

259*, Keramik, TS, Schale, Consp. 14.1.5, mittel-spätaugusteisch, 1 Rs., Rdm. 14 cm, Oberfl.: rot, Engobe stellenweise stark abgerieben, Bruch: rötlich, keine Einschlüsse erkennbar, FN. 573, Blatt 728.

260*, Keramik, TS, Schale, 1 Ws., Oberfl.: rot, Engobe stellenweise stark abgerieben, Bruch: rötlich, keine Einschlüsse erkennbar, evtl. florales Reliefdekor, unbestimmbar, FN. 573, Blatt 728.

261, Keramik, Lampe, Vogelkopflampe, 1 Rs., Oberfl.: rotbraun, Überzug stellenweise abgerieben, Bruch: gelblichweiß, fein geschlämmt, FN. 573, Blatt 728.

262*, Keramik, Tongrundig Glattwandige Ware, Topf, Haltern 58, 1 Rs., Rdm. 31,8 cm, Oberfl.: ocker, gut geglättet, Brandspuren, Bruch: ocker, grobe Quarzsandmagerung, einzelne ziegelrote Einschlüsse, FN. 573, Blatt 728.

263*, Keramik, Tongrundig Glattwandige Ware, Topf, 1 Bs., Bdm. 12 cm, Oberfl.: ocker, gut geglättet, Bruch: ocker, grobe Quarzsandmagerung, FN. 573, Blatt 728.

264, Keramik, Muschelgem. Ware, Topf, 1 Ws., Oberfl.: schwarz, gut geglättet, Bruch: schwarz, grobe Muschelmagerung, FN. 573, Blatt 728.

265, Keramik, Tongrundig Glattwandige Ware, Deckel, Höpken T26, 1 Rs., Rdm. 26 cm, Oberfl.: graubraun, gut geglättet, Brandspuren, Bruch: ockerrot, grobe Quarzsandmagerung, FN. 573, Blatt 728.

266*, Keramik, Schwerkeramik, Amphore, Dressel 7–11, 2 Rs., Rdm. 24 cm, Oberfl.: gelblichweiß, rau, Bruch: gelblichweiß, einzelne rote Einschlüsse, Quarzsand, FN. 573, Blatt 728.

**Unter Rotsandsteinstraße, Schicht 13, rötliche Lehmschicht mit darauf aufliegender, dünner Holzkohleschicht, belaufen.**

267*, Keramik, Tongrundig Glattwandige Ware, Schale, 1 Bs., Bdm. 6 cm, Oberfl.: braun, grob geglättet, Bruch: rotbraun, größere Quarzeinschlüsse, an der Oberfläche viel Glimmer, FN. 898, Blatt 728.

**Unter Rotsandsteinstraße, Schicht 14, rötliche Lehmschicht, vereinzelt mit Keramikfragmenten und kleinen Kieselsteinen durchzogen.**

268*, Keramik, Belg. Ware, Topf, 1 Bs., Bdm. 8 cm, Oberfl.: grau, fein geglättet, Bruch: grau, fein geschlämmt, FN. 897, Blatt 728.

269*, Keramik, Tongrundig Glattwandige Ware, Schale, Höpken T4, 2 Rs., Rdm. 11 cm, Oberfl.: braun, grob geglättet, Bruch: rotbraun, größere Quarzeinschlüsse, an der Oberfläche viel Glimmer, FN. 897, Blatt 728.

270, Keramik, Muschelgem. Ware, Topf, 2 Ws., Oberfl.: schwarz, rau, Bruch: dunkelbraun, Muschelmagerung, FN. 897, Blatt 728.

**Unter Rotsandsteinstraße, roter, fester Lehm mit Sandeinlagerungen, im Norden mit Kalkresten sowie unter der Ost West Str. 7 aufliegendes, grauschwarzes, holzkohlehaltiges Band.**

271*, Keramik, TS, Platte, Consp. 12.1.3, mittel-spätaugusteisch, 1 Rs., Rdm. 24 cm, Oberfl.: rot, Engobe an einzelnen Stellen abgeplatzt, Bruch: ockerbraun, keine Einschlüsse erkennbar, FN. 441, Blatt 525.

272*, Keramik, TS, Schale, Consp. B 3.8, 3 Bs., Bdm. 8,4 cm, Oberfl.: rot, Engobe an einzelnen Stellen abgeplatzt, Bruch: ockerbraun, keine Einschlüsse erkennbar, FN. 441, Blatt 525.

273*, Keramik, TS, Schale, 3 Ws., Oberfl.: rot (2.5YR4/8), Engobe stellenweise abgerieben, Bruch: ockerbraun, keine Einschlüsse erkennbar, florales Reliefdekor, FN. 441, Blatt 525.

274*, Keramik, Lampe, Vogelkopflampe, Spiegelfragment, Oberfl.: fleckig dunkelbraun, stark abgerieben, Bruch: weiß, fein geschlämmt, FN. 441, Blatt 525.

275, Keramik, Glasierte Ware, 1 Ws., Oberfl.: dunkel gelbgrün, dicke Glasur, Bruch: rotbraun, Perlstabdekor, FN. 441, Blatt 525.

276, Keramik, Belg. Ware, Teller, Deru A 1, Horizont II-V, 1 Rs., Rdm. unbestimmbar, Oberfl.: grau, fein geglättet, Bruch: grau, fein geschlämmt, einzelne schwarze Einschlüsse, FN. 441, Blatt 525.

277*, Keramik, Belg. Ware, Schüssel, Deru B 22, Horizont IV-VII, 1 Rs., Rdm. 10 cm, Oberfl.: grau, fein geglättet, Bruch: fein geschlämmt, Quarzsandeinschlüsse, FN. 441, Blatt 525.

278*, Keramik, Belg. Ware, Becher, Deru P 1–9, Horizont II-VI, 1 Rs., Rdm. 12 cm, Oberfl.: grau, fein geglättet, Bruch: hellgrau, größere dunkelgraue Einschlüsse, FN. 441, Blatt 525.

279*, Keramik, Belg. Ware, Becher, Deru P 1–9, Horizont II-VI, 4 Rs., Rdm. 9,6 cm, Oberfl.: grau, fein geglättet, Bruch: grau, fein geschlämmt, einzelne schwarze Einschlüsse, FN. 441, Blatt 525.

280*, Keramik, Belg. Ware, Becher, Deru P 1–9, Horizont II-VI, 4 Rs., Rdm. 14 cm, Oberfl.: grau, kein Überzug, Bruch: fein geschlämmt, Quarzsandeinschlüsse, unter dem Rand umlaufendes Ratterdekor, FN. 441, Blatt 525.

281, Keramik, Belg. Ware, Becher, 8 Ws., Oberfl.: verschiedene Gefäße, FN. 441, Blatt 525.

282*, Keramik, Tongrundig Glattwandige Ware, Schale, Höpken T4, 1 Rs., Rdm. 8,6 cm, Oberfl.: ocker, fein geglättet, Bruch: ockerbraun, fein geschlämmt, hoher Glimmeranteil, FN. 441, Blatt 525.

283*, Keramik, Tongrundig Glattwandige Ware, Schale, Höpken T4, 3 Rs., Rdm. 12 cm, Oberfl.: rötlich bis ocker, fein geglättet, Bruch: ockerbraun, fein geschlämmt, hoher Glimmeranteil, FN. 441, Blatt 525.

284, Keramik, Tongrundig Glattwandige Ware, Deckel, Höpken T25–27, 1 Rs., Rdm. 24 cm, Oberfl.: hellbraun, Brandspuren am Rand, Bruch: ocker, poröse Struktur, quarzsandhaltig, FN. 441, Blatt 525.

285*, Keramik, Rauwand. Ware, Teller, Höpken R1, 2 Rs., Rdm. 20 cm, Oberfl.: grau, rau, Bruch: grau, größere schwarze Einschlüsse, FN. 441, Blatt 525.

286*, Keramik, Schwerkeramik, Amphore, Dressel 7–11, 1 Rs., Rdm. 20 cm, Oberfl.: gelblichweiß, rau, Bruch: hellrot, rosa Quarzeinschlüsse, FN. 441, Blatt 525.

287*, Keramik, Schwerkeramik, Amphore, Dressel 20, 1 Rs., Rdm. 12,4 cm, Oberfl.: gelblichweiß, rau, Bruch: rötlich, grobe Quarzeinschlüsse, FN. 441, Blatt 525.

288*, Bein, Spielstein, Dm. 1,5 cm, H. 0,4 cm, FN. 441, Blatt 525.

## Unter Rotsandsteinstraße, dunkelbrauner bis grauer, mit Holzkohle durchzogener Boden.

289*, Keramik, Lampe, Vogelkopflampe, 1 Rs., Oberfl.: rot, Überzug teilweise bestoßen, Henkel nur im Ansatz, FN. 343, Blatt 525.

290*, Keramik, Tongrundig Glattwandige Ware, Schale, 1 Bs., Bdm. 6,8 cm, Oberfl.: hellbraun, gut geglättet, Bruch: ocker, poröse Struktur, quarzsandhaltig, FN. 343, Blatt 525.

291*, Keramik, Tongrundig Glattwandige Ware, Deckel, Höpken T26, 1 Rs., Rdm. 24 cm, Oberfl.: hellbraun, Brandspuren am Rand, Bruch: ocker, poröse Struktur, quarzsandhaltig, FN. 343, Blatt 525.

292*, Keramik, Rauwand. Ware, Teller, Titelberg A.8.1, 1 Rs., Rdm. 16 cm, Oberfl.: schwarz, grob geglättet, Bruch: braun, porös, quarzsandhaltig, FN. 343, Blatt 525.

293, Keramik, Rauwand. Ware, Teller, Titelberg A.8.1, 1 Rs., Rdm. unbestimmbar, Oberfl.: schwarz, grob geglättet, Bruch: dunkelbraun, plattige Struktur, FN. 343, Blatt 525.

294, Keramik, Rauwand. Ware, unbest., 1 Ws., Oberfl.: grau, rau, sehr grob, Bruch: graubraun, sehr große Quarzeinschlüsse, porös, FN. 343, Blatt 525.

295, Keramik, Rauwand. Ware, 1 Ws., Oberfl.: rotbraun, grob geglättet, Bruch: schwarz, plattige Struktur, FN. 343, Blatt 525.

296*, Keramik, TS, Schale, 30 v. Chr. – 10 n. Chr., 4 Bs. Ws., Bdm. 8 cm, Oberfl.: rot, Engobe an einzelnen Stellen abgeplatzt, Bruch: rötlich, keine Einschlüsse erkennbar, Stempel HERTORIVS OCK type 932.16, Haltern Taf. 78 571 f, 576, Ettlinger Novaesium IX S. 57, Nr. 345, FN. 342, Blatt 525.

## Raum 3, Grube, Grubeneinfüllung mit Lehmbrocken und Holzkohle, verunreinigter, verlagerter Schwemmsand.

297*, Keramik, TS, Teller, Consp. 21.1, spätaugusteisch-tiberisch, 1 Rs., Rdm. 11 cm, Oberfl.: rot, dicke, gut erhaltene Engobe, Bruch: bräunlich, kleine schwarze Einschlüsse, Ratter- und Applikendekor, Spiralauflage Schindler Kaudelka S6, FN. 436, Blatt 525.

298*, Keramik, Belg. Ware, Teller, Deru A 1.1, Horizont II-V, 2 Rs., Rdm. 22,6 cm, Oberfl.: schwarz, fein geglättet, glänzend, Bruch: grau, feine Quarzsandmagerung, FN. 436, Blatt 525.

299*, Keramik, Belg. Ware, Schüssel, Deru B 34, Horizont VI-VII, 1 Rs., Rdm. 14,4 cm, Oberfl.: hellbraun, gut geglättet, Bruch: grau, vereinzelte, rot verziegelte Einschlüsse, umlaufende Zierrille, FN. 436, Blatt 525.

300*, Keramik, Belg. Ware, Deckel, 1 Rs., Rdm. 8 cm, Oberfl.: grau, leicht rau, Bruch: weiß, Quarzsandmagerung, FN. 436, Blatt 525.

301, Keramik, Belg. Ware, Becher, 3 Ws., Oberfl.: grau, fein geglättet, Bruch: grau, fein geschlämmt, zwei umlaufende Zierrillen, FN. 436, Blatt 525.

302, Keramik, Belg. Ware, Becher, 1 Ws., Oberfl.: schwarz, fein geglättet, glänzend, Bruch: graubraun, sehr feine Quarzpartikel, FN. 436, Blatt 525.

303*, Keramik, Belg. Ware, Becher, 1 Bs., Bdm. 6,4 cm, Oberfl.: grau, fein geglättet, Bruch: grau, fein geschlämmt, FN. 436, Blatt 525.

304*, Keramik, Tongrundig Glattwandige Ware, Deckel, Höpken T25–26, 1 Rs., Rdm. 4,8 cm, Oberfl.: graubraun, rau, Brandspuren, Bruch: braun, grobe Quarzsandmagerung, FN. 436, Blatt 525.

305, Keramik, Tongrundig Glattwandige Ware, Krug, 2 Henkel, Oberfl.: weiß, grob geglättet, Bruch: weiß, vereinzelte ziegelrote Einschlüsse, FN. 436, Blatt 525.

306*, Keramik, Schwerkeramik, Reibschale, Höpken S2, 1 Bs., Bdm. 14 cm, Oberfl.: ocker, rau, Bruch: ocker, große, runde Quarzeinschlüsse, FN. 436, Blatt 525.

## Unter Rotsandsteinstraße, braungrauer, sandiger Boden mit z. T. viel Holzkohle, kleinen Rotsandsteinbrocken, kleinen Sand- und Lehmnestern, einzelne Knochen an Unterkante auf einer festen, z. T. mit Kieseln befestigten Laufschicht.

307*, Keramik, Belg. Ware, Becher, Deru P 1–9, Horizont II-VI, 1 Rs., Rdm. 16 cm, Oberfl.: grau, fein geglättet, Bruch: grau, Quarzeinschlüsse, FN. 967, Blatt 422.

308*, Keramik, Belg. Ware, Becher, Deru P 1–9, Horizont II-VI, 1 Rs., Rdm. 18 cm, Oberfl.: grau, fein geglättet, Bruch: grau, feine schwarze Einschlüsse, FN. 962, Blatt 422.

309, Keramik, Schwerkeramik, Amphore, 1 Henkel?, Oberfl.: rötlich, Bruch: rötlich, Quarzsandmagerung, FN. 962, Blatt 422.

310, Keramik, Schwerkeramik, Amphore, 1 Henkel, Oberfl.: rötlich, rau, Bruch: rötlich, Quarzsandmagerung, FN. 962, Blatt 422.

311, Metall, Schlacke, FN. 962, Blatt 422.

**Straßengraben, grauschwarzer, schluffiger Boden mit viel Holzkohle, an Unterkante Reste eines Holzkastens.**

312, Keramik, TS, Schale, Consp. 22?, 1 Ws., Oberfl.: rot, dicke Engobe, Bruch: ockerbraun, keine
Einschlüsse erkennbar, Ratterdekor, FN. 961, Blatt 422.

313, Keramik, Belg. Ware, Becher, 1 Ws., Oberfl.: grau, fein geglättet, Bruch: grau, Quarzsandeinschlüsse, Ratterdekor, FN. 961, Blatt 422.

**Unter Rotsandsteinstraße, Schicht 35, stark verunreinigte, belaufene Schwemmsandschicht, verlagert.**

314*, Keramik, Belg. Ware, Becher, Deru P 1–9, Horizont II-VI, 1 Rs., Rdm. 18 cm, Oberfl.: grau,
fein geglättet, Bruch: grau, Quarzsandmagerung, kleine schwarze Einschlüsse, FN. 392, Blatt 718.

315, Keramik, Belg. Ware, Becher, 1 Ws., Oberfl.: grau, grob geglättet, Bruch: grau, Quarzsandmagerung, kleine schwarze Einschlüsse, unregelmäßiges Schachbrettdekor, FN. 392, Blatt 718.

316, Metall, Eisen, Nagel, FN. 392, Blatt 718.

**Unter Rotsandsteinstraße, Schicht 36, stark verunreinigte, belaufene Schwemmsandschicht, Oberfläche stark mit kleinen Kieselsteinen und Ziegelsplittern durchzogen.**

317, Metall, Schlacke, 24 Frag., FN. 391, Blatt 718.

**In den Straßengraben laufende Kiesschicht, gemischt mit grau-bräunlichem, sandigen Boden.**

318*, Keramik, rote Belg. Ware, Schale, Deru C 8, Horizont III-VI, 24 Rs. Ws. Bs., Bdm. 5 cm, Rdm.
12 cm, Oberfl.: orangebraun, sehr fein geglättet, Bruch: ziegelrot, weiße kleine Einschlüsse, Stempelansatz, Graphito M, FN. 569, Blatt 718.

**Unter Rotsandsteinstraße, Sand-Lehmgemisch, verfüllt auch kleine Grube.**

319, Keramik, Lampe, 1 Ws., Oberfl.: durchlässiger brauner Überzug, grob geglättet, Fingerabdrücke,
Bruch: weißgrau, fein geschlämmt, FN. 893, Blatt 791.

320*, Keramik, Belg. Ware, Becher, Deru P 6, Horizont II-IV, 1 Rs., Rdm. 14,8 cm, Oberfl.: dunkelgrau, fein geglättet, Bruch: dunkelgrau, fein geschlämmt, FN. 893, Blatt 791.

321, Keramik, Tongrundig Glattwandige Ware, Becher, 8 Rs. Ws., Rdm. 9 cm, Oberfl.: ockerrot, gut
geglättet, Bruch: orange, fein geschlämmt, einzelne weiße Quarzkörner, FN. 893, Blatt 791.

322, Keramik, Tongrundig Glattwandige Ware, Krug, 1 Henkel, Oberfl.: ocker, gut geglättet, Bruch:
grauer Kern, feine Quarzsandmagerung, FN. 893, Blatt 791.

323, Keramik, Tongrundig Glattwandige Ware, Krug, 1 Bs., Bdm. 10,2 cm, Oberfl.: ocker, gut geglättet, Bruch: grauer Kern, feine Quarzsandmagerung, FN. 893, Blatt 791.

324*, Keramik, Rauwand. Ware, Topf, Haltern 58, 1 Rs., Rdm. 20,2 cm, Oberfl.: dunkelbraun, grob
geglättet, Bruch: dunkelbraun, sehr grobe Flußsandmagerung mit Quarz, Glimmer, Schiefer, FN.
893, Blatt 791.

**Unter Rotsandsteinstraße, bräunliche mit etwas Asche durchzogene Siedlungsschicht, z. T. mit Kies.**

325*, Keramik, TS, Teller, Consp. 21.1.1, spätaugusteisch-tiberisch, 1 Rs., Rdm. 18 cm, Oberfl.: rotbraun, sehr gut erhaltene Engobe, Brandspuren, Bruch: gräulich, keine Einschlüsse erkennbar, FN. 470, Blatt 552.

326*, Keramik, Muschelgem. Ware, Topf, Titelberg E.1.8, 1 Rs., Rdm. 25,4 cm, Oberfl.: dunkelbraun, grob geglättet, Bruch: dunkelbraun, grobe Muschelmagerung, FN. 470, Blatt 552.

327, Keramik, Schwerkeramik, Amphore, 3 Ws., Oberfl.: gelblichweiß, rau, Bruch: gelblich, sehr porös, grobe weiße Quarzeinschlüsse, FN. 470, Blatt 552.

**Planierung, dunkelbrauner bis gräulicher, stark mit Holzkohle durchsetzter Boden, kleine Sand- und Mörteleinlagerungen, kleinste Ziegelfragmente.**

328, Metall, Bronzemünze, Nemausus, RIC I² 155ff, 10,32 gr, FN. 328, Blatt 495.

329, Metall, Bronzemünze, Lyoner Altar Serie I oder II, 9,63 gr, FN. 328.

330*, Metall, Bronze Henkel, FN. 328, Blatt 495.

331*, Bein, Bein, Löffel, 1, Bdm. 2,3 cm, Rdm. 0,4 cm, H. 4,8 cm, Oberfl.: braun, Doppel-V-förmige Einritzung an Unterseite, FN. 328, Blatt 495.

332*, Keramik, TS, Teller, Consp. 12.4, mittel-spätaugusteisch, 1 Rs., Rdm. 21 cm, Oberfl.: rot, Engobe stellenweise abgerieben, Bruch: ockerbraun, keine Einschlüsse erkennbar, FN. 328, Blatt 495.

333*, Keramik, TS, Teller, Consp. B 2.7, 1 Bs., Bdm. 9 cm, Oberfl.: rot, dünne Engobe, Fingerabdruck, Bruch: ockerbraun, keine Einschlüsse erkennbar, FN. 328, Blatt 495.

334*, Keramik, TS, Platte, Consp. 18.2, spätaugusteisch-tiberisch, 1 Rs., Rdm. 34 cm, Oberfl.: rot, dicke Engobe, leicht bestoßen, Bruch: ockerbraun, keine Einschlüsse erkennbar, FN. 328, Blatt 495.

335*, Keramik, TS, Schale, Consp. B. 4.1, 1 Bs., Bdm. 6 cm, Oberfl.: rot, dicke Engobe, leicht bestoßen, Bruch: ockerbraun, keine Einschlüsse erkennbar, FN. 328, Blatt 495.

336*, Keramik, TS, Schale, 1 Rs., Rdm. 12 cm, Oberfl.: rot, dicke Engobe, leicht bestoßen, Bruch: ockerbraun, keine Einschlüsse erkennbar, FN. 328, Blatt 495.

337*, Keramik, TS, Schale, 1 Ws., Oberfl.: rot, dicke Engobe, leicht bestoßen, Bruch: ockerbraun, keine Einschlüsse erkennbar, Reste Reliefdekor, Perlstab, wie Oxé 1933, 140a, FN. 328, Blatt 495.

338, Keramik, TS, Schale, 1 Ws., Oberfl.: rot, dicke Engobe, leicht bestoßen, Bruch: ockerbraun, keine Einschlüsse erkennbar, Ratterdekor, FN. 328, Blatt 495.

339*, Keramik, rote Belg. Ware, Schale, Deru C 8, Horizont III-VI, 1 Rs., Rdm. 12 cm, Oberfl.: orangerot, dünner Überzug, Bruch: ziegelrot, weiße Quarzsandeinschlüsse, FN. 328, Blatt 495.

340*, Keramik, rote Belg. Ware, Becher, Deru P 1–9, 29?, Horizont II-VI, 1 Rs., Rdm. 16 cm, Oberfl.: orangerot, dünner Überzug, Bruch: ockerbraun, einzelne Glimmereinschlüsse, FN. 328, Blatt 495.

341*, Keramik, Belg. Ware, Teller, Deru A 5, Horizont III-VI, 1 Rs., Rdm. 28 cm, Oberfl.: hellgrau, sehr fein geglättet, Bruch: weiß, Quarzsandmagerung, FN. 328, Blatt 495.

342*, Keramik, Belg. Ware, Teller, Deru A 46, Horizont III-IV, 5 Rs. Ws.,Bs., Bdm. 10 cm, Rdm. 17 cm, H. 3,9 cm, Oberfl.: dunkelgrau, sehr fein geglättet, Bruch: weiß, Quarzsandmagerung, umlaufende Zierrillen, FN. 328, Blatt 495.

343*, Keramik, Belg. Ware, Teller, Deru A 41, Horizont III-VI, 2 Rs., Rdm. 22 cm, Oberfl.: hellgrau, gut geglättet, Brandspuren, Bruch: grau, fein geschlämmt, FN. 328, Blatt 495.

344*, Keramik, Belg. Ware, Schüssel, Deru B 47.1, Horizont III, 1 Rs., Rdm. 10 cm, Oberfl.: schwarz, sehr fein geglättet, Bruch: grau, sehr feine Glimmereinschlüsse, Ratterdekor, FN. 328, Blatt 495.

345*, Keramik, Belg. Ware, Schüssel, Deru B 21–27, Horizont IV-VIII, 1 Rs., Rdm. 15 cm, Oberfl.: schwarz, gut geglättet, Bruch: dunkelbraun, sehr feine Glimmermagerung, FN. 328, Blatt 495.

346, Keramik, Belg. Ware, Schüssel, 4 Bs., Bdm. 15,4 cm, Oberfl.: grau, sehr fein geglättet, Bruch: hellgrau, feine Quarzsandeinschlüsse, umlaufende Zierrillen, FN. 328, Blatt 495.

347*, Keramik, Belg. Ware, Becher, Deru P 1–9, Horizont II-VI, 1 Rs., Rdm. 13 cm, Oberfl.: hellgrau, gut geglättet, Bruch: grau, einzelne größere Quarzsandeinschlüsse, FN. 328, Blatt 495.

348*, Keramik, Belg. Ware, Becher, Deru P 1–9, Horizont II-VI, 1 Rs., Rdm. 9 cm, Oberfl.: hellgrau, gut geglättet, Bruch: grau, einzelne größere Quarzsandeinschlüsse, FN. 328, Blatt 495.

349, Keramik, Belg. Ware, Becher, Gruppe 4, 2 Bs., Bdm. 10 cm, Oberfl.: hellgrau, fein geglättet, Bruch: grau, Glimmer und Quarzsandeinschlüsse, FN. 328, Blatt 495.

350, Keramik, Belg. Ware, Becher, Gruppe 4, 1 Bs., Bdm. 8 cm, Oberfl.: dunkelgrau, fein geglättet, Bruch: grau, fein geschlämmt, FN. 328, Blatt 495.

351, Keramik, Belg. Ware, Becher, Gruppe 4, 1 Bs., Bdm. 6,4 cm, Oberfl.: dunkelgrau, fein geglättet, Bruch: dunkelgrau, fein geschlämmt, FN. 328, Blatt 495.

352, Keramik, Belg. Ware, Becher, 1 Ws., Oberfl.: ockergrau, fein geglättet, Bruch: dunkelgrau, keine Magerung erkennbar, drei umlaufende Zierrillen, FN. 328, Blatt 495.

353, Keramik, Belg. Ware, Becher, 1 Ws., Oberfl.: grau, fein geglättet, Bruch: grau, feine Quarzsandmagerung, kleinrechteckiges Rollrädchendekor, FN. 328, Blatt 495.

354, Keramik, Belg. Ware, Becher, 2 Ws., Oberfl.: dunkelgrau, fein geglättet, Bruch: grau, feine Quarzsandmagerung, V-förmiges Rollrädchendekor, FN. 328, Blatt 495.

355, Keramik, Belg. Ware, Becher, 3 Ws., Oberfl.: hellgrau, fein geglättet, Bruch: hellgrau, keine Magerung erkennbar, großes Schrägstrichrollrädchendekor, FN. 328, Blatt 495.

356, Keramik, Belg. Ware, Becher, 1 Ws., Oberfl.: hellgrau, fein geglättet, Bruch: hellgrau, keine Magerung erkennbar, sehr feines, kleinrechteckiges Rollrädchendekor, FN. 328, Blatt 495.

357, Keramik, Belg. Ware, Becher, 1 Ws., Oberfl.: schwarz, sehr fein geglättet, Bruch: braun, Quarzsandmagerung, FN. 328, Blatt 495.

358*, Keramik, Tongrundig Glattwandige Ware, Topf, Haltern 57, 6 Rs., Rdm. 15,6 cm, Oberfl.: schwarz, gut geglättet, Bruch: dunkelbraun, sehr feine weiße Quarzeinschlüsse, FN. 328, Blatt 495.

359, Keramik, Tongrundig Glattwandige Ware, Topf, Deru P1–9 Variante, 1 Rs., Rdm. 11 cm, Oberfl.: schwarz, gut geglättet, Bruch: rotbraun, viele Quarzsandeinschlüsse, FN. 328, Blatt 495.

360, Keramik, Tongrundig Glattwandige Ware, Topf, Gruppe 2, 1 Bs., Bdm. 10 cm, Oberfl.: ocker, gut geglättet, Bruch: ockerrot, keine Magerung erkennbar, FN. 328, Blatt 495.

361, Keramik, Tongrundig Glattwandige Ware, Topf, Gruppe 6, 1 Bs., Bdm. 8 cm, Oberfl.: grau, gut geglättet, Bruch: braun, Quarzsandmagerung, FN. 328, Blatt 495.

362, Keramik, Tongrundig Glattwandige Ware, Topf, Gruppe 6, 1 Bs., Bdm. 9 cm, Oberfl.: grau, gut geglättet, Brandspuren Gefäßinnenseite, Bruch: grau, fein geschlämmt, FN. 328, Blatt 495.

363, Keramik, Tongrundig Glattwandige Ware, Topf, Gruppe 6, 1 Bs., Bdm. 4,7 cm, Oberfl.: hellgrau, gut geglättet, Bruch: grau, Glimmer- und Quarzsandeinschlüsse, FN. 328, Blatt 495.

364, Keramik, Tongrundig Glattwandige Ware, Topf, Gruppe 6, 1 Bs., Bdm. 11 cm, Oberfl.: grau, gut geglättet, Brandspuren, Bruch: dunkelgrau, glimmerhaltig, FN. 328, Blatt 495.

365*, Keramik, Tongrundig Glattwandige Ware, Deckel, Höpken T25, 1 Rs., Rdm. 21 cm, Oberfl.: braun, geglättet, Bruch: braun, grobe Quarzsandmagerung, FN. 328, Blatt 495.

366, Keramik, Tongrundig Glattwandige Ware, Krug, Gruppe 1, 1 Bs., Bdm. 10 cm, Oberfl.: ocker, fein geglättet, Bruch: Kern grau, Quarzsandmagerung, FN. 328, Blatt 495.

367, Keramik, Tongrundig Glattwandige Ware, Krug, Gruppe 2, 1 Bs., Bdm. 11 cm, Oberfl.: ocker-grau, fein geglättet, Bruch: ockerbraun, glimmerhaltig, FN. 328, Blatt 495.

368, Keramik, Tongrundig Glattwandige Ware, Krug, Gruppe 3, 1 Bs., Bdm. 13 cm, Oberfl.: ocker, fein geglättet, Bruch: ockerrot, keine Magerung erkennbar, FN. 328, Blatt 495.

369, Keramik, Tongrundig Glattwandige Ware, Krug, Gruppe 1, 2 Bs., Bdm. 7,2 cm, Oberfl.: ocker, gut geglättet, Bruch: ocker, dunkle Einschlüsse, FN. 328, Blatt 495.

370, Keramik, Tongrundig Glattwandige Ware, Krug, 1 Ws., Oberfl.: rotocker, weiß, gut geglättet, dicker Überzug nur auf Außenseite, Bruch: ockerrot, kleine schwarze Einschlüsse, FN. 328, Blatt 495.

371, Keramik, Tongrundig Glattwandige Ware, Krug, 1 Henkel, Oberfl.: ocker, gut geglättet, Bruch: ocker, fein geschlämmt, FN. 328, Blatt 495.

372*, Keramik, Rauwand. Ware, Topf, Haltern 57/Höpken R18, 2 Rs., Rdm. 15 cm, Oberfl.: schwarz, rau, Bruch: braun, Quarzsandmagerung, FN. 328, Blatt 495.

373, Keramik, Rauwand. Ware, Topf, Gruppe 6, 1 Bs., Bdm. 6,8 cm, Oberfl.: grau, rau, Bruch: hellgrau, kleine schwarze Einschlüsse, FN. 328, Blatt 495.

374, Keramik, Rauwand. Ware, Topf, 2 Ws., Oberfl.: braun, rau, Bruch: rotbraun, grobe Quarzsandeinschlüsse, Kammstrichdekor, FN. 328, Blatt 495.

375, Keramik, Rauwand. Ware, Topf, 2 Ws., Oberfl.: hellgrau, rau, Bruch: hellgrau, einzelne große weiße Quarzsandeinschlüsse, Kammstrichdekor, FN. 328, Blatt 495.

376*, Keramik, Muschelgem. Ware, Topf, Titelberg E.1.1, 1 Rs., Rdm. 20 cm, Oberfl.: schwarz, geglättet, Bruch: dunkelbraun, Muschelmagerung, FN. 328, Blatt 495.

377*, Keramik, Muschelgem. Ware, Topf, Titelberg E.1.2, 1 Rs., Rdm. 14 cm, Oberfl.: dunkelbraun, geglättet, Bruch: dunkelbraun, Muschelmagerung, FN. 328, Blatt 495.

378*, Keramik, Muschelgem. Ware, Topf, Titelberg E.1.8, 1 Rs., Rdm. 17,4 cm, Oberfl.: graubraun, geglättet, Bruch: dunkelbraun, Muschelmagerung, FN. 328, Blatt 495.

379*, Keramik, Muschelgem. Ware, Topf, Titelberg E.1.8, 1 Rs., Rdm. 22 cm, Oberfl.: dunkelbraun, geglättet, Bruch: dunkelbraun, Muschelmagerung, FN. 328, Blatt 495.

380, Keramik, Muschelgem. Ware, Topf, 1 Ws., Oberfl.: schwarz, rau, Bruch: schwarz, feine Muschelmagerung, Kammstrichdekor, FN. 328, Blatt 495.

381*, Keramik, Schwerkeramik, Reibschale, Haltern 59, 1 Rs., Rdm. 28 cm, Oberfl.: ocker, grob geglättet, Bruch: ocker, grobe Quarzsandmagerung, FN. 328, Blatt 495.

382, Keramik, Schwerkeramik, Reibschale, 1 Bs., Oberfl.: ocker, geglättet, Bruch: ocker, Quarzsandeinschlüsse, FN. 328, Blatt 495.

383, Keramik, Schwerkeramik, Reibschale?, 3 Bs., Bdm. 17 cm, Oberfl.: grau, rau, Bruch: grau, dichte, grobe, kantige Quarzsandpartikel, FN. 328, Blatt 495.

384*, Keramik, Schwerkeramik, Amphore, Dressel 20 mit leicht trichterförmigem, gebogenem Rand, 1 Rs., Rdm. 12 cm, Oberfl.: ocker, grob geglättet, Bruch: ockerbraun, grobe schwarze Quarzsandmagerung, FN. 328, Blatt 495.

385, Keramik, Schwerkeramik, Amphore, 1 Henkel, Oberfl.: ocker, rau, Bruch: ocker, Quarzsandmagerung, FN. 328, Blatt 495.

386, Keramik, Schwerkeramik, Amphore, 1 Henkel, Oberfl.: ocker, rau, Bruch: rötlich, dunkle und Quarzsandpartikel, FN. 328, Blatt 495.

387, Keramik, Schwerkeramik, Amphore, 1 Henkel, Oberfl.: ocker, rau, Brandspuren, Bruch: ocker, grobe dunkle Quarzsandeinschlüsse, FN. 328, Blatt 495.

## Kurzzeitiger Laufhorizont, hellbrauner verunreinigter Sandboden mit Kieseln auf der Oberfläche, etwas Holzkohle und vereinzelt Ziegelfragmente auf befestigter, belaufener Kiesschicht.

388, Metall, Bronzemünze, Münze, AE dLT 2227 var. Massilia, FN. 325, Blatt 495.

389*, Keramik, TS, Teller, 5 n. Chr. – 20 n. Chr. (Vissel), 1 Bs., Oberfl.: rot, dicke Engobe, Bruch: ockerbraun, keine Einschlüsse erkennbar, Stempel: ATEIVS (5) OCK type 270.84, FN. 325, Blatt 495.

390, Keramik, TS, Schale, 1 Ws., Oberfl.: rot, dicke Engobe, stellenweise abgerieben, Bruch: ockerbraun, keine Einschlüsse erkennbar, Ratterdekor, FN. 325, Blatt 495.

391, Keramik, TS, Schale, 1 Bs., Bdm. 4,6 cm, Oberfl.: rot, dicke Engobe, Brandspuren, Bruch: ockerbraun, keine Einschlüsse erkennbar, FN. 325, Blatt 495.

392, Keramik, rote Belg. Ware, Schale, 1 Ws., Oberfl.: dunkelrot, Überzug nur innen, Brandspuren, Bruch: braun, grobe Quarzsandmagerung, FN. 325, Blatt 495.

393*, Keramik, Belg. Ware, Teller, Deru A 10.1, Horizont V, 1 Rs., Rdm. 30 cm, Oberfl.: grau, fein geglättet, Bruch: hellgrau, kleine schwarze Einschlüsse, FN. 325, Blatt 495.

394, Keramik, Belg. Ware, Becher, 1 Ws., Oberfl.: hellgrau, fein geglättet, Bruch: grau, kleine schwarze Einschlüsse, Schrägstrichrollrädchendekor, FN. 325, Blatt 495.

395, Keramik, Belg. Ware, Becher, 1 Ws., Oberfl.: grau, fein geglättet, Bruch: dunkelgrau, kleine schwarze Einschlüsse, Ratterdekor, FN. 325, Blatt 495.

396, Keramik, Belg. Ware, Becher, 1 Ws., Oberfl.: grau, fein geglättet, Bruch: dunkelgrau, kleine schwarze Einschlüsse, zwei umlaufende Zierrillen, FN. 325, Blatt 495.

397*, Keramik, Tongrundig Glattwandige Ware, Topf, Haltern 57, 1 Rs., Rdm. 18 cm, Oberfl.: braun, gut geglättet, Bruch: ockergrau, Quarzsandeinschlüsse, FN. 325, Blatt 495.

398*, Keramik, Tongrundig Glattwandige Ware, Topf, 1 Bs., Rdm. 8 cm, Oberfl.: braun, gut geglättet, Bruch: ockergrau, Quarzsandeinschlüsse, FN. 325, Blatt 495.

399, Keramik, Tongrundig Glattwandige Ware, Krug, 1 Henkel, Oberfl.: ocker, gut geglättet, Bruch: grau, Glimmer- und Quarzsandeinschlüsse, FN. 325, Blatt 495.

400*, Keramik, Muschelgem. Ware, Topf, Titelberg E.1.2, 3 Rs., Rdm. 14 cm, Oberfl.: schwarz, gut geglättet, starke Brandspuren innnen, Bruch: dunkelbraun, dichte Muschelmagerung, FN. 325, Blatt 495.

## Raum 3, in Sturzlage befindliche Fachwerkwände, z. T. belaufen.

401, Keramik, TS, Krug, 1 Ws., Oberfl.: dunkelrot, Engobe stark angegriffen, nur an Außenseite, Bruch: ockerbraun, einzelne Quarzkörner, FN. 546, Blatt 531.

402*, Keramik, rote Belg. Ware, Teller, Deru A 12, Horizont V-VI, 2 Rs., Rdm. 20 cm, Oberfl.: dunkel orangerot, sehr fein geglättet, innen Reste Engobe, Bruch: ziegelrot, Quarzsand und kleine rote Einschlüsse, FN. 505, Blatt 531.

403, Keramik, Belg. Ware, Becher, 1 Ws., Oberfl.: grau, gut geglättet, Bruch: grau, fein geschlämmt, V-förmiges Rollrädchendekor, FN. 505, Blatt 531.

404, Keramik, Muschelgem. Ware, Topf, 2 Ws., Oberfl.: graubraun, rau, Bruch: dunkelbraun, Muschelmagerung, Kammstrichdekor, FN. 505, Blatt 531.

405, Keramik, Schwerkeramik, Amphore, 3 Henkel, Oberfl.: ocker, rau, Bruch: orangerot, zahlreiche schwarze und gelbliche, sehr kleine Einschlüsse, FN. 505, Blatt 531.

### Raum 3, Fachwerkgraben, stark verunreinigter Schwemmsand, durchsetzt mit Holzkohle und Lehmbrocken, an der Oberfläche dünn belaufene Lehmschicht.

406, Keramik, Tongrundig Glattwandige Ware, Krug, 1 Ws., Oberfl.: ockerbraun, fein geglättet, Bruch: ockerbraun, weiße Quarzsandeinschlüsse, FN. 559, Blatt 531.

407, Metall, Eisen, Nägel, FN. 559, Blatt 531.

408, Hüttenlehm, Holzabdruck, FN. 559, Blatt 531.

### Raum 3, stark verunreinigter Schwemmsand, durchsetzt mit Holzkohle und Lehmbrocken, an der Oberfläche dünne belaufene Lehmschicht.

409, Keramik, Tongrundig Glattwandige Ware, Krug, 7 Ws., Oberfl.: ocker, gut geglättet, Bruch: grauer Kern, Quarzsandmagerung, FN. 543, Blatt 546.

410, Metall, Eisen, sehr schlecht erhalten, Messer?, FN. 543, Blatt 546.

411, Knochen, Vogelknochen?, FN. 543, Blatt 546.

### Rötliche, belaufene Lehmschicht über Lehmfachwerkwand.

412*, Keramik, TS, Teller, Consp. 18.2, spätaugusteisch bis ca. 30, 2 Rs., Rdm. 18 cm, Oberfl.: rot, dicke, gut erhaltene Engobe, Bruch: ockerbraun, kleine weiße Einschlüsse, FN. 466, Blatt 546.

413*, Keramik, TS, Teller, 5 v. Chr. – 50 n. Chr., 1 Bs., Oberfl.: rot, Engobe stellenweise abgerieben, Bruch: ockerbraun, keine Einschlüsse erkennbar, Stempel: vermutl. ZOILUS OCK type 2544.52, FN. 466, Blatt 546.

414, Keramik, Goldglimmerware, Topf, 1 Rs., Rdm. 18 cm, Oberfl.: braun, fein geglättet, dünner Goldglimmerbelag, Brandspur, Bruch: braun, runde Quarzsandeinschlüsse, FN. 466, Blatt 546.

415*, Keramik, Belg. Ware, Schale, 1 Bs., Bdm. 11 cm, Oberfl.: grau, fein geglättet, Brandspuren, Bruch: grau, Quarzsandeinschlüsse, FN. 466, Blatt 546.

416, Keramik, Belg. Ware, Becher, 1 Ws., Oberfl.: grau, fein geglättet, Bruch: grau, Quarzsandeinschlüsse, umlaufende Zierrillen, FN. 466, Blatt 546.

417, Keramik, Belg. Ware, Becher, 1 Ws., Oberfl.: grau, fein geglättet, Brandspuren, Bruch: grau, Quarzsandeinschlüsse, V-förmiges Rollrädchendekor, FN. 466, Blatt 546.

418*, Keramik, Belg. Ware, Becher, 1 Ws., Oberfl.: schwarz, sehr fein geglättet, Bruch: graubraun, glimmerhaltig, FN. 466, Blatt 546.

419, Keramik, Tongrundig Glattwandige Ware, Becher, 1 Ws., Oberfl.: weiß, sehr fein geglätteter weißer Überzug, Bruch: weiß, einzelne kleine schwarze Einschlüsse, Fischgrätendekor, FN. 466, Blatt 546.

420*, Keramik, Tongrundig Glattwandige Ware, Topf, Neuss VI, Taf. 24,4, 1 Rs., Rdm. 14 cm, Oberfl.: ocker, rau, Bruch: rotocker, fein geschlämmt, FN. 466, Blatt 546.

421*, Keramik, Tongrundig Glattwandige Ware, Krug, Höpken T32, 1 Rs., Rdm. 7 cm, Oberfl.: rötlich-ocker, rau, Bruch: rotocker, fein geschlämmt, FN. 466, Blatt 546.

422*, Keramik, Rauwand. Ware, Topf, Haltern 57/Höpken R18, 1 Rs., Rdm. 13 cm, Oberfl.: dunkel-grau, grob geglättet, Bruch: dunkelgrau, weiße Quarzsandeinschlüsse, FN. 466, Blatt 546.

## Raum 3, unterstes Laufniveau.

423, Keramik, TS, Teller, 1 Ws., Oberfl.: rot, dicke, sehr gut erhaltene Engobe, Bruch: ockerbraun, keine Einschlüsse erkennbar, FN. 566, Blatt 566.

424*, Keramik, Belg. Ware, Teller, ähnl. Deru KL 24, Horizont II, 3 Rs., Rdm. 21,4 cm, Oberfl.: hellgrau, fein geglättet, Bruch: grau, größere schwarze Einschlüsse, FN. 566, Blatt 566.

425*, Keramik, Belg. Ware, Teller, Deru A 41 oder 43, Horizont III-VI, 6 Rs., Rdm. 22 cm, Oberfl.: dunkelgrau, fein geglättet, größere Abplatzungen, Bruch: hellgrau, einzelne, größere schwarze Einschlüsse, FN. 566, Blatt 566.

426, Keramik, Belg. Ware, Topf, 5 Bs., Rdm. 9,6 cm, Oberfl.: grau, fein geglättet, Bruch: grau, feine Quarzsandmagerung, FN. 566, Blatt 566.

427*, Keramik, Tongrundig Glattwandige Ware, Deckel, Höpken T25, 1 Rs., Rdm. 18 cm, Oberfl.: braun, gut geglättet, Bruch: dunkelbraun, weiße Quarzsandmagerung, FN. 566, Blatt 566.

428, Keramik, Schwerkeramik, Dolium, 12 Ws., Oberfl.: rötlich, rau, Bruch: rötlich, viele größere ziegelfarbene Einschlüsse, FN. 566, Blatt 566.

## Keller, Phase 1, mit rötlichem Lehm verunreinigter Schwemmsand, darauf dünne Schiefersplitterschicht und schwach erkennbare Holzreste, vermutlich letzte Kellerphase.

429*, Keramik, Bildlampe mit Volutenschnauze, 1 Frag., Oberfl.: rotorange, Überzug stark abgerie-ben, Brandspuren, Bruch: weiß, kleine schwarze Einschlüsse, FN. 816, Blatt 775/77.

430*, Keramik, Belg. Ware, Becher, Deru P 1–9, Horizont II-VI, 1 Rs., Rdm. 11 cm, Oberfl.: grau, fein geglättet, Bruch: grau, kleine schwarze Einschlüsse, FN. 816, Blatt 775/77.

431*, Keramik, Belg. Ware, Becher, Deru P 1–9, Horizont II-VI, 1 Rs., Rdm. 11 cm, Oberfl.: grau, fein geglättet, Bruch: grau, kleine Quarzsandeinschlüsse, FN. 816, Blatt 775/77.

432, Keramik, Belg. Ware, Becher, 3 Ws., Oberfl.: grau, fein geglättet, V-förmiges Rollrädchendekor, FN. 816, Blatt 775/77.

433, Keramik, Tongrundig Glattwandige Ware, Teller, 1 Bs., Bdm. 8 cm, Oberfl.: braun, fein geglät-tet, Bruch: rotbraun, keine Einschlüsse erkennbar, drei umlaufende Zierrillen, Schnittspuren, FN. 816, Blatt 775/77.

434*, Keramik, Tongrundig Glattwandige Ware, Krug, Höpken T40, 2 Rs., Rdm. 9 cm, Oberfl.: orangerot, stark angegriffen, Bruch: orange, Quarzsandmagerung, FN. 816, Blatt 775/77.

435, Keramik, Tongrundig Glattwandige Ware, Krug, 1 Bs., Bdm. 9 cm, Oberfl.: orangerot, stark angegriffen, Bruch: orange, Quarzsandmagerung, FN. 816, Blatt 775/77.

436, Keramik, Tongrundig Glattwandige Ware, Krug, 1 Bs., Bdm. 12 cm, Oberfl.: ocker, gut ge-glättet, Bruch: ocker, Quarzsandmagerung, FN. 816, Blatt 775/77.

437*, Keramik, Schwerkeramik, Dolium, 2 Bs., Bdm. 28 cm, Oberfl.: ockerweiß, rau, Bruch: grau, große weiße und dunkelgraue Einschlüsse, FN. 816, Blatt 775/77.

## Keller, Sohle 1. Holzkeller.

438, Metall, Bronzemünze, Lyoner Altarserie II, RIC I² 238a/245, 10,36 gr, FN. 833, Blatt 774.

**Grube, Brocken von festem, braungelbem Sand, dazwischen schwarz-grau kohlig humoser Sand mit viel grober Holzkohle, wenig feinem Brandlehm, Fachwerkton, auf der Sohle weißlich grauer Feinton, über der Sohle 2 Tegulareste.**

439*, Keramik, Belg. Ware, Becher, Deru P 1–9, Horizont II-VI, 1 Rs., Rdm. 11 cm, Oberfl.: grau, nachlässig geglättet, FN. 627, Blatt 745.

440, Metall, Eisen, FN. 627, Blatt 745.

**Grube, brauner, grobsandiger Boden mit faustgroßen Kieseln.**

441, Keramik, Belg. Ware, Topf, 1 Bs., Bdm. 9 cm, Oberfl.: grau, gut geglättet, Brandspuren, FN. 185, Blatt 429.

442, Metall, Eisen, Nagel, stark korrodiert, FN. 185, Blatt 429.

**Grube, brauner, feinsandiger Boden mit Holzkohle.**

443*, Keramik, Schwerkeramik, Reibschale, Haltern 59, 1 Rs., Rdm. 20 cm, Oberfl.: rötlich, rau, wellenbandartige Eintiefungen auf dem Rand, Ausgussansatz erhalten, FN. 187, Blatt 429.

444, Metall, Eisen, Nagel, FN. 187, Blatt 429.

**Pfosten unter Kieselestrich, grauschwarzer, lockerer Boden mit viel Holzkohle.**

445, Keramik, Belg. Ware, Becher, 2 Ws., Oberfl.: grau, fein geglättet, Bruch: grau, Quarzsandeinschlüsse, balkenförmiges Schrägstrichrollrädchendekor, FN. 959, Blatt 429.

**Grube, dunkelbrauner, feinsandiger Boden mit Holzkohle, am Grubenboden Talg.**

446, Keramik, Belg. Ware, Topf, 1 Bs., Bdm. 10 cm, Oberfl.: grau, fein geglättet, FN. 188, Blatt 429.

447, Keramik, Tongrundig Glattwandige Ware, Krug, 1 Bs., Bdm. 10,4 cm, Oberfl.: weiß, fein geglättet, FN. 188, Blatt 429.

448*, Keramik, Glattwandige Ware in Latènetradition, Schüssel, Höpken T9, 1 Rs., Rdm. 25 cm, Oberfl.: schwarz, gut geglättet, FN. 188, Blatt 429.

449*, Keramik, Glattwandige Ware in Latènetradition, Schüssel, Höpken T9, 1 Rs., Rdm. 24 cm, Oberfl.: dunkelbraun bis schwarz, gut geglättet, FN. 188, Blatt 429.

**Grube, lehmiger, gräulichbrauner Boden mit Holzkohle.**

450*, Keramik, Belg. Ware, Teller, Deru A 1.4, Horizont II-V, 1 Rs., Rdm. 28 cm, Oberfl.: grau, fein geglättet, Brandspuren, FN. 208, Blatt 412.

451, Keramik, Belg. Ware, Flasche, 1 Ws., Oberfl.: grau bis schwarz, fein geglättet, umlaufendes Einglättdekor, FN. 208, Blatt 412.

452, Keramik, Rauwand. Ware, Topf, 1 Ws., Oberfl.: schwarz, rau, stark verbrannt, FN. 208, Blatt 412.

453, Muschel, Austernschale, FN. 208, Blatt 412.

**Grube, verlagerter Schwemmsand mit Holzkohle und kleinen Lehmeinschlüssen.**

454, Keramik, TS, Teller, 1 Ws., Oberfl.: rot, dicke glänzende Engobe, Brandspuren, FN. 131, Blatt 126.

455*, Keramik, rote Belg. Ware, Schale, 1 Bs., Bdm. 8 cm, Oberfl.: orangerot, matt, dünner Überzug, FN. 131, Blatt 126.

456, Knochen, FN. 131, Blatt 126.

## Verschmutzter, anstehender Schwemmsand unter Kalk-Kieselestrich mit Kieselrollierung.

457, Keramik, Belg. Ware, Becher, 2 Ws., Oberfl.: grau, fein geglättet, V-förmiges Rollrädchendekor, FN. 117, Blatt 126.

458, Keramik, Belg. Ware, Becher, 2 Ws., Oberfl.: grau, fein geglättet, Kleinrechteckiges Rollrädchendekor, FN. 117, Blatt 126.

459, Keramik, Tongrundig Glattwandige Ware, Krug, 23 Ws., Oberfl.: ocker, gut geglättet, FN. 117, Blatt 126.

460, Keramik, Schwerkeramik, Dolium, 1 Ws., Oberfl.: ocker, rau, FN. 117, Blatt 126.

## Grube, stark verunreinigter Sand, wenig Holzkohle, an der Oberfläche belaufen.

461*, Keramik, TS, Teller, Consp. 12.4, mittel-spätaugusteisch, 1 Rs., Rdm. 15 cm, Oberfl.: rot, dicke, gut erhaltene Engobe, Bruch: rötlich-ocker, keine Einschlüsse erkennbar, FN. 712, Blatt 754.

462*, Keramik, TS, Teller, Consp. 12.4, mittel-spätaugusteisch, 1 Rs., Rdm. 17 cm, Oberfl.: rot, dicke, gut erhaltene Engobe, Bruch: rötlich-ocker, kleine weiße Einschlüsse, sandige Struktur, FN. 712, Blatt 754.

463*, Keramik, TS, Schale, Consp. 33.1, 1 Rs., Rdm. 15 cm, Oberfl.: rot, Engobe stellenweise stark abgerieben, Bruch: ocker, keine Einschlüsse erkennbar, Ratterdekor, FN. 712, Blatt 754.

464*, Keramik, TS, Schale, Consp. 22.1.1, 4 Rs., Rdm. 17 cm, Oberfl.: rot, dicke, gut erhaltene Engobe, stark glänzend, Bruch: rötlich-ocker, sandige Struktur, Ratterdekor, FN. 712, Blatt 754.

465*, Keramik, TS, Schale, Consp. 22.1.3, 2 Rs., Rdm. 12 cm, Oberfl.: rot, dicke, gut erhaltene Engobe, Bruch: rötlich-ocker, keine Einschlüsse erkennbar, Ratterdekor, FN. 712, Blatt 754.

466*, Keramik, rote Belg. Ware, Teller, 1 Rs., Rdm. 25 cm, Oberfl.: ziegelrot, fein geglättet, Überzug stellenweise abgerieben, Bruch: schwarz verbrannt, Brandspuren, FN. 712, Blatt 754.

467*, Keramik, rote Belg. Ware, Teller, Deru A 5, Horizont III-VI, 1 Rs., Rdm. 36 cm, Oberfl.: ziegelrot, fein geglättet, Überzug stellenweise abgerieben, Bruch: weiß, keine Einschlüsse erkennbar, FN. 712, Blatt 754.

468*, Keramik, rote Belg. Ware, Teller, Deru A 7, Horizont III-VI, 3 Rs., Rdm. 24 cm, Oberfl.: ziegelrot, fein geglättet, Überzug stellenweise abgerieben, Bruch: orange, dunkle Quarzsandmagerung, FN. 712, Blatt 754.

469*, Keramik, rote Belg. Ware, Schale, Deru C 3, Horizont II-III, 1 Rs., Rdm. 16 cm, Oberfl.: ziegelrot, fein geglättet, Überzug stellenweise abgerieben, Bruch: orange, Quarzsandmagerung, FN. 712, Blatt 754.

470*, Keramik, Belg. Ware, Schüssel, Deru B 21, Horizont IV-VIII, 3 Rs., Rdm. 12 cm, Oberfl.: orange-ocker, sehr fein geglättet, Bruch: orange, Quarzsandeinschlüsse, Schmauchspuren, FN. 712, Blatt 754.

471*, Keramik, Belg. Ware, Becher, Deru P 1–9, Horizont II-VI, 1 Rs., Rdm. 13 cm, Oberfl.: dunkelgrau, sehr fein geglättet, Bruch: dunkelgrau, keine Einschlüsse erkennbar, Schrägstrichrollrädchendekor, FN. 712, Blatt 754.

472*, Keramik, Belg. Ware, Becher, Deru P 1–9, Horizont II-VI, 1 Rs., Rdm. 11 cm, Oberfl.: dunkelgrau, sehr fein geglättet, Bruch: grau, glimmerhaltig, keine Einschlüsse erkennbar, V-förmiges Rollrädchendekor, FN. 712, Blatt 754.

473, Keramik, Belg. Ware, Becher, 1 Ws., Oberfl.: dunkelgrau, sehr fein geglättet, Bruch: grau mit braunem Kern, fein geschlämmt, V-förmiges Rollrädchendekor, FN. 712, Blatt 754.

474, Keramik, Belg. Ware, Becher, 1 Ws., Oberfl.: hellgrau, sehr fein geglättet, Bruch: dunkelgrau, glimmerhaltig, Kleinrechteckrollrädchendekor, FN. 712, Blatt 754.

475, Keramik, Belg. Ware, Becher, 1 Ws., Oberfl.: dunkelgrau, sehr fein geglättet, Bruch: dunkelgrau, fein geschlämmt, V-förmiges Rollrädchendekor, FN. 712, Blatt 754.

476, Keramik, Belg. Ware, Becher, 1 Ws., Oberfl.: dunkelgrau, sehr fein geglättet, Bruch: grau mit braunem Kern, fein geschlämmt, V-förmiges Rollrädchendekor, FN. 712, Blatt 754.

477, Keramik, Tongrundig Glattwandige Ware, Becher, 1 Bs., Bdm. 12 cm, Oberfl.: rötlich-grau, gut geglättet, Bruch: braun, fein geschlämmt, FN. 712, Blatt 754.

478*, Keramik, Tongrundig Glattwandige Ware, Topf, Haltern 57/Höpken T20, 2 Rs., Rdm. 11 cm, Oberfl.: hellgrau, gut geglättet, Bruch: grau, fein geschlämmt, Brandspuren, FN. 712, Blatt 754.

479, Keramik, Tongrundig Glattwandige Ware, Krug, 1 Henkel, Oberfl.: ocker, gut geglättet, Bruch: weiß, kleine rote Einschlüsse, FN. 712, Blatt 754.

480*, Keramik, Rauwand. Ware, Deckel, Höpken R38, 1 Rs., Rdm. 16 cm, Oberfl.: dunkelgrau, gut geglättet, Bruch: braun, grobe Quarzsandmagerung, FN. 712, Blatt 754.

481, Keramik, Rauwand. Ware, Topf, 1 Ws., Oberfl.: braun, sehr fein geglättet, Bruch: orange, helle Quarzsandeinschlüsse, umlaufende Zierrillen, FN. 712, Blatt 754.

482*, Keramik, Muschelgem. Ware, Topf, Titelberg E.1.2, 1 Rs., Rdm. 12 cm, Oberfl.: graubraun, gut geglättet, Bruch: schwarz, Muschelmagerung, Schmauchspuren, FN. 712, Blatt 754.

### Grube?, Blatt fehlt.

483*, Keramik, rote Belg. Ware, Teller, Deru A 7, Horizont III-VI, 1 Rs., Rdm. 25 cm, Oberfl.: rot, geglättet, nur Innenseite mit Überzug, FN. 192, Blatt 430.

484, Keramik, rote Belg. Ware, Teller, 1 Bs., Bdm. unbestimmbar, Oberfl.: rot, gut geglättet, FN. 192, Blatt 430.

485, Keramik, Belg. Ware, Teller, 1 Ws., Oberfl.: grau, fein geglättet, doppelte umlaufende Zierrille, FN. 192, Blatt 430.

486, Keramik, Belg. Ware, Topf, 1 Ws., Oberfl.: grau, fein geglättet, tief eingekerbte umlaufende Zierrillen, FN. 192, Blatt 430.

487*, Keramik, Tongrundig Glattwandige Ware, Deckel, Höpken T25, 1 Rs., Rdm. 25 cm, Oberfl.: graubraun, grob geglättet, Brandspuren am Rand, FN. 192, Blatt 430.

488*, Keramik, Tongrundig Glattwandige Ware, Topf, Haltern 57, 1 Rs., Rdm. 11 cm, Oberfl.: graubraun, grob geglättet, FN. 192, Blatt 430.

489, Keramik, Muschelgem. Ware, Topf, 1 Ws., Oberfl.: hellbraun, grob geglättet, FN. 192, Blatt 430.

490, Eisen, Nägel, 10, FN. 192, Blatt 430.

### Straßengraben, stark abgesackt, sandig, weißlich gelb.

491*, Metall, Bronze, Stab, 2 Frag., im Querschnitt quadratischer, sich verjüngender Bronzestab unbekannter Funktion, der an beiden Enden abgebrochen ist, FN. 322, Blatt 491.

492*, Keramik, TS, Teller, Consp. 18.2, spätaugusteisch-tiberisch, 1 Rs., Rdm. 17 cm, Oberfl.: rot, dicke Engobe, stellenweise abgerieben, Bruch: ockerbraun, keine Einschlüsse erkennbar, FN. 322, Blatt 491.

493, Keramik, Belg. Ware, Topf, 1 Bs., Bdm. 6,4 cm, Oberfl.: grau, fein geglättet, Bruch: grau, fein geschlämmt, FN. 322, Blatt 491.

494*, Keramik, Schwerkeramik, Amphore, Haltern 70?, 1 Rs., Rdm. 13 cm, Oberfl.: ocker, rau, Bruch: ocker, große runde Quarzsandeinschlüsse, FN. 322, Blatt 491.

495, Keramik, Schwerkeramik, Amphore, 1 Henkel, Oberfl.: ocker, rau, Bruch: ocker, große runde Quarzsandeinschlüsse, FN. 322, Blatt 491.

496, Keramik, Schwerkeramik, Amphore, 1 Henkel, Oberfl.: ockerrot, rau, Bruch: ockerrot, große schwarze und Quarzsandeinschlüsse, FN. 322, Blatt 491.

## Straßengraben, grau-bräunliche, feinsandige, leicht mit Holzkohle durchzogene Schicht.

497, Keramik, Belg. Ware, Becher, 1 Ws., Oberfl.: grau, fein geglättet, Bruch: grau, kleine schwarze Einschlüsse, zwei umlaufende Bänder mit V-förmigem Rollrädchendekor, FN. 892, Blatt 789.

498*, Keramik, Tongrundig Glattwandige Ware, Deckel, Höpken T25, 1 Rs., Rdm. 18 cm, Oberfl.: dunkelgrau, gut geglättet, Bruch: dunkelgrau, fein geschlämmt, FN. 892, Blatt 789.

499, Keramik, Rauwand. Ware, Topf, 1 Ws., Oberfl.: hellgrau, rau, Bruch: weiß, grobe Quarzsandmagerung, FN. 892, Blatt 789.

500, Keramik, Rauwand. Ware, Topf, 1 Ws., Oberfl.: dunkelgrau, rau, Bruch: dunkelgrau, kleine weiße Einschlüsse, FN. 892, Blatt 789.

501, Metall, Bronze, Unsbest. Fragment, FN. 892, Blatt 789.

## Straßengraben, Rotsandsteinstraße.

502*, Keramik, TS, Teller, Consp. 12.2, mittel-spätaugusteisch, 1 Rs., Rdm. 18 cm, Oberfl.: rot, dicke, matte Engobe, stellenweise abgerieben, Bruch: ockerbraun, kleine gelbe Einschlüsse, FN. 351, Blatt 288/28.

503*, Keramik, rote Belg. Ware, Teller, Deru A 5, Horizont III-VI, 1 Rs., Rdm. 25 cm, Oberfl.: orangerot, dicke Engobe auf Innenseite, Bruch: orangerot, größere braune Einschlüsse, FN. 351, Blatt 288/28.

504*, Keramik, Belg. Ware, Teller, Deru A 41.3, Horizont III-VI, 2 Rs., Rdm. 24 cm, Oberfl.: dunkelgrau, sehr fein geglättet, Bruch: ocker, Quarzsandmagerung, FN. 351, Blatt 288/28.

505*, Keramik, Belg. Ware, Teller, Deru A 41.3, Horizont III-VI, 1 Rs., Rdm. 20 cm, Oberfl.: dunkelgrau, sehr fein geglättet, Bruch: hellgrau, Quarzsandmagerung, FN. 351, Blatt 288/28.

506*, Keramik, Belg. Ware, Teller, Deru A 46 oder 47, 1 Rs., Rdm. 28 cm, Oberfl.: schwarz, sehr fein geglättet, Bruch: hellgrau, fein geschlämmt, FN. 351, Blatt 288/28.

507, Keramik, Belg. Ware, Teller, 1 Bs., Bdm. unbestimmbar, Oberfl.: dunkelgrau, sehr fein geglättet, Bruch: graubraun, Quarzsandmagerung, FN. 351, Blatt 288/28.

508*, Keramik, Belg. Ware, Becher, Deru P 35–40, Horizont II-VI, 1 Rs., Rdm. 18 cm, Oberfl.: grau, sehr fein geglättet, Brandspuren, Bruch: grau, Quarzsandmagerung, FN. 351, Blatt 288/28.

509*, Keramik, Belg. Ware, Becher, Deru P 1–9, Horizont II-VI, 1 Rs., Rdm. 13,4 cm, Oberfl.: hellgrau, sehr fein geglättet, Bruch: hellgrau, große schwarze Einschlüsse, FN. 351, Blatt 288/28.

510, Keramik, Belg. Ware, Becher, 1 Ws., Oberfl.: grau, sehr fein geglättet, Bruch: grau, kleine schwarze Einschlüsse, kleines Rechteckschrägstrichdekor, FN. 351, Blatt 288/28.

511, Keramik, Belg. Ware, Becher, 1 Bs., Bdm. 8 cm, Oberfl.: hellgrau, sehr fein geglättet, Bruch: grau, kleine schwarze Einschlüsse, FN. 351, Blatt 288/28.

512*, Keramik, Belg. Ware, Flasche?, Rand ähnl. Deru BT 6.1, Horizont VI-VII, 1 Rs., Rdm. 10 cm, Oberfl.: grau, sehr fein geglättet, Bruch: hellgrau, Quarzsandmagerung, FN. 351, Blatt 288/28.

513, Keramik, Tongrundig Glattwandige Ware, Spielsteine, 2 Ws., Oberfl.: ocker, gut geglättet, Bruch: ocker, Quarzsandmagerung, FN. 351, Blatt 288/28.

514, Keramik, Tongrundig Glattwandige Ware, Topf, 1 Ws., Oberfl.: schwarz, gut geglättet, Brandspuren, Bruch: grau, Quarzsandmagerung, zwei umlaufende Zierrillen, FN. 351, Blatt 288/28.

515, Keramik, Tongrundig Glattwandige Ware, Topf, 1 Ws., Oberfl.: dunkelgrau, gut geglättet, Brandspuren, Bruch: ocker, einzelne Quarzkörner, Kammstrichdekor, FN. 351, Blatt 288/28.

516*, Keramik, Tongrundig Glattwandige Ware, Krug, Neuss VI, Taf. 11,2, 1 Rs., Rdm. 8 cm, Oberfl.: ocker, grob geglättet, Bruch: ocker, fein geschlämmt, FN. 351, Blatt 288/28.

517*, Keramik, Tongrundig Glattwandige Ware, Krug, Höpken T32, 1 Rs., Rdm. 5 cm, Oberfl.: ocker, geglättet, Bruch: ocker, Quarzsandmagerung, FN. 351, Blatt 288/28.

518*, Keramik, Tongrundig Glattwandige Ware, Krug, Neuss VI, Taf. 14,8, 2 Rs., Rdm. 12 cm, Oberfl.: ocker, gut geglättet, Bruch: schwarz, weiße Quarzsandeinschlüsse, FN. 351, Blatt 288/28.

519, Keramik, Tongrundig Glattwandige Ware, Krug, 2 Bs., Rdm. 12 cm, Oberfl.: ocker, gut geglättet, Bruch: ocker, Quarzsandmagerung, FN. 351, Blatt 288/28.

520, Keramik, Tongrundig Glattwandige Ware, Krug, 1 Ws., Oberfl.: ocker, grob geglättet, Bruch: ocker, Quarzsandmagerung, FN. 351, Blatt 288/28.

521*, Keramik, Glattwandige Ware in Latènetradition, Topf, Deru P 35–40 Variante, Horizont II-VI, 1 Rs., Rdm. 14 cm, Oberfl.: schwarz, gut geglättet, Bruch: braun, Quarzsandmagerung, FN. 351, Blatt 288/28.

522, Keramik, Glattwandige Ware in Latènetradition, Topf, 1 Ws., Oberfl.: dunkelgrau, gut geglättet, Brandspuren, Bruch: grau, Quarzsandeinschlüsse, zwei umlaufende Zierrillen, FN. 351, Blatt 288/28.

523, Keramik, Rauwand. Ware, Topf, 1 Bs., Bdm. 12 cm, Oberfl.: hellgrau, rau, Bruch: grau, Quarzsandmagerung, FN. 351, Blatt 288/28.

524*, Keramik, Muschelgem. Ware, Topf, Polfer 19, 2 Rs., Rdm. 16 cm, Oberfl.: dunkelgrau, rau, Brandspuren, Bruch: schwarz, feine Muschelmagerung, FN. 351, Blatt 288/28.

525, Keramik, Schwerkeramik, Topf?, 1 Bs., Rdm. 12 cm, Oberfl.: ocker, grob geglättet, Bruch: ocker, Quarzsandmagerung, FN. 351, Blatt 288/28.

526, Keramik, Schwerkeramik, Amphore, 1 Henkel, Oberfl.: ocker, grob geglättet, Bruch: ockergrau, grobe dunkle Quarzsandeinschlüsse, FN. 351, Blatt 288/28.

## Straßengraben mit Holzkasten, grauschwarzer, brauner, leicht schluffiger Boden, viel Holzkohle, Rotsandsteinstücke.

527*, Keramik, TS, Schale, Consp. 22.1, mittelaugusteisch-tiberisch, 1 Rs., Rdm. 19 cm, Oberfl.: rot, dicke Engobe, stellenweise abgerieben, Bruch: ockerbraun, einzelne helle Einschlüsse, FN. 603, Blatt 565.

528, Keramik, Belg. Ware, Becher, 1 Bs., Bdm. 6,2 cm, Oberfl.: grau, gut geglättet, Bruch: grau, einzelne weiße Quarzsandeinschlüsse, FN. 603, Blatt 565.

529, Keramik, Tongrundig Glattwandige Ware, Topf, 1 Bs., Bdm. 6,6 cm, Oberfl.: hellgrau, gut geglättet, Bruch: weiß, keine Einschlüsse erkennbar, FN. 603, Blatt 565.

530*, Keramik, Schwerkeramik, Reibschale, Haltern 59, 1 Rs., Rdm. 30 cm, Oberfl.: ocker, gut geglättet, Bruch: ocker, größere Quarzsandeinschlüsse, FN. 603, Blatt 565.

**Auf erster Straße, graubrauner/schwarzer, leicht schluffiger Boden mit einigen Holzkohleresten, vereinzelt Kiesel sowie Eisenfragmente.**

531, Keramik, TS, Teller, 2 Ws., Oberfl.: rot, dicke Engobe, stellenweise abgerieben, Bruch: ockerbraun, keine Einschlüsse erkennbar, FN. 949, Blatt 298a1.

532, Keramik, Firnisware, Teller, 1 Ws., Oberfl.: schwarz, sehr fein geglätet, Bruch: rosa, Quarzsand und größere schwarze Einschlüsse, zwei umlaufende Zierrillen mit gepicktem dreizeiligem Rädchendekor, FN. 949, Blatt 298a1.

533, Keramik, Muschelgem. Ware, Topf, 1 Ws., Oberfl.: schwarz, rau, Bruch: schwarz, Muschelmagerung, FN. 949, Blatt 298a1.

534, Keramik, Schwerkeramik, Dolium, 1 Ws., Oberfl.: ocker, rau, Bruch: weiß, größere braune Einschlüsse, FN. 949, Blatt 298a1.

**Laubengang, Schicht 1, bräunlichrötlicher, mit Lehm durchmischter Boden, mittelbindig bis sandig, mäßig mit Holzkohle durchsetzt.**

535, Keramik, Belg. Ware, Topf, 9 Ws. Bs., Bdm. 11 cm, Oberfl.: hellgrau, sehr fein geglätet, Bruch: hellgrau, vereinzelte kleine schwarze Einschlüsse, Einglättdekor, FN. 747, Blatt 758–64.

**Laubengang, Schicht 4, hellbrauner bis mittelbrauner, stark sandiger Boden mit einzelnen Kiesgeröllen, Grauwacken, Rotsandsteinen, etwas Holzkohle, im östlichen Teil sekundäre Sinterbildung, vermutlich Planierschicht.**

536*, Keramik, TS, Teller, Consp. 12.5, mittel-spätaugusteisch, 1 Rs., Rdm. 20 cm, Oberfl.: rot, feiner roter Überzug, Bruch: rötlich, keine Einschlüsse erkennbar, FN. 748, Blatt 758–64.

537, Keramik, TS, Teller, 2 Ws., Oberfl.: rot, sehr feiner Überzug, Bruch: rötlich, keine Einschlüsse erkennbar, umlaufende Zierrille, FN. 748, Blatt 758–64.

538, Keramik, rote Belg. Ware, Schale, 1 Ws., Oberfl.: rot, matter Überzug, Bruch: im Kern weiß, außen rötlich dunkelbraun mit hohem Quarzsandanteil, FN. 748, Blatt 758–64.

539, Keramik, Belg. Ware, Teller, 2 Ws., Oberfl.: grau, fein geglätet, Bruch: hellgrau, kleine schwarze Einschlüsse, umlaufende Zierrille, FN. 748, Blatt 758–64.

540*, Keramik, Belg. Ware, Becher, Deru P 1–9, Horizont II-VI, 1 Rs., Rdm. 10,6 cm, Oberfl.: dunkelgrau, fein geglätet, Bruch: grau, kleine dunkle und graue Einschlüsse, Ansatz eines Graphitos, FN. 748, Blatt 758–64.

541*, Keramik, Belg. Ware, Becher, Deru P 1–9, Horizont II-VI, 1 Rs., Rdm. 16 cm, Oberfl.: dunkelgrau, fein geglätet, Brandspuren, Bruch: graubraun, kleine rote Einschlüsse, FN. 748, Blatt 758–64.

542, Keramik, Belg. Ware, Becher, 1 Ws., Oberfl.: grau, fein geglätet, Bruch: hellgrau, fein geschlämmt, zwei umlaufende Zierbänder mit gepicktem Rollrädchendekor, FN. 748, Blatt 758–64.

543, Keramik, Belg. Ware, Becher, 2 Ws., Oberfl.: grau, fein geglätet, Bruch: hellgrau, fein geschlämmt, V-förmiges Rollrädchendekor, FN. 748, Blatt 758–64.

544, Keramik, Belg. Ware, Becher, 2 Ws., Oberfl.: dunkelgrau, fein geglätet, Bruch: dunkelbraun, Quarzsandeinschlüsse, V-förmiges Rollrädchendekor, FN. 748, Blatt 758–64.

545*, Keramik, Tongrundig Glattwandige Ware, Schale, 1 Rs., Rdm. 18 cm, Oberfl.: ocker, gut geglätet, Bruch: weiß, sehr hoher Quarzanteil, FN. 748, Blatt 758–64.

546, Keramik, Tongrundig Glattwandige Ware, Topf, 1 Bs., Bdm. 10 cm, Oberfl.: ocker, gut geglätet, Bruch: hellgrau, fein geschlämmt, FN. 748, Blatt 758–64.

547*, Keramik, Tongrundig Glattwandige Ware, Krug, Haltern 45/Höpken T30, 1 Rs., Rdm. 6 cm, Oberfl.: ocker, gut geglättet, Bruch: ocker, stark sandig, FN. 748, Blatt 758–64.

548, Keramik, Glattwandige Ware in Latènetradition, Topf, 3 Bs., Bdm. 10 cm, Oberfl.: innen ocker, außen schwarz, gut geglättet, Brandspuren, Bruch: rotbraun mit kleinen schwarzen Einschlüssen, FN. 748, Blatt 758–64.

549, Keramik, Muschelgem. Ware, Topf, 1 Ws., Oberfl.: dunkelbraun, gut geglättet, Bruch: dunkelbraun, muschelgemagert, umlaufende Zierrille, FN. 748, Blatt 758–64.

550*, Keramik, Rauwand. Ware, Teller, Höpken R1, 1 Rs., Rdm. 24 cm, Oberfl.: ocker, grob geglättet, Bruch: ocker, kleine rote Einschlüsse, FN. 748, Blatt 758–64.

**Laubengang, Schicht 6, hellbrauner, sandiger, an seiner Oberkante belaufener Boden, in etwa der Mitte ca. 0,74 m N-S orientierter Kiesweg ohne erkennbare seitliche Begrenzung, etwas Holzkohle, im Osten starke sekundäre Sinterbildung, erstes römisches Laufniveau.**

551, Keramik, TS, Teller, Consp. 12.4, mittel-spätaugusteisch, 8 Ws., Rs., Bs., Oberfl.: rot, feiner Überzug, Mörtelreste, Bruch: ockerbraun, keine Einschlüsse erkennbar, sehr klein zerscherbt, FN. 749, Blatt 758–64.

**Verzogene, dunkelbraune Sandschicht über Rotsandsteinstraße.**

552, Metall, Bronzemünze, Lyoner Altar Serie I, RIC I² 230, 10,47 gr, FN. 734, Blatt 294c.

553*, Keramik, TS, Teller, Consp. 18.2, spätaugusteisch-tiberisch, 2 Rs., Rdm. 16 cm, Oberfl.: rot, dicke, gut erhaltene Engobe, Bruch: ockerbraun, keine Einschlüsse erkennbar, FN. 734, Blatt 294c.

554, Keramik, TS, Schale, Consp. 22?, 1 Ws., Oberfl.: rot, dicke, stellenweise abgeriebene Engobe, Bruch: ockerbraun, keine Einschlüsse erkennbar, Ratterdekor, FN. 734, Blatt 294c.

555*, Keramik, rote Belg. Ware, Becher, Deru P 1–9, 29?, Horizont II-VI, 1 Rs., Rdm. 12 cm, Oberfl.: rotbraun, dünner Überzug auf der Außenseite, Brandspuren, Bruch: rötlich, fein geschlämmt, FN. 734, Blatt 294c.

556*, Keramik, rote Belg. Ware, 1 Bs., Oberfl.: orangerot, matt, sehr dünner Überzug auf der Innenseite, Bruch: ocker, glimmerhaltig, Stempel: SENISER, FN. 734, Blatt 294c.

557*, Keramik, Belg. Ware, Deckel, 1 Rs., Rdm. 21 cm, Oberfl.: grau, fein geglättet, Bruch: grau, Quarzsandeinschlüsse, FN. 734, Blatt 294c.

558*, Keramik, Belg. Ware, Becher, Deru P 1–9, Horizont II-VI, 1 Rs., Rdm. 11 cm, Oberfl.: grau, fein geglättet, Bruch: grau, größere schwarze Einschlüsse, FN. 734, Blatt 294c.

559, Keramik, Tongrundig Glattwandige Ware, Krug, 1 Ws., Oberfl.: weiß, gut geglättet, Bruch: weiß, fein geschlämmt, Fischgrätendekor, FN. 734, Blatt 294c.

560, Keramik, Glattwandige Ware in Latènetradition, Topf, 1 Ws., Oberfl.: grau, gut geglättet, Bruch: grau, Quarzsandeinschlüsse, Kammstrichdekor, FN. 734, Blatt 294c.

561*, Keramik, Rauwand. Ware, Topf, Haltern 57/Höpken R18, 1 Rs., Rdm. 15 cm, Oberfl.: schwarz, grob geglättet, Bruch: braun, Quarzsandeinschlüsse, umlaufende Zierrillen, FN. 734, Blatt 294c.

562*, Keramik, Muschelgem. Ware, Topf, Titelberg E.1.9, 1 Rs., Rdm. 12,8 cm, Oberfl.: schwarz, rau, Bruch: schwarz, Muschelmagerung, Kammstrichdekor, FN. 734, Blatt 294c.

563*, Keramik, Muschelgem. Ware, Topf, 3 Bs., Bdm. 9,4 cm, Oberfl.: schwarz, rau, Bruch: schwarz, Muschelmagerung, Kammstrichdekor, FN. 734, Blatt 294c.

564, Muschel, Austernschale, FN. 734, Blatt 294c.

## Schwarze, aschige, mit Lehm vermischte Schicht, Grube.

565*, Keramik, TS, Schale, 1 Rs., Rdm. 12 cm, Oberfl.: rot, sehr dicke, glänzende Engobe, Bruch: ockerbraun, keine Einschlüsse erkennbar, Ratterdekor, FN. 552, Blatt 557.

## Stark verunreinigte, lehmige Schicht im Osten abgegraben, darauf schwarzer, aschiger, belaufener Horizont über fundfreier Grube.

566*, Keramik, TS, Teller, Consp. 18.2, spätaugusteisch-tiberisch, 1 Rs., Rdm. 17 cm, Oberfl.: rot, dicke Engobe, stellenweise abgerieben, Bruch: ockerbraun, einzelne helle Einschlüsse, FN. 553, Blatt 557.

567, Keramik, TS, Schale, 2. u. 3. Viertel 1. Jh. n. Chr., 1 Ws., Oberfl.: rot, dicke Engobe, Bruch: ockerbraun, einzelne helle Einschlüsse, Ratterdekor, FN. 553, Blatt 557.

568*, Keramik, Belg. Ware, Schale, Deru C 8.2, 5 Rs., Rdm. 12 cm, Oberfl.: schwarz, sehr feiner, glänzender Überzug, Bruch: graubraun, einzelne Quarzeinschlüsse, FN. 553, Blatt 557.

569*, Keramik, Glattwandige Ware in Latènetradition, Topf, Haltern 58, 1 Rs., Rdm. 26 cm, Oberfl.: dunkelbraun, gut geglättet, Bruch: braun, einzelne Quarzsandeinschlüsse, Kammstrichdekor, FN. 553, Blatt 557.

570, Keramik, Schwerkeramik, Reibschale, 1 Ws., Oberfl.: ocker, rau, Bruch: ocker, Quarzsandeinschlüsse, FN. 553, Blatt 557.

## Auf dem ungestörten Schwemmsand.

571*, Metall, Bronze, Durchbrochener Bronzegriff, 1. Jh., 2 Frag., in zwei Teile gebrochen und leicht verbogen, archäologisch vollständig zu ergänzen, FN. 92, Blatt 164.

572*, Keramik, Schwerkeramik, Amphore, 1 Bs., Bdm. 6 cm, Oberfl.: ockerrot, rau, teilweise abgeplatzt, Bruch: ockerrot, dichte weiße Einschlüsse, Stempel, FN. 92, Blatt 164.

## Großes, rechteckiges Pfostenloch, ca. 20 × 24 cm, PLQ H-J/7.

573, Metall, Bronzemünze, Münze, FN. 108, Blatt 173.

574, Keramik, Belg. Ware, Topf, 1 Ws., Oberfl.: grau, fein geglättet, Brandspuren, Bruch: grau, kleine schwarze Einschlüsse, FN. 108, Blatt 173.

## Stark verunreinigte, belaufene Schwemmsandschicht, durchzogen von Holzkohle. Schicht ist im unteren Bereich stärker verunreinigt, Oberfläche fast reiner Schwemmsand.

575, Metall, Bronze, Rechteckiges Bronzeblech, 1, FN. 655, Blatt 702.

576*, Keramik, TS, Teller, Consp. 12.4, mittel-spätaugusteisch, 1 Rs., Rdm. 18 cm, Oberfl.: rot, dicke, gut erhaltene Engobe, Bruch: ockerbraun, keine Einschlüsse erkennbar, FN. 655, Blatt 702.

577, Keramik, TS, Schale, 1 Ws., Oberfl.: rot, Engobe stellenweise abgerieben, Bruch: ockerbraun, keine Einschlüsse erkennbar, Ratterdekor, FN. 655, Blatt 702.

578*, Keramik, rote Belg. Ware, Teller, 1 Rs., Rdm. 24 cm, Oberfl.: orangerot, Überzug nur an Außenseite, Bruch: ockerbraun, Quarzsandeinschlüsse, FN. 655, Blatt 702.

579*, Keramik, rote Belg. Ware, Topf, 4 Rs., Rdm. 16 cm, Oberfl.: dunkelrot, dünner Überzug, z. T. glänzend, nur an Innenseite, Bruch: ockerbraun, Quarzsandeinschlüsse, FN. 655, Blatt 702.

580*, Keramik, Belg. Ware, Teller, 3 Bs., Bdm. 11 cm, Oberfl.: schwarz, fein geglättet, Bruch: hellgrau, große weiße und kleine schwarze Einschlüsse, Ratterdekor, FN. 655, Blatt 702.

581*, Keramik, Belg. Ware, Becher, Deru P 1–9, Horizont II-VI, 4 Rs., Rdm. 18 cm, Oberfl.: grau, fein geglättet, Bruch: dunkelgrau, Quarzsandmagerung, FN. 655, Blatt 702.

582*, Keramik, Belg. Ware, Becher, Deru P 1–9, Horizont II-VI, 4 Rs., Rdm. 14 cm, Oberfl.: grau, fein geglättet, Bruch: grau, Quarzsandeinschlüsse, FN. 655, Blatt 702.

583, Keramik, Belg. Ware, Becher, 2 Ws., Oberfl.: schwarz, fein geglättet, Überzug nur auf Außenseite, Bruch: rotbraun, Qarzsandeinschlüsse, Kammstrichdekor, FN. 655, Blatt 702.

584, Keramik, Belg. Ware, Becher, 1 Ws., Oberfl.: grau, Ratterdekor, FN. 655, Blatt 702.

585, Keramik, Belg. Ware, Becher, 8 Ws., Oberfl.: grau, V-förmiges Rollrädchendekor, FN. 655, Blatt 702.

586*, Keramik, Tongrundig Glattwandige Ware, Topf, Deru P1–9 Variante, 1 Rs., Rdm. 13 cm, Oberfl.: rötlich-ocker, gut geglättet, Bruch: ockerbraun, große ziegelfarbene Einschlüsse, FN. 655, Blatt 702.

587, Keramik, Tongrundig Glattwandige Ware, Topf, 1 Ws., Oberfl.: rotbraun, gut geglättet, Bruch: rotbraun, feine graue Einschlüsse, Wellenband, umlaufende Zierrille, FN. 655, Blatt 702.

588*, Keramik, Tongrundig Glattwandige Ware, Krug, Haltern 45/Höpken T30, 1 Rs., Rdm. 6 cm, Oberfl.: ocker, gut geglättet, Bruch: ocker, Quarzsandeinschlüsse, FN. 655, Blatt 702.

589*, Keramik, Tongrundig Glattwandige Ware, Krug, 1 Bs., Bdm. 9 cm, Oberfl.: ocker, gut geglättet, Bruch: ocker, Quarzsandeinschlüsse, FN. 655, Blatt 702.

590, Keramik, Tongrundig Glattwandige Ware, Krug, 2 Henkel, Oberfl.: weiß, gut geglättet, Bruch: weiß, kleine schwarze Einschlüsse, FN. 655, Blatt 702.

591, Keramik, Tongrundig Glattwandige Ware, Krug, 2 Henkel, Oberfl.: hellgrau, gut geglättet, Bruch: hellgrau, Quarzsandeinschlüsse, FN. 655, Blatt 702.

592, Keramik, Glattwandige Ware in Latènetradition, Topf, 2 Bs., Bdm. 10 cm, Oberfl.: braun, gut geglättet, Brandspuren, Bruch: dunkelbraun, größere schwarze Einschlüsse, FN. 655, Blatt 702.

593*, Keramik, Rauwand. Ware, Topf, Haltern 58, 1 Rs., Rdm. 14 cm, Oberfl.: schwarz, grob geglättet, Brandspuren, Bruch: schwarz, feine weiße Einschlüsse, FN. 655, Blatt 702.

594*, Keramik, Rauwand. Ware, Topf, 1 Bs., Bdm. 16 cm, Oberfl.: ocker, rau, Bruch: rotbraun, grobe Quarzsandmagerung, FN. 655, Blatt 702.

595*, Keramik, Schwerkeramik, Amphore, Dressel 2–4, 2 Rs., Rdm. 12 cm, Oberfl.: ocker, rau, um den Henkel grob verschmiert, Bruch: rötliche Quarzsandmagerung, FN. 655, Blatt 702.

## Hellbraun-grauer, leicht schluffiger Boden, wirkt geschwemmt, bricht schollig, viel organische Reste, kleine Holzkohle, kleine Kiesel.

596*, Keramik, TS, Schale, 1 Rs., Bdm. 4 cm, Oberfl.: rot, dicke Engobe, stellenweise abgerieben, Bruch: ockerbraun, keine Einschlüsse erkennbar, umlaufende Zierrille, FN. 941, Blatt 293abc.

597, Keramik, TS, Schale, 1 Ws., Oberfl.: rot, dicke Engobe, Bruch: ockerbraun, kleine gelbe Einschlüsse, Ratterdekor, FN. 941, Blatt 293abc.

598, Keramik, Belg. Ware, Becher, 3 Ws., Oberfl.: dunkelgrau, fein geglättet, Bruch: grau, Quarzsandmagerung, kleinrechteckiges Schrägstrichrollrädchendekor, FN. 941, Blatt 293abc.

## Belaufene Schiefersplittschicht, roter Sand, wenig Kiesel.

599*, Keramik, Schwerkeramik, Dolium, Titelberg F1.1, 3 Rs., Rdm. 34,6 cm, Oberfl.: ocker und schwarz, rau, Rand schwarz gepicht, Bruch: grau, große Quarzeinschlüsse, FN. 942, Blatt 293abc.

## Hellbrauner Sandboden mit schwarzem/braunem Band, evtl. Holzbretter.

600, Metall, Bronzemünze, Lyon Altarserie I, RIC I² 230 Lug. I, FN. 943, Blatt 293abc.

601*, Keramik, TS, Schale, Consp. 22?, 1 Rs., Rdm. 14 cm, Oberfl.: rot, dicke Engobe, Bruch: ockerbraun, keine Einschlüsse erkennbar, FN. 943, Blatt 293abc.

602, Keramik, Bildlampe mit Volutenschnauze, Oberfl.: dunkelrot, Bruch: rotbraun, profilierte Schulter und Rest der Volute erhalten, FN. 943, Blatt 293abc.

603, Keramik, Tongrundig Glattwandige Ware, Topf, 2 Ws., Oberfl.: dunkelbraun, rötlich ocker, fein geglättet, außen dicker Überzug, Bruch: orangerot, kleine Quarzsandeinschlüsse, zwei umlaufende Zierrillen, FN. 943, Blatt 293abc.

## Hellbrauner bis graubrauner, überwiegend sandiger Boden, Rotsandsteinbrocken, Kiesel, etwas Holzkohle, einzelne rote Lehmeinschlüsse.

604*, Keramik, TS, Teller, Consp. 12.4, mittel-spätaugusteisch, 1 Rs., Rdm. 16 cm, Oberfl.: rot, dicke Engobe, Bruch: ockerbraun, keine Einschlüsse erkennbar, FN. 944, Blatt 293abc.

605, Keramik, Belg. Ware, Becher, 1 Ws., Oberfl.: grau, fein geglättet, Bruch: dunkelgrau, kleine weiße Einschlüsse, zwei umlaufende Zierrillen, FN. 944, Blatt 293abc.

606*, Keramik, Rauwand. Ware, Topf, Haltern 58, 2 Rs., Rdm. 12,6 cm, Oberfl.: schwarz, rau, starke Brandspuren, Bruch: schwarz, weiße Quarzsandmagerung, FN. 944, Blatt 293abc.

## Nur FN. 783 aus Sandboden mit Holzkohle.

607*, Keramik, rote Belg. Ware, Schale, Deru C 7, Horizont III, 1 Rs., Rdm. 17 cm, Oberfl.: orange, Überzug stark angegriffen, Bruch: hellbraun, einzelne Quarzkörner, FN. 784, Blatt 770c.

608*, Keramik, rote Belg. Ware, Schale, Deru C 8, Horizont III-VI, 1 Rs., Rdm. 11 cm, Oberfl.: orangerot, sehr feiner Überzug, Bruch: orange, kleine weiße Einschlüsse, FN. 784, Blatt 770c.

609*, Keramik, Rauwand. Ware, Topf, Haltern 57/Höpken R18, 1 Rs., Rdm. 30 cm, Oberfl.: grau, rau, Bruch: grau, kleine weiße Einschlüsse, Kammstrichdekor, FN. 784, Blatt 770c.

## Stark verunreinigter Schwemmsand durchsetzt mit Holzkohle und Lehmbrocken.

610*, Keramik, TS, Teller, Consp. 12.1.3, mittel-spätaugusteisch, 1 Rs., Rdm. 14 cm, Oberfl.: rot, dicke Engobe, Brandspuren, Bruch: ockerbraun, keine Einschlüsse erkennbar, FN. 541, Blatt 560.

## Verlagerter, stark verunreinigter Schwemmsand.

611*, Keramik, rote Belg. Ware, Teller, 2 Rs. Ws., Rdm. 25 cm, Oberfl.: dunkelrot, ocker, dicker Überzug auf Innenseite, Bruch: weiß, Quarzsandeinschlüsse, FN. 741, Blatt 753.

612*, Keramik, Belg. Ware, Teller, Deru A 1.3, Horizont II-V, 1 Rs., Rdm. 22 cm, Oberfl.: grau, sehr fein geglättet, Bruch: hellgrau, kleine schwarze Einschlüsse, FN. 741, Blatt 753.

## Sandschicht mit etwas Schiefersplitt. Dazwischen schwarzer, holzkohlehaltiger Boden.

613, Keramik, TS, Schale, 1 Ws., Oberfl.: rot, dicke Engobe, Bruch: rotbraun, kleine weiße Einschlüsse, FN. 129, Blatt 126, 1.

614*, Keramik, rote Belg. Ware, Teller, Deru A 7, Horizont III-VI, 4 Rs., Rdm. 32 cm, Oberfl.: orangerot, guter Überzug, Brandspuren am Rand, Bruch: ocker, Quarzsandmagerung, FN. 129, Blatt 126, 1.

**Befundbeschreibung fehlt, da Blätter verschollen.**

615*, Keramik, TS, Teller, 5 v. Chr. – 20 n. Chr., 1 Ws., Oberfl.: rot, dicke, gut erhaltene Engobe, Bruch: ockerbraun, kleine weiße Einschlüsse, Stempel: MAHES (2) OCK type1087.53, Stempel leicht verschmiert, FN. 936, Blatt 547.

616, Keramik, Belg. Ware, Becher, 1 Ws., Oberfl.: grau, fein geglättet, Bruch: graubraun, Quarzsandeinschlüsse, gepicktes Ratterdekor, FN. 936, Blatt 547.

617*, Keramik, Tongrundig Glattwandige Ware, Topf, 1 Bs., Bdm. 10 cm, Oberfl.: grau, gut geglättet, Brandspuren, Bruch: braun, grobe Quarzsandmagerung, FN. 936, Blatt 547.

618*, Keramik, Rauwand. Ware, Topf, 1 Bs., Bdm. 5 cm, Oberfl.: grau, rau, Bruch: grau, dichte Quarzsandeinschlüsse, FN. 936, Blatt 547.

619*, Keramik, TS, Schale, Consp. B 3.2, 8 Bs., Bdm. 6 cm, Oberfl.: rot, dicke Engobe, stellenweise abgerieben, Bruch: ockerbraun, kleine gelbe Einschlüsse, FN. 938, Blatt 547.

620, Keramik, TS, Schale, 1 Ws., Oberfl.: rot, dicke Engobe, stellenweise abgerieben, Bruch: ockerbraun, kleine gelbe Einschlüsse, Ratter- und Applikendekor, Spiralauflage Schindler Kaudelka S1, FN. 938, Blatt 547.

621*, Keramik, rote Belg. Ware, Schale, Deru C 8, Horizont III-VI, 1 Rs., Rdm. 12 cm, Oberfl.: orangerot, sehr fein geglättet, Bruch: ziegelrot, kleine weiße und schwarze Einschlüsse, FN. 938, Blatt 547.

622*, Keramik, Belg. Ware, Topf, 1 Bs., Bdm. 8,4 cm, Oberfl.: grau, fein geglättet, Bruch: grau, kleine weiße Einschlüsse, FN. 938, Blatt 547.

623*, Keramik, Rauwand. Ware, Topf, Haltern 57/Höpken R18, 1 Rs., Rdm. 14 cm, Oberfl.: grau, rau, Bruch: dunkelgrau, kleine weiße Einschlüsse, FN. 938, Blatt 547.

624*, Keramik, Schwerkeramik, Reibschale, 1 Bs., Bdm. 16 cm, Oberfl.: ocker, rau, Bruch: ocker, Quarzsandeinschlüsse, FN. 938, Blatt 547.

**Verunreinigter, mit Holzkohle durchzogener Schwemmsand.**

625, Metall, Bronzemünze, Lyoner Altarserie II, Tiberius, RIC 245, As, 5F, FN. 310, Blatt 488.

**Befundbeschreibung fehlt, da Blätter verschollen.**

626*, Keramik, TS, Schale, Consp. 14.2.2, mittel-spätaugusteisch, 1 Rs., Rdm. 12 cm, Oberfl.: rot, dicke, stellenweise abgeriebene Engobe, Bruch: ockerbraun, keine Einschlüsse erkennbar, FN. 664, Blatt 753?.

627*, Keramik, rote Belg. Ware, Teller?, 1 Rs., Rdm. 10 cm, Oberfl.: orangerot, Überzug nur auf Innenseite, Bruch: ockerbraun, Quarzsandeinschlüsse, FN. 664, Blatt 753?.

628*, Keramik, TS, Schale, Consp. 14.1.5, mittel-spätaugusteisch, 1 Rs., Rdm. 16 cm, Oberfl.: rot, stark zerscherbt, abgeriebene Engobe, Bruch: ockerbraun, keine Einschlüsse erkennbar, FN. 665, Blatt 753?.

629*, Keramik, TS, Schale, Consp. 14.2.1, mittel-spätaugusteisch, 1 Rs., Rdm. 18 cm, Oberfl.: rot, dünne Engobe, stellenweise stark abgerieben, Bruch: ockerbraun, keine Einschlüsse erkennbar, FN. 128, Blatt 189.

630*, Keramik, TS, Schale, 5 v. Chr. – 50 n. Chr., 2 Bs., Oberfl.: rot, dicke, gut erhaltene Engobe, Bruch: ockerbraun, keine Einschlüsse erkennbar, Stempel: XANTHVS (2) OCK type 2536.40, FN. 126, Blatt 169.

631, Gemme, FN. 956.

# Feldstraße, Klinikum Mutterhaus der Borromäerinnen, EV 1992,13 (Tafel 41).

## Planum Pfostenlöcher und Gruben. Sohle des Brunnens.

1*, Keramik, Belg. Ware, Becher, Deru P 1–9, Horizont II-VI, 1 Rs., Rdm. 13 cm, Oberfl.: grau, sehr fein geglättet, Bruch: grau, glimmerhaltig, FN. 61, Blatt verschollen.

2, Keramik, Belg. Ware, Becher, 1 Ws., Oberfl.: grau, gut geglättet, Bruch: grau, glimmerhaltig, V-förmiges Rollrädchendekor, FN. 61, Blatt verschollen.

3, Keramik, Belg. Ware, Becher, 2 Ws., Oberfl.: grau, gut geglättet, Bruch: grau, glimmerhaltig, Schrägstrichrollrädchendekor, FN. 61, Blatt verschollen.

4, Keramik, Belg. Ware, Becher, 1 Bs., Bdm. 9 cm, Oberfl.: grau, sehr fein geglättet, Bruch: grau, glimmerhaltig, FN. 61, Blatt verschollen.

## Planum Gruben und Pfostenlöcher, Brunnen, tiefere sandige Füllung.

5*, Keramik, TS, Teller, Consp. 12.3, 1 Rs., Rdm. 16 cm, Oberfl.: rot, dicke, sehr gut erhaltenen Engobe, Bruch: ockerbraun, kleine schwarze Einschlüsse, FN. 53, Blatt verschollen.

6*, Keramik, Belg. Ware, Becher, Deru P 1–9, Horizont II-VI, 1 Rs., Rdm. unbestimmbar, Oberfl.: grau, fein geglättet, Bruch: hellgrau, kleine schwarze Einschlüsse, FN. 53, Blatt verschollen.

7, Keramik, Belg. Ware, Becher, 1 Ws., Oberfl.: grau, fein geglättet, Bruch: hellgrau, kleine schwarze Einschlüsse, Schrägstrichrollrädchendekor, FN. 53, Blatt verschollen.

8, Keramik, Belg. Ware, Becher, 3 Ws., Oberfl.: grau, fein geglättet, Bruch: hellgrau, kleine schwarze Einschlüsse, V-förmiges Rollrädchendekor, FN. 53, Blatt verschollen.

9*, Keramik, Rauwand. Ware, Teller, Höpken R1, 1 Rs., Oberfl.: braun, gut geglättet, Bruch: braun, kleine Quarzeinschlüsse, FN. 53, Blatt verschollen.

## Obere Füllung, großer älterer Graben.

10*, Keramik, TS, Schale, Consp. 33/36, 1 Rs., Rdm. 14 cm, Oberfl.: dunkelrot, Engobe bestoßen, teilweise abgerieben, Bruch: rotbraun, glimmerhaltig, FN. 37, Blatt 4.

11*, Keramik, rote Belg. Ware, Schüssel, 1 Rs., Rdm. 14 cm, Oberfl.: rotorange, gut geglättet, Bruch: rotbraun, kleine schwarze Einschlüsse, FN. 37, Blatt 4.

12, Keramik, Belg. Ware, Becher, 1 Bs., Bdm. 7 cm, Oberfl.: ocker, fein geglättet, Bruch: ocker, Quarzsandmagerung, FN. 37, Blatt 4.

13*, Keramik, Tongrundig Glattwandige Ware, Becher, Neuss VI, Taf. 2,4, 1 Rs., Rdm. 8 cm, Oberfl.: ocker, innen dunkelgrau, rau, Bruch: dunkelgrau, glimmerhaltig, FN. 37, Blatt 4.

14*, Keramik, Rauwand. Ware, Topf, Neuss VI, Taf. 20,10, 1 Rs., Rdm. 12 cm, Oberfl.: dunkelgrau-schwarz, rau, Bruch: hellgrau, Quarzsandmagerung, FN. 37, Blatt 4.

15*, Keramik, Muschelgem. Ware, Topf, Titelberg E.1.8, 1 Rs., Rdm. 13 cm, Oberfl.: dunkelbraun, gut geglättet, Bruch: dunkelbraun, grobe Muschelkalkmagerung, FN. 37, Blatt 4.

16, Keramik, Schwerkeramik, Amphore, 1 Henkel, Oberfl.: ocker, gut geglättet, Bruch: ockerrot, kleine schwarze und glimmerhaltige Einschlüsse, FN. 37, Blatt 4.

17, Keramik, Schwerkeramik, Amphore, 1 Fuß, Bdm. 4 cm, Oberfl.: ocker, gut geglättet, Bruch: ockerrot, kleine schwarze und glimmerhaltige Einschlüsse, FN. 37, Blatt 4.

18, Wandputz, weiße Bemalung, FN. 37, Blatt 4.

**Untere Füllung, großer älterer Graben, direkt im Profil Nr. 5.**

19, Keramik, TS, Schale, 1 Ws., Oberfl.: dunkelrot, Engobe stark bestoßen, Bruch: rötlich ocker, Ratterdekor, FN. 38, Blatt 4.

**Kleinerer, jüngerer Graben im Profilschnitt Nr. 5 (auf Profil Nr. 49).**

20, Keramik, Belg. Ware, Becher, 1 Ws., Oberfl.: hellgrau, Schmauchspuren, Bruch: hellgrau, kleine schwarze Einschlüsse, Schrägstrichrollrädchendekor, FN. 39, Blatt 5?.

21, Opus Caementitium, rote Bemalung, FN. 39, Blatt 5?.

**Jüngerer Graben im Torschnitt.**

22*, Keramik, TS, Teller, Consp. 12.5, 1 Rs., Rdm. 14 cm, Oberfl.: dunkelrot, Engobe stark abgerieben, Bruch: rotbraun, keine Einschlüsse erkennbar, FN. o.a., Blatt 5?.

**Im Planum Graben, Innenseite Nähe Tor.**

23*, Keramik, Tongrundig Glattwandige Ware, Topf, Haltern 58, 1 Rs., Rdm. 15,6 cm, Oberfl.: hellbraun, gut geglättet, Bruch: braun, große weiße Einschlüsse, FN. o.a., Blatt 5?.

24, Keramik, Tongrundig Glattwandige Ware, Krug, 1 Henkel, Oberfl.: ocker, gut geglättet, Bruch: weiß, kleine schwarze Einschlüsse, FN. o.a., Blatt 5?.

## Saarstr. 28, Am Karthäuserfeld, EV 2000,165 (Tafel 41).

**Unter Straßenniveau, unter Bef. 18 (Straße).**

1*, Keramik, TS, Schale, 1 Rs., Rdm. 7 cm, Oberfl.: rot, dicke Engobe, Bruch: rotbraun, zahlreiche kleine gelbe Einschlüsse, FN. 87, Blatt 44.

2, Keramik, Belg. Ware, Teller, 1 Bs., Oberfl.: schwarz, dicker Überzug, Bruch: rotbraun, fein geschlämmt, FN. 87, Blatt 44.

3*, Keramik, Feinkeramik?, Teller, 8 Rs. Ws., Rdm. 28 cm, Oberfl.: oranger Überzug auf Innenseite, außen ocker, stark zerscherbt, guter Überzug, Bruch: ocker, größere Quarzsandmagerung, zahlreiche rote runde Partikel, sonst sehr fein geschlämmt, FN. 87, Blatt 44.

4, Keramik, Tongrundig Glattwandige Ware, Krug, 1 Henkel, Oberfl.: ocker, fein geglättet, Bruch: ocker bis ockerrot, feine Quarzsandeinschlüsse, FN. 87, Blatt 44.

5, Keramik, Rauwand. Ware, Topf, 1 Ws., Oberfl.: grau bis schwarz, stellenweise schwarz gepicht, Bruch: grau, dichte, kantige weiße Quarzsandeinschlüsse, FN. 87, Blatt 44.

**Zweiter Grabungsabschnitt, Planum unter Rotsandsteinstraße, Befund 104.**

6, Keramik, Muschelgem. Ware, 4 Ws., Oberfl.: dunkelbraun bis schwarz, grob geglättet, sehr hoher Glimmeranteil außen, Bruch: dunkelbraun, Muschelmagerung, FN. 853, Blatt 104.

**Zweiter Grabungsabschnitt, aus zunächst stehengelassenem Sockel westlich des Fachwerkbalkens, Schicht 6, Befund 111.**

7*, Keramik, TS, Schale, Consp. B 3.14, 20 v. Chr. – 10 n. Chr., 1 Bs., Bdm. 3,4 cm, Oberfl.: rot, dicke, gut erhaltene Engobe, Bruch: ockerbraun, keine Einschlüsse erkennbar, Stempel: L. TITIVS THYRSVS OCK type 2246.31, FN. 881, Blatt 114.

**Zweiter Grabungsabschnitt, unterhalb Rotsandsteinstickung erste römische Steinstraße.**

8*, Bein, Haarnadel, 1, Oberfl.: Kopfdm. 7 mm, Nadeldm. 3 mm, erhaltene Länge 5,8 cm, FN. 850, Blatt 101.

**"Tenne", Schicht unter Rotsandsteinstraßenniveau.**

9*, Keramik, Belg. Ware, Becher, Deru P 1–9, Horizont II-VI, 1 Rs., Rdm. 16 cm, Oberfl.: dunkelgrau, geglättet, bestoßen, Bruch: grau, Quarzsandmagerung, FN. 420, Blatt 44.

## Frauenstr., Landewyck-Gelände, EV 1998,11, Inv. 1998,4 (Tafel 42–44).

**Ofen 1, Schicht 12, mittelbrauner, schwach humoser, leicht lehmiger Sand, Holzkohle, einzelne Ziegel und Knochen.**

1, Keramik, Belg. Ware, Becher, Deru P 1–9, Horizont II-VI, 12 Rs., Rdm. 14 cm, Oberfl.: ocker bis dunkelgrau, sehr fein geglättet, Bruch: grau, je nach Oberfläche, sehr fein geschlämmt, 4,2 cm breites Dekorband mit schlecht eingedrücktem, sehr ungleichmäßigem V-förmigem Rädchendekor, oben und unten durch je eine Zierrille begrenzt, FN. 148, Blatt 14, 28.

2, Keramik, Belg. Ware, Becher, Deru P 1–9, Horizont II-VI, 1 Rs., Rdm. 14,2 cm, Oberfl.: grau, außen sehr fein geglättet, Bruch: grau, sehr fein geschlämmt, FN. 148, Blatt 14, 28.

3*, Keramik, Belg. Ware, Becher, Deru P 1–9, Horizont II-VI, 1 Rs., Rdm. 13 cm, Oberfl.: dunkelgrau, sehr fein geglättet, Bruch: grau, sehr fein geschlämmt, FN. 148, Blatt 14, 28.

4, Keramik, Belg. Ware, Becher, Deru P 35–40, Horizont II-VI, 4 Rs., Rdm. 10,2 cm, Oberfl.: grau, Rand fast vollständig erhalten, Bruch: grau, sehr fein geschlämmt, einzelne Quarzkörner, FN. 148, Blatt 14, 28.

5, Keramik, Belg. Ware, Becher, 1 Ws., Oberfl.: grau, sehr fein geglättet, Bruch: grau, sehr feine Quarzsandmagerung, umlaufende Zierrille, FN. 148, Blatt 14, 28.

6, Keramik, Belg. Ware, Becher, 1 Ws., Oberfl.: grau, außen fein geglättet, Bruch: grau, sehr fein gemagert, V-förmiges Rollrädchendekor, schlecht eingedrückt, abgeschlossen von doppelter Zierrille, FN. 148, Blatt 14, 28.

7, Keramik, Belg. Ware, Becher, 1 Ws., Oberfl.: dunkelgrau, Bruch: grau, feine Quarzsandmagerung, Schrägstrichrollrädchendekor, begrenzt durch doppelte Zierrille, FN. 148, Blatt 14, 28.

8, Keramik, Belg. Ware, Becher, 1 Ws., Oberfl.: hellgrau, bis auf kleinen Rest abgeplatzt, Bruch: grau, sehr fein geschlämmt, Kleinrechteckiges Rollrädchendekor, FN. 148, Blatt 14, 28.

9, Keramik, Belg. Ware, Becher, Gruppe 6, 2 Böden, FN. 148, Blatt 14, 28.

10, Keramik, Belg. Ware, Deckel, 1 Rs., Rdm. 14 cm, Oberfl.: grau, Stellung nicht gesichert, Bruch: grau, sehr fein geschlämmt, FN. 148, Blatt 14, 28.

11, Keramik, Tongrundig Glattwandige Ware, Topf, Haltern 62/Höpken T21, 1 Rs., Rdm. 8,8 cm, Oberfl.: rötlich, Bruch: rötlich, Quarzsandmagerung, umlaufende Zierrille, FN. 148, Blatt 14, 28.

12, Keramik, Tongrundig Glattwandige Ware, Topf, Haltern 62/Höpken T21, 1 Rs., Rdm. 9,6 cm, Oberfl.: rötlich, unverstrichene Tonreste an der Innenseite, Bruch: rötlich, Quarzsandmagerung, einzelne große Körner, umlaufende Zierrille, FN. 148, Blatt 14, 28.

13, Keramik, Tongrundig Glattwandige Ware, Topf, Haltern 62/Höpken T21, 1 Rs., Rdm. 9,8 cm, Oberfl.: rötlich, Bruch: rötlich, Quarzsandmagerung, FN. 148, Blatt 14, 28.

14, Keramik, Tongrundig Glattwandige Ware, Topf, Haltern 62/Höpken T21, 1 Rs., Rdm. 10 cm, Oberfl.: rötlich, stark angegriffen, Bruch: rötlich, Quarzsandmagerung, FN. 148, Blatt 14, 28.

15, Keramik, Tongrundig Glattwandige Ware, Topf?, Gruppe 7, 2 Böden, FN. 148, Blatt 14, 28.

16, Keramik, Tongrundig Glattwandige Ware, Topf, 1 Henkel, Oberfl.: rötlich, zweigliedriger Bandhenkel, Bruch: rötlich, fein geschlämmt, FN. 148, Blatt 14, 28.

17, Keramik, Tongrundig Glattwandige Ware, Krug, Höpken T33, 5 Rs., Rdm. 7 cm, Oberfl.: rötlich, sehr unregelmäßig gearbeitet, fünfgliedriger Bandhenkel, Bruch: rötlich, Quarzsandmagerung, FN. 148, Blatt 14, 28.

18, Keramik, Tongrundig Glattwandige Ware, Krug, Höpken T33, Mündung, Rdm. 7,2 cm, Oberfl.: rötlich, Bruch: rötlich, Quarzsandmagerung, FN. 148, Blatt 14, 28.

19, Keramik, Tongrundig Glattwandige Ware, Krug, Höpken T33, Mündung, Rdm. 7,1 cm, Oberfl.: rötlich, Bruch: rötlich, Quarzsandmagerung, FN. 148, Blatt 14, 28.

20, Keramik, Tongrundig Glattwandige Ware, Krug, Höpken T33, Mündung, Rdm. 5,2 cm, Oberfl.: rötlich, Henkel nur noch Ansatz erkennbar, Bruch: rötlich, Quarzsandmagerung, FN. 148, Blatt 14, 28.

21, Keramik, Tongrundig Glattwandige Ware, Krug, Höpken T33, 2 Rs., Rdm. 3,9 cm, Oberfl.: rötlich, Brandspuren, dreigliedriger Bandhenkel, Bruch: rötlich, Quarzsandmagerung, FN. 148, Blatt 14, 28.

22, Keramik, Tongrundig Glattwandige Ware, Krug, 1 Henkel, Oberfl.: rötlich, viergliedriger Bandhenkel, Bruch: rötlich, Quarzsandmagerung, FN. 148, Blatt 14, 28.

23, Keramik, Tongrundig Glattwandige Ware, Krug, Gruppe 1, 3 Böden, FN. 148, Blatt 14, 28.

24, Keramik, Tongrundig Glattwandige Ware, Krug, Gruppe 2, 3 Böden, zum Teil starke Brandspuren, FN. 148, Blatt 14, 28.

25, Keramik, Tongrundig Glattwandige Ware, Krug, Gruppe 3, 3 Böden, FN. 148, Blatt 14, 28.

26, Keramik, Muschelgem. Ware, Topf?, 2 Ws., Oberfl.: schwarz, verbrannt, Bruch: schwarz, grobe Muschelmagerung, FN. 148, Blatt 14, 28.

**Ofen 1, Schicht 13, schwarzes Aschepaket mit viel Holzkohle.**

27, Keramik, Belg. Ware, Becher, 1 Ws., Oberfl.: grau, sehr fein geglättet, Bruch: hellgrau, umlaufende Zierrille, Schrägstrichrollrädchendekor, FN. 145, Blatt 14, 28.

28, Keramik, Belg. Ware, Becher, 1 Ws., Oberfl.: grau, stark abgerieben, Bruch: grau, porös, feine Quarzsandmagerung, umlaufende Zierrille, Schrägstrichrollrädchendekor, FN. 145, Blatt 14, 28.

29, Keramik, Belg. Ware, Becher, 4 Ws., Oberfl.: schwarz, nicht anpassend, aber wohl ein Gefäß, Bruch: grau, sehr fein geschlämmt, feine Quarzsandmagerung, 3 cm breite Dekorzone mit kleinrechteckigem Rollrädchen, oben und unten durch Zierrillen begrenzt, evtl. zweizeilig, z. T. stark deformiert und verzogen, FN. 145, Blatt 14, 28.

30, Keramik, Belg. Ware, Becher, 1 Ws., Oberfl.: grau, sehr fein geglättet, Bruch: hellgrau, sehr fein geschlämmt, V-förmiges Rollrädchendekor mit abschließender doppelter Zierrille, FN. 145, Blatt 14, 28.

31, Keramik, Belg. Ware, Becher, 1 Ws., Oberfl.: grau, sehr fein geglättet, Bruch: hellgrau sehr fein geschlämmt, V-förmiges Rollrädchendekor mit abschließender Zierrille, FN. 145, Blatt 14, 28.

32, Keramik, Belg. Ware, Becher, 1 Ws., Oberfl.: grau, Bruch: hellgrau, sehr fein geschlämmt, V-förmiges Rollrädchendekor, FN. 145, Blatt 14, 28.

33, Keramik, Belg. Ware, Becher, 2 Ws., Oberfl.: grau, vollständig abgerieben, Bruch: grau, sehr fein geschlämmt, Reste von kleinrechteckigem Rollrädchendekor, FN. 145, Blatt 14, 28.

34, Keramik, Belg. Ware, Becher, Gruppe 4, 1 Bs., Bdm. 8 cm, Oberfl.: dunkelgrau, Bruch: grau, Quarzsandmagerung, FN. 145, Blatt 14, 28.

35, Keramik, Tongrundig Glattwandige Ware, Topf, Haltern 57, 2 Rs., Rdm. 14,4 cm, Oberfl.: außen dunkelgrau, innen schwarz, Bruch: ockergrau mit dunkelgrauem Kern, Quarzsandmagerung, FN. 145, Blatt 14, 28.

36, Keramik, Tongrundig Glattwandige Ware, Topf, Haltern 57, 2 Rs., Rdm. 11 cm, Oberfl.: dunkelgrau, Bruch: dunkelgrau, sehr fein geschlämmt, FN. 145, Blatt 14, 28.

37, Keramik, Tongrundig Glattwandige Ware, Topf, Haltern 57, 2 Rs., Rdm. 13,8 cm, Oberfl.: schwarz, Bruch: rotbraun, fein geschlämmt, einzelne größere Quarzkörner, FN. 145, Blatt 14, 28.

38, Keramik, Tongrundig Glattwandige Ware, Krug, Höpken T33, Mündung, Rdm. 7,4 cm, Oberfl.: ockerrot, viergliedriger Bandhenkel nur im Ansatz erhalten, Bruch: ockerrot, Quarzsandmagerung, FN. 145, Blatt 14, 28.

39, Keramik, Tongrundig Glattwandige Ware, Krug, 2 Henkel, Rdm. 3 cm, Oberfl.: ein Fragment graubraun, das andere dunkelgrau, aneinander anpassend, Bruch: rotbraun mit dunkelbraunem Kern, Quarzsandmagerung, FN. 145, Blatt 14, 28.

40, Keramik, Tongrundig Glattwandige Ware, Krug?, Gruppe 1, 1 Bs., Bdm. 13 cm, Oberfl.: ockerrot, Bruch: ockerrot, hellgrauer Kern, Quarzsandmagerung, FN. 145, Blatt 14, 28.

**Ofen 1, Schicht 14, gelbbrauner, lehmiger Sand mit wenig Holzkohle.**

41, Keramik, Belg. Ware, Becher, Deru P 6, Horizont II-IV, 1 Rs., Rdm. 11 cm, Oberfl.: dunkelgrau, sehr fein geglättet, Bruch: grau, sehr fein geschlämmt, einzelne Quarzkörner, FN. 150, Blatt 14, 28.

42, Keramik, Belg. Ware, Becher, 1 Ws., Oberfl.: dunkelgrau, Bruch: grau, sehr fein geschlämmt, kleinrechteckiges Rollrädchendekor, von umlaufender Zierrille begrenzt, FN. 150, Blatt 14, 28.

43, Keramik, Tongrundig Glattwandige Ware, Topf, Haltern 57, 2 Rs., Rdm. 11,6 cm, Oberfl.: dunkelgrau, Wandung eingedellt, Bruch: grau, Quarzsandmagerung, FN. 150, Blatt 14, 28.

44, Keramik, Tongrundig Glattwandige Ware, Topf, Haltern 62/Höpken T21, 1 Rs., Rdm. 10 cm, Oberfl.: rötlich, Bruch: rötlich, Quarzsandmagerung, FN. 150, Blatt 14, 28.

45, Keramik, Tongrundig Glattwandige Ware, Topf, Haltern 62/Höpken T21, 1 Henkel, Oberfl.: rötlich, zweigliedrig, Bruch: rötlich, Quarzsandmagerung, FN. 150, Blatt 14, 28.

46, Keramik, Tongrundig Glattwandige Ware, Krug, Höpken T33, Mündung, Rdm. 4,2 cm, Oberfl.: ocker, dreigliedriger Bandhenkel, Bruch: rötlich, Quarzsandmagerung, FN. 150, Blatt 14, 28.

47, Keramik, Tongrundig Glattwandige Ware, Krug, Gruppe 2, 2 Böden, Oberfl.: rötlich, ocker, FN. 150, Blatt 14, 28.

48, Keramik, Tongrundig Glattwandige Ware, Krug, Gruppe 3, 1 Bs., Bdm. 6 cm, Oberfl.: ocker, Bruch: ocker, Quarzsandmagerung, FN. 150, Blatt 14, 28.

49, Keramik, Tongrundig Glattwandige Ware, Krug, 1 Fragment, Bdm. 5,9 cm, Oberfl.: rötlich, sehr fein geglättet, Bruch: rötlich, Quarzsandmagerung, FN. 150, Blatt 14, 28.

**Ofen 1, Schicht 2, Fundmaterial auf der Sohle des Brennraumes, unter der eingestürzten Lochtenne, sehr hart und schwarz angeglüht.**

50, Keramik, Belg. Ware, Becher, 1 Ws., Oberfl.: grau, Schmauchspuren, Bruch: grau, sehr fein geschlämmt, Schrägstichrollrädchendekor, von umlaufender Zierrille begrenzt, FN. 154, Blatt 14, 28.

51*, Keramik, Tongrundig Glattwandige Ware, Krug, Höpken T33, 1 Rs., Rdm. ca 6 cm, Oberfl.: ocker, sehr stark abgerieben, dreigliedriger Bandhenkel, Bruch: ocker, Quarzsandmagerung, FN. 154, Blatt 14, 28.

52, Keramik, Tongrundig Glattwandige Ware, Becher, 1 Ws., Oberfl.: ocker, Bruch: ocker, feine Quarzsandmagerung, V-förmiges Rollrädchendekor, durch umlaufende Zierrille begrenzt, FN. 154, Blatt 14, 28.

53, Keramik, Tongrundig Glattwandige Ware, Krug, 1 Henkel, Oberfl.: ocker, viergliedriger Bandhenkel, Schmauchspuren, Bruch: ocker, Quarzsandmagerung, FN. 154, Blatt 14, 28.

54, Keramik, Tongrundig Glattwandige Ware, Krug, Gruppe 3, 1 Boden, Bdm. 6,9 cm, Oberfl.: ocker, Bruch: rötlich, Quarzsandmagerung, FN. 154, Blatt 14, 28.

## Ofen 1, Schicht 24, leicht fahlgrauer, gelblichbrauner, lehmiger Sand, sehr stark mit Keramik durchsetzt.

55*, Keramik, Belg. Ware, Teller, ähnl. Deru A 56, 3 Rs., Rdm. 18 cm, Oberfl.: dunkelgrau, sehr glatt, Bruch: hellgraubraun mit feinen Quarzkörnern, FN. 144, Blatt 14, 28.

56*, Keramik, Belg. Ware, Becher, Deru P 1.2, Horizont II-VI, 7 Rs., Rdm. 19 cm, Oberfl.: hellgrau, Bruch: graubraun, Quarzsandmagerung, große Teile des Rands und verschiedene Teile der Wandung erhalten, V-förmiges Rädchendekor, zwei umlaufende, Zierrillen, FN. 144, Blatt 14, 28.

57, Keramik, Belg. Ware, Becher, Deru P 1, Horizont II-VI, 2 Rs., Rdm. 13 cm, Oberfl.: dunkelgrau, sehr fein geglättet, Bruch: grau, sehr fein geschlämmt, keine Magerung erkennbar, umlaufende Zierrille und kleinrechteckiges Rädchendekor, FN. 144, Blatt 14, 28.

58, Keramik, Belg. Ware, Becher, Deru P 6.1, Horizont II-IV, 1 Rs., Rdm. 11,8 cm, Oberfl.: dunkelgrau, außen sehr fein geglättet, Bruch: hellgrau, sehr fein geschlämmt, einzelne Luftblasen, Ansatz einer umlaufenden Zierrille, FN. 144, Blatt 14, 28.

59, Keramik, Belg. Ware, Becher, Deru P 1–9, Horizont II-VI, 3 Rs., Rdm. 19,2 cm, Oberfl.: ocker bis hellgrau, Bruch: ockerbraun, einzelne größere Quarzkörner, zwei umlaufende Zierrillen, starke Schmauchspuren, FN. 144, Blatt 14, 28.

60, Keramik, Belg. Ware, Becher, Deru P 1–9, Horizont II-VI, 2 Rs., Rdm. 19,2 cm, Oberfl.: hellgrau, sehr fein geglättet, Bruch: hellgrau, einzelne Luftbläschen und Quarzkörner, FN. 144, Blatt 14, 28.

61, Keramik, Belg. Ware, Becher, Deru P 1–9, Horizont II-VI, 1 Rs., Rdm. 12,2 cm, Oberfl.: dunkelgrau, sehr fein geglättet, Bruch: dunkelgrau mit größeren grauen Einschlüssen und Luftbläschen, FN. 144, Blatt 14, 28.

62, Keramik, Belg. Ware, Becher, Deru P 1–9, Horizont II-VI, 1 Rs., Rdm. 12 cm, Oberfl.: graubraun, sehr fein geglättet, Bruch: grau mit kleinen Luftbläschen, FN. 144, Blatt 14, 28.

63, Keramik, Belg. Ware, Becher, Deru P 1–9, Horizont II-VI, 2 Rs., Rdm. 11,6 cm, Oberfl.: dunkelgrau, sehr fein geglättet, Bruch: graubraun mit dunkelgrauem Kern, vereinzelt Quarz, FN. 144, Blatt 14, 28.

64*, Keramik, Belg. Ware, Becher, Deru P 29.1 Gurtbecher, Horizont II-VI, 2 Rs. Ws., Rdm. 20,2 cm, Oberfl.: außen dunkelbraun, innen ockerrot, Bruch: rotbraun, Quarzsandmagerung, stark profilierter Rand unter dem eine gepunktete Linie verläuft, darunter Feld mit V-förmigem Rädchendekor, Gurtband und weiterer V- förmiger Rädchendekorzone, FN. 144, Blatt 14, 28.

65*, Keramik, Belg. Ware, Becher, Deru P 35–40, Horizont II-VI, 1 Rs., Rdm. 11 cm, Oberfl.: hellgrauocker, Bruch: außen hellgrau, innen dunkler, einzelne Quarzsandkörner, FN. 144, Blatt 14, 28.

66, Keramik, Belg. Ware, Becher, 3 Ws., Oberfl.: hellgrau, Bruch: hellgrau, kleine Holzkohleeinschlüsse, V-förmiges Rollrädchendekor mit abschließender Zierrille, FN. 144, Blatt 14, 28.

67, Keramik, Belg. Ware, Becher, 9 Ws., Oberfl.: dunkelgrau, Bruch: hellgrau, sehr fein geschlämmt, ohne erkennbare Magerung, V-förmiges Rollrädchendekor mit abschließender doppelter Zierrille, FN. 144, Blatt 14, 28.

68, Keramik, Belg. Ware, Becher, 1 Ws., Oberfl.: grau, Bruch: grau, sehr fein geschlämmt, V-förmiges Rollrädchendekor, FN. 144, Blatt 14, 28.

69, Keramik, Belg. Ware, Becher, 2 Ws., Oberfl.: ockergrau, Bruch: ockergrau, Quarzsandmagerung, V-förmiges Rollrädchendekor mit abschließender Zierrille, FN. 144, Blatt 14, 28.

70, Keramik, Belg. Ware, Becher, 1 Ws., Oberfl.: ockergrau, Bruch: ockergrau, sehr fein geschlämmt, Quarzsandmagerung, V-förmiges Rollrädchendekor, FN. 144, Blatt 14, 28.

71, Keramik, Belg. Ware, Becher, 1 Ws., Oberfl.: ocker bis grau, Bruch: wie außen, feine Quarzsandmagerung, V-förmiges Rollrädchendekor mit abschließender Zierrille, FN. 144, Blatt 14, 28.

72, Keramik, Belg. Ware, Becher, 1 Ws., Oberfl.: ocker bis grau, Bruch: grau, sehr fein geschlämmt, Quarzsandmagerung, V-förmiges Rollrädchendekor mit abschließender doppelter Zierrille, Schmauchspuren, FN. 144, Blatt 14, 28.

73, Keramik, Belg. Ware, Becher, 1 Ws., Oberfl.: ocker bis grau, Bruch: ocker, sehr fein geschlämmt, keine Magerung erkennbar, V-förmiges Rollrädchendekor mit abschließender doppelter Zierrille, Schmauchspuren, FN. 144, Blatt 14, 28.

74, Keramik, Belg. Ware, Becher, 1 Ws., Oberfl.: grau, Bruch: grau, feine Quarzsandmagerung, V-förmiges Rollrädchendekor, FN. 144, Blatt 14, 28.

75, Keramik, Belg. Ware, Becher, 1 Ws., Oberfl.: graubraun, Bruch: grau sehr fein geschlämmt, V-förmiges Rollrädchendekor mit abschließender Zierrille, FN. 144, Blatt 14, 28.

76, Keramik, Belg. Ware, Becher, 1 Ws., Oberfl.: dunkelgrau, Bruch: hellgrau, sehr fein geschlämmt, V-förmiges Rollrädchendekor mit abschließender Zierrille, FN. 144, Blatt 14, 28.

77, Keramik, Belg. Ware, Becher, 1 Ws., Oberfl.: grau, Bruch: hellgrau sehr fein geschlämmt, V-förmiges Rollrädchendekor mit abschließender Zierrille, FN. 144, Blatt 14, 28.

78, Keramik, Belg. Ware, Becher, 3 Ws., Oberfl.: ocker bis grau, Bruch: grau, kleine Luftbläschen, feine Quarzsandmagerung, V-förmiges Rollrädchendekor mit abschließender Zierrille, FN. 144, Blatt 14, 28.

79, Keramik, Belg. Ware, Becher, 6 Ws., Oberfl.: grau bis dunkelbraun, Bruch: grau, vereinzelte größere Quarzkörner, fein geschlämmt, V-förmiges Rollrädchendekor mit abschließender Zierrille, FN. 144, Blatt 14, 28.

80, Keramik, Belg. Ware, Becher, 2 Ws., Oberfl.: grau, Bruch: grau, Quarzsandmagerung, V-förmiges Rollrädchendekor, FN. 144, Blatt 14, 28.

81, Keramik, Belg. Ware, Becher, 1 Ws., Oberfl.: ockergrau, Bruch: grau, sehr fein geschlämmt, V-förmiges Rollrädchendekor mit abschließender Zierrille, FN. 144, Blatt 14, 28.

82, Keramik, Belg. Ware, Becher, 2 Ws., Oberfl.: ocker, Bruch: ocker, Quarzsandmagerung, V-förmiges Rollrädchendekor mit abschließender doppelter Zierrille, FN. 144, Blatt 14, 28.

83, Keramik, Belg. Ware, Becher, 1 Ws., Oberfl.: dunkelgrau, Bruch: grau mit vielen kleinen Luftbläschen, V-förmiges Rollrädchendekor mit abschließender doppelter Zierrille, FN. 144, Blatt 14, 28.

84, Keramik, Belg. Ware, Becher, 1 Ws., Oberfl.: dunkelgrau, Bruch: grau, feine Quarzsandmagerung, V-förmiges Rollrädchendekor mit abschließender doppelter Zierrille, FN. 144, Blatt 14, 28.

85, Keramik, Belg. Ware, Becher, 1 Ws., Oberfl.: grau, Bruch: grau, feine Quarzsandmagerung, V-förmiges Rollrädchendekor, FN. 144, Blatt 14, 28.

86, Keramik, Belg. Ware, Becher, 1 Ws., Oberfl.: grau, Bruch: feine Quarzsandmagerung, kleine Luftbläschen, V-förmiges Rollrädchendekor, FN. 144, Blatt 14, 28.

87, Keramik, Belg. Ware, Becher, 3 Ws., Oberfl.: grau, Überzug vollkommen abgerieben, Bruch: grau, fein geschlämmt, Quarzsandmagerung, evtl. kleinrechteckiges Rollrädchendekor, sehr stark abgerieben, doppelte umlaufende Zierrille, FN. 144, Blatt 14, 28.

88, Keramik, Belg. Ware, Becher, 1 Ws., Oberfl.: schwarz, Bruch: dunkelgrau, sehr fein geschlämmt feine Quarzsandmagerung, umlaufende Zierrille, FN. 144, Blatt 14, 28.

89, Keramik, Belg. Ware, Becher, 1 Ws., Oberfl.: hellgrau, Bruch: hellgrau, feine Quarzsandmagerung, umlaufende Zierrille, FN. 144, Blatt 14, 28.

90, Keramik, Belg. Ware, Becher, 2 Ws., Oberfl.: dunkelgrau, Bruch: grau, sehr fein geschlämmt, doppelte umlaufende Zierrille, FN. 144, Blatt 14, 28.

91, Keramik, Belg. Ware, Becher, 2 Ws., Oberfl.: grau, Bruch: hellgrau, fein geschlämmt, doppelte umlaufende Zierrille, FN. 144, Blatt 14, 28.

92, Keramik, Belg. Ware, Becher, 8 Ws., Oberfl.: grau, sehr dünnwandig, Bruch: hellgrau, feine einzelne Quarzkörner, Schrägstrich-Rollrädchendekor mit doppelter, umlaufender Zierrille, FN. 144, Blatt 14, 28.

93, Keramik, Belg. Ware/Späte Terra Nigra, Becher, 1 Ws., etwa 1 cm² großes Fragment, vermutlich Störung, da deutlich später als andere Funde dieser Nummer, Oberfl.: schwarz, metallisch glänzend, Bruch: rotbraun, sehr fein geschlämmt, umlaufendes feines Ratterdekor, FN. 144, Blatt 14, 28.

94, Keramik, Belg. Ware, Becher, Gruppe 4, 5 Böden, Oberfl.: grau bis schwarz, sehr gut geglättet bis glänzend, Bruch: wie außen, z. T. stark quarzsandhaltig, FN. 144, Blatt 14, 28.

95, Keramik, Belg. Ware, Becher, Gruppe 5, 3 Böden, Oberfl.: hell bis dunkelgrau, sehr fein geglättet, Bruch: grau, Quarzhaltig, FN. 144, Blatt 14, 28.

96, Keramik, Belg. Ware, Becher, Gruppe 7, ca. 7 Böden, Oberfl.: grau, z.T starke Schmauchspuren, Bruch: grau, sehr fein geschlämmt, meist quarzsandhaltig, FN. 144, Blatt 14, 28.

97, Keramik, Tongrundig Glattwandige Ware, Becher, 1 Ws., Oberfl.: grau, Bruch: hellgrau, sehr fein geschlämmt mit einzelnen Quarzsandkörnern, vierzeiliges kleinrechteckiges Rädchendekor, FN. 144, Blatt 14, 28.

98*, Keramik, Tongrundig Glattwandige Ware, Topf, Haltern 57, vollständig, Bdm. 6,4 cm, Rdm. 12,4 cm, H. 14,2 cm, Oberfl.: wechselnd zwischen ocker, grau und rot, Bruch: ocker bis grau mit feiner Quarzsandmagerung, Boden stark verzogen, FN. 144, Blatt 14, 28.

99*, Keramik, Tongrundig Glattwandige Ware, Topf, Haltern 57, 4 Rs., Rdm. 12 cm, Oberfl.: dunkelgrau, auf der Innenseite ockergrau, Bruch: dunkelbraun mit grauem Kern, starke Quarzsandmagerung, Blase auf der Gefäßinneneite mit Abdrücken von Holz oder Stroh, FN. 144, Blatt 14, 28.

100, Keramik, Tongrundig Glattwandige Ware, Topf, Haltern 57, 4 Rs., H. 12 cm, Oberfl.: dunkelgrau bis schwarz, innen hellgrau, Bruch: außen hellgrau, innen dunkel, porös, Quarzsand, FN. 144, Blatt 14, 28.

101, Keramik, Tongrundig Glattwandige Ware, Topf, Haltern 57, 2 Rs., Rdm. 12,2 cm, Oberfl.: dunkelgrau bis schwarz, innen hellgrau, Bruch: hellgrau, dunkelgrauer Kern, vereinzelte Quarzkörner, FN. 144, Blatt 14, 28.

102, Keramik, Tongrundig Glattwandige Ware, Topf, Haltern 57, 2 Rs., Rdm. 13,2 cm, Oberfl.: dunkelgrau bis schwarz, Bruch: grau mit braunem Kern, Quarz und Ziegeleinschlüssen, FN. 144, Blatt 14, 28.

103, Keramik, Tongrundig Glattwandige Ware, Topf, Haltern 57, 3 Rs., Rdm. 13,8 cm, Oberfl.: dunkelgrau, Bruch: graubraun mit hellgrauem Kern, sehr fein geschlämmt, FN. 144, Blatt 14, 28.

104*, Keramik, Tongrundig Glattwandige Ware, Topf, Haltern 57, 5 Rs., Rdm. 11,8 cm, Oberfl.: ockerrot bis hellgrau, Bruch: gelblich-ocker, fein geschlämmt, mit großen Quarzeinschlüssen, FN. 144, Blatt 14, 28.

105, Keramik, Tongrundig Glattwandige Ware, Topf, Haltern 57, 2 Rs., Rdm. 14 cm, Oberfl.: ocker bis grau, innen rötlich, Bruch: ockerrot, porös, große Quarzeinschlüsse, organische Magerung, FN. 144, Blatt 14, 28.

106, Keramik, Tongrundig Glattwandige Ware, Topf, Haltern 57, 6 Rs., Rdm. 13,8 cm, Oberfl.: ocker bis grau, innen rötlich, Bruch: ocker mit vereinzelten Quarzeinschlüssen, Schmauchspuren, FN. 144, Blatt 14, 28.

107, Keramik, Tongrundig Glattwandige Ware, Topf, Haltern 57, 2 Rs., Rdm. 13,2 cm, Oberfl.: ocker, Bruch: ocker, fein geschlämmt mit großen Quarzkörnern, FN. 144, Blatt 14, 28.

108, Keramik, Tongrundig Glattwandige Ware, Topf, Haltern 57, 2 Rs., Rdm. 12,6 cm, Oberfl.: hellgrau, innen graurötlich, Bruch: grau mit braunem Kern, Quarzsand und organische Magerung, verschiedene größere Hohlräume mit Abdrücken von Stroh, FN. 144, Blatt 14, 28.

109, Keramik, Tongrundig Glattwandige Ware, Topf, Haltern 57, 2 Rs., Rdm. 14 cm, Oberfl.: graubraun, innen dunklgrau, Bruch: grau, sehr fein geschlämmt, FN. 144, Blatt 14, 28.

110, Keramik, Tongrundig Glattwandige Ware, Topf, Haltern 57, 1 Rs., Rdm. 14 cm, Oberfl.: ocker bis grau, Bruch: ockerporös mit großen Quarzeinschlüssen, FN. 144, Blatt 14, 28.

111, Keramik, Tongrundig Glattwandige Ware, Topf, Haltern 57, 1 Rs., Rdm. 13 cm, Oberfl.: ocker bis grau, Bruch: dunkelgrau bis orangerot, vereinzelte Quarzeinschlüsse, Schmauchspuren, FN. 144, Blatt 14, 28.

112, Keramik, Tongrundig Glattwandige Ware, Topf, Haltern 57, 1 Rs., Rdm. 13 cm, Oberfl.: ocker, Bruch: ocker, vereinzelte Quarz- und Ziegeleinschlüsse, FN. 144, Blatt 14, 28.

113, Keramik, Tongrundig Glattwandige Ware, Topf, Haltern 57, 1 Rs., Rdm. 14 cm, Oberfl.: hellgrau bis rötlichgrau, Bruch: hellgrau, sehr fein geschlämmt, vereinzelt organische Magerungspartikel, FN. 144, Blatt 14, 28.

114, Keramik, Tongrundig Glattwandige Ware, Topf, Haltern 57, 1 Rs., Rdm. 13 cm, Oberfl.: ockerrot, Bruch: ockerrot, porös mit Quarzsandmagerung, FN. 144, Blatt 14, 28.

115, Keramik, Tongrundig Glattwandige Ware, Topf, Haltern 57, 1 Rs., Rdm. 13,2 cm, Oberfl.: ockerrot bis grau, Bruch: außen grau, innen ockerrot mit großen Quarzeinschlüssen, Schmauchspuren, FN. 144, Blatt 14, 28.

116, Keramik, Tongrundig Glattwandige Ware, Topf, Haltern 57, 1 Rs., Rdm. 13,8 cm, Oberfl.: ocker bis grau, Bruch: ockerbraun mit Quarzsandmagerung, FN. 144, Blatt 14, 28.

117, Keramik, Tongrundig Glattwandige Ware, Topf, Haltern 57, 1 Rs., Rdm. 11,8 cm, Oberfl.: ockergrau, größere Blasen, Bruch: außen hell, innen dunkelgrau, keine Magerung erkennbar, FN. 144, Blatt 14, 28.

118, Keramik, Tongrundig Glattwandige Ware, Topf, Haltern 57, 1 Rs., Rdm. 14 cm, Oberfl.: dunkelgrau, Bruch: dunkelgrau, sehr fein geschlämmt, FN. 144, Blatt 14, 28.

119*, Keramik, Tongrundig Glattwandige Ware, Topf, Haltern 57, 3 Rs., Rdm. 14 cm, Oberfl.: gräulichocker, innen dunklgrau, Bruch: außen hellgrau, innen dunkler, sehr feine Quarzpartikel, FN. 144, Blatt 14, 28.

120*, Keramik, Tongrundig Glattwandige Ware, Topf, Haltern 62/Höpken T21, 1 Rs., Rdm. 10 cm, Oberfl.: ocker bis grau, stellenweise rötlich, innen dunkelbraun, Bruch: dunkelbraun, sehr feine Quarzsandmagerung, FN. 144, Blatt 14, 28.

121, Keramik, Tongrundig Glattwandige Ware, Topf, Haltern 62/Höpken T21, 4 Rs., Rdm. 9,8 cm, Oberfl.: ockerbraun bis ocker, Bruch: ockerbraun mit grober Quarzsandmagerung, FN. 144, Blatt 14, 28.

122*, Keramik, Tongrundig Glattwandige Ware, Topf, Haltern 62/Höpken T21, 2 Rs., Rdm. 10 cm, Oberfl.: ockerrot, Bruch: rötlich mit großen Quarzeinschlüssen, umlaufende Rille, nicht verstrichene Tonreste an der Innenseite des Rands, FN. 144, Blatt 14, 28.

123, Keramik, Tongrundig Glattwandige Ware, Topf, Haltern 62/Höpken T21, 1 Rs., Rdm. 9,8 cm, Oberfl.: ockerrot, Bruch: ockerrot mit Quarzsandmagerung, FN. 144, Blatt 14, 28.

124, Keramik, Tongrundig Glattwandige Ware, Topf, Haltern 62/Höpken T21, 5 Rs., Rdm. 12 cm, Oberfl.: ockerrot, Bruch: rötlich, fein geschlämmt, vereinzelte Quarzeinschlüsse, FN. 144, Blatt 14, 28.

125, Keramik, Tongrundig Glattwandige Ware, Topf, Haltern 62/Höpken T21, 3 Rs., Rdm. 10 cm, Oberfl.: rötlich-ocker, Bruch: ockerrot mit grober Quarzsandmagerung, umlaufende Rille, FN. 144, Blatt 14, 28.

126, Keramik, Tongrundig Glattwandige Ware, Topf, Haltern 62/Höpken T21, 1 Rs., Rdm. 10 cm, Oberfl.: ockerrot, Bruch: ockerrot, sehr fein geschlämmt mit kleinen Quarzeinschlüssen, FN. 144, Blatt 14, 28.

127, Keramik, Tongrundig Glattwandige Ware, Topf, Haltern 62/Höpken T21, 1 Rs., Rdm. 9 cm, Oberfl.: ockerrot, Bruch: ockerrot mit vereinzelten Quarzeinschlüssen, FN. 144, Blatt 14, 28.

128, Keramik, Tongrundig Glattwandige Ware, Topf, Haltern 62/Höpken T21, 1 Rs., Rdm. 10 cm, Oberfl.: ockerrot, Bruch: ockerrot, Quarzsandmagerung, Tonreste auf der Innenseite, umlaufende Zierrille, FN. 144, Blatt 14, 28.

129, Keramik, Tongrundig Glattwandige Ware, Topf, Haltern 62/Höpken T21, 1 Rs., Rdm. 9 cm, Oberfl.: ocker, Bruch: ocker mit rötlichen Quarzeinschlüssen, unverstrichene Tonreste an der Gefäßinnenseite, FN. 144, Blatt 14, 28.

130, Keramik, Tongrundig Glattwandige Ware, Topf, Haltern 62/Höpken T21, 1 Rs., Rdm. 9,6 cm, Oberfl.: ocker, Bruch: ocker, vereinzelt organische Magerungspatikel und Quarzsand, unverstrichene Tonreste an der Gefäßinnenseite, FN. 144, Blatt 14, 28.

131, Keramik, Tongrundig Glattwandige Ware, Topf, Haltern 62/Höpken T21, 1 Henkel, Oberfl.: ockerrot, zweigliedriger Ösenhenkel, Bruch: ockerrot, Quarzsandmagerung, FN. 144, Blatt 14, 28.

132, Keramik, Tongrundig Glattwandige Ware, Topf, Haltern 62/Höpken T21, 1 Henkel, Oberfl.: ockerrot, 2 gliedriger Ösenhenkel, Bruch: ockerrot, Quarzsandmagerung, FN. 144, Blatt 14, 28.

133, Keramik, Tongrundig Glattwandige Ware, Topf, Haltern 62/Höpken T21, 1 Henkel, Oberfl.: ockerbraun, Bruch: ockerbraun, Quarzsandmagerung, FN. 144, Blatt 14, 28.

134*, Keramik, Tongrundig Glattwandige Ware, Topf mit innerem Wulstrand, 5 Rs., Rdm. 15 cm, Oberfl.: dunkelgrau, Rand vollständig, Bruch: graubraun, quarzhaltig, FN. 144, Blatt 14, 28.

135, Keramik, Tongrundig Glattwandige Ware, Topf, Gruppe 6, ca. 12 Böden, Oberfl.: ockerrot bis grau, Bruch: wie Außenseite, oft Quarzsandmagerung, FN. 144, Blatt 14, 28.

136, Keramik, Tongrundig Glattwandige Ware, Krug, Höpken T33, Mündung und Henkel, Rdm. 7 cm, Oberfl.: rötlich mit hellgrauen Flecken, viergliedriger Bandhenkel, Bruch: rötlich-ocker mit hellgrauen Flecken, FN. 144, Blatt 14, 28.

137, Keramik, Tongrundig Glattwandige Ware, Krug, Höpken T33, Mündung und Henkel, Rdm. 7,1 cm, Oberfl.: ockerrot, viergliedriger Bandhenkel., Bruch: ocker mit hellgrauen Flecken, FN. 144, Blatt 14, 28.

138, Keramik, Tongrundig Glattwandige Ware, Krug, Höpken T33, Mündung und Henkel, Rdm. 7 cm, Oberfl.: hellrot, viergliedriger Bandhenkel., Bruch: hellrot, FN. 144, Blatt 14, 28.

139, Keramik, Tongrundig Glattwandige Ware, Krug, Höpken T33, Mündung und Henkel, Rdm. 7 cm, Oberfl.: hellrot, viergliedriger Bandhenkel., Bruch: hellrot, FN. 144, Blatt 14, 28.

140, Keramik, Tongrundig Glattwandige Ware, Krug, Höpken T33, Mündung und Henkel, Rdm. 7,5 cm, Oberfl.: ockerrot mit hellgrauen Flecken, dünnwandig, viergliedriger Bandhenkel, Bruch: ockerrot mit hellgrauem Kern, Quarzsandmagerung, FN. 144, Blatt 14, 28.

141*, Keramik, Tongrundig Glattwandige Ware, Krug, Höpken T33, Mündung, Rdm. 6,9 cm, Oberfl.: ockerrot, viergliedriger Bandhenkel, Bruch: ockerrot, Quarzsandmagerung, FN. 144, Blatt 14, 28.

142, Keramik, Tongrundig Glattwandige Ware, Krug, Höpken T33, Mündung, Rdm. 6,9 cm, Oberfl.: ockerrot, viergliedriger Bandhenkel., Bruch: hellrot, kleine schwarze Einschlüsse, Quarzsandmagerung, FN. 144, Blatt 14, 28.

143, Keramik, Tongrundig Glattwandige Ware, Krug, Höpken T33, Mündung, Rdm. 7 cm, Oberfl.: ockerrot, viergliedriger Bandhenkel, Bruch: hellrot, FN. 144, Blatt 14, 28.

144, Keramik, Tongrundig Glattwandige Ware, Krug, Höpken T33, Mündung, Rdm. 7,3 cm, Oberfl.: ockerrot, Schmauchspuren, viergliedriger Bandhenkel, Bruch: rot, Quarzsandmagerung, FN. 144, Blatt 14, 28.

145, Keramik, Tongrundig Glattwandige Ware, Krug, Höpken T33, Mündung, Rdm. 6,8 cm, Oberfl.: ockerrot, viergliedriger Bandhenkel, Bruch: ockerrot, Quarzsandmagerung, FN. 144, Blatt 14, 28.

146, Keramik, Tongrundig Glattwandige Ware, Krug, Höpken T33, Mündung, Rdm. 7 cm, Oberfl.: ockerbraun, viergliedriger Bandhenkel, Bruch: ockerbraun, hellgrauer Kern, Quarzsandmagerung, Tonklümpchen und Einkerbungen vor dem Brennvorgang, FN. 144, Blatt 14, 28.

147, Keramik, Tongrundig Glattwandige Ware, Krug, Höpken T33, Mündung, Rdm. 7,1 cm, Oberfl.: ockerrot, viergliedriger Bandhenkel, Bruch: rotbraun mit Quarzsand und rotbraunen Einschlüssen, Fingerabdrücke d. Töpfers in der Mündung, FN. 144, Blatt 14, 28.

148, Keramik, Tongrundig Glattwandige Ware, Krug, Höpken T33, Mündung Henkel, Rdm. 6,9 cm, Oberfl.: ockergelb, viergliedriger Bandhenkel, Einkerbungen und Tonreste, Bruch: ockergelb bis hellgrau, feine Quarzsandmagerung, FN. 144, Blatt 14, 28.

149, Keramik, Tongrundig Glattwandige Ware, Krug, Höpken T33, Mündung, Rdm. 6,9 cm, Oberfl.: ockerrot, viergliedriger Bandhenkel, Bruch: ockerrot mit grauem Kern, große Quarzmagerung, FN. 144, Blatt 14, 28.

150, Keramik, Tongrundig Glattwandige Ware, Krug, Höpken T33, Mündung, Rdm. 6 cm, Oberfl.: ockerrot, dreigliedriger Bandhenkel, Bruch: orangerot porös mit feiner Quarzmagerung, Fingerabdrücke u. leichte Deformierung des Rands, FN. 144, Blatt 14, 28.

151, Keramik, Tongrundig Glattwandige Ware, Krug, Höpken T33, Mündung, Rdm. 7 cm, Oberfl.: ockerrot, unsauber verstrichen, Bruch: ockerrot, Quarzsandmagerung, FN. 144, Blatt 14, 28.

152, Keramik, Tongrundig Glattwandige Ware, Krug, Höpken T33, Mündung, Rdm. 6,5 cm, Oberfl.: ocker, Tonreste, kleine Blasen und Hohlräume, Bruch: ocker, feine Quarzsandmagerung, FN. 144, Blatt 14, 28.

153, Keramik, Tongrundig Glattwandige Ware, Krug, Höpken T33, Mündung, Rdm. 6,9 cm, Oberfl.: ockerrot, Bruch: ockerrot, kleine schwarze Einschlüsse, Quarzsand, FN. 144, Blatt 14, 28.

154, Keramik, Tongrundig Glattwandige Ware, Krug, Höpken T33, 2 Rs., Rdm. 7 cm, Oberfl.: ockerrot mit grauen Flecken, Bruch: ockerrot, grauer Kern, Quarzsandmagerung, FN. 144, Blatt 14, 28.

155, Keramik, Tongrundig Glattwandige Ware, Krug, Höpken T33, 2 Rs., Rdm. 6,9 cm, Oberfl.: hellrot, Bruch: hellrot mit hellgrauem Kern, Quarzmagerung, FN. 144, Blatt 14, 28.

156*, Keramik, Tongrundig Glattwandige Ware, Krug, Höpken T33, Mündung, Rdm. 5,3 cm, Oberfl.: ockerrot mit roten Flecken, dreigliedriger Bandhenkel, Bruch: rötlich, leicht porös mit Quarzsandmagerung, 1,5 cm große Kerbe im Mündungsbereich, Henkel leicht schief, FN. 144, Blatt 14, 28.

157, Keramik, Tongrundig Glattwandige Ware, Krug, Höpken T33, Mündung, Rdm. 5,9 cm, Oberfl.: rotbraun, vermutlich dreigliedriger Bandhenkel, Bruch: rötlich porös mit vereinzelten Quarzeinschlüssen, FN. 144, Blatt 14, 28.

158, Keramik, Tongrundig Glattwandige Ware, Krug, Höpken T33, Mündung, Rdm. 5,2 cm, Oberfl.: ockerrot, viergliedriger Bandhenkel, Bruch: rotbraun, keine Magerung erkennbar, FN. 144, Blatt 14, 28.

159, Keramik, Tongrundig Glattwandige Ware, Krug, Höpken T33, Mündung, Rdm. 5 cm, Oberfl.: ockerrot, Bandhenkel nur Ansatz erkennbar, Bruch: leicht porös mit feiner Quarzsandmagerung, FN. 144, Blatt 14, 28.

160, Keramik, Tongrundig Glattwandige Ware, Krug, Höpken T33, Mündung, Rdm. 4,5 cm, Oberfl.: ockerrot, Bandhenkel nur im Ansatz erkennbar, Bruch: ocker, sehr feine Quarzsandmagerung, FN. 144, Blatt 14, 28.

161, Keramik, Tongrundig Glattwandige Ware, Krug, Höpken T33, 3 Rs., Rdm. 5,3 cm, Oberfl.: orangerot bis ocker mit grauen Flecken, sehr unterschiedliche Farben, Bruch: rotorange mit großen Quarzkörnern, FN. 144, Blatt 14, 28.

162, Keramik, Tongrundig Glattwandige Ware, Krug, Höpken T33, Mündung, Rdm. 4,8 cm, Oberfl.: orangerot mit ocker und grauen Flecken, Bandhenkel nur im Ansatz erkennbar, Bruch: rotorange mit größeren Quarzkörnern, FN. 144, Blatt 14, 28.

163, Keramik, Tongrundig Glattwandige Ware, Krug, Höpken T33, 2 Rs., Rdm. 5,3 cm, Oberfl.: ockerrot, Bruch: ockerrot, fein geschlämmt, wenige kleine Quarzeinschlüsse, FN. 144, Blatt 14, 28.

164, Keramik, Tongrundig Glattwandige Ware, Krug, Höpken T33, Mündung, Rdm. 4 cm, Oberfl.: rotbraun, dreigliedriger Bandhenkel nur im Ansatz erkennbar, Bruch: orangerot mit zahlreichen größeren Quarzeinschlüssen, Fingerabdrücke an der Mündungsaußenseite, FN. 144, Blatt 14, 28.

165*, Keramik, Tongrundig Glattwandige Ware, Krug, Höpken T33, 2 Rs., Rdm. 5,1 cm, Oberfl.: ocker, Henkel nur im Ansatz zu erkennen, Bruch: ocker, vereinzelt große Quarzeinschlüsse, Ton um den Henkel nur grob verschmiert, grobe Drehrillen auf der Mündungsinnenseite, FN. 144, Blatt 14, 28.

166, Keramik, Tongrundig Glattwandige Ware, Krug, Höpken T33, 1 Rs., Rdm. 4,9 cm, Oberfl.: ockerrot, Bruch: ockerrot, vereinzelte kleine Quarzeinschlüsse, FN. 144, Blatt 14, 28.

167, Keramik, Tongrundig Glattwandige Ware, Krug, Höpken T33, 2 Rs., Rdm. 4,7 cm, Oberfl.: ockerrot, Bruch: ockerrot, Quarzsandmagerung, FN. 144, Blatt 14, 28.

168, Keramik, Tongrundig Glattwandige Ware, Krug, Höpken T33, 1 Rs., Rdm. 4,6 cm, Oberfl.: ocker, Bruch: ockerrot mit feiner Quarzsandmagerung, FN. 144, Blatt 14, 28.

169, Keramik, Tongrundig Glattwandige Ware, Krug, Höpken T33, 1 Rs., Rdm. 5,1 cm, Oberfl.: ocker, Bruch: ocker, fein geschlämmt, vereinzelte Quarzsteine, FN. 144, Blatt 14, 28.

170, Keramik, Tongrundig Glattwandige Ware, Krug, Höpken T33, 1 Rs., Rdm. 5 cm, Oberfl.: ockerrot, Bruch: rötlich mit feiner Quarzsandmagerung, FN. 144, Blatt 14, 28.

171*, Keramik, Tongrundig Glattwandige Ware, Krug, Titelberg D.5.5, 3 Rs., Rdm. 7,6 cm, Oberfl.: ockerrot, Bruch: rötlich, fein geschlämmt, vereinzelte Quarzeinschlüsse, Fingerabdruck im Mündungstrichter, FN. 144, Blatt 14, 28.

172*, Keramik, Tongrundig Glattwandige Ware, Flasche, Titelberg D.3.2 Variante, 2 Rs., Rdm. 7,9 cm, Oberfl.: ockerrot, starke Drehrillen an der Halsinnenseite, Bruch: rötlich mit feinen Quarzeinschlüssen, FN. 144, Blatt 14, 28.

173*, Keramik, Tongrundig Glattwandige Ware, Flasche mit linsenförmigem Rand, Mündung, Rdm. 4,8 cm, Oberfl.: ockerrot, Bruch: rötlich, sehr fein geschlämmt, FN. 144, Blatt 14, 28.

174, Keramik, Tongrundig Glattwandige Ware, Krug, 36 Henkelfragmente, viergliedrig, unterschiedlicher Breite zwischen 3,5 und 2,3 cm Breite, nicht zusammengehörig, FN. 144, Blatt 14, 28.

175, Keramik, Tongrundig Glattwandige Ware, Krug, 1 Henkel, Oberfl.: ocker, fünfgliedrig, Bruch: ocker, grauer Kern, Quarzsandmagerung, FN. 144, Blatt 14, 28.

176, Keramik, Tongrundig Glattwandige Ware, Krug, 5 Henkel, dreigliedrige Bandhenkel 2,1 und 1,6 cm Breite, nicht zusammengehörig, FN. 144, Blatt 14, 28.

177, Keramik, Tongrundig Glattwandige Ware, Krug, 5 Henkel, zweigliedrig, zwischen 4,1 und 1 cm breit, nicht zusammengehörig, FN. 144, Blatt 14, 28.

178, Keramik, Tongrundig Glattwandige Ware, Krug?, Gruppe 1, 5 Böden, Oberfl.: ocker bis ockerrot, Bruch: ocker, meistens feine Quarzsandmagerung, FN. 144, Blatt 14, 28.

179, Keramik, Tongrundig Glattwandige Ware, Krug?, Gruppe 2, ca. 30 Böden, Oberfl.: ocker bis ockerrot, Bruch: ocker, meistens feine Quarzsandmagerung, FN. 144, Blatt 14, 28.

180, Keramik, Tongrundig Glattwandige Ware, Krug?, Gruppe 2, ca.13 Böden, Oberfl.: ocker bis ockerrot, Bruch: ocker, meistens feine Quarzsandmagerung, FN. 144, Blatt 14, 28.

181*, Keramik, Rauwand. Ware, Schüssel, Titelberg A.9.11 Variante mit Henkel, 2 Rs. Henkel, Rdm. 29 cm, Oberfl.: ockerrot bis grau, Bruch: ockerbraun, starke Quarzsandmagerung, vereinzelt Ziegel, Schmauchspuren, quersitzender zweigliedriger Bandhenkel, FN. 144, Blatt 14, 28.

182, Keramik, Muschelgem. Ware, Topf, Polfer 15, 1 Rs., 2 Ws., Rdm. 19 cm, Oberfl.: ocker bis dunkelgrau, Bruch: je nach Außenfarbe, dichte Muschelmagerung, Schmauchspuren, FN. 144, Blatt 14, 28.

183*, Keramik, Schwerkeramik, Reibschale?, Gruppe 8, 1 Bs., Bdm. 25 cm, Oberfl.: außen rotbraun, innen grau, Bruch: ocker, grobe Quarzsandmagerung, FN. 144, Blatt 14, 28.

184, Keramik, Schwerkeramik, Vorratsgefäß mit aufstehendem Rand, Höpken S9, 1 Rs., Rdm. 24 cm, Oberfl.: hellgrau, Magerung außen erkennbar, Bruch: grau, grobe dunkle Quarzsandmagerung, FN. 144, Blatt 14, 28.

## Ofen 1. Schicht 4, überwiegend rotbrauner, leicht lehmiger Sand; dazwischen leicht fahler, mittelbrauner bis gelbbrauner Sand; immer wieder Scherben, dazwischen kleine Kiesel (z. T. ehemaliger Aushub mit Resten von Toneisenbändern und angeglühten Lehmbrocken).

185, Keramik, Belg. Ware, Becher, Deru P 35–40, Horizont II-VI, 1 Rs., Rdm. 19,6 cm, Oberfl.: hellgrau, innen dunkelgrau, Bruch: dunkelgrau, fein geschlämmt, Quarzsandmagerung, FN. 149, Blatt 14, 28.

186, Keramik, Belg. Ware, Becher, Deru P 35–40, Horizont II-VI, 2 Rs., Rdm. 11,8 cm, Oberfl.: hellgrau, Bruch: grau, sehr fein geschlämmt, FN. 149, Blatt 14, 28.

187, Keramik, Belg. Ware, Becher, Deru P 35–40, Horizont II-VI, 2 Rs., Rdm. 12 cm, Oberfl.: außen schwarz, innen hellgrau, Bruch: graubraun, Quarzsandmagerung, FN. 149, Blatt 14, 28.

188, Keramik, Belg. Ware, Becher, Deru P 35–40, Horizont II-VI, 2 Rs., Rdm. 12 cm, Oberfl.: außen schwarz, innen grau, Bruch: graubraun, Quarzsandmagerung, FN. 149, Blatt 14, 28.

189, Keramik, Belg. Ware, Becher, 3 Ws., Oberfl.: dunkelgrau, Bruch: grau, sehr fein geschlämmt, 3,1 cm breites Kleinrechteckrollrädchendekor, oben und unten durch umlaufende Zierrille begrenzt, FN. 149, Blatt 14, 28.

190, Keramik, Belg. Ware, Becher, 1 Ws., Oberfl.: dunkelgrau, Bruch: grau, sehr fein geschlämmt, Kleinrechteckrollrädchendekor, durch umlaufende Zierrille begrenzt, FN. 149, Blatt 14, 28.

191, Keramik, Belg. Ware, Becher, 1 Ws., Oberfl.: dunkelgrau, Bruch: grau, sehr fein geschlämmt, Kleinrechteckrollrädchendekor, durch umlaufende Zierrille begrenzt, FN. 149, Blatt 14, 28.

192, Keramik, Belg. Ware, Becher, 1 Ws., Oberfl.: hellgrau, sehr fein geglättet, Bruch: grau, sehr fein geschlämmt, Schrägstrichrollrädchendekor, durch umlaufende Zierrille begrenzt, FN. 149, Blatt 14, 28.

193, Keramik, Belg. Ware, Becher, 3 Ws., Oberfl.: dunkelgrau, stellenweise metallisch glänzend, Bruch: grau, sehr fein geschlämmt, Schrägstrichrollrädchendekor, durch doppelte umlaufende Zierrille begrenzt, FN. 149, Blatt 14, 28.

194, Keramik, Belg. Ware, Becher, 1 Ws., Oberfl.: dunkelgrau, sehr fein geglättet, Bruch: grau, sehr fein geschlämmt, Schrägstrichrollrädchendekor, durch umlaufende Zierrille begrenzt, FN. 149, Blatt 14, 28.

195, Keramik, Belg. Ware, Becher, 1 Ws., Oberfl.: schwarz, Bruch: dunkelgrau, sehr fein geschlämmt, 1,5 cm breites Schrägstrichrollrädchendekor, durch umlaufende Zierrillen oben und unten begrenzt, FN. 149, Blatt 14, 28.

196, Keramik, Belg. Ware, Becher, 3 Ws., Oberfl.: grau, Bruch: grau, porös, Quarzsandmagerung, V-förmiges, stellenweise sehr schlecht eingedrücktes Rollrädchendekor, das oben durch eine Zierrille begrenzt wird, FN. 149, Blatt 14, 28.

197, Keramik, Belg. Ware, Becher, 2 Ws., Oberfl.: ocker, Schmauchspuren, Bruch: ocker, sehr fein geschlämmt, V-förmiges Rollrädchendekor, durch eine Zierrille begrenzt, FN. 149, Blatt 14, 28.

198, Keramik, Belg. Ware, Becher, 2 Ws., Oberfl.: grau, sehr fein geglättet, Schmauchspuren, Bruch: grau, sehr fein geschlämmt, V-förmiges Rollrädchendekor, durch eine doppelte Zierrille begrenzt, FN. 149, Blatt 14, 28.

199, Keramik, Belg. Ware, Becher, 3 Ws., Oberfl.: grau, sehr fein geglättet, Bruch: grau, sehr fein geschlämmt, V-förmiges Rollrädchendekor, durch eine doppelte Zierrille begrenzt, FN. 149, Blatt 14, 28.

200, Keramik, Belg. Ware, Becher, 1 Ws., Oberfl.: hellgrau, sehr fein geglättet, Bruch: grau, sehr fein geschlämmt, V-förmiges Rollrädchendekor, FN. 149, Blatt 14, 28.

201, Keramik, Belg. Ware, Becher, 1 Ws., Oberfl.: ocker, Bruch: ocker, sehr fein geschlämmt, umlaufende Zierrille, FN. 149, Blatt 14, 28.

202, Keramik, Belg. Ware, Becher, 1 Ws., Oberfl.: ocker bis grau, Schmauchspuren, Bruch: grau, Quarzsandmagerung, doppelte umlaufende Zierrille, FN. 149, Blatt 14, 28.

203, Keramik, Belg. Ware, Becher, 1 Ws., Oberfl.: dunkelgrau, fein geglättet, Bruch: grau, fein geschlämmt, kleine Quarzpartikel, umlaufende Zierrille, FN. 149, Blatt 14, 28.

204, Keramik, Belg. Ware, Becher, 1 Ws., Oberfl.: dunkelgrau, Bruch: grau, sehr fein geschlämmt, einzelne Quarzkörner, umlaufende Zierrille, FN. 149, Blatt 14, 28.

205, Keramik, Belg. Ware, Becher, 1 Ws., Oberfl.: grau, metallisch glänzend, Bruch: grau, sehr fein geschlämmt, umlaufende Zierrille, FN. 149, Blatt 14, 28.

206, Keramik, Belg. Ware, Becher, 1 Ws., Oberfl.: dunkelgrau, metallisch glänzend, Bruch: grau, sehr fein geschlämmt, umlaufende Zierrille, FN. 149, Blatt 14, 28.

207, Keramik, Belg. Ware, Becher, 1 Ws., Oberfl.: dunkelgrau, sehr fein geglättet, Bruch: grau, sehr fein geschlämmt, umlaufende Zierrille, FN. 149, Blatt 14, 28.

208, Keramik, Belg. Ware, Becher, Gruppe 4, 2 Bs., Oberfl.: grau, FN. 149, Blatt 14, 28.

209, Keramik, Tongrundig Glattwandige Ware, Topf, Haltern 62/Höpken T21, 1 Ws., Oberfl.: rötlich, Bruch: rötlich, Quarzsandmagerung, umlaufende Zierrille, FN. 149, Blatt 14, 28.

210, Keramik, Tongrundig Glattwandige Ware, Topf, Haltern 62/Höpken T21, 2 Henkel, Oberfl.: rötlich, unterschiedliche Gefäße, Bruch: rötlich, Quarzsandmagerung, FN. 149, Blatt 14, 28.

211, Keramik, Tongrundig Glattwandige Ware, Topf, Gruppe 6, 5 Bs., Oberfl.: rötlich, FN. 149, Blatt 14, 28.

212, Keramik, Tongrundig Glattwandige Ware, Krug, Höpken T33, 1 Rs., Rdm. 7,6 cm, Oberfl.: rötlich, Bruch: rötlich Quarzsandmagerung, FN. 149, Blatt 14, 28.

213, Keramik, Tongrundig Glattwandige Ware, Krug, 4 Henkel, Oberfl.: rötlich, viergliedrige Bandhenkel, Bruch: ockerrot, alle quarzsandgemagert, FN. 149, Blatt 14, 28.

214, Keramik, Tongrundig Glattwandige Ware, Krug, 1 Henkel, Oberfl.: rötlich, dreigliedriger Bandhenkel, Bruch: rötlich, Quarzsandmagerung, FN. 149, Blatt 14, 28.

215, Keramik, Tongrundig Glattwandige Ware, Krug?, Gruppe 2, 5 Böden, Oberfl.: ocker bis braun, FN. 149, Blatt 14, 28.

216, Keramik, Tongrundig Glattwandige Ware, Krug?, Gruppe 10, 1 Bs., Bdm. 11,8 cm, Oberfl.: ocker, sehr fein geglättet, Bruch: rötlich, einzelne größere Quarzkörner, FN. 149, Blatt 14, 28.

217, Keramik, Muschelgem. Ware, Topf?, 2 Ws., Oberfl.: braun, nicht aneinander anpassend, Bruch: braun, grobe Muschelmagerung, FN. 149, Blatt 14, 28.

## Ofen 2, Schicht 17/18, orangerosa angeglühter Sand, darüber hell gelbbrauner Sand, darin viel Keramik, große Schlacken und Brandlehmbrocken (Rest der Lochtenne), angeschnittener Teil des Brennraums eines Ofens.

218, Keramik, rote Belg. Ware, 1 Ws., Oberfl.: dunkelrot, fein geglättet, kein Überzug, Bruch: rot, sehr fein geschlämmt, glimmerhaltig, FN. 125, Blatt 16, 22.

219, Keramik, Belg. Ware, Becher, Deru P 1–9, Horizont II-VI, 5 Rs., Rdm. 17 cm, Oberfl.: ocker, sehr fein geglättet, Bruch: ocker mit hellgrauem Kern, fein geschlämmt, einzelne Quarzkörner, FN. 125, Blatt 16, 22.

220, Keramik, Belg. Ware, Becher, Deru P 1–9, Horizont II-VI, 2 Rs., Rdm. 17 cm, Oberfl.: ocker, fein geglättet, Bruch: ocker, fein geschlämmt, FN. 125, Blatt 16, 22.

221, Keramik, Belg. Ware, Becher, Deru P 1, Horizont II-VI, 6 Rs, 10. Ws., Rdm. 13 cm, Oberfl.: ocker, fein geglättet, Bruch: ocker, feine Quarzsandmagerung, V-förmiges Rollrädchendekor, 4,7 cm breiten Streifen wird oben durch eine doppelte, unten durch eine einfache, Zierrille begrenzt, FN. 125, Blatt 16, 22.

222, Keramik, Belg. Ware, Becher, 2 Ws., Oberfl.: rötlich, fein geglättet, Bruch: ocker, fein geschlämmt, einzelne Quarzsteinchen, umlaufende Zierrille begrenzt V-förmiges Rädchendekor, FN. 125, Blatt 16, 22.

223, Keramik, Belg. Ware, Becher, 2 Ws., Oberfl.: ocker bis grau, fein geglättet, Schmauchspuren, Bruch: ocker, sehr fein geschlämmt, umlaufende Zierrille begrenzt V-förmiges Rädchendekor, FN. 125, Blatt 16, 22.

224, Keramik, Belg. Ware, Becher, 6 Ws., Oberfl.: ocker bis grau, Schmauchspuren, Bruch: ocker, stellenweise grauer Kern, fein geschlämmt, zwei je 2,6 cm breite Dekorbänder mit sorgfältigem Schrägstrichrollrädchendekor, von Zierrillen begrenzt, in 2 cm Abstand, FN. 125, Blatt 16, 22.

225, Keramik, Belg. Ware, Becher, 2 Ws., Oberfl.: braun, fein geglättet, Bruch: braun, Quarzsandmagerung, zwei 1,4 cm breite Dekorbänder mit Schrägstrichrollrädchendekor, von breiten Zierrillen begrenzt, in 0,3 cm Abstand, FN. 125, Blatt 16, 22.

226, Keramik, Belg. Ware, Becher, 1 Ws., Oberfl.: ocker, fein geglättet, Bruch: ocker, einzelne größere Quarzkörner, breite, doppelt umlaufende Zierrille begrenzt 1,5 cm breites Schrägstrichrollrädchendekorband, FN. 125, Blatt 16, 22.

227, Keramik, Belg. Ware, Becher, 1 Ws., Oberfl.: dunkelgrau, metallischer Glanz, sehr fein geglättet, Bruch: grau, Quarzsandmagerung, umlaufende Zierrille begrenzt Schrägstrichrollrädchendekor, FN. 125, Blatt 16, 22.

228, Keramik, Belg. Ware, Becher, 1 Ws., Oberfl.: grau, fein geglättet, Bruch: hellgrau, sehr fein geschlämmt, umlaufende Zierrille begrenzt sehr grobes, großes Schrägstrichrollrädchendekor, FN. 125, Blatt 16, 22.

229, Keramik, Belg. Ware, Becher, 3 Ws., Oberfl.: grau bis braun, fein geglättet, unterschiedliche Gefäße, umlaufende Zierrille, FN. 125, Blatt 16, 22.

230, Keramik, Belg. Ware, Becher, Gruppe 7, 2 Böden, Bdm. 9–11 cm, Oberfl.: ocker-grau, zwei Gefäße, FN. 125, Blatt 16, 22.

231, Keramik, Belg. Ware, Becher, Gruppe 5, 1 Bs., Bdm. 8 cm, Oberfl.: grau, Bruch: grau, Quarzsandmagerung, FN. 125, Blatt 16, 22.

232, Keramik, TN, Becher?, 3 Ws., Oberfl.: schwarz, fein geglättet, Bruch: hellgrau mit dunkelgrauem Kern, fein geschlämmt, doppelt umlaufende Zierrille begrenzt sehr sorgfältigen, 4 cm breiten Schrägstrichrollrädchenstreifen, FN. 125, Blatt 16, 22.

233, Keramik, Tongrundig Glattwandige Ware, Brennhilfe?, fast vollständig, Bdm. 13,2 cm, Rdm. 14,5 cm, H. 5 cm, Oberfl.: ocker, grob geglättet, Drehrillen, Einkerbungen, Tonreste, Bruch: ocker, grob quarzsandgemagert, FN. 125, Blatt 16, 22.

234, Keramik, Tongrundig Glattwandige Ware, Krug, 1 Henkel, Oberfl.: hellocker, dreigliedriger Bandhenkel, Bruch: ocker, Quarzsandmagerung, FN. 125, Blatt 16, 22.

## Ofen 3, Schicht 1, gelbbrauner, leicht lehmiger Sand, z. T. rotbraun lehmiger Sand, einz. Holzkohle, Teile der Lochtenne auf 130,26 m ü. NN im Ofen, Wand: rötlicher bis schwarzer Sand, auf der Sohle grünlich grauer, fester Sand. Ziegel, Kiesel, Scherben.

235, Keramik, Belg. Ware, Becher, Deru P 1.4, Horizont II-VI, 15 Rs. und Ws., Rdm. 16 cm, Oberfl.: graubraun, fein geglättet, Bruch: grau, Quarzsand mit z. T. großen Steinen, organische Magerungspartikel, 6,6 cm breites Dekorfeld mit Zickzackmuster, oben und unten durch Zierrille begrenzt, FN. 153, Blatt 37.

236, Keramik, Belg. Ware, Becher, Deru P 1, Horizont II-VI, 7 Rs. Ws., Rdm. 19,2 cm, Oberfl.: grau, Schmauchspuren, Bruch: oben heller, unten dunkler grau, Quarzsand, 4,7 cm breites Dekorband mit Kleinrechteckrollrädchendekor, oben und unten von doppelt umlaufender Zierrille begrenzt, FN. 153, Blatt 37.

237, Keramik, Belg. Ware, Becher, Deru P 6, Horizont II-IV, 3 Rs., Rdm. 11,2 cm, Oberfl.: hellgrau geglättet, Bruch: hellgrau, Quarzsandmagerung, 3,3 cm breites Kleinrechteckrollrädchendekorband wird oben von einer einfachen, unten von einer doppelten Zierrille, begrenzt, FN. 153, Blatt 37.

238, Keramik, Belg. Ware, Becher, Deru P 1–9, Horizont II-VI, 1 Rs., Rdm. 14 cm, Oberfl.: grau, sehr fein geglättet, Bruch: grau, Quarzsandmagerung, FN. 153, Blatt 37.

239, Keramik, Belg. Ware, Becher, ca. 35 Ws. und Bs., Bdm. 10,6 cm, Oberfl.: grau, Bruch: grau, Quarzsandmagerung, einzelne organische Partikel, 5,5 cm breites Dekorband mit Zickzacklinien wird unten durch doppelte, oben nur einfach erhaltene Zierrille begrenzt, FN. 153, Blatt 37.

240, Keramik, Belg. Ware, Becher, 2 Ws., Oberfl.: grau, fein geglättet, Bruch: grau, Quarzsandmagerung, Glimmer, 2 cm breites Kleinrechteckrollrädchendekorband wird oben und unten durch Zierrillen begrenzt, FN. 153, Blatt 37.

241, Keramik, Belg. Ware, Becher, 1 Ws., Oberfl.: grau, sehr fein geglättet, Bruch: grau, sehr fein geschlämmt, Schrägstrichrollrädchendekor wird durch umlaufende Zierrille begrenzt, FN. 153, Blatt 37.

242, Keramik, Belg. Ware, Becher, 6 Ws., Oberfl.: grau, unterschiedliche Gefäße, umlaufende Zierrillen, FN. 153, Blatt 37.

243, Keramik, Belg. Ware, Becher, Gruppe 2, 1 Bs., Bdm. 11 cm, Oberfl.: grau, Bruch: grau, quarzsandgemagert, hoher Glimmeranteil, FN. 153, Blatt 37.

244, Keramik, Belg. Ware, Becher, Gruppe 5, Boden, Bdm. 10,2 cm, Oberfl.: grau, Bruch: grau, größere Quarzkörner, FN. 153, Blatt 37.

245, Keramik, Rauwand. Ware, Topf, Gruppe 7, Boden, Rdm. 9,7 cm, Oberfl.: grau, Bruch: grau, quarzsandgemagert, große Körner, FN. 153, Blatt 37.

246, Keramik, Tongrundig Glattwandige Ware, Topf, Haltern 57/Höpken T20, 9 Rs. Ws., Rdm. 14 cm, Oberfl.: schwarz, Bruch: dunkelgrau, quarzsandgemagert, hoher Glimmeranteil, FN. 153, Blatt 37.

247, Keramik, Tongrundig Glattwandige Ware, Topf, Haltern 57/Höpken T20, 1 Rs., Rdm. 14 cm, Oberfl.: braun, Bruch: braun, sehr fein geschlämmt, FN. 153, Blatt 37.

248, Keramik, Muschelgem. Ware, Deckel, Titelberg E.10.1, 1 Rs., Rdm. 24,4 cm, Oberfl.: grau, sehr hart gebrannt, Bruch: Grau, grob quarzsandgemagert, innen umlaufende Zierrille, FN. 153, Blatt 37.

## Ofen 4, Schicht 1, grauer Rohton, z. T. mit gelbbraunem Sand vermischt, darin verziegelte Tonbrocken, Keramik und Holzkohle, etwas Kies, im oberen Bereich hell bis mittelbraunsandig mit häufigen rötlichen Lehmflecken. Unterkante ist nicht angeglüht.

250, Metall, Bronzemünze, Lyoner Altarserie, halbiert, FN. 233, Blatt 60.

251*, Keramik, Belg. Ware, Teller, ähnl. Deru KL 24/Höpken T9, Horizont II, 2 Rs., Rdm. 12,8 cm, Oberfl.: dunkelgrau, Brandspuren an Innenseite, Bruch: dunkelgrau, sehr fein geschlämmt, kleine Luftbläschen, umlaufende Zierrille, FN. 233, Blatt 60.

252, Keramik, Belg. Ware, Teller, ähnl. Deru KL 24, Horizont II, 1 Rs., Rdm. 16 cm, Oberfl.: grau, sehr fein geglättet, Bruch: grau, sehr fein geschlämmt mit braunem Kern, umlaufende Zierrille, FN. 233, Blatt 60.

253, Keramik, Belg. Ware, Teller, 1 Rs., Rdm. 14,2 cm, Oberfl.: grau, sehr fein geglättet, Bruch: grau, sehr fein geschlämmt, tief eingekerbte, umlaufende Zierrille, FN. 233, Blatt 60.

254, Keramik, Belg. Ware, Becher, Deru P 8, Horizont III, 32 Rs., Ws. und Bs., Bdm. 9,5 cm, Rdm. 14 cm, Oberfl.: hellgrau, Scherben nicht anpassend, fein geglättet, Bruch: hellgrau, Quarzsandmagerung, vereinzelt organisch, zwei doppelte Zierrillen umschließen ein 3,2 cm breites Zierband mit Kleinrechteckrollrädchendekor, FN. 233, Blatt 60.

255, Keramik, Belg. Ware, Becher, Deru P 1–9, Horizont II-VI, 4 Rs., Rdm. 15,6 cm, Oberfl.: dunkelgrau, innen hellgrau, außen sehr fein geglättet, Bruch: grau, Quarzsandmagerung, umlaufende Zierrille im Ansatz erhalten, FN. 233, Blatt 60.

256, Keramik, Belg. Ware, Becher, Deru P 1–9, Horizont II-VI, 3 Rs., Rdm. 14 cm, Oberfl.: grau, sehr fein geglättet, Bruch: grau, sehr fein geschlämmt, Quarzsandmagerung, umlaufende Zierrille begrenzt Schrägstrichrollrädchendekor, FN. 233, Blatt 60.

257, Keramik, Belg. Ware, Becher, Deru P 1–9, Horizont II-VI, 6 Rs., Rdm. 16 cm, Oberfl.: hellgrau bis schwarz, Schmauchspuren, Bruch: je nach außen hell- bis dunklgrau, Quarzsandmagerung, FN. 233, Blatt 60.

258, Keramik, Belg. Ware, Becher, Deru P 1–9, Horizont II-VI, 1 Rs., Rdm. 22 cm, stellenweise sehr fein geglättet, stellenweise aber auch rau, Bruch: grau, feine Quarzsandmagerung, doppelte umlaufende Zierrille, FN. 233, Blatt 60.

259, Keramik, Belg. Ware, Becher, Deru P 1–9, Horizont II-VI, 5 Rs., 3 Ws., Rdm. 16,2 cm, Oberfl.: dunkelgrau, stellenweise sehr fein geglättet, stellenweise aber auch rau, Bruch: grau, Quarzsandmageung, größere organische Teile, doppelte umlaufende Zierrille begrenzt kleinrechteckiges Rollrädchendekor, FN. 233, Blatt 60.

260, Keramik, Belg. Ware, Becher, Deru P 1–9, Horizont II-VI, 2 Rs., Rdm. 15,2 cm, Oberfl.: grau, Bruch: grau, Quarzsandmagerung, einzelne große Körner, umlaufende Zierrille, FN. 233, Blatt 60.

261, Keramik, Belg. Ware, Becher, Deru P 1–9, Horizont II-VI, 2 Rs., Rdm. 13 cm, Oberfl.: dunkelgrau, Bruch: grau, Quarzsandmagerung, z. T. organische Magerung, FN. 233, Blatt 60.

262, Keramik, Belg. Ware, Becher, Deru P 1–9, Horizont II-VI, 3 Rs., Rdm. 16 cm, Oberfl.: hellgrau bis schwarz, sehr unregelmäßig gefärbt, Bruch: grau, sehr fein geschlämmt, viele Luftblasen, doppelte, umlaufende Zierrille, FN. 233, Blatt 60.

263, Keramik, Belg. Ware, Becher, Deru P 1–9, Horizont II-VI, 2 Rs., Rdm. 15 cm, Oberfl.: dunkelgrau, fein geglättet, Bruch: dunkelgrau, fein geschlämmt, FN. 233, Blatt 60.

264, Keramik, Belg. Ware, Becher, 120 Ws., Oberfl.: grau bis schwarz, Bruch: meist quarzsandgemagert, Fragmente verschiedener Becher mit umlaufenden Zierrillen und kleinrechteckigem Rädchendekor, Muster sehr einheitlich, FN. 233, Blatt 60.

265, Keramik, Belg. Ware, Becher, 23 Ws., Oberfl.: grau bis schwarz, Bruch: meist quarzsandgemagert, doppelte, umlaufende Zierrille, FN. 233, Blatt 60.

266, Keramik, Belg. Ware, Becher, 11 Ws., Oberfl.: grau und schwarz, mindestens 3 unterschiedliche Gefäße, Bruch: grau, quarzsandgemagert, zwei Dekorstreifen mit kleinrechteckigem Rollrädchendekor, getrennt durch ein von einer doppelten Zierrille begrenztes Band, FN. 233, Blatt 60.

267, Keramik, Belg. Ware, Becher, Ws., Oberfl.: hellgrau, Bruch: grau, sehr fein geschlämmt, einzelne Quarzkörner, doppelte, umlaufende Zierrille begrenzt V-förmiges Rädchendekor, FN. 233, Blatt 60.

268, Keramik, Belg. Ware, Becher, 1 Ws., Oberfl.: dunkelgrau, Bruch: dunkelgrau, feine Quarzsandmagerung, kleine Luftblasen, umlaufende Zierrille begrenzt schlecht eingedrücktes Schrägstrichrollrädchendekor, FN. 233, Blatt 60.

269, Keramik, Belg. Ware, Becher, 1 Ws., Oberfl.: dunkelgrau, Bruch: dunkelgrau, Quarzsandmagerung, umlaufende Zierrille begrenzt schlecht eingedrücktes Schrägstrichrollrädchendekor, FN. 233, Blatt 60.

270, Keramik, Belg. Ware, Becher, 1 Ws., Oberfl.: graubraun, außen geglättet, wenig Quarz zu sehen, Bruch: dunkelgrau, geglättete Schicht zeichnet sich deutlich ab, große Quarze im Zentrum des Bruchs, außen vertikal verlaufende, leicht eingedrückte Rillen, FN. 233, Blatt 60.

271, Keramik, Belg. Ware, Becher, Gruppe 4, 2 Böden, Oberfl.: ocker bis grau, 7–9 cm, FN. 233, Blatt 60.

272, Keramik, Belg. Ware, Becher, Gruppe 5, 5 Böden, Oberfl.: hell bis dunkelgrau, Dm. zwischen 10,5 und 13 cm, Bruch: grau, Quarzsandmagerung, FN. 233, Blatt 60.

273*, Keramik, Tongrundig Glattwandige Ware, Schüssel, Höpken T9, 1 Rs., Rdm. 25 cm, Oberfl.: ocker, Bruch: ocker, einzelne Quarzkörner, fein geschlämmt, umlaufende Zierrille, FN. 233, Blatt 60.

274, Keramik, Tongrundig Glattwandige Ware, Topf, Deru P1–9, 1 Rs., Rdm. 14 cm, Oberfl.: grau, Stellung nicht gesichert, Bruch: grau, grobe Quarzmagerung, Schiefereinschlüsse, FN. 233, Blatt 60.

275, Keramik, Tongrundig Glattwandige Ware, Krug?, Gruppe 1, 1 Bs., Bdm. 13 cm, Oberfl.: ocker, Bruch: ocker, Quarzsandmagerung, FN. 233, Blatt 60.

276, Keramik, Rauwand. Ware, 2 Ws., Oberfl.: hellgrau, fein geglättet, keine Wölbung, Bruch: hellgrau bis weiß, sehr grobe Partikel, FN. 233, Blatt 60.

277, Keramik, Schwerkeramik, Vorratsgefäß mit aufstehendem Rand, Höpken S9, 1 Rs., Rdm. 20 cm, Oberfl.: grau, Schmauchspuren, Stellung nicht gesichert, Bruch: grau, grobe Quarzsandmagerung, vereinzelt organische Partikel, FN. 233, Blatt 60.

## Ofen 5, Schicht 5, grauer lehmiger Sand, viel Holzkohle, einige kleine, rötliche, verziegelte Lehmbröckchen, etwas Kies.

278, Keramik, Belg. Ware, Becher, 1 Ws., Oberfl.: grau, fein geglättet, Bruch: grau, Quarzsandmagerung, unregelmäßiges V-förmiges Rollrädchendekor mit abschließender Zierrille, FN. 236, Blatt 60.

279, Keramik, Belg. Ware, Becher, 1 Ws., Oberfl.: grau, Bruch: grau, feine Quarzsandmagerung, Kleinrechteckiges Rollrädchendekor, FN. 236, Blatt 60.

280, Keramik, Belg. Ware, Becher, Gruppe 5, 1 Bs., Bdm. 10 cm, Oberfl.: grau, Bruch: grau, Quarzsandmagerung, FN. 236, Blatt 60.

## Ofen 5, Schicht 7, Brandschicht aus stark mit Holzkohle durchsetztem Sand; der Sand ist z. T. durch Brand und Hitzeeinwirkung verziegelt, Keramik.

281, Keramik, Belg. Ware?, Platte?, 1 Ws., Oberfl.: schwarz, metallisch glänzend, verbrannt?, Bruch: weiß, sehr fein geschlämmt, FN. 238, Blatt 60.

282, Keramik, Belg. Ware, Becher, 2 Ws., Oberfl.: ockergrau, Brandspuren, Bruch: grau, grobe Quarzsandmagerung, sehr schmales Schrägstrichrollrädchendekor, FN. 238, Blatt 60.

283, Keramik, Belg. Ware, Becher, Gruppe 5, 2 Bs., Bdm. 12,6 cm, Oberfl.: grau, Brandspuren, Bruch: grau, Quarzsandmagerung, FN. 238, Blatt 60.

284, Keramik, Goldglimmerware, 1 Ws., Oberfl.: ocker, mit goldglänzendem, sehr dünnem Überzug, stellenweise abgerieben, Bruch: ocker, feine Quarzsandmagerung, FN. 238, Blatt 60.

285*, Keramik, Tongrundig Glattwandige Ware, Neuss VI, Taf. 9,8, Oberaden Typ 93, 52, Abb 6a, 1 Rs., Rdm. 15,8 cm, Oberfl.: ocker, sehr fein geglättet, Bruch: ocker, sehr fein geschlämmt, Glimmeranteil, FN. 238, Blatt 60.

286, Keramik, Tongrundig Glattwandige Ware, 1 Ws., Oberfl.: ocker, fein geglättet, Brandspuren, Bruch: ocker, fein geschlämmt, Glimmeranteil, auffälliger Wandknick mit darunter wieder einziehender Wandung, FN. 238, Blatt 60.

287, Keramik, Tongrundig Glattwandige Ware, Krug, Gruppe 7, 2 Böden, Bdm. 8 cm, Oberfl.: ocker
  bis rot, starke Brandspuren, Bruch: rot, Quarzsandmagerung, FN. 238, Blatt 60.

288, Ziegel, Leistenziegel, 1 Frag., FN. 238, Blatt 60.

**Ofen 5, Schicht 9, braungrauer, fleckiger, leicht lehmiger Sand, z. T. verziegelte
Lehmstücke, viel Holzkohle.**

289, Keramik, Belg. Ware, Becher, Deru P 1, Horizont II-VI, 1 Rs., Rdm. 12,2 cm, Oberfl.: dunkelgrau, fein geglättet, Bruch: grau, Quarzsandmagerung, FN. 237, Blatt 60.

290, Keramik, Belg. Ware, Becher, Deru P 1–9, Horizont II-VI, 12 Rs. Ws., Rdm. 11,6 cm, Oberfl.:
  ocker, hellgrau bis schwarz, im Rädchendekor z. T. plattgedrückt, Oberfl. geglättet, Bruch: grau,
  fein geschlämmt, einzelne Quarzkörner, umlaufende Zierrille begrenzt Schrägstrichrollrädchendekor, z. T. sehr schwach eingedrückt, sich überlagernde Rädchen, unsauber geschnitten, FN. 237,
  Blatt 60.

291, Keramik, Belg. Ware, Becher, Deru P 1–9, Horizont II-VI, 1 Rs., Rdm. 11,6 cm, Oberfl.: hellgrau, sehr fein geglättet, Bruch: hellgrau, sehr fein geschlämmt, umlaufende Zierrille, FN. 237,
  Blatt 60.

292, Keramik, Belg. Ware, Becher, Deru P 1–9, Horizont II-VI, 1 Rs., Rdm. 14,4 cm, Oberfl.: grau,
  sehr fein geglättet, Bruch: grau, einzelne Quarzsandkörner, umlaufende Zierrille, Ansatz eines
  Kleinrechteckrollrädchendekors, FN. 237, Blatt 60.

293, Keramik, Belg. Ware, Becher, Deru P 1–9, Horizont II-VI, 1 Rs., Rdm. 22 cm, Oberfl.: graubraun, fein geglättet, Bruch: grau, Quarzsandmagerung, FN. 237, Blatt 60.

294*, Keramik, Belg. Ware, Becher, 4 Ws. u. Bs., Oberfl.: dunkelgrau, Bruch: grau, Quarzsandmagerung, Becherfragmente, Außenseite liegt auf Innenseite und Boden, Innenseite auf Innenseite, doppelte, umlaufende Zierrille, beschließt Kleinrechteckdekor, FN. 237, Blatt 60.

295, Keramik, Belg. Ware, Becher, 1 Ws., Oberfl.: grau, sehr fein geglättet, Bruch: grau, Quarzsandmagerung, karorautenförmiges Einglättdekor, wenig eingedrückt, FN. 237, Blatt 60.

296, Keramik, Belg. Ware, Becher, 1 Ws., Oberfl.: grau, fein geglättet, Bruch: grau, Quarzsandmagerung, karorautenförmiges Einglättdekor, wenig eingedrückt, FN. 237, Blatt 60.

297, Keramik, Belg. Ware, Becher, 1 Ws., Oberfl.: grau, fein geglättet, Bruch: grau, Quarzsandmagerung, karorautenförmiges Einglättdekor, wenig eingedrückt, FN. 237, Blatt 60.

298, Keramik, Belg. Ware, Becher, 1 Ws., Oberfl.: grau, fein geglättet, Bruch: grau, Quarzsandmagerung, karorautenförmiges Einglättdekor, wenig eingedrückt, FN. 237, Blatt 60.

299, Keramik, Belg. Ware, Becher, 1 Ws., Oberfl.: grau, fein geglättet, Bruch: grau, einzelne größere
  Quarzkörner, doppelt umlaufende Zierrillen begrenzen 1,6 cm breites Dekorband mit sehr unregelmäßigem V-förmigem Rädchendekor, FN. 237, Blatt 60.

300, Keramik, Belg. Ware, Becher, 1 Ws., Oberfl.: grau, Bruch: hellgrau, fein geschlämmt, V-förmiges Rollrädchendekor, FN. 237, Blatt 60.

301, Keramik, Belg. Ware, Becher, 1 Ws., Oberfl.: grau, leicht rau, Bruch: grau, einzelne größere
  Quarze, viele Luftbläschen, sehr hart gebrannt, sehr eng und regelmäßig gerolltes, V-förmiges
  Rollrädchendekor wird von doppelter Zierrille abgeschlossen, Dekorfeld 2,4 cm breit, FN. 237,
  Blatt 60.

302, Keramik, Belg. Ware, Becher, 3 Ws., Oberfl.: grau, Bruch: grau, feine Quarzsandmagerung, sehr
  schmales Schrägstrichrollrädchendekor, FN. 237, Blatt 60.

303, Keramik, Belg. Ware, Becher, 4 Ws., Oberfl.: grau, Bruch: grau, fein geschlämmt, einzelne Quarzkörner, umlaufende Zierrille begrenzt Dekorfeld mit sehr unregelmäßig und ungleich tief eingedrücktem Schrägstrichrollrädchendekor, FN. 237, Blatt 60.

304, Keramik, Belg. Ware, Becher, 2 Ws., Oberfl.: dunkelbraun und ocker, Bruch: entsprechend den Oberflächen, grobe Quarzsandmagerung, doppelt umlaufende Zierrille begrenzt unregelmäßig abgerolltes Schrägstrichrollrädchendekor, FN. 237, Blatt 60.

305, Keramik, Belg. Ware, Becher, 2 Ws., Oberfl.: dunkelgrau, Bruch: grau, feine Quarzsandmagerung, umlaufende bzw. doppelt umlaufende Zierrille begrenzt Schrägstrichrollrädchendekor, FN. 237, Blatt 60.

306, Keramik, Belg. Ware, Becher, 11 Ws., Oberfl.: ocker bis schwarz, mindestens 7 Gefäße, umlaufende einfache oder doppelte Zierrillen begrenzen Dekorfelder mit kleinrechteckigem Rollrädchendekor, FN. 237, Blatt 60.

307, Keramik, Belg. Ware, Becher, 8 Ws., Oberfl.: ocker bis grau, mindestens 4 Gefäße, einfache oder doppelt umlaufende Zierrillen, FN. 237, Blatt 60.

308, Keramik, Belg. Ware, Becher, Gruppe 4, 2 Böden, Oberfl.: grau, FN. 237, Blatt 60.

309, Keramik, Belg. Ware, Becher, Gruppe 5, 2 Böden, Oberfl.: grau, FN. 237, Blatt 60.

310, Keramik, Belg. Ware, Becher, Gruppe 11, 1 Bs., Bdm. 8 cm, Oberfl.: hellgrau, fein geglättet, Bruch: hellgrau, sehr fein geschlämmt, FN. 237, Blatt 60.

311, Keramik, Tongrundig Glattwandige Ware, Deckel?, Höpken T25, 1 Rs., Rdm. 22 cm, Oberfl.: dunkelgrau, starke Drehrillen innen und außen, Bruch: braun, Quarzsandmagerung, FN. 237, Blatt 60.

312*, Keramik, Tongrundig Glattwandige Ware, Deckel?, Höpken T26, 1 Rs., Rdm. 12 cm, Oberfl.: ocker, Drehrillen auf der Randkante, Bruch: ocker, Quarzsandmagerung, FN. 237, Blatt 60.

313, Keramik, Tongrundig Glattwandige Ware, Krug, Höpken T33, Rs., Rdm. 6,6 cm, Oberfl.: ocker, Bruch: rötlich, Quarzsandmagerung, FN. 237, Blatt 60.

314, Keramik, Tongrundig Glattwandige Ware, Krug, 1 Henkel, Oberfl.: rötlich, sechsgliedriger Bandhenkel, Bruch: rötlich, grobe Quarzsandmagerung, FN. 237, Blatt 60.

315, Keramik, Tongrundig Glattwandige Ware, Krug, 1 Henkel, Oberfl.: ocker, fünfgliedriger Bandhenkel, Bruch: ocker, grobe Quarzsandmagerung, FN. 237, Blatt 60.

316, Keramik, Tongrundig Glattwandige Ware, Krug, Gruppe 1, 1 Bs., Bdm. 11,6 cm, Oberfl.: rötlich, Bruch: rötlich, Quarzsandmagerung, FN. 237, Blatt 60.

317, Keramik, Tongrundig Glattwandige Ware, Becher?, Gruppe 6, 3 Böden, Oberfl.: ocker bis grau, Bruch: ein Scherben sehr stark glimmerhaltig, FN. 237, Blatt 60.

318, Keramik, Muschelgem. Ware, Topf?, 3 Ws., Oberfl.: braun, starke Drehrillen, sehr weich, Bruch: braun, grobe Muschelmagerung, FN. 237, Blatt 60.

319*, Keramik, Schwerkeramik, Vorratsgefäß mit aufstehendem Rand, Höpken S9, 1 Rs., Rdm. 14,6 cm, Oberfl.: rötlich, Stellung sicher, sehr steil, Bruch: rötlich, Quarzsandmageurng, FN. 237, Blatt 60.

# Feldstraße, Klinikum Mutterhaus der Borromäerinnen 2. Bauabschnitt, EV 2003,23, Inv. 2003,16 (Tafel 46–48).

## Grube, Schicht 15, Befund 433

1, Metall, Bronze, Fibel, Riha Gruppe 2?, Nadel mit zwei Spiralen erhalten, FN. 586, Blatt 121.

2, Keramik, Belg. Ware, Schüssel, Deru C 15.2, 2 Rs., Rdm. 24 cm, Oberfl.: grau, gut geglättet, Brandspuren, Bruch: dunkelgrau, einzelne größere schwarze Einschlüsse, FN. 586, Blatt 121.

3*, Keramik, Belg. Ware, Becher, Deru P 1–9, Horizont II-VI, 1 Rs., Rdm. 10 cm, Oberfl.: grau, fein geglättet, Bruch: grau, keine Einschlüsse erkennbar, Graphitto, FN. 586, Blatt 121.

4*, Keramik, Belg. Ware, Becher, Deru P 1, Horizont II-VI, 2 Rs., Rdm. 18,4 cm, Oberfl.: grau, fein geglättet, Bruch: grau, vereinzelte schwarze Einschlüsse, FN. 586, Blatt 121.

5*, Keramik, Belg. Ware, Becher, Deru P 1, Horizont II-VI, 1 Rs., Rdm. 19,2 cm, Oberfl.: grau, fein geglättet, Bruch: grau, keine Einschlüsse erkennbar, FN. 586, Blatt 121.

6*, Keramik, Belg. Ware, Becher, Deru P 1–9, Horizont II-VI, 1 Rs., Rdm. 17 cm, Oberfl.: rötlich, fein geglättet, Brandspuren, Bruch: rot, einzelne Quarzsandeinschlüsse, FN. 586, Blatt 121.

7, Keramik, Belg. Ware, Becher, 5 Bs., Bdm. 7 cm, Oberfl.: grau, fein geglättet, Bruch: grau, größere schwarze Einschlüsse, FN. 586, Blatt 121.

8, Keramik, Belg. Ware, Becher, 1 Bs., Bdm. 11 cm, Oberfl.: grau, gut geglättet, Bruch: grau, Quarzsandmagerung, größere organische Einschlüsse, FN. 586, Blatt 121.

9, Keramik, Belg. Ware, Becher, 1 Ws., Oberfl.: grau, fein geglättet, Bruch: grau, Quarzsandmagerung, Schrägstrichrollrädchendekor, FN. 586, Blatt 121.

10, Keramik, Belg. Ware, Becher, 4 Ws., Oberfl.: grau, fein geglättet, Mörtelreste, Bruch: grau, Quarzsandmagerung, V-förmiges Rollrädchendekor, FN. 586, Blatt 121.

11*, Keramik, Goldglimmerware, Schale, 1 Rs., Rdm. 12 cm, Oberfl.: ocker, fein geglättet, Bruch: rötlich, größere Quarzsandeinschlüsse, FN. 586, Blatt 121.

12*, Keramik, Tongrundig Glattwandige Ware, Krug, Höpken T33, 1 Rs., Rdm. 9 cm, Oberfl.: ocker, gut geglättet, Brandspuren, Bruch: rötlich, weiße Quarzsandmagerung, FN. 586, Blatt 121.

13, Keramik, Tongrundig Glattwandige Ware, Krug, 1 Henkel, Oberfl.: ocker, gut geglättet, Bruch: gelblichweiß, fein geschlämmt, FN. 586, Blatt 121.

14*, Keramik, Rauwand. Ware, Topf, Titelberg A.9.6, 1 Rs., Rdm. 13 cm, Oberfl.: braun, grob geglättet, Bruch: braun, plattige Struktur, grobe Quarzsandmagerung, FN. 586, Blatt 121.

15*, Keramik, Muschelgem. Ware, Topf, Titelberg E.1.8, 2 Rs., Rdm. 20 cm, Oberfl.: dunkelbraun, rau, Brandspuren, Bruch: dunkelbraun, grobe Muschelkalkmagerung, FN. 586, Blatt 121.

16, Keramik, Muschelgem. Ware, Topf, 1 Ws., Oberfl.: schwarz, rau, Brandspuren, Bruch: dunkelbraun, grobe Muschelkalkmagerung, FN. 586, Blatt 121.

17*, Keramik, Schwerkeramik, Amphore, 1 Fuß, Rdm. 4,6 cm, Oberfl.: ocker, rau, Bruch: ockerrot, Quarzsandmagerung, FN. 586, Blatt 121.

## Ofen, östliche Brennkammer, Schicht 1, Befund 62.

18, Keramik, rote Belg. Ware, Krug, 1 Ws., Oberfl.: rot, sehr fein geglättet, Bruch: ziegelrot, Quarzsandmagerung, FN. 980, Blatt 316.

19*, Keramik, Belg. Ware, Becher, Deru P 1–9, Horizont II-VI, 3 Rs., Rdm. 18 cm, Oberfl.: graubraun, sehr fein geglättet, Bruch: ocker, Quarzsandeinschlüsse, FN. 980, Blatt 316.

20*, Keramik, Belg. Ware, Becher, Deru P 1–9, Horizont II-VI, 1 Rs., Rdm. 13 cm, Oberfl.: ocker, rau, Bruch: ocker, Quarzsandmagerung, FN. 980, Blatt 316.

21*, Keramik, Belg. Ware, Becher, Deru P 1–9, Horizont II-VI, 3 Rs., Rdm. 13 cm, Oberfl.: ocker, sehr fein geglättet, Bruch: ocker, Quarzsandmagerung, FN. 980, Blatt 316.

22*, Keramik, Belg. Ware, Becher, Deru P 1–9, Horizont II-VI, 3 Rs., Rdm. 12 cm, Oberfl.: ockergrau, sehr fein geglättet, Bruch: hellgrau, Quarzsandmagerung, FN. 980, Blatt 316.

23*, Keramik, Belg. Ware, Becher, Deru P 1–9, Horizont II-VI, 1 Rs., Rdm. 18 cm, Oberfl.: grau, sehr fein geglättet, Bruch: dunkelgrau, fein geschlämmt, FN. 980, Blatt 316.

24*, Keramik, Belg. Ware, Becher, Deru P 1–9, Horizont II-VI, 1 Rs., Rdm. 12,6 cm, Oberfl.: grau, sehr fein geglättet, Bruch: dunkelgrau, fein geschlämmt, FN. 980, Blatt 316.

25*, Keramik, Belg. Ware, Becher, Deru P 1–9, Horizont II-VI, 2 Rs., Rdm. 11,4 cm, Oberfl.: grau, sehr fein geglättet, Bruch: hellgrau, kleine schwarze Einschlüsse, FN. 980, Blatt 316.

26*, Keramik, Belg. Ware, Becher, Deru P 32.2, Horizont III-VI, 1 Rs., Rdm. 12 cm, Oberfl.: dunkelgrau, sehr fein geglättet, Bruch: hellgrau, große weiße Quarzeinschlüsse, glimmerhaltig, FN. 980, Blatt 316.

27, Keramik, Belg. Ware, Becher, 1 Bs., Bdm. 17 cm, Oberfl.: ocker, sehr fein geglättet, Bruch: ocker, kleine schwarze Einschlüsse, FN. 980, Blatt 316.

28, Keramik, Belg. Ware, Becher, 1 Bs., Bdm. 10 cm, Oberfl.: schwarz, sehr fein geglättet, Bruch: ocker, Quarzsandmagerung, FN. 980, Blatt 316.

29, Keramik, Belg. Ware, Becher, 2 Bs., Bdm. 11 cm, Oberfl.: grau, sehr fein geglättet, Bruch: ocker, fein geschlämmt, FN. 980, Blatt 316.

30, Keramik, Belg. Ware, Becher, 3 Bs., Bdm. 12 cm, Oberfl.: dunkelgrau, sehr fein geglättet, Bruch: grau, fein geschlämmt, FN. 980, Blatt 316.

31, Keramik, Belg. Ware, Becher, 1 Bs., Bdm. 9,8 cm, Oberfl.: ocker, sehr fein geglättet, Bruch: ziegelrot, Quarzsandmagerung, FN. 980, Blatt 316.

32, Keramik, Belg. Ware, Becher, 1 Bs., Bdm. 10,4 cm, Oberfl.: ocker, sehr fein geglättet, Bruch: ziegelrot, Quarzsandmagerung, FN. 980, Blatt 316.

33, Keramik, Belg. Ware, Becher, 1 Bs., Bdm. 10 cm, Oberfl.: ocker, sehr fein geglättet, Bruch: ocker, fein geschlämmt, FN. 980, Blatt 316.

34, Keramik, Belg. Ware, Becher, 1 Bs., Bdm. 8 cm, Oberfl.: ocker, sehr fein geglättet, Bruch: ocker, Quarzsandmagerung, FN. 980, Blatt 316.

35, Keramik, Belg. Ware, Becher, 25 Ws., V-förmiges Rollrädchendekor, verschiedene Gefäße, FN. 980, Blatt 316.

36, Keramik, Belg. Ware, Becher, 7 Ws., Oberfl.: ocker, V-förmiges Rollrädchendekor, verschiedene Gefäße, FN. 980, Blatt 316.

37, Keramik, Belg. Ware, Becher, 1 Bs., Bdm. 8 cm, Oberfl.: ocker, sehr fein geglättet, Bruch: ocker, Quarzsandmagerung, FN. 980, Blatt 316.

38, Keramik, Belg. Ware, Becher, 4 Ws., Oberfl.: grau, Schrägstrichrollrädchendekor, FN. 980, Blatt 316.

39, Keramik, Belg. Ware, Becher, 5 Ws., Oberfl.: ocker, Schrägstrichrollrädchendekor, FN. 980, Blatt 316.

40, Keramik, Goldglimmerware, Topf, 1 Henkel, Oberfl.: ocker, feiner Goldglimmerüberzug, sehr fein geglättet, Bruch: ziegelrot, Quarzsandmagerung, FN. 980, Blatt 316.

41, Keramik, Goldglimmerware, Topf, 1 Ws., Oberfl.: ocker, feiner Goldglimmerüberzug, sehr fein geglättet, Bruch: ziegelrot, Quarzsandmagerung, FN. 980, Blatt 316.

42, Keramik, Tongrundig Glattwandige Ware, Topf, 1 Henkel, Oberfl.: ocker, grob geglättet, Bruch: ocker, kleine schwarze Einschlüsse, FN. 980, Blatt 316.

43, Keramik, Tongrundig Glattwandige Ware, Topf, 1 Henkel, Oberfl.: ocker, grob geglättet, Bruch: ocker, kleine schwarze Einschlüsse, FN. 980, Blatt 316.

44, Keramik, Tongrundig Glattwandige Ware, Topf, 1 Henkel, Oberfl.: ocker, grob geglättet, Bruch: ziegelrot, Quarzsandmagerung, FN. 980, Blatt 316.

45, Keramik, Tongrundig Glattwandige Ware, Krug, 1 Henkel, Oberfl.: ocker, grob geglättet, Bruch: ziegelrot, Quarzsandmagerung, FN. 980, Blatt 316.

46*, Keramik, Tongrundig Glattwandige Ware, Krug, unbest., 1 Rs., Rdm. 5,4 cm, Oberfl.: ocker-grau, rau, grobe Glättungsspuren, Fingerabdrücke, Bruch: ocker, Quarzsandmagerung, keine Bruchkante an der Mündung, vor dem Brennen beschädigt, FN. 980, Blatt 316.

47, Keramik, Rauwand. Ware, Teller, 1 Rs., Rdm. unbestimmbar, Oberfl.: grau, rau, Bruch: grau, grobe Quarzsandmagerung, FN. 980, Blatt 316.

48, Keramik, Rauwand. Ware, Teller/Brennhilfe?, ähnlich Teller Höpken R1, 4 Rs., Rdm. 21 cm, Oberfl.: ocker, grob geglättet, Bruch: ocker, Quarzsandmagerung, sehr grob gearbeitet, FN. 980, Blatt 316.

49, Keramik, Rauwand. Ware, Teller/Brennhilfe?, ähnlich Teller Höpken R1, 4 Rs., Rdm. 16 cm, Oberfl.: ocker, grob geglättet, Bruch: ocker, Quarzsandmagerung, sehr grob gearbeitet, FN. 980, Blatt 316.

50*, Keramik, Rauwand. Ware, Teller/Brennhilfe?, ähnlich Teller Höpken R1, 1 Rs., Rdm. 17,6 cm, Oberfl.: ocker, grob geglättet, Bruch: ocker, Quarzsandmagerung, sehr grob gearbeitet, FN. 980, Blatt 316.

51, Keramik, Rauwand. Ware, Teller/Brennhilfe?, ähnlich Teller Höpken R1, 1 Rs., Rdm. 15 cm, Oberfl.: ocker, grob geglättet, Bruch: ocker, Quarzsandmagerung, sehr grob gearbeitet, FN. 980, Blatt 316.

52, Keramik, Rauwand. Ware, Teller/Brennhilfe?, ähnlich Teller Höpken R1, 2 Rs., Rdm. 21 cm, Oberfl.: ocker, grob geglättet, Bruch: ocker, Quarzsandmagerung, sehr grob gearbeitet, FN. 980, Blatt 316.

53, Keramik, Rauwand. Ware, Teller/Brennhilfe?, ähnlich Teller Höpken R1, 1 Rs., Rdm. 16 cm, Oberfl.: ocker, grob geglättet, Bruch: ocker, Quarzsandmagerung, sehr grob gearbeitet, FN. 980, Blatt 316.

54, Keramik, Rauwand. Ware, Teller/Brennhilfe?, ähnlich Teller Höpken R1, 4 Rs., Rdm. 18 cm, Oberfl.: ocker, grob geglättet, Bruch: ocker, Quarzsandmagerung, sehr grob gearbeitet, FN. 980, Blatt 316.

55, Keramik, Rauwand. Ware, Teller/Brennhilfe?, ähnlich Teller Höpken R1, 1 Rs., Rdm. 15 cm, Oberfl.: ocker, grob geglättet, Bruch: ocker, Quarzsandmagerung, sehr grob gearbeitet, FN. 980, Blatt 316.

56, Keramik, Rauwand. Ware, Teller/Brennhilfe?, ähnlich Teller Höpken R1, 1 Rs., Rdm. 16 cm, Oberfl.: ocker, grob geglättet, Bruch: ocker, Quarzsandmagerung, sehr grob gearbeitet, FN. 980, Blatt 316.

57, Keramik, Rauwand. Ware, Teller/Brennhilfe?, ähnlich Teller Höpken R1, 1 Rs., Rdm. 16 cm, Oberfl.: ocker, grob geglättet, Bruch: ocker, Quarzsandmagerung, sehr grob gearbeitet, FN. 980, Blatt 316.

58, Keramik, Rauwand. Ware, Teller/Brennhilfe?, ähnlich Teller Höpken R1, 1 Rs., Rdm. 14 cm, Oberfl.: ocker, grob geglättet, Bruch: ocker, Quarzsandmagerung, sehr grob gearbeitet, FN. 980, Blatt 316.

59, Keramik, Rauwand. Ware, Teller/Brennhilfe?, ähnlich Teller Höpken R1, 5 Rs., Rdm. 15 cm, Oberfl.: ocker, grob geglättet, Bruch: ocker, Quarzsandmagerung, sehr grob gearbeitet, FN. 980, Blatt 316.

60, Keramik, Rauwand. Ware, Teller/Brennhilfe?, ähnlich Teller Höpken R1, 1 Rs., Rdm. 14 cm, Oberfl.: ocker, grob geglättet, Bruch: ocker, Quarzsandmagerung, sehr grob gearbeitet, FN. 980, Blatt 316.

61, Keramik, Rauwand. Ware, Teller/Brennhilfe?, ähnlich Teller Höpken R1, 1 Rs., Rdm. 18 cm, Oberfl.: ocker, grob geglättet, Bruch: ocker, Quarzsandmagerung, sehr grob gearbeitet, FN. 980, Blatt 316.

62, Keramik, Rauwand. Ware, Teller/Brennhilfe?, ähnlich Teller Höpken R1, 4 Rs., Rdm. 19 cm, Oberfl.: ocker, grob geglättet, Bruch: ocker, Quarzsandmagerung, sehr grob gearbeitet, FN. 980, Blatt 316.

63, Keramik, Rauwand. Ware, Teller/Brennhilfe?, ähnlich Teller Höpken R1, 2 Rs., Rdm. 17 cm, Oberfl.: ocker, grob geglättet, Bruch: ocker, Quarzsandmagerung, sehr grob gearbeitet, FN. 980, Blatt 316.

64, Keramik, Rauwand. Ware, Teller/Brennhilfe?, ähnlich Teller Höpken R1, 4 Rs., Rdm. 20 cm, Oberfl.: ockergrau, grob geglättet, Bruch: ocker, Quarzsandmagerung, sehr grob gearbeitet, FN. 980, Blatt 316.

65, Keramik, Rauwand. Ware, Teller/Brennhilfe?, 14 Bs., Oberfl.: ocker, grob geglättet, Bruch: ocker, Quarzsandmagerung, verschiedene Gefäße, FN. 980, Blatt 316.

66, Keramik, Rauwand. Ware, Krug, 1 Henkel, Oberfl.: grau, rau, Bruch: grau, Quarzsandmagerung, FN. 980, Blatt 316.

67, Keramik, Rauwand. Ware, Krug, 2 Henkel, Oberfl.: grau, rau, Bruch: grau, kleine schwarze Einschlüsse, FN. 980, Blatt 316.

68, Keramik, Schwerkeramik, Dolium, 4 Ws., Oberfl.: weiß, gut geglättet, Bruch: grau, grobe Kalk- und Sandmagerung, FN. 980, Blatt 316.

69, Keramik, Schwerkeramik, Amphore, 1 Ws., Oberfl.: ocker, gut geglättet, Bruch: ocker, grobe Quarzsandmagerung, FN. 980, Blatt 316.

70, Lehm, Ofenwandung, FN. 980, Blatt 316.

71, Lehm, gebrannter Lehm, FN. 980, Blatt 316.

72, Lehm, gebrannter Lehm, FN. 980, Blatt 316.

## Ofen, Schicht 1, Befund 602.

73*, Keramik, Belg. Ware, Becher, Deru P 1–9, Horizont II-VI, 2 Rs., Rdm. 18 cm, Oberfl.: ocker, sehr fein geglättet, Bruch: grau, fein gemagert, FN. 975, Blatt 316.

74*, Keramik, Belg. Ware, Becher, Deru P 1–9, Horizont II-VI, 3 Rs., Rdm. 12 cm, Oberfl.: ocker, gut geglättet, Bruch: ockerrot, Quarzsandmagerung, FN. 975, Blatt 316.

75, Keramik, Belg. Ware, Becher, 3 Bs., Oberfl.: grau, gut geglättet, Bruch: grau, feine Quarzsandmagerung, FN. 975, Blatt 316.

76, Keramik, Belg. Ware, Becher, 2 Bs., Oberfl.: ocker, Schmauchspuren, fein geglättet, Bruch: grau, feine Quarzsandmagerung, FN. 975, Blatt 316.

77, Keramik, Belg. Ware, Becher, 1 Ws., Schrägstrichrollrädchendekor, FN. 975, Blatt 316.

78, Keramik, Belg. Ware, Becher, 13 Ws., V-förmiges Rollrädchendekor, verschiedene Gefäße, FN. 975, Blatt 316.

79, Keramik, Goldglimmerware, Topf, 1 Ws., Oberfl.: ocker, feiner Goldglimmerüberzug, fein geglättet, Bruch: ockerrot, Quarzsandmagerung, glimmerhaltig, FN. 975, Blatt 316.

80*, Keramik, Tongrundig Glattwandige Ware, Krug, Haltern 45/Höpken T30, 1 Rs., Rdm. 7,6 cm, Oberfl.: grau, gut geglättet, Bruch: braun, Quarzsandmagerung, FN. 975, Blatt 316.

81*, Keramik, Tongrundig Glattwandige Ware, Krug, Höpken T32, 1 Rs., Rdm. 11,6 cm, Oberfl.: grau, rau, Bruch: graubraun, feine Quarzsandmagerung, FN. 975, Blatt 316.

82*, Keramik, Tongrundig Glattwandige Ware, Krug, Höpken T32, 1 Rs., Rdm. 9 cm, Oberfl.: grau, rau, Bruch: ocker, keine Magerung erkennbar, FN. 975, Blatt 316.

83*, Keramik, Tongrundig Glattwandige Ware, Krug, Haltern 45/Höpken T30, 1 Rs., Rdm. 7,6 cm, Oberfl.: ocker, rau, Bruch: grau, fein geschlämmt, FN. 975, Blatt 316.

84*, Keramik, Tongrundig Glattwandige Ware, Krug, Haltern 45/Höpken T30, 1 Rs., Rdm. 10 cm, Oberfl.: ocker, grob geglättet, Bruch: grau, glimmerhaltig, FN. 975, Blatt 316.

85*, Keramik, Tongrundig Glattwandige Ware, Krug, Haltern 45/Höpken T30, 1 Rs., Rdm. 9,2 cm, Oberfl.: ocker, grob geglättet, Bruch: ocker, quarzsandhaltig, FN. 975, Blatt 316.

86, Keramik, Tongrundig Glattwandige Ware, Krug, 1 Henkel, Oberfl.: ocker, gut geglättet, Bruch: ocker, Quarzsandmagerung, FN. 975, Blatt 316.

87*, Keramik, Tongrundig Glattwandige Ware, Topf, Neuss VI, Taf. 27,18 Variante, 1 Rs., Rdm. 16 cm, Oberfl.: ocker, grob geglättet, Bruch: ockerrot, Quarzsandmagerung, FN. 975, Blatt 316.

88*, Keramik, Glattwandige Ware in Latènetradition, Topf, Titelberg A.9.7, 1 Rs., Rdm. 11 cm, Oberfl.: dunkelgrau, gut geglättet und poliert, Bruch: dunkelgrau, feine Quarzsandmagerung, FN. 975, Blatt 316.

89*, Keramik, Rauwand. Ware, Teller/Brennhilfe?, ähnlich Teller Höpken R1, 1 Rs., Bdm. 15 cm, Rdm. 16 cm, Oberfl.: ocker, rau, Bruch: ockerrot, Quarzsandmagerung, FN. 975, Blatt 316.

90, Keramik, Rauwand. Ware, Teller/Brennhilfe?, ähnlich Teller Höpken R1, 22 Rs., Oberfl.: ocker, rau, Bruch: ockerrot, Quarzsandmagerung, verschiedene Gefäße, FN. 975, Blatt 316.

91, Keramik, Rauwand. Ware, Teller/Brennhilfe?, 9 Bs., Oberfl.: ocker, rau, Bruch: ockerrot, Quarzsandmagerung, verschiedene Gefäße, FN. 975, Blatt 316.

92, Keramik, Rauwand. Ware, Topf, 2 Bs., Oberfl.: grau, gut geglättet, Bruch: grau, feine Quarzsandmagerung, FN. 975, Blatt 316.

# 10 Münzliste der keltischen Münzen

1, Gilles Nr. 39, AE, Treveri, Scheers 216, Altbachtal, RLMT FN. 8311a.

2, Gilles Nr. 93, AE, Remi, Scheers 146, Altbachtal, RLMT Inv. F 10 993a.

3, Gilles Nr. 40, AE, Treveri, Scheers 216, Böhmer-/Windmühlenstraße, RLMT EV 88,34.

4, Gilles Nr. 33, Pot, Treveri, Scheers 200, Deutschherrenstraße, RLMT EV 87,87.

5, Gilles Nr. 73, AE, Aduatuci, Scheers 217, Deutschherrenstraße, RLMT Inv. 85,41.

6, Gilles Nr. 112, Pot, Leuci, Scheers 186, Feld-/Krahnenstraße, RLMT EV 87,46.

7, Gilles Nr. 34, Pot, Treveri, Scheers 200, Feld-/Marxstraße, RLMT Inv. 85,37.

8, Gilles Nr. 74, AE, Aduatuci, Scheers 217, Hohenzollernstraße, RLMT Inv. 82,105.

9, Gilles Nr. 75, AE, Aduatuci, Scheers 217, Hopfengarten, RLMT EV 91,111.

10, Gilles Nr. 76, AE, Aduatuci, Scheers 217, Hopfengarten, RLMT EV 91,111.

11, Gilles Nr. 134, Pot, Nervii, Scheers 190/IV, Hopfengarten, RLMT EV 91,111.

12, Gilles Nr. 70, AE, Treveri?, Scheers 30a?, Kaiserthermen, RLMT Inv. 60,143 FN. 971.

13, Gilles Nr. 94, AE, Remi, Scheers 146, Kaiserthermen, RLMT Inv. 60,143 FN. 829.

14, Gilles Nr. 111, Pot, Leuci, Scheers 186, Karstadterweiterung, RLMT Inv. 85,39.

15, Gilles Nr. 7, AE, Treveri, Scheers 30a/R. 8, Karthäuserstraße, RLMT Inv. ST 8899a.

16, Gilles Nr. 95, AE, Remi, Scheers 146, Landesmuseum/Ostallee, RLMT Inv. 84,37.

17, Gilles Nr. 41, AE, Treveri, Scheers 216, Lavenstraße, Slg. H.R.

18, Gilles Nr. 65, AE, Treveri, Scheers 216, Lenus Mars, RLMT Inv. ST 9885.

19, Gilles Nr. 107, Pot, Remi, Scheers 191, Lenus Mars, RLMT Inv. ?.

20, Gilles Nr. 12, AE, Treveri, Scheers 30a/R. 8/9, Leoplatz, Slg. N.F.

21, Gilles Nr. 29, Pot, Treveri, Scheers 199, Leoplatz, Slg. N.F.

22, Gilles Nr. 35, Pot, Treveri, Scheers 200, Leoplatz, RLMT Inv. 85,37.

23, Gilles Nr. 77, AE, Aduatuci, Scheers 217, Leoplatz, RLMT Inv. 84,38.

24, Gilles Nr. 78, AE, Aduatuci, Scheers 217, Leoplatz, RLMT Inv. 85,40.

25, Gilles Nr. 6, AE, Treveri, Scheers 30 var., Metzelstraße, RLMT Inv. 82,101.

26, Gilles Nr. 123, Pot, Senones, Red. 70, Neuerburggelände, RLMT EV 88,113.

27, Gilles Nr. 42, AE, Treveri, Scheers 216, Ostallee, Slg. H.L.

28, Gilles Nr. 30, Pot, Treveri, Scheers 199, Palastgarten, RLMT Inv. 84,89.

29, Gilles Nr. 96, AE, Remi, Scheers 146, Palastgarten, RLMT Inv. 82,106.

30, Gilles Nr. 113, Pot, Leuci, Scheers 186, Palastgarten, Slg. P.K.

31, Gilles Nr. 19, AE, Treveri, Scheers 162/I, Petrisberg, RLMT EV 38,186.

32, Gilles Nr. 126, AE, "Lugdunum", dLT 4676, Petrisberg, RLMT Inv. 13,26.

33, Gilles Nr. 127, AE, "Lugdunum", dLT 4676, Petrisberg, RLMT EV 38,186.

34, Gilles Nr. 3, AV, Treveri, Scheers 30/V, Römerbrücke, RLMT EV 89,127.

35, Gilles Nr. 4, AV, Treveri, Scheers 30/VI, Römerbrücke, RLMT Inv. 65,7 a.

36, Gilles Nr. 13, AE, Treveri, Scheers 30a/R. 9, Römerbrücke, Slg. K.L.

37, Gilles Nr. 14, AR, Treveri, Scheers 55, Römerbrücke, RLMT EV 65,35.

38, Gilles Nr. 16, AR/AE, Treveri, Scheers 55, Römerbrücke, Slg. K.S.

39, Gilles Nr. 17, AE, Treveri, Scheers 55 var., Römerbrücke, Slg. K.S.

40, Gilles Nr. 18, AE, Treveri, Scheers 162/I, Römerbrücke, RLMT Inv. 69,1.

41, Gilles Nr. 23, AE, Treveri, Scheers 162/II, Römerbrücke, Slg. K.L.

42, Gilles Nr. 31, Pot, Treveri, Scheers 199, Römerbrücke, Slg. H.D.

43, Gilles Nr. 36, Pot, Treveri, Scheers 200, Römerbrücke, RLMT Inv. 85,49.

44, Gilles Nr. 43, AE, Treveri, Scheers 216, Römerbrücke, Bonner Jahrb. 21, 1854, 74 .

45, Gilles Nr. 44, AE, Treveri, Scheers 216, Römerbrücke, Bonner Jahrb. 21, 1854, 74 .

46, Gilles Nr. 45, AE, Treveri, Scheers 216, Römerbrücke, Bonner Jahrb. 21, 1854, 74 .

47, Gilles Nr. 46, AE, Treveri, Scheers 216, Römerbrücke, Bonner Jahrb. 21, 1854, 74 .

48, Gilles Nr. 47, AE, Treveri, Scheers 216, Römerbrücke, Slg. P.K.

49, Gilles Nr. 48, AE, Treveri, Scheers 216, Römerbrücke, Slg. K.S.

50, Gilles Nr. 49, AE, Treveri, Scheers 216, Römerbrücke, ehem. H.B.

51, Gilles Nr. 50, AE, Treveri, Scheers 216, Römerbrücke, Trierer Zeitschr. 13, 1938, 199, Anm. 43.

52, Gilles Nr. 51, AE, Treveri, Scheers 216, Römerbrücke, RLMT Inv. 64,117.

53, Gilles Nr. 79, AE, Aduatuci, Scheers 217, Römerbrücke, RLMT Inv. 71,19.

54, Gilles Nr. 80, AE, Aduatuci, Scheers 217, Römerbrücke, Slg. K.L.

55, Gilles Nr. 97, AE, Remi, Scheers 146, Römerbrücke, RLMT Inv. 82,102.

56, Gilles Nr. 98, AE, Remi, Scheers 146, Römerbrücke, RLMT Inv. 82,103.

57, Gilles Nr. 99, AE, Remi, Scheers 146, Römerbrücke, RLMT Inv. 82,104.

58, Gilles Nr. 100, AE, Remi, Scheers 146, Römerbrücke, Slg. K.S.

59, Gilles Nr. 114, Pot, Leuci, Scheers 186, Römerbrücke, Slg. K.S.

60, Gilles Nr. 122, Pot, Senones, dLT 7396, Römerbrücke, Slg. K.S.

61, Gilles Nr. 124, Pot, Senones, Red. 70, Römerbrücke, Slg. K.S.

62, Gilles Nr. 125, AE, Senones, Red. 74, Römerbrücke, Slg. K.S.

63, Gilles Nr. 132, AE, Mediomatrici, Scheers 138, Römerbrücke, Slg. K.L.

64, Gilles Nr. 8, AE, Treveri, Scheers 30a/R. 8, St. Gervasius, RLMT EV 63,37, FN. 121.

65, Gilles Nr. 22, AE, Treveri, Scheers 162/I o. II, St. Gervasius, RLMT EV 63,37, FN. 121.

66, Gilles Nr. 52, AE, Treveri, Scheers 216, St. Irminen, Slg. H.L.

67, Gilles Nr. 37, Pot, Treveri, Scheers 200, Südallee, RLMT EV 87,11.

68, Gilles Nr. 53, AE, Treveri, Scheers 216, Südallee, RLMT EV 80,165.

69, Gilles Nr. 54, AE, Treveri, Scheers 216, Südallee, RLMT EV 87,44.

70, Gilles Nr. 55, AE, Treveri, Scheers 216, Südallee, Slg. N.F.

71, Gilles Nr. 56, AE, Treveri, Scheers 216, Südallee, Slg. N.F.

72, Gilles Nr. 81, AE, Aduatuci, Scheers 217, Südallee, RLMT EV 87,12.

73, Gilles Nr. 106, Pot, Remi, Scheers 191, Südallee, Slg. P.K.

74, Gilles Nr. 110, Pot, Remi, Scheers 194, Südallee, RLMT EV 87,17.

75, Gilles Nr. 128, AR/AE, "Hess. Kelten" Bochumer Regenbogenschüsselchen, dLT 9441, Südallee, RLMT EV 88,33.

76, Gilles Nr. 57, AE, Treveri, Scheers 216, Treverisgelände, RLMT Inv. 86,17.

77, Gilles Nr. 105, AE, Remi, Scheers 147, Treverisgelände, RLMT Inv. 86,16.

78, Gilles Nr. 5, AV, Treveri, Scheers 30/II, Viehmarkt, RLMT EV 89,61.

79, Gilles Nr. 9, AE, Treveri, Scheers 30a/R. 8, Viehmarkt, RLMT EV 91,108.

80, Gilles Nr. 10, AE, Treveri, Scheers 30a/R. 8, Viehmarkt, RLMT EV 91,108.

81, Gilles Nr. 15, AR, Treveri, Scheers 55, Viehmarkt, RLMT EV 89,110.

82, Gilles Nr. 20, AE, Treveri, Scheers 162/I, Viehmarkt, RLMT EV 90,128.

83, Gilles Nr. 21, AE, Treveri, Scheers 162/I, Viehmarkt, Slg. K.S.

84, Gilles Nr. 24, AE, Treveri, Neuer Typ, Viehmarkt, RLMT EV 89,61.

85, Gilles Nr. 25, AE, Treveri, Neuer Typ, Viehmarkt, RLMT EV 89,61.

86, Gilles Nr. 26, AE, Treveri, Neuer Typ, Viehmarkt, RLMT EV 91,73.

87, Gilles Nr. 27, AE, Treveri, Neuer Typ, Viehmarkt, RLMT EV 91,73.

88, Gilles Nr. 28, AE, Treveri, Neuer Typ, Viehmarkt, RLMT EV 91,73.

89, Gilles Nr. 32, Pot, Treveri, Scheers 199, Viehmarkt, RLMT EV 87,105, FN. 499.

90, Gilles Nr. 38, AE, Treveri, Scheers 200, Viehmarkt, RLMT EV 91,109.

91, Gilles Nr. 58, AE, Treveri, Scheers 216, Viehmarkt, RLMT EV 87,105, FN. 484.

92, Gilles Nr. 59, AE, Treveri, Scheers 216, Viehmarkt, RLMT EV 89,61.

93, Gilles Nr. 60, AE, Treveri, Scheers 216, Viehmarkt, RLMT EV 89,95.

94, Gilles Nr. 61, AE, Treveri, Scheers 216, Viehmarkt, RLMT EV 91,29.

95, Gilles Nr. 62, AE, Treveri, Scheers 216, Viehmarkt, RLMT EV 91,109.

96, Gilles Nr. 63, AE, Treveri, Scheers 216, Viehmarkt, Slg. P.S.

97, Gilles Nr. 64, AE, Treveri, Scheers 216, Viehmarkt, Slg. W.K.

98, Gilles Nr. 69, AE, Treveri?, Schrötling, Viehmarkt, RLMT EV 88,143c.

99, Gilles Nr. 82, AE, Aduatuci, Scheers 217, Viehmarkt, RLMT EV 87,105, FN. 155.

100, Gilles Nr. 83, AE, Aduatuci, Scheers 217, Viehmarkt, RLMT EV 88,122.

101, Gilles Nr. 84, AE, Aduatuci, Scheers 217, Viehmarkt, RLMT EV 89,61.

102, Gilles Nr. 85, AE, Aduatuci, Scheers 217, Viehmarkt, RLMT EV 89,110.

103, Gilles Nr. 86, AE, Aduatuci, Scheers 217, Viehmarkt, RLMT EV 89,149.

104, Gilles Nr. 87, AE, Aduatuci, Scheers 217, Viehmarkt, RLMT EV 91,108.

105, Gilles Nr. 88, AE, Aduatuci, Scheers 217, Viehmarkt, RLMT EV 91,108.

106, Gilles Nr. 89, AE, Aduatuci, Scheers 217, Viehmarkt, RLMT EV 91,108.

107, Gilles Nr. 90, AE, Aduatuci, Scheers 217, Viehmarkt, RLMT EV 91,109.

108, Gilles Nr. 101, AE, Remi, Scheers 146, Viehmarkt, RLMT EV 87,105 FN. 586.

109, Gilles Nr. 102, AE, Remi, Scheers 146, Viehmarkt, RLMT EV 89,61.

110, Gilles Nr. 103, AE, Remi, Scheers 146, Viehmarkt, RLMT EV 91,108.

111, Gilles Nr. 108, Pot, Remi, Scheers 191, Viehmarkt, RLMT EV 91,151.

112, Gilles Nr. 109, Pot, Remi, Scheers 191, Viehmarkt, Slg. W.K.

113, Gilles Nr. 115, Pot, Leuci, Scheers 186, Viehmarkt, RLMT EV 88,146.

114, Gilles Nr. 116, Pot, Leuci, Scheers 186, Viehmarkt, RLMT EV 91,123.

115, Gilles Nr. 117, AE, Massilia, dLT 2086, Viehmarkt, RLMT EV 88,122.

116, Gilles Nr. 118, AE, Massilia, dLT 2101 ff., Viehmarkt, RLMT EV 87,105 FN. 493.

117, Gilles Nr. 119, AE, Massilia, dLT 2227 var., Viehmarkt, RLMT EV 87,105 FN. 325.

118, Gilles Nr. 120, AE, Massilia, dLT 2232/2242, Viehmarkt, RLMT EV 90,38.

119, Gilles Nr. 121, AE, Catuvellauni, Mack 253, Viehmarkt, RLMT EV 87,105 FN. 2.

120, Gilles Nr. 129, AR/AE, "Hess. Kelten" Bochumer Regenbogenschüsselchen, dLT 9441, Viehmarkt, RLMT EV 88,143b.

121, Gilles Nr. 130, AR/AE, "Hess. Kelten" Bochumer Regenbogenschüsselchen, dLT 9441, Viehmarkt, Slg. W.K.

122, Gilles Nr. 131, AV/AE, Mediomatrici, Scheers 34, Viehmarkt, RLMT EV 91,74.

123, Gilles Nr. 133, AE, Nervii, Scheers 190/II, Viehmarkt, RLMT EV 89,110.

124, Gilles- Nr. 139, AE, Veliocasses, Scheers 163, Viehmarkt, RLMT EV 88,146.

# 11 Münzliste

Die Münzliste ist wie folgt im Aufbau gegliedert:
Katalognummer, FMRD-Nr., Laufende Nr. FMRD, Befund-Nr., Nominal, Kaiser, Datierung, Münzstätte, Zitierwerk, Besonderheiten, Konkordanz, Fundstelle.

1, 3017,1, 1, AE, Griechen, Ptolemaios II., 285/246 v. Chr., Ale, SNG Cop. 114, Quf 4, Römersprudel.

2, 3165,1, 1, ME, Griechen, Aizanis/Phrygia, Mitte 3. Jh., SNG Cop. 3335, 14,123, Altfunde St. Maximin.

3, 3001, 1, 36D, As, Republik, 2./1. Jh. v. Chr., halb., F 7034b, Kollektivfund 15.

4, 3001, 1, 48/49B, As, Republik, 2./1. Jh. v. Chr., gev., F 11224a, Kollektivfund 37.

5, 3001, 1, 19/21–22A, D, Republik, 2. Jh. v. Chr., F 2836, Kranichkapellen, FSt: W-Mauer vom Bau 22.

6, 3001, 1, 33A, As, Republik, ab 90 v. Chr.?, halb., F 3274, Rollwackentempel/Fränkische Mauerzüge FSt: 3 – 3,20 m unter der Terrainoberkante Graben.

7, 3001, 1, 35A, As, Republik, 2./1. Jh. v. Chr., halb., F 8342a, Schieferkapelle mit Säulenvorbau/Ummauerung.

8, 3001, 1, 36A, As, Republik, 2./1. Jh. v. Chr., halb., F 11559a, Theater/Wohnhäuser im südlichen Teil des Theaters/Bleikeller.

9, 3001, 2, 65, As, Republik, 2./1. Jh. v. Chr., halb., vs. gst. 26, F 10993b, Umgangstempel und Wohnhaus O im Planausschnitt 2.

10, 3001, 1, 37 aA, As, Republik, 2./1. Jh. v. Chr., halb., F 10787a, Wohnhaus nördlich vom Mithraeum.

11, 3001, 2, 37 aA, As, Republik, 2./1. Jh. v. Chr., halb., F 7829b, Wohnhaus nördlich vom Mithraeum.

12, 3131,1, 1, D, Republik, 32/31 v. Chr., Craw 544/8, plat., ST 8452, Nikolausstraße.

13, 3007, 2, D, Republik, 2./1. Jh. v. Chr., Craw. 313,1/34, Horrea, St. Irminen.

14, 3165,1, 2, D, Republik, 62 v. Chr., Rom, Craw. 416/1, 18861, Altfunde St. Maximin.

15, 3045,1, 1, D, Republik, Craw. 544/36, plat., ST 2112a, Brückenstraße/Karl Marx-Straße.

16, 3012,14, 1, D, Republik, 82/83 v. Chr., Rom, RRC 364/1, Serr., Platt, Slg. G. Schäffer, Graach, Trier.

17, 3164,1, 1, AE, Republik, ab 45 v. Chr., Gall, Syd. 1007, 3,25, St. Matthias.

18, 3001, 1, 5a, D, Republik, 110/108 v. Chr., Ita, Syd. 527?, gefüttert, gel., F 2626, Schieferkapelle F im Planausschnitt 1.

19, 3001, 1, 26a, D, Republik, ca. 77 v. Chr., Rom, Syd. 751, gef., EV 1242, Polygonaler Pfostenbau.

20, 3001, 1, 34aA, D, Republik, 74 v. Chr.?, Rom, Syd. 783?, F 8420 b, Kapelle nördlich des Baukomplex 34.

21, 3001, 1, 3B, ME, Augustus, 28 v. Chr./10 v. Chr., Nem, C7, Ser. 1, F 2562, Rundbau G im Planausschnitt 1.

22, 3043, 3, As, Augustus, ca. 20/10 v. Chr., Nem, RIC I² 155, halb., ST 3912b, Brotstraße.

23, 3043, 4, As, Augustus, ca. 20/10 v. Chr., Nem, RIC I² 155, gst. 3; 11, ST 5021, Brotstraße.

24, 3140,2, 2, As, Augustus, ca. 20/10 v. Chr., Nem, RIC I² 155, Paulinstraße, Grab.

25, 3164,2, 149, As, Augustus, ca. 20/10 v. Chr., Nem, RIC I² 155, gst. 3, 06,640g, St. Matthias.

26, 3117,2, 1, As, Augustus, ca. 20/10 v. Chr., Nem, RIC I² 155/158, 2580, Maarstraße, Grab, Nonnenkloster.

27, 3074, 1, As, Augustus, ca. 20/10 v. Chr., Nem, RIC I² 155ff, 22,29, Grüneberg.

28, 328B, As, Augustus, 20 v. Chr. – 14 n. Chr., Nem, RIC I² 155ff, Inv. 87,189, Viehmarkt, Planierung, Dunkelbrauner bis gräulicher, stark mit HK durchsetzter Boden, kleine Sand- und Mörteleinlagerungen, kleinste Ziegelfragm.

29, 3064,9, 1, AE, Augustus, ca. 20/10 v. Chr., Nem, RIC I² 155ff Typ, 10,201, Friedrich Wilhelm Straße.

30, 3012,3, 1, As, Augustus und Agrippa, 10 v. Chr. – 10 n. Chr., Nem, RIC I² 158, Slg. Friedrichs, Ediger-Eller, Trier.

31, 3014, 2, ME, Augustus und Agrippa, 10 v. Chr. – 10 n. Chr., Nem, RIC I² 158, Grabfund, Wie 1 RIC I S 44.

32, 3019,1, 11, As, Augustus und Agrippa, 10/14 n. Chr., Nem, RIC I² 159, ST 9788, Tempelbezirk am Irminenwingert, aus dem Tempelgebäude.

33, 3104,3, 2, As, Augustus, 10/14 n. Chr., Nem, RIC I² 159, halb., 31,23, Krahnenstraße.

34, 3001, 1, 43 A, AE, Augustus, 28/10 v. Chr., Nem, RIC S. 44, Ser. II, F 3307, Doppelapsisbau an der Einmündung der Gilbertstraße.

35, 3001, 3, 34aA, AE, Augustus, 28 v. Chr./14 n. Chr., Nem, RIC S. 44, F 6896a, Kapelle nördlich Baukomplex 34.

36, 3001, 1, 45/46, AE, Augustus, 28/10 v. Chr., Nem, RIC S. 44, halb., F 5292c, Kapelle und kleiner Rundbau neben dem Achteckbau.

37, 3001, 1, 38aB, AE, Augustus, 28/10 v. Chr., Nem, RIC S. 44, Ser. Ia; halb., F 11586a, Kollektivfund 31.

38, 3001, 1, 42, AE, Augustus, 28/10 v. Chr., Nem, RIC S. 44, Ser. I/II, F 11007a, Kultsockel F im Planausschnitt 2.

39, 3001, 1, 48/49A, AE, Augustus, 28/10 v. Chr., Nem, RIC S. 44, Ser. I/II, F 4353, Pfostentempel/Bachtempel.

40, 3001, 4, 26 A, AE, Augustus, 2 v. Chr./10 n. Chr., Nem, RIC S. 44, 3.Ser., gev., F 3067, Tempel mit Vorhalle.

41, 3001, 2, 41, AE, Augustus, 28/10 v. Chr., Nem, RIC S. 44, halb., F 11091a, Umgangstempel (=Logentempel) J/K im Planausschnitt 2.

42, 3001, 1, 41, AE, Augustus, 28/10 v. Chr., Nem, RIC S. 44, Ser. I/II, F 11091a, Umgangstempel (=Logentempel) J/K im Planausschnitt 2.

43, 3019,1, 6, D, Augustus, 11/10 v. Chr., Lug, RIC I² 193a, ST 9765?, Tempelbezirk am Irminenwingert, aus dem Tempelgebäude.

44, 3001, 1, 67, D, Augustus, 11/9 v. Chr., Lug, RIC I² 193b/RIC 339, plat., F 11270a, Kapelle neben Baukomplex 48/49.

45, 3080,1, 2, D, Augustus, 2 v. Chr./4 n. Chr., Lug, RIC I² 207, ST 15113, Hermesstraße.

46, 3165,1, 3, D, Augustus, 2 v. Chr./4?n. Chr., Lug, RIC I² 207, 14,122, Altfunde St. Maximin.

47, 3001, 5, 26 A, Sem, Augusts für Tiberius, 10/11 n. Chr., Lug, RIC 363, F 3099, Tempel mit Vorhalle.

48, 3001, 1, 24, Sem, Augustus, 10/14 n. Chr., Lug, RIC 363?, EV 1127, Muttertempel.

49, 3045,1, 3, Qd, Augustus, ca. 15/10 v. Chr., Lug, RIC I² 227, ST 2801, Brückenstraße/Karl Marx-Straße.

50, 901, Qd, Augustus, 15/10 v. Chr., Lug, RIC I² 227, Inv. 87,189, Viehmarkt. Unter Rotsandsteinstraße, Schicht 3, Grau-bräunlich feinsandige Schicht, durchzogen von kleinen Rotsandsteinfragmenten und HK.

51, 3001, 1, 7, Qd, Augustus, 10 v. Chr.?, Lug, RIC I² 227/RIC 357, F 6775 a, Eponakapelle J im Planausschnitt 1.

52, 3001, 1, 33a, Qd, Augustus, 10 v. Chr.?, Lug, RIC I² 227/RIC 357, F 6150 a, FSt: 2 – 2,70 m unter der Terrainoberkante Graben August.

53, 3001, 1, 34, Qd, Augustus, 10 v. Chr.?, Lug, RIC I² 227/RIC 357, F 4292, FSt: Lag etwas höher als die Erbauungsschicht SW-Seite des Umgangs.

54, 3001, 1, 39, Qd, Augustus, 10 v. Chr.?, Lug, RIC I² 227/RIC 357, F 6652c, Halbrundkapelle C im Planausschnitt 2/Südseite des Portalbaus.

55, 3001, 1, 68, Qd, Augustus, 10 v. Chr.?, Lug, RIC I² 227/RIC 357, F 6328a, Kapelle neben Baukomplex 48/49.

56, 3001, 5, 34aA, Qd, Augustus, 10 v. Chr.?, Lug, RIC I² 227/RIC 357, F 2023, Kapelle nördlich Baukomplex 34.

57, 3001, 2, 26a, Qd, Augustus, 10 v. Chr.?, Lug, RIC I² 227/RIC 357, Ev 1113, Polygonaler Pfostenbau.

58, 3001, 1, 6a, Qd, Augustus, 10 v. Chr.?, Lug, RIC I² 227/RIC 357, F 2798, Ritonatempel A-C im Planausschnitt 1.

59, 3001, 2, 6a, Qd, Augustus, 10 v. Chr.?, Lug, RIC I² 227/RIC 357, EV 955 f, Ritonatempel A-C im Planausschnitt 1.

60, 3001, 1, 3A, Qd, Augustus, 10 v. Chr.?, Lug, RIC I² 227/RIC 357, F 5799a, Rundbau G im Planausschnitt 1.

61, 3001, 2, 5a, Qd, Augustus, 10 v. Chr.?, Lug, RIC I² 227/RIC 357, F 3802, Schieferkapelle F im Planausschnitt 1.

62, 3001, 3, 35A, Qd, Augustus, 10 v. Chr.?, Lug, RIC I² 227/RIC 357, F 8446b, Schieferkapelle mit Säulenvorbau/Ummauerung.

63, 3001, 1, 26 A, Qd, Augustus, 10 v. Chr.?, Lug, RIC I² 227/RIC 357, F 950, Tempel mit Vorhalle.

64, 3001, 3, 41, Qd, Augustus, 10 v. Chr.?, Lug, RIC I² 227/RIC 357, F 6899a, Umgangstempel (=Logentempel) J/K im Planausschnitt 2.

65, 3001, 4, 41, Qd, Augustus, 10 v. Chr.?, Lug, RIC I² 227/RIC 357, F 11123a, Umgangstempel (=Logentempel) J/K im Planausschnitt 2.

66, 3001, 5, 41, Qd, Augustus, 10 v. Chr.?, Lug, RIC I² 227/RIC 357, F 11127b, Umgangstempel (=Logentempel) J/K im Planausschnitt 2.

67, 3001, 6, 41, Qd, Augustus, 10 v. Chr.?, Lug, RIC I² 227/RIC 357, F 3962, Umgangstempel (=Logentempel) J/K im Planausschnitt 2.

68, 3001, 1, 12, Qd, Augustus, 10 v. Chr.?, Lug, RIC I² 227/RIC 357, F 6143 a, Verputztempel.

69, 3001, 1, 38aA, Qd, Augustus, 10 v. Chr.?, Lug, RIC I² 227/RIC 357, F 1266, Wohnhaus A/B/Nordseite des Portalbaus.

70, 3164,1, 11, Qd, Augustus, ca. 15/10 v. Chr., Lug, RIC I² 228, 06,618c, St. Matthias.

71, 3164,2, 4, Qd, Augustus, ca. 15/10 v. Chr., Lug, RIC I² 228, 03, 246, St. Matthias.

72, 3169,1, 2, Qd, Augustus, ca. 15/10 v. Chr., Lug, RIC I² 228, ST 3008, Südallee.

73, 3001, 1, 10, Qd, Augustus, 10 v. Chr.?, Lug, RIC I² 228 Typ/RIC 358 Typ, F 7942 c, Kapelle mit Türschwelle L im Planausschnitt 1.

74, 3001, 1, 44A, Qd, Augustus, 10 v. Chr.?, Lug, RIC I² 228/RIC 358, F OXO, Achteckbau/römisches Wohnhaus über dem Achteckbau.

75, 3001, 1, 74, Qd, Augustus, 10 v. Chr.?, Lug, RIC I² 228/RIC 358, F 2713, Nordabschluss des Tempelbezirks/Aquaedukt.

76, 3001, 1, 29, Qd, Augustus, 10 v. Chr.?, Lug, RIC I² 228/RIC 358, F 6272, Tempel an der Altbachbrücke/Holzwasserleitung.

77, 3001, 2, 29, Qd, Augustus, 10 v. Chr.?, Lug, RIC I² 228/RIC 358, F 6272, Tempel an der Altbachbrücke/Holzwasserleitung.

78, 3001, 1, 53, As, Augustus, 10 v. Chr.?, Lug, RIC I² 228/RIC 358, F 10193a, Tempel Krimhild=Germanentempel.

79, 3001, 2, 12, Qd, Augustus, 10 v. Chr.?, Lug, RIC I² 228/RIC 358, F 7751 a, Verputztempel.

80, 3001, 1, 9, Qd, Augustus, 10 v. Chr.?, Lug, RIC I² 228/RIC 358, F 9302, Vorio – Pfeiler O im Planausschnitt 1.

81, 3140,1, 1, S, Augustus, ca. 15/10 v. Chr., Lug, RIC I² 229?, 8037e, Paulinstraße, evtl Grab.

82, 3008, 5, As, Augustus, ca. 15/10 v. Chr., Lug, RIC I² 230, gst. 7, Fnr. 994, Kaiserthermen.

83, 3014, 1, As, Augustus, ca. 15/10 v. Chr., Lug, RIC I² 230, Grabfund, G Schneemann, Philanthrop 1842, 27.

84, 3019,1, 5, As, Augustus, ca. 15/10 v. Chr., Lug, RIC I² 230, gst. Vs.: 8, ST 8994, Tempelbezirk am Irminenwingert, aus dem Tempelgebäude.

85, 3030, 1, As, Augustus, ca. 15/10 v. Chr., Lug, RIC I² 230, ST 4516, An der Alten Synagoge.

86, 3033,1, 1, As, Augustus, ca. 15/10 v. Chr., Lug, RIC I² 230, ST 6384, Antoniusstrasse.

87, 3035, 1, As, Augustus, ca. 15/10 v. Chr., Lug, RIC I² 230, ST 8163c, Bäderstraße.

88, 3037,1, 1, As, Augustus, ca. 15/10 v. Chr., Lug, RIC I² 230, gst. 13, ST 5777, Barbaraufer.

89, 3037,1, 2, As, Augustus, ca. 15/10 v. Chr., Lug, RIC I² 230, ST 5819b, Barbaraufer.

90, 3037,1, 3, As, Augustus, ca. 15/10 v. Chr., Lug, RIC I² 230, ST 5879, Barbaraufer.

91, 3043, 5, As, Augustus, ca. 15/10 v. Chr., Lug, RIC I² 230, ST 5114, Brotstraße.

92, 3045,1, 2, As, Augustus, ca. 15/10 v. Chr., Lug, RIC I² 230, gst.?, ST 2041, Brückenstraße/Karl Marx-Straße.

93, 3053,1, 1, As, Augustus, ca. 15/10 v. Chr., Lug, RIC I² 230, gst. 11/8, ST 6710, Egbertstraße.

94, 3055,3, 1, As, Augustus, ca. 15/10 v. Chr., Lug, RIC I² 230, 03, 465, Euchariusstraße-Fabrikstraße.

95, 3070,1, 2, As, Augustus, ca. 15/10 v. Chr., Lug, RIC I² 230, ST 3175, Gilbertstraße.

96, 3072,1, 1, As, Augustus, ca. 15/10 v. Chr., Lug, RIC I² 230, ST 5639, Grabenstraße.

97, 3080,1, 1, As, Augustus, ca. 15/10 v. Chr., Lug, RIC I² 230, ST 6900a, Hermesstraße.

98, 3091,4, 1, As, Augustus, ca. 15/10 v. Chr., Lug, RIC I² 230, halb., 37,149b, Jesuitenstraße.

99, 3092, 1, As, Augustus, ca. 15/10 v. Chr., Lug, RIC I² 230, ST 1887, Johannisstraße.

100, 3104,3, 1, As, Augustus, ca. 15/10 v. Chr., Lug, RIC I² 230, 31,52b, Krahnenstraße.

101, 3109,2, 1, As, Augustus, ca. 15/10 v. Chr., Lug, RIC I² 230, ST 8988, Kuhnenstraße.

102, 3120, 1, As, Augustus, ca. 15/10 v. Chr., Lug, RIC I² 230, ST 1964, Martinsufer.

103, 3131,1, 2, As, Augustus, ca. 15/10 v. Chr., Lug, RIC I² 230, ST 4648, Nikolausstraße.

104, 3131,1, 3, As, Augustus, ca. 15/10 v. Chr., Lug, RIC I² 230, ST 4744, Nikolausstraße.

105, 3131,1, 4, As, Augustus, ca. 15/10 v. Chr., Lug, RIC I² 230, ST 4580, Nikolausstraße.

106, 3131,1, 5, As, Augustus, ca. 15/10 v. Chr., Lug, RIC I² 230, ST 4558, Nikolausstraße.

107, 3131,1, 6, As, Augustus, ca. 15/10 v. Chr., Lug, RIC I² 230, ST 4863b, Nikolausstraße.

108, 3139, 1, As, Augustus, ca. 15/10 v. Chr., Lug, RIC I² 230, ST 5879, Palaststraße.

109, 3140,1, 2, As, Augustus, ca. 15/10 v. Chr., Lug, RIC I² 230, 3080a, Paulinstraße, evtl. Grab.

110, 3140,1, 3, As, Augustus, ca. 15/10 v. Chr., Lug, RIC I² 230, 4160a, Paulinstraße, evtl. Grab.

111, 3140,1, 4, As, Augustus, ca. 15/10 v. Chr., Lug, RIC I² 230, 4160b, Paulinstraße, evtl. Grab.

112, 3140,1, 5, As, Augustus, ca. 15/10 v. Chr., Lug, RIC I² 230, gst. 9,8, 4160c, Paulinstraße, evtl. Grab.

113, 3140,1, 6, As, Augustus, ca. 15/10 v. Chr., Lug, RIC I² 230, gst. 1 var, 4160d, Paulinstraße, evtl. Grab.

114, 3140,1, 7, As, Augustus, ca. 15/10 v. Chr., Lug, RIC I² 230, 5014, Paulinstraße, evtl. Grab.

115, 3140,1, 8, As, Augustus, ca. 15/10 v. Chr., Lug, RIC I² 230, 5021, Paulinstraße, evtl. Grab.

116, 3140,1, 9, As, Augustus, ca. 15/10 v. Chr., Lug, RIC I² 230, Paulinstraße, evtl. Grab.

117, 3140,2, 1, As, Augustus, ca. 15/10 v. Chr., Lug, RIC I² 230, Paulinstraße, Grab.

118, 3151,1, 1, As, Augustus, ca. 15/10 v. Chr., Lug, RIC I² 230, ST 3893d, Pfützenstraße.

119, 3151,1, 4, Augustus, ca. 15/10 v. Chr., Lug, RIC I² 230, ST 3341, Saarstraße.

120, 3151,1, 5, Augustus, ca. 15/10 v. Chr., Lug, RIC I² 230, ST 4672, Saarstraße.

121, 3164,1, 2, As, Augustus, ca. 15/10 v. Chr., Lug, RIC I² 230, 19546, St. Matthias.

122, 3164,1, 3, As, Augustus, ca. 15/10 v. Chr., Lug, RIC I² 230, 20007, St. Matthias.

123, 3164,1, 4, As, Augustus, ca. 15/10 v. Chr., Lug, RIC I² 230, 04, 50, St. Matthias.

124, 3164,1, 5, As, Augustus, ca. 15/10 v. Chr., Lug, RIC I² 230, 04, 42, St. Matthias.

125, 3164,1, 6, As, Augustus, ca. 15/10 v. Chr., Lug, RIC I² 230, 04, 53, St. Matthias.

126, 3164,1, 7, As, Augustus, ca. 15/10 v. Chr., Lug, RIC I² 230, 04, 54, St. Matthias.

127, 3164,1, 9, As, Augustus,? 15/10 v. Chr., Lug, RIC I² 230, 11,1053d?, St. Matthias.

128, 3164,1, 10, As, Augustus, ca. 15/10 v. Chr., Lug, RIC I² 230, gst. 15, 12,565, St. Matthias.

129, 3164,1, 8, As, Augustus, ca. 15/10 v. Chr., Lug, RIC I² 230, gst. 13, 05, 652, St. Matthias, Gräberfeld, Einzelfund ohne Grabzugehörigkeit.

130, 3164,2, 1, As, Augustus, ca. 15/10 v. Chr., Lug, RIC I² 230, gst. 6, 03, 533g, St. Matthias.

131, 3164,2, 3, As, Augustus, ca. 15/10 v. Chr., Lug, RIC I² 230, 03, 247, St. Matthias.

132, 3164,2, 14, As, Augustus, ca. 15/10 v. Chr., Lug, RIC I² 230, 03, 580c, St. Matthias.

133, 3164,2, 73, As, Augustus, ca. 15/10 v. Chr., Lug, RIC I² 230, 04, 1087b, St. Matthias.

134, 3164,2, 86, As, Augustus, ca. 15/10 v. Chr., Lug, RIC I² 230, 05, 290q, St. Matthias.

135, 3164,2, 92, As, Augustus, ca. 15/10 v. Chr., Lug, RIC I² 230, 05,447h, St. Matthias.

136, 3164,2, 154, As, Augustus, ca. 15/10 v. Chr., Lug, RIC I² 230, gst. Vs. 15 über I, Rs 13, 07, 151, St. Matthias.

137, 3164,2, 181, As, Augustus, ca. 15/10 v. Chr., Lug, RIC I² 230, 08,508d, St. Matthias.

138, 3164,2, 194, As, Augustus, ca. 15/10 v. Chr., Lug, RIC I² 230, 08,855 l, St. Matthias.

139, 3169,1, 5, As, Augustus, ca. 15/10 v. Chr., Lug, RIC I² 230, ST 3017, Südallee.

140, 3169,1, 6, ME, Augustus, ca. 15/10 v. Chr., Lug, RIC I² 230, gst. ?, ST 3018, Südallee.

141, 3169,1, 7, As, Augustus, ca. 15/10 v. Chr., Lug, RIC I² 230, gst. 1, ST 3018, Südallee.

142, 3169,1, 8, As, Augustus, ca. 15/10 v. Chr., Lug, RIC I² 230, gst. 1;4, ST 3126b, Südallee zweimal in FMRD, noch einmal unter Gilbertstraße.

143, 1, As, Augustus, ca. 15/10 v. Chr., Lug, RIC I² 230, gst. 1, 13,402, Euchariusstraße.

144, 419, As, Augustus, 15/10 v. Chr., Lug, RIC I² 230, halb., Inv. 87,189, Viehmarkt.

145, 584, As, Augustus, 15/10 v. Chr., Lug, RIC I² 230, Inv. 87,189, Viehmarkt, unter Rotsandsteinstraße.

146, 734, As, Augustus, 15/10 v. Chr., Lug, RIC I² 230, Inv. 87,189, Viehmarkt, verzogene dunkelbraune Sandschicht auf Rotsandsteinstraße.

147, 943, As, Augustus, 15/10 v. Chr., Lug, RIC I² 230, Inv. 87,189, Viehmarkt, hellbrauner Sandboden mit schwarzbraunem Band, evtl. Holzbretter.

148, 3001, 1, 72, As, Augustus, 10/3 v. Chr., Lug, RIC I² 230/RIC 360, gst., F 5945a, Abschluß des Tempelbezirkes an der Gilbertstraße.

149, 3001, 2, 72, As, Augustus, 10/3 v. Chr., Lug, RIC I² 230/RIC 360, gst., F 5945a, Abschluß des Tempelbezirkes an der Gilbertstraße.

150, 3001, 2, 44A, As, Augustus, 10/3 v. Chr., Lug, RIC I² 230/RIC 360, F 4129, Achteckbau/römisches Wohnhaus über dem Achteckbau.

151, 3001, 2, 28, As, Augustus, 10/3 v. Chr., Lug, RIC I² 230/RIC 360, gst. 32, EV 1059, Aedicula.

152, 3001, 1, 28, As, Augustus, 10/3 v. Chr., Lug, RIC I² 230/RIC 360, EV 1059, Aedicula.

153, 3001, 1, 16, As, Augustus, 10/3 v. Chr., Lug, RIC I² 230/RIC 360, gst. 31, 35, F 6415, Avetakapelle.

154, 3001, 1, 38A, As, Augustus, 10/3 v. Chr., Lug, RIC I² 230/RIC 360, F 1520, Bahndurchschnittener Umgangstempel.

155, 3001, 2, 43 A, As, Augustus, 10/3 v. Chr., Lug, RIC I² 230/RIC 360, F 2008, Doppelapsisbau an der Einmündung der Gilbertstraße.

156, 3001, 3, 43 A, As, Augustus, 10/3 v. Chr., Lug, RIC I² 230/RIC 360, F 4612a, Doppelapsisbau an der Einmündung der Gilbertstraße.

157, 3001, 1, 28a, As, Augustus, 10/3 v. Chr., Lug, RIC I² 230/RIC 360, F 9104 a, Fränkisches Zweiräumehaus.

158, 3001, 4, 34, As, Augustus, 10/3 v. Chr., Lug, RIC I² 230/RIC 360, gst. 31, 35, F 23, FSt: 2,30 – 2,80 m tief von der Terrainoberkante, Graben II.

159, 3001, 2, 33a, As, Augustus, 10/3 v. Chr., Lug, RIC I² 230/RIC 360, F 6291, FST: 30 cm über dem gewachsenen Schieferboden.

160, 3001, 2, 34, As, Augustus, 10/3 v. Chr., Lug, RIC I² 230/RIC 360, F 4311, FSt: in dem mit Brand durchsetzten Lehmboden.

161, 3001, 3, 34, As, Augustus, 10/3 v. Chr., Lug, RIC I² 230/RIC 360, F 4292, FSt: Lag etwas höher als die Erbauungsschicht SW-Seite des Umgangs.

162, 3001, 1, 1–2A, As, Augustus, 10/3 v. Chr., Lug, RIC I² 230/RIC 360, EV 1706, Großer Umgangstempel mit Niesche/Umgangstempel.

163, 3001, 2, 1–2A, As, Augustus, 10/3 v. Chr., Lug, RIC I² 230/RIC 360, EV 1476, Großer Umgangstempel mit Niesche/Umgangstempel.

164, 3001, 1, 1–2B, As, Augustus, 10/3 v. Chr., Lug, RIC I² 230/RIC 360, F 933, Großer Umgangstempel mit Niesche/Umgangstempel.

165, 3001, 2, 30a, As, Augustus, 10/3 v. Chr., Lug, RIC I² 230/RIC 360, halb., F 1748, Kanalzüge westlich von Baukomplex 30.

166, 3001, 1, 30a, As, Augustus, 10/3 v. Chr., Lug, RIC I² 230/RIC 360, F 4285, Kanalzüge westlich von Baukomplex 30.

167, 3001, 2, 10, As, Augustus, 10/3 v. Chr., Lug, RIC I² 230/RIC 360, F 7942 c, Kapelle mit Türschwelle L im Planausschnitt 1.

168, 3001, 2, 68, As, Augustus, 10/3 v. Chr., Lug, RIC I² 230/RIC 360, gst. 33, F 5391, Kapelle neben Baukomplex 48/49.

169, 3001, 3, 68, As, Augustus, 10/3 v. Chr., Lug, RIC I² 230/RIC 360, F 5391, Kapelle neben Baukomplex 48/49.

170, 3001, 7, 34aA, As, Augustus, 10/3 v. Chr., Lug, RIC I² 230/RIC 360, halb., F 6044a, Kapelle nördlich Baukomplex 34.

171, 3001, 6, 34aA, As, Augustus, 10/3 v. Chr., Lug, RIC I² 230/RIC 360, F 6110a, Kapelle nördlich Baukomplex 34.

172, 3001, 8, 34aA, As, Augustus, 10/3 v. Chr., Lug, RIC I² 230/RIC 360, F 2146, Kapelle nördlich Baukomplex 34.

173, 3001, 9, 34aA, As, Augustus, 10/3 v. Chr., Lug, RIC I² 230/RIC 360, F 6862a, Kapelle nördlich Baukomplex 34.

174, 3001, 10, 34aA, As, Augustus, 10/3 v. Chr., Lug, RIC I² 230/RIC 360, F 6260a, Kapelle nördlich Baukomplex 34.

175, 3001, 11, 34aA, As, Augustus, 10/3 v. Chr., Lug, RIC I² 230/RIC 360, F 6260a, Kapelle nördlich Baukomplex 34.

176, 3001, 12, 34aA, As, Augustus, 10/3 v. Chr., Lug, RIC I² 230/RIC 360, F 6894a, Kapelle nördlich Baukomplex 34.

177, 3001, 2, 45/46, As, Augustus, 10/3 v. Chr., Lug, RIC I² 230/RIC 360, gst. 1, F1459, Kapelle und kleiner Rundbau neben dem Achteckbau.

178, 3001, 3, 45/46, As, Augustus, 10/3 v. Chr., Lug, RIC I² 230/RIC 360, gst. 33, F 5292c, Kapelle und kleiner Rundbau neben dem Achteckbau.

179, 3001, 4, 45/46, As, Augustus, 10/3 v. Chr., Lug, RIC I² 230/RIC 360, F 5292c, Kapelle und kleiner Rundbau neben dem Achteckbau.

180, 3001, 5, 45/46, As, Augustus, 10/3 v. Chr., Lug, RIC I² 230/RIC 360, F 5292c, Kapelle und kleiner Rundbau neben dem Achteckbau.

181, 3001, 1, 18, As, Augustus, 10/3 v. Chr., Lug, RIC I² 230/RIC 360, gst. 1, F 7682 a, Kleinere Merkurkapelle.

182, 3001, 1, 37D, As, Augustus, 10/3 v. Chr., Lug, RIC I² 230/RIC 360, gst. 19, F 1772, Kollektivfund 18.

183, 3001, 2, 43C, As, Augustus, 10/3 v. Chr., Lug, RIC I² 230/RIC 360, Gel., F 5057, Kollektivfund 35, 184, 3001, 1, 43C, As, Augustus, 10/3 v. Chr., Lug, RIC I² 230/RIC 360, gst., F 5057, Kollektivfund 35.

185, 3001, 6, 48/49B, As, Augustus, 10/3 v. Chr., Lug, RIC I² 230/RIC 360, F 11224a, Kollektivfund 37.

186, 3001, 1, 19/21–22C, As, Augustus, 10/3 v. Chr., Lug, RIC I² 230/RIC 360, F 7580, Kranichkapellen/Kapelle über den Kranichkapellen.

187, 3001, 4, 48/49A, As, Augustus, 10/3 v. Chr., Lug, RIC I² 230/RIC 360, F 11251 d, Pfostentempel/Bachtempel.

188, 3001, 5, 48/49A, As, Augustus, 10/3 v. Chr., Lug, RIC I² 230/RIC 360, F 11251 a, Pfostentempel/Bachtempel.

189, 3001, 6, 48/49A, As, Augustus, 10/3 v. Chr., Lug, RIC I² 230/RIC 360, F 6099a, Pfostentempel/Bachtempel.

190, 3001, 7, 48/49A, As, Augustus, 10/3 v. Chr., Lug, RIC I² 230/RIC 360, F 7156a, Pfostentempel/Bachtempel.

191, 3001, 8, 48/49A, As, Augustus, 10/3 v. Chr., Lug, RIC I² 230/RIC 360, F 5785a, Pfostentempel/Bachtempel.

192, 3001, 9, 48/49A, As, Augustus, 10/3 v. Chr., Lug, RIC I² 230/RIC 360, F 5807a, Pfostentempel/Bachtempel.

193, 3001, 3, 26a, As, Augustus, 10/3 v. Chr., Lug, RIC I² 230/RIC 360, gst., F 470, Polygonaler Pfostenbau.

194, 3001, 1, 34bA, As, Augustus, 10/3 v. Chr., Lug, RIC I² 230/RIC 360, gst. 6, 1, F 6061 b, Prähistorischer Rundbau.

195, 3001, 3, 6a, As, Augustus, 10/3 v. Chr., Lug, RIC I² 230/RIC 360, F 2787, Ritonatempel A-C im Planausschnitt 1.

196, 3001, 4, 6a, As, Augustus, 10/3 v. Chr., Lug, RIC I² 230/RIC 360, F 2798, Ritonatempel A-C im Planausschnitt 1.

197, 3001, 2, 33A, As, Augustus, 10/3 v. Chr., Lug, RIC I² 230/RIC 360, F 4139, Rollwackentempel/Fränkische Mauerzüge.

198, 3001, 3, 33A, As, Augustus, 10/3 v. Chr., Lug, RIC I² 230/RIC 360, F 4139, Rollwackentempel/Fränkische Mauerzüge.

199, 3001, 4, 33A, As, Augustus, 10/3 v. Chr., Lug, RIC I² 230/RIC 360, F 1025, Rollwackentempel/Fränkische Mauerzüge.

200, 3001, 2, 3A, As, Augustus, 10/3 v. Chr., Lug, RIC I² 230/RIC 360, F 5732b, Rundbau G im Planausschnitt 1.

201, 3001, 3, 5a, As, Augustus, 10/3 v. Chr., Lug, RIC I² 230/RIC 360, F 2626, Schieferkapelle F im Planausschnitt 1.

202, 3001, 4, 5a, As, Augustus, 10/3 v. Chr., Lug, RIC I² 230/RIC 360, F 2626, Schieferkapelle F im Planausschnitt 1.

203, 3001, 5, 5a, As, Augustus, 10/3 v. Chr., Lug, RIC I² 230/RIC 360, F 2626, Schieferkapelle F im Planausschnitt 1.

204, 3001, 6, 5a, As, Augustus, 10/3 v. Chr., Lug, RIC I² 230/RIC 360, F 2626, Schieferkapelle F im Planausschnitt 1.

205, 3001, 4, 35A, As, Augustus, 10/3 v. Chr., Lug, RIC I² 230/RIC 360, F 8627a, Schieferkapelle mit Säulenvorbau/Ummauerung.

206, 3001, 5, 35A, As, Augustus, 10/3 v. Chr., Lug, RIC I² 230/RIC 360, F 7612a, Schieferkapelle mit Säulenvorbau/Ummauerung.

207, 3001, 1, 4a, As, Augustus, 10/3 v. Chr., Lug, RIC I² 230/RIC 360, F 2803, SO-Ecke des Tempelbezirks (Mauerreste T im Planausschnitt 1).

208, 3001, 3, 29, As, Augustus, 10/3 v. Chr., Lug, RIC I² 230/RIC 360, F 6272, Tempel an der Altbachbrücke/Holzwasserleitung.

209, 3001, 1, 27, As, Augustus, 10/3 v. Chr., Lug, RIC I² 230/RIC 360, EV 1437, Tempel mit Säulenvorbau.

210, 3001, 3, 26 A, As, Augustus, 10/3 v. Chr., Lug, RIC I² 230/RIC 360, gst., F 950, Tempel mit Vorhalle.

211, 3001, 2, 26 A, As, Augustus, 10/3 v. Chr., Lug, RIC I² 230/RIC 360, F 1199, Tempel mit Vorhalle.

212, 3001, 1, 25, As, Augustus, 10/3 v. Chr., Lug, RIC I² 230/RIC 360, F 5792 b, Tempel vor dem Wärterhaus.

213, 3001, 3, 36A, As, Augustus, 10/3 v. Chr., Lug, RIC I² 230/RIC 360, gel., F 8061a, Theater/Wohnhäuser im südlichen Teil des Theaters/Bleikeller.

214, 3001, 4, 36A, As, Augustus, 10/3 v. Chr., Lug, RIC I² 230/RIC 360, F 10407 a, Theater/Wohnhäuser im südlichen Teil des Theaters/Bleikeller.

215, 3001, 5, 36A, As, Augustus, 10/3 v. Chr., Lug, RIC I² 230/RIC 360, F 1047, Theater/Wohnhäuser im südlichen Teil des Theaters/Bleikeller.

216, 3001, 7, 41, As, Augustus, 10/3 v. Chr., Lug, RIC I² 230/RIC 360, gst. 3, F 1524, Umgangstempel (=Logentempel) J/K im Planausschnitt 2.

217, 3001, 3, 65, As, Augustus, 10/3 v. Chr., Lug, RIC I² 230/RIC 360, gst., F 193, Umgangstempel und Wohnhaus O im Planausschnitt 2.

218, 3001, 1, 39bA, As, Augustus, 10/3 v. Chr., Lug, RIC I² 230/RIC 360, halb., F 1775, Westliches Vorfeld des Theaters/Brunnen E im Planausschnitt 2.

219, 3001, 1, 73A, As, Augustus, 10/3 v. Chr., Lug, RIC I² 230/RIC 360, F 11364a, Wohnhaus am Weberbach.

220, 3001, 4, 37 aA, As, Augustus, 10/3 v. Chr., Lug, RIC I² 230/RIC 360, gst. 16, 4, F 10366a, Wohnhaus nördlich vom Mithraeum.

221, 3008, 4, As, Augustus, ca. 15/10 v. Chr., Lug, RIC I² 230?, KTh 176, Kaiserthermen.

222, 2, As, Augustus, ca. 15/10 v. Chr., Lug, RIC I² 230?, gst. 1?, 03,360, Euchariusstraße.

223, 3001, 2, 28a, As, Augustus, 10/3 v. Chr., Lug, RIC I² 230?/RIC 360?, F 7847 a, Fränkisches Zweiräumehaus.

224, 3001, 1, 68a, As, Augustus, 10/3 v. Chr., Lug, RIC I² 230?/RIC 360?, gst. 21 halb., F 11259b, Kleine Kapelle und Bank an der Südseite des Baukomplexes 48/49.

225, 3001, 5, 48/49B, As, Augustus, 10/3 v. Chr., Lug, RIC I² 230?/RIC 360?, gst. 25, F 11224a, Kollektivfund 37.

226, 3001, 4, 48/49B, As, Augustus, 10/3 v. Chr., Lug, RIC I² 230?/RIC 360?, F 11224a, Kollektivfund 37.

227, 3001, 6, 36A, As, Augustus, 10/3 v. Chr., Lug, RIC I² 230?/RIC 360?, F 3569, Theater/Wohnhäuser im südlichen Teil des Theaters/Bleikeller.

228, 3001, 8, 41, As, Augustus, 10/3 v. Chr., Lug, RIC I² 230?/RIC 360?, F 3138, Umgangstempel (=Logentempel) J/K im Planausschnitt 2.

229, 3001, 2, 39bA, As, Augustus, 10/3 v. Chr., Lug, RIC I² 230?/RIC 360?, F 4828, Westliches Vorfeld des Theaters/Brunnen E im Planausschnitt 2.

230, 3001, 5, 37 aA, As, Augustus, 10/3 v. Chr., Lug, RIC I² 230?/RIC 360?, F 10286, Wohnhaus nördlich vom Mithraeum.

231, 3070,1, 3, As, Augustus, ca. 15/10 v. Chr., Lug, RIC I² 230ff., gst. 1;4, ST 3126b, Gilbertstraße.

232, 3070,1, 4, As, Augustus/Tiberius, ca. 15/10 v. Chr., Lug, RIC I² 230ff., ST 3175, Gilbertstraße.

233, 3140,1, 10, As, Augustus, ca. 15/10 v. Chr., Lug?, RIC I² 230?, gst.?, 4163, Paulinstraße, evtl. Grab.

234, 3140,1, 11, As, Augustus, ca. 15/10 v. Chr., Lug?, RIC I² 230?, 3080d, Paulinstraße, evtl. Grab.

235, 3001, 11, 41, As, Augustus für Tiberius, 10/14 n. Chr., Lug, RIC 366/370?, gst. 2, F 1394, Umgangstempel (=Logentempel) J/K im Planausschnitt 2.

236, 3001, 5, 34, As, Augustus für Tiberius, 10/14 n. Chr., Lug, RIC 366ff, gst. 31, F 4311, Trier.

237, 3001, 4, 39bA, As, Augustus für Tiberius, 11/14 n. Chr., Lug, RIC 367, F 1775, Westliches Vorfeld des Theaters/Brunnen E im Planausschnitt 2.

238, 3001, 8, 36A, As, Augustus, 10/11 n. Chr., Lug, RIC 368, F 11562, Theater/Wohnhäuser im südlichen Teil des Theaters/Bleikeller.

239, 3001, 9, 36A, As, Augustus, 10/11 n. Chr., Lug, RIC 368, F 11562, Theater/Wohnhäuser im südlichen Teil des Theaters/Bleikeller.

240, 3001, 10, 41, As, Augustus für Tiberius, 10/11 n. Chr., Lug, RIC 368, F 2988, Umgangstempel (=Logentempel) J/K im Planausschnitt 2.

241, 3001, 3, 28, As, Augustus für Tiberius, 10/14 n. Chr., Lug, RIC 368/370, F 9149 a, Aedicula.

242, 3001, 10, 48/49B, As, Augustus für Tiberius, 10/14 n. Chr., Lug, RIC 368/370, halb., F 11224a, Kollektivfund 37.

243, 3001, 8, 48/49B, As, Augustus für Tiberius, 10/14 n. Chr., Lug, RIC 368/370, F 11224a, Kollektivfund 37.

244, 3001, 9, 48/49B, As, Augustus für Tiberius, 10/14 n. Chr., Lug, RIC 368/370, F 11224a, Kollektivfund 37.

245, 3001, 3, 33a, As, Augustus für Tiberius, 10/14 n. Chr., Lug, RIC 368/370, Gev., F 6318, Trier.

246, 3001, 4, 28, As, Augustus für Tiberius, 10/14 n. Chr., Lug, RIC 368/370?, F 9149 a, Aedicula.

247, 3001, 5, 43 A, As, Augustus für Tiberius, 10/14 n. Chr., Lug, RIC 368/370?, F 3411, Doppelapsisbau an der Einmündung der Gilbertstraße.

248, 3001, 5, 39bA, As, Augustus für Tiberius, 11/14 n. Chr., Lug, RIC 368/370?, F 2321, Westliches Vorfeld des Theaters/Brunnen E im Planausschnitt 2.

249, 3001, 10, 48/49A, As, Augustus für Tiberius, 10/14 n. Chr., Lug, RIC 368?, halb., Viertel. vorgem., F 11215 a, Pfostentempel/Bachtempel.

250, 3019,1, 10, ME, Augustus, ca. 9/14 v. Chr., Lug, RIC I² 232/233, halb., 15,483, Tempelbezirk am Irminenwingert, aus dem Tempelgebäude.

251, 3009, 2, As, Augustus, ca. 9/14 v. Chr., Lug, RIC I² 233, Fst. 8 FN. 829, Kaiserthermen.

252, 3015, 9, As, Augustus, ca. 9/14 v. Chr., Lug, RIC I² 233, gst., 55,207, Römerbrücken.

253, 3019,1, 9, As, Augustus, ca. 9/14 v. Chr., Lug, RIC I² 233, halb., ST 9872, Tempelbezirk am Irminenwingert, aus dem Tempelgebäude.

254, 3064,1, 1, As, Augustus, ca. 9/14, Lug, RIC I² 233, ST 3137, Friedrich Wilhelm Straße.

255, 3068, 1, As, Augustus, ca. 9/14, Lug, RIC I² 233, EV 759e, Gerberstraße/Ecke Südallee.

256, 3140,1, 15, As, Augustus, 9/14 n. Chr., Lug, RIC I² 233, 3670, Paulinstraße, evtl. Grab.

257, 3152,2, 1, As, Augustus, 9/14 n. Chr., Lug, RIC I² 233, c, Saarbrückerstraße.

258, 3001, 1, 17, As, Augustus, 10 v. Chr./14 n. Chr., Lug, RIC I² 233/RIC 364, EV 1037, Kapelle nördlich der Avetakapelle.

259, 3001, 3, 27, As, Augustus, 10 v. Chr./14 n. Chr., Lug, RIC I² 233/RIC 364, halb., EV 1392, Tempel mit Säulenvorbau.

260, 3001, 7, 36A, As, Augustus, 10/14 n. Chr., Lug, RIC I² 233/RIC 364, F 10329b, Theater/Wohnhäuser im südlichen Teil des Theaters/Bleikeller.

261, 3001, 3, 39bA, As, Augustus, 10/14 n. Chr., Lug, RIC I² 233/RIC 364, F 2321, Westliches Vorfeld des Theaters/Brunnen E im Planausschnitt 2.

262, 3164,2, 15, As, Augustus, ca. 9/14, Lug, RIC I² 233/245, gst. 8, 03,580c, St. Matthias.

263, 3001, 7, 48/49B, As, Augustus, 10/14 n. Chr., Lug, RIC I² 233?/RIC 364?, F 11224a, Kollektivfund 37.

264, 3051, 1, Sem, Augustus, 9/14 n. Chr., Lug, RIC I² 234, Privat, Dietrichstraße.

265, 3062,1, 2, As, Augustus für Tiberius, 9/14 n. Chr., Lug, RIC I² 237/245, ST 2048, Fleischstraße.

266, 3004, 2, As, Augustus, ca. 9/14, Lug, RIC I² 237/245, gst. 6, halb., 52,105, Basilika.

267, 3165,1, 4, As, Augustus, 9/14., Lug, RIC I² 237/247, 19085, Altfunde St. Maximin.

268, 3052,1, 1, As, Augustus für Tiberius, 9/14 n. Chr., Lug, RIC I² 238a, ST 6802b, Eberhardstraße.

269, 3129, 1, As, Augustus für Tiberius, 8/10 n. Chr., Lug, RIC I² 238a, ST 5353a, Neustraße.

270, 3139, 2, As, Augustus für Tiberius, 9/14 n. Chr., Lug, RIC I² 238a, halb., ST 5825c, Palaststraße.

271, 3139, 3, As, Augustus für Tiberius, 9/14 n. Chr., Lug, RIC I² 238a, ST 5896a, Palaststraße.

272, 3017,1, 2, As, Augustus für Tiberius, 8/14 n. Chr., Lug, RIC I² 238a/245, Quf 2, Römersprudel.

273, 3058,1, 2, As, Augustus für Tiberius, 9/14 n. Chr., Lug, RIC I² 238a/245, ST 2379c, Feldstraße.

274, 833, As, Augustus für Tiberius, 8/14 n. Chr., Lug, RIC I² 238a/245, Rv. gst., Inv. 87,189, Viehmarkt.

275, 3052,1, 1, As, Augustus für Tiberius, 9/14 n. Chr., Lug, RIC I² 238b, gst. 10? halb., ST 6772b, Eberhardstraße.

276, 3075, 2, As, Augustus für Tiberius, 10/14 n. Chr., Lug, RIC I² 238b/245, ST 5534, Hauptmarkt.

277, 3057,1, 1, As, Augustus für Tiberius, 9/14 n. Chr., Lug, RIC I² 242, halb., ST 5646b, Fahrstraße.

278, 3064,1, 1, As, Augustus für Tiberius, 9/14 n. Chr., Lug, RIC I² 242, ST 4544, Friedrich Wilhelm Straße.

279, 3151,1, 8, As, Augustus für Tiberius, 9/14 n. Chr., Lug, RIC I² 244, ST 3383, Saarstraße.

280, 3165,1, 5, As, Augustus, ca. 10/14, Lug, RIC I² 245, ST 6181d, Altfunde St. Maximin.

281, 3014, 3, As, Augustus für Tiberius, ca. 9/14 n. Chr., Lug, RIC I² 245, Grabfund, Neubau Hotel Porta Nigra 1896 – 97.

282, 3036, 1, As, Augustus für Tiberius, 9/14 n. Chr., Lug, RIC I² 245, gst. 8, 11,64, Banthusstraße.

283, 3037,1, 4, As, Augustus für Tiberius, 9/14 n. Chr., Lug, RIC I² 245, ST 5819a, Barbaraufer.

284, 3058,1, 3, As, Augustus für Tiberius, 9/14 n. Chr., Lug, RIC I² 245, ST 2504, Feldstraße.

285, 3058,1, 4, As, Augustus für Tiberius, 9/14 n. Chr., Lug, RIC I² 245, ST 6556, Feldstraße.

286, 3085,3, 1, As, Augustus für Tiberius, 9/14 n. Chr., Lug, RIC I² 245, ST 6315a, Hosenstraße.

287, 3092, 2, As, Augustus für Tiberius, 9/14 n. Chr., Lug, RIC I² 245, ST 4992, Johannisstraße.

288, 3138, 1, As, Augustus für Tiberius, 9/14 n. Chr., Lug, RIC I² 245, gst. 9, 32,59, Palastplatz.

289, 3140,1, 18, As, Augustus für Tiberius, 9/14 n. Chr., Lug, RIC I² 245, 4161, Paulinstraße, evtl. Grab.

290, 3181, 1, As, Augustus für Tiberius, ca. 9/14 n. Chr., Lug, RIC I² 245, ST 2504, Windmühlenstraße, zweimal in FMRD, noch einmal unter Feldstraße.

291, 1, As, Augustus für Tiberius, 9/14 n. Chr., Lug, RIC I² 245, .02,318, Euchariusstraße.

292, 3001, 11, 48/49A, As, Augustus für Tiberius, 11/14 n. Chr., Lug, RIC I² 245/RIC 370, F 11217a, Pfostentempel/Bachtempel.

293, 3001, 12, 41, As, Augustus für Tiberius, 11/14 n. Chr., Lug, RIC I² 245/RIC 370, F 11040a, Umgangstempel (=Logentempel) J/K im Planausschnitt 2.

294, 3001, 6, 37 aA, As, Augustus für Tiberius, 11/14 n. Chr., Lug, RIC I² 245?/RIC 370?, F 11380a, Wohnhaus nördlich vom Mithraeum.

295, 3151,1, 9, As, Augustus für Tiberius, 9/14 n. Chr., Lug, RIC I² 246, ST 3528a, Saarstraße.

296, 3001, 1, 48/49C, As, Augustus für Tiberius, 11/14 n. Chr., Lug, RIC I² 246/RIC 371, F 5754b, Kollektivfund 38.

297, 3140,1, 16, As, Augustus, 9/14 n. Chr., Lug, RIC I² 232ff, 4165, Paulinstraße, evtl. Grab.

298, 3140,1, 17, As, Augustus, 9/14 n. Chr., Lug, RIC I² 232ff, 5015, Paulinstraße, evtl. Grab.

299, 3151,1, 6, As, Augustus, 9/14 n. Chr., Lug, RIC I² 233, ST 3498, Saarstraße.

300, 3151,1, 7, As, Augustus, 9/14 n. Chr., Lug, RIC I² 233, ST 6646a, Saarstraße.

301, 3008,2, 111, AE, Augustus, 10 v. Chr. – 14 n. Chr., Lug, RIC I² 229ff., P 214, Kaiserthermen.

302, 3041,1, 1, Sem?, Augustus, ca. 15/10 v. Chr., Lug, RIC I² 230 Typ, ST 2808d, Böhmerstraße.

303, 3169,1, 9, As, Augustus, ca. 15/10 v. Chr. – 14 n. Chr., Lug, RIC I² 230ff. Typ, ST 3341, Süd-allee.

304, 3001, 2, 16, As, Augustus, 10 v. Chr./14 n. Chr., Lug, RIC I² 230/RIC I² 233 /RIC 360/364, gst. 10, F 6416 a, Avetakapelle, 305, 3001, 2, 27, As, Augustus, 10 v. Chr./14 n. Chr., Lug, RIC I² 230/RIC I² 233 /RIC 360/364, F 7806 a, Tempel mit Säulenvorbau.

306, 3164,2, 61, As, Augustus, ca. 15/10 v. Chr. – 14 n. Chr., Lug, RIC I² 230/233ff. Typ, 04,597e, St. Matthias.

307, 3164,2, 98, As, Augustus, ca. 15/10 v. Chr. – 14 n. Chr., Lug, RIC I² 230/233ff. Typ, 05,540f, St. Matthias.

308, 3164,2, 118, As, Augustus, ca. 15/10 v. Chr. – 14 n. Chr., Lug, RIC I² 230/233ff. Typ, 05,286i,k, St. Matthias.

309, 3164,2, 119, As, Augustus, ca. 15/10 v. Chr. – 14 n. Chr., Lug, RIC I² 230/233ff. Typ, 05,286i,k, St. Matthias.

310, 3164,2, 138, As, Augustus, ca. 15/10 v. Chr. – 14 n. Chr., Lug, RIC I² 230/233ff. Typ, 06,587g, St. Matthias.

311, 3164,2, 188, As, Augustus, ca. 15/10 v. Chr. – 14 n. Chr., Lug, RIC I² 230/233ff. Typ, 08,513d, St. Matthias.

312, 3164,2, 266, As, Augustus, ca. 15/10 v. Chr. – 14 n. Chr., Lug, RIC I² 230/233ff. Typ, 11,1128d, St. Matthias.

313, 3164,2, 273, As, Augustus, ca. 15/10 v. Chr. – 14 n. Chr., Lug, RIC I² 230/233ff. Typ, 11,1148k, St. Matthias.

314, 3001, 2, 8, As, Augustus/Tiberius, 10 v. Chr./21 n. Chr., Lug, F 9319 a, Große Kapelle P/Kleine Kapelle Q im Planausschnitt 1.

315, 3001, 2, 68a, As, Augustus/Tiberius, 10 v. Chr./21 n. Chr., Lug, halb., F 11256a, Kleine Kapelle und Bank an der Südseite des Baukomplexes 48/49.

316, 3001, 1, 38B, AE, Augustus/Tiberius, 10 v. Chr./21 n. Chr., Lug, F 472a, Kollektivfund 20.

317, 3001, 13, 48/49A, ME, Augustus/Tiberius, 10 v. Chr./21 n. Chr., Lug, F 11245 a, Pfostentem-pel/Bachtempel.

318, 3001, 14, 48/49A, ME, Augustus/Tiberius, 10 v. Chr./21 n. Chr., Lug, F 5807a, Pfostentem-pel/Bachtempel.

319, 3001, 15, 48/49A, ME, Augustus/Tiberius, 10 v. Chr./21 n. Chr., Lug, F 5785a, Pfostentem-pel/Bachtempel.

320, 3001, 16, 48/49A, KE, Augustus/Tiberius, 10 v. Chr./21 n. Chr., Lug, F 11245 a, Pfostentem-pel/Bachtempel.

321, 3001, 6, 26 A, As, Augustus/Tiberius, 10 v. Chr./21 n. Chr., Lug, halb., F 3014, Tempel mit Vorhalle.

322, 3001, 10, 36A, ME, Augustus/Tiberius, 10 v. Chr./21 n. Chr., Lug, gel., F 8061a, Thea-ter/Wohnhäuser im südlichen Teil des Theaters/Bleikeller.

323, 3001, 11, 36A, ME, Augustus/Tiberius, 10 v. Chr./21 n. Chr., Lug, F 8030, Theater/Wohnhäuser im südlichen Teil des Theaters/Bleikeller.

324, 3001, 12, 36A, ME, Augustus/Tiberius, 10 v. Chr./21 n. Chr., Lug, F 10740a, Thea-ter/Wohnhäuser im südlichen Teil des Theaters/Bleikeller.

325, 3001, 13, 36A, ME, Augustus/Tiberius, 10 v. Chr./21 n. Chr., Lug, F 8036a, Thea-ter/Wohnhäuser im südlichen Teil des Theaters/Bleikeller.

326, 3001, 17, 41, ME, Augustus/Tiberius, 10 v. Chr./21 n. Chr., Lug, halb., F 3138, Umgangstempel (=Logentempel) J/K im Planausschnitt 2.

327, 3001, 18, 41, ME, Augustus/Tiberius, 10 v. Chr./21 n. Chr., Lug, halb., F 1715, Umgangstempel (=Logentempel) J/K im Planausschnitt 2.

328, 3001, 13, 41, ME, Augustus/Tiberius, 10 v. Chr./21 n. Chr., Lug, F 11004, Umgangstempel (=Logentempel) J/K im Planausschnitt 2.

329, 3001, 14, 41, ME, Augustus/Tiberius, 10 v. Chr./21 n. Chr., Lug, F 11061a, Umgangstempel (=Logentempel) J/K im Planausschnitt 2.

330, 3001, 15, 41, ME, Augustus/Tiberius, 10 v. Chr./21 n. Chr., Lug, F 11013a, Umgangstempel (=Logentempel) J/K im Planausschnitt 2.

331, 3001, 16, 41, ME, Augustus/Tiberius, 10 v. Chr./21 n. Chr., Lug, F 3962, Umgangstempel (=Logentempel) J/K im Planausschnitt 2.

332, 3001, 4, 65, ME, Augustus/Tiberius, 10 v. Chr./21 n. Chr., Lug, F 11000b, Umgangstempel und Wohnhaus im Planausschnitt 2.

333, 3001, 6, 39bA, As, Augustus/Tiberius, 10 v. Chr./21 n. Chr., Lug, F 5917, Westliches Vorfeld des Theaters/Brunnen E im Planausschnitt 2.

334, 3140,1, 19, As, Augustus/Tiberius, 15v. Chr./14n. Chr., Lug, 3019,7, Paulinstraße, evtl. Grab.

335, 233, As, Augustus/Tiberius, 10 v. Chr./21 n. Chr., Lug, halb., Landewyk, aus dem Töpferofen Fnr. 233.

336, 191, As, Augustus/Tiberius, 10 v. Chr. – 14 n. Chr., Lug, Inv. 87,189, Viehmarkt, Grube, PLQ G12/13, braun-gräulich, feinsandiger Boden mit HK und Lehm durchzogen.

337, 328A, As, Augustus/Tiberius, 10 v. Chr. – 14 n. Chr., Lug, Inv. 87,189, Viehmarkt, Planierung, dunkelbrauner bis gräulicher stark mit HK durchsetzter Boden, kleine Sand und Mörteleinlagerungen, kleinste Ziegelfragm.

338, 3001, 12, 48/49A, As, Augustus/Tiberius, 10 v. Chr./21 n. Chr., Lug, RIC 364ff Typ, F 11246 a, Pfostentempel/Bachtempel.

339, 3001, 5, 28, As, Augustus/Tiberius, 10 v. Chr./21 n. Chr., Lug, RIC I² 230 ff./RIC 360 ff., Gev., F 9324 a, Aedicula.

340, 3001, 3, 16, As, Augustus/Tiberius, 10 v. Chr./21 n. Chr., Lug, RIC I² 230 ff./RIC 360 ff., F 6332, Avetakapelle.

341, 3001, 9, 43 A, ME, Augustus/Tiberius, 10 v. Chr./21 n. Chr., Lug, RIC I² 230 ff./RIC 360 ff., gst., F 5030, Doppelapsisbau an der Einmündung der Gilbertstraße.

342, 3001, 6, 43 A, As, Augustus/Tiberius, 10 v. Chr./21 n. Chr., Lug, RIC I² 230 ff./RIC 360 ff., F 2969, Doppelapsisbau an der Einmündung der Gilbertstraße.

343, 3001, 7, 43 A, As, Augustus/Tiberius, 10 v. Chr./21 n. Chr., Lug, RIC I² 230 ff./RIC 360 ff., F 3360, Doppelapsisbau an der Einmündung der Gilbertstraße.

344, 3001, 8, 43 A, As, Augustus/Tiberius, 10 v. Chr./21 n. Chr., Lug, RIC I² 230 ff./RIC 360 ff., F ?, Doppelapsisbau an der Einmündung der Gilbertstraße.

345, 3001, 1, 30, ME, Augustus/Tiberius, 10 v. Chr./21 n. Chr., Lug, RIC I² 230 ff./RIC 360 ff., F 4471, Kapelle mit Umgang/Apsisbau/Haus mit drei Herdstellen.

346, 3001, 4, 68, As, Augustus/Tiberius, 10 v. Chr./21 n. Chr., Lug, RIC I² 230 ff./RIC 360 ff., gst. 21, F 5307, Kapelle neben Baukomplex 48/49.

347, 3001, 5, 68, As, Augustus/Tiberius, 10 v. Chr./21 n. Chr., Lug, RIC I² 230 ff./RIC 360 ff., gst. TI, F 5391, Kapelle neben Baukomplex 48/49.

348, 3001, 3, 12, ME, Augustus/Tiberius, 10 v. Chr./21 n. Chr., Lug, RIC I² 230 ff./RIC 360 ff., gst., F 8244 a, Verputztempel.

349, 3001, 6, 34, ME, Augustus/Tiberius, 10 v. Chr./21 n. Chr., Lug, RIC I² 230 ff./RIC 360 ff., F 26–30, Trier.

350, 3001, 5, 33a, As, Augustus/Tiberius, 10 v. Chr./21 n. Chr., Lug, RIC I² 230 ff./RIC 360 ff., gst., F 6316 a, Trier.

351, 3001, 4, 33a, As, Augustus/Tiberius, 10 v. Chr./21 n. Chr., Lug, RIC I² 230 ff./RIC 360 ff., F 6227 a, Trier.

352, 3001, 4, 43 A, As, Augustus, 3/2 v. Chr., Rom, RIC 186, gst., F 4996, Doppelapsisbau an der Einmündung der Gilbertstraße.

353, 3001, 2, 18, As, Augustus, 3/2 v. Chr., Rom, RIC 186, F 7631, Kleinere Merkurkapelle.

354, 3001, 3, 19/21 – 22A, As, Augustus, 3/2 v. Chr., Rom, RIC 189, F 7602 b, Kranichkapellen.

355, 3001, 2, 66, As, Augustus, 3/2 v. Chr., Rom, RIC 192, F 4908, Haus in der Südecke des Theaterbereichs/Frankenhaus.

356, 3001, 2, 36A, As, Augustus, 3/2 v. Chr., Rom, RIC 192, F 1343, Theater/Wohnhäuser im südlichen Teil des Theaters/Bleikeller.

357, 3001, 2, 34bA, As, Augustus, 3/2 v. Chr., Rom, RIC 193, F 5992a, Prähistorischer Rundbau.

358, 3001, 1, 8, As, Augustus, 16/15 v. Chr., Rom, RIC 69, F 9319 a, Große Kapelle P/Kleine Kapelle Q im Planausschnitt 1.

359, 3001, 3, 48/49B, As, Augustus, 16/15 v. Chr., Rom, RIC 69, F 11224a, Kollektivfund 37.

360, 3001, 3, 48/49A, As, Augustus, 16/15 v. Chr., Rom, RIC 69?, halb., F 11245 a, Pfostentempel/Bachtempel.

361, 3001, 2, 35A, As, Augustus, 16/15 v. Chr., Rom, RIC 81, F 8433c, Schieferkapelle mit Säulenvorbau/Ummauerung.

362, 3164,2, 150, Dp, Augustus, 16 v. Chr., Rom, RIC I² 371, 06,603a, St. Matthias.

363, 3008, 3, As, Augustus, 15 v. Chr., Rom, RIC I² 382, gst. 1, UG 128, 313, Kaiserthermen.

364, 3019,1, 4, As, Augustus, ca. 15 v. Chr., Rom, RIC I² 382, gst. Vs.: 2, ST 9746, Tempelbezirk am Irminenwingert, aus dem Tempelgebäude.

365, 3012,14, 2, As, Augustus, 15 v. Chr., Rom, RIC I² 385, Slg. G. Schäffer, Graach.

366, 3033,2, 1, Qd, Augustus, 9 v. Chr., Rom, RIC I² 420, Inv. 12635, Antoniusstrasse 7.

367, 3109,1, 1, As, Augustus, 7 v. Chr., Rom, RIC I² 427, gst. 6, ST 8258, Kuhnenstraße.

368, 3140,1, 12, As, Augustus, 7 v. Chr., Rom, RIC I² 427, gst. 6,10, 2579, Paulinstraße, evtl. Grab.

369, 2, As, Augustus, 7 v. Chr., Rom, RIC I² 427, gst. 5, 02, 224, Euchariusstraße.

370, 3169,1, 3, As, Augustus, 7 v. Chr., Rom, RIC I² 428/432/436, gst. 5, ST 3112, Südallee.

371, 3113, 1, As, Augustus, 7/6 v. Chr., Rom, RIC I² 428ff Typ, EV 787, Liebfrauenstraße.

372, 3019,1, 7, As, Augustus, 7 v. Chr., Rom, RIC I² 431, gst. Rs.: 3, ST 9841, Tempelbezirk am Irminenwingert, aus dem Tempelgebäude.

373, 3169,1, 4, As, Augustus, 7 v. Chr., Rom, RIC I² 431, gst. 2, ST 3286, Südallee.

374, 3019,1, 8, As, Augustus, 7 v. Chr., Rom, RIC I² 435, gst. Rs.: 2, ST 9882, Tempelbezirk am Irminenwingert, aus dem Tempelgebäude.

375, 3024, 2, As, Augustus, 7 v. Chr., Rom, RIC I² 435, ST 4539, Am Altbach.

376, 3140,1, 13, As, Augustus, 7 v. Chr., Rom, RIC I² 435, gst. 11, 8037f, Paulinstraße, evtl. Grab.

377, 3164,2, 198, As, Augustus, 7 v. Chr., Rom, RIC I² 435, 08,934g, St. Matthias.

378, 3140,1, 14, As, Augustus, 7 v. Chr., Rom, RIC I² 436, 3080b, Paulinstraße, evtl. Grab.

379, 3164,1, 12, As, Augustus, 7 v. Chr., Rom, RIC I² 436, gst. 5, 03, 522, St. Matthias.

380, 3062,1, 1, Qd, Augustus, 4 v. Chr., Rom, RIC I² 468, 10,669, Fleischstraße.

381, 3185,1, 1, As, Augustus für Tiberius, 10/12 n. Chr., Rom, RIC I² 469, ST 2980b, Zuckerberg-straße.

382, 3012,15, 1, As, Augustus, 10/12 n. Chr., Rom, RIC I² 471, Slg. Zimmer, Trier.

383, 3041,1, 2, As, Augustus, 11/12 n. Chr., Rom, RIC I² 471, 21,588, Böhmerstraße.

384, 3024, 3, As, Augustus, 22 – 23/?30 v. Chr., Rom, RIC I² 81, ST 4468, Am Altbach.

385, 3024, 4, As, Augustus, 22 – 23/?30 v. Chr., Rom, RIC I² 81, ST 6122 a, Am Altbach.

386, 3024, 5, As, Augustus, 22 – 23/?30 v. Chr., Rom, RIC I² 81, halb., ST 4956b, Am Altbach.

387, 3008, 2, As, Augustus, ca. 9/14 v. Chr., Rom, gst. 2, P 119, Kaiserthermen.

388, 3075, 1, S, Augustus, ca. 19/4 v. Chr., Rom, ST 5537a, Hauptmarkt.

389, 3001, 3, 10, As, Münzmeister, 18/2 v. Chr., Rom, F 939, Kapelle mit Türschwelle L im Planaus-schnitt 1.

390, 3070,1, 1, D, Augustus, Rom?, plat., ST 3163, Gilbertstraße.

391, 3001, 1, 66, As, Augustus, 18/2 v. Chr., Rom, gst. 9, F 10251 Ac, Haus in der Südecke des The-aterbereichs/Frankenhaus.

392, 3001, 4, 34aA, As, Augustus, 18/2 v. Chr., Rom, F 2137, Kapelle nördlich Baukomplex 34.

393, 3001, 2, 36D, As, Augustus, 18/2 v. Chr., Rom, F 7034b, Kollektivfund 15.

394, 3001, 3, 43C, As, Augustus, 18/2 v. Chr., Rom, gev., F 5057, Kollektivfund 35.

395, 3001, 4, 43C, As, Augustus, 18/2 v. Chr., Rom, F 5057, Kollektivfund 35.

396, 3001, 5, 43C, As, Augustus, 18/2 v. Chr., Rom, F 5057, Kollektivfund 35.

397, 3001, 2, 48/49B, As, Augustus, 18/2 v. Chr., Rom, gst. 11, F 11224a, Kollektivfund 37.

398, 3001, 1, 51G, As, Augustus, 18/2 v. Chr., Rom, F 7095a, Kollektivfund 47.

399, 3001, 2, 19/21 – 22A, As, Augustus, 18/2 v. Chr., Rom, K.r., F 7602 b, Kranichkapellen/Kapelle über den Kranichkapellen.

400, 3001, 2, 48/49A, As, Augustus, 18/2 v. Chr., Rom, F 11245 a, Pfostentempel/Bachtempel.

401, 3001, 1, 23, As, Augustus, 18/2 v. Chr., Rom, F 7778 a, Stiertempel.

402, 3001, 3, 37 aA, As, Augustus, 18/2 v. Chr., Rom, gst. 21, F 10787b, Wohnhaus nördlich vom Mithraeum.

403, 3004, 1, As, Augustus, 18 v. Chr., Rom, gst. 2, 52,106, Basilika.

404, 3064,1, 1, ME, Augustus, 19/4 v. Chr., Rom, ST 3243, Friedrich Wilhelm Straße.

405, 3151,1, 1, As, Augustus, 9/14 n. Chr., Rom, ST 3391, Saarstraße.

406, 3151,1, 2, As, Augustus, 9/14 n. Chr., Rom, ST 4591a, Saarstraße.

407, 3024, 1, D, Augustus, ca. 19/18 v. Chr., RIC I² 36b, plat., ST 4115, Am Altbach.

408, 3001, 2, 17, ME, Augustus, 18 v. Chr./14 n. Chr., EV 1037, Kapelle nördlich der Avetakapelle, FSt: Gleiche Terrainhöhe wie Außenterrain um die Aveta-Kapelle 2,70 – 2,90 m tief, Graben XXXIII.

409, 3001, 1, 37A, MZ, Augustus, 28 v. Chr./14 n. Chr., F 1713, Mithraeum/Wohnhaus um das Mithraeum.

410, 3001, 9, 41, ME, Augustus, 18/10 v. Chr./14 n. Chr., halb., F 3138, Umgangstempel (=Logentempel) J/K im Planausschnitt 2.

411, 3043, 2, ME, Augustus, 27v. Chr. /14 n. Chr., ST 3786, Brotstraße.

412, 3058,1, 1, AE, Augustus, 27v. Chr. /14 n. Chr., ST 2479, Feldstraße.

413, 3151,1, 3, ME, Augustus, 9/14 n. Chr., Saarstraße, Neubau Thall.

414, 3001, 5, 6a, As, Augustus, 18/2 v. Chr.?, EV 955, Ritonatempel A-C im Planausschnitt 1.

# 12 Terra Sigillata Stempelliste

Die Terra Sigillata Stempelliste ist wie folgt im Aufbau gegliedert: OCK Töpfer, Typ, Name, Produktionsort, Vorgeschlagene Datierung nach OCK, Form/Consp, Fundort mit Bemerkung OCK, OCK-vessel Nr., Aufbewahrung.

1, OCK Töpfer 17, Typ 9, ACASTVS, 2, Lyon, 10 – 1 v. Chr., Consp. 20.1, Hosenstr./Brotstr. This type or similar: clear downward hook to 'G', 12 676, EV 57,17.

2, OCK Töpfer 189, Typ 24, SEX. (ANNIVS) AFER, 2, Arezzo, 10 v. Chr. – 10 n. Chr., Consp. 18.2 L, ?, 11 680, G. 303 (verschollen).

3, OCK Töpfer 268, Typ 55, ATEIVS, 3, Pisa, 5 v. Chr. – 25 n. Chr., Consp. 12.4, Valeriusstrasse, 11 625, 28, 677 a.

4, OCK Töpfer 268, Typ 4, ATEIVS, 3, Pisa, 5 v. Chr. – 25 n. Chr., Consp. 22.1, Paulinstrasse. This type or similar, 11 636, 3585.

5, OCK Töpfer 268, Typ 48, ATEIVS, 3, Pisa, 5 v. Chr. – 25 n. Chr., Consp. 22.1, Südallee, 11 637, EV 80,146.

6, OCK Töpfer 268, Typ 51, ATEIVS, 3, Pisa, 5 v. Chr. – 25 n. Chr., ?, Südallee, 11 663, S.T. 4310 a.

7, OCK Töpfer 268, Typ 55, ATEIVS, 3, Pisa, 5 v. Chr. – 25 n. Chr., ?, [ ]A^TEI[ ], 12 681, Slg. Kann.

8, OCK Töpfer 269, Typ 3, ATEIVS, 4, Lyon, 10 v. Chr. – 10 n. Chr., Schale, Saarstrasse, 11 657, S.T. 3388 b.

9, OCK Töpfer 269, Typ 23, ATEIVS, 4, Lyon, 10 v. Chr. – 10 n. Chr., Consp. 18.2, ?, 11 681, 28, 683.

10, OCK Töpfer 269, Typ 31, ATEIVS, 4, Lyon, 10 v. Chr. – 10 n. Chr., ?, Augustinerhof, 12 678, EV 41,95 FN. 41.

11, OCK Töpfer 269, Typ 20, ATEIVS, 4, Lyon, 10 v. Chr. – 10 n. Chr., Consp. 22?, Viehmarkt, 12 680, EV 91,18.

12, OCK Töpfer 270, Typ 13, ATEIVS, 5, Arezzo/Pisa/Lyon, 15 v. Chr. – 30 n. Chr., Consp. 12.4, St. Matthias, Grab 53. This type or similar, 11 621, 03, 583 b.

13, OCK Töpfer 270, Typ 14, ATEIVS, 5, Arezzo/Pisa/Lyon, 15 v. Chr. – 30 n. Chr., Consp. 18.2, St. Matthias, Grab 51. This type or similar, 11 624, 06, 605 c.

14, OCK Töpfer 270, ATEIVS, 5, Arezzo/Pisa/Lyon, 15 v. Chr. – 30 n. Chr., ?, Brotstrasse, 'ATEI', 11 650, S.T. 5095 (verschollen).

15, OCK Töpfer 270, Typ 60, ATEIVS, 5, Arezzo/Pisa/Lyon, 15 v. Chr. – 30 n. Chr., Teller, Feldstrasse, 11 654, S.T. 6492.

16, OCK Töpfer 270, Typ 27, ATEIVS, 5, Arezzo, 15 v. Chr. – 30 n. Chr., ?, Weberbachstrasse, 11 665, 37, 148 g.

17, OCK Töpfer 270, ATEIVS, 5, Arezzo/Pisa/Lyon, 15 v. Chr. – 30 n. Chr., ?, Altbachtal, Tempelbez. 'AT^EI', 11 668, S.T. 11110 (verschollen).

18, OCK Töpfer 270, Typ 27, ATEIVS, 5, Arezzo/Pisa/Lyon, 15 v. Chr. – 30 n. Chr., ?, St. Gervasius, 12 677, EV 63,37 Fn 128.

19, OCK Töpfer 270, ATEIVS, 5, Arezzo/Pisa/Lyon, 15 v. Chr. – 30 n. Chr., ?, Südallee. [ ]A^TEI in rectangle. This potter or 278, 12 679, EV 84,59, Fn 102.

20, OCK Töpfer 270, Typ 84, ATEIVS, 5, Arezzo/Pisa/Lyon, 15 v. Chr. – 30 n. Chr., Teller, Viehmarkt, EV1987,105; Inv. – Nr. 1987,189, Fnr. 325; Vorl. Kat. – Nr. 1526.

21, OCK Töpfer 276, Typ 6, CN. ATEIVS, 3, Pisa, 5 v. Chr. – 40 n. Chr., Consp. 14.2, St. Matthias, Grab, 11 620, 03, 549 d.

22, OCK Töpfer 276, Typ 23, CN. ATEIVS, 3, Pisa, 5 v. Chr. – 40 n. Chr., Consp. 17.1, St. Matthias, 11 639, 03, 379.

23, OCK Töpfer 278, Typ 91, CN. ATEIVS, 5, Arezzo/Pisa/Lyon, 15 v. Chr. – 50 n. Chr., Consp. 18.2, St. Matthias, Grab 189, 11 626, 04, 514 b.

24, OCK Töpfer 278, Typ 20, CN. ATEIVS, 5, Arezzo/Pisa/Lyon, 15 v. Chr. – 50 n. Chr., B2.4/5, St. Matthias, Grab189, 11 627, 04, 514 c.

25, OCK Töpfer 278, Typ 75, CN. ATEIVS, 5, Arezzo/Pisa/Lyon, 15 v. Chr. – 50 n. Chr., Consp. 31.1, Paulinstrasse, 11 643, 3042.

26, OCK Töpfer 278, Typ 51, CN. ATEIVS, 5, Arezzo/Pisa/Lyon, 15 v. Chr. – 50 n. Chr., Teller, Eberhardstrasse, 11 652, S.T. 6769 c.

27, OCK Töpfer 278, Typ 57, CN. ATEIVS, 5, Arezzo/Pisa/Lyon, 15 v. Chr. – 50 n. Chr., Teller, Saarstrasse, 11 659, S.T. 3533.

28, OCK Töpfer 278, Typ 48, CN. ATEIVS, Arezzo/Pisa/Lyon, 15 v. Chr. – 50 n. Chr., Schale, Viehmarkt, EV1987,105; Inv. – Nr. 1987,189, Fnr. 900; Vorl. Kat. – Nr. 731.

29, OCK Töpfer 292, Typ 34, CN. ATEIVS EVHODVS, 2, Pisa, 5 v. Chr. – 25 n. Chr., Teller, St. Matthias. Burnt black (Oxé), 11 672, 5434.

30, OCK Töpfer 316, Typ 2, CN. ATEIVS XANTHVS, Pisa, 5 v. Chr. – 20 n. Chr., Chalice, Südallee. Oxé descripsit, 11 661, S.T. 1977 (verschollen).

31, OCK Töpfer 316, Typ 9, CN. ATEIVS XANTHVS, Pisa, 5 v. Chr. – 20 n. Chr., Consp. 22, Südallee. Oxé descripsit, 11 662, S.T. 3057.

32, OCK Töpfer 316, Typ 1, CN. ATEIVS XANTHVS, Pisa, 5 v. Chr. – 20 n. Chr., Teller, Viehmarkt. Drawn with reversed 'N' in line 2, but surely this type, 12 682, Slg. Kann.

33, OCK Töpfer 316, Typ 8, CN. ATEIVS XANTHVS, Pisa, 5 v. Chr. – 20 n. Chr., Consp. 14.2, Neustrasse (Forum), 12 683, EV 65,49.

34, OCK Töpfer 347, P. ATTIVS, ?, 20 – 1 v. Chr., ?, Brotstrasse. 'P·ATTI retro'–doubtful reading, not listed in C V Arr under this potter, 11 649, S.T. 3820 (verschollen).

35, OCK Töpfer 347, Typ 33, P. ATTIVS, ?, 20 – 1 v. Chr., Consp. 22, ?, 11 682, 04, 116 a.

36, OCK Töpfer 347, Typ 10, P. ATTIVS, ?, 20 – 1 v. Chr., Consp. 19.2, Augustinerhof, 12 685, EV 41,95 FN. 24.

37, OCK Töpfer 367, 0, C. AVFVSTIVS, Gaul?, 10 v. Chr., ?, Weberbachstrasse. 'AVFVSTI'–presumably this potter, 11 667, S.T. 8330 (verschollen).

38, OCK Töpfer 367, Typ 1, C. AVFVSTIVS, Gaul?, 10 v. Chr., Consp. 18.2, St. Matthias, 11 674, 11, 779 d.

39, OCK Töpfer 436, 0, BASSVS, 2, Lyon, 10 v. Chr. – 10 n. Chr., ?, Antoniusstrasse (Viehmarkt?). 'BA·SI retro'–see C V Arr, 11 648, S.T. 6386 (verschollen).

40, OCK Töpfer 577, Typ 3, CLA(RVS), 1, Lyon, 10 v. Chr. – 10 n. Chr., Consp. 18.2, Saarstrasse, 11 658, S.T. 3393.

41, OCK Töpfer 578, Typ 1, CLARVS, 2, Lyon, 10 v. Chr. – 10 n. Chr., Teller, Eberhardstrasse, 11 651, S.T. 6769 a.

42, OCK Töpfer 580, Typ 1, CLARVS ATEIANVS, Lyon, 10 v. Chr. – 10 n. Chr., Consp. 18.2, St. Matthias, 11 670, 08, 276.

43, OCK Töpfer 580, Typ 1, CLARVS ATEIANVS, Lyon, 10 v. Chr. – 10 n. Chr., Consp. 18.2, St. Matthias, 11 671, 05, 639.

44, OCK Töpfer 698, Typ 33, CRESTVS, 1, Pisa, 10 v. Chr. – 30 n. Chr., Consp. 33.1, St. Matthias, Grab 74. This type or similar, 11 640, 08, 924 f.

45, OCK Töpfer 698, Typ 9, CRESTVS, 1, Pisa/Lyon, 10 v. Chr. – 30 n. Chr., ?, Paulinstrasse, 12 686, 4122.

46, OCK Töpfer 702, Typ 3, CRISPINVS, Gallisch?, 15 –1 v. Chr., Schale, Neustrasse (Forum), EV 1995,30, Fnr. 73, Vorl. Kat. – Nr. 612.

47, OCK Töpfer 739, Typ 12, DIOMEDES, 2, Lyon, 15 v. Chr. – 5 n. Chr., Consp. 12.2, St. Matthias, 11 629, 05, 447 d.

48, OCK Töpfer 787, Typ 8, EVHODVS, 2, Pisa, 5 v. Chr. – 40 n. Chr., Consp. 18.2, ?, 11 633, 727.

49, OCK Töpfer 844, Typ 5, FONT(EIANVS ?), Lyon, 10 v. Chr. – 10 n. Chr., Consp. 22.1, St. Matthias, Grab 8, 11 623, 08, 215 b.

50, OCK Töpfer 932, Typ 16, HERTORIVS, Arezzo, 30 v. Chr. – 10 n. Chr., Schale, Viehmarkt, EV1987,105; Inv. – Nr. 1987,189, Fnr. 342; Vorl. Kat. – Nr. 913.

51, OCK Töpfer 978, Typ 6, INACHVS, 2, Lyon, 10 – 1 v. Chr., Teller, Red 'Belgic' Teller. Oxé descripsit, 27 955, o.a.

52, OCK Töpfer 1087, Typ 43, MAHES, 2, Pisa, 5 v. Chr. – 20 n. Chr., Schale, Nikolausstrasse, 11 655, S.T. 4948.

53, OCK Töpfer 1087, Typ 12, MAHES, 2, Pisa, 5 v. Chr. – 20 n. Chr., Consp. 18.2, ?, 11 685, 28, 684 (verschollen).

54, OCK Töpfer 1087, Typ 53, MAHES, 2, Pisa, 5 v. Chr. – 20 n. Chr., Teller, Viehmarkt, EV1987,105; Inv. – Nr. 1987,189, Fnr. 936; Vorl. Kat. – Nr. 1563.

55, OCK Töpfer 1169, Typ 9, P. MESSENIVS AMPHIO, Central Italy, 40 – 5 v. Chr., Consp. 22, Schanzstrasse, 11 660, S.T. 6310 b.

56, OCK Töpfer 1202, Typ 23, MVRRIVS, Pisa?, 1 – 30 n. Chr., Schale, Viehmarkt, EV1987,105; Inv. – Nr. 1987,189, Fnr. 815; Vorl. Kat. – Nr. 1346.

57, OCK Töpfer 1247, Typ 2, NAEVIVS SlaveVITVLVS, Pozzuoli, 1 n. Chr., Consp. B4.2 g, Schlageterstrasse, 11 646, 27, 339 D (verschollen).

58, OCK Töpfer 1709, Typ 5, RODO, 2, Lyon?, 10 v. Chr., Consp. 22.1, ?, 11 638, G. 279.

59, OCK Töpfer 1863, Typ 3, C. SENTIVS, 3, Etruria/Lyon, 20 v. Chr. – 10 n. Chr., Consp. 18.2, St. Matthias. This type or similar, 11 630, 04, 1066.

60, OCK Töpfer 2000, Typ 2, SVAVES, Pisa, 10 v. Chr. – 10 n. Chr., Consp. 22, St. Matthias, 11 677, 19519.

61, OCK Töpfer 2246, Typ 45, L. TITIVS THYRSVS, 2, Arezzo, 20 v. Chr. – 10 n. Chr., Consp. 10–12, St. Gervasius, 12 687, EV 69,9 FN. 46.

62, OCK Töpfer 2246, Typ 31, L. TITIVS THYRSUS, Arezzo, 20 v. Chr. – 10 n. Chr., Schale, Saarstrasse, EV 2000,165, Fnr. B881, Vorl. Kat. – Nr. 1406.

63, OCK Töpfer 2249, Typ 21, L. (TITIVS) THYRSVS, 5, Lyon, 10 v. Chr. – 10 n. Chr., Consp. 14.1, St. Matthias, Grab 63, 11 635, 04, 1061 b.

64, OCK Töpfer 2249, Typ 12, L. (TITIVS) THYRSUS, Lyon, 10 v. Chr. – 10 n. Chr., Schale, Viehmarkt, EV1987,105; Inv. – Nr. 1987,189, Fnr. 901; Vorl. Kat. – Nr. 722.

65, OCK Töpfer 2523, Typ 14, VOLVSVS, Pisa, 10 v. Chr. – 20 n. Chr., Consp. 18.2, St. Matthias, 12688, 5,202.

66, OCK Töpfer 2529, Typ 1, VRBANUS, 2, Lyon, 10 v. – 10 n. Chr., Consp. 12.3, St. Matthias, 11678, 05,378 (verschollen).

67, OCK Töpfer 2536, Typ 27, XANTHVS, 2, Pisa, 5 v. Chr. – 50 n. Chr., Consp. 12.3, St. Matthias, Grab 3, 11628, 33,935 b.

68, OCK Töpfer 2536, Typ 27, XANTHVS, 2, Pisa, 5 v. Chr. – 50 n. Chr., Consp. 18.2, St. Matthias, 11632, 08, 270.

69, OCK Töpfer 2536, XANTHVS, 2, Pisa, 5 v. Chr. – 50 n. Chr., ?, Aachenerstrasse. 'XAT^EI'– more likely to be this potter, 11644, S.T. 9460 (verschollen).

70, OCK Töpfer 2536, XANTHVS, 2, Pisa, 5 v. Chr. – 50 n. Chr., ?, Kaiserthermen. 'XANT^HI, 11653, Fundreg. 1045 (verschollen).

71, OCK Töpfer 2536, Typ 20, XANTHVS, 2, Pisa, 5 v. Chr. – 50 n. Chr., B3.12 – 19, Saarstrasse, 11656, S.T. 3388a.

72, OCK Töpfer 2536, Typ 27, XANTHVS, 2, Pisa, 5 v. Chr. – 50 n. Chr., Consp. 18.2, This type or similar (damaged in centre), 11686, 4,115.

73, OCK Töpfer 2536, Typ 89, XANTHVS, 2, Pisa, 5 v. Chr. – 50 n. Chr., Consp. 18.2, St. Matthias, Grab 100, 11 631, 05, 386 a.

74, OCK Töpfer 2536, Typ 29, XANTHVS, 2, Pisa, 5 v. Chr. – 50 n. Chr., Consp. 19.2, St. Matthias, 11 634, 03, 367.

75, OCK Töpfer 2536, Typ 33, XANTHVS, 2, Pisa, 5 v. Chr. – 50 n. Chr., Consp. 31.1, St. Matthias, 11 641, 05, 608.

76, OCK Töpfer 2536, Typ 110, XANTHVS, 2, Pisa, 5 v. Chr. – 50 n. Chr., Consp. 31.1, Euchariusstrasse. This type or similar, 11 642, 02, 168.

77, OCK Töpfer 2536, Typ 40, XANTHVS, 2, Pisa, 5 v. Chr. – 50 n. Chr., Consp. 22, Kaiserstrasse, 11 645, S.T. 8068 b.

78, OCK Töpfer 2536, Typ 113, XANTHVS, 2, Pisa, 5 v. Chr. – 50 n. Chr., ?, Schlageterstrasse, 11 647, 27, 358.

79, OCK Töpfer 2536, Typ 63, XANTHVS, 2, Pisa, 5 v. Chr. – 50 n. Chr., Teller, Weberbachstrasse, 11 664, 37, 148 g.

80, OCK Töpfer 2536, Typ 47, XANTHVS, 2, Pisa, 5 v. Chr. – 50 n. Chr., Consp. 22, St. Matthias. This type or similar. Oxé descripsit, 11 673, 03, 365.

81, OCK Töpfer 2536, Typ 55, XANTHVS, 2, Pisa, 5 v. Chr. – 50 n. Chr., Consp. 22, 23, 02, 143.

82, OCK Töpfer 2536, Typ 40, XANTHVS, 2, Pisa, 5 v. Chr. – 50 n. Chr., Schale, Viehmarkt, EV1987,105; Inv. – Nr. 1987,189, Fnr. 126; Vorl. Kat. – Nr. 1653.

83, OCK Töpfer 2544, Typ 80, ZOILVS, 2, Pisa, 5 v. Chr. – 50 n. Chr., Consp. 22, St. Matthias, 11 679, 05, 292 a.

84, OCK Töpfer 2544, Typ 18, ZOILVS, 2, Pisa, 5 v. Chr. – 50 n. Chr., Teller, Viehmarkt. This type or similar (final 'I' not shown), 12 684, 91, 31.

85, OCK Töpfer 2544, Typ 52, ZOILVS, Pisa, 5 v. Chr. – 50 n. Chr., Teller, Viehmarkt, EV1987,105; Inv. – Nr. 1987,189, Fnr. 466; Vorl. Kat. – Nr. 1493.

86, OCK Töpfer 2581, Typ 14, Vegetal: Rosette, ?, 10 v. Chr., Consp. 22.1, St. Matthias, Grab 8. Remarkably similar to type 12 (from Pozzuoli), 11 622, 08, 215 a.

87, OCK Töpfer 2585, Typ 17, Unattributable, 2, ?, ?, Teller, Weberbachstrasse. Cf. ACASTI/RASINI (1626), 11 666, 37, 149 h.

13 Abbildungen und Tafeln

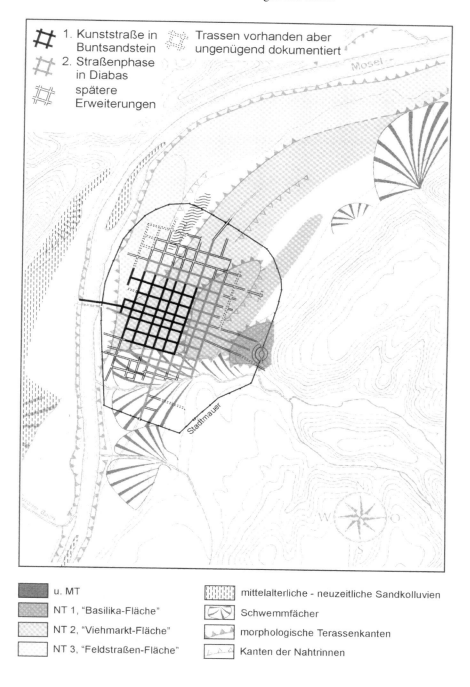

**Abb. 1:** Geomorphologische Situation Triers.
Quelle: Löhr 1998, 23.

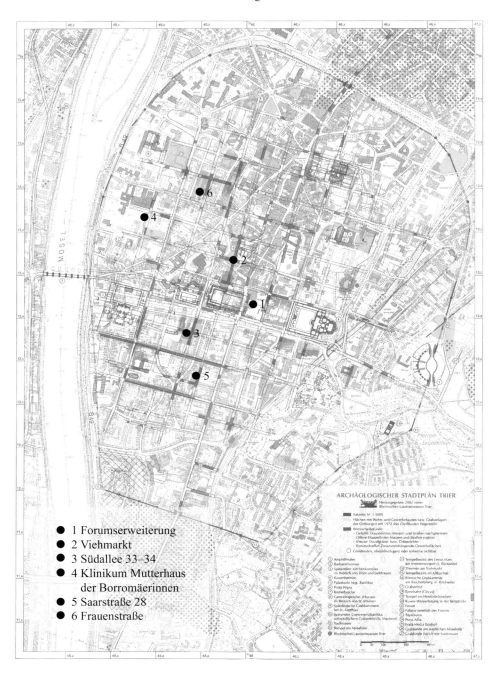

Abb. 2: Kartierung der im Text behandelten Fundstellen.

Quelle der Vorlage: Archäologischer Stadtplan Trier, RLM Trier.

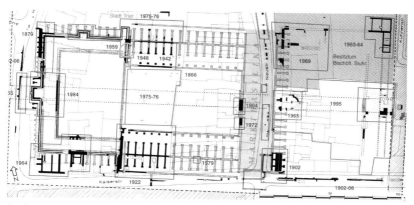

Abb. 3: Grabungen im Bereich des römischen Forums.
Quelle: Archäologische Trierkommission 2005, 92/ RLM Trier.

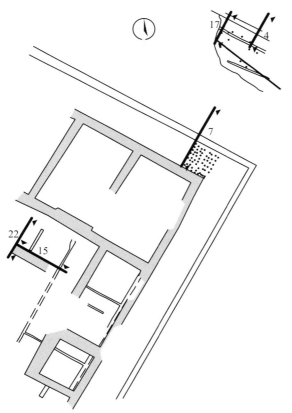

Abb. 4: Forumserweiterung. Lageskizze der Wohnbebauung Nordostecke mit den im Text erwähnten Profilen, Grabung RLM Trier, EV 1963,37.

Quelle: Vorlage Grabungsdokumentation RLM Trier; Digitalisierung U. Wölfer/J. Morscheiser.

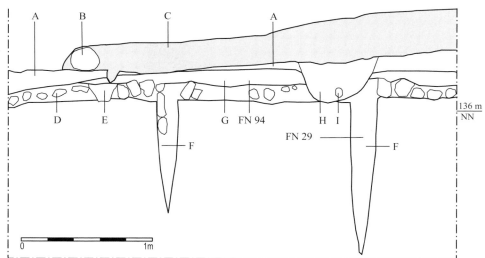

A: Ausbesserung Straßendecke erste befestigte Straße D; B: Störung; C: Stickung der zweiten Straßenphase; D: Rotsandsteinstickung der ersten befestigten Straße; E: Störung in D; F: Pfostenloch mit Rotsandsteinen der Stickung von E und FN 29 = Kat.-Nr. EV 1963,37 6; G: Erste Straßendecke E (daraus geborgenes Fundmaterial: FN 94 = Kat.-Nr. EV 1963,37 11); H: Störung in E; I: Bleirohr.

Abb. 5:  Forumserweiterung. Schnitt 4 durch die Straße Grabung RLM Trier, EV 1963,37.

Quelle: Vorlage Grabungsdokumentation RLM Trier; Digitalisierung: J. Morscheiser-Niebergall.

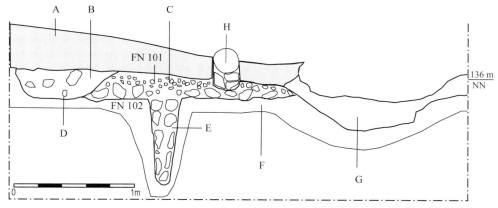

A: Stickung der zweiten Straßenphase; B: Störung in C; C: Rotsandsteinstickung der ersten befestigten Straße (daraus geborgenes Fundmaterial: FN 101 = Kat.-Nr. EV 1963,37 12-13); D: Bleirohr; E: Pfostenloch mit Rotsandsteinen der Stickung von C; F: Durch Mg-Ausfällungen gekennzeichnete Schicht unter den Befunden mit FN 102 = Kat.-Nr. EV 1963,37 1-5; G: Straßengrabenverfüllung bei Anlage von A; H: Spätere Störungen

Abb. 6:  Forumserweiterung. Schnitt 17 durch die Straße Grabung RLM Trier, EV 1963,37.

Quelle: Vorlage Grabungsdokumentation RLM Trier; Digitalisierung: J. Morscheiser-Niebergall.

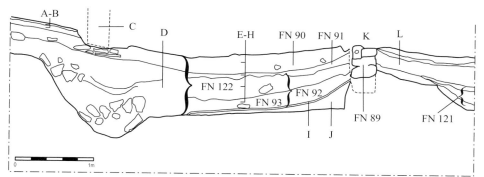

A-B: Laufhorizonte bei Errichtung C; C: Standspur Fachwerkwand; D: Grubenverfüllung, evtl. bei Wandeinbau gestört mit FN 122 = Kat.-Nr. EV 1963,37 82-131; E-H: Schichtweise eingebrachte Grubenverfüllung mit FN 90-93 = Kat.-Nr. EV 1963,37 67-81; 132-190; 245-246; I: Dunkle Einfüllschicht; J: Humose erste Verfüllung, evtl. Nutzungshorizont; K: Späterer Mauereinbau mit FN 89 = Kat.-Nr. EV 1963,37 66; L: Zweite Grube mit FN 121 = Kat.-Nr. EV 1963,37 191-244.

Abb. 7:  Forumserweiterung. Schnitt 15, Grube 1, Grabung RLM Trier, EV 1963,37.

Quelle: Vorlage Grabungsdokumentation RLM Trier; Digitalisierung: J. Morscheiser-Niebergall.

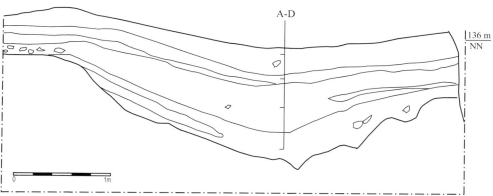

A-D: Schichtweise eingebrachte Grubenverfüllung, unterste Schicht D wird als grünliche Asche beschrieben. FN 121 in Abb. 7 nach Fundzettel aus Schicht D.

Abb. 8: Forumserweiterung. Schnitt 22, Grube 2, Forumserweiterung EV 1963,37.

Quelle: Vorlage Grabungsdokumentation RLM Trier; Digitalisierung: J. Morscheiser-Niebergall.

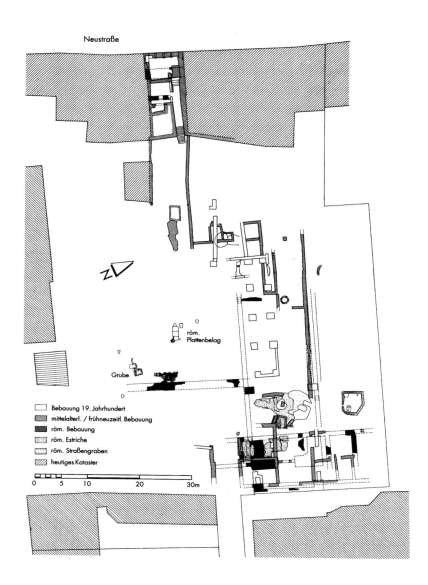

Abb. 9: Forumserweiterung. Übersichtsplan Kaiserstraße/Neustraße EV 1995,30.
Quelle: Clemens/Löhr 1997, 364.

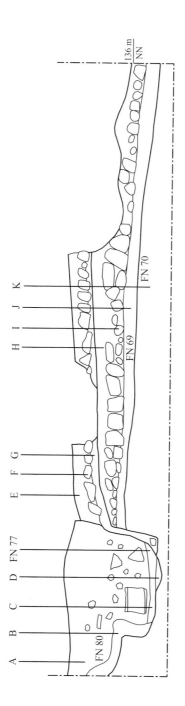

A: Graben, verfüllt mit Bauschutt und Siedlungsabfall, FN 80 = Kat.-Nr. EV 1995,30 12-15; B: Verfüllung der ersten Grabenphase; C: Zweite Nutzungsschicht von A mit FN 77 = Kat.-Nr. EV 1995,30 10-11; D: Erste Nutzungsschicht von A; E: Decke der zweiten Straßenphase; F: Stickung der zweiten Straßenphase; G: Nutzungshorizont von I; H: Decke von J; I: Rotsandsteinstickung der ersten befestigten Straße; J: Laufhorizont vor Anlage von I mit FN 69 = Kat.-Nr. EV 1995,30 2-6; K: Im oberen Bereich gestörter Grobsand mit FN 70 = Kat.-Nr. EV 1995,30 1.

## Abb. 10: Forumserweiterung. Straßenprofil Grabung RLM Trier EV 1995,30.
Quelle: Grabungsdokumentation RLM Trier; Digitalisierung: U. Wölfer/J. Morscheiser-Niebergall.

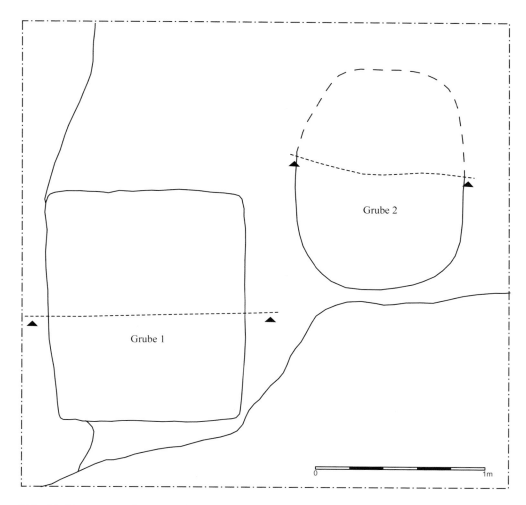

Abb. 11: Forumserweiterung. Planum Grube 1 und 2. Grabung RLM Trier, EV 1995,30 .
Quelle: Grabungsdokumentation RLM Trier; Digitalisierung: U. Wölfer/J. Morscheiser-Niebergall.

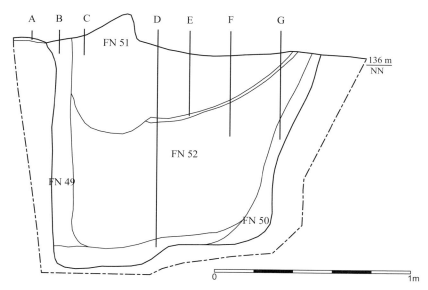

A: Laufhorizont mit Jurakalkabschlägen und Bauschutt; B: evtl. Grubenverschalung FN 49 = Kat.-Nr. EV 1995,30 122-125; C: Grubenverfüllung mit feinem Schutt und Jurakalkbruchstücken FN 51 = Kat.-Nr. EV 1995,30 19-20; D: wie F an UK harte grünlichgelbe bis schwarze Sinterkruste; E: Holzkohleband; F: Grubenverfüllung, grünlich verfärbt, FN 52 = Kat.-Nr. EV 1995,30 21-119; G: vermutlich Grubenverschalung.

Abb. 12: Forumserweiterung. Profil Grube 1, Grabung RLM Trier, EV 1995,30.
Quelle: Grabungsdokumentation RLM Trier; Digitalisierung: U. Wölfer/J. Morscheiser-Niebergall.

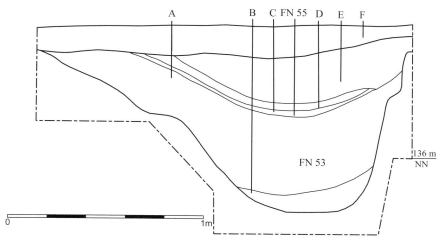

A: Grubenverfüllung, an Rand und Sohle grünlich, FN 53 = Kat.-Nr. EV 1995,30 126-196; B: Gelblich-grün verfärbter Schieferkies als Grubenverfüllung; C: Holzkohle- und Ascheband, FN 55 = Kat.-Nr. EV 1995,30 197-199; D: feiner Kalkmörtelschutt; E: spätere Grubenverfüllung nach Absacken; F: Planierung.

Abb. 13: Forumserweiterung. Grube 2, Grabung RLM Trier, EV 1995,30.
Quelle: Grabungsdokumentation RLM Trier; Digitalisierung: U. Wölfer/J. Morscheiser-Niebergall.

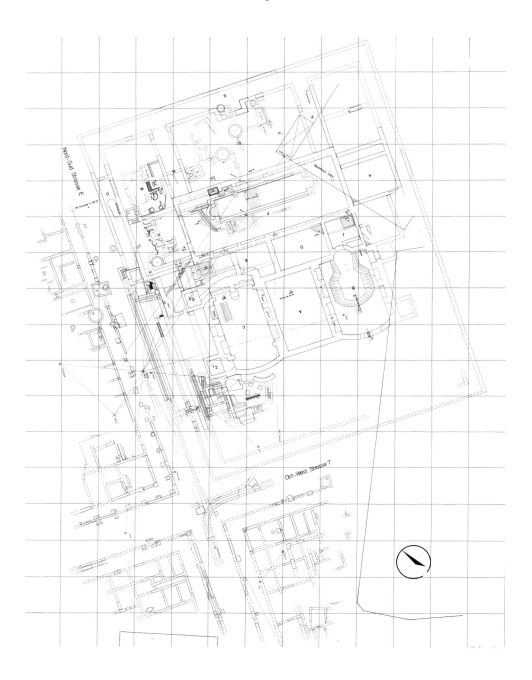

Abb. 14: Viehmarkt. Ausschnitt des Gesamtplans Grabung RLM Trier, EV 1987,105.
Quelle: Grabungsdokumentation RLM Trier, Rastermaßstab 10 x 10m.

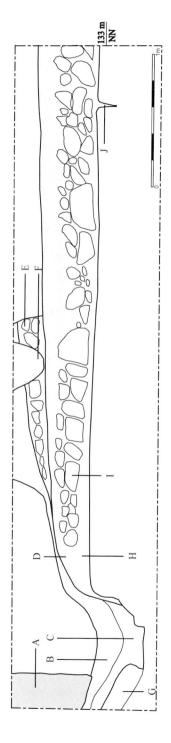

A: Rotsandsteinlaubenmauer; B: spätere Straßengrabenfüllung; C: Straßengrabenfüllung; D: Decke von I; E: Zweite Straßenphase; F: Störung; G: Straßengraben von I; H: Laufhorizont unter I; I: Rotsandsteinstickung der ersten befestigten Straße; J: Rammpfösten.

Abb. 15: Viehmarkt. Schnitt durch die Rotsandsteinstraße, Blatt 422 RLM Trier, EV 1987,105.

Quelle: Vorlage Grabungsdokumentation RLM Trier; Digitalisierung: U. Wölfer/J. Morscheiser-Niebergall.

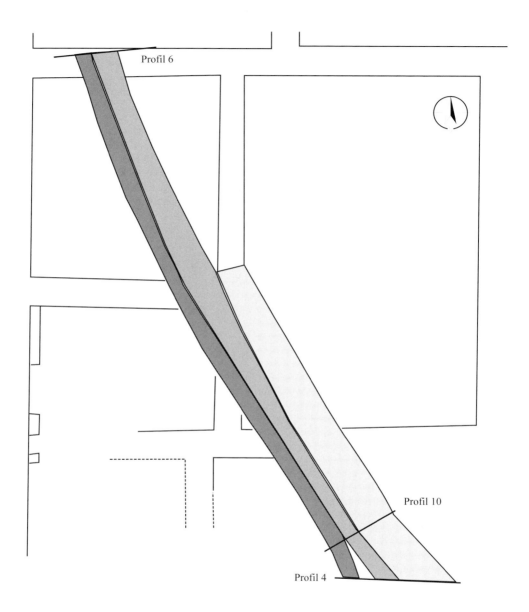

Abb. 16: Klinikum Mutterhaus der Borromäerinnen. Skizze der Gräben Grabung RLM
Trier, EV 1992,13.
Vorlage Grabungsdokumentation RLM Trier; Digitalisierung: J. Morscheiser-Niebergall.

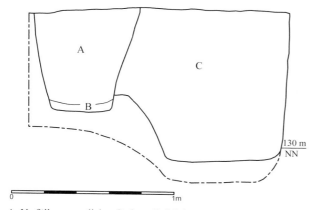

A: Verfüllung westlicher Graben; Gelblich-grüne, humose Nutzungsschicht des westlichen Grabens; C: Verfüllung des mittleren Grabens.

Abb. 17: Klinikum Mutterhaus der Borromäerinnen. Gräben Profil 10, Grabung RLM Trier, EV 1992,13.

Quelle: Grabungsdokumentation RLM Trier; Digitalisierung: U. Wölfer/J. Morscheiser-Niebergall.

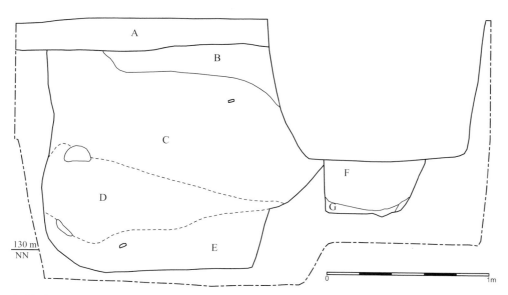

A: Planierung; B: Auffüllung nach Absacken der Grabenverfüllungen; C-E: Verfüllungen des mittleren und östlichen Grabens; F: Auffüllung des westlichen Grabens; Nutzungsschicht des westlichen Grabens.

Abb. 18: Klinikum Mutterhaus der Borromäerinnen. Gräben Profil 4, Grabung RLM Trier, EV 1992,13.

Quelle: Grabungsdokumentation RLM Trier; Digitalisierung: U. Wölfer/J. Morscheiser-Niebergall.

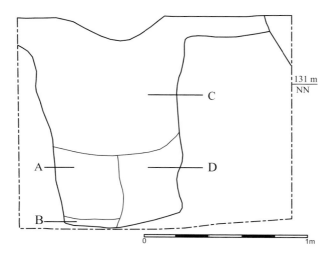

A: Verfüllung westlicher Graben; B: Nutzungsschicht des westlichen Grabens; C: Verfüllung der Gräben;
D: Verfüllung mittlerer Graben.

Abb. 19: Klinikum Mutterhaus der Borromäerinnen. Gräben Profil 6, Grabung RLM Trier,
EV 1992,13.

Quelle: Grabungsdokumentation RLM Trier; Digitalisierung: U. Wölfer/J. Morscheiser-Niebergall.

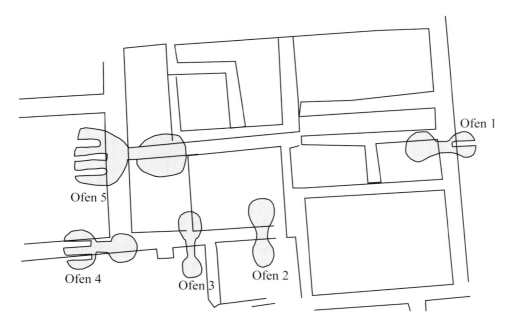

Abb. 20: Frauenstraße. Lageskizze der Töpferöfen, Grabung RLM Trier, EV 1998,11.

Quelle: Grabungsdokumentation RLM Trier; Digitalisierung: J. Morscheiser-Niebergall.

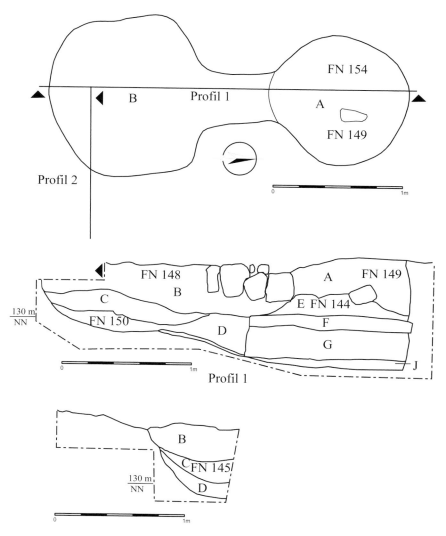

A: Ofenfüllung mit Keramik und angeglühten Lehmbrocken mit FN 149 Kat.-Nr. EV
1998,11 185-217 und FN 154 Kat.-Nr. EV 1998,11 50-54. B: Verfüllung Bedienungsraum,
FN 148 Kat.-Nr. EV 1998,11 1-26; C: Aschepaket mit viel Holzkohle, FN 145 Kat.-Nr. EV
1998,11 27-40; D: Nutzungshorizont Bediengrube mit FN 150 Kat.-Nr. EV 1998,11 41-49
und Ascheresten an Unterkante; E: Verfüllung mit sehr hohem Keramikanteil FN 144
Kat.-Nr. EV 1998,11 55-184; F: Verbrannter Lehm, Lochtenne; G: Verfüllung; 27; H:
angeglühter Sand .

Abb. 21: Frauenstraße. Ofen 1, Grabung RLM Trier, EV 1998,11.
Quelle: Grabungsdokumentation RLM Trier; Digitalisierung: U. Wölfer/J. Morscheiser-Niebergall.

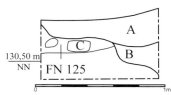

Ofen 2: A-B: Spätere Verfüllungen; C: Angeschnittener Brennraum eines Ofens mit viel Keramik FN 125 Kat.-Nr. EV 1998,11 218-234, Schlacken und Brandlehmbrocken.

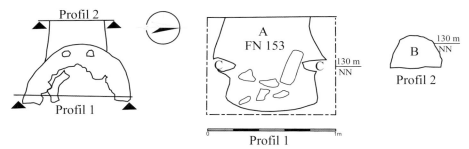

Ofen 3: A: Ofenfüllung mit Bruchstücken der Lochtenne, auf der Sohle Boden angeglüht mit FN 153 Kat.-Nr. EV 1998,11 235-248; B: Feuerungskanal, an allen Seiten schwarz angeglüht; C: Rest der Lochtenne.

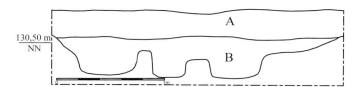

Ofen 4: A: Moderne Bauschuttverfüllung; B: Verfüllung mit verziegelten Tonbrocken, Keramik und Holzkohle, Unterkante nicht angeglüht, FN 233 Kat.-Nr. EV 1998,11 250-277.

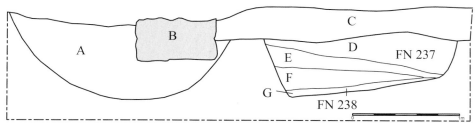

Ofen 5: A: Brennraum, verziegelter Lehm; B: Spätere Rotsandsteinmauer; C-F: Verfüllungsschichten mit FN 237 Kat.-Nr. EV 1998,11 289-319; G: Brandschicht mit verziegelter Keramik, Nutzungshorizont, FN 238 Kat.-Nr. EV 1998,11 281-288.

Abb. 22: Frauenstraße. Ofen 2–5, Grabung RLM Trier, EV 1998,11.

Quelle: Vorlage Grabungsdokumentation RLM Trier; Digitalisierung: U. Wölfer/J. Morscheiser.

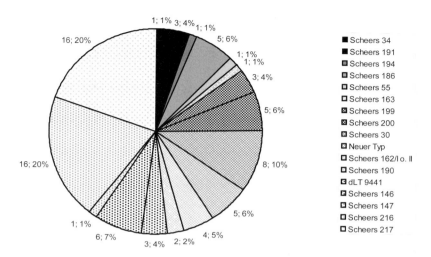

Abb. 23: Münztypen keltischer Münzen.

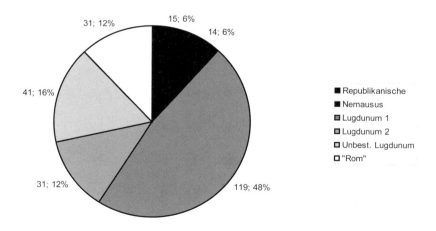

Abb. 24: Münzverteilung der republikanischen und augusteischen Münzen in Trier.

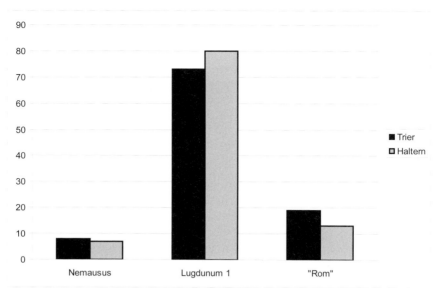

Abb. 25: Vergleich der Münzhäufigkeiten Trier-Haltern.

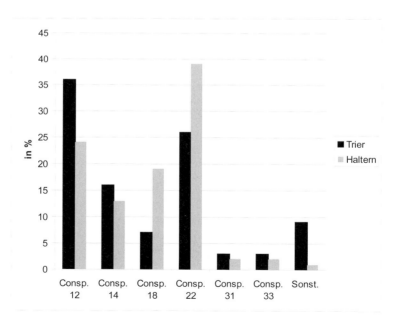

Abb. 26: Vergleich der Terra Sigillataformen Trier-Haltern in Prozent.

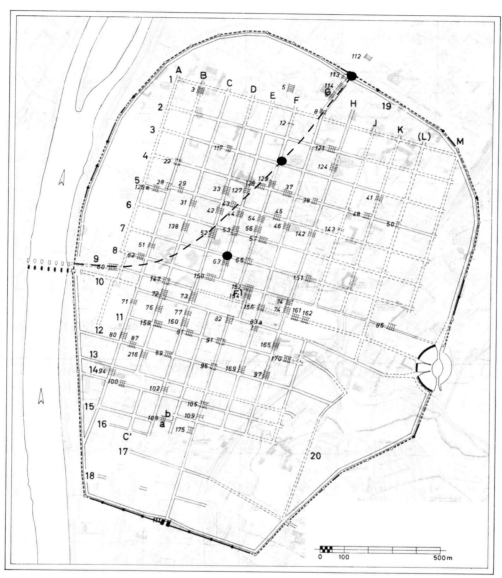

●      Mögliche Schnitte mit Straßenbefunden vor Anlage des rechtwinkligen Straßensystems.

– – – – - Hypothetische Trasse des angenommenen Straßenverlaufs entlang der Schwemmterrassenkante.

Abb. 27: Straßenprofile mit Befunden vor Anlage des rechtwinkligen Straßenrasters.
Quelle: Vorlage aus Schindler 1979.

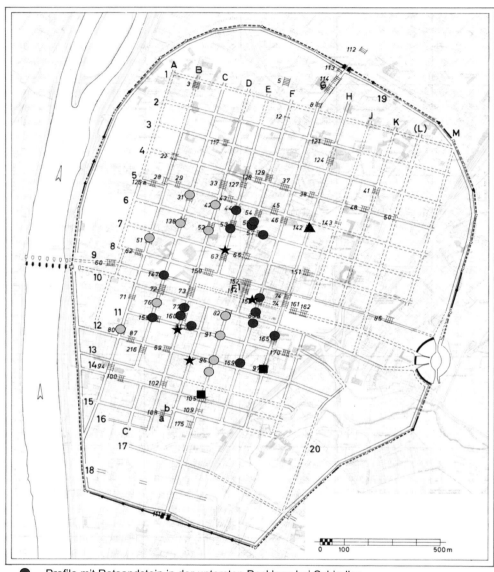

● Profile mit Rotsandstein in der untersten Packlage bei Schindler
★ Neue Profile mit Rotsandstein in der untersten Packlage
○ Profile mit Sandstein in der untersten Packlage bei Schindler
■ Profile mit Rotsandstein und Schiefer in der untersten Packlage bei Schindler
▲ Profil mit mittelkaiserzeitlichem Fundmaterial in Rotsandstein in der untersten Packlage

Abb. 28: Straßenprofile mit Rotsandstein als unterste Packlage.
Quelle: Vorlage aus Schindler 1979.

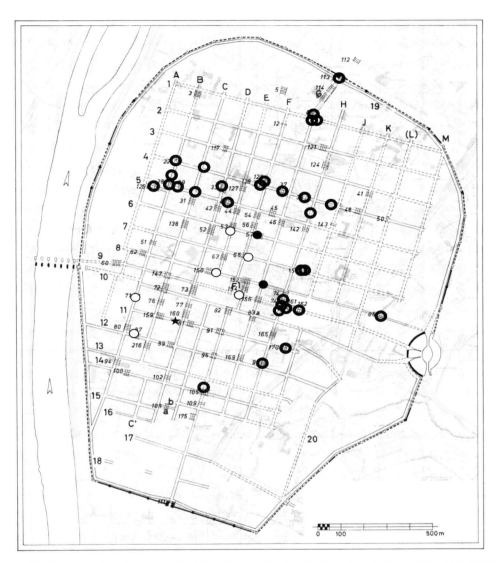

○ Straßenprofile mit anderen Gesteinen in der untersten Packlage innerhalb des Gründungsrasters.

★● Straßenprofile mit Schiefer in der untersten Packlage innerhalb des Gründungsrasters.

◉ Straßenprofile mit Schiefer in der untersten Packlage außerhalb des Gründungsrasters.

Abb. 29: Straßenprofile mit Schiefer oder anderen Gesteinsarten außer Rotsandstein in der ersten Packlage.
Quelle: Vorlage aus Schindler 1979.

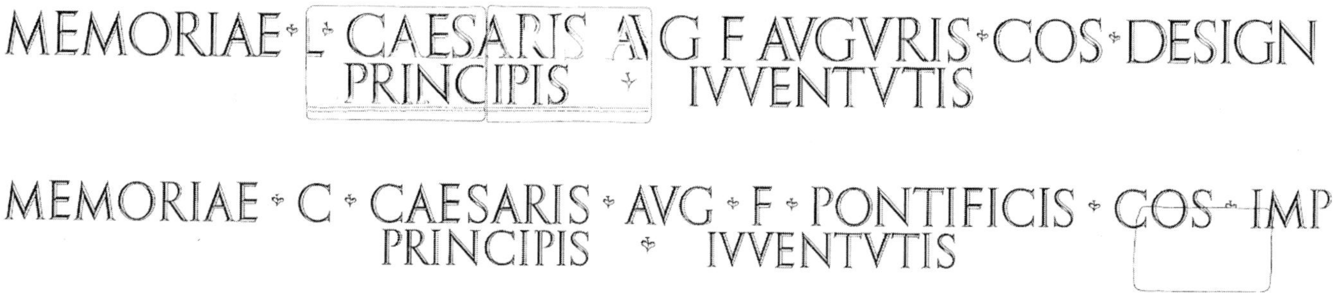

MEMORIAE · L · CAESARIS · AVG · F · AVGVRIS · COS · DESIGN
PRINCIPIS · IVVENTVTIS

MEMORIAE · C · CAESARIS · AVG · F · PONTIFICIS · COS · IMP
PRINCIPIS · IVVENTVTIS

Abb. 30: Rekonstruktion der Inschrift für Gaius und Lucius Caesar.
Quelle: Rheinisches Landesmuseum Trier 1984, 232.

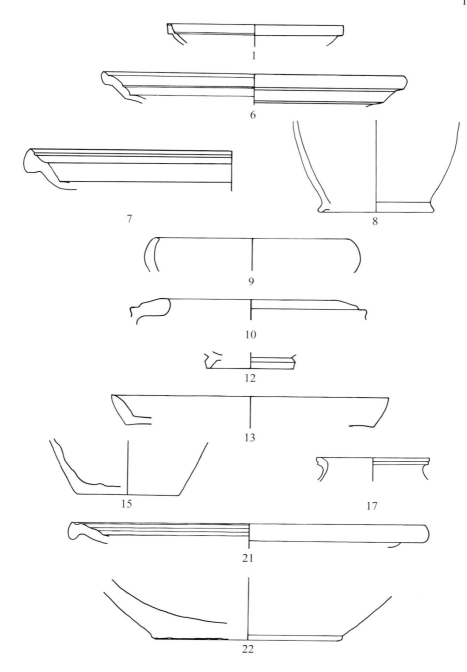

Forumserweiterung Gelände Firma Heil EV 1963,37
Terra Sigillata: 1, 12; Rote Belgische Ware: 6; Belgische Ware: 7, 8, 13, 15, 21; Tongrundig, glattwandige Ware: 17, 22; Glattwandige Ware in Latènetradition: 9; Muschelgemagerte Ware: 10.
M.: 1:3.

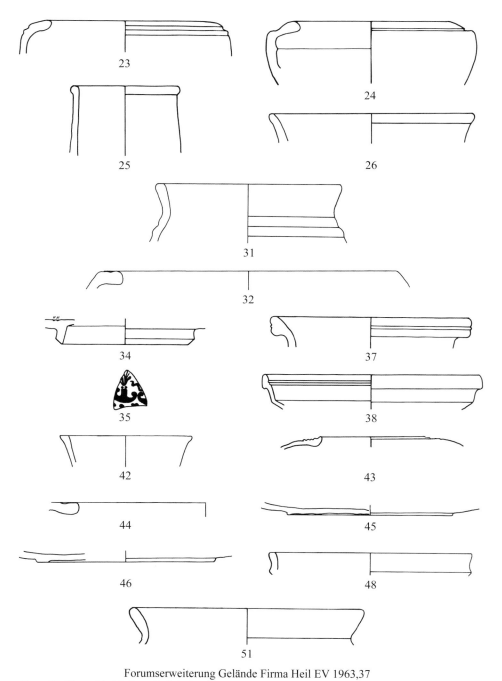

Forumserweiterung Gelände Firma Heil EV 1963,37
Terra Sigillata: 34, 35; Rote Belgische Ware: 38; Tongrundig, glattwandige Ware: 25, 37, 42–46;
Glattwandige Ware in Latènetradition: 31, 32, 48; Rauwandige Ware: 23; Muschelgemagerte Ware: 24,
26; Schwerkeramik: 51. M.: 1:3.

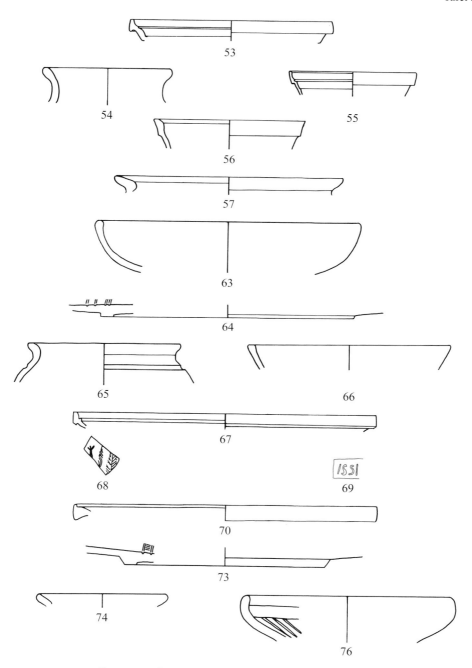

Forumserweiterung Gelände Firma Heil EV 1963,37
Terra Sigillata: 53, 55, 67, 68; Rote Belgische Ware: 56, 57, 69, 70; Belgische Ware: 63, 64, 66, 73–74;
Glattwandige Ware in Latènetradition: 76; Rauwandige Ware: 54, 65.
M.: 1:3.

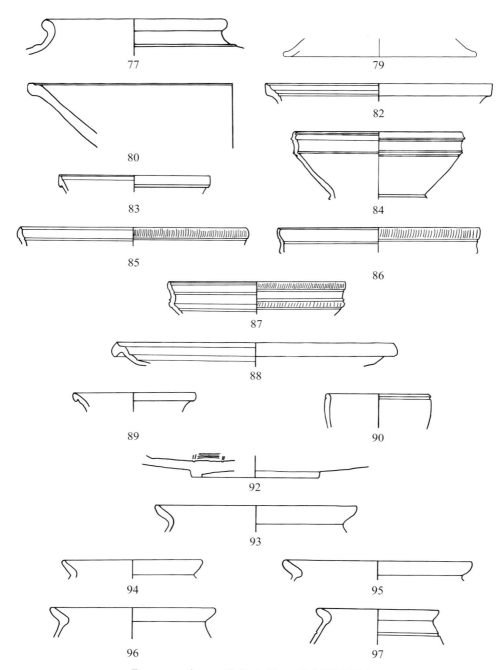

Forumserweiterung Gelände Firma Heil EV 1963,37
Terra Sigillata: 82–87; Rote Belgische Ware: 88–90; Belgische Ware: 92–97;
Muschelgemagerte Ware: 79, 80; Rauwandige Ware: 77.
M.: 1:3.

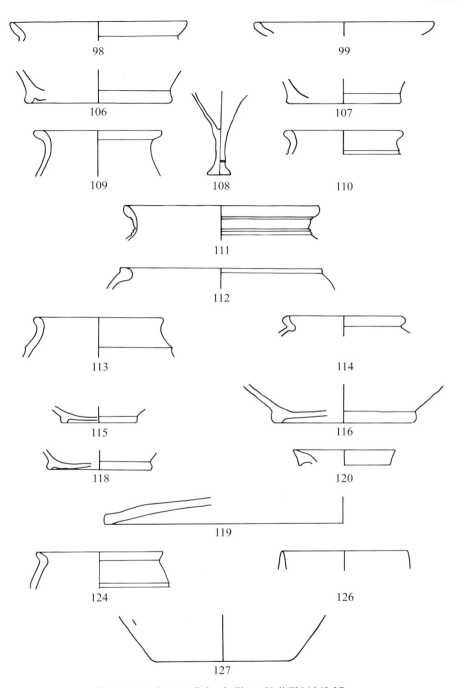

Forumserweiterung Gelände Firma Heil EV 1963,37
Belgische Ware: 98–99; 106–108; Tongrundig, glattwandige Ware: 109–120;
Rauwandige Ware: 124–127. M.: 1:3.

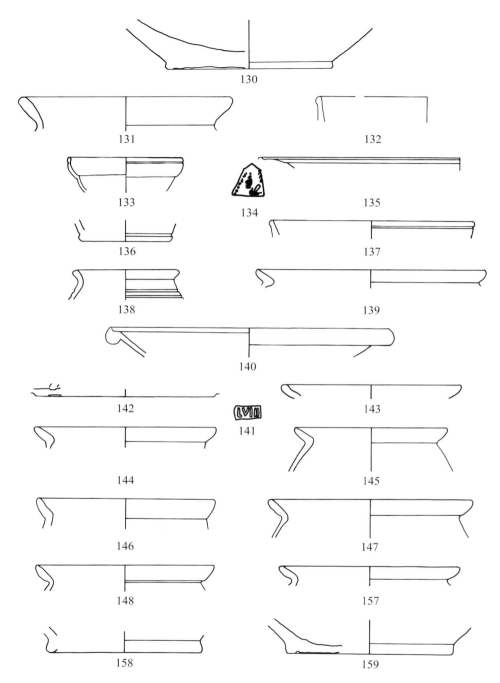

Forumserweiterung Gelände Firma Heil EV 1963,37
Terra Sigillata: 132, 133, 134 (M.1:2); Rote Belgische Ware: 135–139; Belgische Ware: 140–159;
Schwerkeramik:130, 131. M.: 1:3.

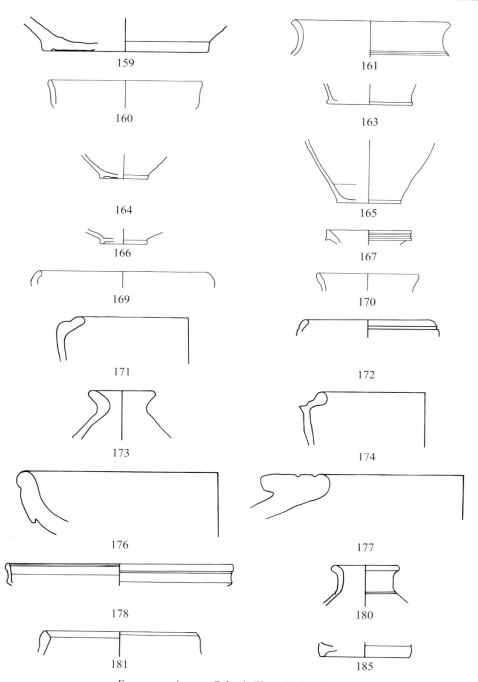

Forumserweiterung Gelände Firma Heil EV 1963,37

Terra Sigillata: 178; Belgische Ware: 159; 180–185; Tongrundig, glattwandige Ware: 160–167;
Rauwandige Ware: 169–173; Muschelgemagerte Ware: 174; Schwerkeramik: 176, 177. M.: 1:3.

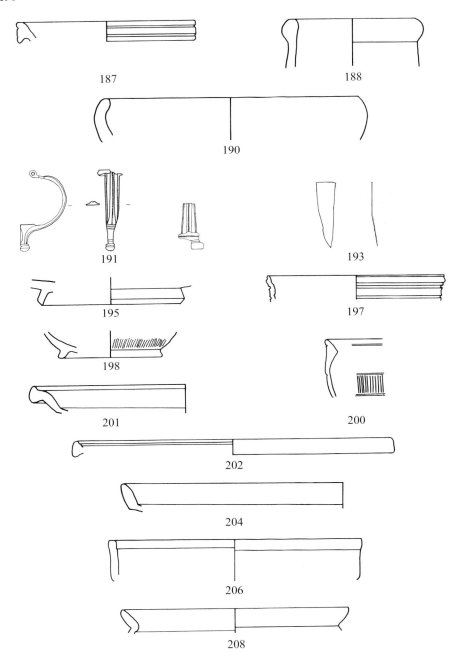

Forumserweiterung Gelände Firma Heil EV 1963,37
Bronze: 191–193; Terra Sigillata: 195–200; Rote Belgische Ware: 201–204; Belgische Ware: 206–208;
Tongrundig, glattwandige Ware: 187, 188; Glattwandige Ware in Latènetradition: 190.
M.: 1:3.

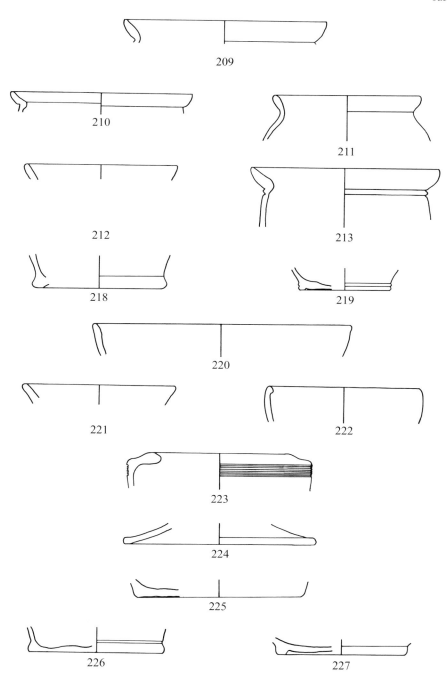

209

210

211

212

213

218

219

220

221

222

223

224

225

226

227

Forumserweiterung Gelände Firma Heil EV 1963,37
Belgische Ware: 209–219; Tongrundig, glattwandige Ware: 220–227.
M.: 1:3.

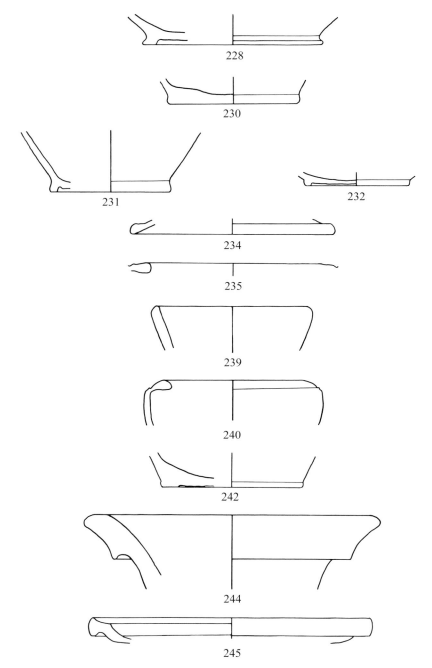

228

230

231

232

234

235

239

240

242

244

245

Forumserweiterung Gelände Firma Heil EV 1963,37
Belgische Ware: 245; Tongrundig, glattwandige Ware: 228–235; Glattwandige Ware in Latènetradition:
239; Rauwandige Ware: 240, 242; Schwerkeramik: 244. M.: 1:3.

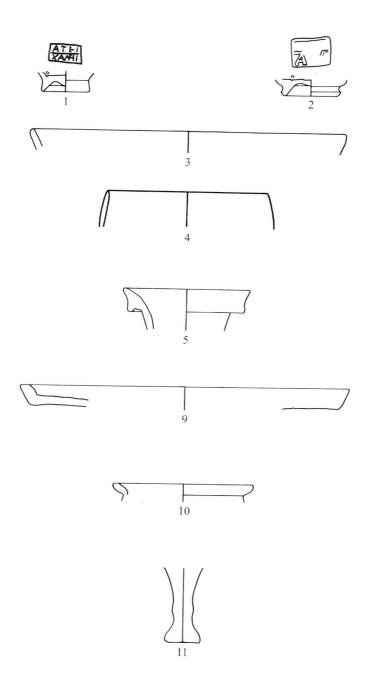

Forum, Umbau Peter Heil, EV 1965,49
Terra Sigillata: 1, 2; Belgische Ware: 3, 4, 9–11; Tongrundig, glattwandige Ware: 5.
M.: 1:3.

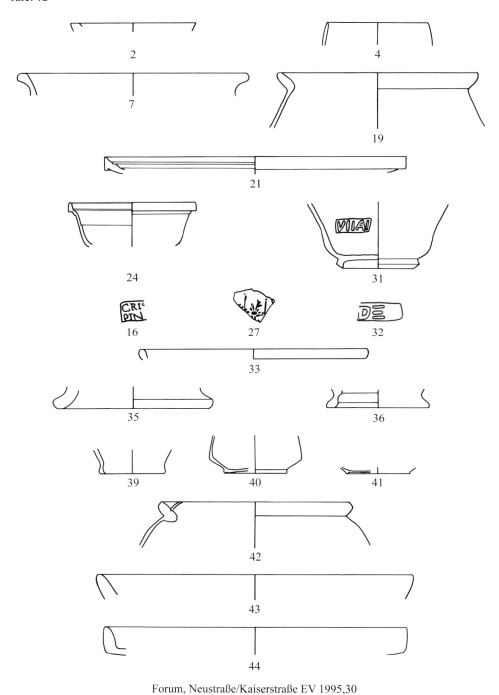

Forum, Neustraße/Kaiserstraße EV 1995,30
Terra Sigillata: 16, 21, 24, 33; Rote Belgische Ware: 2, 31–36; Belgische Ware: 7, 19, 43–44; Tongrundig, glattwandige Ware: 4; Lampe: 39– 41; Goldglimmerware: 42. M.: 1:3.

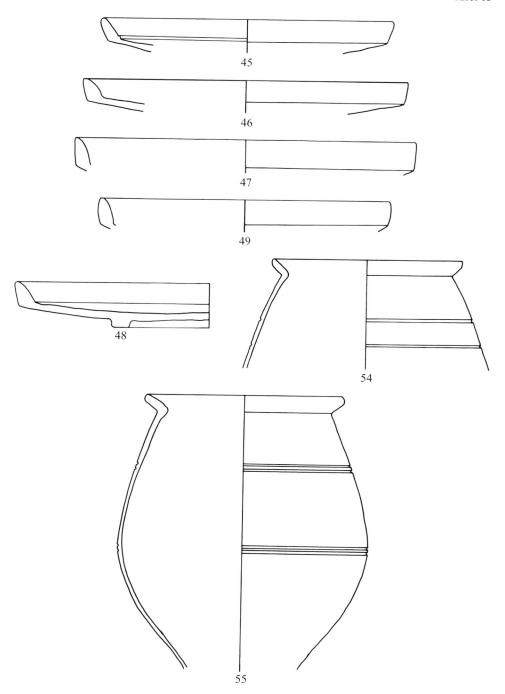

45

46

47

49

48

54

55

Forum, Neustraße/Kaiserstraße EV 1995,30
Belgische Ware: 46–49, 54, 55. M.: 1:3.

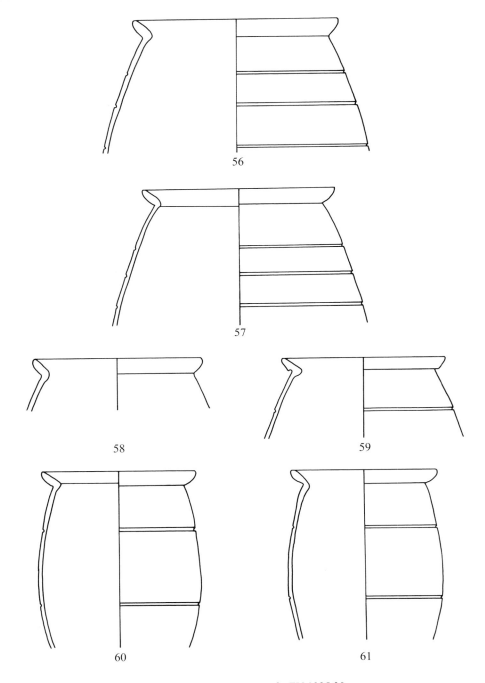

Forum, Neustraße/Kaiserstraße EV 1995,30
Belgische Ware: 56–61.
M.: 1:3.

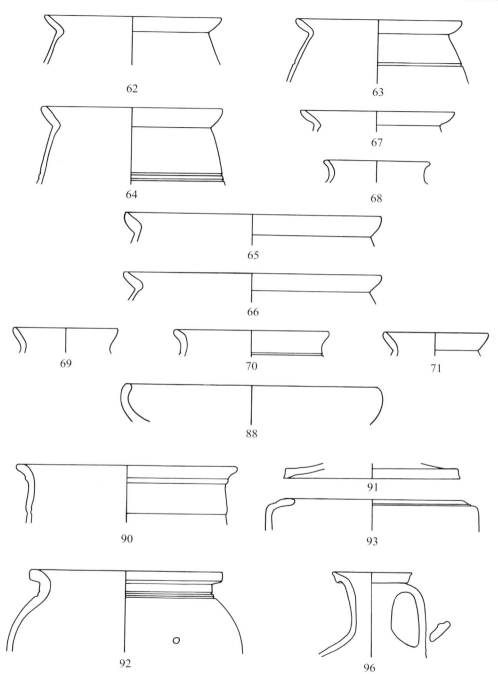

Forum, Neustraße/Kaiserstraße 1995,30
Belgische Ware: 62–71 ; Tongrundig, glattwandige Ware: 88, 90–93, 96.
M.: 1:3.

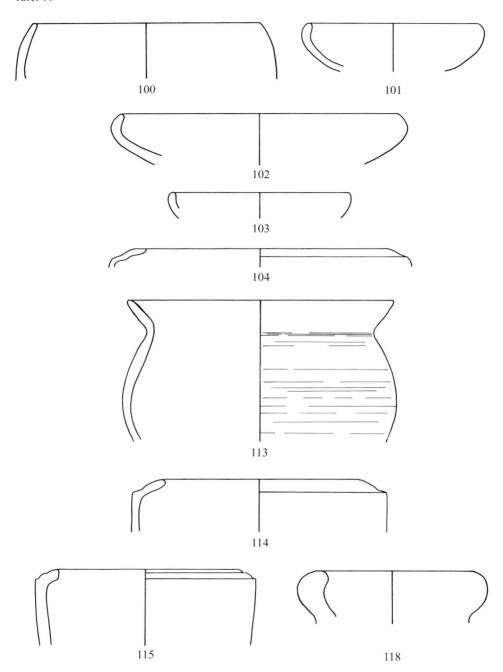

100

101

102

103

104

113

114

115

118

Forum, Neustraße/Kaiserstraße EV 1995,30
Tongrundig, glattwandige Ware: 100−101; Glattwandige Ware in Latènetradition: 102−104; Rauwandige Ware: 112; Muschelgemagerte Ware: 113−115; Schwerkeramik: 118.
M.: 1:3.

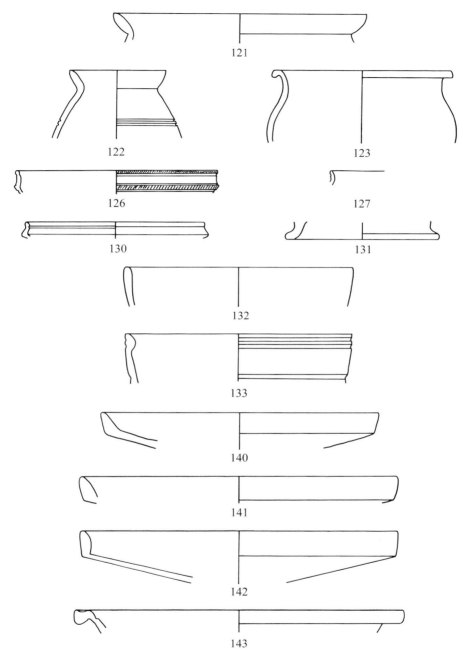

Forum, Neustraße/Kaiserstraße EV 1995,30
Terra Sigillata: 126, 127; Rote Belgische Ware: 130–133; Belgische Ware: 120, 122, 140–143;
Rauwandige Ware:123.
M.: 1:3.

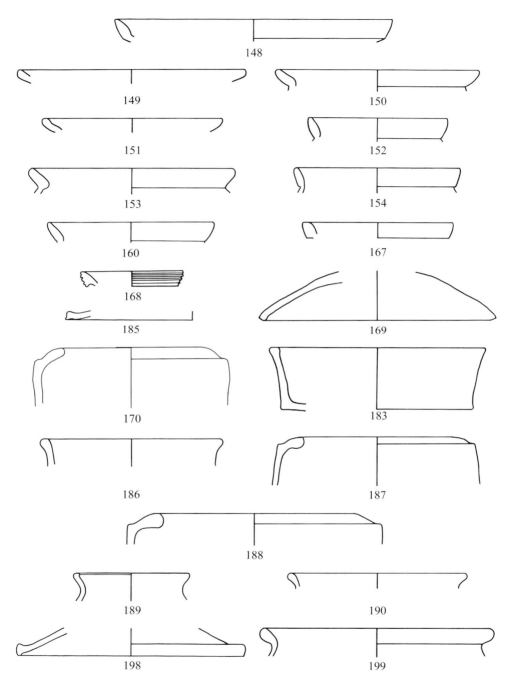

Forum, Neustraße/Kaiserstraße EV 1995,30
Belgische Ware: 148−154, 160; Tongrundig, glattwandige Ware: 167−170, 198−199;
Rauwandige Ware: 183, 185−190. M.: 1:3.

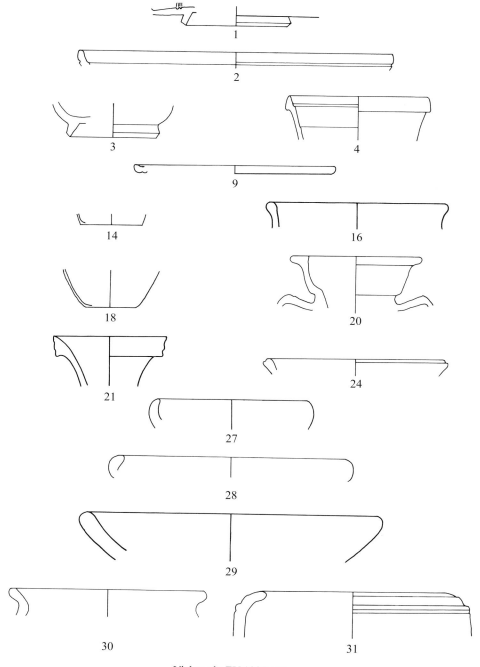

Viehmarkt EV 1987,105
Terra Sigillata: 1–4; Belgische Ware: 9, 14; Tongrundig, glattwandige Ware: 16, 18, 20, 21; Rauwandige
Ware: 24, 27–31. M.: 1:3.

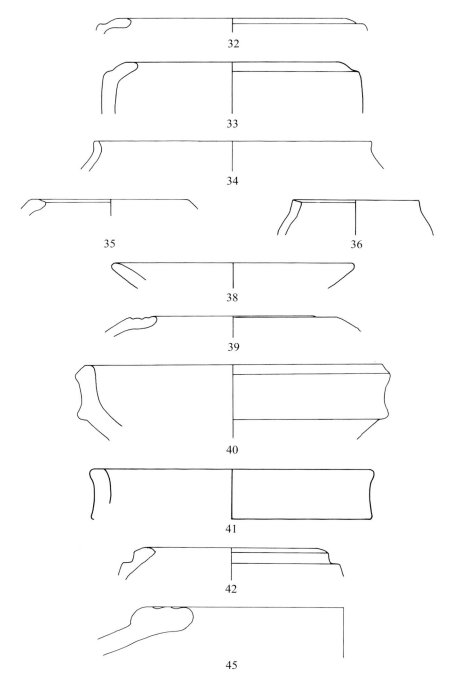

Viehmarkt EV 1987,105
Rauwandige Ware: 32–36; Muschelgemagerte Ware: 38, 39; Schwerkeramik: 40–42, 45.
M.: 1:3.

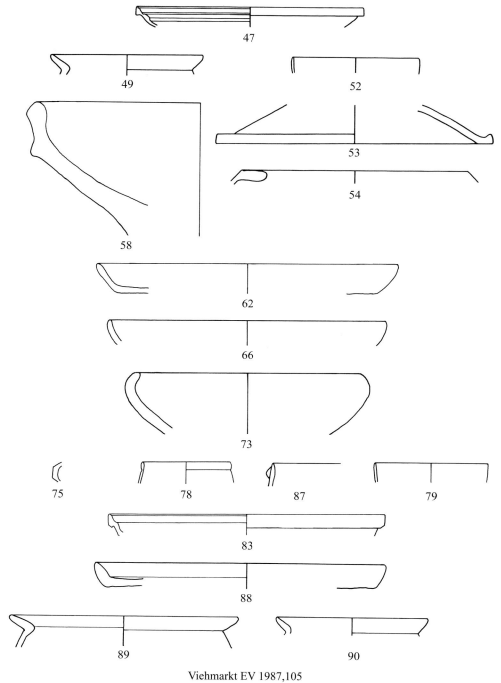

47

49

52

53

54

58

62

66

73

75

78

87

79

83

88

89

90

Viehmarkt EV 1987,105
Terra Sigillata: 47, 83, 87; Rote Belgische Ware: 62; Belgische Ware: 49, 73, 75, 88−90; Tongrundig, glattwandige Ware: 52−54, 66, 78, 79; Schwerkeramik: 58. M.: 1:3.

Tafel 22

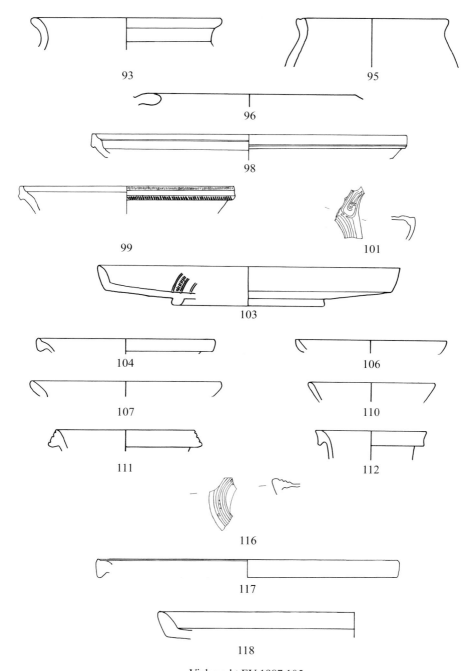

Viehmarkt EV 1987,105
Terra Sigillata: 98, 99; Lampe: 101, 116; Rote Belgische Ware: 117; Belgische Ware: 103–107, 118;
Tongrundig, glattwandige Ware: 93,110–112; Rauwandige Ware: 95, 96.
M.: 1:3.

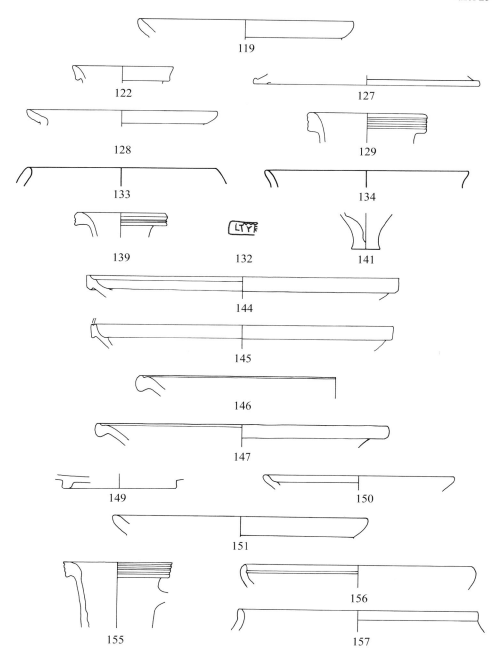

119

122

127

128

129

133

134

139

132

141

144

145

146

147

149

150

151

156

155

157

Viehmarkt EV 1987,105
Terra Sigillata: 127, 132, 144, 145; Rote Belgische Ware: 133, 146−147; Belgische Ware: 119, 128, 149
−151; Tongrundig, glattwandige Ware: 122, 129, 139, 155; Glattwandige Ware in Latènetradition: 134,
156-157; Schwerkeramik: 141.
M.: 1:3.

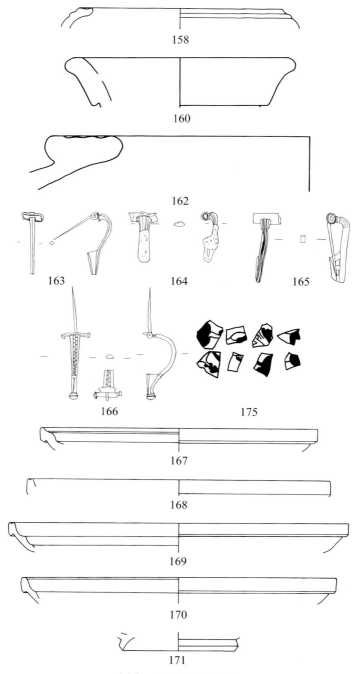

Viehmarkt EV 1987,105
Bronze: 163–166; Terra Sigillata: 167–171; Glattwandige Ware in Latènetradition: 158; Schwerkeramik: 160, 162. M.: 1:3.

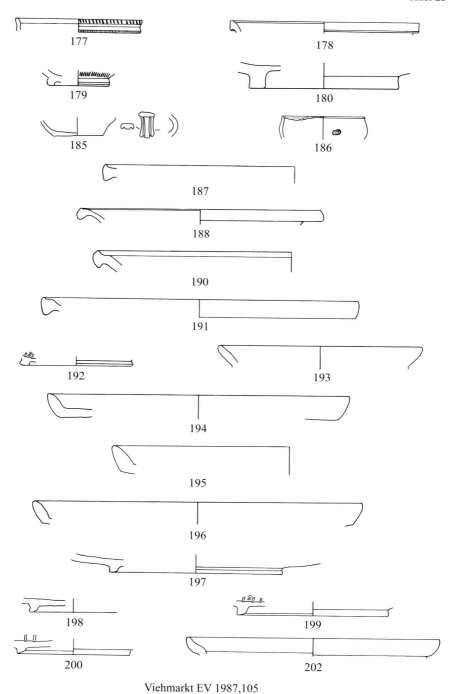

Viehmarkt EV 1987,105
Terra Sigillata: 177−180; Lampe: 185; Glasierte Ware: 186; Rote Belgische Ware: 187−193;
Belgische Ware: 194−199, 200, 202. M.: 1:3.

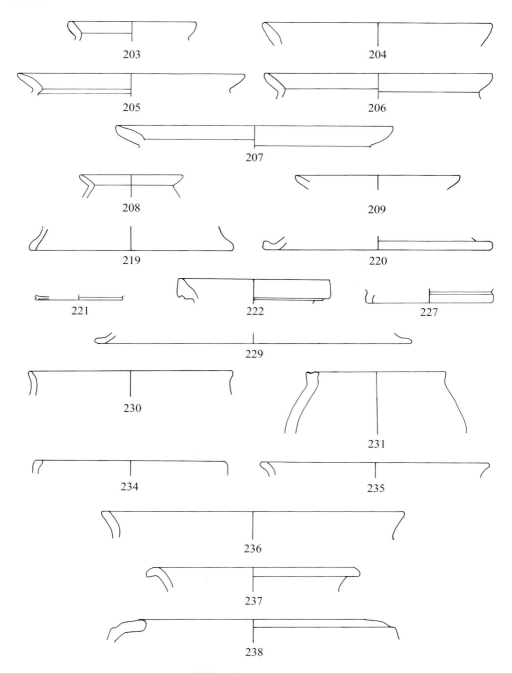

Viehmarkt EV 1987,105
Belgische Ware: 203–209; Tongrundig, glattwandige Ware: 219–230;
Rauwandige Ware: 231–234; Muschelgemagerte Ware: 235–238.
M.: 1:3.

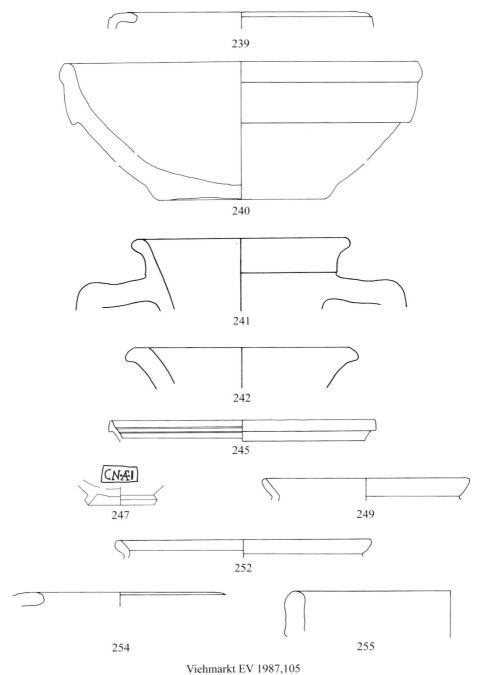

239

240

241

242

245

CN·Æl

247

249

252

254

255

Viehmarkt EV 1987,105
Terra Sigillata: 245; 247; Belgische Ware: 249; Rauwandige Ware: 252; Muschelgemagerte
Ware: 239, 254; Schwerkeramik: 240–242, 255.
M.: 1:3.

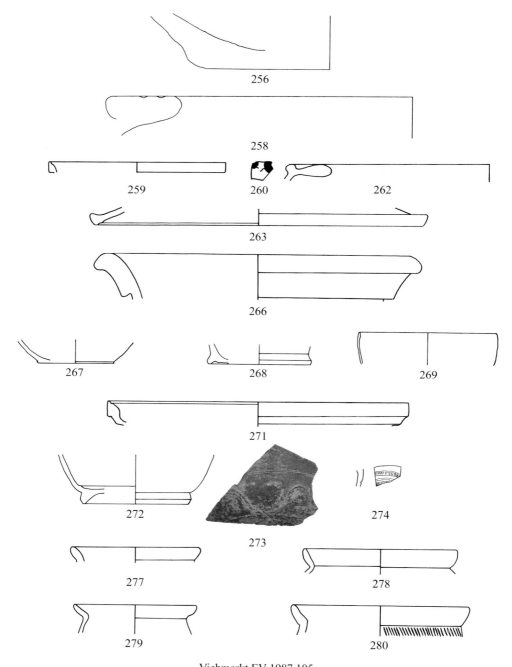

Viehmarkt EV 1987,105
Terra Sigillata: 259, 271, 272, 273 (M.: 1:2); Lampe: 274; Belgische Ware: 268, 277–280; Tongrundig,
glattwandige Ware: 262, 263, 267, 269; Schwerkeramik: 256, 258, 266.
M.: 1:3.

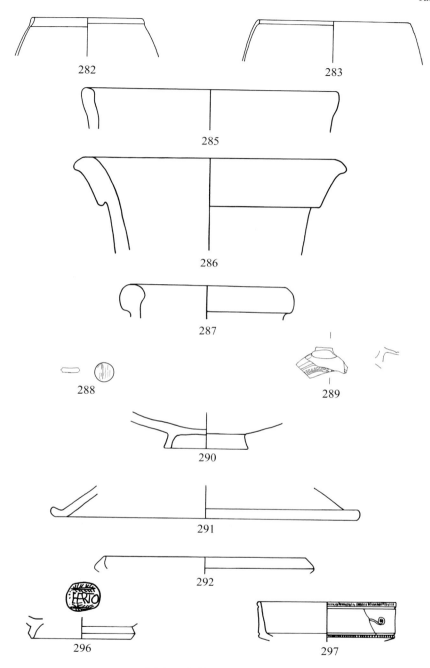

Viehmarkt EV 1987,105
Terra Sigillata: 296–297; Bein: 288; Lampe: 289; Tongrundig, glattwandige Ware: 282, 283, 290, 291;
Rauwandige Ware: 285, 292; Schwerkeramik: 286, 287.
M.: 1:3.

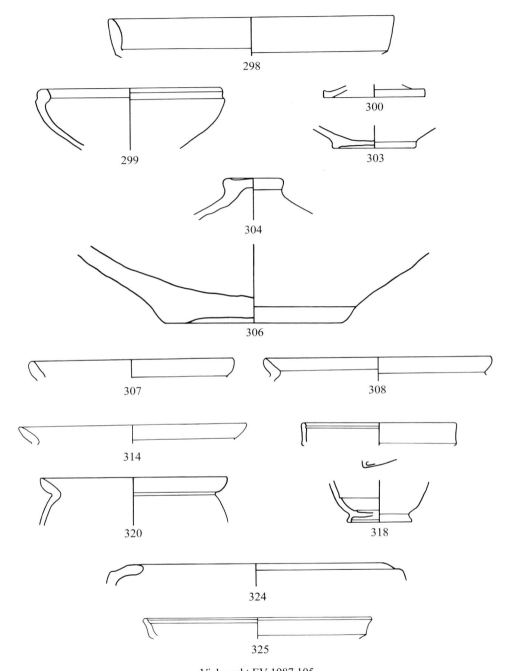

298

300

299

303

304

306

307

308

314

320

318

324

325

Viehmarkt EV 1987,105
Terra Sigillata: 325; Rote Belgische Ware: 318; Belgische Ware: 298–300, 303, 307–314, 320; Tongrun-
dig, glattwandige Ware: 304; Rauwandige Ware: 292, 324; Schwerkeramik: 306.
M.: 1:3.

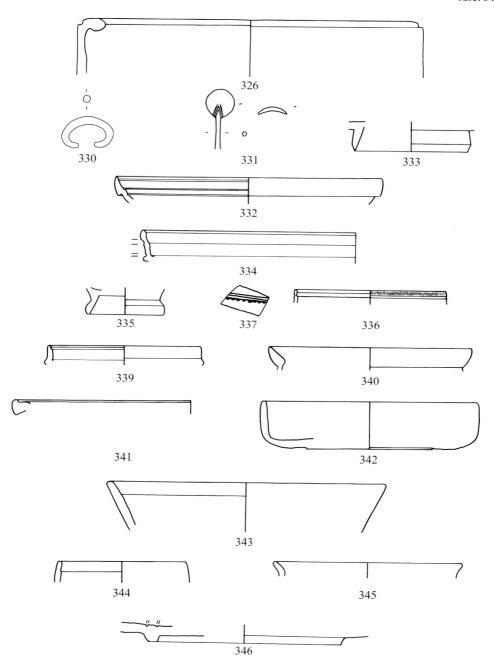

326

330

331

333

332

334

335 337 336

339 340

341 342

343

344 345

346

Viehmarkt EV 1987,105
Bronze: 330; Terra Sigillata: 332–336; Bein: 331; Rote Belgische Ware: 339, 340;
Belgische Ware: 341–346; Muschelgemagerte Ware: 326.
M.: 1:3.

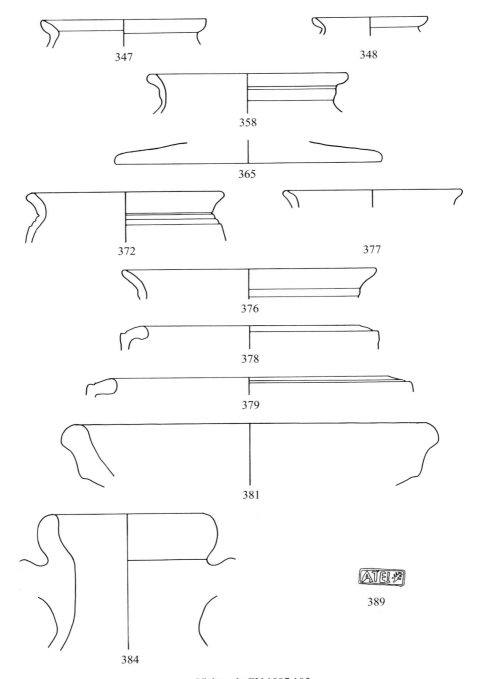

347

348

358

365

372

377

376

378

379

381

384

389

Viehmarkt EV 1987,105
Terra Sigillata: 389; Belgische Ware: 347–348; Tongrundig, glattwandige Ware: 358, 365;
Muschelgemagerte Ware: 376–379; Rauwandige Ware: 372; Schwerkeramik: 381, 384. M.: 1:3.

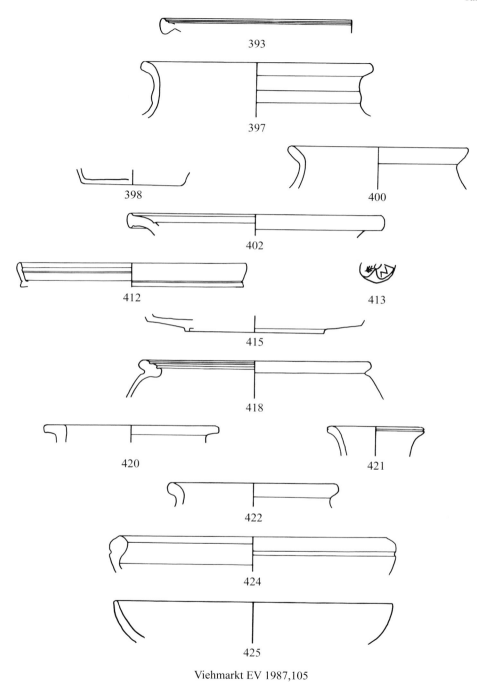

Viehmarkt EV 1987,105
Terra Sigillata: 412, 413; Rote Belgische Ware: 402; Belgische Ware: 393, 415, 418, 424, 425; Tongrundig, glattwandige Ware: 397, 398, 420, 421; Rauwandige Ware: 422; Muschelgemagerte Ware: 400.
M.: 1:3.

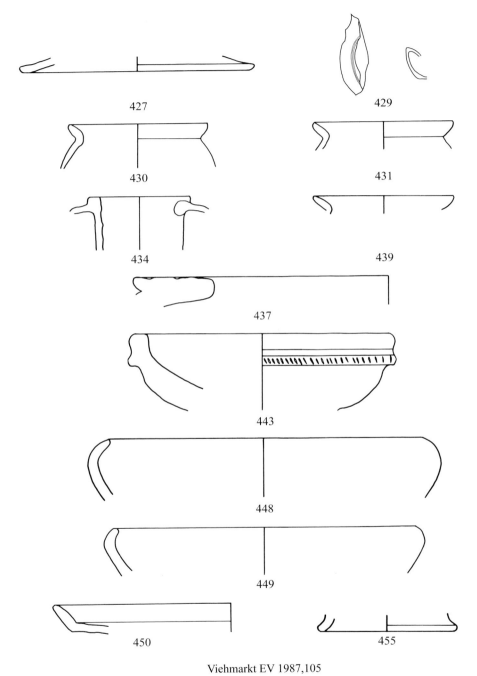

427

429

430

431

434

439

437

443

448

449

450

455

Viehmarkt EV 1987,105
Lampe: 429; Rote Belgische Ware: 455; Belgische Ware: 430, 431, 439, 450; Tongrundig, glattwandige
Ware: 427, 434; Glattwandige Ware in Latènetradition: 448, 449; Schwerkeramik: 437, 443.
M.: 1:3.

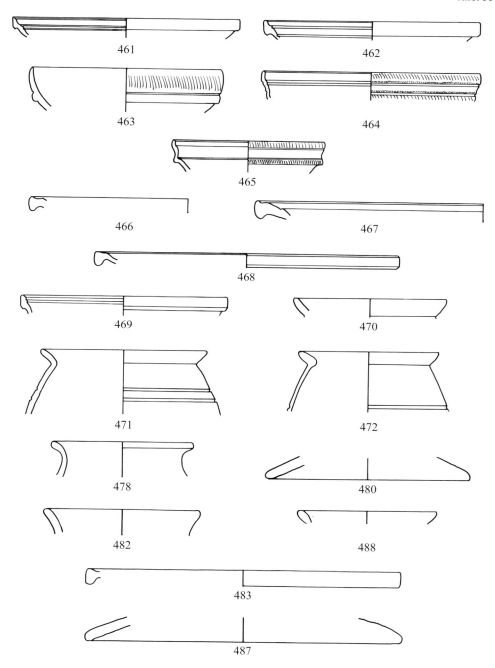

Viehmarkt EV 1987,105
Terra Sigillata: 461-465; Rote Belgische Ware: 466–469, 483; Belgische Ware: 470–472; Tongrundig,
glattwandige Ware: 478, 487–488; Rauwandige Ware: 480; Muschelgemagerte Ware: 482.
M.: 1:3.

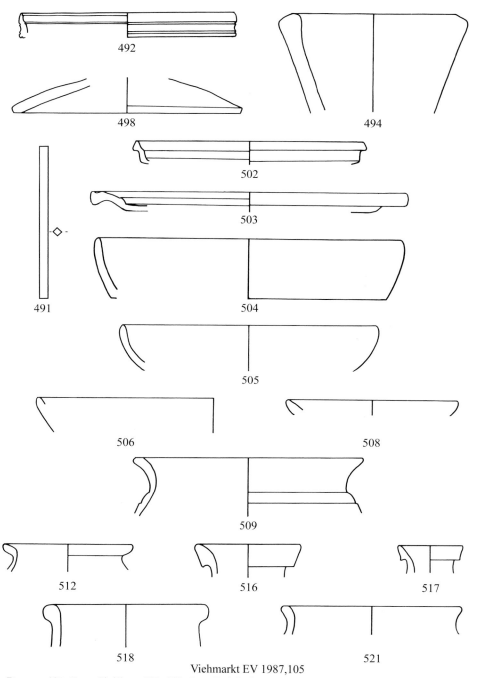

Viehmarkt EV 1987,105
Bronze: 491; Terra Sigillata: 492, 502; Rote Belgische Ware: 503; Belgische Ware: 504–506, 508, 509,
512; Tongrundig, glattwandige Ware: 498, 516–518; Glattwandige Ware in Latènetradition 521;
Schwerkeramik. M.: 1:3.

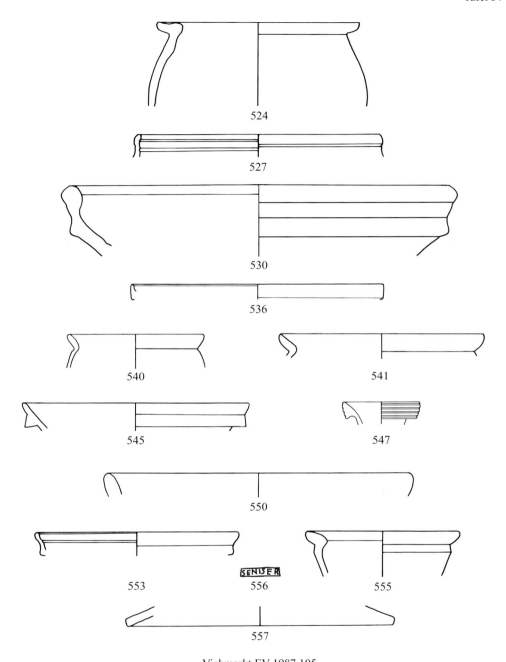

524

527

530

536

540

541

545

547

550

553

SENISER

556

555

557

Viehmarkt EV 1987,105
Terra Sigillata: 527, 536, 553; Rote Belgische Ware: 555, 556; Belgische Ware: 540–541, 557;
Tongrundig, glattwandige Ware: 545–547; Rauwandige Ware: 550; Muschelgemagerte Ware: 524;
Schwerkeramik: 530.
M.: 1:3.

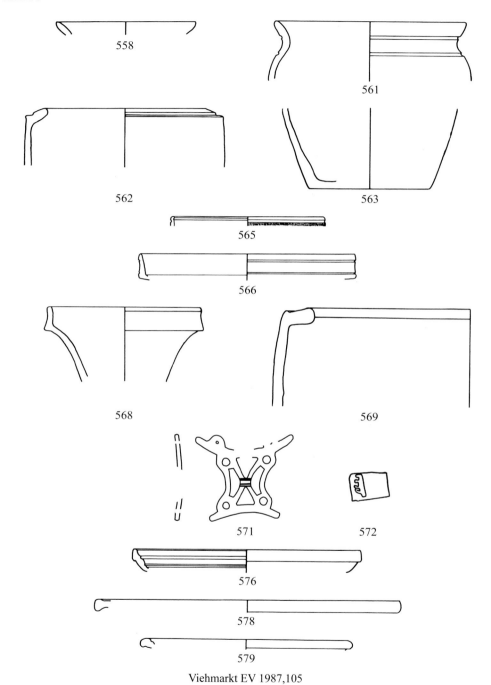

558

561

562

563

565

566

568

569

571

572

576

578

579

Viehmarkt EV 1987,105
Bronze: 571; Terra Sigillata: 565, 566, 576; Rote Belgische Ware: 578, 579; Belgische Ware: 558, 568;
Glattwandige Ware in Latènetradition: 569; Rauwandige Ware: 561; Muschelgemagerte Ware: 562, 563.
M.: 1:3.

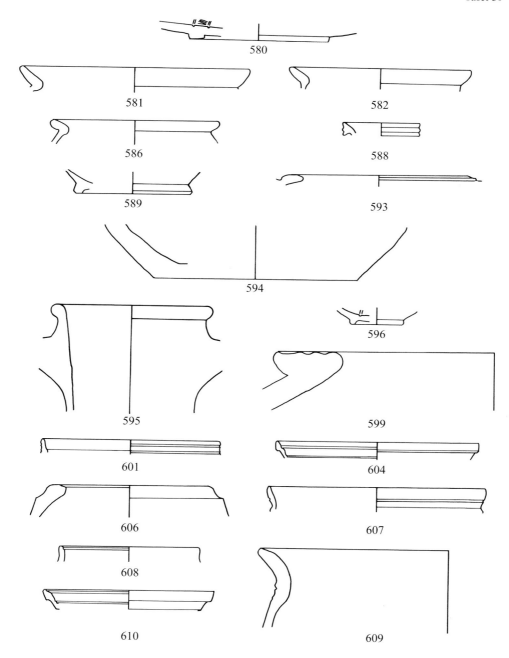

Viehmarkt EV 1987,105
Terra Sigillata: 596, 601, 604, 610. Rote Belgische Ware: 607, 608; Belgische Ware: 580–582; Tongrun-
dig, glattwandige Ware: 586–589; Rauwandige Ware: 593, 594, 606, 609; Schwerkeramik: 595, 599.
M.: 1:3.

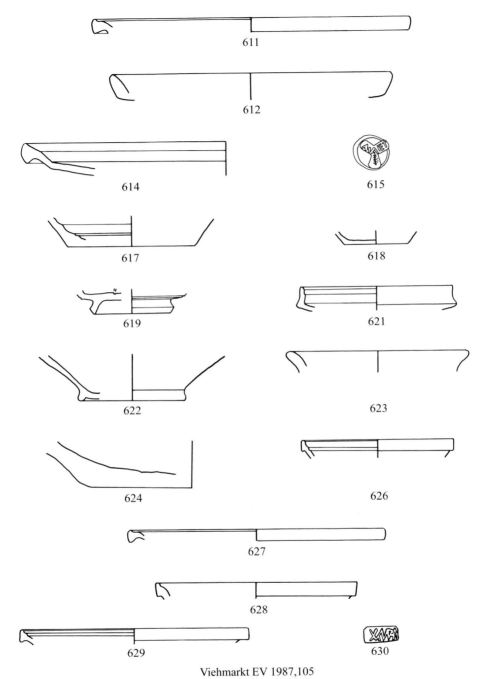

Viehmarkt EV 1987,105
Terra Sigillata: 615, 619, 626, 628–630; Rote Belgische Ware: 611, 614, 621, 627; Belgische Ware: 612,
622; Tongrundig, glattwandige Ware: 617; Rauwandige Ware: 618, 623; Schwerkeramik: 624.
M.: 1:3.

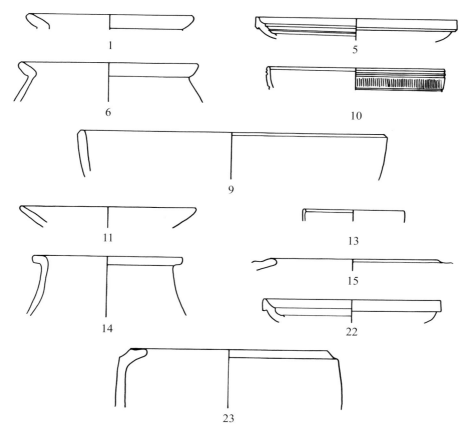

Feldstraße EV 1992,13

Terra Sigillata: 5, 10, 22; Rote Belgische Ware: 11; Belgische Ware: 1, 6; Tongrundig, glattwandige
Ware: 13, 23; Rauwandige Ware: 9, 14; Muschelgemagerte Ware: 15. M.: 1:3.

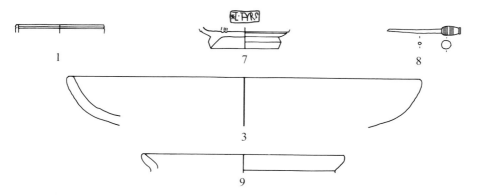

Saarstraße 28 EV 2000,165

Terra Sigillata: 1, 7; Bein: 8; Belgische Ware: 9; Feinkeramik?: 3. M.: 1:3.

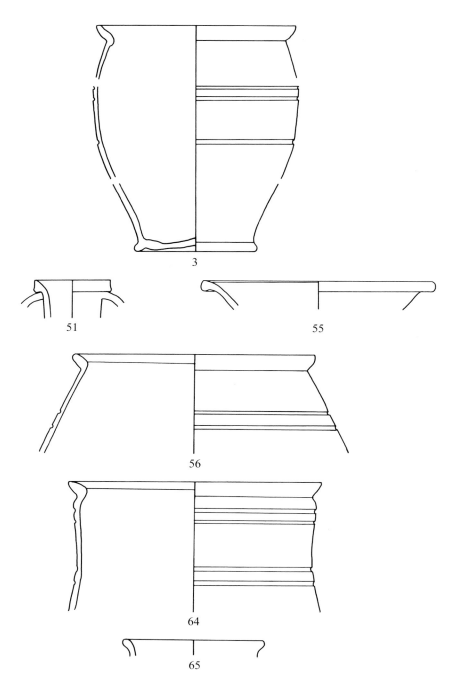

Frauenstraße, Töpferei EV 1998,11
Belgische Ware: 3, 55, 56, 64, 65; Tongrundig, glattwandige Ware: 51.
M.: 1:3.

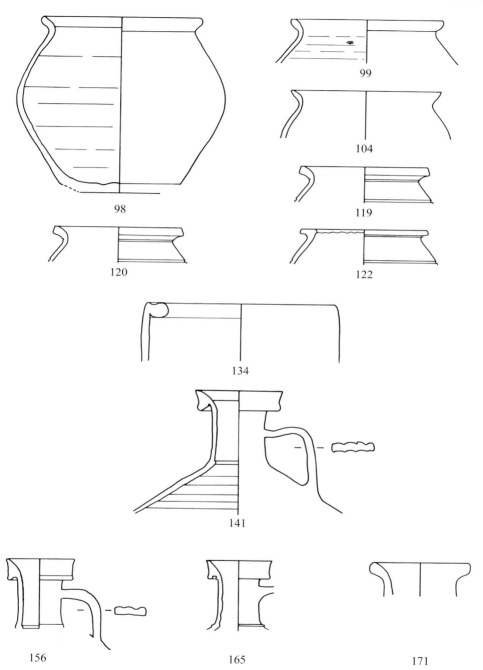

98  99  104  119  120  122  134  141  156  165  171

Frauenstraße, Töpferei EV 1998,11
Tongrundig, glattwandige Ware: 98, 99, 104, 119, 120, 122, 134, 141,156, 165, 171.
M.: 1:3.

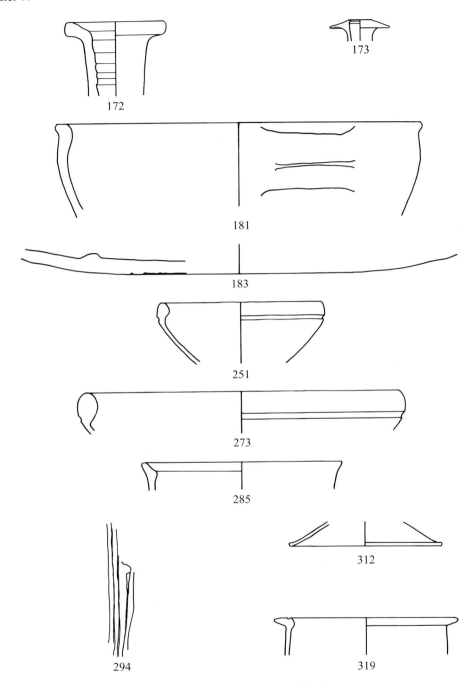

Frauenstraße, Töpferei EV 1998,11
Belgische Ware: 251, 294; Tongrundig, glattwandige Ware: 172, 173, 273, 285, 312;
Rauwandige Ware: 181, Schwerkeramik: 183, 319. M.: 1:3.

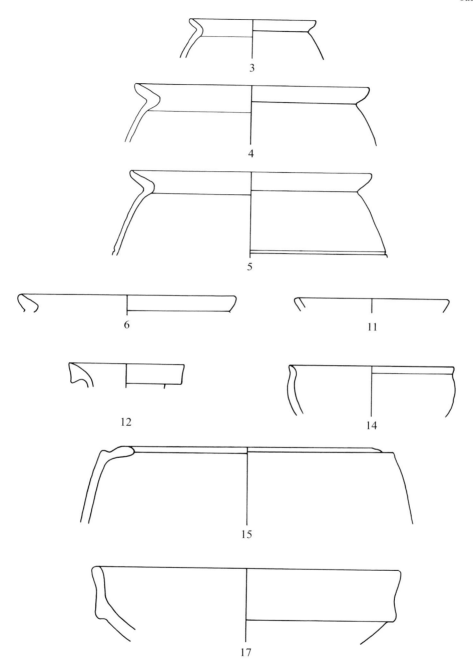

Feldstraße, Töpferei EV 2003,23
Belgische Ware: 3−6; Goldglimmerware: 11; Tongrundig, glattwandige Ware: 12;
Rauwandige Ware: 14; Muschelgemagerte Ware: 15; Schwerkeramik: 17.
M.: 1:3.

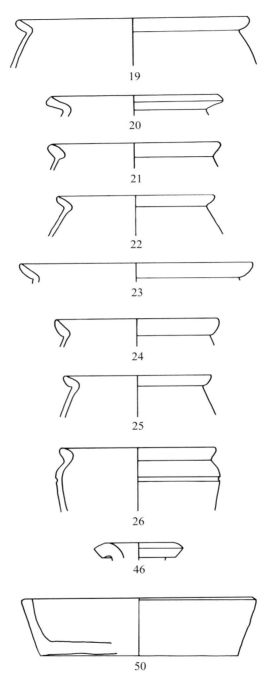

19

20

21

22

23

24

25

26

46

50

Feldstraße, Töpferei EV 2003,23
Belgische Ware: 19, 20−26; Tongrundig, glattwandige Ware: 46; Rauwandige Ware: 50.
M.: 1:3.

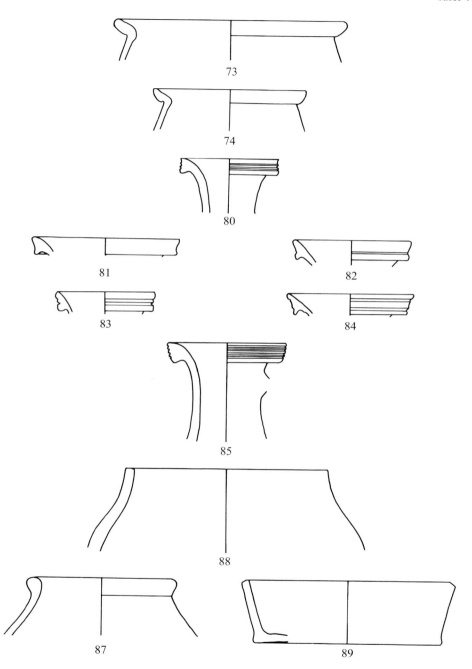

Feldstraße, Töpferei EV 2003,23
Belgische Ware: 73, 74; Tongrundig, glattwandige Ware: 80–85, 87;
Glattwandige Ware in Latènetradition: 88; Rauwandige Ware: 89.
M.: 1:3.

# Philippika. Marburger altertumskundliche Abhandlungen

Herausgegeben von Joachim Hengstl, Torsten Mattern, Robert Rollinger, Kai Ruffing und Orell Witthuhn

## 26: Sven Günther

### »Vectigalia nervos esse rei publicae«

Die indirekten Steuern in der Römischen Kaiserzeit von Augustus bis Diokletian

2008. IX, 197 Seiten, br
ISBN 978-3-447-05845-2
€ 48,– (D) / sFr 83,–

Die Studie beschäftigt sich mit den *vectigalia*, sogenannten indirekten Steuern, in der Römischen Kaiserzeit. Ausgehend von einer heterogenen Quellenlage sowie von sehr disparaten Wertungen dieser Überlieferung in der umfangreichen Forschungsliteratur wird zunächst eine tragfähige Definition für den Begriff *vectigal / vectigalia* herausgearbeitet und dieser gegen den Begriff *tributum / tributa*, sogenannte direkte Steuern, abgegrenzt. Auf dieser Grundlage werden anschließend die vier großen innerrömischen *vectigalia* – die Erbschaftssteuer (vicesima hereditatium), die Freilassungssteuer (vicesima libertatis vel manumissionum), die Verkaufssteuer (centesima rerum venalium) und die Sklavenverkaufssteuer (quinta et vicesima venalium mancipiorum) – sowie einige kleinere, nur zeitweilig erhobene Abgaben untersucht. Durch die Erfassung, Aufarbeitung und Auswertung der disparaten archäologischen, epigraphischen, juristischen, numismatischen und literarischen Überlieferung wird der Charakter der einzelnen Steuern in ihrer Gesamtheit sowie in Einzelfragen deutlich gemacht.

## 27: Edith Bernhauer

### Innovationen in der Privatplastik

Die 18. Dynastie und ihre Entwicklung

2008. Ca. 252 Seiten, br
ISBN 978-3-447-05712-7
Ca. € 48,– (D) / sFr 83,–

Dieses Buch über die „Innovationen in der altägyptischen Privatplastik" beschäftigt sich schwerpunktmäßig mit der 18. Dynastie, einem sehr lebendigen und turbulenten Abschnitt der altägyptischen Geschichte bis zu ihrem revolutionären Höhepunkt in der Amarnazeit. Darüberhinaus wird ein Gesamtüberblick über die Entwicklung der Privatplastik als Spiegelbild der jeweiligen Zeit gegeben. Die 18. Dynastie (1539–1293 v.Chr.) verdeutlicht einen großen Wandel im Selbstverständnis der Menschen, denn sie lassen sich jetzt in der Funktion als Erzieher oder als Beteiligter am Kult darstellen. Dies zeigt sich anhand vieler neuer Statuentypen, wie den Erzieherstatuen, Theophoren, Sistrophoren oder Opferplattenträgern, also Statuen, die vor sich Königskinder, Götterfiguren, Naossistren oder Opferplatten halten oder berühren. In einem methodischen Teil werden verschiedene Aspekte der Statuenterminologie angesprochen und Vorschläge zur computertechnischen Auswertung gemacht.

**HARRASSOWITZ VERLAG · WIESBADEN**
www.harrassowitz-verlag.de · verlag@harrassowitz.de

Orient · Slavistik · Osteuropa · Bibliothek · Buch · Kultur

## Philippika. Marburger altertumskundliche Abhandlungen

Herausgegeben von Joachim Hengstl, Torsten Mattern, Robert Rollinger, Kai Ruffing und Orell Witthuhn

28: Katrin Scheele-Schweitzer

### Die Personennamen des Alten Reiches

Altägyptische Onomastik unter lexikographischen und sozio-kulturellen Aspekten

*2009. Ca. 800 Seiten, gb*
*ISBN 978-3-447-05893-3*
*Ca. € 98,– (D) / sFr 166,–*

Als Referenzwerk für die Beschäftigung mit altägyptischen Anthroponymen ist bis heute die Arbeit von Ranke, „Die ägyptischen Personennamen (1935–1952)" anzusehen, welche die Anthroponyme der gesamten ägyptischen Geschichte umfasst. Ein synchroner Überblick über die Personennamen einer bestimmten Epoche des pharaonischen Ägyptens ist bislang jedoch ein Desiderat geblieben. Das Werk schließt diese Forschungslücke nunmehr für die Zeit des Alten Reiches (3.–8. Dynastie), wobei sich ca. 3800 Personennamen belegen lassen. Diese werden dem Leser in ihren ca. 14700 Belegen zu ca. 8500 Schreibungen in einem ausführlichen Lexikon zugänglich gemacht und darüber hinaus unter soziokulturellen, grammatikalischen und inhaltlichen Aspekten ausgewertet. Es ließen sich u.a. Erkenntnisse zu den Konzepten der Namensgebung, der Struktur der Namensformen sowie der Themenvielfalt der Anthroponyme gewinnen, so dass die Personennamen des Alten Reiches einen äußerst detaillierten und vielfältigen Einblick in die religiösen und soziokulturellen Vorstellungen jener Zeit gewähren und zu ihrem Verständnis beitragen können.

29: Volker Losemann (Hg.)

### Alte Geschichte zwischen Wissenschaft und Politik

Gedenkschrift Karl Christ

Unter Mitarbeit von Kerstin Droß und Sarah Velte

*2009. VIII, 422 Seiten, gb*
*ISBN 978-3-447-05905-3*
*€ 68,– (D) / sFr 116,–*

Der Band vereinigt die Beiträge zu der internationalen Tagung Alte Geschichte zwischen Wissenschaft und Politik, die vom 4.–6. April 2008 zum Gedenken an den kurz zuvor verstorbenen angesehenen Marburger Althistoriker Karl Christ veranstaltet wurde.
Die Tagungsbeiträge folgen dem von Christ im Fach Alte Geschichte seit den 1970er Jahren etablierten wissenschaftsgeschichtlichen Ansatz. Einerseits werden aktuelle rezeptionsgeschichtliche Themen wie z.B. *Wie lange wollen wir noch mit Alexander dem Großen siegen?*, *Antiker Sklavenhandel – Moderner Menschenhandel* oder *Das Liviabild im Wandel* behandelt. Andererseits geht es um die Weiterentwicklung moderner „Wissenschaftlergeschichte" gerade auch unter politischem Aspekt: Deren Spektrum reicht von Klassikern wie dem z.Zt. heftig diskutierten *J.G. Droysen als Politiker* über *Eduard Meyer und die Religionsgeschichte* und dem mit dem Ansatz von Christ eng verbundenen führenden italienischen Althistoriker *Arnaldo Momigliano* bis hin zu dem stimulierenden Vergleich von Hermann Bengtson und Alfred Heuß und *Zur Entwicklung der Alten Geschichte in der Zwischen- und Nachkriegszeit*.

## HARRASSOWITZ VERLAG · WIESBADEN
www.harrassowitz-verlag.de · verlag@harrassowitz.de

Orient · Slavistik · Osteuropa · Bibliothek · Buch · Kultur